Authors

James F. Funston

Alejandro Vargas Bonilla

Contributing Writers

Belia Jiménez Lorente

Karin Fajardo

Keith Mason

Consultants

Rolando Castellanos
St. Paul Academy
St. Paul, Minnesota

Anne Marie Quihuis
Paradise Valley High School
Phoenix, Arizona

Paul J. Hoff
University of Wisconsin—Eau Claire
Eau Claire, Wisconsin

Ana Selvás Watson
Henrico High School
Richmond, Virginia

Heidi Oshima
Parsippany High School
Parsippany, New Jersey

Nancy Wrobel
Champlin Park High School
Champlin Park, Minnesota

EMCParadigm Publishing, Saint Paul, Minnesota

CREDITS

Editorial Consultants
Judy Cohen
Lori Coleman
Sharon O'Donnell
David Thorstad

Readers
Pat Cotton
Mónica Domínguez
Barbary Forney
Daniela Guzmán
Barbara Peterson
Roy Sweezy
Beth Verdin

Proofreaders
Alfonso Doval
Nere Pagola
Gilberto Vázquez

Illustrators
Len Ebert
Susan Jaekel
Nedo Kojic
Renate Lohmann
Loretta Lustig
Jane McCreary
D.J. Simison

Photo Research
Jennifer Anderson

Design
Interior Design: Tina Widzbor,
Monotype Composition
Cover Design: Suzanne Montazer and
Ken Croghan, Monotype Composition

Cover Photo
Mónica Béjar Latonda

Production
Precision Graphics
Matthias Frasch, scan technician

We have attempted to locate owners of copyright materials used in this book. If an error or omission has occurred, EMC/Paradigm Publishing will acknowledge the contribution in subsequent printings.

ISBN 0-8219-2839-2

Published by EMC/Paradigm Publishing
875 Montreal Way
St. Paul, Minnesota 55102
800-328-1452
www.emcp.com
Email: educate@emcp.com

Printed in the United States of America
1 2 3 4 5 6 7 8 9 10 X X X 08 07 06 05 04

Amigos y amigas

Do you remember when you first decided to study Spanish? If you were fearful about how you would do, you were not alone. Traveling in uncharted waters can be frightening. However, having successfully completed *Navegando 1,* you have acquired a basic foundation for communicating in Spanish. Be proud of the skills you have developed in listening, speaking, reading and writing and the insight you have gained about how people live. You have also learned how to function in many circumstances people experience every day because *Navegando 1* provided you with opportunities for both step-by-step practice as well as open-ended creative self-expression in a variety of situations. During the coming year, you will have an opportunity to broaden your understanding of the Spanish-speaking world and your ability to communicate with others in *Navegando 2,* the second-level textbook.

Learning a language has always meant more than merely memorizing words and grammar rules and then putting them together, hoping to actually be able to communicate. Just as language is inseparable from culture, so is it inseparable from the authentic communication of thoughts and emotions. The culture of the Spanish-speaking world varies from one country to another. In *Navegando,* you will navigate your way, learning about others while at the same time learning how to share your ideas and feelings. These real-life learning experiences will introduce you to and expand your knowledge of language, geography, history and the arts. In *Navegando* you will learn not only fascinating information, but also problem-solving, survival and employment skills so that when you leave the classroom you can step right into the real world.

Are you ready to continue learning Spanish you can use in the real world? Experience the authentic: *Navegando.*

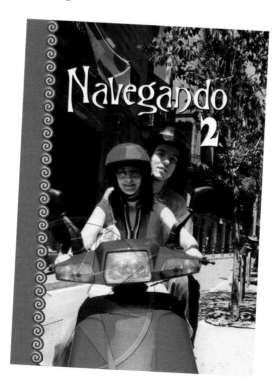

Contents

MAPAM
La lengua españ

OCÉANO GLAC

AN

MUNDI
ola en el mundo

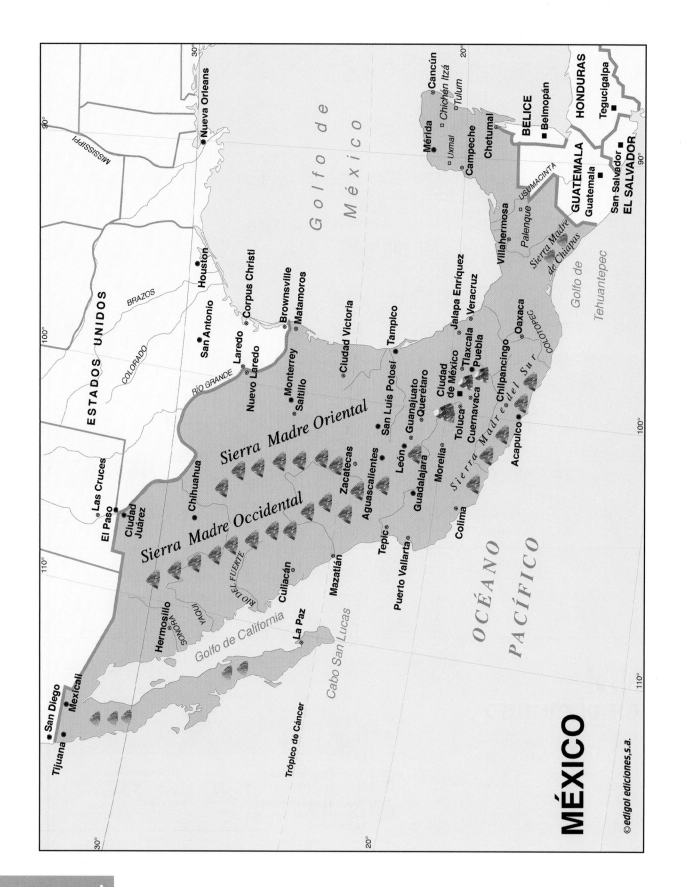

MÉXICO

©edigol ediciones, s.a.

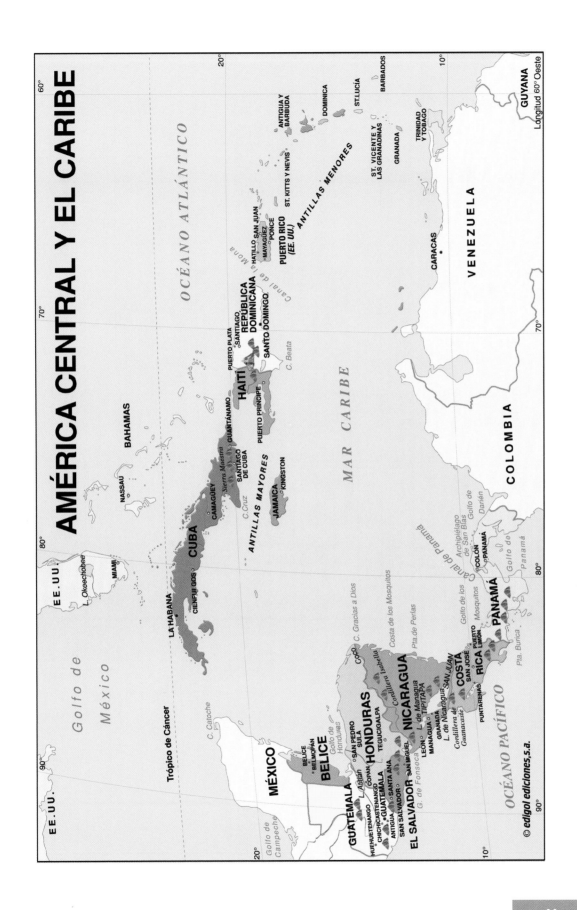

AMÉRICA CENTRAL Y EL CARIBE

EE.UU.

OCÉANO ATLÁNTICO

Golfo de México

Trópico de Cáncer

BAHAMAS

NASSAU

MIAMI
L. Okeechobee

C. Catoche

Golfo de Campeche

MÉXICO

LA HABANA
CIENFUEGOS

CUBA
CAMAGÜEY
Sierra Maestra
SANTIAGO DE CUBA
GUANTÁNAMO
C. Cruz

ANTILLAS MAYORES

JAMAICA
KINGSTON

PUERTO PLATA
SANTIAGO
REPÚBLICA DOMINICANA
SANTO DOMINGO
HAITÍ
PUERTO PRÍNCIPE
C. Beata

Canal de la Mona

HATILLO SAN JUAN
MAYAGÜEZ
PONCE
PUERTO RICO
(EE.UU.)

ANTIGUA Y BARBUDA

DOMINICA

ST. LUCÍA

BARBADOS

ST. KITTS Y NEVIS

ANTILLAS MENORES

ST. VICENTE Y LAS GRANADINAS

GRANADA

TRINIDAD Y TOBAGO

CARACAS

VENEZUELA

MAR CARIBE

GUATEMALA
HUEHUETENANGO
CHICHICASTENANGO
L. Atitlán
ANTIGUA
GUATEMALA
SANTA ANA

EL SALVADOR
SAN SALVADOR
SAN MIGUEL
G. de Fonseca

BELICE
BELMOPÁN
Golfo de Honduras
SAN PEDRO SULA
COPÁN
HONDURAS
TEGUCIGALPA
LEÓN
MANAGUA
L. de Managua
TIPITAPA
GRANADA
L. de Nicaragua
Cordillera de Guanacaste

COCO
C. Gracias a Dios
Cordillera Isabella
NICARAGUA

Costa de los Mosquitos
Pta. de Perlas

Golfo de los Mosquitos

SAN JUAN
COSTA RICA
PUERTO LIMÓN
SAN JOSÉ
PUNTARENAS

Pta. Burica

OCÉANO PACÍFICO

Archipiélago de San Blas
Golfo de Darién
COLÓN
PANAMÁ
PANAMÁ
Canal de Panamá
Golfo de Panamá

COLOMBIA

GUYANA

Longitud 60° Oeste

© edigol ediciones, s.a.

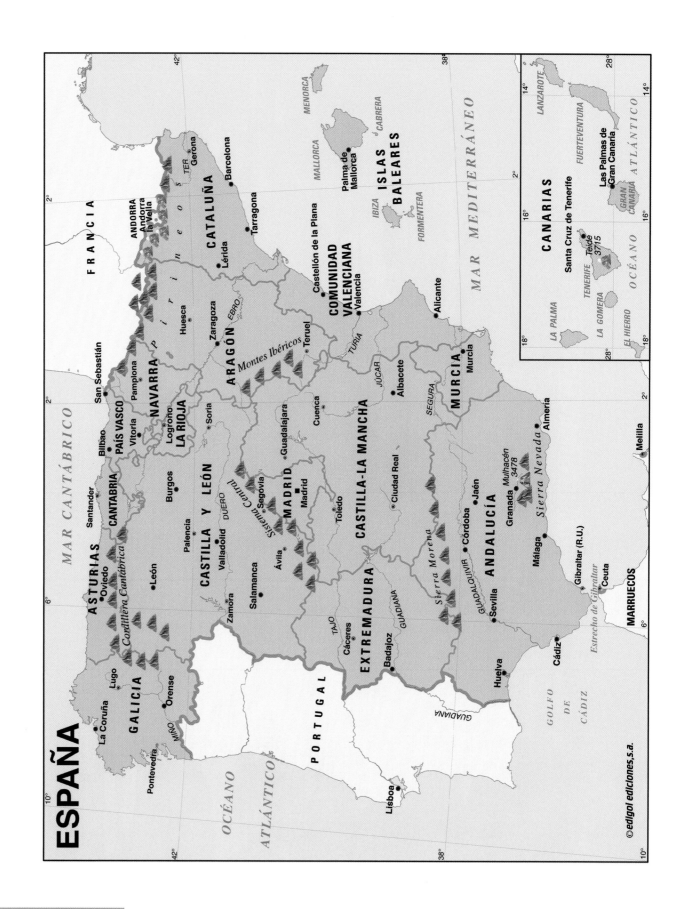

ESPAÑA

AMÉRICA DEL SUR

MAR CARIBE

G. de Venezuela

BARRANQUILLA
CARTAGENA
MARACAIBO CARACAS
L. de
Maracaibo
MÉRIDA
VENEZUELA

BUCARAMANGA
ARAUCA
MEDELLÍN
SANTA FE
DE BOGOTÁ
CALI
VILLAVICENCIO
PASTO
COLOMBIA

Delta del
Orinoco

GEORGETOWN
PARAMARIBO
GUYANA
SURINAM
CAYENA
GUAYANA
FRANCESA
(Fra.)

OCÉANO
ATLÁNTICO

QUITO
ECUADOR Cotopaxi
5896
GUAYAQUIL Chimborazo
6267
Golfo de CUENCA
Guayaquil
IQUITOS

Pta. Negra
CHICLAYO
TRUJILLO
PERÚ

CALLAO
LIMA
ICA
■ Machu Picchu
CUZCO

JULIACA
L. Titicaca
LA PAZ BOLIVIA
COCHABAMBA

ARICA
L. de Poopó
SUCRE
POTOSÍ

Estuario del
Amazonas

Ecuador

AMAZONAS

AMAZONAS

B R A S I L

FORTALEZA

RECIFE

SAN FRANCISCO

SALVADOR

BRASILIA

BELO HORIZONTE

OCÉANO
ATLÁNTICO

PARAGUAY

Trópico de Capricornio
ANTOFAGASTA

PACÍFICO

Gran Chaco

PARAGUAY
CONCEPCIÓN
PILCOMAYO
Itaipú
ASUNCIÓN
Cataratas
del Iguazú
RESISTENCIA
CORRIENTES

SÃO PAULO

RÍO DE JANEIRO

20

SAN MIGUEL
DE TUCUMAN

Aconcagua
6959
SAN JUAN
MENDOZA

IS. JUAN FERNÁNDEZ
(Chile)

VIÑA DEL MAR
VALPARAÍSO
SANTIAGO
DE CHILE
TALCA
CONCEPCIÓN

ARGENTINA

CÓRDOBA

PARANÁ

ROSARIO
BUENOS
AIRES
LA PLATA

SALADO

Pampas

URUGUAY

SALTO

URUGUAY
MONTEVIDEO
RÍO DE LA PLATA

OCÉANO
ATLÁNTICO

COLORADO
BAHÍA BLANCA
Pta. Norte
MAR DEL PLATA

VALDIVIA

NEUQUÉN NEGRO

PUERTO
MONTT
SAN CARLOS DE
BARILOCHE

Patagonia

Golfo de Penas

C. Tres Puntas

Bahía
Grande
Estr. de Magallanes

ISLAS MALVINAS (R.U.)

PUERTO STANLEY

GEORGIA DEL SUR (R.U.)

PUNTA ARENAS

TIERRA DEL
FUEGO

USHUAIA
Cabo de Hornos

Estr. de Drake

©edigol ediciones,s.a.

Los Andes

CHILE

Los Andes

Los Andes

Connections with Parents

Encouraging parents/guardians to become involved in what their children are learning will improve chances for student success. You can increase involvement by trying the following: During the first few days of class, send a letter home explaining objectives and expectations for the course; call students' homes with some bit of good news before you have to call about poor grades or misbehavior; give an assignment that asks for parents to interact with their child. The margins of the Annotated Teacher's Edition (ATE) provide additional suggestions and reminders for establishing and maintaining parental support.

Activities

Critical Thinking

Photographs, illustrations, and newspaper and magazine articles appear throughout *Navegando* so students can see how Spanish is used outside the classroom. Try to employ these supportive visuals on a regular basis, asking what conclusions students can draw from the information.

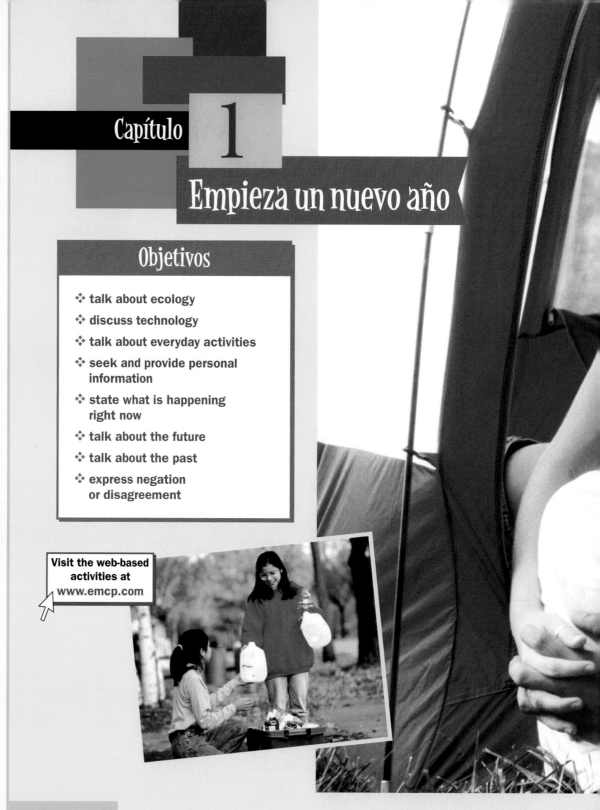

Capítulo **1**

Empieza un nuevo año

Objetivos

- ❖ talk about ecology
- ❖ discuss technology
- ❖ talk about everyday activities
- ❖ seek and provide personal information
- ❖ state what is happening right now
- ❖ talk about the future
- ❖ talk about the past
- ❖ express negation or disagreement

Visit the web-based activities at www.emcp.com

Notes *Navegando* is designed to support the national standards, blending the five Cs of communication, cultures, connections, comparisons and communities with pedagogically sound content, fun activities and an ongoing discussion of the wealth of opportunities that learning a language opens up for students.

Functional and communicative functions *(Objetivos)* are provided at the beginning of each chapter along with accompanying visuals to whet students' appetites for what they are about to learn. A checklist of the same functions appears at the end of each chapter so students can evaluate their own progress (see page 46).

El mundo hispano
Spanish is the official language of Spain, eighteen Latin American countries, Ecuatorial Guinea and Puerto Rico. Although many more use Spanish daily for both business and pleasure, more than 450 million people throughout the world consider Spanish as their official language.

Activities

Communities
Conduct a discussion with students about the various ways in which you and they were in touch with the Spanish-speaking world during the summer. Include topics such as travel, food, Internet, television, music or products they purchased. This activity will serve both as a review of previously learned vocabulary and as a foundation for conversing about topics of interest as students begin a new school year.

Technology
As part of your classroom management and introductory remarks, inform students that they will find activities that are related to the content of the textbook and additional supporting content for what they are learning in class by visiting the EMCParadigm Web site shown on the facing page.

uno 1

Notes Because students learn in a variety of ways and at different speeds, activities have been provided in the left and right margins of this ATE to address students' specific learning styles and needs. For example, activities address critical thinking, critical listening, TPR, etc., to better help you tailor your teaching to help students attain their maximum potential.

Icons in the side margins of the ATE indicate components that offer additional activities to reinforce and expand on the content taught in *Navegando*. These icons are explained in the ATE Introduction.

Teacher Resources

 La tecnología

 Activity 1

 Activity 1

 Activity 1

 Activity 1

 Activity 1

Content reviewed in *Lección A*
- present tense
- days of the week
- present progressive
- telling time
- future with *ir*
- preterite tense

Activities

Expansion
Use overhead transparency 1 to introduce the new words and expressions in *Vocabulario I*. Begin by showing students the transparency. Point out each new word and identify it once in Spanish. Students should repeat after you. As a second step, ask students to spell each word in Spanish.

Prereading Strategy
Play the audio CD recording of the new vocabulary. Instruct students to listen to and repeat the new words and expressions.

El mundo hispanohablante

Vocabulario I
La tecnología

el e-mail

el mundo

el celular

Hola a todos,

Estoy buscando información para mi tarea de ecología. Tengo un vínculo (www.ecomundial.gov) pero necesito conseguir otros para esta asignatura y no encuentro muchos más. Voy a seguir conectada a la Red por dos horas más.

Marta

el vínculo

Marta escribe un e-mail y navega en la internet. A Marta le gusta mucho la tecnología.

el fax

2 *dos*

Lección A

Notes Inform students that the link shown (www.ecomundial.gov) is intended as visual support to teach the term *vínculo*. The address is not real. You may wish to use the opportunity to discuss use of the Internet and offer a precaution about how to properly complete a Web search for information. Details and suggestions for doing Web-based projects are included in the ATE Introduction.

Tell your students that *encontrar* (on the computer monitor) is a stem-changing verb. Verb conjugation in the present tense, including stem-changing and irregular verbs, will be reviewed later in this chapter in sections titled *Repaso rápido*.

2

1 La tecnología

🔊 **Di si lo que oyes es cierto o falso, según la información en el Vocabulario I. Si es falso, di lo que es cierto.**

2 A completar

Completa las siguientes oraciones, usando una palabra apropiada de la caja.

internet   e-mail   celular

vínculo   información

1. Encuentro mucha __ en la Red.
2. Hoy recibí un __ de una amiga que vive en Madrid.
3. El número de __ de Rafael está siempre ocupado.
4. Necesito el __ de la página de internet para las actividades de español.
5. Navego por la __ todos los fines de semana.

3 ¿Qué hacen?

Di lo que las siguientes personas hacen, usando el presente de los verbos indicados y las pistas que se dan.

MODELO Agusto / comprar
Agusto compra una computadora nueva.

1. Rosario / buscar

2. Ernesto y Soledad / viajar

3. Javier / escribir

4. Gerardo y Marta / comprar

5. nosotros / leer

6. tú y yo / navegar

Capítulo 1

Student answer sheets for the activities indicated in the student textbook by the audio speaker icon 🔊 (the first activity after *Vocabulario I* and *II* and the third activity after *Diálogo I* and *II*) can be found at the end of the Audio CD Program Manual.

The script for all *Navegando 2* recorded content is provided in the Audio CD Program Manual.

Both *navegar* and *surfear* are common terms for surfing the Internet.

Teacher Resources

 Activity 1

Answers

1
1. Cierto.
2. Cierto.
3. Falso. Está buscando información para su clase de ecología.
4. Cierto.
5. Falso. Va a seguir conectada a la Red por dos horas más.

2
1. información
2. e-mail
3. celular
4. vínculo
5. internet

3
1. Rosario busca un celular.
2. Ernesto y Soledad viajan por el mundo.
3. Javier escribe un e-mail.
4. Gerardo y Marta compran un fax.
5. Nosotros leemos un libro de ecología.
6. Tú y yo navegamos por la Red.

Activities

Critical Thinking
Have students write ten cognates, listing the English equivalent of each Spanish word.

Expansion
You can review the present tense and the vocabulary on this page by discussing with students which of the items they have at home, what technology they use every day, etc.

Diálogo 1

¡Ay, qué aburridos!

ALBA: Pedro, ¿vas a terminar ya con la internet para poder ir al cine?
CARLOS: Sí, chico. La película empieza pronto.
PEDRO: Bueno, sólo estoy enviando un e-mail y vamos.

CARLOS: ¡Siempre estás conectado a esa computadora!
PEDRO: ¡Tú siempre estás hablando por ese celular!
ALBA: ¡Ay, qué aburridos! Uds. siempre están conectados a algo.

CARLOS: Es verdad Alba.
PEDRO: Sí, siempre estamos ocupados con la tecnología y no hacemos nada más.
ALBA: Entonces, ¡vamos!

4 ¿Qué recuerdas?

1. ¿Qué le pregunta Alba a Pedro?
2. ¿Qué hace Pedro?
3. ¿Quién está siempre conectado a una computadora?
4. ¿Quién está siempre hablando por el celular?
5. ¿Con qué están siempre ocupados?

5 Algo personal

1. ¿Tienes computadora en casa? ¿Para qué la usas?
2. ¿Usas la internet? ¿Cuál es tu vínculo favorito?
3. ¿Usas la internet para conseguir información? ¿Qué información buscas?
4. ¿Usas e-mail? ¿A quién envías correos electrónicos?
5. ¿Piensas que la tecnología es buena o mala?

6 ¿Qué hacen?

 Selecciona la foto que corresponde con lo que oyes.

A   **B**   **C**   **D**

Cultura viva

El mundo es un pañuelo

La expresión *El mundo es un pañuelo* nos habla de la realidad de nuestra vida de hoy. Gracias a la tecnología moderna, el mundo cada vez parece más pequeño. La tecnología de hoy nos permite estar conectados muy fácilmente con todo el mundo sin importar[1] en qué parte del planeta estamos. El acceso a todo tipo de información de cualquier país del mundo es casi inmediato. Por ejemplo, hoy un chico de Estados Unidos puede leer un

Navego en la Red.

Estamos conectados.

periódico de cualquier país de habla hispana con sólo estar conectado a la Red, aún[2] mejor, puede escuchar en directo la radio de estos países y

Nuestro mundo.

saber lo que pasa inmediatamente. Chicos de todos los países del mundo pueden hablar y ver en directo a chicos de otros países usando la internet. También pueden enviar fotos, videos, música y mucha más información con una velocidad[3] increíble. Es obvio que, con la tecnología, hoy todos estamos más conectados. ¡Qué tecnología tan fantástica tenemos!

[1]no matter   [2]even   [3]speed

7 El mundo de hoy

Responde sí o no a las preguntas de la encuesta *(survey)*.

8 Hablando de la encuesta

Trabajando con tres compañeros/as, hablen de sus encuestas. Escriban un resumen *(summary)* de los resultados. Luego, presenten la información a la clase.

Encuesta		
El mundo de hoy		
1. ¿Es la tecnología importante en tu vida?	sí	no
2. ¿Cuál de los siguientes aparatos tienes en tu casa?		
A. computadora	sí	no
B. cámara para la computadora	sí	no
C. fax	sí	no
D. teléfono celular	sí	no
3. ¿Está la computadora de tu casa conectada a la Red?	sí	no
4. ¿Escuchas la radio de otros países en la internet?	sí	no
5. ¿Lees periódicos de otros países en la internet?	sí	no
6. ¿Envías fotos a tus amigos por e-mail?	sí	no
7. ¿Tienes una página personal en la internet?	sí	no
8. ¿Usas la internet para hacer compras?	sí	no
9. ¿Es tu vida mejor porque usas la tecnología?	sí	no

Teacher Resources

 Activity 7

Answers

7 Answers will vary.
8 Answers will vary.

Activities

Expansion
Have students administer the survey shown in the bottom right-hand corner of page 5 to family members or friends. Then ask them to report their findings to the class.

Prereading Strategy
Have students apply some of the strategies they have learned for reading as they begin the *Cultura viva* on page 5. For example, have them read the title. Then have them skim the reading to find some cognates *(expresión, realidad, tecnología,* etc.). Ask students what they think the reading is about.

Language through Action
Have students greet several classmates in Spanish. Students should ask one another questions about the technology they use for schoolwork, for keeping in touch, for fun or for any other reason. Inform students they may tell one another whether they surf the World Wide Web *(navegar la Red),* send faxes or e-mail *(enviar el fax; el e-mail)* or use cell phones *(usar el celular),* and that they may make up any of the information they would like.

Notes The section *Cultura viva* offers interesting and useful information that will help students understand how life in the many Spanish-speaking parts of the world may be similar to or different from life in their community.

The icon indicates activities that students perform orally with one or more classmates. You may want to have students prepare the content in advance or follow up by writing a summary of their oral work.

Teacher Resources

 Activity 2

Answers

9 1. escriben
2. ven
3. escribo
4. navegan
5. aprenden
6. busca
7. leen
8. recibimos
9. ayuda

Activities

Cooperative Learning

Working in pairs, students make practice verb cards. Give each pair four blank vocabulary cards. Students can prepare cards on the present tense of any verbs in this lesson. They should fill in the English on one side of the card and the Spanish on the other side. Then the groups exchange cards to check for errors. When the cards have been corrected, have the groups pass the sets of cards from group to group while the partners take turns forming the verbs from English to Spanish. Partners check the Spanish side of the card for the correct response. Collect the cards and double-check them for errors after class. Then, reuse the cards for a few minutes every day as a good review for the test.

Idioma

Repaso rápido: present tense of *-ar, -er* and *-ir* verbs

Do you remember the endings for regular verbs in the present tense?

Verbos regulares

hablar: hablo, hablas, habla, hablamos, habláis, hablan
comer: como, comes, come, comemos, coméis, comen
vivir: vivo, vives, vive, vivimos, vivís, viven

9 Todos hacen algo

Completa las siguientes oraciones con la forma apropiada de los verbos entre paréntesis.

MODELO Javier <u>habla</u> con Gloria por el celular. (hablar)

1. Uds. __ un reporte para su asignatura de ecología. (escribir)
2. Mis amigos __ a unos amigos de España por la internet. (ver)
3. Yo __ un e-mail a mis amigos de Colombia. (escribir)
4. Julia y Andrés __ en la internet para buscar información. (navegar)
5. Algunos estudiantes __ a navegar por la Red. (aprender)
6. La profesora __ vínculos para su clase de ecología. (buscar)
7. Javier y Jairo __ el periódico en la internet. (leer)
8. Tú y yo __ e-mails de nuestros amigos de todo el mundo. (recibir)
9. Graciela __ a su hermana a enviar un fax a su colegio con la tarea. (ayudar)

Javier habla con Gloria.

Repaso rápido: present tense of verbs with irregularities

How many of these verb irregularities in the present tense do you recall?

Verbos irregulares

estar: **estoy, estás, está,** estamos, estáis, **están**
decir: **digo,** dices, dice, decimos, decís, dicen
hacer: **hago,** haces, hace, hacemos, hacéis, hacen
ir: **voy, vas, va, vamos, vais, van**
ser: **soy, eres, es, somos, sois, son**
tener: **tengo,** tienes, tiene, tenemos, tenéis, tienen
venir: **vengo,** vienes, viene, venimos, venís, vienen

Notes The Appendices at the end of *Navegando 2* include a grammar review, numbers, syllabification, accentuation and Spanish and English glossaries.

Before beginning activity 9, use transparencies, a wall map or the maps at the beginning of the textbook to show students where Spanish is spoken in the world.

An alternate form of *navegar* (sentence 5) is *surfear.* Similarly, although *la Red* is used here, many people prefer the term *la Web.*

All structures from the last three chapters of *Navegando 1* are retaught in *Navegando 2.*

Verbos con cambios en la raíz

cerrar: cierro, cierras, cierra, cerramos, cerráis, cierran
(Verbos similares: empezar, encender, nevar, pensar, preferir, querer, sentir)
pedir: pido, pides, pide, pedimos, pedís, piden
(Verbos similares: seguir, conseguir, repetir)
poder: puedo, puedes, puede, podemos, podéis, pueden
(Verbos similares: colgar, contar, costar, dormir, encontrar, llover, volver)
jugar: juego, juegas, juega, jugamos, jugáis, juegan

Tres verbos con acento

esquiar: esquío, esquías, esquía, esquiamos, esquiáis, esquían
enviar: envío, envías, envía, enviamos, enviáis, envían
continuar: continúo, continúas, continúa, continuamos, continuáis, continúan

10 Correo electrónico

Completa el diálogo entre Julia y Luisa con la forma apropiada del presente de los verbos indicados.

Julia: ¿(1. Tener) correo electrónico?
Luisa: Sí. Yo (2. tener) e-mail.
Julia: ¿Cuál (3. ser) la dirección de tu correo electrónico?
Luisa: Mi dirección (4. ser) luisa, arroba, comcas, punto, com.
Julia: ¿(5. Navegar) en la internet?
Luisa: Sí, mi hermana y yo (6. navegar) mucho en la internet.
Julia: ¿(7. Encontrar) Uds. mucha información usando la internet?
Luisa: Sí, yo (8. encontrar) mucha pero mi hermana no.
Julia: ¿(9. Hacer) amigos en los cuartos de charla?
Luisa: No, no (10. hacer) amigos en los cuartos de charla.

¡Extra!

Los apéndices

The Appendices at the end of *Navegando 2* provide a comprehensive verb reference. Use the section anytime you would like to review the formation of a regular or irregular verb.

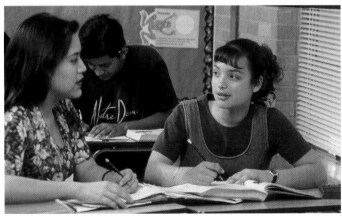

Julia y Luisa.

Teacher Resources

 Activity 2

 Activity 3

 Activities 2–5

Answers

10 1. Tienes
2. tengo
3. es
4. es
5. Navegas
6. navegamos
7. Encuentran
8. encuentro
9. Haces
10. hago

Activities

Cooperative Learning
Tell students to make a list of the chores they do during a typical week, along with the day(s) they do each task. Then have students pair up and talk about how they help out at home.

Critical Thinking
Have students state what technology they use every week. Then ask students to say what technology they use at home and what technology they use at school.

Students with Special Needs
Give a model for the first verb in the dialog for activity 10.

Notes The section *¡Extra!* offers additional vocabulary, notes and suggestions to students. It is not required content.

Remind students that *tener* is sometimes combined with *que* plus an infinitive to say what someone has to do: *Tengo que buscar un vínculo sobre la ecología.*

Ask your students how they think today's means of communication (e-mail, cellular phones, etc.) can improve their lives and the communities where they live.

Answers

11 1. Consigue el vínculo que está buscando.
2. No consigue el vínculo que está buscando.
3. No consiguen el vínculo que están buscando.
4. No conseguimos el vínculo que estamos buscando.
5. Consigues el vínculo que estás buscando.
6. Consigo el vínculo que estoy buscando.

12 1. están
2. habla
3. como
4. jugamos
5. puedes
6. piden
7. cierra
8. sigue

13 Answers will vary.

Activities

Language through Action
Ask students to prepare a list of Spanish verbs that represent actions they can perform. Then ask for volunteers to say the first-person singular form of verbs from the list while they perform the action in front of the class: *camino* (student walks), *canto* (student sings), etc.

Students with Special Needs
Say a day of the week and call on students to say what day comes next in sequential order. Extend the activity by repeating the idea with the months of the year.

---

11 Navegando

Las siguientes personas están navegando por la internet. Haz oraciones completas para decir si consiguen el vínculo que están buscando, usando las pistas que se dan.

MODELOS Elena (sí)
Consigue el vínculo que está buscando.

Pedro (no)
No consigue el vínculo que está buscando.

1. la profesora (sí)
2. Natalia (no)
3. Norberto y Mónica (no)
4. nosotros (no)
5. tú (sí)
6. yo (sí)

Elena consigue el vínculo.

12 A completar

Completa las siguientes oraciones con la forma apropiada de los verbos entre paréntesis.

1. Marta y Pedro *(estar)* muy cansados hoy.
2. Jorge *(hablar)* con Rosa por su celular.
3. Hoy yo *(comer)* tarde porque estoy ocupada con mi tarea.
4. Nosotros *(jugar)* a muchos juegos por la internet.
5. Tú *(poder)* encontrar toda la información para la tarea en la Red.
6. Uds. *(pedir)* información sobre ecología.
7. Alberto *(cerrar)* unas páginas Web que están abiertas en su computadora.
8. Julia *(seguir)* conectada a la Red.

13 El correo electrónico

 Pide la dirección de correo electrónico a tres compañeros/as de clase. Luego, escríbeles un mensaje con cinco cosas que vas a hacer el próximo fin de semana.

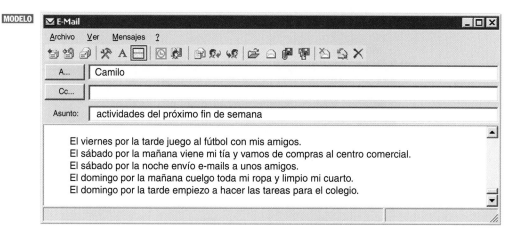

MODELO

E-Mail

Archivo   Ver   Mensajes   ?

A...   Camilo
Cc...
Asunto: actividades del próximo fin de semana

El viernes por la tarde juego al fútbol con mis amigos.
El sábado por la mañana viene mi tía y vamos de compras al centro comercial.
El sábado por la noche envío e-mails a unos amigos.
El domingo por la mañana cuelgo toda mi ropa y limpio mi cuarto.
El domingo por la tarde empiezo a hacer las tareas para el colegio.

Notes Before assigning activity 11, remind students about verbs with spelling changes. (You may wish to refer to the Appendices at the end of *Navegando 2*.) For example, the verbs *seguir* and *conseguir* require a spelling change, dropping the *u* before the letter *o*.

Tell students that the verb *seguir* is usually followed by *a* when indicating motion or when stating that one thing (or one person) follows another.

Before assigning activity 13, review the days of the week with students.

Repaso rápido: the present progressive

Use the present progressive tense to say what is happening right now. It is formed by combining the present tense of *estar* and the present participle (*gerundio*) of a verb.

$$\text{estar} + \text{gerundio}$$

The present participle of most Spanish verbs is formed by replacing the infinitive ending *-ar* with *-ando* and by replacing the infinitive endings *-er* and *-ir* with *-iendo*.

-ar	-er	ir
estudiar → estudiando	comer → comiendo	vivir → viviendo

Some stem-changing verbs require a different change in the present participle. This change is indicated by the second letter or set of letters shown in parentheses after infinitives in *Navegando 1*.

verbo	presente	gerundio
dormir (ue, u)	*duermo*	*durmiendo*
sentir (ie, i)	*siento*	*sintiendo*

but:

pensar (ie)	*pienso*	*pensando*
volver (ue)	*vuelvo*	*volviendo*

There are some irregular present participles:

decir	→	*diciendo*	*poder*	→	*pudiendo*
leer	→	*leyendo*	*traer*	→	*trayendo*
oír	→	*oyendo*	*venir*	→	*viniendo*

In addition, combine *seguir* with a present participle to say that someone keeps on doing something.

*Marta **sigue navegando** en la Red.*   Marta keeps surfing the Web.

Ella está estudiando física.

Teacher Resources

Activity 2

Activities 3–4

Activity 4

Activities 6–7

Activities

Critical Thinking
Tell students to imagine it is 8:00 on a typical Friday night. Then ask questions about what they are doing, what their friends and family are doing, etc., to elicit answers that require the present progressive. Discuss student answers to review the use of the present progressive tense in Spanish.

Expansion
Using what they discussed in the preceding Critical Thinking activity as a model, have students imagine it is a typical Saturday night at 8:00. Have students imagine what they are doing. Ask them to imagine what their family and friends doing. Then assign a composition in Spanish of at least eight sentences in which students describe what people they know are doing at that very moment. You may wish to model the first line of the composition for students.

Notes   As part of your review, stress that the present progressive describes an action in progress at the moment someone says something.

Inform students that the verb *seguir* is sometimes used with the present participle to indicate what someone continues to do: *Sigue navegando en la internet.* (He keeps surfing the Internet.)

Related activities can be found in the *Navegando* ancillaries, which are listed in the ATE Introduction. Assign support activities as needed.

9

Teacher Resources

Activity 14

Activities

Expansion
Call on students to look around them and say what people they see are doing: *Marcos está hablando; El profesor nos está haciendo preguntas; Yo estoy pensando.*

Spanish for Spanish Speakers
Pair up bilingual and nonbilingual students for activity 15.

Technology
As a way of promoting the use of technology, have students write an e-mail to a friend or key pal requesting the following information: telephone number, cellular number, fax number, favorite search engine on the Internet, favorite Web site, type of computer he/she uses, etc.

14 ¿Qué les gusta hacer?

¿Qué están haciendo las personas en las ilustraciones?

MODELO Marcela
Está navegando en la internet.

1. Jorge   **2.** nosotros   **3.** Alberto

4. Nubia   **5.** Rosa   **6.** Mario y Hugo

15 Por el celular

 Working in pairs, create a conversation in which you are talking on a cell phone. Ask what your partner is doing. The person must answer, making up an appropriate activity he/she is doing and what he/she is going to do afterwards. Next, even though your partner already has plans, invite him/her to do something. The person should refuse the invitation and must suggest another time when he/she can go with you to do the activity.

MODELO **A:** ¿Qué estás haciendo?
     B: Estoy mirando la televisión y, luego, voy a comer.
     A: ¿Puedes ir al cine a las ocho?
     B: No, no puedo ir hoy, pero sí puedo ir mañana.

Notes Before assigning activity 15, review with students how to tell time in Spanish: *Es* and *la* are used with *una* (*Es la una*); all other times use *son* and *las* (*Son las dos*); the word *y* is used to indicate time after an hour (*Son las dos y veinte*); likewise, the word *menos* is used to indicate time before an hour (*Es la una menos diez*). You may also wish to review the expressions *y cuarto* (a quarter past), *menos cuarto* (a quarter until) and *y media* (half past). Finally, mention that *quince* may be used instead of *cuarto*.

Explain that people in Spain and in some other Spanish-speaking countries refer to *el celular* as *el móvil*.

Repaso rápido: *ir a*

Remember to use the present tense of *ir* followed by *a* and an infinitive to talk about what is or is not going to happen in the near future.

$$\boxed{ir + a + infinitivo}$$

¿Qué vas a hacer?
Voy a enviar un fax.

What **are you going to do?**
I **am going to send** a fax.

16 La semana de Carlos

Di qué va a estar haciendo Carlos la semana que viene, según el siguiente horario.

MODELO El lunes que viene va a navegar por la internet.

FEBRERO

Lunes navegar por la internet

Martes escribir e-mails a mis amigos

Miércoles leer un libro sobre ecología

Jueves jugar videojuegos en la computadora

Viernes buscar información en la Red

Sábado ir al cine con Pedro

Domingo llamar a mi amiga Alba al celular

Soy Carlos.

17 Tu semana

Prepara tu horario para la semana que viene, usando el horario de Carlos como modelo (puedes inventar cualquier información). Luego, trabajando en parejas, alterna con tu compañero/a de clase en preguntar y contestar qué van a hacer, según sus horarios.

MODELO A: ¿Qué vas a hacer el lunes que viene?
         B: Voy a hablar con mis amigos de todo el mundo.

Answers

16 1. El martes que viene va a escribir e-mails a sus amigos.
2. El miércoles que viene va a leer un libro sobre ecología.
3. El jueves que viene va a jugar videojuegos en la computadora.
4. El viernes que viene va a buscar información en la Red.
5. El sábado que viene va a ir al cine con Pedro.
6. El domingo que viene va a llamar a su amiga Alba al celular.

17 Creative self-expression.

Activities

Multiple Intelligences (logical-mathematical)
After reviewing the use of *ir a* to talk about the future, ask students to work in small groups surveying classmates about their schedules for the week, using *ir a* + infinitive or the present tense to talk about the future. They must then summarize the results. As a final step, one student from each group should present the information to the class.

Notes The *ir a* + infinitive verb construction is commonly used as a substitute for the future tense, especially in Latin America.

As part of your classroom management, consider setting a time limit for each pair or group activity. You can hold students accountable by selecting pairs or groups to perform the task they are practicing or by having students select one person from each group to give a summary of the group's work to the class.

Teacher Resources

 La internet

 Activity 4

 Activity 2

 Activity 6

 Activity 6

 Activity 9

Activities

Expansion
Use overhead transparency 2 to introduce the new words and expressions in *Vocabulario II*. Begin by pointing out a new word and identifying it in Spanish. Students should repeat after you. Continue on to the next item and repeat the process. Then, as a second step, say a word or expression that appears on the transparency and call on students to spell each word in Spanish.

Prereading Strategy
Play the audio CD recording of the vocabulary and have students repeat the words as you show them overhead transparency 2.

Vocabulario II
La internet

Los chicos tienen una comunicación por internet.

12 *doce*

Lección A

Notes Narrative material and dialogs in *Navegando* provide spoken exposure to authentic Spanish in specific contexts. Students will hear Spanish speakers recorded on audio CDs. They are not expected to understand everything they hear, but they should listen carefully to the sounds, tone and rhythm of the language while trying to guess what topics are being discussed.

The term *chat room* is used both in English and among many Spanish-speaking technofiles to refer to a *cuarto de charla* (a Web site where people can write to one another and talk about topics of common interest). The term *chatear* refers to the act of chatting or communicating in a chat room.

18 ¿Cierto o falso?

Escucha las siguientes oraciones relacionadas con la tecnología. Di si lo que oyes es cierto o falso.

19 ¡A escribir!

Escribe un párrafo en español para decir cómo usaste la computadora el mes pasado. Usa las siguientes preguntas como guía.

- ¿Qué programas usaste?
- ¿Estuviste en algún cuarto de charla? ¿En cuál(es)?
- ¿Qué motores de búsqueda usaste?
- ¿Usaste la computadora para divertirte, para hacer tus tareas o para ambas cosas?
- ¿Qué es lo que más te gusta de las computadoras? ¿Y lo que menos te gusta?
- ¿Bajaste algún programa?

¿Qué programa usaste?

20 En un cuarto de charla

Completa la siguiente conversación, usando las palabras de la lista. Cada palabra se usa una vez.

| bajé | ambiental | vínculo | ecología |
| charla | contaminación | motor | navegando |

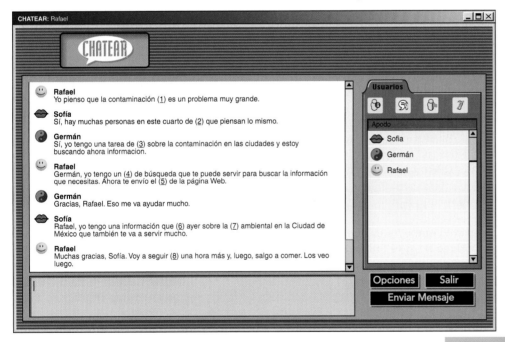

CHATEAR: Rafael

CHATEAR

Rafael
Yo pienso que la contaminación (1) es un problema muy grande.

Sofía
Sí, hay muchas personas en este cuarto de (2) que piensan lo mismo.

Germán
Sí, yo tengo una tarea de (3) sobre la contaminación en las ciudades y estoy buscando ahora informacion.

Rafael
Germán, yo tengo un (4) de búsqueda que te puede servir para buscar la información que necesitas. Ahora te envío el (5) de la página Web.

Germán
Gracias, Rafael. Eso me va ayudar mucho.

Sofía
Rafael, yo tengo una información que (6) ayer sobre la (7) ambiental en la Ciudad de México que también te va a servir mucho.

Rafael
Muchas gracias, Sofía. Voy a seguir (8) una hora más y, luego, salgo a comer. Los veo luego.

Usuarios

Apodo

Sofía

Germán

Rafael

Opciones   Salir

Enviar Mensaje

Capítulo 1

trece **13**

Teacher Resources

 Activity 18

Answers

18 1. Cierto.
2. Falso.
3. Cierto.
4. Cierto.
5. Falso.
19 Creative writing practice.
20 1. ambiental
2. charla
3. ecología
4. motor
5. vínculo
6. bajé
7. contaminación
8. navegando

Activities

Cooperative Learning

As a follow-up to activity 19, have students form small groups and talk about how they have used computers over the last month. Inform students that one member of their group will be summarizing the discussion for the class.

Technology

Have students do an Internet search, using a search engine such as Google or Yahoo, to find Spanish-language sites that deal with *la ecología* or *la contaminación ambiental*. Make certain to explain any Web-use policies your school may have before assigning the project.

Notes Internet and Web terms are in a state of flux. The decision to use the feminine and lowercase term *la internet* in Spanish is in accordance with the Academy of the Spanish Language (*Real Academia de la lengua española*, abbreviated RAE), which is a common source for generally accepted terms throughout the Spanish-speaking world. However, it is not uncommon to see the term capitalized and/or masculine.

Students may find it interesting that a spider's web is a *telaraña*. In Spanish, the word **Web** refers only to the World Wide Web.

13

Teacher Resources

 ¡Tanta contaminación ambiental!
Activities 21–23

Answers

21 1. Sí, les gustó mucho.
2. También fue muy triste.
3. Fue sobre la contaminación ambiental.
4. Le recuerda la tarea de ecología.
5. Usó un motor de búsqueda nuevo.

22 Answers will vary.

23 1. Falso. Estaban en una película.
2. Falso. Tienen que hacer una tarea para la clase de ecología.
3. Cierto.
4. Falso. Usó un motor de búsqueda nuevo.
5. Cierto.
6. Cierto.

Activities

Expansion

Additional questions *(¿Qué recuerdas?)*: *¿Qué le pide Pedro a Alba que le compre?*; *¿Quién es malo?*

Prereading Strategy

Instruct students to cover the dialog with one hand and look at the illustration. Ask them to imagine where the conversation takes place and what the people are saying to one another.

Diálogo II

¡Tanta contaminación ambiental!

ALBA: ¡Qué buena la película!
CARLOS: Sí, muy buena, pero también muy triste.
PEDRO: ¡Tanta contaminación ambiental!

ALBA: Me recuerda que debo hacer la tarea.
CARLOS: ¿La tarea para la clase de ecología?
ALBA: Sí, pero no sé cómo puedo conseguir más información.

PEDRO: Yo usé un motor de búsqueda nuevo y conseguí mucha información.
ALBA: ¿Qué motor de búsqueda usaste?
PEDRO: Es nuevo, pero te digo sólo si me compras un helado.
CARLOS: ¡Qué malo eres!

21 ¿Qué recuerdas?

1. ¿Les gustó la película a los chicos?
2. ¿Cómo fue la película?
3. ¿Sobre qué fue la película?
4. ¿Qué le recuerda la película a Alba?
5. ¿Qué usó Pedro para conseguir mucha información?

22 Algo personal

1. ¿Te gusta la ecología? ¿Por qué?
2. ¿Hay contaminación donde vives?
3. ¿Eres bueno/a para navegar en la internet? ¿Puedes encontrar toda la información que buscas?
4. ¿Qué motores de búsqueda usas?

23 ¡Tanta contaminación ambiental!

 Di si lo que oyes es cierto o falso, según el Diálogo II. Si es falso, di lo que es cierto.

¿Hay contaminación?

Notes Students will hear Spanish speakers orally perform dialogs and narrative material in the textbook, providing exposure to authentic spoken Spanish in specific contexts. Students are not expected to understand everything they hear. However, they should listen carefully to the sounds, tone and rhythm of the language while trying to guess what topics are being discussed.

A recorded version of this dialog is provided in the *Navegando* Audio CD Program. If possible, use the audio CD before exposing students to the written version of the dialog.

Cultura viva

Un problema de todos

Uno de los problemas más importantes que afectan hoy a todo el mundo es la contaminación ambiental. El humo[1] de las industrias y de los carros, la destrucción de los bosques, la disminución de la capa de ozono[2] y el abuso de los recursos naturales son factores que ayudan a que día a día tengamos más problemas ecológicos. La situación es muy difícil, y mientras que algunos grupos ecologistas tratan de hacer algo por el planeta, muchos de nosotros no hacemos nada.

Debemos usar más bicicletas.

Todos debemos ayudar con el problema de la contaminación ambiental. ¿Y qué debemos hacer? Para empezar, no debemos tirar[3] basura en la calle, ni en los parques, ni en los ríos. Debemos cuidar las plantas, los árboles y los animales. Debemos usar más la bicicleta que el carro. Luego, podemos crear cuartos de charla y páginas Web para hablar sobre el problema. Todos debemos trabajar juntos para el bien de nuestro planeta y la vida de los que vivimos en él.

Todos debemos ayudar.

[1] smoke   [2] depletion of the ozone layer   [3] throw

24 Conexión con otras disciplinas: ecología

Estudia la contaminación ambiental en algunas ciudades de los Estados Unidos o de los países de habla hispana. Luego, di qué piensas tú que podemos hacer para ayudar con este problema. Busca información en la biblioteca o en la internet si es necesario.

¡Oportunidades!

Aprender ofreciendo servicio a otros (Service learning)
Most people recognize the importance of classroom learning. However, it is equally important to make real-life connections by using your knowledge in the community as actively involved citizens. One way you can do this is to exercise your right to vote. Another way to demonstrate good citizenship on a local, national or international level is by volunteering to serve others. For example, would you like to do something about the problem of environmental pollution? Instead of talking about the problem, make some calls around your community, or try searching the World Wide Web to find a group with similar interests.

Capítulo 1   *quince* 15

Teacher Resources

 Activity 7

 Activity 7

Answers

24 Answers will vary.

Activities

Communities
Have students form small groups and brainstorm a list of ideas for service learning that involve using Spanish. Then have each group share their ideas with the rest of the class. Each group must then select a community service project and create a service plan. Inform students they will be evaluated based upon the following: Did they access information efficiently and effectively? How well did they prioritize tasks? Did they complete work according to their plan? Did they monitor and adjust the plan? How well did they meet deadlines? Did they continue to try despite obstacles? Did they contribute to the group with ideas, suggestions and effort? Did they work productively in various group role assignments? How well did they collaborate with a variety of people from diverse backgrounds? After completing the service, evaluate the project.

Spanish for Spanish Speakers
Have students tell the class about the most important ecological issues in their countries of origin or of those of their relatives.

Notes Activities with the title *Conexión con otras disciplinas* are intended specifically to offer cross-curricular learning opportunities.

Activity 24 addresses cross-curricular learning (ecology), the multiple intelligences (intrapersonal) and critical thinking (problem solving).

The section *¡Oportunidades!* appears in every chapter of *Navegando*, addressing the future opportunities that learning Spanish will provide for students in the areas of careers, travel, college, success, personal fulfillment, etc.

Answers

25 1. llegaron
2. navegué
3. buscó
4. ayudó
5. pasó
6. trabajaron
7. hablaron
8. busqué
9. empecé

Activities

Students with Special Needs
Practice conjugating several verbs with students using *vosotros* and *vosotras*. First, try several verbs in the present tense. Then, after presenting the preterite tense of regular *-ar* verbs, practice conjugating some verbs in the preterite tense. Verb charts present forms throughout the book and the Appendices offer examples for reference.

TPR
Give students several commands and have them restate the actions in the past: You say *"Cierre la puerta"* and *"Abra la puerta"*; students then restate the actions: *Él/Ella cerró la puerta y, luego, la abrió.* Continue by asking a series of questions: *¿Quién abrió la puerta? ¿La abrí yo? ¿La abriste tú?* (You can do the activity with any verbs that lend themselves to commands.)

 **Idioma**

Repaso rápido: preterite tense of *-ar* verbs

Use the preterite tense when you are talking about actions or events that were completed in the past. Form the preterite tense of a regular *-ar* verb by removing the last two letters from the infinitive and attaching the endings shown.

lavar					
yo	lav**é**	I washed	nosotros nosotras	lav**amos**	we washed
tú	lav**aste**	you washed	vosotros vosotras	lav**asteis**	you washed
Ud. él ella	lav**ó**	you washed he washed she washed	Uds. ellos ellas	lav**aron**	you washed they washed they washed

Note: Regular verbs that end in *-car* (buscar, explicar, sacar, tocar), *-gar* (apagar, colgar, jugar, llegar) and *-zar* (empezar) require a spelling change in the *yo* form of the preterite in order to maintain the original sound of the infinitive.

infinitivo			pretérito
bus**car**	*c*	→ *qu*	yo bus**qué**
nave**gar**	*g*	→ *gu*	yo nave**gué**
empe**zar**	*z*	→ *c*	yo emp**ecé**

25 ¿Qué pasó ayer?

Completa las siguientes oraciones con la forma correcta del pretérito de los verbos entre paréntesis para decir lo que pasó ayer en tu casa.

1. Mis amigos *(llegar)* temprano.
2. Yo *(navegar)* en la internet por la noche.
3. Daniel *(buscar)* información en la Web.
4. Ángela me *(ayudar)* mucho a buscar información.
5. Ella *(pasar)* a recoger mi tarea.
6. Uds. *(trabajar)* todo el día en la tarea de ecología.
7. Todos *(hablar)* mucho sobre el problema de la contaminación.
8. Yo *(buscar)* más información con un motor de búsqueda nuevo.
9. Yo *(empezar)* a tener sueño a las diez.

Notes Stem-changing verbs that end in *-ar* are regular in the preterite tense. That is, they do not require a spelling change, and they use the regular preterite endings (e.g., *pensar, comenzar*).

Give several examples of preterite-tense verbs that require a spelling change before assigning activity 25.

Estructura

Talking about the past: preterite tense of -er and -ir verbs

Form the preterite tense of regular -er and -ir verbs by removing the last two letters from the infinitive and adding the same set of endings for either type of verb.

aprender	
aprend**í**	aprend**imos**
aprend**iste**	aprend**isteis**
aprend**ió**	aprend**ieron**

escribir	
escrib**í**	escrib**imos**
escrib**iste**	escrib**isteis**
escrib**ió**	escrib**ieron**

Aprendí sobre la contaminación ambiental.   I **learned** about environmental pollution.
¿Le escribió Juan un e-mail a su amiga?   **Did** Juan **write** an e-mail to his friend?

Note: Stem changes that occur in the present tense for -ar and -er verbs do not occur in the preterite tense. However, -ir verbs that have a stem change in the present tense require a different stem change in the preterite tense for *Ud., él, ella, Uds., ellos* and *ellas.* This second change is shown in parentheses after infinitives in this book. Some verbs that follow this pattern include *dormir (ue, **u**), mentir (ie, **i**), pedir (i, **i**), preferir (ie, **i**), repetir (i, **i**)* and *sentir (ie, **i**).* The stem changes do not interfere with the verb endings.

dormir	
dormí	dormimos
dormiste	dormisteis
d**u**rmió	d**u**rmieron

pedir	
pedí	pedimos
pediste	pedisteis
p**i**dió	p**i**dieron

preferir	
preferí	preferimos
preferiste	preferisteis
pref**i**rió	pref**i**rieron

Práctica

26 ¿Qué hiciste?

Use the verbs shown to state ten things you or someone else did or did not do yesterday.

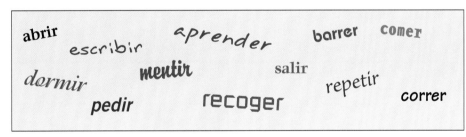

abrir   aprender   barrer   comer
escribir   salir
dormir   mentir   repetir   correr
pedir   recoger

MODELO correr
Yo corrí ocho kilómetros.

 Activity 5

 Activities 10–12

 Activity 8

 Activities 10–11

Answers

26 Answers will vary.

Activities

Expansion
Ask students to develop a series of statements or a short paragraph summarizing the household chores that immediate family members did yesterday.

Pronunciation (verbs)
Model each verb in the *Estructura* and have students repeat. Then call on students to use the verbs, correctly conjugated, in past-tense sentences. This activity would be appropriate for all charts containing verbs in *Navegando.*

Students with Special Needs
As part of your classroom management at the start of the year, instruct students how to use the information provided in the Appendices at the end of *Navegando 2.* You can use this handy reference anytime you cover a structure that causes problems for students or when you are reviewing previously taught content, such as the present tense.

Notes Stem-changing verbs that end in -er are regular in the preterite tense. That is, they do not require a spelling change, and they use the regular preterite endings (e.g., *volver*).

Stem-changing verbs that end in -ir change their third-person forms in the preterite tense, but they still require the regular preterite endings (e.g., *sentir, dormir*).

Whereas the *Práctica* activities offer basic mechanical and/or meaningful practice on structures, the *Comunicación* activities provide open-ended opportunities for self-expression.

27 En la internet

 Working in pairs, pretend you and two friends are talking on line about things you have done. What might the conversation sound like, based upon the provided cues?

MODELO recoger el nuevo celular
　　A: ¿Recogiste tu nuevo celular?
　　B: Sí, (No, no) lo recogí.

1. escribir el número de fax
2. aprender a navegar en la internet
3. conseguir vínculos buenos
4. escoger páginas Web para buscar información
5. seguir buscando vínculos en la Red

¿Recogiste tu nuevo celular?

28 ¿Qué hicieron ayer?

Usa elementos de cada columna para hacer siete oraciones completas y decir lo que hiciste ayer.

MODELO Yo pedí tres programas para mi computadora.

tú y yo	pedir	información para la clase de ciencias
Uds.	estar	vínculos interesantes en la Red
la profesora	dormir	libros sobre la contaminación ambiental
Ud.	hablar	tres programas para mi computadora
la chica	conseguir	la tarea de español
los chicos	recoger	con mis amigos en la internet
tú	repetir	casi ocho horas
yo	buscar	correos electrónicos de todo el mundo

29 En la Red

 En parejas, hablen Uds. de lo que pasó cuando navegaban en la Red buscando información para una de sus asignaturas del colegio.

MODELO encontrar/vínculos
　　A: ¿Qué encontraste?
　　B: Yo encontré más de cien vínculos en español.

¿Qué encontraste?

Notes Activities in *Navegando* appeal to a variety of interests and abilities. They may be for individual work or for pairs or groups. Some activities are oral, and others are written. Activities may be simple and address isolated skills, or they may be challenging and combine speaking, reading, writing and reading, all in a cultural context.

Comunicación

 **30 La semana pasada**

Make a list of some things you did in the past week. Then, in small groups, talk about the activities on everyone's list. One person starts by mentioning something he or she did. Then others in the group ask questions such as when and with whom you did each activity. You may wish to include some of the following activities: *escribir un correo electrónico, dormir tarde, comer en un restaurante, salir con amigos*, etc.

Escribí un correo electrónico.

> **MODELO** **A:** Escribí un correo electrónico.
> **B:** ¿A quién se lo escribiste?
> **A:** Se lo escribí a un amigo en Panamá.
> **C:** ¿Cuándo escribiste el correo?
> **A:** Lo escribí anteayer.

31 Competencia loca

Trabajando en grupos de cuatro estudiantes, inventen tres cosas locas y divertidas que hicieron ayer y escríbanlas en un papel.
Luego, compártanlas con los miembros del grupo. Finalmente, decidan quién contó las historias más creativas y chistosas. La persona con las historias más locas debe presentarlas al resto de la clase.

Capítulo 1

Answers

30 Creative self-expression.
31 Creative self-expression.

Activities

Cooperative Learning
Ask students to work with a partner and talk about what they did during the summer. They must take turns so that both students have an opportunity to talk about their activities. They should also mention with whom they did these activities. Tell students they should be prepared to report to the class what they discussed with their partner.

Pronunciation (cognates)
Have students practice saying the cognates learned thus far in the lesson (*el fax, el celular, el e-mail, la información, la ecología, la tecnología, la internet*), being careful to use the correct Spanish pronunciation rather than pronouncing the words as they would in English.

Notes Set a time limit for each pair or group activity, such as activity 31.

The terms *correo electrónico* and *e-mail* are used interchangeably.

Answers

32 1. En áreas como la ciencia, la comunicación y la educación.
2. Que no hay lugares para poner lo aparatos tecnológicos que no usamos y estos aparatos son malos para el medio ambiente.
3. No cambiar de celular o computadora cada año.
4. Nosotros debemos ser los guardianes del futuro.

33 Answers will vary.

Activities

Expansion

This *Lectura cultural* offers a good opportunity for you to conduct a class discussion or have a debate about technology and the future. Be sure to review the conjugation of *deber* and *tener que* before starting the activity.

Technology

Have students look for articles on the Internet that discuss "techno trash." Ask them to come up with several ideas for solving this problem.

Lectura cultural

Los guardianes del futuro

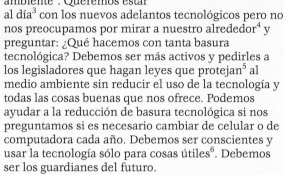

La tecnología del mundo actual nos trae maravillosos adelantos[1] en áreas como la ciencia, la comunicación y la educación, pero también hay una parte negativa en todo esto. La tecnología avanza tan rápidamente, que debemos cambiar de computadoras y celulares muy frecuentemente. ¿Y cuál es el problema? Nos hacen falta lugares para poner todos los aparatos que no usamos y estos aparatos son

muy malos para el medio ambiente[2]. Queremos estar al día[3] con los nuevos adelantos tecnológicos pero no nos preocupamos por mirar a nuestro alrededor[4] y preguntar: ¿Qué hacemos con tanta basura tecnológica? Debemos ser más activos y pedirles a los legisladores que hagan leyes que protejan[5] al medio ambiente sin reducir el uso de la tecnología y todas las cosas buenas que nos ofrece. Podemos ayudar a la reducción de basura tecnológica si nos preguntamos si es necesario cambiar de celular o de computadora cada año. Debemos ser conscientes y usar la tecnología sólo para cosas útiles[6]. Debemos ser los guardianes del futuro.

[1]advances [2]environment [3]to keep up to date [4]around us [5]laws that protect
[6]for useful purposes

32 ¿Qué recuerdas?

1. ¿En qué áreas trae adelantos la tecnología?
2. ¿Cuál es una parte negativa de la tecnología?
3. ¿Qué podemos hacer para ayudar a la reducción de tanta basura tecnológica?
4. ¿Quiénes deben ser los guardianes del futuro?

33 Algo personal

1. ¿Por qué crees que la tecnología no ayuda con el problema de la contaminación ambiental?
2. ¿Cambias de computadora o de celular cada año? Explica.
3. ¿Por qué crees que la tecnología cambia tanto?

> • Compare the usage of technology (cell phones, computers, etc.) between the population in the United States and the population in a Spanish-speaking country. You can find out how many cell phones or computers per capita there are in the States versus the other country, or how many hours of Internet usage people in your age group in the States have versus other countries, etc. What are your main findings?

Notes The *Lectura cultural* offers students the opportunity to use newly acquired skills in Spanish to learn about the world.

Inform students that more than 80 percent of all obsolete computers end up in the trash. Hundreds of millions of these end up in landfills or garbage incinerators.

This hardware contains many materials harmful to the environment. Although more prevalent in the United States, this problem occurs in Spanish-speaking countries as well.

¿Qué aprendí?

Visit the web-based activities at www.emcp.com

Autoevaluación
Como repaso y autoevaluación, responde lo siguiente:

1. What three forms of modern technology have you used recently?
2. State in Spanish your e-mail address or the e-mail address of someone you know.
3. Name two things you do weekly using a computer.
4. Say two things that are happening right now.
5. List three things you are going to do this week.
6. What do you know about environmental pollution?
7. What are some things you can do to help solve environmental problems?
8. Tell two things that you did last week using modern technology.

Palabras y expresiones

La tecnología
el celular
conectado,-a
el cuarto de charla
el e-mail
el fax
la internet

el motor de búsqueda
el programa
la Red
la tecnología
el vínculo
la Web

Verbos
bajar
conseguir (i, i)
encontrar (ue)
navegar
seguir (i, i)

Otras expresiones
la asignatura
la comunicación

la contaminación
    ambiental
la ecología
la información
el mundo

Habla por el celular.

El mundo.

Centro internet.

Capítulo 1

veintiuno 21

Teacher Resources

📝 **Activity 13**

💬 **Information Gap Activities
Postcard Activities
*Funciones de Comunicación***

Answers

Autoevaluación
Possible answers:
1. la computadora, la internet, el celular, el correo electrónico/el e-mail, el fax
2. Answers will vary.
3. Envío e-mails. Navego en la internet. Hago tareas.
4. Estoy leyendo este libro. Mis amigos están hablando español.
5. Voy a ir al colegio todos los días. Mi familia y yo vamos a ir al cine el viernes. Voy a jugar al fútbol este fin de semana.
6. Answers will vary.
7. Answers will vary.
8. Navegué en la internet. Bajé programas para mi computadora. Conseguí información para mi tarea.

Activities

Cooperative Learning
Have students work in pairs, describing one of the words listed on page 21 while the partner guesses what the object is.

Notes The section *¿Qué aprendí?* that appears at the end of lessons (pp. 21, 41, etc.) enables students to check their own progress. The section provides a self-test (*Autoevaluación*) they can use to measure their progress in learning the main elements of the lesson when preparing for the lesson test. It also has a thematic vocabulary list students can use to evaluate which words they recognize and which words they should review.

Students can obtain answers to the *Autoevaluación* by visiting the EMCParadigm Web site at www.emcp.com.

Content reviewed in *Lección B*

- family
- preterite tense
- everyday activities
- negative expressions
- clothing
- object pronouns
- household chores

Activities

Prereading Strategy
Play the audio CD recording of the vocabulary and have students repeat the words while showing them overhead transparency 3.

Pronunciation
Model the pronunciation of several words and phrases from *Vocabulario I* for students to repeat.

Lección B
El mundo hispanohablante

Vocabulario I
Las vacaciones pasadas

22 *veintidós*

Lección B

Notes Play the audio CD of *Vocabulario I* to provide students with pronunciation practice before they try to figure out the meaning of the new words and expressions on pages 22–23.

Explain that *un camping* is **a campground**; *ir de camping* is **to go camping**.

Other terms for **picnic** include *excursión campestre* and *merienda en el campo*.

camping07.jpg

La familia de camping.

picnic03.jpg

Alberto de picnic.

bote05.jpg

Alberto de paseo en bote.

crucero09.jpg

Los papás fueron de crucero.

1 ¿Cierto o falso?

Di si lo que oyes es cierto o falso, según la información en el Vocabulario I.
Si es falso, di lo que es cierto.

2 ¿Qué decimos?

Completa los siguientes minidiálogos con las palabras apropiadas de la caja.

> camping   crucero   chismes
>
> picnic   noticias   botes

A: ¿Te gustaría ir de viaje en un (1)?
B: No, no me gustan los barcos grandes, prefiero los (2) pequeños.

A: Estoy leyendo el periódico para saber las últimas (3).
B: ¡Qué bueno! A mí sólo me gustan los (4).

A: Vamos a tener un (5) este fin de semana, ¿vienes?
B: No, no puedo. Nos vamos de (6) a un parque con unos amigos.

Capítulo 1

veintitrés 23

Notes The script for all *Navegando 2* recorded content is provided in the Audio CD Program Manual. This includes the *Vocabulario I* on page 22 and activity 1 on page 23.

Student answer sheets have been provided for the activities indicated in the student textbook by the audio speaker icon , such as activity 1, for teachers who wish to use them. These reproducible answer sheets can be found at the end of the Audio CD Program Manual.

Use transparency 3 to introduce the new words and expressions in *Vocabulario I*.

Teacher Resources

Activity 3

Answers

1 1. Cierto.
2. Cierto.
3. Falso. Alberto dio un paseo en bote.
4. Cierto.
5. Falso. Los padres de Elena visitaron varios países.
6. Falso. Elena sí quiere saber chismes y noticias de Sonia.

2 1. crucero
2. botes
3. noticias
4. chismes
5. picnic
6. camping

Activities

Critical Listening
Play the audio CD containing *Las vacaciones pasadas*. Tell students to listen for the main ideas. Finally, have several individuals state what they believe is the main theme of the e-mail.

Critical Thinking
Before playing the audio CD for *Vocabulario I*, ask students if they can guess where the people are. Then ask what they are probably discussing.

Prereading Strategy
Have students look at *Vocabulario I* and identify cognates and other words they recognize. Then ask students to summarize what each photo caption on page 23 says.

Activities

Critical Listening
Play a recorded version of the dialog using the *Navegando* Audio CD Program. Tell students to look at the photographs as they imagine what the people are saying. Finally, have several individuals state what they believe is the main theme of the conversation.

Critical Thinking
Ask if students know what country Pablo was in when he wrote the e-mail to Ignacio. Answer: Puerto Rico.

Expansion
Additional questions (*¿Qué recuerdas?*): *¿Hay campings en los cruceros?; ¿Quién es tonto según Iganacio?* Additional questions (*Algo personal*): *¿Qué es de locos para ti?; ¿Conoces algún cibercafé?*

Diálogo I
El crucero de Pablo

IGNACIO: Acabo de recibir un e-mail de Pablo desde su crucero.
EDUARDO: ¿Y te escribió desde el crucero?
IGNACIO: No, me escribió desde un cibercafé en San Juan.

EDUARDO: ¡Qué bueno! ¿Y te contó algún chisme?
IGNACIO: Me contó que estuvo en un camping.
EDUARDO: Chico, ¡en los cruceros no hay campings!

IGNACIO: No, hombre, cuando el crucero llegó a San Juan fueron a visitar a su hermano a un camping en el Yunque.
EDUARDO: Ah, bueno, porque creo que ir de camping en un crucero es de locos.
IGNACIO: ¡Qué tonto eres, Eduardo!

3 ¿Qué recuerdas?

1. ¿Qué acaba de recibir Ignacio?
2. ¿Desde dónde escribió Pablo?
3. ¿Qué le contó Pablo a Ignacio?
4. ¿Adónde fue Pablo a visitar a su hermano?
5. ¿Qué es de locos según Eduardo?

4 Algo personal

1. Di algo que acabas de hacer.
2. ¿Te gusta ir de camping? ¿Por qué?
3. ¿Adónde te gustaría ir de crucero?

5 ¿Qué hacen?

 Selecciona la letra de la ilustración que corresponde con lo que oyes.

A   **B**   **C**   **D**   **E**

> **¡Extra!**
>
> **Acabar de**
> Remember you can tell what someone has just done recently by using the expression *acabar de* in the present tense followed by an infinitive.
>
> **Acabo de venir** *de camping.*   **I just came (have just come)** from camping.

Notes Ignacio says that Pablo sent him an e-mail from San Juan, Puerto Rico. The official status of Puerto Rico is that of a U.S. Commonwealth (*Estado Libre Asociado*). It is a stopover for many cruise ships sailing in the Caribbean.

Northeastern Puerto Rico is home to El Yunque, a famous part of the Caribbean National Forest. Besides Hawaii, El Yunque contains the only tropical rain forest in the United States.

The expression *acabar de* that Ignacio uses in the dialog is usually taught in the present tense. However, it also may be used in the past when indicating that an action was just completed by a certain time.

Cultura viva

Los cibercafés

Francisco Peralta, un estudiante de Florida, conversa a través de[1] la computadora con un estudiante en Guinea Ecuatorial. En otra mesa, una chica argentina lee las noticias de Buenos Aires en el periódico digital La Nación mientras[2] toma un refresco. Al lado de ella, un señor busca información sobre hoteles en Granada, España. ¿Dónde están todos ellos? Todos ellos están en un cibercafé.

Los cibercafés son hoy lugares muy populares en los países de habla hispana. Allí los cibernautas

Cibercafé en Quito.

(personas que navegan por la internet) pueden tomar una bebida o comer unas tapas mientras escriben un correo electrónico o navegan en la internet. El número de cibercafés está creciendo[3] en todo el mundo hispano. España es el país con el mayor número de cibercafés en Europa. En 1997 habían 30 cibercafés en México, hoy hay más de 500. Para los hispanos, estar conectados con el mundo es algo muy importante.

Soy una cibernauta.

[1] by means of   [2] while   [3] growing

6 Los cibercafés

Contesta las siguientes preguntas.

1. ¿Hay cibercafés en la ciudad donde vives?
2. ¿Vas a un cibercafé cuando quieres navegar en la Web? ¿Adónde vas?
3. ¿Piensas que los cibercafés son una buena idea? Explica.
4. ¿Por qué crees que los cibercafés son populares en los países de habla hispana?
5. ¿Qué te gustaría hacer en un cibercafé?
6. ¿Crees que eres un cibernauta?

Teacher Resources

 Activity 6

 Activity 2

Answers

6 Answers will vary.

Activities

Expansion
Ask questions about the *Cultura viva: ¿Qué es un cibercafé?; ¿Qué hace Francisco Peralta?; ¿Qué lee la chica de Argentina?; ¿Qué información busca el señor sobre España?; ¿Dónde están estas personas?; ¿Qué país tiene el mayor número de cibercafés en Europa?*

Technology
Students must find a Spanish-language newspaper at the library or on the Internet. (See the ATE Introduction for ideas on how to find Spanish-language newspapers on the Internet.) They should look at the photographs, drawings, headlines, articles and other content to get a feel for what the newspaper offers. Ask students to prepare a report about their findings, including the city and country where the newspaper is sold, what they did or did not like about the newspaper and how the newspaper looks similar to or different from newspapers published in the United States in English. Finally, have students present the information to the class.

Notes In today's technologically advanced world, we can communicate with one another on a moment's notice or transport ourselves in a short time to anywhere in the world. But with all the advances that have made such communications possible, the world has become a complex labyrinth for young people to navigate. Preparing students for a future in this ever more connected world is a goal of *Navegando*.

In addition to online access, many *cibercafés* (also commonly called *e-cafés*) offer word processing, picture scanning and CD-burning services on their computers.

Idioma

Repaso rápido: the preterite tense

Verbos regulares

bajar: bajé, bajaste, bajó, bajamos, bajasteis, bajaron
comer: comí, comiste, comió, comimos, comisteis, comieron
salir: salí, saliste, salió, salimos, salisteis, salieron

7 Lo que hicimos durante las vacaciones

Completa las siguientes oraciones con la forma apropiada del pretérito de los verbos indicados, para describir lo que hicieron tú y tus amigos durante las vacaciones.

1. Yo *(comer)* en muchos restaurantes.
2. Nosotros *(salir)* de paseo todas las tardes.
3. Jorge y Alberto *(bajar)* programas para sus computadoras.
4. Ana *(dormir)* doce horas todos los días.
5. Tú *(ver)* la nueva película de Penélope Cruz.
6. Las chicas *(buscar)* nuevos CDs de música española.
7. Pedro *(navegar)* en la internet toda la semana.
8. Yo *(empezar)* a leer un libro de dos mil páginas.
9. Ellos *(pedir)* favores a todo el mundo.

¡Extra!

Más sobre el pretérito

Remember that some verbs require a stem change in the third-person singular and the third-person plural forms of the preterite tense: *sentir (sintió/sintieron); dormir (durmió/durmieron); pedir (pidió/pidieron).* Also, it may be necessary to make a spelling change in order to maintain the correct pronunciation: *buscar (busqué); navegar (navegué); empezar (empecé).*

8 El tiempo libre

Escribe oraciones completas para decir lo que hicieron Pedro y sus amigos durante su tiempo libre. Añade las palabras que sean necesarias.

MODELO yo / comer / mis abuelos / en el centro
Yo comí con mis abuelos en el centro.

1. Eva / escribir / e-mails / amigos
2. Rosa, mi padre y yo / montar / bote / fines de semana
3. señora Iglesias y su hija / tomar / crucero / el Caribe
4. Lola / navegar / internet todos los días
5. Jaime / visitar / a sus tías

¿Vas al Caribe?

Notes Inform the class that they can find additional review on how to conjugate verbs in the preterite tense by referring to the Appendices at the end of *Navegando 2*.

Remind students they already know several handy expressions they can use when talking about the past: *ayer, anteayer,* *anoche, la semana pasada, el mes pasado, el año pasado.* Then ask if students can add any phrases of their own that they might use when referring to the past.

Estructura

Irregular preterite-tense verbs

You have learned to use several verbs that are irregular in the present tense. Similarly, the following verbs are irregular in the preterite tense:

> dar: di, diste, dio, dimos, disteis, dieron
> decir: dije, dijiste, dijo, dijimos, dijisteis, dijeron
> estar: estuve, estuviste, estuvo, estuvimos, estuvisteis, estuvieron
> hacer: hice, hiciste, hizo, hicimos, hicisteis, hicieron
> ir: fui, fuiste, fue, fuimos, fuisteis, fueron
> ser: fui, fuiste, fue, fuimos, fuisteis, fueron
> tener: tuve, tuviste, tuvo, tuvimos, tuvisteis, tuvieron
> ver: vi, viste, vio, vimos, visteis, vieron

 **Práctica**

9 ¿Qué hice?

Di cuáles de las siguientes cosas hiciste o no hiciste el fin de semana pasado.

MODELO ir a un picnic
Sí, fui a un picnic./No, no fui a un picnic.

1. tener que conseguir información para mi tarea de biología
2. dar un paseo en bote
3. ver televisión
4. hacer la tarea de español
5. decir una mentira
6. hacer un viaje al Caribe
7. tener un examen
8. ver las noticias por la internet

Fuimos de picnic.

Teacher Resources

 Activity 9

 Activity 2

 Activities 3–4

 Activity 2

 Activity 2

Answers

9 1. Sí, (No, no) tuve que conseguir información para mi tarea de biología.
2. Sí, (No, no) di un paseo en bote.
3. Sí, (No, no) vi televisión.
4. Sí, (No, no) hice la tarea de español.
5. Sí, (No, no) dije una mentira.
6. Sí, (No, no) hice un viaje al Caribe.
7. Sí, (No, no) tuve un examen.
8. Sí, (No, no) vi las noticias por la internet.

Activities

Students with Special Needs
Give a dictation using the preterite-tense verbs from the chart on page 27. Then call on students to read back what they wrote as you correct each conjugation.

Notes Be sure students have a firm grasp on how to conjugate regular verbs in the preterite tense before presenting the irregular verbs on page 27.

You can modify activity 9 by having students pair up and take turns asking and answering questions using the provided cues: *¿Fuiste a un picnic?/ Sí, fui a un* *picnic. (No, no fui a un picnic.)* You can further modify the activity by asking students to add to the questions and answers an expression that indicates when they did each activity: *¿Fuiste a un picnic el lunes pasado?*

10 Los García y sus vacaciones

Di qué hizo cada uno de los miembros de la familia García en las vacaciones pasadas, según las ilustraciones. Añade las palabras que sean necesarias.

1. Sr. y Sra. García / ir

2. mis hermanos y yo / estar

3. el tío / dar un paseo

4. Victoria / ir con sus amigas

5. Pedrito / hacer

6. las primas / dormir mucho

11 ¡Qué vacaciones!

Describe las últimas vacaciones con tu familia, completando las siguientes oraciones con más información. Puedes inventar la información, si quieres.

> MODELO En las últimas vacaciones mi madre *(hacer)*....
> En las últimas vacaciones mi madre *hizo mucha comida.*

1. Mis abuelos *(ir)*....
2. Mis tíos *(tener)*....
3. Mi hermana *(hacer)*....
4. Mi padre *(buscar)*....
5. Nosotros *(estar)*....
6. Yo *(dormir)*....

❖ Comunicación

12 Las vacaciones

Trabajando en parejas, habla con tu compañero/a de las actividades que hicieron durante las vacaciones pasadas. Puedes inventar la información, si quieres.

> MODELO **A:** En las vacaciones pasadas fui de crucero con mi familia, leí cuatro libros y di paseos por la playa todos los días.
> **B:** Nosotros estuvimos todo el tiempo en casa.

13 Chismes y noticias

Trabajando en parejas, hablen sobre los chismes o las últimas noticias de sus vidas en el colegio o en casa. Pueden inventar la información, si quieren.

> **MODELO** **A:** El sábado estuve con Margarita.
> **B:** ¿De verdad? ¿Qué hicieron?
> **A:** Fuimos de picnic al parque.

Estructura

Negative and affirmative expressions

Unlike English, sentences in Spanish may contain two negatives. Often *no* is used before the verb and another negative expression follows the verb. How many of the following do you remember?

Expresiones afirmativas	Expresiones negativas
sí *(yes)*	no *(no)*
algo *(something, anything)*	nada *(nothing, anything)*
alguien *(somebody, anybody)*	nadie *(nobody, anybody)*
algún, alguna *(some, any)*	ningún, ninguna *(none, not any)*
siempre *(always)*	nunca *(never)*
también *(also, too)*	tampoco *(neither, either)*
ya *(already)*	todavía no *(not yet)*
todavía *(still)*	ya no *(not yet)*

The words *nada, nadie, nunca* and *tampoco* may precede the verb, and *no* may be omitted. However, when these words follow the verb, another negative is needed before the verb.

Nunca voy de paseo en bote.   *No voy de paseo en bote nunca.*
                                  No voy nunca de paseo en bote.

Todavía is sometimes used at the beginning or at the end of a negative sentence when it is the equivalent of **yet.** When used without a verb, *todavía* must be used with the word *no,* which most commonly follows *todavía.*

Todavía no lo encuentran. → *No lo encuentran todavía.*
Todavía no.

Nunca voy de paseo en bote.

Teacher Resources

 Activity 3

 Activities 5–8

 Activity 3

 Activity 3

Answers

13 Creative self-expression.

Activities

Communities
Try out this interesting way to practice the negative: Have students talk with foreign exchange students at your school, or have them locate someone from another country to ask for his or her impressions about how life in the person's home country is similar to or different from life in the United States. You may wish to have students present their findings to the class.

Students with Special Needs
Return to previously studied dialogs and readings and ask students to find examples of affirmative and negative expressions.

Notes Introduce the topic of affirmatives and negatives by telling students some things that you always do on certain days and some things that you never do on other days. Then ask students to say something they always do on weekends and something they never do on weekdays.

Have students notice that *nada* and *nadie* precede the verb when they are the subjects of the verb.

Give several sentences and have students practice using the negative expressions.

29

Teacher Resources

Activity 15

Answers

14 1. alguien
2. nada
3. siempre
4. nadie
5. también
6. algo
7. Todavía
8. algo
9. siempre

15 1. Nunca.
2. Nada.
3. Nada.
4. No.
5. No.
6. Nunca.
7. Nadie.
8. Tampoco.

Activities

Expansion

Ask students questions that require affirmative and negative expressions: *¿Quién está en tu casa ahora?; ¿Qué tienes en la mano?; ¿Cuándo vas a la playa?; ¿Ya tienes tu permiso para manejar?; ¿Tienes un coche también?; ¿Hay alguien en la cafetería de la escuela ahora?; ¿Todavía tienes juegos de tu niñez en tu cuarto?; ¿Ves mucho a tus abuelos?* Extend the activity by having students make up their own questions. (Remind them to try to use the affirmative and negative vocabulary they have learned.)

 **Práctica**

14 ¿Oyes?

Completa el diálogo entre Alicia y Teresa para saber lo que pasa en casa de Teresa, escogiendo las palabras apropiadas.

Alicia: Oye, Teresa, creo que hay *(1. nada/alguien)* en el otro cuarto. ¿Oyes?

Teresa: No, no oigo *(2. algo/nada)*. Creo que tú *(3. siempre/nunca)* oyes cosas que *(4. nada/nadie)* más oye. *(Ahora Teresa oye algo en el otro cuarto.)* ¿Qué fue eso?

Alicia: Sí, ¿ves? Ahora *(5. tampoco/también)* oyes lo que yo oigo. Bueno, voy a ver qué es.

Teresa: Ay, espera Alicia, ¿te puedo decir *(6. alguien/algo)*?

Alicia: *(7. Todavía/Ya)* no. ¡Silencio! Primero debemos mirar quién está en el otro cuarto.

Teresa: ¡Pero es que es *(8. alguien/algo)* muy importante!

Alicia: Está bien, ¿qué es?

Teresa: Yo sé quién está en el otro cuarto. Es mi perro Motas. Mis padres no lo sacaron a pasear y *(9. siempre/todavía)* le gusta jugar.

Alicia: ¡Qué bueno! Entonces, vamos a sacarlo.

15 Muy negativo

 Trabajando con un(a) compañero/a de clase, alternen en preguntar y en contestar en forma negativa las siguientes preguntas, usando *nada, nadie, no, nunca* o *tampoco*.

MODELO **A:** ¿Quién te envió un fax?
B: Nadie.

1. ¿Cuándo vas a comprarte un celular?
2. ¿Qué le quieres dar a tu hermano de cumpleaños?
3. ¿Qué compraste ayer?
4. ¿Bajaste los programas nuevos?
5. ¿Te gusta navegar en la Web?
6. ¿Cuándo vas de crucero?
7. ¿Quién te visitó el fin de semana pasado?
8. Yo no sé ningún chisme. ¿Y tú?

Yo no sé ningún chisme. ¿Y tú?

Notes Remind students that ordinal numbers (such as *primero*, used here in conversation by Alicia) may be abbreviated by adding to the numeral a superscript ^{o} or ^{a} (to agree with the gender of the corresponding noun): 1° *(primero)*, 1^a *(primera)*, 2° *(segundo)*, 2^a *(segunda)* and so forth.

16 Nunca sabe nada

Repite con tu compañero/a de clase la actividad anterior, pero ahora usando negativos dobles.

MODELO A: ¿Quién te envió un fax?
B: Nadie me envió nada.

1. ¿Cuándo vas a comprarte un celular?
2. ¿Qué le quieres dar a tu hermano de cumpleaños?
3. ¿Qué compraste ayer?
4. ¿Ya bajaste los programas nuevos?
5. ¿Te gusta navegar en la Web?
6. ¿Cuándo vas de crucero?
7. ¿Quién te visitó el fin de semana pasado?
8. Yo no sé chismes. ¿Y tú?

Comunicación

Nadie me envió nada.

17 De mal humor

Imagina que estás hablando por teléfono con un(a) amigo/a y que estás de mal humor *(bad mood)*. Responde a todo lo que tu amigo/a dice en forma negativa. Sigue el modelo.

MODELO A: Me gustó mucho la clase de español ayer.
B: A mí no me gustó nada.

18 ¿Cuántas veces lo hiciste?

Decide how frequently you did the following activities last week. Then compare your answers with a partner. Be prepared to report responses to the class. Use the following affirmative and negative expressions: *siempre, también, no, nunca, tampoco.*

MODELO Juan no fue nunca a la biblioteca la semana pasada y yo no fui tampoco.

ir a la biblioteca   navegar por la internet   visitar a un(a) amigo/a

hablar por celular

mirar la televisión

comer en un restaurante

usar la computadora   ir al cine   ir a un partido de fútbol americano

Answers

16 1. No voy a comprar nunca un celular.
2. No le quiero dar nada de cumpleaños.
3. No compré nada.
4. Todavía no.
5. No me gusta nada.
6. No voy a ir nunca de crucero.
7. No me visitó nadie.
8. No sé tampoco.
17 Answers will vary.
18 Creative self-expression.

Activities

Expansion
Tell students to imagine they had a bad day yesterday. Then have students write an e-mail to a relative or friend telling at least eight terrible things that happened to them during the day. Students should try to use as many negative expressions as possible in their e-mail notes.

Students with Special Needs
First, students list the affirmative and negative expressions on a piece of paper. Then, working in pairs, have students talk about events, activities and occurrences over the last week that they liked or did not like.

Notes Activity 17 can be repeated. Have students work on the activity with one partner. Then ask students to switch partners and see how the conversation changes.

Set time limits for activities 17 and 18 on page 31 and keep a brisk pace.

Remember to circulate around the room as students complete pair and group activities (activities 17–18) to keep students on task and to offer help as needed.

Ask students to summarize the report they prepared for activity 18 in the form of a composition to practice writing skills.

Teacher Resources

 De compras

 Activity 4

 Activities 4–5

 Activity 9

 Activity 4

 Activity 4

Activities

Expansion

Model new words and expressions and have students repeat them after you to improve their pronunciation. Then call on individuals to use the new words and expressions in sentences.

Multiple Intelligences (bodily-kinesthetic)

Have students find cutouts depicting objects from the chapter (they may draw the objects if they prefer). Display the pictures around the room or use them to review vocabulary.

Prereading Strategy

Have students look at *Vocabulario II* and identify cognates and other words they recognize. Then ask students to guess what the people on page 32 are saying to one another.

TPR

Using overhead transparencies 4 and 5, ask students to come up and point to the different places you name in Spanish.

Vocabulario II
De compras

Notes This may be a good time to use transparencies 4 and 5 to teach or reinforce the new vocabulary for *Vocabulario II*. As an alternative, try using transparency 4 (without labeled words) and quiz students on the classroom vocabulary. Have students answer your questions orally or have them write their answers and turn them in for a grade.

Remind students that clothing vocabulary may vary from country to country. For example, *los shorts* are also referred to as *los pantalones cortos*.

Zapatería Segarra

los tenis

cerrado

pintar

ROPA TUYA ROPA TUYA ROPA TUYA

instalar

las bermudas

los shorts

la gorra

Answers

19 1. C
   2. B
   3. E
   4. D
   5. A
   6. F
20 1. gorra
   2. sandalias
   3. tenis
   4. bermudas
   5. gafas de sol

Activities

Critical Listening

Have students work in pairs, each writing a description of what the other is wearing. Tell students not to include their partner's name in the description. They should instead use either *él* or *ella* to refer to the person. However, have students write the person's name at the top of the page for easy identification later. Collect the papers and redistribute the descriptions to other students to read, one at a time. Then have the class try to guess who the person is. You might want to read the first description to get the fun started and then call on an individual to guess whom you described.

Critical Thinking

Have students name equivalent stores in your community where the items shown on pages 32 and 33 are sold.

19 En un centro comercial

Selecciona la letra de la ilustración que corresponde con lo que oyes.

A   B   C   D   E   F

20 La familia Rojas

¿Qué lleva la familia Rojas cuando va de vacaciones? Completa el párrafo, usando las siguientes palabras.

gafas de sol   bermudas   sandalias   tenis   gorra

Los Rojas siempre van de vacaciones a la playa. Al papá le gusta llevar una (1) para su cabeza porque es calvo. A la mamá le gustan las (2) porque son cómodas para caminar por la playa. A Pedro y Rosa les gustan los (3) porque corren y juegan mucho al tenis. Todos llevan unas (4) porque son más cómodas que los pantalones. A Pedro también le gusta llevar sus (5) porque hace mucho sol.

Capítulo 1   *treinta y tres* **33**

Notes Inform students that *un centro comercial* is a shopping center. Other related terms and expressions to review include: *ir de compras* (to go shopping), *de oferta* (on sale), *el precio* (price), *la tienda* (store), *la ropa* (clothing), *el pantalón* (pants), *la camisa* (shirt), *los zapatos* (shoes).

Activity 19 is intended for listening comprehension practice. Play the audio CD of the activity that is part of the Audio CD Program or use the transcript that appears in the ATE Introduction if you prefer to read the activity yourself.

Activities

Critical Listening
Inform the class you will be playing a recorded version of the dialog. Instruct students to cover the words with one hand to develop good listening skills. Next, tell students you would like them to look at the photographs while they imagine what the people are discussing. Finally, have several individuals state what they believe is the main theme of the conversation.

Expansion
Additional questions *(Algo personal):* *¿Cuántas gorras tienes?; ¿De qué colores son?; ¿Qué color no te gusta?; ¿Qué color te gusta mucho?*

Diálogo II

No me gusta el color verde

LUCÍA: ¿Sabes?, mi novio va a comprarme una gorra para el colegio.
GLORIA: ¿Y va solo? Espero que no. Él no sabe comprar nada.
LUCÍA: No, él va con su mamá, y ella sí sabe.

GLORIA: ¡Qué bueno! ¿Sabe ella que a ti no te gusta el color verde?
LUCÍA: Sí, claro, porque él no recuerda esas cosas.
GLORIA: ¡Ah, sí! Recuerdo los tenis que te compró la última vez.

LUCÍA: Sí, unos tenis verdes tan feos que nunca uso.
GLORIA: ¿Nunca los usas?
LUCÍA: Bueno, sólo en la casa para limpiar el polvo.

21 ¿Qué recuerdas?

1. ¿Qué va a hacer el novio de Lucía?
2. ¿Quién no sabe comprar nada?
3. ¿Va el novio de Lucía de compras solo?
4. ¿Qué color no le gusta a Lucía?
5. ¿Cómo son los tenis que compró el novio de Lucía la última vez?

22 Algo personal

1. ¿Te gusta ir de compras?
2. ¿Vas solo/a de compras? Explica.
3. ¿Qué fue lo último que compraste?
4. ¿Tienes novio o novia?

23 ¿Lógico o ilógico?

 Di si lo que oyes es lógico o ilógico. Si es ilógico, di lo que es lógico.

¿Te gusta ir de compras?

Notes Remind students that expressions using *¡Qué* + adjective! (as Gloria does when she says *¡Qué bueno!*) are used to express strong feelings about something. Other examples include: *¡Qué frío!* (How cold!), *¡Qué divertido!* (How fun!), *¡Qué horrible!* (How horrible!).

Dialogs and narrative material provide exposure to authentic spoken Spanish in specific contexts. Explain to students that they will hear native Spanish speakers conversing. They are not expected to understand everything they hear but should listen carefully to the sounds, tone and rhythm of the language while trying to guess what topics are being discussed.

Cultura viva

Novios y novias

En los países hispanos no es común tener novio o novia antes de los diecinueve o veinte años. Los chicos y las chicas salen en grupos de muchos amigos para ir a bailar, comer pizza o ir al cine. Para que una chica acepte salir sola con un chico, la chica debe conocerlo[1] desde hace mucho tiempo, a través[2] del grupo de amigos y amigas del barrio[3], del colegio o de la familia. Para salir con la chica, el chico tiene que pedir permiso a los padres de la chica antes de salir con ella.

Somos novios.

Somos un grupo de amigos.

La cultura tradicional en los países hispanos, como muchas otras cosas, está cambiando gracias a la influencia de la cultura de otros países que llega a través de la televisión por cable y la internet. Hoy, sobre todo en las grandes ciudades, muchos muchachos salen con las muchachas sin seguir[4] la cultura tradicional.

[1]to know him [2]through [3]neighborhood [4]without following

24 Novios y novias

Contesta las siguientes preguntas, según la información en la Cultura viva.

1. ¿Desde qué edad empiezan los chicos en los países hispanos a tener novio o novia?
2. ¿Cómo salen los chicos y las chicas en los países hispanos?
3. ¿Qué hacen los chicos cuando salen?
4. ¿Qué debe hacer una chica para aceptar salir con un chico?
5. ¿A quién tiene que pedirle permiso un chico para salir con una chica?
6. ¿Por qué está cambiando la cultura tradicional en los países hispanos?
7. ¿Qué es similar o diferente de lo que leíste en la Cultura viva con tu cultura? Haz una gráfica para explicarlo.

Teacher Resources

 Activity 24

 Activity 10

 Activity 5

Answers

24
1. Desde los diecinueve o veinte años.
2. Salen en grupos de muchos amigos.
3. Salen para ir a bailar, comer pizza o ir al cine.
4. Debe conocerlo por mucho tiempo.
5. Tiene que pedirle permiso a los padres de la chica.
6. Por la influencia que llega de la cultura de otros países a través de la televisión por cable y la internet.
7. Answers will vary.

Activities

Communities
Conduct a class discussion in Spanish about boyfriends and girlfriends in the United States. Ask students to describe the social customs in their communities or in their families. Then have them compare similarities and differences between dating customs mentioned in the reading and dating in your community.

Notes The section *Cultura viva* contains interesting and useful cultural information that will help students understand how life in the many Spanish-speaking parts of the world may be similar to or different from what they are used to in their community. In this instance, the reading *Novios y novias* on page 35 provides students with a topic that most will find interesting: boyfriends and girlfriends.

Have students write down two or three points in English about what they understood from reading *Cultura viva* as preparation for a class discussion or to turn in for your evaluation.

Answers

25 1. Los
2. los
3. Lo
4. la
5. la

Activities

Cooperative Learning
Working in pairs, students talk about clothing they are going to buy. They should describe the clothing and name the store where they are going to shop. Students should then take turns asking one another questions that can be answered using a direct object pronoun (e.g., *¿Vas a comprar las gafas de sol? Sí, voy a comprarlas.*).

Idioma

Repaso rápido: direct and indirect object pronouns

Do you remember the direct and indirect object pronouns?

los pronombres de complemento directo			
me	*me*	**nos**	*us*
te	*you* (tú)	**os**	*you* (vosotros,-as)
lo	*him, it, you* (Ud.)	**los**	*them, you* (Uds.)
la	*her, it, you* (Ud.)	**las**	*them, you* (Uds.)

¿Me ayudas a instalar los programas?
Estoy instalándolos ahora.

los pronombres de complemento indirecto			
me	*to me, for me*	**nos**	*to us, for us*
te	*to you, for you* (tú)	**os**	*to you, for you* (vosotros,-as)
le	*to you, for you* (Ud.) *to him, for him* *to her, for her*	**les**	*to you, for you (pl.)* (Uds.) *to them, for them*

¿Me compras un regalo?
Voy a comprarte dos.

Note: In Spanish, direct and indirect object pronouns usually precede conjugated verbs, but also may be attached to an infinitive or a present participle. When attaching an object pronoun to the end of a present participle, add an accent mark to maintain the original stress of the present participle.

25 ¿Algo más?

Alberto terminó de limpiar el polvo y le pregunta a su madre qué más puede hacer. Completa las siguientes oraciones para decir lo que ella responde, usando los pronombres de complemento directo. Sigue el modelo.

MODELO ¿El cuarto? Lo voy a arreglar yo.

1. ¿Los platos? __ voy a lavar yo.
2. ¿Los cubiertos? Yo __ voy a poner en la mesa.
3. ¿El piso? __ voy a limpiar yo.
4. ¿La comida? Yo __ voy a cocinar.
5. ¿La nueva computadora? Yo __ voy a instalar.

Notes You may want to explain the following to students who do not know what direct and indirect objects are. A direct object is the person or thing that receives the action of the verb directly and answers **whom?** or **what?,** such as in: Juana sees **him** (Juana sees **whom?**); They see **mountains** (They see **what?**). The indirect object is the person in a sentence **to whom** or **for whom** something is said or done. For example, Mariela is writing **to him** (Mariela is writing **to whom?**); Daniel is cleaning the kitchen **for her** (Daniel is cleaning the kitchen **for whom?**). Finally, be sure students understand that direct and indirect object pronouns replace direct and indirect objects.

26 La promesa de Víctor

Víctor prometió ayudar a su compañera de clase con su tarea. Completa el diálogo usando los pronombres de complemento directo apropiados.

Marisol: Oye Víctor, ¿(1) ayudas a buscar información en la internet para mi tarea de historia?

Víctor: ¿Cuándo quieres que (2) ayude?

Marisol: Mañana por la tarde.

Víctor: Mañana por la tarde no (3) puedo ayudar. Mi novia y yo vamos a ir al cine con sus padres. Ellos (4) invitaron. Tú (5) comprendes, ¿verdad?

Marisol: Sí, no te preocupes. ¿Qué te parece si (6) hacemos pasado mañana por la tarde?

Víctor: Me parece bien. Hasta luego.

27 En el centro comercial

Lucía y su novio fueron de compras al centro comercial. Acaban de comprarles algo a varias personas. Haz oraciones completas para saber qué acaban de comprarle a cada persona, usando los pronombres de complemento indirecto.

MODELO José
Acaban de comprarle una gorra.

1. tú

2. yo

3. Ernesto

4. Carmen

5. Uds.

6. nosotros

Capítulo 1

37

Activities

26 1. me
2. te
3. te
4. nos
5. me
6. lo

27 1. Acaban de comprarte unas bermudas.
2. Acaban de comprarme una camiseta.
3. Acaban de comprarle unos tenis.
4. Acaban de comprarle unos shorts.
5. Acaban de comprarles unas gafas de sol.
6. Acaban de comprarnos unas sandalias.

Activities

Expansion

As a follow-up to activity 27, have students practice the use of *acabar de* with the preterite tense (and object pronouns, where appropriate). Provide students with sentence phrases and a context: What had the following people just finished doing the last day of vacation? Phrases: *Pedro/arreglar/cuarto (Pedro acabó de arreglarlo.); Elena y Marta/llegar/crucero (Elena y Marta acabaron de llegar de un crucero.); tú/instalar/programa (Tú acabaste de instalarlo.); don Santiago/pintar/casa (Don Santiago acabó de pintarla.); la Sra. Miranda/escribir/correo electrónico (La Sra. Miranda acabó de escribirlo.); yo/encontrar/libros para la escuela (Yo acabé de encontrarlos.).*

Notes Although the object pronoun *os* (comparable to the subject pronouns *vosotros* and *vosotras*) is reviewed on page 36, you should decide what role these words will have in your class. In *Navegando*, verb paradigms include the *vosotros* and *vosotras* verb forms and pronouns for recognition. However, the forms are not practiced in *Navegando* and they are not tested in the Testing/Assessment Program.

Answers

28 1. Se los saco a caminar a ella.
2. Se la cuelga a él.
3. Se las subes a ellas.
4. Se lo lavan a él.
5. Se las arreglan a ellos.
6. Se la preparamos a ellos.

29 1. ¿...limpiar el polvo?/ ...limpiármelo.
2. ¿...lavar las bermudas?/ ...lavármelas.
3. ¿... traer las gafas de sol?/ ... traérmelas.
4. ¿...pintar la casa?/ ...pintármela.
5. ¿...instalar la computadora?/ ...instalármela.
6. ¿...bajar los programas?/ ...bajármelos.

Activities

Cooperative Learning
Have students each take out a small object or group of objects (e.g., pens, paper, books). Students should take turns passing the object or objects to a classmate or classmates. Then call on other students to state what took place, using the correct direct and indirect object pronouns (e.g., *Se los dio a ellas.*).

Estructura

Using direct and indirect object pronouns together

When a sentence has two object pronouns in one sentence in Spanish, the indirect object pronoun occurs first. When adding two object pronouns to an infinitive or a present participle, an accent mark must be added to the infinitive or present participle in order to maintain the correct pronunciation.

¿**Me la** puedes traer?
¿Puedes traér**mela**?

Can you bring **it** (la gorra) **to me?**

The indirect object pronouns *le* and *les* become *se* when used together with *lo, la, los* or *las.*

¿Quieres pintar**les** la silla a tus padres? → ¿Quieres pintár**sela**?/¿**Se la** quieres pintar?

You can clarify the meaning of *se* by adding *a Ud., a él, a ella, a Uds., a ellos* or *a ellas,* if needed.

*Se la pinto a **ellos**.*

I paint it for **them.**

 **Práctica**

28 En casa de Andrés

Escribe de nuevo *(again)* las siguientes oraciones, usando *se* y el complemento directo apropiado.

MODELO Andrés le trae las sandalias a su abuela.
Se las trae a ella.

1. Yo le saco los perros a caminar a mi hermana.
2. Silvia le cuelga la gorra a su abuelo.
3. Tú les subes las camisetas a tus tías.
4. Andrés y Daniel le lavan el carro a su padre.
5. Uds. les arreglan las sillas a sus padres.
6. Nosotros les preparamos la comida para el picnic a mis abuelos.

Yo le saco los perros.

29 Ofreciendo tu ayuda

 Trabajando con un(a) compañero/a de clase, alterna con él/ella en preguntar y contestar lo que tú puedes hacer para ayudar, usando los dos pronombres de complemento.

MODELO hacer las camas
A: ¿Te puedo hacer las camas?
B: Sí, (No, no) puedes hacérmelas.

1. limpiar el polvo
2. lavar las bermudas
3. traer las gafas de sol
4. pintar la casa
5. instalar la computadora
6. bajar los programas

Notes The use of a direct and indirect object pronoun in the same sentence sometimes can be difficult for students to master in Spanish. However, because double object pronouns are often used in conversation by native speakers, the concept has been introduced here primarily for recognition. Double object pronouns are used sparingly throughout the remaining chapters of *Navegando 2.* The concept is reviewed in *Capítulo 3* (where commands are taught) and reviewed again in *Navegando 3.* This reentry offers you the flexibility of teaching the double object pronouns now and reviewing them later, or you may choose to delay teaching the concept until you feel students are better prepared.

30 Todos hacen algo después de clases

Usa los pronombres de complemento indirecto en las siguientes oraciones.

MODELO Francisca le está instalando el programa a él.
Se lo está instalando./Está instalándoselo.

Está instalándoselo.

1. Yo les estoy subiendo los shorts a ellas.
2. Tú le estás lavando las bermudas a ella.
3. Carlos y Mario le están pintando las paredes a ella.
4. Uds. les están comprando unas gafas de sol a ellas.
5. Ramiro le está lavando los tenis a ella.
6. Nosotros les estamos trayendo las gorras a ellas.

31 En tu vida

Contesta las siguientes preguntas, usando los pronombres de complemento apropiados.

MODELO ¿Le haces la cama a tu hermano/a?
Sí, (No, no) se la hago.

1. ¿Les preparas la comida a tus hermanos?
2. ¿Les limpias el polvo a tus padres?
3. ¿Le limpias la cocina a tu madre todos los días?
4. ¿Les arreglas la casa a tus padres?
5. ¿Le lavas las camisetas a tu padre?
6. ¿Le haces compras a tu novio/a?

❖ Comunicación

32 Tu familia

Working in pairs, decide what things you receive from members of your family and what things you give them. If someone does not receive anything, say that. Use any items from the list, or make up your own. Try to use double object pronouns in your answers, if you can.

MODELO A: ¿Quién te da dinero?   A: ¿Le das flores a tu madre?
B: Nadie me lo da.   B: Sí, se las doy.

dar dinero	comprar ropa	comprar cuadernos	dar helados
dar comida	dar dulces	dar flores	dar amor

33 ¿Ya lo hiciste?

Trabajando en parejas, alterna con tu compañero/a de clase en preguntar y contestar si ya hicieron las cosas de la lista. Añade otras cosas a la lista.

- dar la tarea de español al profesor
- enviar un e-mail a tu amigo/a
- dar unos dulces a tu novio/a
- comprar la leche y el pan a tu mamá
- hacer el favor a tu padre
- contar el lugar donde vas a estar esta noche a tus padres

MODELO A: ¿Ya le diste la tarea de español al profesor?
B: Sí, ya se la di./No, no se la di.

Capítulo 1

treinta y nueve 39

Teacher Resources

 Activities 30–31

Answers

30 1. Se los estoy subiendo./Estoy subiéndoselos.
2. Se las estás lavando./Estás lavándoselas.
3. Se las están pintando./Están pintándoselas.
4. Se las están comprando./Están comprándoselas.
5. Se los está lavando./Está lavándoselos.
6. Se las estamos trayendo./Estamos trayéndoselas.

31 1. ...se la preparo.
2. ...se lo limpio.
3. ...se la limpio.
4. ...se la arreglo.
5. ...se las lavo.
6. ...se las hago.

32 Creative self-expression.
33 Creative self-expression.

Activities

Students with Special Needs
Review the present-tense forms of the verb *dar* for any student who may have forgotten them.

Notes Remind students they may use the object pronouns either before *estar* or after it and attached to the present participle (in which case they must add a written accent mark).

Note that activity 33 integrates the use of *ya*, the preterite tense and double object pronouns.

The following verbs are likely to use both indirect and direct object pronouns together: *dar, mandar, escribir, contestar, vender, enseñar, decir, dejar, traer, presentar, pedir, prestar, hacer, comprar.*

Answers

34 1. La gente habla español en veintiún países.
2. Es un grupo de música rock en español.
3. Hay personas de cinco países en el grupo La Ola.
4. Los latinos tienen en común la lengua, la historia, la cultura, los valores familiares y el amor por la vida.
5. Yadira tomó un crucero sola.

35 Answers will vary.

Activities

Expansion

Additional questions (*¿Qué recuerdas?*): *¿Cuáles son las nacionalidades de los miembros de la Ola?; ¿Por qué fue difícil la selección de las ciudades para la gira de La Ola?; ¿Cuántos miembros del grupo son de Chile?; ¿Cómo se definen los miembros del grupo?; ¿Qué comparten los latinos?; ¿Qué dijo Chantal?*

Additional questions (*Algo personal*): *¿Te gusta la música? ¿Qué tipo, rock, popular, clásica, latina u otro tipo de música?; ¿Te gustan los chismes? ¿Qué chismes sabes?*

Lectura personal

Cantantes y grupos musicales

Dirección http://www.emcp.com/músico/ola/index.htm ▲ Archivo Edición Ver Favoritos Herramientas Ayuda

página principal   miembros   e-diario

Grupo musical La OLA

La segunda gira mundial de conciertos empieza en septiembre
La Ola, el grupo de rock en español, terminó de grabar[1] un álbum con muchos ritmos modernos. La gira de promoción empieza en septiembre. La selección de ciudades fue difícil, dijo Xavier. "Hay 400 millones de hispanohablantes en el mundo, venitiún países en donde el español es la lengua oficial. Es imposible ir a todos los lugares".

"Somos latinos" afirma La Ola
El canal 7 habló con todos los miembros del grupo La Ola, (dos chilenos, un mexicoamericano, un panameño, una mexicana y una dominicana) antes de empezar su gira. El canal 7 les preguntó, ¿cómo se definen? El grupo contestó "Somos latinos. Todos hablamos la misma lengua. Compartimos[2] la misma historia y cultura. Valoramos[3] a nuestras familias". Manuel añadió "Nuestras nacionalidades son diferentes, nuestra comida es diferente, pero nuestro amor por la música, por la vida, es el mismo. Ser latino es ser feliz". Chantal terminó por decir "Sí, a nosotros los latinos nos gusta disfrutar[4] de la vida".

Chismes
• Xavier y Ceci son novios. ¡Felicidades!
• Yadira pasó sola las vacaciones en un crucero. Llevó una gorra y unas gafas de sol durante todo el viaje para que nadie la reconociera[5].

[1]record [2]We share [3]We value [4]enjoy [5]would recognize

34 ¿Qué recuerdas?

1. ¿En cuántos países la gente habla español?
2. ¿Qué es La Ola?
3. ¿De cuántos países hay personas en el grupo La Ola?
4. ¿Qué tienen los latinos en común?
5. ¿Qué chisme sabes sobre Yadira?

35 Algo personal

1. ¿Cómo eres tú? ¿Qué significa ser eso para ti?
2. ¿En qué diez países crees que el grupo La Ola debe dar conciertos? ¿Por qué?
3. ¿Te gustaría ser parte de un grupo musical famoso? ¿Por qué?

• With which other nationalities do you share a common language? Do you think a common language is enough to unite people? Explain why or why not.

40 *cuarenta*   **Lección B**

Notes *La Ola* is the name of the singing group depicted in the *Lectura personal* that concludes *Lección B* in each chapter. Remind students that the word *ola* means **wave.** Students will enjoy the band members' personal viewpoints and anecdotes as they reflect on the many cultures of the Spanish-speaking world during their tour.

¿Qué aprendí?

Visit the web-based activities at www.emcp.com

Autoevaluación

Como repaso y autoevaluación, responde lo siguiente:

1. Say two things you did last summer.

2. Describe what you did on your last vacation.

3. Tell one thing you just did last weekend.

4. What are some of your favorite pastime activities?

5. Imagine you just purchased a new computer program. How would you say that you installed it on your computer last weekend?

6. Someone has been looking for a link for an ecology site on the Internet, but never found it. Say you never found it either.

7. Imagine you cannot find several pairs of shorts you are looking for and the store clerk says there are more in the storage area. Ask the clerk in Spanish to please bring them to you.

Palabras y expresiones

Actividades	La ropa	Otras expresiones	Verbos
el camping	las bermudas	el bote	creer
el crucero	las gafas de sol	el chisme	instalar
el picnic	la gorra	la noticia	pintar
	los tenis	la novia	quisiera
	las sandalias	el novio	visitar
	los shorts	el polvo	
		solo,-a	
		último,-a	

Son novios.

Los tenis.

Capítulo 1

Teacher Resources

📝 **Activity 15**

💬 **Information Gap Activities**
Postcard Activities
Funciones de Comunicación

Answers

Autoevaluación
Possible answers:
1. Answers will vary.
2. Answers will vary but should use the preterite tense.
3. Fui al cine con unos amigos.
4. Answers will vary.
5. Lo instalé el fin de semana pasado.
6. Nunca lo encontré tampoco.
7. ¿Quisiera traérmelos, por favor?

Activities

Technology
Students use a computer to write an article for the electronic version of the school newspaper. Offer the following themes to get students thinking about possible themes for their article: gossip *(chismes)*, news about a school event *(noticias)*, something they did last summer *(el verano pasado)*. If your school has a Web page, ask for assistance to put the articles on the Internet.

Notes You may wish to review the colors with students so they can be used with the clothing vocabulary students learned in this chapter.

The *Autoevaluación* provides several self-check activities that students can use to measure their own progress in learning the main elements of the lesson. The section also prepares students for the lesson test. Assign the activities as time and your own judgment allow.

Remind students they can obtain answers to the *Autoevaluación* by visiting the EMCParadigm Web site at www.emcp.com.

Answers

Preparación
1. F; 2. C; 3. A; 4. B; 5. D;
6. E; 7. H; 8. G; 9. I; 10. J

Activities

Critical Listening

Play the *Navegando* audio CD version of the reading. Tell students to listen for the main ideas the speaker is addressing. Finally, have several individuals state what they believe is the main theme of the reading.

Critical Thinking

Have students include a page in a notebook or journal on which they write any cognate they see while arriving at school, reading or at some other time in their everyday life.

Expansion

Offer some additional words and have students determine whether they are cognates or false cognates. Cognates: *color, especial, farmacia, geometría, hospital, institución, policía, taxi, tropical.* False cognates: *colegio* (school), *dirección* (address), *embarazada* (pregnant), *éxito* (success), *fútbol* (soccer), *librería* (bookstore), *saludar* (to greet), *simpático* (nice), *sin* (without).

¡Viento en popa!

Tú lees

Estrategia

Using cognates to determine meaning
It will be easier to read in Spanish if you learn to recognize words that are similar in both Spanish and English (cognates). Spanish has adopted many words from English relating to the rapidly advancing field of technology and the Internet.

En la Red

Preparación

Como preparación para la lectura, conecta las palabras de la columna a la derecha con los cognados de la columna a la izquierda.

1. agencia	A. category
2. área	B. dollars
3. categoría	C. area
4. dólares	D. export
5. exportar	E. information
6. información	F. agency
7. lotería	G. parts
8. partes	H. lottery
9. servicios	I. services
10. virtual	J. virtual

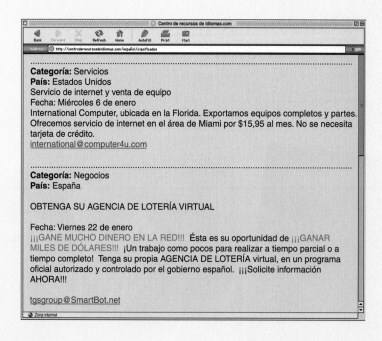

Centro de recursos de idiomas.com

http://centroderecursosdeidiomas.com/español/clasificados

Categoría: Servicios
País: Estados Unidos
Servicio de internet y venta de equipo
Fecha: Miércoles 6 de enero
International Computer, ubicada en la Florida. Exportamos equipos completos y partes. Ofrecemos servicio de internet en el área de Miami por $15,95 al mes. No se necesita tarjeta de crédito.
international@computer4u.com

Categoría: Negocios
País: España

OBTENGA SU AGENCIA DE LOTERÍA VIRTUAL

Fecha: Viernes 22 de enero
¡¡¡GANE MUCHO DINERO EN LA RED!!! Ésta es su oportunidad de ¡¡¡GANAR MILES DE DÓLARES!!! ¡Un trabajo como pocos para realizar a tiempo parcial o a tiempo completo! Tenga su propia AGENCIA DE LOTERÍA virtual, en un programa oficial autorizado y controlado por el gobierno español. ¡¡¡Solicite información AHORA!!!

tgsgroup@SmartBot.net

Notes All chapters in *Navegando* conclude with the section *¡Viento en popa!* (Full speed ahead!).

The *Tú lees* feature provides a formal opportunity for students to practice reading in Spanish. Note for students that it is not essential to understand every word when reading in Spanish.

The word *tenga*, which appears in the e-mail, is the formal command form of the verb *tener*. Commands are taught in *Capítulo 3*.

A ¿Qué recuerdas?

1. ¿Dónde está la compañía International Computer?
2. ¿Qué exportan ellos?
3. ¿Dónde ofrecen servicio de internet?
4. ¿Sus clientes tienen que usar tarjeta de crédito?
5. ¿Cuánto dinero se puede ganar con una agencia de lotería virtual?
6. ¿Quién autoriza y controla estas agencias de lotería virtual?

B Algo personal

1. ¿Tienes servicio de internet en casa?
2. ¿Buscas productos o servicios por la internet?
3. ¿Compras cosas por la internet?
4. ¿Tienes tarjeta de crédito?

¿Tienes internet?

Internet para todos.

Tú escribes

Estrategia

Keeping your reader in mind
Keep your reader in mind when writing an e-mail or a letter by writing about things you think the person will find interesting. In addition, your targeted reader will be more motivated to answer your correspondence if you include some personal questions about the person's interests.

Begin an e-mail exchange with a key pal in which you talk about one another's lives. Be sure to include the following in your note:

- description of yourself, your family and your friends (names, descriptions, where people live)
- other biographical information (name, date of birth, age, etc.)
- interests and after-school activities *(ver televisión, hacer quehaceres, navegar en la internet,* etc.*)*
- questions asking for similar information about the key pal

Escribimos un e-mail.

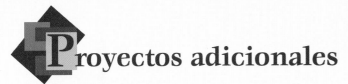# Proyectos adicionales

A Comunicación

Working in pairs, talk with a classmate about the household chores or fun activities you do after school. Say when, with whom or for whom you do each chore or activity. Try to use as many direct and indirect object pronouns as possible. You may make up any information you wish.

MODELO A: Bueno, después de las clases hago las tareas y luego les ayudo a mis padres a limpiar la casa.

B: ¿Se la limpias toda?

A: No, no la limpio toda. Sólo les ayudo a limpiar la cocina.

Ayudo a mis padres.

B Conexión con la tecnología

Trabajando en grupos pequeños, creen la página principal de una página Web llamada Mi planeta. Dibujen la página, añadan fotos, escriban vínculos y títulos e inventen el URL. Luego, presenten su página a la clase. Puedes hacer tu proyecto, usando un programa para hacer páginas Web o en papel de colores.

C Conexión con otras disciplinas: ciencias

¿Cómo funciona el aparato tecnológico que más te gusta? Consigue la información en tu clase de ciencias, en la biblioteca o en la internet. Luego, comparte la información con la clase.

Teacher Resources

 Situation Cards

 Capítulo 1

Answers

A   Creative self-expression.
B   Creative self-expression.
C   Answers will vary.

Activities

Multiple Intelligences (bodily-kinesthetic)
Have students create a collage or poster in Spanish based on the information found on one or more related sites when doing the technology activity below. Students could be asked to include clip art or hand-drawn components to illustrate their projects and then present an oral report to the class to reinforce speaking and listening.

Technology
Have students surf the Web and find at least one Web site in Spanish for each of the following: food/recipes, sports, cinema, music, art and clothing. They should jot down the Web addresses on a separate sheet to turn in. As a second step, students should choose one site and become an expert on that site. They might then summarize for the class what they found at that site.

Notes The National Standards are practiced throughout the chapter. The projects that appear at the end of every chapter offer additional standards practice you may or may not choose to use, depending on student needs.

Many students today have computers at home. You may want those students to use their home computers to do work on the Internet. Talk with the librarian, computer science teacher and other colleagues to locate computers in your building or community that students without computers can work on.

45

Teacher Resources

 Trabalenguas

Activities

Communities

Service Learning. An important aspect of learning Spanish is making real-life connections to what students are learning in class. Service learning volunteer activities provide students the opportunity to see what work is all about while contributing to their school or community. In this way, students engage in meaningful, real-life work experiences within the classroom or in their own community while simultaneously engaging their minds and thinking capabilities in work that is specifically connected to what they are learning in school.

Help students get started with service learning by suggesting some organizations they may contact (the school counselor or other teachers in your building may be able to help with ideas). A well-placed phone call will often connect your students to someone who needs volunteers to test water, pick up trash or help with other environmental problems. If you are not familiar with any community organizations that need help and are unable to contact anyone outside of school, suggest that students start their own ecology club as a school organization.

Repaso

Now that I have completed this chapter, I can...

	Go to these pages for help:
talk about ecology.	2
discuss technology.	2, 12
talk about everyday activities.	8
seek and provide personal information.	5
state what is happening right now.	9
talk about the future.	11
talk about the past.	16
express negation or disagreement.	29

I can also...

recognize the world is interconnected.	5
discuss solutions to ecological problems.	15
identify opportunities to volunteer and use Spanish in my community.	15

Trabalenguas

Todo está contaminado,
¿quién lo descontaminará?
El descontaminador que lo descontamine
buen descontaminador será.

Notes Through the *Repaso*, students can measure their own progress in learning the main elements of the chapter.

Review the functions and other objectives in the *Repaso* and assign the activities as needed. Answer questions so students can prepare for the chapter test. Follow up by reviewing the activities as a class.

Loose translation of the *Trabalenguas*: Everything is contaminated, who is going to decontaminate it? The decontaminator who decontaminates it will be a good one.

Vocabulario

la **asignatura** subject *1A*
bajar (un programa) to download (a program) *1A*
las **bermudas** bermuda shorts *1B*
el **bote** boat *1B*
el **camping** camping *1B*
el **celular** cell phone *1A*
el **chisme** gossip *1B*
la **comunicación** communication *1A*
conectado,-a connected *1A*
conseguir (i, i) to obtain, to attain, to get *1A*
la **contaminación ambiental** environmental pollution *1A*
creer to believe *1B*
el **crucero** cruise *1B*
el **cuarto de charla** chat room *1A*

la **ecología** ecology *1A*
el **e-mail** e-mail *1A*
encontrar (ue) to find *1A*
el **fax** fax *1A*
las **gafas de sol** sunglasses *1B*
la **gorra** cap *1B*
la **información** information *1A*
instalar to install *1B*
la **internet** Internet *1A*
el **motor de búsqueda** search engine *1A*
el **mundo** world *1A*
navegar (uso en informática) to surf (in the computer field) *1A*
la **noticia** news *1B*
la **novia** girlfriend *1B*
el **novio** boyfriend *1B*

los **tenis** tennis shoes *1B*
el **picnic** picnic *1B*
pintar to paint *1B*
el **polvo** dust *1B*
el **programa** program *1A*
quisiera would like *1B*
la **Red** Web *1A*
las **sandalias** sandals *1B*
seguir (i, i) to follow, to continue, to keep on, to go on, to pursue *1A*
los **shorts** shorts *1B*
solo,-a alone *1B*
la **tecnología** technology *1A*
último,-a last *1B*
el **vínculo** link *1A*
visitar to visit *1B*
la **Web** Web *1A*

¿Qué programas usas?

Ellos reciclan.

¿Quién pintó el elefante?

Capítulo 1

cuarenta y siete 47

Teacher Resources

Episode 11

Testing/Assessment

Test Booklet
Portfolio Assessment

Activities

Expansion

Model each word or expression and have students repeat. Then call on students to use the word or expression in a sentence. This activity would be appropriate for all lists of vocabulary found in *Navegando*.

Spanish for Spanish Speakers

Tell students to imagine they are living in their country of origin or in that of their relatives, where they work for an advertising agency. Their company has just been awarded a contract promoting the country's efforts to improve the environment. Students must produce a brochure informing prospective tourists of these environmental efforts. What information and photos would they include in their brochure? Tell students that their country depends on tourism for economic growth.

Notes This *Vocabulario* provides a reference list of new words and expressions that students are required to know for the chapter test and for future chapters.

Comparisons. Have students compare English and Spanish using some of the cognates introduced in this lesson.

Evaluating the multiple intelligences. The Testing/Assessment Program (Test Booklet, Quizzes and Portfolio Assessment) provides a variety of activities to evaluate the multiple intelligences.

onnections with Parents

Observe your students and note at least one good thing that each student has done in Spanish class during the first couple of weeks of class. Then, as soon as you are able to fit it in your schedule, call the individual's parents or guardians to inform them of what their child did to merit a call home. The call does not have to be long. (As an alternative, send a note home.) Doing this will break the mold of calling or writing only when there is a problem. You will find that both parents/guardians and students will better understand and accept future calls that involve a problem, because you will have already established that you do not just call with bad news. Try to make at least five to ten connections per week.

You may find it convenient to set up a system whereby you can e-mail messages to parents and guardians. This type of system also allows parents and guardians to contact you with any questions or concerns they might have.

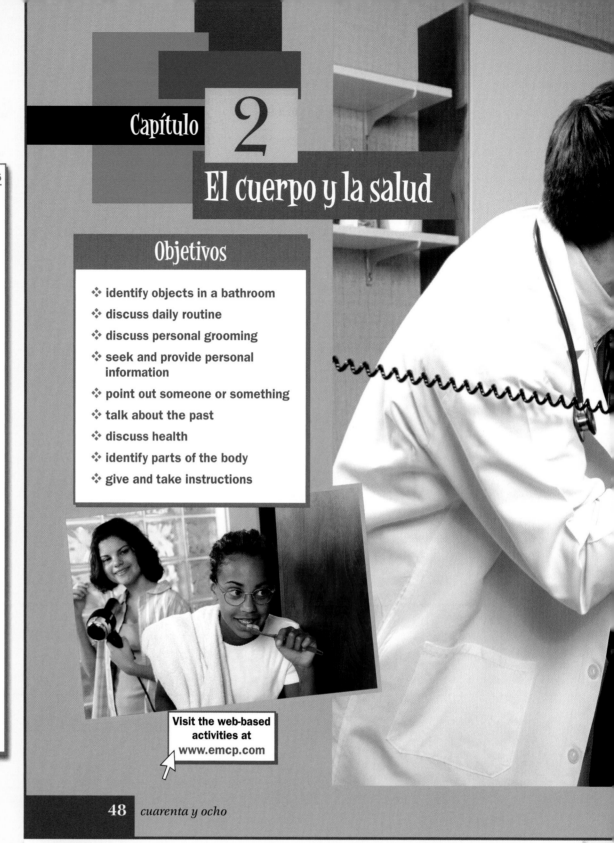

Capítulo

2

El cuerpo y la salud

Objetivos

- ❖ **identify objects in a bathroom**
- ❖ **discuss daily routine**
- ❖ **discuss personal grooming**
- ❖ **seek and provide personal information**
- ❖ **point out someone or something**
- ❖ **talk about the past**
- ❖ **discuss health**
- ❖ **identify parts of the body**
- ❖ **give and take instructions**

Visit the web-based activities at www.emcp.com

48 *cuarenta y ocho*

Notes **Communities.** The choices for obtaining information in Spanish about the Spanish-speaking world (and news and entertainment in general) are growing every year. Television stations that broadcast in Spanish across the world include cable stations such as *Univision, CBS Telenoticias* and *CNN En Español*.

Review these two pages, asking students what country they think they will be studying in the chapter. Then discuss what students know about the country (e.g., the country is the United States; Spanish is widely spoken in the United States).

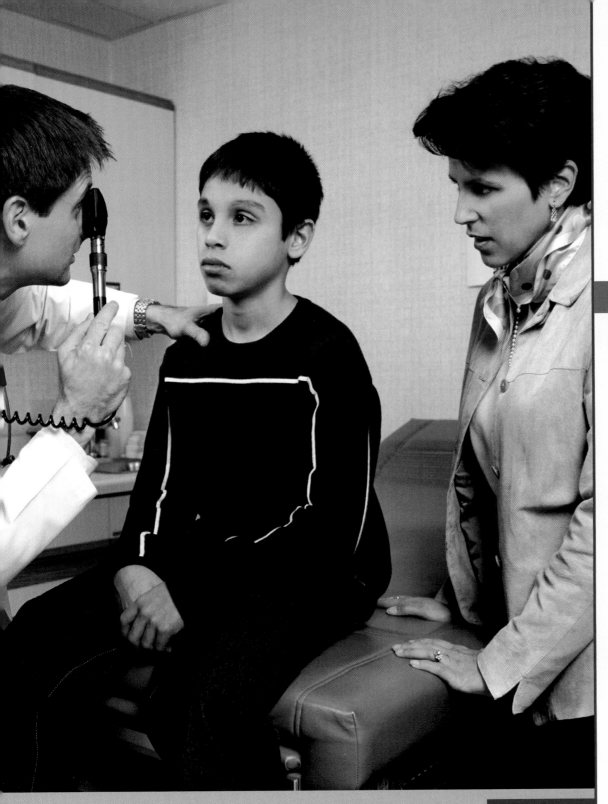

Estados Unidos

More than thirty million people use Spanish in the United States every day. In fact, in some parts of the United States — such as Florida, Arizona, Colorado and Texas — knowing Spanish proves very advantageous because Spanish is spoken by so many people both for pleasure and for business.

Activities

Communities

Ask students if they know which U.S. cities and states have a large number of Spanish-speaking inhabitants. Discuss why the number of people who speak Spanish might be larger in some states than in others. Finally, ask students if they can name any well-known Spanish-speaking citizens of the United States.

Critical Thinking

The photographs that appear on the opening two pages of the chapter depict the functions, cultural setting and themes of the chapter ahead. Based upon the two photographs that appear on pages 48–49, ask students the following: What are the people in the photographs doing? In what country or part of the world does this chapter take place? How do students know that? What is the theme of the chapter?

cuarenta y nueve **49**

Notes Communicative functions are provided with the opening two pages along with accompanying visuals to mentally and visually prepare students for the chapter they are about to begin. A checklist of these functions also appears at the end of each chapter, along with additional objectives that students can use as a self-check to evaluate their own progress.

Connections. Note for students that there is a significant Hispanic influence in the states named here, as well as in parts of New York, Illinois, Indiana, Ohio, New Jersey and several other states.

Note that the United States has the fifth largest Spanish-speaking population (after Mexico, Spain, Colombia and Argentina).

Teacher Resources

 En el baño

 Activity 1

 Activities 6–7

 Activities 1–2

 Activity 1

 GV Activities 1–2

Content reviewed in *Lección A*

- preterite tense
- everyday activities
- *deber* and *tener que*
- family
- Spanish in the United States
- clothing
- colors
- telling time
- foods
- demonstrative adjectives
- parts of the body

Activities

Students with Special Needs
Create labels (or have students create labels) for common objects found in a bathroom, and have them attach the labels to the objects with string or tape. This can be a good opportunity to enrich student vocabulary by adding words that are not yet active in *Navegando*, for example: *la pasta de dientes, el cepillo de dientes, el secador de pelo* and so forth.

Lección A
Estados Unidos

Vocabulario I
En el baño

la ducha

Necesito ayuda para lavarme el pelo.

¡Yo me duché sola, Jaime!

cepillarse los dientes

la tina

bañarse

peinarse el pelo

el peine

el espejo

el excusado

maquillarse

afeitarse

el cepillo

Voy a vestirme.

Me levanté tarde hoy. Tengo que despertarme antes.

la toalla

el maquillaje

la crema de afeitar

el lavabo

el champú

el jabón

el grifo

el desodorante

Notes Use transparencies 6 and 7 to introduce the new words and expressions in *Vocabulario I*. Show students transparency 6 and point to one of the objects and identify it in Spanish. Students should repeat after you. Continue on to the next item and repeat the process. Then show students transparency 7. Identify the new vocabulary in Spanish, allowing students to see how each word is spelled.

Note for students that *me levanté* is the first-person preterite form of the reflexive infinitive *levantarse*. Similarly, *me duché* comes from *ducharse*.

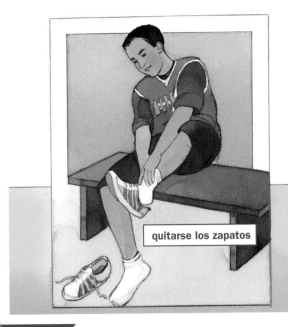

quitarse los zapatos

ponerse los zapatos

1 Preguntas

 Contesta las preguntas que oyes, según la información en el Vocabulario I.

2 En el baño

Di qué es y para qué usas cada uno de los objetos en las ilustraciones.

MODELO Es el champú. Lo uso para lavarme el pelo.

1. Es ___.
   Lo uso ___.

2. Es ___.
   La uso ___.

3. Es ___.
   Lo uso ___.

4. Es ___.
   Lo uso ___.

5. Es ___.
   Lo uso ___.

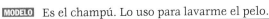

6. Es ___.
   Lo uso ___.

¡Extra!

Otras palabras y expresiones

el cepillo de dientes	*toothbrush*
la pasta de dientes	*toothpaste*
la máquina de afeitar	*shaver*
el papel higiénico	*toilet paper*
el secador de pelo	*hair dryer*
el sifón, el desagüe	*drain*
abrir/cerrar la llave del agua	*to turn on/to turn off the water*
bajar el agua/ echar el agua	*to flush the toilet*

Capítulo 2

cincuenta y uno **51**

Answers

3 1. Tiene que vestirse y peinarse.
2. Quiere salir ahora para no llegar tarde.
3. Debe quitarse la camiseta roja.
4. Debe ponerse la camiseta azul.
5. La mamá está guapa.
4 Answers will vary.
5 1. C
2. A
3. B
4. D

Activities

Critical Thinking
Ask students if they can guess the relationship between the two people in the photographs.

Expansion
Additional questions *(Algo personal)*: *¿Cuándo estás apurado(a)?; ¿Te gusta vestirte con camisetas?; ¿Cuál es tu color favorito?*

Prereading Strategy
Have students cover the dialog with one hand and look at the photographs. Ask them to imagine where the conversation takes place and what the people are saying to one another.

Diálogo I

¡Nos vamos!

DAVID: ¿Nos vamos, mamá?
MAMÁ: Sí, sólo tengo que vestirme y peinarme.
DAVID: Quiero salir ahora para no llegar tarde.

MAMÁ: ¿Por qué estás tan apurado?
DAVID: Es que tú tomas mucho tiempo.
MAMÁ: ¡Ay, perdón, David!

DAVID: ¿Estás lista, mamá?
MAMÁ: Sí, sí. ¿Y tú? Debes quitarte esa camiseta roja y ponerte esta camiseta azul.
DAVID: ¡Ay, mamá! Está bien. ¡Qué guapa estás, mamá!
MAMÁ: Sí, ¡pero me tomó mucho tiempo!

3 ¿Qué recuerdas?

1. ¿Qué tiene que hacer la mamá de David?
2. ¿Qué quiere David?
3. ¿Qué debe quitarse David?
4. ¿Qué debe ponerse David?
5. ¿Quién está guapa?

4 Algo personal

1. ¿Qué haces en la mañana antes de ir al colegio?
2. ¿Cuál es tu color preferido para la ropa?
3. ¿Tomas mucho tiempo para estar listo/a por las mañanas? ¿Por qué?

Mi color preferido es el rojo.

5 Anuncios publicitarios

Escoge la letra de la letra de la ilustración que corresponde con lo que oyes.

A **B** **C** **D**

Notes Note for students that David says *nos vamos* in the dialog. *Nos vamos* comes from *irse*, a reflexive variation of the verb *ir* that means **go away**, **leave**, or **depart**.

Before teaching the reflexive verbs, remind students that Spanish infinitives may end in *-ar, -er* or *-ir*.

From this point forward, verbs that have been introduced in their nonreflexive form and verbs that have been introduced in their reflexive form will not be listed again as a new word unless their meaning changes significantly.

Cultura viva

En los Estados Unidos hay nombres en español

Sebastián López vive en Amarillo, Texas. Amarillo es el nombre de un color en español *(yellow),* porque la zona donde está la ciudad de Amarillo tiene la tierra de ese color. ¿Qué influencia tiene el español donde vives tú?

San Francisco, California.

Mira un mapa y vas a ver lagos, ríos, ciudades, montañas[1] y otros lugares geográficos con nombres en español. Por ejemplo, los estados[2] de Arizona, Colorado, Florida, Montana, Nevada y Nuevo México tienen nombres de origen español. ¿Puedes ver esta influencia en tu comunidad o en tu estado?

Las Vegas, Nevada.

[1]mountains [2]states

6 Conexión con otras disciplinas: geografía

Mira un mapa o un atlas de los Estados Unidos y haz una lista de quince lugares o puntos geográficos con nombres en español.

MODELO

lista de lugares
1. Las Vegas
2. San Francisco

7 En la comunidad

Trabajando en grupos pequeños, preparen una lista de organizaciones que puedan necesitar la ayuda de alguien que hable español.

¡Oportunidades!

El español en tu comunidad
How can you use Spanish in your community? Have you ever considered offering your services as a volunteer at one of the many organizations where you live? Many groups could use the help of someone who speaks Spanish.

Capítulo 2

cincuenta y tres **53**

Teacher Resources

 Activity 3

Answers

6 Answers will vary.
7 Community-based learning.

Activities

Communities
Have students prepare a list of geographical sites, businesses, etc., in your community that have Spanish names.

Connections
Discuss the meanings and origins of the Spanish names for the geographical sites your students have selected in activity 6.

Critical Thinking
Ask students to search the Internet for a newspaper from a Spanish-speaking country that contains an article about the United States. Then have them compare the coverage of that news story to the coverage of the same story published in the United States. Have them tell the class how the coverage is the same or different.

Expansion
Have students find out the meaning of *Las Vegas* (shown in the photograph in the *Cultura viva*).

Language through Action
Have students point out geographical names in Spanish on a map of the United States.

 # Idioma

Estructura

Reflexive verbs

Some verbs in Spanish have *se* attached to the end of the infinitive. The *se* is a reflexive pronoun *(pronombre reflexivo)* and the verb is called a reflexive verb *(verbo reflexivo)* because it reflects action back upon the subject of the sentence. For example, adding the reflexive pronoun *se* to the infinitive *peinar* (to comb another person's hair) forms the reflexive verb *peinarse* (to comb one's own hair). Reflexive verbs are conjugated the same as nonreflexive verbs; however, they are used with a corresponding reflexive pronoun, which may precede a verb or be attached to the end of an infinitive or a present participle.

> *Marta **se** va a cepillar.*
> *Marta va a cepillar**se**.*
>
> Marta is going to brush her hair.

peinarse			
yo	**me** cepillo	nosotros nosotras	**nos** cepillamos
tú	**te** cepillas	vosotros vosotras	**os** cepilláis
Ud. él ella	**se** cepilla	Uds. ellos ellas	**se** cepillan

In Spanish, a definite article is generally used instead of a possessive adjective when using a reflexive verb to talk about personal items, such as clothing and parts of the body.

> *Me pongo **los** zapatos.*
>
> I put on **my** shoes.

> *¿Quieres lavarte **las** manos?*
>
> Do you want to wash **your** hands?

 ## Práctica

 **8 La rutina diaria**

Di cuáles de las siguientes oraciones o preguntas usan el reflexivo.

A. Tengo sed.
B. ¿No se va a duchar?
C. A qué hora se visten Uds.?
D. ¿Te estás quitando los calcetines?

E. ¿No la viste ayer?
F. Me levanté temprano hoy.
G. Comemos juntos.
H. Los voy a despertar ahora.

54 *cincuenta y cuatro*   **Lección A**

54

9 ¿Qué pasa, Jaime?

Di lo que pasa en la casa de Jaime, indicando la oración que describe mejor la acción en cada una de las siguientes ilustraciones.

1.
A. Lo cepillo antes de salir.
B. Me cepillo antes de salir.

2.
A. Despierto temprano a mi hermana.
B. Me despierto muy temprano.

3.
A. Estoy poniéndome los calcetines azules.
B. Estoy poniéndolos en la cama.

4.
A. Ella le está lavando el pelo.
B. Ella está lavándose el pelo.

10 La rutina en un día de fiesta

Haz oraciones completas, combinando palabras de cada una de las tres columnas y añadiendo más información para decir cómo es la rutina de los miembros de tu familia en un día de fiesta.

Estrategia

Comparing Spanish and English
English often uses a form of **to get** where Spanish uses a reflexive verb. Knowing this may help you decide when to use a reflexive or a nonreflexive verb to state an action. Compare the following:

levantarse:	*Ellos se levantan.*	They get up.
vestirse:	*Ella se viste.*	She gets dressed.

MODELO Mi hermana se viste muy elegante.

I	II	III
mi papá	me	afeitar
mi hermana	nos	bañar
mi hermano	se	despertar
mis padres	te	lavar
mis hermanos		levantar
mi mamá		maquillar
mis hermanos y yo		poner
yo		vestir

Capítulo 2

cincuenta y cinco **55**

Activity 13

11 1. el; 2. los; 3. tus; 4. los;
      5. las; 6. el; 7. tu

12 1. ¿...afeitarte? (¿Te vas a
         afeitar?)/No,...peinarme.
         (No, me voy a peinar.)
      2. ¿...vestirte? (¿Te vas a
         vestirte?)/No,...maquillarme
         . (No, me voy a maquillar.)
      3. ¿...ponerte el
         impermeable? (¿Te vas a
         poner el impermeable?)/
         No,...ponerme el abrigo.
         (No, me voy a poner el
         abrigo.)
      4. ¿...cepillarte el pelo? (¿Te
         vas a cepillar el pelo?)/No,
         ...lavarme el pelo. (No, me
         voy a lavar el pelo.)
      5. ¿...quitarte las botas? (¿Te
         vas a quitar las botas?)/
         No,...ponerme otros
         calcetines. (No, me voy a
         poner otros calcetines.)
      6. ¿...lavarte las manos? (¿Te
         vas a lavar las
         manos?)/No,...ponerme
         los guantes. (No, me voy a
         poner los guantes.)

13 Possible answers:
      1. Él se está poniendo los
         zapatos.
      2. Ella se está cepillando el
         pelo.
      3. Él se está bañando.
      4. Ella se está vistiendo.
      5. Él se está afeitando.
      6. Ella se está quitando las
         botas.
      7. Él se está quitando el
         suéter.

56

---

11 Hay que ser cortés

Si invitas a otras personas a tu casa, tienes que ser cortés *(courteous)*.
Completa las siguientes oraciones, escogiendo la palabra apropiada.

MODELO Tienes frío. ¿Deseas ponerte *(tu / la)* chaqueta?
       Tienes frío. ¿Deseas ponerte *la* chaqueta?

   1. ¿Puedo llevarte *(el / tu)* abrigo para el cuarto?
   2. ¿Te gustaría cepillarte *(tus / los)* dientes?
   3. ¿Quieres llamar a *(tus / los)* padres para decirles dónde estás?
   4. Por favor, ¿puedes quitarte *(los / tus)* zapatos?
   5. ¿Quieres ir a lavarte *(tus / las)* manos antes de comer?
   6. ¿Te gustaría quitarte *(tu / el)* abrigo?
   7. ¿Quieres comer con *(tu / la)* prima?

12 Saliendo juntos

Tu familia se está preparando para salir. En parejas, alterna con tu compañero/a
de clase en hacer y contestar preguntas para decir cómo se preparan para salir.

MODELO bañarse / vestirse
       A: ¿Vas a bañarte? (¿Te vas a bañar?)
       B: No, voy a vestirme. (No, me voy a vestir.)

   1. afeitarse / peinarse   4. cepillarse el pelo / lavarse el pelo
   2. vestirse / maquillarse   5. quitarse las botas / ponerse otros calcetines
   3. ponerse el impermeable /   6. lavarse las manos / ponerse los guantes
      ponerse el abrigo

13 ¿Qué hacen antes de salir?

Di lo que estas personas hacen antes de salir, según las ilustraciones.

MODELO Ella se está maquillando.

   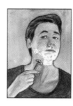  

1   **2**   **3**   **4**   **5**   **6**   **7**

Notes Remind students to use a definite
article in activity 11 when referring to
articles of clothing if they are using a
reflexive verb.

Before assigning activity 13, ask students
to identify in English what the people in
each illustration are doing.

14 Diciendo lo mismo, pero diferente

Haz las oraciones de la actividad anterior de otra manera, siguiendo el modelo.

 MODELO Ella está maquillándose.

❖ Comunicación

 15 Se visten de....

Trabajando en parejas, hablen de cómo se visten estas personas, usando la forma apropiada de *vestirse*.

MODELO **A:** ¿Cómo se viste Teresa?
B: Teresa se viste de amarillo.

1. Gabriel y Carlota   **2.** Uds.   **3.** tú   **4.** nosotros

5. Guillermo   **6.** yo   **7.** Antonio   **8.** Esperanza

 16 ¿Qué hiciste el fin de semana pasado?

Trabajando en parejas, alterna con un(a) compañero/a de clase en preguntar y contestar cinco cosas que hicieron el fin de semana pasado. Usa los verbos de la caja y añade tus propios verbos.

MODELO **A:** ¿Qué hiciste el sábado?
B: Fui al cine.

comer   ir de compras   estar
bailar   ir   bañarse

Capítulo 2

Answers

14 1. Él está poniéndose los zapatos.
2. Ella está cepillándose el pelo.
3. Él está bañándose.
4. Ella está vistiéndose.
5. Él está afeitándose.
6. Ella está quitándose las botas.
7. Él está quitándose el suéter.

15 1. ¿...se visten...?/Gabriel y Carlota se visten de rojo.
2. ¿...se visten...?/Nosotros nos vestimos de anaranjado.
3. ¿...te vistes...?/Me visto de negro.
4. ¿...nos vestimos...?/Uds. se visten de azul.
5. ¿...se viste...?/Guillermo se viste de gris.
6. ¿...me visto...?/Tú te vistes de blanco.
7. ¿...se viste...?/Antonio se viste de verde.
8. ¿...se viste...?/Esperanza se viste de rosado.

16 Creative self-expression.

Activities

Language through Action
Have students take turns acting out the reflexive verbs they have learned. Classmates should try to guess the action; the student who correctly responds first has the next turn.

Pronunciation
Review the colors with students, having them say the words aloud to practice pronunciation.

Students with Special Needs
Model a second example for activities 15 and 16.

Notes Remind students to check the *Palabras y expresiones* on page 69 to verify whether the new reflexive verbs they are learning require a stem change.

Review the colors with students before doing activity 15.

You may wish to place students together for activity 16 rather than allow them to choose their own partners.

Activity 17

Activity 3

Activity 7

Activity 7

Answers

17 1. Se arregla la casa a las nueve. La casa se arregla....
2. Se lava el carro a las diez y media. El carro se lava....
3. Se prepara el almuerzo a las once. El almuerzo se prepara....
4. Se cepilla el perro a las cuatro. El perro se cepilla....
5. Se prepara un pollo a las seis. El pollo se prepara....
6. Se pone la mesa a las siete. La mesa se pone....
7. Se come el pollo a las siete y media. El pollo se come....

Activities

Critical Thinking
Ask students for examples of verbs that are used reflexively in English. Find out how many of the verbs students can give equivalents for in Spanish.

Expansion
Review how to tell time in Spanish. Then have students make statements about the times of day that certain things happen at school (e.g., *Se almuerza a las once y media.*).

Estructura

The word *se*

In Spanish, if a person who is doing something is indefinite or unknown (where in English you might say "one," "people" or "they"), *se* is sometimes combined with the *él/ella/Ud.* or the *ellos/ellas/Uds.* form of a verb in order to express the action. In such cases the subject (which may precede or follow the verb) indicates whether the verb should be singular or plural. If the subject is singular, the verb is singular. Likewise, if the subject is plural, so is the verb.

***Se habla** español aquí.*   Spanish **is spoken** here.
*Las verduras **se comen** muchas veces para el almuerzo.*   **People** often **eat** vegetables for lunch.

Práctica

17 El horario de los Vargas

Estas oraciones describen algunas de las actividades de un sábado típico de la familia Vargas. Cámbialas, usando una construcción con *se.*

MODELO Empiezan el día a las ocho.
Se empieza el día a las ocho./El día se empieza a las ocho.

1. Arreglan la casa a las nueve.
2. Lavan el carro a las diez y media.
3. Preparan el almuerzo a las once.
4. Cepillan el perro a las cuatro.
5. Preparan un pollo a las seis.
6. Ponen la mesa a las siete.
7. Comen el pollo a las siete y media.

Lavan el carro a las diez y media.

Notes Explain that the article *los* plus a last name can be used to refer to a group of family members: *la familia Vargas* (activity 17) is the equivalent of *los Vargas.*

The *se* construction is often found on posted signs: *Se habla español; Se vende casa*, etc.

18 ¿Se venden?

 Alterna con un(a) compañero/a de clase en preguntar y contestar qué cosas se venden o no en la tienda de la ilustración.

MODELOS
A: ¿Se venden toallas en la tienda?
B: Sí, se venden toallas.
A: ¿Se vende crema de afeitar en la tienda?
B: No, no se vende crema de afeitar.

❖ Comunicación

19 Adivina qué es

 En grupos pequeños, un(a) estudiante debe representar con un dibujo, en un tiempo máximo de treinta segundos, una acción o un objeto nuevo presentado en el Vocabulario I de esta lección. Los otros deben adivinar *(guess)* lo que está dibujando esa persona haciendo preguntas. El/La estudiante que primero adivina la acción o el objeto gana un punto y tiene el turno para dibujar. La persona con más puntos después de un período de juego de diez minutos es la ganadora *(winner)*.

MODELO
A: ¿Se usa para lavarse el pelo?
B: No.
C: ¿Se usa para bañarse?
B: Sí.
A: Es un jabón.
B: Sí, muy bien.

Capítulo 2

cincuenta y nueve

Notes Another word for *lavabo* is *el lavamanos*. Some people use *el excusado*, whereas others prefer *el retrete* or *el W.C.* Another word for *la tina* is *la bañera*. In addition, *el peine* is called *la peinilla* in some parts of the Spanish-speaking world.

Answers

18 All questions follow this pattern: *¿Se venden* (objects) *en la tienda?*
Answers should coincide with items shown or not in the illustration.

19 Creative self-expression.

Activities

Students with Special Needs
Quickly review the Spanish term for each of the items in the illustrations for activity 18.

Todos los días

 Activity 4

 Activities 8–9

 Activity 8

 Activity 3

 Activity 8

Activities

Critical Thinking

Have students use the provided cues to give complete sentences in the present progressive, saying what the following people are doing right now: *Carlos/peinarse/baño; Gloria/peinar/su hermanita; Fabiola/lavarse/pelo; la abuela/poner/su nieto en la cama; Javier/vestir/su hermanito; el tío Jorge/ponerse/camisa nueva; ellos/lavar/carro a su papá; Uds./vestirse/ahora.*

Prereading Strategy

Instruct students to look at the illustrations on pages 60–61. Have them look through the content quickly to find cognates and any words they recognize. Then ask students what they think the illustrations depict. What else can students guess the meaning of on these two pages?

Vocabulario II
Todos los días

sentarse

preocuparse

esperar

quemarse

No se hace así.

¿Qué hiciste?

Me llamo Javier.

llamarse

calmarse

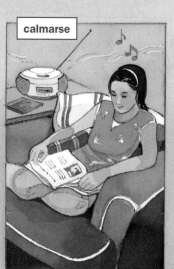
acostarse

quedarse en la cama

Notes Use transparencies 8 and 9 to introduce the new words and expressions in *Vocabulario II*. Show students transparency 8. Point to one of the objects and identify it in Spanish. Students should repeat after you. Continue on to the next item and repeat the process. As a second step, show students transparency 9. Once again identify new words and expressions in Spanish, allowing students to see how each word is spelled. As an alternative, reverse the process: Show students transparency 9, say the new word or expression and have students repeat what they see and hear.

20 ¿Con qué corresponde?

🔊)) Selecciona la foto que corresponde con cada descripción que oyes.

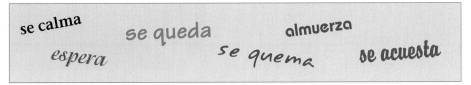

A B C D E F

21 ¿Qué pasó?

Completa las siguientes oraciones, usando una palabra apropiada de la caja.

> se calma se queda almuerza
>
> espera se quema se acuesta

1. Jorge __ después de estar muy nervioso.
2. Teresa __ con el horno.
3. Pedro __ a las diez de la noche.
4. Elena __ en la cama porque está muy enferma.
5. Enrique __ el autobús a las ocho de la mañana.
6. Manuel __ en un restaurante mejicano.

Capítulo 2   *sesenta y uno* **61**

Notes Remind students that *almorzar* has a change in its present-tense stem from *o* to *ue*. *Acostarse (ue)* also changes in the present tense from *o* to *ue*. This same change occurs in the infinitive *volver (ue)*, which students already have learned.

Answers

22 1. Va a cenar a las nueve.
2. El papá de David puede preparar la cena más temprano.
3. Prefiere esperar a su mamá.
4. Porque la última vez el papá quemó toda la comida.

23 Answers will vary.

24 1. D
2. A
3. B
4. C

Activities

Expansion
Additional questions *(Algo personal)*: *¿A qué hora cena tu familia?*; *¿Qué comidas son típicas en las cenas de tu familia?*

Language through Action
Divide students into groups of four or five. Each small group will meet to develop a script for a skit or short play that they will perform in front of the class. The scripts should be based on the words and phrases in *Diálogo II*. Encourage students to include props in their plays, to use animation and gestures as they perform and to applaud the performances of each group.

Diálogo II

¿Cuándo cenamos?

DAVID: ¿A qué hora vamos a cenar?
MAMÁ: Cenamos a las nueve porque voy a llegar tarde.
DAVID: ¡Tan tarde!

MAMÁ: Entonces, tu papá puede preparar la cena hoy.
DAVID: Pero él también llega tarde a casa.
MAMÁ: No, hoy llega temprano del trabajo.
DAVID: Bueno, yo prefiero esperarte.

MAMÁ: No, no te preocupes por mí.
DAVID: Sí, sí me preocupo. La última vez que él preparó la comida la quemó toda.
MAMÁ: Ja, Ja. Tienes razón. Bueno, yo hago la comida.

22 ¿Qué recuerdas?

1. ¿A qué hora va a cenar la familia de David?
2. ¿Quién puede preparar la cena más temprano?
3. ¿Qué prefiere David?
4. ¿Por qué prefiere David esperar a su mamá?

23 Algo personal

1. ¿Te gusta cenar con tu familia? ¿Por qué?
2. ¿Preparas la comida en tu casa?
3. ¿Cuál es tu comida favorita?

24 A completar

 Completa cada oración que oyes con una respuesta lógica, seleccionando de las posibles respuestas que siguen.

A. ...con su familia.
B. ...en el sofá.

C. ...quedarse en la cama.
D. ...se quemó.

Yo preparo la comida en mi casa.

Notes As students practice the dialog, it is important that they improve their ability to speak Spanish. Listen for the correct pronunciation and determine if students appear to understand what they are saying and hearing. You may want to have students personalize the dialogs by role-playing the parts using their own names.

Cultura viva

Comer bien es salud

Es importante comer bien para tener buena salud y en muchas familias hispanas, el almuerzo se considera la comida principal del día. El almuerzo se come entre la una y las tres de la tarde. Los miembros de la familia llegan a casa durante esas horas y tienen la oportunidad de pasar tiempo juntos y hablar de su día antes de volver al colegio o al trabajo. Cuando la comida del mediodía es la comida principal, la cena es ligera[1]. Sin embargo, el horario de algunas familias sólo permite un almuerzo corto al mediodía. Para estas personas, la cena es la comida principal de la familia.

Cenamos en casa.

Almorzamos en el jardín.

Los fines de semana muchas veces las familias toman un almuerzo largo que puede durar desde la una hasta las cuatro o las cinco de la tarde. Las familias se reúnen y pasan tiempo juntas y hablan de eventos y cosas que han pasado[2]. En estas ocasiones la cena, que es la comida más ligera del fin de semana, se come a las siete u ocho de la tarde.

En muchos países hispanos es difícil comer el almuerzo antes de la una de la tarde si vas a un restaurante. ¡Pero es posible cenar hasta después de la medianoche!

[1]light [2]have happened

25 ¿Cómo es para ti?

Contesta estas preguntas en español, según lo que es verdad para ti. Puedes inventar la información si quieres.

1. ¿Cuál de las tres comidas es la más importante en tu casa?
2. ¿A qué hora desayunas cuando vas al colegio?
3. ¿Qué comes para el desayuno?
4. ¿A qué hora almuerza tu familia los sábados? ¿Y los domingos?
5. ¿A qué hora es la comida en tu casa?
6. ¿Dónde se sientan para cenar?

¡Extra!

¡Hay comida todo el día!

You have seen words in both English and Spanish that have more than one meaning. One example in Spanish is the word *comida,* which may mean **food** or **dinner.** Other terms to use when eating a healthy diet:

el desayuno	*breakfast*	desayunarse	*to have breakfast*
el almuerzo	*lunch*	almorzar (ue)	*to have lunch*
la cena	*supper*	cenar	*to have supper*
la comida	*dinner, the main meal*	comer (la comida)	*to have dinner, the main meal*

Capítulo 2

sesenta y tres **63**

Teacher Resources

Activity 25

Activity 5

Activity 9

Activity 4

Answers

25 Answers will vary.

Activities

Connections
Ask for volunteers to make a typical food from a Spanish-speaking country to bring to class. As an alternative, make arrangements to go to the family and consumer sciences department area to prepare the recipe as a class project.

Expansion
Begin a class discussion about meals students eat at home and away. Finish by comparing their eating habits with the content of the *Cultura viva.*

Multiple Intelligences (intrapersonal)
Ask students to discuss the following questions: *¿Quién prepara el almuerzo los domingos?; ¿Con quién cenas?; ¿Comes siempre las tres comidas?*

Notes Point out that the typical schedule of a late lunch and dinner may cause someone to feel hungry at certain times of day. Two solutions are a *merienda* (snack) or *tapas* (appetizers), typically found in Spanish cafés.

Inform students that mealtimes and foods vary greatly from one country to another.

In Colombia, for example, people sometimes have a light snack around 10:30 A.M., called *las onces*, and a second one around 4:00 P.M., called *las medias nueves.* They consist of tea, coffee or hot chocolate with bread, cookies or pastry.

Review days of the week and telling time with students before beginning activity 25.

Teacher Resources

 Activity 6

 Activity 10

 Activity 5

 Activity 9

Answers

26
1. me desperté
2. me bañé
3. me peiné
4. desperté
5. se afeitó
6. se lavó
7. se levantó
8. se maquilló
9. se cepilló
10. nos quedamos

Activities

Cooperative Learning
Have students work in pairs asking and answering whether the following people completed the mentioned activities: *1) tus hermanos/ya/levantarse; 2) Uds./ ya/quitarse los pijamas; 3) Uds./ ya/bañarse; 4) tú/ya/lavarse el pelo; 5) tus primos/ya/vestirse; 6) tu hermana/ya/quitarse la falda sucia; 7) tu abuela/ya/ desayunarse.*

Spanish for Spanish Speakers
Have students write a short composition in Spanish summarizing their day yesterday, using activity 26 as a model.

Idioma

Estructura

Preterite tense of reflexive verbs

Reflexive and nonreflexive verbs follow the same patterns you have learned for forming the preterite tense, with the exception that reflexive verbs require an appropriate reflexive pronoun. Compare the following:

no reflexivo		*reflexivo*	
Bañé al perro.	I gave the dog a bath.	*Me bañé.*	I took a bath.
Ella vistió a su hermanita.	She dressed her little sister.	*Ella se vistió.*	She got dressed.

 ### Práctica

26 Un correo electrónico de Alicia

Alicia está escribiendo este correo electrónico sobre lo que pasó ayer en su casa. Ayúdala a completarlo, usando la forma apropiada del pretérito de los verbos entre paréntesis.

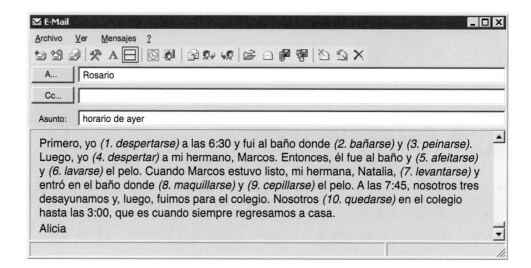

E-Mail

Archivo Ver Mensajes ?

A...: Rosario
Cc...:
Asunto: horario de ayer

Primero, yo *(1. despertarse)* a las 6:30 y fui al baño donde *(2. bañarse)* y *(3. peinarse)*. Luego, yo *(4. despertar)* a mi hermano, Marcos. Entonces, él fue al baño y *(5. afeitarse)* y *(6. lavarse)* el pelo. Cuando Marcos estuvo listo, mi hermana, Natalia, *(7. levantarse)* y entró en el baño donde *(8. maquillarse)* y *(9. cepillarse)* el pelo. A las 7:45, nosotros tres desayunamos y, luego, fuimos para el colegio. Nosotros *(10. quedarse)* en el colegio hasta las 3:00, que es cuando siempre regresamos a casa.
Alicia

Notes Let students know that the preterite tense of *vestirse (i, i)* uses the second stem change indicated in parentheses, as is shown in this example: *vistió.*

The abbreviated form of *el cuarto de baño* is *el baño*. Other expressions for *el baño* include *los servicios, el W.C.* and *el toilette.*

27 ¿Qué pasó en tu casa esta mañana?

 Tu amigo/a está muy curioso/a hoy y te pregunta sobre algunas cosas que pasaron esta mañana. En parejas, alterna con tu compañero/a de clase en hacer y contestar preguntas, usando las pistas indicadas.

> MODELO tu hermana / maquillarse antes de salir
>
> **A:** ¿Se maquilló tu hermana antes de salir?
>
> **B:** Sí, (No, no) se maquilló antes de salir.

1. tu hermano menor / quemarse con agua caliente
2. tus padres / despertarse a las seis
3. tú / quedarse en la cama hasta que tu mamá vino para despertarte
4. tu mamá / cepillarse el pelo
5. tu papá / afeitarse después de desayunar
6. nosotros / vestirse con el mismo color de pantalón
7. tú / peinarse antes de salir para el colegio
8. tú / lavarse el pelo

⚜ Comunicación

 28 Tu rutina

 Trabajando en parejas, hablen de su rutina ayer después de levantarse. Pueden usar algunos de los verbos indicados en su conversación si quieren.

> MODELO **A:** ¿A qué hora te despertaste?
>
> **B:** Me desperté a las seis y media.

acostarse   depertarse
almorzar   desayunar
cenar   salir para el colegio

Nos maquillamos antes de ir a clase.

Repaso rápido: demonstrative adjectives

You have already learned to use demonstrative adjectives to indicate where someone or something is located in relation to the speaker. They include *este, esta, estos, estas, ese, esa, esos, esas, aquel, aquella, aquellos* and *aquellas*.

No me gusta **este** *jabón.*	I do not like **this** soap.
Tampoco me gusta **ese** *jabón.*	I do not like **that** soap either.
Prefiero **aquel** *jabón.*	I prefer **that** soap **over there.**

Answers

27 1. ¿Se quemó tu hermano menor con agua caliente?/...se quemó....
2. ¿Se despertaron tus padres a las seis?/...se despertaron....
3. ¿Te quedaste en la cama hasta que tu mamá vino para despertarte?/...me quedé....
4. ¿Se cepilló el pelo tu mamá?/...se cepilló....
5. ¿Se afeitó tu papá después de desayunar?/...se afeitó....
6. ¿Nos vestimos con el mismo color de pantalón?/...nos vestimos....
7. ¿Te peinaste antes de salir para el colegio?/...me peiné....
8. ¿Te lavaste el pelo?/...me lo lavé....

28 Creative self-expression.

Activities

Expansion
As an extension of activity 28, ask students to switch partners and talk about their plans for tomorrow, using *ir a* plus an infinitive to refer to the future.

Notes If you haven't done so, you may want to review vocabulary related to telling time before beginning activity 28.

Point out that the distinction among the demonstratives that many Spanish speakers make is to use forms of *este* for items near the speaker, forms of *ese* for items near the person spoken to and forms of *aquel* for items that are far from both.

Answers

29 1. Yo compré esta sopa para mi almuerzo.
2. Mamá compró ese champú.
3. Yo compré este desodorante.
4. Tú compraste esos cepillos.
5. Papá compró estos huevos para el desayuno.
6. Nuestra abuela compró aquel postre para la cena.

Activities

Critical Listening
Practice the demonstrative pronouns and review the demonstrative and possessive adjectives by asking questions about classroom objects. Students must answer the questions using an appropriate demonstrative pronoun: *¿De quién es ese libro?/Éste es mi libro. Ése es el libro de Juan. Aquel libro es su libro* (pointing to another student).

---

29 ¿Quién compró qué?

Tu familia fue a la tienda para comprar unas cosas para la casa y ahora todos están discutiendo quién compró los objetos que están en la mesa de la cocina. Di quién compró qué, según las pistas.

MODELO tú / jabón / allí
Tú compraste ese jabón.

1. yo / sopa para mi almuerzo / aquí
2. mamá / champú / allí
3. yo / desodorante / aquí
4. tú / cepillos / allí
5. papá / huevos para el desayuno / aquí
6. nuestra abuela / postre para la cena / allá

Estructura

Demonstrative pronouns

Demonstrative adjectives become demonstrative pronouns when they are used with a written accent mark and when they take the place of a noun.

Los pronombres demostrativos			
singular		**plural**	
masculino	**femenino**	**masculino**	**femenino**
éste	ésta	éstos	éstas
ése	ésa	ésos	ésas
aquél	aquélla	aquéllos	aquéllas

Note how demonstrative pronouns are used in the following sentence:

*Creo que **éste** es bueno y **ése** es muy bueno, pero **aquél** es el mejor de todos.*

I think **this one** is good and **that one** is very good, but **that one over there** is best of all.

Three neuter demonstrative pronouns *(esto, eso, aquello)* refer to a set of circumstances, to very general nouns or to objects that have not been identified. The neuter demonstrative pronouns do not require an accent mark.

***Esto** no es bonito.* **This** is not pretty.

*Me gustaría ver **eso**, por favor.* I would like to see **that (stuff)**, please.

***Aquello** fue imposible.* **That** was impossible.

La otra cama es mía y ésta es tuya.

Notes Before beginning activity 29, assist students by telling them that the cues *aquí, allí* and *allá* correspond to variations of *este, ese* and *aquel*.

In modern usage, demonstrative pronouns are sometimes spelled without an accent because capital letters often appear without correct accentuation.

Práctica

 **30 ¿Cuánto cuesta eso?**

Durante las vacaciones estás trabajando en una tienda y unos clientes te están preguntando por el precio de algunos objetos. Trabajando en parejas, alterna con tu compañero/a de clase en hacer y contestar preguntas, según las ilustraciones y las indicaciones.

MODELO peines/$1.25
    A: ¿Cuánto cuestan esos peines?
    B: ¿Esos peines?
    A: Sí, ésos.
    B: Esos peines cuestan un dólar veinticinco.

    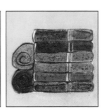

1. crema de afeitar/ $1.60   **2.** champú/ $2.05   **3.** cepillo/ $2.80   **4.** jabón/ $0.79   **5.** espejos/ $3.96   **6.** desodorante/ $8.25   **7.** toallas/ $2.73

 31 De viaje

Miguel y su familia se preparan para ir de viaje. Completa las siguientes oraciones con los pronombres demostrativos apropiados para decir qué hacen para prepararse.

MODELO Quiero otro jabón; éste no me gusta.

1. ¿Es aquél tu desodorante? ¿Y __ que está aquí?
2. ¿Qué champú es nuevo? __ que está allí es muy nuevo.
3. Necesito otra toalla; __ está sucia.
4. ¿Dónde está mi champú? No es __ que está aquí.
5. Ese jabón no; yo quiero __ que está allá.
6. Mi toalla es roja; __ es rosada.
7. Aquélla no es mi crema de afeitar; es __.
8. ¡__ es un desastre! Debes limpiar el baño ahora mismo.

 Comunicación

 32 Juego

 En parejas, alterna con tu compañero/a de clase en preguntar y contestar de quiénes son cinco cosas que tú señalas en la clase sin mencionarlas.

MODELO   **A:** ¿Es esto de Patricia?
      B: No, esto es de Rafael.

Capítulo 2   *sesenta y siete* **67**

Answers

33 1. los latinos
2. Jennifer López (Enrique Iglesias, Ricky Martin)
3. Soledad O'Brien (María Hinojosa)
4. salsa
5. Los Ángeles (Las Cruces, El Paso, San Diego, Pueblo)

34 Answers will vary.

Activities

Communities

Have students prepare a list of well-known Spanish-speaking people (past and present). The list may include some of the following: Antonio Banderas, Penélope Cruz, María Conchita Alonso, Jimmy Smits, actors; Gloria Estefan, Carlos Santana, Juanes, Selena, singers; Rubén Blades, singer and actor; Pedro Martínez, Sammy Sosa, Conchita Martínez, Anabel Medina, Paul Gasol, Sergio García, athletes; Óscar de la Renta, designer; Ellen Ochoa, first Hispanic astronaut. You may wish to have students find out more about these or other famous Spanish-speaking people. Draw upon your students' interests and reinforce their knowledge of the Spanish-speaking people in your community.

Lectura cultural

Ellen Ochoa, primera astronauta latina.

Estados Unidos: un país latino

El español fue la primera lengua europea que se habló en el territorio que hoy es Estados Unidos. Por eso tenemos ciudades con nombres[1] como Los Ángeles y Las Cruces (y no *The Angels* y *The Crosses*). Hoy, la comunidad latina, con una población de más de 40 millones, es el grupo étnico más grande de Estados Unidos.

El impacto que los latinos tienen en la cultura de los Estados Unidos es evidente en la vida diaria. Al despertarte, enciendes la radio y oyes a Jennifer López o a Enrique Iglesias. Al ducharte, usas el champú de Samy, estilista latino de las estrellas. Luego, desayunas un burrito de huevos. A la hora de almorzar pides salsa para tu hamburguesa. (En 1992, la salsa reemplazó al catsup[2] como el condimento número uno en Estados Unidos.) Por la tarde, cuando enciendes la televisión ves a Soledad O'Brien dar las noticias. Shakira está en un anuncio comercial y el congresista[3] Reyes en otro. Luego, empieza el partido de béisbol con el jugador Alex Rodríguez. Antes de acostarte, hablas por teléfono con tu amigo José. (En 1998, José reemplazó a Michael como el nombre más popular para niños en Texas y California.) Cada día, Estados Unidos se vuelve más latino.

Carlos Santana.

[1]names [2]ketchup [3]congressman [4]reporter

Las Cruces, Nuevo México.

33 ¿Qué recuerdas?

Nombra...

1. ...el grupo étnico más grande de Estados Unidos.
2. ...un(a) cantante latino/a de música pop.
3. ...una periodista latina en la televisión estadounidense.
4. ...el condimento número uno en Estados Unidos.
5. ...una ciudad en Estados Unidos con nombre español.

34 Algo personal

1. ¿Es la influencia latina evidente en tu vida diaria? Explica.
2. Nombra a una persona conocida en tu estado que tiene un nombre hispano. ¿Qué hace?
3. ¿Por qué crees que es importante aprender el español?

- ¿Por qué dice el artículo que los Estados Unidos están llegando a ser más latino?

- ¿Cómo crees tú que la cultura de los Estados Unidos cambiará durante los próximos cincuenta años con el crecimiento de la población latina?

Notes Point out that Hispanics in the United States have many different countries of origin and that some families have resided in the United States for decades, whereas others arrived more recently. The three largest U.S. Hispanic groups are of Mexican, Puerto Rican and Cuban origin.

A number of Latina women writers have thriving careers in the United States. Students may wish to read works by Julia Alvarez, Esmeralda Santiago, Pat Mora, Sandra Benítez, Laura Esquivel and Sandra Cisneros.

 **¿Qué aprendí?**

Autoevaluación

Como repaso y autoevaluación, responde lo siguiente:

Visit the web-based activities at www.emcp.com

(1) Name two objects in a bathroom.

(2) Say two activities you do every day.

(3) Name three places in the United States with names that are derived from Spanish.

(4) How might you use Spanish as a volunteer in your community?

(5) Describe in Spanish how two people in the classroom are dressed.

(6) What was the last thing you did last night?

(7) Imagine you are traveling and see a swimsuit you would like to buy. How would you say "I want that one"?

Palabras y expresiones

En el baño
el cepillo
el champú
la crema de afeitar
el desodorante
la ducha
el espejo
el excusado
el grifo
el jabón
el lavabo
el maquillaje
el peine

la tina
la toalla
Comidas
la cena
la comida
el desayuno
Verbos
acostar(se) (ue)
afeitar(se)
almorzar (ue)
bañar(se)
calmar(se)
cenar

cepillar(se)
desayunar
despertar(se) (ie)
duchar(se)
esperar
lavar(se)
levantar(se)
llamar(se)
maquillar(se)
peinar(se)
poner(se)
preocupar(se)
quedar(se)

quemar(se)
quitar(se)
sentar(se) (ie)
vestir(se) (i, i)
Otras expresiones
aquél, aquélla
    (aquéllos, aquéllas)
aquello
así
desde luego
ése, ésa (ésos, ésas)
eso
éste, ésta (éstos, éstas)
esto
el pelo
la salud
tarde

Me maquillo antes de trabajar.

Me baño todos los días.

Capítulo 2

sesenta y nueve **69**

Teacher Resources

📝 **Activity 13**

💬 **Information Gap Activities
Postcard Activities
*Funciones de Comunicación***

Answers

Autoevaluación
Possible answers:
1. una toalla, una tina
2. Me despierto. Me levanto. Desayuno.
3. Answers will vary.
4. Answers will vary.
5. ...se viste(n)....
6. Me dormí.
7. Quiero ése.

Activities

Expansion
Bring Spanish-language newspapers or magazines to class. Ask students to look at the advertisements to find cognates. Next ask students to identify several people who appear in the newspapers or magazines. Where are they from? Why are they in the news?

Spanish for Spanish Speakers
Discuss cultural pluralism in your community, particularly in the Spanish-speaking community. Develop the leadership and public-speaking skills of the Hispanic/bilingual students in class by involving them in the discussion. Encourage them to talk about their families and community, in order to develop greater pride in their ancestry.

Notes Have students check their understanding of the *Palabras y expresiones*. Point out that the active vocabulary on this page will be used throughout the book and will appear on the chapter test. Words appear again, with English equivalents, in the end-of-chapter *Vocabulario* and in the glossary at the end of the book.

Other items that students may wish to know include the following: *el secador* (hair dryer), *el lápiz de labios* (lipstick), *la máquina de afeitar* (shaver), *el esmalte de uñas* (nail polish), *la pasta de dientes* (toothpaste), *el cepillo de dientes* (toothbrush).

Con la doctora

 Activity 1

 Activities 10–12

 Activities 1–3

 Activity 1

 G V Activities 1–4

> **Content reviewed in *Lección B***
> • parts of the body
> • health
> • Hispanic influence in the United States
> • reflexives
> • prepositions

Activities

Prereading Strategy

Ask students when they last went to a doctor's office. Discuss some of the things a doctor asks and how they reply. Instruct students to look at this illustration. Ask them to imagine where the conversation takes place and what the people are saying to one another. Then have students look through the content of the speech bubbles and boxed vocabulary on pages 70–71 and look for cognates or words they have already learned. Finally, ask several individuals to state what they believe is the main theme of the two pages.

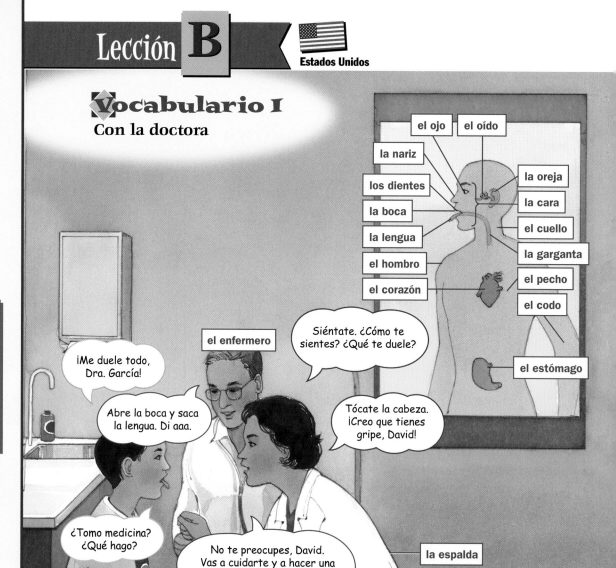

Notes Explain that *abre* is the informal command form of *abrir*, just as *saca* is the informal command for *sacar*, *di* is the informal command for *decir* and *siéntate* is the informal command for the reflexive verb *sentarse*. Students need only to recognize the forms as they talk about health in this chapter. Commands will be taught in *Capítulo 3*.

Students may question the use of *Tócate*. Remind them they already know the infinitive *tocar*, which they learned is the equivalent of **to play** (a musical instrument). The more common use of *tocar* means **to touch.** Explain that *tócate* is reflexive, thus requiring the use of a reflexive pronoun and the addition of an accent mark.

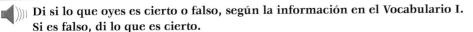

1 ¿Cierto o falso?

 Di si lo que oyes es cierto o falso, según la información en el Vocabulario I.
Si es falso, di lo que es cierto.

2 ¿Qué hacemos con...?

Conecta las frases de la columna A con las partes del cuerpo apropiadas de la columna B en forma lógica.

A

1. Ves con...
2. Puedes tocar algo con...
3. Caminas con...
4. A veces mi amiga se maquilla...
5. A mi hermanito no le gusta cepillarse...
6. Oímos con...
7. Comemos con...

B

A. ...los dientes.
B. ...la boca.
C. ...la cara.
D. ...los ojos.
E. ...el dedo.
F. ...los pies.
G. ...los oídos.

> **¡Extra!**
>
> **Más palabras del cuerpo**
>
> | | |
> |---|---|
> | la ceja | *eyebrow* |
> | la cintura | *waist* |
> | la frente | *forehead* |
> | el labio | *lip* |
> | la mejilla | *cheek* |
> | la pestaña | *eyelash* |
> | la uña | *nail* |

3 ¿Qué va con qué?

En cada grupo escoge las dos palabras que están relacionadas *(related)* de alguna forma.

1. cabeza	cara	traer	cinturón
2. gripe	pierna	rodilla	cena
3. codo	brazo	piso	cita
4. mano	calle	tina	dedo
5. boca	codo	dientes	espalda
6. enfermera	espejo	dedo	doctora
7. niño	nieve	chico	norte
8. Abre la boca.	Siéntate.	orejas	martes
9. Tócate el codo.	bote	camiseta	Di aaa.

Answers

1 Possible answers:
1. Falso. David está en la oficina de la doctora.
2. Falso. Debes decir "sí" al ejercicio para tener buena salud.
3. Falso. Debes decir "no" a fumar para tener buena salud.
4. Cierto.
5. Cierto.
6. Cierto.

2 1. D; 2. E; 3. F; 4. C; 5. A; 6. G; 7. B

3 1. cabeza, cara
2. pierna, rodilla
3. codo, brazo
4. mano, dedo
5. boca, dientes
6. enfermera, doctora
7. niño, chico
8. Abre la boca., Siéntate.
9. Tócate el codo., Di aaa.

Activities

Connections
Invite students to explore the wonder of the human body by asking a biology teacher to suggest some reading material about how the human body works. For example, students might investigate which bone *(hueso)* corresponds to each part of the body.

Notes Note for students the interesting contrast between the masculine form of a noun when asking a general question and the more specific feminine form of the title *(la doctora [Dra.] García)* in the answer.

Review previously learned parts of the body: *el cuerpo, la cabeza, el brazo, la mano, el dedo, la pierna, el pie.* You may decide to use this opportunity to remind students that just as some words in Spanish that end in *-a* require a masculine article *(el problema, el programa, el mapa, el día)*, some words that end in *-o* are feminine and thus require a feminine article *(la mano).*

Answers

4 1. Felipe está enfermo.
2. Lo llevó a la doctora Beltrán.
3. Dijo que Felipe tiene la gripe.
4. Le duele mucho la garganta y se siente muy cansado.
5. Debe descansar mucho.

5 Answers will vary.

6 1. Son los brazos.
2. Es el cuello.
3. Es el codo.
4. Es el corazón.
5. Es la lengua.
6. Es la nariz.
7. Son los ojos.
8. Son las piernas.
9. Son los dedos.

Activities

Cooperative Learning

Ask students to pair up and play the part of doctor *(médico/ médica)* and patient *(paciente)*. The doctor should question the patient about how he or she has been feeling and what hurts. The doctor should instruct the patient what the patient should do during the examination and then should recommend what the patient can do to get better. Finally, have students switch roles and start over.

Expansion

Working in pairs, have students invent their own *adivinanzas*, using activity 6 as a model.

Diálogo I

La gripe

JUAN: ¡Felipe!
MAMÁ: Juan, tu hermano está enfermo. Está durmiendo.
JUAN: ¿Lo vas a llevar al médico?
MAMÁ: Ya lo llevé a la doctora Beltrán.

JUAN: ¿Y qué dijo la doctora?
MAMÁ: Dijo que Felipe tiene la gripe.
JUAN: ¿Y cómo se siente mi hermanito?
MAMÁ: Le duele mucho la garganta y se siente muy cansado.

JUAN: Entonces, ¿qué debe hacer?
MAMÁ: Debe descansar mucho.
JUAN: Estar enfermo no es muy divertido.
MAMÁ: ¡Desde luego que no!

4 **¿Qué recuerdas?**

1. ¿Quién está enfermo?
2. ¿Dónde llevó la mamá a Felipe?
3. ¿Qué dijo la doctora?
4. ¿Cómo está Felipe?
5. ¿Qué debe hacer Felipe?

5 **Algo personal**

1. ¿Tienes hermanos? ¿Cuántos?
2. ¿Has estado enfermo/a con la gripe alguna vez?
3. ¿Cuándo fuiste al doctor la última vez?

6 **Adivina, adivinador**

Escucha y adivina *(guess)* a qué partes del cuerpo se refieren las siguientes oraciones.

MODELO Son los dientes.

Estoy enferma con la gripe.

Notes The terms *médico* and *médica* usually are used to refer to a person's profession, whereas *doctor (Dr.)* and *doctora (Dra.)* are usually used as a term of address with the person's name. This custom is changing, however, and more and more people—particularly native speakers—are beginning to use *doctor (Dr.)* and *doctora (Dra.)* interchangeably with *médico* and *médica.*

Cultura viva

Aquí se habla español

Hay muchas personas de habla hispana en los Estados Unidos. Ser bilingüe es importante. Por ejemplo, en muchos lugares, como en hospitales, clínicas, restaurantes, hoteles y en centros del gobierno o de la comunidad, comunicarse en español es común.

Estados Unidos cuenta con ciudades como Santa Fe, Nuevo México y Miami donde el cincuenta por ciento de los habitantes son hispanos. Además, en Los Ángeles la población hispana llega ya al cuarenta por ciento y en Nueva York al treinta por ciento. En los estados de California, Arizona, Florida,

Comida ecuatoriana en Estados Unidos.

Puertorriqueños en Nueva York.

Colorado y Texas el número de hispanohablantes y su influencia es muy grande. Por esta razón, en cada uno de estos estados es posible encontrar desde periódicos hasta programas de televisión y de radio en español.

¿Qué influencia hispana hay donde tú vives?

7 Conexión con otras disciplinas: geografía

En cinco minutos, haz una lista de lugares geográficos en los Estados Unidos con nombres en español. Trata de incluir por lo menos quince lugares. Sigue el modelo.

MODELO

Cuerpos de agua	Ciudades	Estados	Otros lugares
Río Grande	Las Vegas	Florida	Sierra Nevada

8 Bilingües y famosos

Trabajando en parejas, hagan una lista de por lo menos cinco personas hispanas famosas que viven en los Estados Unidos. Deben decir lo que hace cada una de estas personas. También deben decir de dónde son y dónde viven, si es posible. Pueden buscar la información en la biblioteca o en la internet si quieren.

Capítulo 2 · setenta y tres · **73**

Teacher Resources

✎ Activities 4–5

Answers

7 Answers will vary.
8 Creative self-expression.

Activities

Cooperative Learning
Have students work in groups to identify ten cities or states in the United States with Spanish names. Each group should share its list with the class. As an extension, research a location of interest on the Internet to learn more about its Hispanic heritage.

Multiple Intelligences (linguistic)
Ask students to identify some Spanish words that are commonly used in the United States: *plaza, fiesta, taco, poncho, patio.*

Pronunciation
Write the names of several cities in the United States that have Spanish names. Then see how well students pronounce the city names in Spanish: *San Diego, California; Las Vegas, Nevada; Amarillo, Texas; Boca Ratón, Florida.*

Spanish for Spanish Speakers
Students must research their own family histories. When did their relatives come to the United States and why? Where were they from originally?

Notes Point out that Spanish is used extensively on Spanish radio and television programs, for business and for pleasure, in such diverse places as California and the Southwest, Denver, Chicago, Miami, New York and numerous other major cities and small towns throughout the United States.

Television stations that broadcast in Spanish across the world include cable stations such as *Univision, CBS Telenoticias* and *CNN En Español.*

 **Idioma**

Estructura

Verbs that are similar to *gustar*

Some verbs in Spanish may seem like they should be reflexive, but they are not. They follow the pattern you have learned for *gustar* and are normally used with an indirect object pronoun.

- *doler (ue)* (to hurt, to suffer pain from)
  A Fernando **le duelen** las piernas.   Fernando's legs hurt.
- *hacer falta* (to be necessary, to be lacking)
  Les hace falta hacer más ejercicio.   They need to do more exercise.
- *importar* (to be important, to matter)
  No **me importa**.   It does not matter to me.
- *parecer* (to seem)
  ¿**Te parece** difícil?   Does it seem difficult (to you)?

Práctica

9 ¡Les duele todo!

En parejas, alterna con tu compañero/a de clase en preguntar y contestar lo que les duele a estas personas.

MODELO Pablo
A: ¿Qué le duele a Pablo?
B: Le duele el estómago.

 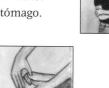 

1. Daniel   2. Alicia   3. ellas   4. Timoteo y Laura

5. tú   6. nosotros   7. yo

Notes Most of the mistakes in usage of the verbs shown in *Estructura* are caused by using the subject of the sentences as the object.

Another phrase in which the verb follows the pattern of *gustar* is *quedar bien/quedar mal* (to fit; to be becoming): *El rojo le queda bien* (Red looks good on her).

Point out that *doler* has a change in its present-tense stem from *o* to *ue*. This same change occurs in the infinitive *volver (ue)*, which students already have learned.

10 Todos están mal hoy

Todos se sienten mal hoy en la familia de Juan. Completa el párrafo con la forma apropiada de *doler, hacer falta, importar* o *parecer* y el complemento directo o indirecto apropiado para ver por qué.

Yo me siento mal.

Nadie se siente muy bien hoy en mi familia. Yo me siento mal y *(1. doler)* todo el cuerpo. Mi hermana cantó mucho ayer y hoy a ella *(2. doler)* la garganta. Felipe, mi hermano, también cree que está enfermo. A él *(3. parecer)* que tiene la gripe. A mi padre *(4. doler)* la cabeza, pero dice que a él no *(5. importar)*, y a mi madre *(6. doler)* mucho los pies. Creo que a todos nosotros *(7. hacer falta)* descansar mucho. Y tú, ¿cómo estás? ¿*(8. parecer)* que hoy hay alguien enfermo en tu familia? ¿A ti también *(9. hacer falta)* descansar?

11 En el médico

Natalia fue al médico. Completa el siguiente diálogo de una manera lógica.

Natalia: ¡Hola, doctor Tovar!
Médico: ¡Hola, Natalia! ¿Qué te (1)?
Natalia: Me duele mucho la (2).
Médico: Bueno, vamos a mirar. (3) la nariz. (4) la boca. (5) la lengua. (6) *aaaaa*. Parece que tienes una (7).
Natalia: ¿Qué debo hacer?
Médico: Debes (8) y tomar mucha agua.

¡Extra!

¿Qué oyes en el consultorio del médico?

Siéntate.	*Sit down.*
Abre la boca.	*Open your mouth.*
Saca la lengua.	*Stick out your tongue.*
Di *aaaaa*.	*Say* aaaaah.
Tócate la nariz.	*Touch your nose.*
¿Cómo te sientes?	*How do you feel?*
¿Qué te duele?	*What hurts?*

¿Qué puedes contestar?

Me siento cansado/a.	*I feel tired.*
No me siento bien.	*I do not feel well.*
Me duele/Me duelen....	*My... hurts/hurt.*

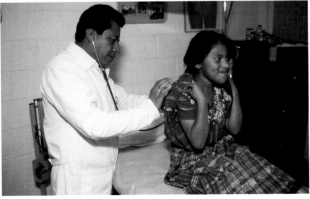

Una visita al médico en Guatemala.

Notes Remind students that in Spanish, a definite article usually is used instead of a possessive adjective with reflexive verbs, and with the verbs shown on this page, when referring to a part of the body or to clothing: *Le duele el hombro derecho.*

12 This is a TPR activity. Students should observe one another as they give their commands to be sure their classmates have responded correctly. Circulate and spot-check student work for problems. (You may wish to inform students that you will select two or three pairs of students to perform several commands for the class.)

13 Creative self-expression.

14 Creative self-expression.

Activities

Students with Special Needs

Help students get started with activity 13 by providing some expressions they may wish to include in their role-play. Remind them they may use the expressions in the *¡Extra!* on page 75.

TPR

Use TPR to teach and reinforce the parts of the body. First, teach some commands, combining them with the appropriate parts of the body: *toca, levanta, cierra.* Parts of the body you may wish to include are: *el brazo, la cabeza, el dedo, la mano, el pie, la pierna, la boca, la nariz, el ojo, la oreja.* Review the present progressive by asking students questions after each command: (name), *¿qué estás tocando?*; (name), *¿qué está tocando* (second student's name)?

◆ Comunicación

 12 Tócate...

 En parejas, alterna con tu compañero/a en decirle qué parte del cuerpo se debe tocar. Mira para ver si tu compañero/a se toca la parte del cuerpo correcta. Cada estudiante debe mencionar ocho partes del cuerpo.

MODELO **A:** Tócate la cara.
B: *(Student **B** should touch his/her face.)*

13 ¡A ti te toca!

Imagina que fuiste al médico/a la médica. Trabajando en parejas, alternen en hacer los papeles *(playing the roles)* del paciente y del (la) médico/a.

14 Sus cosas favoritas

 Trabajando en parejas, alternen en hablar de sus vidas. Pueden usar algunas de las siguientes preguntas en su conversación si quieren. Luego, deben reportar la información a la clase.

El médico dice que debo comer más fruta.

MODELO **A:** ¿Te importa tener buena salud?
B: Sí, me importa. Quiero hacer más ejercicio para tener mejor salud.

1. ¿Te hace falta hacer ejercicio?
2. ¿Te parece que la escuela es difícil?
3. ¿Te importa dormir mucho?
4. ¿Te duele la cabeza a veces?
5. ¿Te duelen los pies después de caminar mucho?
6. ¿Te importa asistir a la universidad algún día?
7. ¿Te gusta viajar?

Nos importa tener buena salud.

Notes Although the term *doctor(a)* is used in Spanish to refer to medical doctors, dentists and others with doctoral degrees, in some places (e.g., Colombia) the term may be used as a sign of respect to address any person with a professional degree. The term is sometimes even used as a joke when talking with a friend who happens to be wearing a suit and tie.

Point out the use of *toca* in the title for activity 13. Explain that here the verb *tocar* is part of the expression *a ti te toca* (it's your turn, literally, **it touches you**).

Tell students they may wish to use activity 11 as a model for the conversation in the doctor's office that they create for activity 13.

15 Opiniones

Con otro/a estudiante de la clase, completen las siguientes frases.
¡Sean creativos! Luego, deben reportar la información a la clase.

MODELO Me importa tener buena salud.

Me importa...

Me parece...

No me parece...

No me importa...

Me hace falta...

No me duele...

Me duele...

Me gusta...

No me hace falta...

No me gusta...

Nos parece que la escuela es difícil.

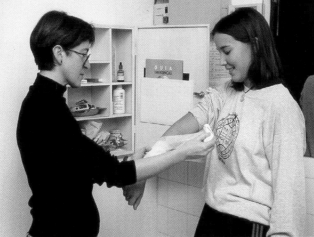

Me duele el brazo.

Activities

Language through Action
Use this Spanish version of Simon Says, titled *El rey manda* (The King Orders), as a paired or group activity to practice the parts of the body. Say (or have a student say) *"El rey manda...* (name a verb and an appropriate part of the body)." The person making the statements should then watch to see that the other person does what "the king orders": *El rey manda (tocar la cabeza/cerrar los ojos/tocar la pierna derecha/etc.).*

Expansion
Students must combine elements from the three groups of words to create complete sentences:
1. *a ti, a papá, a mis tíos, a mi abuelo, a ellos, a mí, a nosotros*
2. *gustar, doler, parecer, importar, hacer falta, quedar*
3. *descansar más, ir al médico, tener la gripe, no fumar, los dedos, el pecho, el cuello.*

Notes Circulate the room while students are doing activities 14 and 15. Check for correct pronunciation and encourage students to come up with creative and thoughtful answers to the questions.

Teacher Resources

 De camping

 Activity 3

 Activity 13

 Activities 8–9

 Activity 3

 Activity 7

Activities

Expansion

Challenge students to look at the picture for *Vocabulario II* and note some observations about the scene. What additional statements can they make about what is happening?

Prereading Activity

Play the audio CD recording of the new vocabulary. Instruct students to close their books or cover the words as they listen to and repeat the new vocabulary. Call on several students to see if they can name the setting and tell what the people shown are saying to one another.

Vocabulario II
De camping

Siéntate, Marcos, y toca la guitarra.

No puedo. Me olvidé de traerla.

la mano derecha

¿Qué dices? ¡La tienes en la mano izquierda! Deja de hablar y toca la guitarra.

guitarra

Bueno, este es un buen día para pescar.

Sí, para pescar un resfriado si te caes en el lago, Carlos.

No, Pedro, te equivocas. Hoy voy a pescar peces.

pescar

el lago

78 *setenta y ocho*

Lección B

Notes Use the ancillaries listed under Teacher Resources at the top of the page to introduce the new vocabulary and to begin to teach elements of the lesson. The audio CDs can be used to practice pronunciation of new words; overhead transparencies can offer a visual introduction to the new vocabulary or spelling reinforcement; written practice is available using Listening Activity 1. You can evaluate student comprehension of the new vocabulary using Quiz 1. Pick and choose materials that suit your goals.

Use overhead transparency 13 to present and practice the new vocabulary on pages 78–79.

Answers

16 Possible answers:
1. Falso. Están en el lago.
2. Cierto.
3. Falso. Dice que va a pescar peces.
4. Falso. Eva va a Chile para reunirse con su familia.
5. Cierto.
6. Falso. Tiene la guitarra en la mano izquierda.

17 Possible answers:
1. lago
2. pescar
3. resfriado
4. peces
5. de viaje
6. derecha

Activities

Critical Listening
Activity 16 is recorded and available as part of the Audio CD Program. Use the audio recording, along with the answer sheet at the back of the Audio CD Program Manual, to help students learn the new words and expressions on pages 78–79.

16 ¿Cierto o falso?

 Di si lo que oyes es cierto o falso, según la información en el Vocabulario II. Si es falso, di lo que es cierto.

17 ¡A completar!

Completa las siguientes oraciones de acuerdo con las ilustraciones del Vocabulario II.

1. Los chicos están en el __.
2. Es un buen día para __.
3. Pedro dice que Carlos puede pescar un __ si se cae en el lago.
4. Carlos va a pescar __.
5. Eva va a irse __ y reunirse con su familia.
6. Marcos tiene la guitarra en la mano izquierda, no en la mano __.

Notes You may wish to teach interested students the following additional terms: *tienda de campaña* (tent), *saco de dormir* (sleeping bag), *caña de pescar* (fishing pole).

Activity 16 is intended for listening comprehension practice. Play the audio CD of the activity that is part of the Audio CD Program or use the transcript that appears in the ATE Introduction if you prefer to read the activity yourself.

Answers

18 1. Va a limpiar las ventanas.
2. Le dice que se siente un rato.
3. Va a reunirse con Graciela.
4. No va a irse a pescar porque está cansado.
5. No quiere pescar un resfriado.
19 Answers will vary.
20 1. E; 2. C; 3. B; 4. A; 5. D; 6. F

Activities

Critical Listening
Play the audio CD recording of the dialog. Instruct students to cover the words as they listen to the conversation to develop good listening skills before concentrating on reading Spanish. Have students look at the photographs and imagine what the people are saying to one another and where they are. Ask several individuals to state what they believe is the main theme of the conversation.

Expansion
Additional questions (*Algo personal*): *¿Limpias las ventanas en tu casa? Haces otros quehaceres en casa? ¿Qué haces cuando estás cansado(a)?*

Language through Action
Ask for volunteers to come to the front of the class to act out the dialog *Pescando un resfriado*.

Diálogo II

Pescando un resfriado

MAMÁ: Antes de comer voy a limpiar las ventanas.
JUAN: Mamá, siéntate un rato.
MAMÁ: Y, después, voy a reunirme con Graciela.

JUAN: Mamá, debes descansar más.
MAMÁ: Bueno, y tú, ¿vas a irte a pescar esta tarde?
JUAN: Esta tarde no, estoy cansado.

JUAN: Parece que va a llover esta tarde y no quiero pescar un resfriado.
MAMÁ: Pues me parece bien, porque con un chico enfermo tengo suficiente.
JUAN: ¡Ashis! ¡Oh, oh, creo que ya estoy pescando un resfriado!

18 ¿Qué recuerdas?

1. ¿Qué va a hacer la mamá antes de comer?
2. ¿Qué le dice Juan a la mamá?
3. ¿Con quién va a reunirse la mamá?
4. ¿Va a irse Juan a pescar en la tarde?
5. ¿Qué no quiere pescar Juan?

19 Algo personal

1. ¿Cuándo pescaste el último resfriado?
2. ¿Te gusta ir de pesca? ¿Por qué?
3. ¿Cuándo te reúnes con tus amigos/as? ¿Para qué te reúnes?

20 En otras palabras

 Conecta lógicamente lo que oyes con las siguientes palabras.

A. sentarse   D. acostumbrarse
B. olvidarse   E. pescar
C. despedirse   F. el lago

¡Él pescó un pez enorme!

Notes Dialogs and narrative material in this Spanish series provide spoken exposure to authentic Spanish in specific contexts.

Play the audio CD version of activity 20 for listening comprehension practice. A reproducible student answer sheet for the activity is provided at the end of the Audio CD Program Manual.

Point out that the nonreflexive *despedir* means to fire from employment.

Cultura viva

Minoría mayoritaria

Una fecha histórica para los hispanos de los Estados Unidos fue el año 2003. En este año se dieron los resultados del último censo que hizo oficial que los latinos en EE.UU. se convirtieron en la minoría mayoritaria,[1] sobrepasando[2] a los afroamericanos por primera vez en la historia del país.

¿Te imaginas cómo va a afectar el futuro de los hispanos este incremento tan significativo de población?

Soy ciudadana.

El idioma español es el segundo idioma de los Estados Unidos. Ya es normal encontrar todo tipo de documentos del gobierno en español. En algunos estados es obligatorio tener todos estos documentos en español. También, algún día, van a verse reflejados[3] en la política y en la economía estos incrementos de la población hispana.

Debemos votar.

[1]became the largest minority   [2]exceeding   [3]will be reflected

21 Conexión con otras disciplinas: sociología

Mira el censo de la población del estado donde vives. Esta información la puedes encontrar en cualquier biblioteca pública o en la internet. En los datos del censo, identifica lo siguiente:

- el número total de personas que viven en tu estado
- las minorías (afroamericanos, asiáticos, hispanos, etc.) con el porcentaje de la población de estas minorías
- la minoría mayoritaria de tu estado
- el porcentaje total de minorías
- otra información interesante

Presenta la información a la clase.

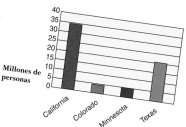

Teacher Resources

 Activity 4

 Activity 4

Answers

21 Answers will vary.

Activities

Expansion
If you work in a school with a teacher from a Spanish-speaking country or with Spanish-speaking ESL students, consider doing a bilingual project with them on one of the themes of the chapter.

Spanish for Spanish Speakers
Have students research a particular aspect of your community that is Hispanic in origin.

Technology
Have students research at the library or on the Internet (www.census.gov) to find census figures for your state or community. Ask them to look for information regarding Hispanic/Latino populations in the United States. They should report their findings to the class.

Notes **Connections.** There is a significant Hispanic influence throughout the United States in Texas, California, Florida, New Mexico, Arizona, Nevada and Colorado, along with parts of New York, Illinois, Indiana, Ohio, New Jersey and several other states. There are considerable Spanish-speaking populations in these states as well. The names of several states reflect their Spanish influence, as was explained in the *Cultura viva* on page 53: Montana (land of mountains).

In the 2000 census, 12.5 percent of the U.S. population was counted as Hispanic. Places with the highest recent growth rates are Georgia, Washington, D.C., North Carolina, Nevada and Kentucky.

Activities

22 1. ¿Vas a dormir mucho?/No, voy a dormir poco.
2. ¿Vas a llevarte mal con tus amigos?/No, voy a llevarme bien con mis amigos.
3. ¿Vas a irte con tus hermanos?/ No, voy a irme con mis amigos.
4. ¿Vas a comerte todo en el viaje?/ No, voy a comerme casi todo.
5. ¿Vas a dormirte temprano?/ No, voy a dormirme tarde.
6. ¿Vas a llevar mucha ropa?/No, voy a llevar poca ropa.
7. ¿Vas a comer poco en el viaje?/ No, voy a comer mucho.

Activities

Students with Special Needs

To familiarize students with the present-tense, the preterite-tense and the present progressive forms of the verb *caer(se)*, try this: Name a verb tense; then give several students various subject pronouns (or people's names) that they must use correctly in the named tense. Then have students use *caer(se)* in a sentence.

Idioma

Estructura

More on reflexive verbs

Sometimes in Spanish a verb will have a different meaning if it is used reflexively.

comer to eat	→	*comerse* to eat up
dormir (ue, u) to sleep	→	*dormirse (ue, u)* to fall asleep
ir to go	→	*irse* to leave, to go away
llevar to take, to carry	→	*llevarse* to take away, to get along
preguntar to ask	→	*preguntarse* to wonder, to ask oneself

Compare the following:

Diana **duerme** mucho.	Diana **sleeps** a lot.
A veces **me duermo** antes de las diez.	Sometimes I **fall asleep** before ten.

In addition, some verbs are reflexive in Spanish that do not appear at all reflexive in English.

acostumbrarse	to get used to	*equivocarse*	to make a mistake
broncearse	to tan	*olvidarse*	to forget
caerse	to fall down	*reunirse*	to get together
despedirse (i, i)	to say good-bye	*sentirse (ie, i)*	to feel

Note: The verb *caer(se)* is regular in the present tense, except for the first-person singular form *(me) caigo*. The preterite tense of *caer(se)* is conjugated following the pattern of the verb *leer: caí, caíste, cayó, caímos, caísteis, cayeron*. The present participle of *caer (caerse)* is *cayendo (cayéndose)*.

Práctica

22 **Ir de vacaciones es bueno para la salud**

 Tú y un(a) amigo/a tienen planes para las vacaciones y están hablando de lo que van a hacer. Trabajando en parejas, alternen en hacer y contestar preguntas sobre sus planes, según las indicaciones.

MODELO irse de vacaciones a Minneapolis/Miami
   A: ¿Vas a irte de vacaciones a Minneapolis?
   B: No, voy a irme de vacaciones a Miami.

1. dormir mucho/poco
2. llevarse mal con tus amigos/bien con mis amigos
3. irse con tus hermanos/mis amigos
4. comerse todo en el viaje/casi todo
5. dormirse temprano/tarde
6. llevar mucha ropa/poca ropa
7. comer poco en el viaje/mucho

Nos vamos de vacaciones a México.

Notes Point out for students that *me siento* can mean **I feel** or **I sit down.** Usually, the context provides the clue as to the meaning: *Me siento muy bien.* (I feel very well.)

Ask students to consider how summers and family vacations are spent in different Spanish-speaking cultures. They might enjoy investigating vacation opportunities in the Spanish-speaking world.

23 Visitando a la familia

Cuando Juan visita a sus tíos, muchas cosas pasan. Di lo que pasa, completando las siguientes oraciones con la forma apropiada de los verbos entre paréntesis.

MODELOS Los tíos de Juan *(dormir)* muy poco.
Los tíos de Juan *duermen* muy poco.

Juan y sus primos *(irse)* a pescar al lago bien temprano.
Juan y sus primos *se van* a pescar al lago bien temprano.

Juan se lleva bien con su tía.

1. Todos *(ir)* al lago a las cinco y media de la mañana.
2. Raúl siempre *(preguntarle)* a él todo lo que Juan sabe sobre cómo pescar.
3. Juan *(dormirse)* temprano para despertarse temprano.
4. La tía *(llevar)* a los chicos en su carro nuevo.
5. Juan *(llevarse)* muy bien con Raúl.
6. Ellos *(comer)* perros calientes.
7. La tía de Juan siempre *(preguntarse)* a qué hora van a volver de pescar.
8. A la hora de la comida, Juan y sus primos *(comerse)* todo el pescado.

24 Hablando del viaje

Selecciona de la columna B una respuesta apropiada para cada una de las preguntas de la columna A.

A

1. ¿De qué te preocupas?
2. ¿Te bronceas?
3. ¿Se divierten mucho o me equivoco?
4. ¿Me siento allí?
5. ¿Cómo te sientes?
6. ¿Nos reunimos para hablar de nuestra salud después del viaje a la casa de nuestros tíos?

B

A. Sí, los vamos a visitar a su casa.
B. No me preocupo de nada.
C. Te equivocas, estamos muy aburridos.
D. Me siento muy bien.
E. No. Siéntate aquí.
F. No. Sólo tomo un poco de sol.

¿Se divierten mucho?

Answers

23 1. van
2. le pregunta
3. se duerme
4. lleva
5. se lleva
6. comen
7. se pregunta
8. se comen

24 1. B
2. F
3. C
4. E
5. D
6. A

Activities

Cooperative Learning
Have students work through activity 24 with a partner. One student asks a question; the other responds with the correct answer. Students reverse roles after each question.

Students with Special Needs
Practice making some already-learned nonreflexive verbs reflexive by reminding students that these verbs follow the pattern of *peinar (peinarse)*: *arreglar (arreglarse)*, *comprar (comprarse)*, *lavar (lavarse)*, *mirar (mirarse)*, *preparar (prepararse)*, *ver (verse)*.

Notes Other verbs that have changes in meaning when used nonreflexively are *enfermarse* (to get sick) and *enfermar* (to make someone else sick), and *preocuparse* (to worry) and *preocupar* (to worry someone else).

25
1. se compran
2. se compra
3. bañarse
4. se despide
5. acostumbrarme
6. me olvido
7. nos olvidamos
8. me olvido
9. se equivoca
10. se broncean
11. me voy
12. se preocupa
13. nos divertimos

26
1. Mi papá se olvidó de llevar ropa de verano.
2. Mi abuela no se acostumbró a tantos carros.
3. Nos despedimos de nuestros tíos el último día.
4. Nos reunimos con nuestros parientes en San Antonio.
5. Yo me sentí un poco resfriado el primer día.
6. Mis hermanas no se broncearon mucho en la piscina.

Activities

Students with Special Needs
Have students practice the additional reflexive verbs shown in activity 25 by responding to the following questions: *Cuando comes una pizza, ¿te la comes toda?; ¿A veces es difícil dormirte?; ¿Es difícil acostumbrarte a las clases nuevas?; ¿Te gusta broncearte?; ¿Te despides del profesor cuando te vas de la clase?; ¿Te duermes temprano o tarde los fines de semana?*

25 Un correo electrónico de Juan

Juan escribió en un correo electrónico sobre los viajes con su familia. Completa el siguiente párrafo con la forma apropiada de los verbos entre paréntesis.

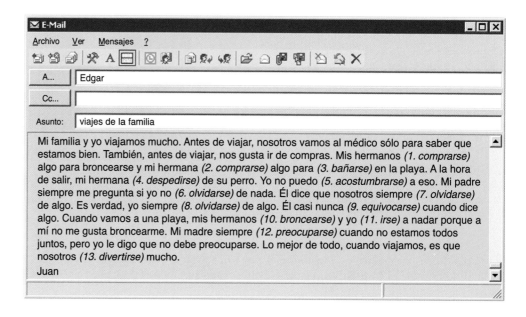

Mi familia y yo viajamos mucho. Antes de viajar, nosotros vamos al médico sólo para saber que estamos bien. También, antes de viajar, nos gusta ir de compras. Mis hermanos *(1. comprarse)* algo para broncearse y mi hermana *(2. comprarse)* algo para *(3. bañarse)* en la playa. A la hora de salir, mi hermana *(4. despedirse)* de su perro. Yo no puedo *(5. acostumbrarse)* a eso. Mi padre siempre me pregunta si yo no *(6. olvidarse)* de nada. Él dice que nosotros siempre *(7. olvidarse)* de algo. Es verdad, yo siempre *(8. olvidarse)* de algo. Él casi nunca *(9. equivocarse)* cuando dice algo. Cuando vamos a una playa, mis hermanos *(10. broncearse)* y yo *(11. irse)* a nadar porque a mí no me gusta broncearme. Mi madre siempre *(12. preocuparse)* cuando no estamos todos juntos, pero yo le digo que no debe preocuparse. Lo mejor de todo, cuando viajamos, es que nosotros *(13. divertirse)* mucho.
Juan

26 En San Antonio

Fuiste con tu familia de vacaciones a San Antonio el verano pasado. Haz oraciones completas con las indicaciones que se dan para decir lo que pasó.

MODELO mi tía/no/equivocarse al decir que la ciudad es bonita
Mi tía no se equivocó al decir que la ciudad es bonita.

1. mi papá/olvidarse de llevar ropa de verano
2. mi abuela/no/acostumbrarse a tantos carros
3. nosotros/despedirse de nuestros tíos el último día
4. nosotros/reunirse con nuestros parientes en San Antonio
5. yo/sentirse un poco resfriado el primer día
6. mis hermanas/no/broncearse mucho en la piscina

¿Fuiste a San Antonio el verano pasado?

27 Preguntas personales

 Trabajando en parejas, alternen en hacer y contestar las preguntas acerca de su rutina diaria y lo que hacen para cuidar su salud. Luego, tienen que presentar la información a la clase.

1. ¿Adónde vas de viaje?
2. ¿Vas mucho a las playas? La última vez que fuiste a la playa, ¿te bronceaste?
3. ¿Qué haces para cuidar tu salud cuando estás viajando? ¿Haces ejercicios aeróbicos?
4. ¿Toma tu familia vacaciones en el invierno? Durante el invierno pasado, ¿te caíste en el hielo?
5. ¿Cuándo piensas irte a otro viaje?
6. Cuándo viajas, ¿cómo te diviertes?
7. ¿Qué tipo de comida comes cuando estás viajando?

¿Tomas vacaciones en el invierno?

28 ¿Qué haces?

Trabajando con otro/a estudiante, hablen de las actividades que hacen durante un sábado típico. Por ejemplo, pueden decir a qué hora Uds. hacen las actividades, con quién las hacen y cualquier otra cosa que decidan mencionar. Pueden usar los siguientes verbos en su conversación si quieren: *vestirse, levantarse, cepillarse, despertarse, bañarse.* Después, deben compartir la información con la clase.

MODELO **A:** ¿A qué hora te sientas para comer?
        B: Me siento para comer a las siete de la noche.

¿Cuándo te cepillas?

Capítulo 2

ochenta y cinco **85**

Teacher Resources

 Activity 27

Answers

27 Creative self-expression.
28 Creative self-expression.

Activities

Cooperative Learning
Working in small groups, students create dialogs in which they discuss preparations for a trip to visit someone in another state. They should include whom they are going to visit, what things they are going to do before the trip *(ir al médico, comprarse algo, despedirse de alguien)* and how they are planning to have fun and relax during the trip *(pescar, broncearse, olvidarse del colegio por unos días).*

Expansion
Give students some additional questions they can ask one another: *¿A qué hora te dormiste anoche?; ¿A qué hora te levantaste esta mañana?; ¿Te sientes bien hoy? ¿Te sentiste bien cuando te levantaste esta mañana?; Durante la cena ayer, ¿te comiste toda la comida?*

Spanish for Spanish Speakers
Pair bilingual and nonbilingual students for activity 27.

Notes Brainstorm what students do as part of their routine, to get them thinking about what to say for activity 27.

Encourage students to use the questions in activity 27 to create a meaningful discussion. Instead of responding with simple *sí* or *no* answers, students should strive to develop responses that involve a variety of active vocabulary.

Estructura

Prepositions

Look at the following list of prepositions in Spanish and see how many you remember. Look up any you do not recognize.

a	de	lejos de
al lado de	desde	para
antes de	después de	por
cerca de	en	sin
con	hasta	sobre

Verbs that follow prepositions

In Spanish an infinitive (the form of the verb that ends in *-ar, -er* or *-ir*) is the only form of a verb that can be used after a preposition.

*Voy a estudiar **después de descansar** media hora.*

I am going to study **after resting** for a half hour.

*Juan nunca va a Canadá **sin ir a pescar.***

Juan never goes to Canada **without fishing.**

If the verb after the preposition is reflexive, the reflexive pronoun must be attached to the end of the infinitive and must agree with the subject.

***Después de levantarte,** debes bañarte.*

After getting up, you should bathe.

***Después de bañarme,** yo me visto.*
*Nosotros salimos **sin almorzar.***

After bathing, I get dressed.
We left **without having lunch.**

 Práctica

29 Después de levantarse

¿Qué van a hacer las siguientes personas después de levantarse, según las indicaciones?

MODELO mi amiga (hacer la cama)
Mi amiga va a hacer la cama después de levantarse.

1. mis tías (cepillarse el pelo)
2. yo (desayunar)
3. nosotros (ducharse)
4. mis hermanos (afeitarse)
5. tú (leer el periódico)
6. mi hermana (maquillarse)
7. mi madre (preparar el desayuno)
8. mi papá y mi tío (vestirse)

Mi amiga va a hacer la cama.

Notes Be certain students know the meanings of the prepositions in *Estructura*.

Additional prepositions you may wish to note for students include: *encima de* (on top of), *debajo de* (underneath), *fuera de* (outside), *dentro de* (inside).

 **30 Los sábados en mi casa**

Contesta las preguntas para decir lo que haces los domingos antes o después de las siguientes situaciones. Puedes inventar la información si quieres.

1. ¿Qué haces después de levantarte?
2. ¿Qué haces antes de bañarte?
3. ¿Qué haces después de vestirte?
4. ¿Qué haces después de desayunar?
5. ¿Qué haces antes de acostarte?

Me levanto muy temprano.

 31 Los domingos

 En parejas, hablen de lo que hacen varios miembros de tu familia los domingos por la mañana, usando las preposiciones *antes de, después de* y *sin*, y el infinitivo apropiado para esa situación. Deben usar algunos verbos reflexivos, si es posible.

MODELO **A:** ¿Qué hace tu padre antes de bañarse?
         B: Mi padre lee el periódico antes de bañarse.

 32 Juego

With a partner, make up five actions that you can act out for the rest of the class. Taking turns with other classmates, play charades by acting out reflexive actions.

 33 Mis planes para el fin de semana

In Spanish, create an e-mail note to a friend telling about your plans for this weekend. Mention some of the following: what time you are going to wake up, your morning preparations, some activities during the day and what you are going to do to prepare for bed. Then be sure to ask about your friend's weekend plans.

Después del desayuno me cepillo los dientes.

Capítulo 2   *ochenta y siete* **87**

Teacher Resources

 Activity 30

Answers

30 Possible answers:
1. Después de levantarme, yo....
2. Antes de bañarme, yo....
3. Después de vestirme, yo....
4. Después de desayunar, yo....
5. Antes de acostarme, yo....
31 Creative self-expression.
32 Creative self-expression.
33 Creative self-expression.

Activities

Cooperative Learning
Have students do activity 30 in pairs.

Spanish for Spanish Speakers
Ask your native speakers to write a short composition in Spanish summarizing the events at their home on a typical Saturday morning. They may wish to use activity 31 as a model.

Notes As a follow-up to the game of charades in activity 32, have students state a summary conclusion in both the past and present tense about the action that was acted out: *Juan se reúne con los amigos/Juan se reunió con los amigos.*

Before asking students to use e-mail (activity 33) or the World Wide Web (WWW), be sure the procedures and requirements are clear to them before allowing them to use these technological resources for any work related to Spanish class. The *Navegando 2* ATE Introduction provides help in this regard.

Teacher Resources

 Lectura personal
Activities 34–35

Answers

34 1. Está viviendo en Miami.
Sí, a Yadira le gusta
mucho.
2. Gloria Estefan nació en La
Habana, Cuba.
3. Gloria cantó con el grupo
Miami Sound Machine.
4. En 1990, Gloria se fracturó
una vértebra de la espalda
en un accidente de
autobús.

35 Answers will vary.

Activities

Expansion
Additional questions (*¿Qué
recuerdas?*): *¿Dónde está Miami?;
¿Por qué a Yadira le gusta Miami?;
¿Qué está haciendo Gloria Estefan
hoy?*

Technology
Have students research one of the
subjects Yadira mentions in the
Lectura personal (e.g.,
Latin/Hispanic influences in
Miami; Gloria Estefan; Cuban
influence in Florida; music of the
Miami Sound Machine or other
Latin/Hispanic musical group).
After completing the project,
students should present their
findings to the class, using audio
clips, digital images, examples of
musical instruments and/or
multimedia.

Lectura personal

Cantantes y grupos musicales

Dirección http://www.emcp.com/música/ola/e.diario-1.htm ▲ Archivo Edición Ver Favoritos Herramientas Ayuda

página principal   miembros   e-diario

Grupo musical La OLA

Nombre: Yadira Torres Ortega
Edad: 15 años
Nacionalidad: mexicana
Lo que le gusta: divertirse con los amigos
Lo que no le gusta: personas que fuman

Miami, Florida.

Hace tres meses que nos trasladamos¹ a Miami para grabar² nuestro nuevo álbum. Me gusta mucho vivir en esta ciudad cosmopolita. El 58% de la población es latina. Aquí me encuentro a gusto³ pues puedo hablar español todo el día. Otra razón⁴ por la cual me gusta Miami es que Gloria Estefan vive aquí. Ella es una persona a quien admiro mucho por su talento y su determinación. Gloria Fajardo nació en 1958 en La Habana, Cuba. Como muchos cubanos en los años 60, ella y su familia se escaparon a Miami cuando Fidel Castro subió al poder. El padre de Gloria peleó⁵ en la guerra de Vietnam y después se enfermó. Gloria lo cuidó durante muchos años. Su única distracción era cantar. En los años 70, conoció a Emilio Estefan, su futuro esposo, y se unió⁶ al grupo Miami Sound Machine. En 1990, sufrió un terrible accidente en un autobús: se fracturó una vértebra de la espalda. Los doctores pensaron que nunca caminaría, pero Gloria se recuperó totalmente y en 1991 volvió al escenario⁷. Gloria sigue cantando, bailando, ganando premios y ayudando a artistas latinos.

¹moved to ²to record ³find myself comfortable ⁴reason ⁵fought ⁶joined ⁷stage

 34 ¿Qué recuerdas?

1. ¿Dónde está viviendo el grupo musical La Ola? ¿Le gusta a Yadira?
2. ¿Dónde nació Gloria Estefan?
3. ¿Cómo se llama el grupo musical con el que cantó Gloria?
4. ¿Qué le pasó a Gloria en 1990?

35 Algo personal

1. ¿Te gustaría vivir en Miami? ¿Por qué sí o por qué no?
2. Imagina que Gloria Estefan va a venir a tu clase de español. ¿Qué preguntas le harías?

- Piensa en una persona famosa a la que admiras. Compara su vida con la vida de Gloria Estefan. ¿Qué tienen en común?

Notes Gloria Estefan's album
Unwrapped, released in 2003, features
songs in both English and Spanish. In fact,
much of her music is recorded in Spanish.
You may wish to play a few of her songs for
students, having them concentrate on the
Caribbean and Latino rhythms as well as
on the lyrics.

¿Qué aprendí?

Autoevaluación
Como repaso y autoevaluación, responde lo siguiente:

Visit the web-based activities at www.emcp.com

1. You are a practicing medical care provider. How can you ask your new patients what hurts?

2. Say that you have the flu.

3. What parts of the United States have large Spanish-speaking populations?

4. Why is it beneficial for you to know Spanish?

5. Imagine you are at the beach with friends. How do you say in Spanish that you forgot your bathing suit?

6. Say one thing you do before going to bed.

Palabras y expresiones

El cuerpo
la boca
la cara
el codo
el corazón
el cuello
el diente
la espalda
el estómago
la garganta
el hombro
la lengua
la nariz
el oído
el ojo

la oreja
el pecho
la rodilla
Verbos
abre *(command)*
acostumbrar(se)
broncear(se)
caer(se)
comer(se)
cuidar(se)
dejar (de)
descansar
despedir(se) (i, i)
di *(command)*
divertir(se) (ie, i)
doler (ue)

dormir(se) (ue, u)
equivocar(se)
fumar
ir(se)
llevar(se)
olvidar(se)
pescar
preguntar(se)
reunir(se)
saca *(command)*
sentir(se) (ie, i)
siéntate *(command)*
tócate *(command)*

Otras expresiones
la cita
derecho,-a
el doctor, la doctora
el ejercicio
el enfermero,
    la enfermera
la gripe
irse de viaje
izquierdo,-a
el lago
la medicina
el niño, la niña
el pez (peces)
el resfriado

Carlos se despide de su mamá.

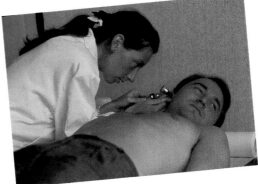

Me duele el oído.

Capítulo 2

ochenta y nueve **89**

Teacher Resources

Activity 14

Information Gap Activities
Postcard Activities
Funciones de Comunicación

Answers

Autoevaluación
Possible answers:
1. ¿Qué te/le duele?
2. Tengo una gripe.
3. California, Arizona, Florida, Colorado, Texas, New York and New Mexico.
4. Answers will vary.
5. Me olvidé de traer el traje de baño.
6. Antes de acostarme, me cepillo los dientes.

Activities

Critical Thinking
Mention a letter of the alphabet to the class. Give students two minutes to write any words they can think of in Spanish that begin with that letter. After calling time, ask students to read their lists aloud. The student with the longest list of correct words wins.

Expansion
Model the words and expressions from *Palabras y expresiones* and have students repeat after you. Then call on students to use the words and expressions in sentences.

Students with Special Needs
Take time after students have completed the *Autoevaluación* to review the content that students find difficult.

Notes Several Web site addresses are provided in *Navegando* for ease of reference. Note, however, that these addresses change frequently. Check the sites and update addresses regularly. The EMCParadigm Web site indicated on this page and elsewhere throughout the textbook is updated regularly to avoid this problem.

Use question 4 in the *Autoevaluación* as a conversation starter about opportunities to use Spanish both outside of and within the United States.

Students may find it helpful to use each of the *Palabras y expresiones* in written or oral sentences as they evaluate their understanding of them.

Answers

Preparación
Statement 3 best describes what the reading is about.

Activities

Expansion
Have students research information about other athletes from Spanish-speaking countries. They should address the following questions in their research: Which sports seem to include large numbers of talented Hispanic athletes? Which sports seem most popular in Spanish-speaking countries? Who are some well-known athletes from Spanish-speaking countries?

Prereading Strategy
The section *Tú lees* provides an opportunity for students to improve their ability to acquire information in Spanish about professional athletes. Note for the class that it is not essential to understand every word in order to read Spanish; the article is intended to make reading an enjoyable experience. Before beginning the reading, ask some general preparation questions about the theme of the reading: What are the names of some well-known athletes? Do students know of any famous Spanish-speaking athletes? Then have students skim the reading for cognates and any words or expressions they already know.

¡Viento en popa!

Tú lees

Estrategia

Drawing on background knowledge
Reading in Spanish can consist of several steps. One of the first steps in the process is to use what you already know about a topic (background knowledge) in order to predict what you are about to read.

Preparación
Decide cuál de las siguientes tres ideas representa mejor el contenido de lo que vas a leer.

1. Los atletas profesionales son populares y tienen una vida muy fácil.
2. Los atletas profesionales son pobres y tienen una vida aburrida.
3. Los atletas profesionales son famosos y ricos pero tienen una vida difícil.

Los atletas profesionales

¿Crees que los atletas y deportistas profesionales viven una vida estupenda? ¡Cómo no, ellos son famosos y populares! Ganan mucho dinero haciendo cosas divertidas y viajan por todo el mundo. ¡Qué vida tan fantástica! ¿Verdad?

La realidad de la vida de un atleta no es así. A veces su vida es muy difícil. Los tenistas profesionales, como Kristina Brandi de Puerto Rico o Marcelo Ríos de Chile, tienen un horario muy estricto. Se levantan muy temprano para correr y hacer aeróbicos. Luego, practican tenis hasta cuatro horas al día. Cuando desayunan o cenan, tienen que comer con cuidado porque es muy importante estar en excelente condición física.

En España, las tenistas Conchita Martínez y Anabel Medina son admiradas por muchas personas, pero ellas no tienen mucho

Marcelo Ríos.

Kristina Brandi.

Notes Other tennis players from Spanish-speaking countries include: Juan Carlos Ferrero (Spain), Guillermo Coria (Argentina), Carlos Moya (Spain), David Nalbandian (Argentina), Magüi Serna (Spain), María Sánchez Lorenzo (Spain).

Remind students that close cognates will not be defined in *Navegando*.

The use of cognates in the reading requires students to use skills that have already been presented. This careful use of cognates enables students to read authentic Spanish without having to look up a large number of words.

tiempo libre porque tienen que viajar entre seis y diez meses al año. Para mantenerse en contacto con sus familiares y sus amigos, ellas viajan con sus computadoras: son ciberchicas de la internet.

La vida de un atleta profesional puede ser muy dura y solitaria. ¿Te gustaría llevar una vida así?

Conchita Martínez en el French Open.

A ¿Qué recuerdas?

1. ¿Qué beneficios hay en ser un atleta profesional?
2. ¿Qué aspectos de sus vidas son difíciles?
3. ¿Qué hacen las tenistas para estar en contacto con sus familias y sus amigos?
4. ¿Se divierten los tenistas?

B Algo personal

1. ¿A qué hora te despiertas? En tu opinión, ¿es tarde o temprano?
2. ¿Practicas deportes para divertirte? ¿Cuáles practicas?
3. ¿Qué piensas de la vida de un atleta profesional? ¿Te gusta? Explica.
4. ¿Qué haces para estar en contacto con tus amigos?

¿Practicas deportes para divertirte?

Capítulo 2   *noventa y uno* **91**

Teacher Resources

 Activities A–B

Answers

A 1. Son famosos y populares. Ganan mucho dinero y viajan por todas partes del mundo.
  2. Se levantan temprano para correr y hacer ejercicios. Practican el tenis todos los días. No tienen mucho tiempo libre.
  3. Llevan sus computadoras y usan la internet.
  4. No mucho, tienen una vida dura y solitaria.
B Answers will vary.

Activities

Expansion
Additional questions (*¿Qué recuerdas?*): *¿Es la vida de un atleta profesional fácil?; ¿Quiénes son Kristina Brandi y Marcelo Ríos? ¿De dónde son?; ¿Qué hacen por las mañanas?; ¿Cómo es su vida?*

Additional questions (*Algo personal*): *¿Crees que los atletas tienen una vida estupenda?; ¿Te gustaría ser un/una atleta profesional?; ¿Te gustaría vivir como un/una atleta profesional? Explica.*

Notes Pair students and have them take turns asking and answering the questions in activities A and B.

Have students practice reading *"Los atletas profesionales"* aloud. Listen for correct pronunciation and inflection.

92

Tú escribes

Activities

Cooperative Learning

Working in pairs, students create a series of six drawings featuring reflexive actions that depict the daily routine of a person that each pair of students names (e.g., Tito, Mónica). Students choose how to divide the work of drawing the scenes and writing the story of the character at home waking up, showering or bathing, getting dressed, eating breakfast, leaving the house and arriving at school. You may want to suggest that students use some of the following verbs in their descriptions: *irse, llegar, despertarse, vestirse, desayunar, ducharse/bañarse.*

Estrategia

Stating chronological information

When you are writing about a series of events occurring in a given time frame, first organize your composition in chronological order. Then, to make your sentences flow smoothly, include some of the following transition words.

entonces	then, next
por eso	therefore
sin embargo	however
a causa de	because of
después	later
y	and
pero	but
también	also

Tú escribes.

For this activity, assume the identity of a famous person that you would like to be for a day. Then write a short composition in Spanish describing what your routine is for tomorrow (as that famous person). Include what time you wake up, what you eat, what you do to prepare for the day, what you do during the day and how you finish your day. Make up any of the information you wish.

Soy Elvis Presley y me afeito cada mañana.

Notes You may want to require that students choose famous people of Hispanic origin for this writing exercise. Consider allowing them a short period of time to research these people.

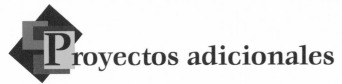

Proyectos adicionales

 A Comunicación

In pairs, talk about your daily routine. Compare how your schedules and activities vary on school days and over the weekend, during holidays or when you travel. (Discuss how daily routines vary for certain special holidays, for example.)

B Conexión con la tecnología

Search the Internet to find summer-abroad programs that offer opportunities for students to stay in Spanish-speaking countries. Next, imagine you are a participant in the program and share your findings with the class about the following: what a typical school day is like; when you wake up; at what time you get out of bed; how you prepare for the day; when and with whom you eat meals; how you get to school; at what time you go home; and how you finish the day. Make up any of the information you wish, but try to keep it culturally accurate.

C Comunidades

Find a Web site in Spanish that features clothing and find several items you would like to own. (If you cannot find a Web site in Spanish, find a Web site in English and convert the information to Spanish.) Then list in Spanish clothing and corresponding prices of items you would like to purchase up to a value of one hundred dollars. Make sure you check which currency is used for your purchase and list the value of each article of clothing in both that currency and the equivalent number of dollars so that your purchase does not exceed $100.00.

D Comunicación escrita

Escribe una composición corta describiendo tu rutina diaria. Trata de usar varios verbos de la lista.

acostar(se)	**despertar(se)**	**quedar(se)**
afeitar(se)	duchar(se)	quitar(se)
bañar(se)	**lavar(se)**	**sentar(se)**
cepillar(se)	maquillar(se)	vestir(se)

 Situation Cards

 Capítulo 2

Answers

A Creative self-expression.
B Creative self-expression.
C Creative self-expression.
D Creative self-expression.

Activities

Communities
Invite professionals whose careers involve the Spanish language to come into the classroom and discuss their daily routines on the job. Encourage students to ask questions of the guest speaker in Spanish.

Critical Listening
Read the following description and have students draw the monster you describe. *El monstruo tiene una cabeza pequeña y un corazón pequeño. En la cara, tiene tres ojos grandes de color azul. La nariz es fea, y el monstruo tiene una boca grande con cuatro dientes y una lengua delgada y larga. A los lados de la cabeza tiene dos orejas grandes y sobre la cabeza tiene sólo tres pelos. El cuello es delgado y largo y el pecho es grande. Tiene cuatro brazos largos y en cada brazo tiene una mano con tres dedos. Las piernas no son muy largas y tiene dos pies con cuatro dedos cada uno.*

Notes Explain that *me siento* comes from the infinitive *sentirse (ie, i)* and requires the same stem changes as *sentir (ie, i)*, which students already have learned. Similarly, *divertirnos* comes from the infinitive *divertirse (ie, i)* and requires the same stem changes as *sentir (ie, i)*.

If you have a shortage of computers at school, you may want those students to use their home computers to do online research. For students who do not have access to the Internet at home, talk with the librarian, computer science teacher and other colleagues to locate computers in your building or community.

Teacher Resources

Trabalenguas

Activities

Communities

It is always important to communicate to students how Spanish will continue to benefit them throughout their lives. With this in mind, have students investigate how Spanish is used in your community. They should make a list of any influence they can think of: businesses where Spanish is used; restaurants where they might buy a meal that is Mexican, Spanish, etc.; place names that are Spanish; and so forth. Discuss the results of the research.

Cooperative Learning

Have students work in pairs or small groups to create a dialog using the Spanish vocabulary they have learned in *Capítulo 2*. Each student should prepare four to eight lines of speech for the dialog. Students will need to work cooperatively to complete this exercise. Encourage them to speak Spanish as much as possible throughout the preparation process. When finished, each group should present the dialog in front of the class.

Repaso

Now that I have completed this chapter, I can...	Go to these pages for help:
identify objects in a bathroom.	50
discuss daily routine.	50
discuss personal grooming.	50
seek and provide personal information.	60
point out someone or something.	60
talk about the past.	64
discuss health.	70
identify parts of the body.	70
give and take instructions.	78

I can also...	
talk about Hispanic influence in the United States.	53, 73
identify how Spanish is used in the local community.	53
compare meals in the United States and in the Spanish-speaking world.	63
express an opinion.	74
use basic survival skills in a doctor's office.	75
read in Spanish about the daily routine of Spanish-speaking celebrities.	90
write in Spanish about a typical day.	92
talk about opportunities to study in another country.	93

Trabalenguas

Blandos brazos blande Brando,
Brando blandos brazos blande,
Blandos brazos blande Brando.

Notes The international marketplace demands that employees demonstrate a wider range of competencies and knowledge. Skills and abilities that are being sought are dynamic and ever changing, requiring today's student to develop the ability to adapt quickly to new workplace requirements in order to compete and excel. The ability to take personal responsibility for career development has been just one of many changes that is occurring in language education in recent years.

Loose translation of the *Trabalenguas:* Brando waves soft arms, Brando soft arms waves, Soft arms waves Brando.

Vocabulario

abre *(command)* open *2B*
acostar(se) (ue) to go to bed, to lie down *2A*
acostumbrar(se) to get used to *2B*
afeitar(se) to shave *2A*
almorzar (ue) to have lunch, to eat lunch *2A*
aquél, aquélla (aquéllos, aquéllas) that (one) *2A*
aquello that *2A*
así thus, that way *2A*
bañar(se) to bathe *2A*
la **boca** mouth *2B*
broncear(se) to tan *2B*
caer(se) to fall (down) *2B*
calmar(se) to calm down *2A*
la **cara** face *2B*
la **cena** dinner, supper *2A*
cenar to have dinner, to have supper *2A*
cepillar(se) to brush *2A*
el **cepillo** brush *2A*
el **champú** shampoo *2A*
la **cita** appointment; date *2B*
el **codo** elbow *2B*
comer(se) to eat *2B*
la **comida** food; dinner *2A*
el **corazón** heart *2B*
la **crema de afeitar** shaving cream *2A*
el **cuello** neck *2B*
cuidar(se) to take care of *2B*
dejar (de) to leave; to stop, to quit *2B*
derecho,-a right *2B*
desayunar to have breakfast *2A*
el **desayuno** breakfast *2A*
descansar to rest, to relax *2B*
desde luego of course *2A*
el **desodorante** deodorant *2A*

despedir(se) (i, i) to say good-bye *2B*
despertar(se) (ie) to wake up *2A*
di *(command)* say *2B*
el **diente** tooth *2B*
divertir(se) (ie, i) to have fun *2B*
el **doctor, la doctora** doctor *2B*
doler (ue) to hurt *2B*
dormir(se) (ue, u) to fall asleep *2B*
la **ducha** shower *2A*
duchar(se) to shower *2A*
el **ejercicio** exercise *2B*
el **enfermero, la enfermera** nurse *2B*
equivocar(se) to be mistaken *2B*
ése, ésa (ésos, ésas) that (one) (those [ones]) *2A*
eso that (neuter form) *2A*
la **espalda** back *2B*
el **espejo** mirror *2A*
esperar to wait *2A*
éste, ésta (éstos, éstas) this (one) (these [ones]) *2A*
esto this (neuter form) *2A*
el **estómago** stomach *2B*
el **excusado** toilet *2A*
fumar to smoke *2B*
la **garganta** throat *2B*
el **grifo** faucet *2A*
la **gripe** flu *2B*
el **hombro** shoulder *2B*
ir(se) to leave *2B*
irse de viaje to go away on a trip *2B*
izquierdo,-a left *2B*
el **jabón** soap *2A*
el **lago** lake *2B*
el **lavabo** sink *2A*

lavar(se) to wash *2A*
la **lengua** tongue *2B*
levantar(se) to get up *2A*
llamar(se) to be called *2A*
llevar(se) to take away *2B*
el **maquillaje** makeup *2A*
maquillar(se) to put on makeup *2A*
la **medicina** medicine *2B*
la **nariz (narices)** nose *2B*
el **niño, la niña** child *2B*
el **oído** (inner) ear *2B*
el **ojo** eye *2B*
olvidar(se) to forget *2B*
la **oreja** (outer) ear *2B*
el **pecho** chest *2B*
peinar(se) to comb *2A*
el **peine** comb *2A*
el **pelo** hair *2A*
pescar to fish *2B*
el **pez (peces)** fish *2B*
poner(se) to put on *2A*
preguntar(se) to wonder; to ask oneself *2B*
preocupar(se) to worry *2A*
quedar(se) to remain, to stay *2A*
quemar(se) to get burned *2A*
quitar(se) to take off *2A*
el **resfriado** cold *2B*
reunir(se) to get together *2B*
la **rodilla** knee *2B*
saca *(command)* stick out *2B*
la **salud** health *2A*
sentar(se) (ie) to sit down *2A*
sentir(se) (ie, i) to feel *2B*
siéntate *(command)* sit down *2B*
tarde late *2A*
la **tina** bathtub *2A*
la **toalla** towel *2A*
tócate *(command)* touch *2B*
vestir(se) (i, i) to get dressed *2A*

El champú.

El cepillo de dientes.

El jabón.

El cepillo.

Capítulo 2

noventa y cinco **95**

Testing/Assessment
Test Booklet
Portfolio Assessment

Activities

Communities
Discuss the influence that Spanish has had in naming places in the United States (Los Angeles, Santa Fe, El Paso, Colorado, Nevada, Rio Grande, Sierra Madre, Alamo), especially in your community or state.

Cooperative Learning
Ask students to say a word they have learned in Spanish and then select someone else to spell the word. Have them check their spelling and then switch roles.

Expansion
Offer students practice in linking nouns and related verbs. Say aloud each of the following nouns, asking students to identify the related verb. Call on other students to use the noun and the verb in a sentence. Terms you may wish to use include the following: *el almuerzo/ almorzar; el baño/bañar(se); el cepillo/cepillar(se); la comida/ comer(se); desayuno/desayunarse; el lavabo/lavar(se); el maquillaje/ maquillar(se); el peine/peinar(se); el pez/pescar; la pregunta/ preguntar(se).*

Notes The word *cita* may refer to an appointment, such as a visit to the doctor or a social date. Context will make the meaning clear.

Note for students the names of other healthcare terms they may encounter in the Spanish-speaking world: *la alergia* (allergy), *la enfermedad* (illness), *la infección* (infection), *la inflamación* (inflamation), *el síntoma* (symptom), *el seguro médico* (health insurance), *la vacuna* (vaccine), *el antibiótico* (antibiotic).

Connections with Parents

As you begin this chapter about Mexico and about city life, have students interview their parents or guardians to find out what they know about Mexico or about life in the city. This type of activity works to improve connections between the home and what students are learning in Spanish class. Students should begin by preparing a list of questions about Mexico or life in the city. After summarizing their parents' or guardians' answers, students must ask them to sign and date the work and then return it to you.

Activities

Critical Thinking

The photographs that appear on these pages serve to further student connections to how Spanish is used outside the controlled environment of the classroom. Try to employ these supportive visuals on a regular basis. Ask students what they observe in these visuals, how the visuals portray the Spanish-speaking cultures, what words students are able to understand and what conclusions they can draw from the information.

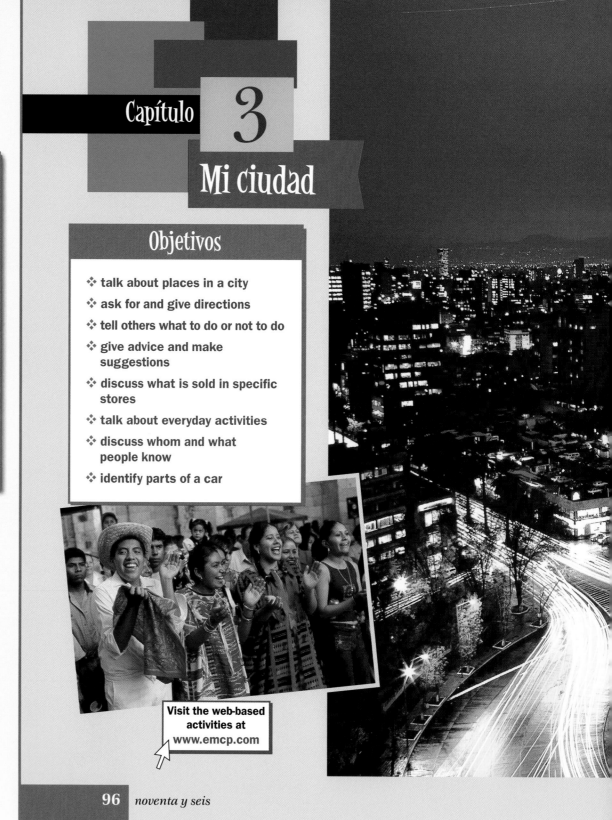

Capítulo 3

Mi ciudad

Objetivos

- ❖ talk about places in a city
- ❖ ask for and give directions
- ❖ tell others what to do or not to do
- ❖ give advice and make suggestions
- ❖ discuss what is sold in specific stores
- ❖ talk about everyday activities
- ❖ discuss whom and what people know
- ❖ identify parts of a car

Visit the web-based activities at www.emcp.com

Notes The communicative functions *(Objetivos)* taught in this chapter appear here along with photographs of Mexico that mentally and visually whet students' appetites for what they are about to study. A checklist of the same functions, along with additional objectives, appears on page 144 at the end of this chapter.

Students can use this as a self-check to evaluate their own progress.

Contexto cultural

México

Nombre oficial: Estados Unidos Mexicanos

Población: 101.880.000

Capital: México, D.F.

Ciudades importantes: Monterrey, Guadalajara

Unidad monetaria: el peso

Fiesta nacional: 16 de septiembre, Día de la Independencia

Gente famosa: Luis Miguel (cantante); Frida Kahlo y Diego Rivera (artistas); Octavio Paz y Carlos Fuentes (escritores); Emiliano Zapata (líder popular)

Activities

Connections

Ask students to identify some cities in Mexico. Then ask what places in Mexico students or their friends have visited. Finally, conduct a class discussion to see what students know about Mexico.

Spanish for Spanish Speakers

Have students research Chichén Itzá (shown in the photograph on page 96). Decide how you would like students to record their findings: They might write a short summary of their research results; they might make a list of key points; they might create a computer presentation of what they found out. Have students share their research with the class.

noventa y siete **97**

Notes Discuss the photographs on pages 96–97 with students. Can they guess what country they will be studying in the chapter? Do they recognize the setting as city life (in Mexico City)? Ask what students already know about the country (e.g., Spanish is Mexico's official language; the capital is Mexico City; the country is a favorite vacation spot for many people from the United States). Point out that Mexico is the United States' nearest neighbor to the south. It is a country with a rich and varied history.

Por las calles de la ciudad

 Activity 1

 Activities 14–15

 Activities 1–3

 Activity 1

 Activities 1–2

Content reviewed in *Lección A*
- places in a city
- informal versus formal
- foods
- telling time
- clothing
- object pronouns

Activities

Critical Thinking
Ask your students to guess the meaning of the command forms *sigue* (continue, keep on) and *ve* (go). The informal affirmative commands are explained later in this lesson.

Prereading Strategy
Have students look at *Vocabulario I* and identify cognates and other words they recognize. Then ask students to guess what the police officer and the boy are discussing at the bottom of page 98.

98

Lección **A**

México

Vocabulario I
Por las calles de la ciudad

la catedral

el apartamento

el monumento

la oficina de correos

¿Cómo llego a la calle Rosales, por favor? ¿Es la próxima calle?

No, no es. Ve hacia adelante una cuadra. Al llegar al monumento, ve a la derecha, después a la izquierda y sigue derecho hasta la esquina. Esa es la calle Rosales.

el policía

Gracias, Sr. policía.

El niño para y habla con el policía.
El policía le da direcciones al niño.
El niño es mexicano.

98 *noventa y ocho*

Lección A

Notes Use transparencies 14 and 15 to introduce the new words and expressions in *Vocabulario I.* Show students transparency 14. Point to one of the items or places and identify it in Spanish. Students should repeat after you. Continue on to the next item and repeat the process. As a second step, show students transparency 15. Once again, identify the new vocabulary in Spanish, allowing students to see how each word is spelled.

Inform the class that *sigue* is the informal command of *seguir* (to continue, to keep on) and *ve* is the informal command of *ir* (to go).

la carretera

el aeropuerto

la estación

la iglesia

la esquina

la cuadra

la torre

el puente

1 Por la ciudad

Selecciona la foto que corresponde con lo que oyes.

A   **B**   **C**   **D**   **E**   **F**

2 Sitios y lugares en la ciudad

Haz una lista de cinco lugares en una ciudad y, luego, escribe cinco oraciones lógicas.

Capítulo 3   *noventa y nueve*   **99**

Teacher Resources

Activity 1

Answers

1 1. C; 2. E; 3. A; 4. F; 5. B; 6. D
2 Answers will vary.

Activities

Critical Thinking
Ask students how the city shown on pages 98–99 is similar to or different from cities in the United States. Ask students what buildings and other objects shown in the illustration can be found in your community.

Pronunciation
Call on individuals to say each of the new words in *Vocabulario I* after you say them. Be sure to practice several words with *rr: carretera, correos, torre.*

Students with Special Needs
Before assigning activity 1, discuss with students what is shown in each photograph: A (post office: *la oficina de correos*); B (train station: *la estación del tren*); C (airport in Mexico City: *el aeropuerto*); D (monument: *el monumento*); E (bridge: *el puente*); F (church in Mexico: *la iglesia*).

TPR
Using overhead transparencies 14 and 15, ask students to come up and point to the different objects and places in a city as you name them in Spanish.

99

Answers

3 1. Busca la estación de
   autobuses.
2. Para pedir información
   sobre los horarios para ir a
   Guadalajara.
3. Cree que está a dos cuadras
   de la oficina de correos.
4. Quiere ver un monumento.
5. Puede llevar las cartas de
   Ana al correo.

4 Answers will vary.

5 Las direcciones me llevan al
   monumento.

Activities

Cooperative Learning

Have students work with the map
in pairs. Starting at one location,
one student gives directions to his
or her partner without revealing
the final destination. When the
directions are complete, the
student receiving them states the
location he or she reached on the
map.

Critical Listening

Play the audio CD version of the
dialog. Have several individuals
state what they believe is the
main theme of the conversation.

Expansion

Additional questions (*¿Que
recuerdas?*): *¿Adónde va a ir Ana
sola?*; *¿Adónde va a ir Pedro?*;
¿Adónde van a ir juntos?

Diálogo I
¿Qué buscas en el mapa?

PEDRO: ¿Qué buscas en el mapa?
ANA: Busco la estación de
autobuses.
PEDRO: ¿Para qué tienes que ir a
la estación de autobuses?

ANA: Para pedir información
sobre los horarios para ir a
Guadalajara.
PEDRO: ¡Ah, sí! Creo que está a
dos cuadras de la oficina de
correos.
ANA: Excelente. Pues, también
tengo que enviar unas cartas.

PEDRO: Si quieres, voy contigo.
Hay un monumento que quiero
ver que está cerca.
ANA: Muy bien. Entonces,
mientras yo voy a la estación, tú
puedes llevar mis cartas al correo.
PEDRO: Sí y, luego, podemos ir
juntos a ver el monumento.

3 ¿Qué recuerdas?

1. ¿Qué busca Ana en el mapa?
2. ¿Para qué tiene que ir Ana allá?
3. ¿Dónde cree Pedro que está la
   estación de autobuses?
4. ¿Qué quiere ver Pedro?
5. ¿Qué puede hacer Pedro
   mientras Ana va a la estación?

4 Algo personal

1. ¿Hay una estación de autobuses donde vives? ¿Dónde está?
2. ¿Está la oficina de correos cerca de tu casa? ¿Dónde está?
3. ¿Qué edificios de tu ciudad te gustan?
4. ¿Cuáles son los edificios que te gustan menos de tu ciudad?

5 Sigue las direcciones

 Escucha las
direcciones
y síguelas en
el mapa. ¿Adónde
te llevan las
direcciones?

 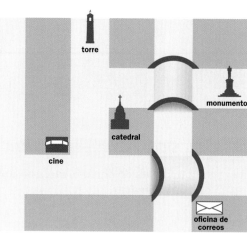

Notes For teacher convenience, student
answer sheets have been provided for the
activities indicated in the student textbook
by the audio speaker icon ◀))) (the first
activity after *Vocabulario I* and *II* and the
third activity after *Diálogo I* and *II*). These
reproducible answer sheets can be found
at the end of the Audio CD Program
Manual.

Although Ana and Pedro use the word
autobús in the *Diálogo I,* the term *camión* is
often used in Mexico because it is a term
understood in many Spanish-speaking
countries when referring to a **bus.**

Cultura viva

México, país con un pasado diverso

México tiene un pasado cultural muy diverso. Los primeros habitantes del país estuvieron en la región hace más de doce mil años. Civilizaciones importantes llegaron después, como la olmeca, la maya y la tolteca. Más tarde vinieron los aztecas (o mexicas) y fundaron[1] la ciudad de Tenochtitlán en 1325, lo que hoy es la Ciudad de México.

El conquistador español Hernán Cortés llegó a la costa del Golfo de México en 1519. Luego, tomó control de la ciudad de Tenochtitlán en 1521, empezando así el período de colonización por los españoles. México consiguió su independencia de España en 1821. La revolución mexicana de 1910 continuó la evolución cultural e histórica del país.

Al igual que las ruinas de las civilizaciones antiguas, las pirámides de los aztecas y la arquitectura colonial española, las obras[2] de artistas como Diego

Un mural de Diego Rivera.

Rivera (1886–1957), Frida Kahlo (1910–1954), José Clemente Orozco (1883–1949) y David Alfaro Siqueiros (1896–1974), mantienen[3] hoy la historia de México llena de vida[4].

Pirámide de la Luna, México.

[1]founded [2]works [3]maintain [4]full of life

6 Conexión con otras disciplinas: bellas artes

Busca en la internet o en la biblioteca información sobre un período en la historia de México. En este período, escoge *(choose)* a uno o dos artistas (pintores o escultores) y nombra varias de sus obras o razones *(reasons)* por las que se los conoce.

Teacher Resources

 Activity 2

 Activity 4

Answers

6 Answers will vary.

Activities

Connections
Have students prepare a report about the Aztec city of Tenochtitlán. The report should include photos and/or illustrations.

Spanish for Spanish Speakers
As enrichment, assign one or more students to investigate one of the indigenous civilizations mentioned in the *Cultura viva*.

Technology
Ask students to search the Internet or the library for information about some of the artists mentioned in the *Cultura viva*. Using PowerPoint, HyperStudio or other presentation software, students should prepare and present to the class the information they gathered about the artists or their work to gain a greater awareness of Mexican history and culture. Students making presentations should create a questionnaire to be used at the end of the presentation to check how much their classmates understood. You may wish to use the results as part of your grading.

Notes The bottom photograph in the *Cultura viva* is of the Pyramid of the Moon in San Juan Teotihuacán, Mexico. The photograph at the top is a detail of a mural about the Mexican Revolution that the Mexican artist Diego Rivera (1866–1957) completed between the years 1929 and 1930. It is titled *From the Conquest*. Visitors can see the piece in the National Palace in Mexico City.

It is uncertain exactly when these civilizations originated in Mexico. Approximate dates are as follows: *la olmeca, 1500–1000 a.C.* (B.C.); *la maya, 100–500 d.C.* (A.D.); and *la tolteca, 900 d.C.*

Answers

7
1. ve
2. sé
3. consíguela
4. cómpraselas
5. sigue
6. para
7. dímelo
8. espérame
9. ciérrala
10. hazlo

Activities

Pronunciation
Discuss syllabification and accentuation as they pertain to using object pronouns with commands before assigning activity 7. (See the Appendices.)

Language through Action
In pairs or small groups, students prepare logical *tú* commands for some of the following people: a brother or sister, a best friend, a boyfriend or girlfriend, a parent. Ask students from different pairings to react to the commands while observing whether or not they understand what they are supposed to do.

Idioma

Estructura

Telling someone what to do: informal affirmative commands

Use a command (*el imperativo o mandato*) to give advice and to tell people what you would like them to do. In Spanish, commands may be either informal or formal, singular or plural. Singular informal affirmative commands normally use the present-tense *él/ella* form of a verb. Verbs that require a spelling change and verbs with changes in their stem in the present tense usually have the same change in the informal singular command.

Para *en la esquina del parque.*	**Stop** at the corner of the park.
Come *en el restaurante mexicano.*	**Eat** at the Mexican restaurant.
Sube *a la torre de la iglesia.*	**Go up** to the church tower.

and:

Piensa *a qué almacén quieres ir.*	**Think** about what store you want to go to.
Continúa *en esta carretera.*	**Continue** on this road.
Sigue *caminando hasta la esquina.*	**Keep on** walking to the corner.

A few verbs have irregular affirmative *tú* commands.

decir	**di**	ir	**ve**	salir	**sal**	tener	**ten**
hacer	**haz**	poner	**pon**	ser	**sé**	venir	**ven**

Object and reflexive pronouns follow and are attached to affirmative informal commands: *dime* (tell me). Add an accent mark to most commands with more than one syllable that have an attached pronoun: *siéntate* (sit down). When using two object pronouns with the same verb, remember that the indirect object pronoun occurs first: *préstamelo* (lend it to me).

Práctica

 **7 ¿Con acento?**

Escribe en una hoja de papel los siguientes mandatos informales y pon los acentos apropiados.

1. ve
2. se
3. consiguela
4. compraselas
5. sigue
6. para
7. dimelo
8. esperame
9. cierrala
10. hazlo

Espérame en la esquina.

Notes Although affirmative *tú* commands often use the present-tense *él/ella* form of a verb, explain to students that this does not cause confusion. Context and voice tone help to indicate what is a command, and the subject *tú* may follow the command form for added emphasis.

8 Repasemos la lección

Encuentra cinco mandatos informales en este anuncio *(advertisement)*.

9 La estación del tren

Completa el siguiente diálogo con los mandatos informales de los verbos indicados.

Antonio: ¿Está la estación del tren cerca de este almacén?
Natalia: Sí, está cerca.
Antonio: *(1. Decirme)* cómo llegar allá.
Natalia: *(2. Hacer)* lo siguiente: Primero, *(3. salir)* del almacén. Luego, *(4. ir)* a la izquierda y *(5. caminar)* dos cuadras hasta la esquina donde está la casa rosada. Luego, ve a la derecha y *(6. continuar)* derecho hasta pasar el puente. Ahí vas a ver la estación a la izquierda. *(7. Tener)* el dinero listo para pagar.
Antonio: Muchas gracias, Natalia. *(8. Venir)* a mi casa el fin de semana.
Natalia: No sé si puedo ir, pero voy a ver.
Antonio: Muy bien. Hasta luego. *(9. Ser)* buena.

Answers

10 1. Ciérrame la puerta de la casa.
2. Dime dónde está el aeropuerto.
3. Pídesela al policía.
4. Léeselas a Camilo.
5. Dales el mapa del centro.
6. Recuérdale visitar la catedral.
7. Cómpramelas en el almacén de deportes.

11 1. F; 2. H; 3. A; 4. G; 5. E; 6. C; 7. B; 8. D

Activities

Expansion
Working in threes, students prepare a one-minute TV commercial selling a product. They should include at least five *tú* commands in the script to convince the audience to buy the product.

Students with Special Needs
Review some of the commands students have learned to recognize in activity instructions. For example, point out to students that in activities 5 through 7, *escucha* (listen to), *sigue* (follow), *busca* (find) and *escribe* (write) are singular, informal (*tú*) commands. Ask if students can find any commands in other activities.

104

---

 10 ¿Qué debo hacer?

Con un(a) compañero/a de clase, alternen en hacer y en contestar las siguientes preguntas con mandatos informales, según las indicaciones que se dan. Sigue el modelo.

> **MODELO** A: ¿A quiénes les limpio las ventanas? (a las tías)
> B: Límpiaselas a las tías.

1. ¿Qué te cierro? (la puerta de la casa)
2. ¿Qué te digo? (dónde está el aeropuerto)
3. ¿A quién le pido ayuda? (al policía)
4. ¿A quién le leo las direcciones? (a Camilo)
5. ¿Qué les doy a ellos? (el mapa del centro)
6. ¿Qué le recuerdo a Rosario? (visitar la catedral)
7. ¿Dónde te compro las bermudas? (en el almacén de deportes)

¿A quiénes les limpio las ventanas?

11 ¡A conectar!

Conecta los mandatos con las ilustraciones en forma lógica.

A

B

C

D

E

F

G

H

1. Léelo.
2. Dime tu nombre.
3. Abre la puerta.
4. Ve a la iglesia.

5. Escribe en la pizarra.
6. Siéntate.
7. Cierra la puerta del carro.
8. Dibuja.

Notes Explain to students that the stem change that is required for singular informal affirmative commands is denoted by the first set of letters shown in parentheses after infinitives: *pedir (i, i)* → *pide; cerrar (ie)* → *cierra*.

Point out for students that although *mapa* ends in -*a*, it is a masculine noun and takes the masculine article (*el mapa*).

Inform students that the subject pronouns are not usually used with *tú* commands.

✦ Comunicación

12 Los mandatos de la clase

Trabajando con un(a) compañero/a de clase,
alterna con él/ella en dar mandatos. Cada uno
debe dar cinco mandatos, usando si es posible
complementos directos e indirectos. La otra
persona debe ejecutar *(carry out)* los mandatos.

> **MODELO**   **A:** Escribe tu nombre en tu cuaderno.
> **B:** *(Write your name on your notebook.)*
>
> **B:** *(Point at an open book.)* Ciérralo.
> **A:** *(Close the book.)*

13 Gallinita ciega

Trabajando en grupos pequeños, un(a) estudiante
con los ojos vendados *(blindfolded)* debe seguir las
direcciones que los otros estudiantes del grupo le
dan para llegar a un lugar determinado en la clase. Cada estudiante del grupo
debe seguir una vez las direcciones que le dan los otros estudiantes del grupo.
El estudiante en hacerlo en el menor tiempo posible gana *(wins)*.

> **MODELO**   **A:** Ve hacia adelante.
> **B:** *(Go straight ahead.)*
> **C:** Ve a la derecha.
> **B:** *(Go to the right.)*
> **D:** Muy bien. Sigue derecho.
> **B:** *(Continue straight ahead.)*

Escribe tu nombre.

Sigue derecho.

Capítulo 3

ciento cinco **105**

Activities

Cooperative Learning
Working in small groups, have
students prepare a list of logical
suggestions for a new classmate.
They must use *tú* commands and
provide information about the
school and area in their
suggestions.

Expansion
La búsqueda del tesoro. Prepare
note cards with commands to
follow directions from one
location to another. Divide the
class into groups of about five.
Each group begins reading card
number 1, which will lead them
to a particular destination. There,
they will find another card that
will take them to another place.
Each group should be given the
same number of destinations.
The group that reaches the final
destination first wins the game
(and the "treasure").

TPR
Extend activity 12 by completing
the activity with the entire class,
asking individuals to do each
command and call on a classmate
to do what is requested. As an
alternative, select individual
students who must name other
students and then tell them a
command. Listen to hear that
each command is stated correctly
and observe to see that the named
student completes the command
properly.

Notes The title of activity 13 is based
upon a game in Spanish titled *Gallinita
ciega* in which participants sing this rhyme
as they spin a blindfolded person around
and then run and hide. The blindfolded
person must then try to locate everyone.
Gallinita ciega, ¿qué se te ha perdido?
Una aguja y un dedal.
Da la media vuelta y lo encontrarás.

For all oral activities, listen for the correct
pronunciation and determine if students
appear to understand what they are saying
and hearing. Also, be sure students
personalize information so that it is
meaningful to them.

As part of your classroom management,
set a time limit for activities 12 and 13.

Los almacenes

 Activity 4

 Activities 16–17

 Activities 8–9

 Activity 3

 Activities 6–7

Activities

Language through Action

In pairs, student A asks student B to touch the item sold in the store that student A names: *la florería* (student B touches the flowers). Have students alternate between naming the store and responding.

Multiple Intelligences (intrapersonal/linguistic)

Ask students these questions: *¿Cómo se llaman unas tiendas cerca de tu casa?; ¿Qué se vende en esas tiendas?; ¿Cuál es tu tienda favorita? ¿Por qué?; ¿Te gusta ir al centro de la ciudad? Explica; ¿Cómo llegas al centro de la ciudad?; ¿Prefieres ir de compras solo/sola o con amigos?*

Vocabulario II
Los almacenes

la heladería
dos monedas
el almacén
El sobre
la zapatería
la papelería
la vitrina
la florería

Lección A

Notes Use transparencies 16 and 17 to introduce the new words and expressions in *Vocabulario II*. Begin by showing students transparency 16 and identify the items or places in Spanish. Students should repeat after you. Continue on to the next item and repeat the process. As a second step, show students transparency 17. Once again identify the new vocabulary, allowing students to see how each word is spelled.

Tell students that they may sometimes hear regional variations of these words, such as *floristería (florería)*. Other specialty shops include the following: *huevería (huevos), choricería (chorizos), corbatería (corbatas), pollería (pollos), relojería (relojes)*.

la frutería   la dulcería   la panadería

¡Tengo hambre! Mira, paremos por unos dulces.

No, vamos a la carnicería. Mamá nos está esperando para preparar las enchiladas y los tacos.

La mamá de las chicas les dijo "Vayan a la carnicería por la carne para la comida".

Answers

14 1. F
  2. E
  3. B
  4. C
  5. A
  6. D

15 1. Las puedo comprar en la frutería.
  2. Los puedo comprar en la dulcería.
  3. Lo puedo comprar en la carnicería.
  4. Lo puedo comprar en la heladería.
  5. Los puedo comprar en la zapatería.
  6. Las puedo comprar en la florería.

Activities

Prereading Strategy
Have students look at *Vocabulario II* and identify cognates and other words they recognize. Then ask students to guess what the people at the top of page 107 are saying to one another.

Students with Special Needs
Have students repeat activity 15, attaching the direct object pronoun to the infinitive: *Puedo comprarlo en la papelería.*

TPR
Using overhead transparencies 16 and 17, ask students to come up and point to the different objects and place names in Spanish.

---

14 Los almacenes de la ciudad

🔊 **Selecciona la letra del almacén que corresponde con lo que oyes.**

A   **B**   **C**   **D**   **E**   **F**

15 ¿En qué lugar lo puedo comprar?

Di en qué lugares se pueden comprar las siguientes cosas.

MODELO Lo puedo comprar en la papelería.

1   **2**   **3**   **4**   **5**   **6**

Capítulo 3   *ciento siete* **107**

Notes Mention that it is not unusual to see mothers and their teenage sons or daughters walking arm-in-arm as they shop or stroll through the city. Also, two girls who are good friends commonly walk arm in arm in parks and in other public places.

Tell students that because personal space is more limited in many places in Spanish-speaking countries than in the United States, they should not find it particularly surprising when they are jostled a bit when they are making a purchase, standing in line or just walking through any public place.

Activities

Connections
Tacos, tortillas and *enchiladas* are commonly eaten in Mexico and in parts of Central America, but they are not common in Spain and South America. Begin a study of the typical dishes of various countries. Contact and maintain good relations with the food and consumer sciences teacher(s) at your school to obtain valuable assistance with this cross-curricular teaching activity. In addition, you may choose to have students present reports or even prepare certain dishes for class or for your Spanish club.

Multiple Intelligences (spatial)
Ask students to make a drawing of a city street or shopping mall in a Spanish-speaking country. Then have them label the stores, sites and objects in their drawing.

Diálogo II

¡Sólo piensas en comer!

ANA: ¡Mira, una florería! Paremos a comprar unas flores.
PEDRO: No, Ana, ahora no.
ANA: ¿Por qué no?

PEDRO: Tengo hambre. Quiero ir a la Zona Rosa a comer unos tacos.
ANA: Tú y tus tacos. ¡Sólo piensas en comer!
PEDRO: Ay, Ana, ¿qué puedo hacer? Es mediodía.

ANA: ¡Mira esta vitrina de flores tan bonita!
PEDRO: Sí, es bonita, pero yo no como flores.
ANA: Está bien. Vamos a comer algo y, luego, vamos de compras.

16 ¿Qué recuerdas?

1. ¿Dónde quiere parar Ana?
2. ¿Qué quiere hacer Pedro?
3. ¿Quién piensa sólo en comer?
4. ¿Qué hora es?
5. ¿Qué es muy bonita?
6. ¿Paran los chicos en la florería?

17 Algo personal

1. ¿En qué almacenes te gusta parar a ver vitrinas? ¿Por qué?
2. ¿Piensas siempre en comer? Explica.
3. ¿A qué almacenes vas de compras donde tú vives?

18 Los almacenes

 Selecciona la letra del almacén que corresponde con lo que escuchas.

A. la papelería
B. la carnicería
C. la frutería
D. la dulcería
E. la librería
F. la florería

Estrategia

Using the word ending *-ería*
In Spanish, adding the ending *-ería* to a word will often tell you where that item can be purchased. For example, you can buy a flower *(flor)* in a *florería*. In a *papelería* you will find *papel* (paper). Of course, there are exceptions and variations to this rule (if a word ends in a vowel, drop the vowel before adding *-ería*).

Vamos a la dulcería.

Notes Ask if students can see a logical pattern for the names of some of the specialty shops: Words that end in a consonant add *-ería*; words that end in *-a* and *-o* drop the vowel before adding *-ería*; words that end in *-e* add *-ría*. Explain that some words may follow no apparent rule at all.

Note for students the names of some flowers that can be found in a *florería: la rosa* (rose), *el clavel* (carnation), *la margarita* (daisy), *la violeta* (violet), *el narciso* (daffodil).

Although supermarkets do exist in Spanish-speaking countries, specialty food stores reflect the custom of buying fresh food nearly every day.

Cultura viva

De compras en México

Un centro comercial en el D.F.

La Ciudad de México, también conocida[1] como el D.F. o el Distrito Federal, tiene muchos almacenes, centros comerciales, boutiques, mercados y vendedores ambulantes[2]. Los jóvenes que quieren encontrar de todo en un lugar cómodo y moderno van a los centros comerciales. La Zona Rosa y Polanco tienen los centros comerciales más elegantes y Santa Fe tiene uno de los más grandes. Los centros comerciales son similares a los de los Estados Unidos, con restaurantes, cines, almacenes grandes, pequeñas boutiques, zapaterías, joyerías, papelerías, etcétera. En cada centro comercial se encuentran los almacenes mexicanos Liverpool o el Palacio de Hierro, y también Zara, una tienda de ropa de España. Los jóvenes que quieren ir de compras a un lugar más animado[3] van a los *tianguis*, mercados donde se puede regatear[4] y encontrar ropa barata y divertida. Los que quieren buenas gangas van a El Monte de Piedad, una casa de empeños[5] en el centro de la capital. Al sur, en el barrio colonial San Ángel, está el famoso Bazar Sábado, donde todos los sábados venden arte y artesanía[6]. Para comprar comida, muchos mexicanos van a los supermercados grandes como Soriana o Gigante donde hay de todo. Algunos mexicanos todavía prefieren ir a las tienditas—las carnicerías, las tortillerías, las dulcerías—donde el servicio es personal.

El Bazar Sábado.

[1]known [2]street vendors [3]lively [4]bargain [5]pawn shop [6]crafts

19 De compras en México

Contesta las siguientes preguntas, según lo que leíste en la Cultura viva.

1. ¿En qué son similares los centros comerciales en la Ciudad de México a los que hay en los Estados Unidos?
2. ¿Qué almacenes hay en los centros comerciales mexicanos que no hay en los centros comerciales de los Estados Unidos?
3. ¿Adónde van los jóvenes mexicanos para comprar ropa barata y divertida? ¿Adónde van tú y tus amigos? ¿Pueden regatear allí?

¡Oportunidades!

De compras
The next time you go shopping in a store where Spanish is spoken, try to ask for what you are looking for in Spanish. The staff will be pleased that you are making the effort to learn to speak their language. Practicing your Spanish with native speakers is a fun way to improve your language skills.

Capítulo 3

ciento nueve **109**

Teacher Resources

 Activity 19

 Activity 10

 Activity 4

Answers

19 1. Los centros comerciales en la Ciudad de México son grandes y modernos como los que hay en los Estados Unidos. Tienen restaurantes, cines, almacenes grandes y pequeñas boutiques.
2. Liverpool, El Palacio de Hierro y Zara son almacenes que hay en los centros comerciales de México pero no en los Estados Unidos.
3. Los jóvenes mexicanos van a los *tianguis* para comprar ropa barata y divertida. Mis amigos y yo vamos a.... *(answers will vary).*

Activities

Cooperative Learning
Ask students to make a list of some advantages and disadvantages to living in a metropolitan area (such as Mexico City) or in a small town. Then have students form groups of three or four to discuss what they wrote. Each group should present a summary of their opinions to the class.

Notes Although many specialty shops exist, Mexico offers other shopping opportunities, such as the *centro comercial* (shopping center) depicted in the photograph on the left and the *tiangui* shown in the photograph on the right.

Tell students that in open-air markets it is common to bargain (*regatear*) when making a purchase. Give examples of how to bargain: Offer forty pesos for an object you hope to settle on for sixty pesos when the asking price is eighty pesos. In fact, not only is it common to negotiate price in this way, in many markets it is expected.

Activities

Critical Thinking

Have students identify commands given in exercises throughout the book. Then have them give the infinitives of each verb.

TPR

Have everyone in class perform actions or gestures as you say them aloud in Spanish to practice the *Uds.* forms of commands. Present the commands in as many logical pairs as possible *(abran, cierren; escriban, borren; escuchen, repitan)*. Model the action or gesture two or three times with students, then repeat the pair of commands one or two times with no actions or gestures as students do what you request.

Estructura

Formal and plural commands

Form affirmative formal commands by substituting the *-o* of the present-tense *yo* form of a verb with an *-e* for *-ar* verbs, or with an *-a* for *-er* and *-ir* verbs. Add the letter *-n* to the singular formal command to make the plural *(Uds.)* command. Verbs with changes in their stem in the present tense usually have the same change in the formal command.

Note: Like *tú* in singular informal commands, *usted (Ud.)* or *ustedes (Uds.)* are usually omitted from formal/plural commands.

infinitive	*yo* form	stem	singular formal command	plural commands
hablar	hablo	habl-	habl**e** Ud.	habl**en** Uds.
comer	como	com-	com**a** Ud.	com**an** Uds.
escribir	escribo	escrib-	escrib**a** Ud.	escrib**an** Uds.
cerrar	cierro	cierr-	cierr**e** Ud.	cierr**en** Uds.
volver	vuelvo	vuelv-	vuelv**a** Ud.	vuelv**an** Uds.
seguir	sigo	sig-	sig**a** Ud.	sig**an** Uds.

Look at the following:

Mire Ud. (Miren Uds.) *la vitrina.*	Look at the store window.
Lea Ud. (Lean Uds.) *el menú.*	Read the menu.
Repita Ud. (Repitan Uds.) *la palabra zapatería.*	Repeat the word *zapatería*.
Cierre Ud. (Cierren Uds.) *el almacén.*	Close the store.
Vuelva Ud. (Vuelvan Uds.) *en una hora.*	Come back in an hour.
Siga Ud. (Sigan Uds.) *caminando derecho.*	Keep walking straight ahead.

A few verbs have irregular formal and plural commands.

infinitive	*Ud.* command	*Uds.* command
dar	dé Ud.	den Uds.
estar	esté Ud.	estén Uds.
ir	vaya Ud.	vayan Uds.
saber	sepa Ud.	sepan Uds.
ser	sea Ud.	sean Uds.

Attach object and reflexive pronouns to the end of affirmative formal commands. A written accent mark may be required in order to maintain the original stress of the verb: *dígame Ud.* (tell me), *escríbanlas Uds.* (write them), *levántense Uds.* (stand up).

Notes Explain that the verbs with irregular formal and plural commands have present-tense *yo* forms that end in a letter other than *o*.

Note for students that the accent on *dé Ud.* will help students distinguish the command from the preposition *de*. Additional information about accentuation may be found in the Appendices.

Práctica

20 Palacio de Hierro

Encuentra seis mandatos formales en el siguiente anuncio.

21 Un amigo de vacaciones en el D.F.

 Imagina que estudias en el D.F. y que un amigo de tu papá te visita de vacaciones. Trabajando en parejas, alterna con tu compañero/a de clase en hacer y en contestar preguntas, usando las indicaciones que se dan.

MODELO ¿dónde / poder / comprar ropa barata? (en los tianguis)

A: ¿Dónde puedo comprar ropa barata?
B: Compre (Ud.) ropa barata en los tianguis.

1. ¿dónde / poder / conseguir comida? (en el supermercado Gigante)
2. ¿qué / poder / ver en el centro? (el monumento del Ángel de la Independencia)
3. ¿en qué almacen /poder / comprar ropa para mi hija? (en Liverpool)
4. ¿cuándo / deber / visitar San Ángel? (los sábados)
5. ¿dónde / poder / enviar cartas? (en la oficina de correos de la Avenida Juárez)
6. ¿dónde / poder / buscar regalos? (en el almacén Palacio de Hierro)
7. ¿dónde / deber / tomar el autobús para ir a la Zona Rosa? (en la Avenida Rojas)
8. ¿a quién / deber / escribir para conseguir información sobre el metro? (a la estación del metro)

¡Extra!

Los cambios ortográficos

Sometimes commands require a spelling change in order to maintain the original sound of the infinitive. Look at the following:

$c \rightarrow qu$ before the letter *e* (buscar: busque Ud.)
$g \rightarrow gu$ before the letter *e* (apagar: apague Ud.)
$z \rightarrow c$ before the letter *e* (empezar: empiece Ud.)
$g \rightarrow j$ before the letter *a* (escoger: escoja Ud.)

Notes Help students who wish to read the online advertisement at the top of the page.

Comparisons. Remind students that the abbreviation *D.F.* stands for *Distrito Federal* (Federal District), which is sometimes added to the city name when referring to the capital of Mexico in Spanish: *México,* *D.F.* Similarly, the English abbreviation D.C. (District of Columbia) often appears after the city name when referring in English to the capital of the United States: Washington, D.C.

Teacher Resources

 Activities 23–24

22 1. ¿En dónde podemos conseguir comida?/ Consigan....
2. ¿Qué podemos ver en el centro?/Vean....
3. ¿En qué almacén podemos comprar ropa para nuestras hijas?/Compren....
4. ¿Cuándo debemos visitar San Ángel?/Visiten....
5. ¿Dónde podemos enviar cartas?/Envíen....
6. ¿Dónde podemos buscar regalos?/Busquen....
7. ¿Dónde debemos tomar el autobús para ir a la Zona Rosa?/Tomen....
8. ¿A quien debemos escribir para conseguir información sobre el metro?/Escriban....

23 1. Dígales....
2. Consígales....
3. Búsqueme....
4. Escójale....
5. Tráigame....
6. Pídanos....
7. Enséñeles....
8. Apágueme....

24 1. Levántense....
2. Dúchese y aféitese....
3. Báñese....
4. Despiértense....
5. Dúchate....
6. Báñate....
7. Desayuna....
8. Salgan....

---

22 Dos amigos de vacaciones en el D.F.

Trabajando con otro/a estudiante, haz otra vez la actividad anterior, imaginando que estás hablando con dos amigos de tu padre.

MODELO ¿dónde / poder / comprar ropa barata? (en los tianguis)
   A: ¿Dónde podemos comprar ropa barata?
   B: Compren (Uds.) ropa barata en los tianguis.

23 Trabajando en una oficina de turismo

Tu jefe (*boss*) te está diciendo todo lo que debes hacer hoy. Haz oraciones completas, usando los complementos apropiados y los mandatos formales para saber lo que tienes que hacer.

MODELO explicar / a la Sra. Tamayo / cómo llegar a una florería
   Explíquele (Ud.) cómo llegar a una florería.

1. decir / a las Sras. Carvajal / dónde está el supermercado Soriana
2. conseguir / a ellas / unos mapas del centro
3. buscar / a mí / un mapa de México
4. escoger / a la señorita Anderson / un buen restaurante
5. traer / a mí / dinero del banco
6. pedir / a nosotros / papel y bolígrafos por la internet
7. enseñar / a los Srs. Pumarejo / la Zona Rosa
8. apagar / a mí / las luces antes de salir

24 Unos amigos de la familia de visita

Imagina que la familia Michaelson está de visita en tu casa y tú estás encargado/a de organizar su horario de actividades. Usa el mandato apropiado para decirles a todos lo que deben hacer antes de visitar tu ciudad mañana.

MODELO Lindsay y Annie / acostarse / temprano
   Acuéstense (Uds.) temprano.

1. Sr. y Sra. Michaelson / levantarse / a las 5:30
2. Sr. Michaelson / ducharse / y / afeitarse / en este baño a las 5:45
3. Sra. Michaelson / bañarse / en el otro baño a la misma hora
4. Lindsay y Annie / despertarse / a las 6:30
5. Lindsay / ducharse / en este baño a las 6:45
6. Annie / bañarse / en el otro baño a la misma hora
7. William / desayunar / a las 7:30
8. Uds. / salir / para la ciudad / a las 8:30

Los Michaelson.

Notes Make sure students understand the formation of several commands that have orthographic changes: *almorzar, explicar, pagar, recoger*, etc.

Explain that direct commands may be considered rude. For this reason, expressions like *por favor* and *tenga la bondad* are used frequently to soften them.

25 Eres el jefe

Imagina que eres el jefe en uno de los almacenes Liverpool en el D.F. Diles a las personas que trabajan contigo lo que tienen que hacer, usando los mandatos formales.

MODELO Ud. / recoger toda la basura
Recoja (Ud.) toda la basura.

1. Uds. / escoger la ropa para esa vitrina
2. Ud. / buscar otras camisas para esta vitrina
3. Uds. / buscar las nuevas faldas para poner allí
4. Ud. / empezar a barrer allá
5. Uds. / volver a pasar la aspiradora
6. Ud. / apagar esas luces
7. Ud. / cerrar todas las ventanas
8. Uds. / limpiar el baño de los caballeros y de las damas

Recoja toda la basura.

✳ Comunicación

26 En la clase

Trabajando en grupos de tres estudiantes, alternen Uds. en decirles a sus compañeros de grupo lo que deben hacer en la clase. Deben verificar *(check)* que sus compañeros hacen bien cada mandato. Cada estudiante debe decir tres mandatos.

MODELO Pasen (Uds.) a la pizarra.

27 Visitando tu ciudad

Dile a otra persona lo que tiene que hacer cuando visite tu ciudad, usando mandatos formales e informales. Luego, trabajando con otro/a estudiante de la clase, creen dos conversaciones en donde se dan los mandatos formales e informales.

MODELOS
A: Vaya (Ud.) a comprar ropa al centro.
B: Coma enchiladas en el restaurante El Amanecer.

A: Visita la catedral.
B: Ve a los centros comerciales.

Visita la catedral. (Basílica de la Virgen de Guadalupe, D.F.)

Capítulo 3

ciento trece **113**

Teacher Resources

✳ Activity 25

Answers

25 1. Escojan (Uds.)....
2. Busque (Ud.)....
3. Busquen (Uds.)....
4. Empiece (Ud.)....
5. Vuelvan (Uds.)....
6. Apague (Ud.)....
7. Cierre (Ud.)....
8. Limpien (Uds.)....
26 Answers will vary.
27 Creative self-expression.

Activities

Cooperative Learning
Have students prepare a list of suggestions for a group of tourists who will be visiting the area and/or state about what to expect and how to prepare for their visit. Small groups of students should prepare and then present their recommendations using logical *Uds.* commands.

Spanish for Spanish Speakers
Include a bilingual student in each group, if possible.

Students with Special Needs
Provide an additional model for activities 25–27.

Notes The Basilica of the Virgin of Guadalupe depicted in the photo at the bottom of this page draws people from throughout the world who travel to the site on religious pilgrimages for a variety of reasons.

If you wish to teach the *vosotros/vosotras* command, explain the following: Form the affirmative *vosotros/vosotras* command by dropping *-r* from the infinitive and by adding *-d (hablar: hablad; comer: comed; escribir: escribid)*.

113

Activities

Cooperative Learning
Working in pairs or small groups, students should discuss their plans for the weekend or a special event. They should use *nosotros* commands and the construction *vamos a* + infinitive to express their ideas.

Students with Special Needs
After discussing the formation of *nosotros* commands, practice the formation of several commands that have orthographic changes: *almorzar (almorcemos), explicar (expliquemos), pagar (paguemos), recoger (recogamos),* etc.

Estructura

Suggesting what to do: *nosotros* commands

Using a *nosotros* command allows you to suggest that others do some activity with you and is equivalent to saying "Let's (do something)" in English. Form the *nosotros* command by substituting the *-o* of the present-tense *yo* form of a verb with *-emos* for most *-ar* verbs, or *-amos* for most *-er* and *-ir* verbs. Stem-changing *-ir* verbs require a stem change that uses the second letter shown in parentheses after infinitives in this textbook. The affirmative *nosotros/as* command for the verb *ir* is irregular: *Vamos* (Let's go).

infinitive	*yo* form	*nosotros* command
hablar	hablo	habl**emos**
comer	como	com**amos**
escribir	escribo	escrib**amos**
cerrar (**ie**)	c**ie**rro	cerr**emos**
volver (**ue**)	v**ue**lvo	volv**amos**
divertir (**ie, i**)	div**ie**rto	div**i**rt**amos**

Object and reflexive pronouns follow and are attached to affirmative *nosotros/as* commands. However, when combining a direct object pronoun with the indirect object pronoun *se,* and for reflexive verbs, drop the final consonant *-s* before attaching the pronouns.

 ¿Cuándo vamos a cerrar el almacén? → *Cerrémos**lo** a las ocho de la noche.*

but:

 ¿Vamos a prepararles los tacos a ellas? → *Sí. Preparémo**selos**.*

 ¿Cuándo podemos sentarnos a comer? → *Sentémo**nos** en quince minutos.*

The *nosotros/as* command is interchangeable with the construction "*Vamos a* (+ infinitive)."

 Vamos a comer en un restaurante. → *Comamos en un restaurante.*

Comamos en este restaurante.

Notes Review the meaning of the commands that appear in the chart on this page. Then give students verbs and have them create *nosotros* commands for practice before continuing on to the next page.

28 ¡Vamos!

Di qué vamos a hacer de dos formas diferentes, usando los mandatos con *nosotros/as,* las fotos y las indicaciones que se dan. Sigue el modelo.

MODELO abrir
Vamos a abrir el almacén.
Abramos el almacén.

1. visitar

2. comer

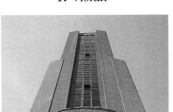

3. subir

4. mirar

5. caminar

6. correr

7. tomar

8. ver

Capítulo 3

ciento quince **115**

Notes Tell the class that the *nosotros* command form is more frequently used to suggest than to command.

Demonstrate the similarity between formal commands *(Ud.* and *Uds.)* and the *nosotros* command.

29 El horario

Imagina que tú y un(a) amigo/a están haciendo el horario para una visita de un día al D.F. Trabajando con otro/a estudiante, alterna en hacer preguntas y en contestarlas, usando mandatos y las indicaciones que se dan.

MODELOS levantarnos 5:00

A: ¿A qué hora nos levantamos mañana?
B: Levantémonos a las cinco.

bañarnos

B: ¿A qué hora nos bañamos mañana?
A: Bañémonos a las cinco y cuarto.

1. tomar el desayuno
2. salir del hotel
3. reunirnos con nuestros amigos mexicanos
4. comprar unos regalos para la familia
5. visitar la Torre Latinoamericana

   (img) (img)

6. almorzar
7. ver el Monumento del Ángel
8. ir a la oficina de correos
9. cenar
10. acostarnos

30 Buscando la oficina de correos

Imagina que tú y tu amigo/a van en carro por el D.F. buscando la oficina de correos, pero no saben cómo llegar. Trabajando con otro/a compañero/a de clase, alternen en hacer y contestar preguntas en forma afirmativa, usando las indicaciones.

MODELO buscar / la oficina de correos en el mapa
    A: ¿Buscamos la oficina de correos en el mapa?
    B: Sí, busquémosla en el mapa.

1. tomar / esa carretera
2. parar / en la esquina
3. preguntar al policía / dónde está la oficina de correos
4. ir / a la derecha
5. empezar / otra vez a buscar la oficina
6. volver / a preguntarle dónde está
7. seguir / hasta la próxima cuadra

La oficina de correos está aquí.

Notes Have students find out more about sites they might visit in Mexico City, such as the *Torre Latinoamericana* (question 5 in activity 29) and the *Monumento del Ángel* (question 7).

Before assigning activity 29, review the numbers 1–100 and how to tell time using the expression *¿A qué hora...?*

 31 ¿Qué hacemos?

Create a list of five things you would like to do
with some friends. Then, in small groups, take
turns saying what each of you wants to do as a
group, using the ideas you prepared and
nosotros commands. Discuss such things as who
wants to participate in each activity, who
cannot do an activity because of another
obligation, etc. Take notes and finalize your list
of activities, adding any details you wish (e.g.,
the day you will do an activity).

MODELO **A:** Quiero ir a comer a un restaurante
mexicano.

B: Pues, comamos el viernes en el
restaurante Maya Palenque.

C: Yo no puedo ir el viernes. Tengo que
trabajar. Vamos el sábado.

Comamos en el Maya Palenque.

 32 Ganamos una rifa

Imagina que tú y un(a) amigo/a ganaron *(won)* $10000 en una rifa *(raffle)*.
Con un(a) compañero/a de clase preparen un diálogo diciendo cómo deben
usar el dinero, usando los mandatos con *nosotros/as*.

A: Pongamos cinco mil dólares en el banco.

B: Vamos a tomar un crucero por el Caribe.

Vamos a tomar un crucero por el Caribe.

Capítulo 3 *ciento diecisiete* **117**

Answers

31 Creative self-expression.
32 Creative self-expression.

Activities

Communities
Talk with students about the last
time they went to a restaurant
that serves Mexican or Mexican-
American food. Discuss some of
the things the server said and
how students replied. Ask how
the experience was similar to or
different from other restaurants
in your community.

Expansion
Have students redo activity 31
using *vamos a* in place of the
nosotros/nosotras command.

TPR
As an alternative, have
representatives from several
groups call on various students to
perform the commands their
groups prepared and practiced
for activity 31.

Notes Ask groups to share the results of
their discussion with the class for activity 31.

You can up the sum of money for activity
32 to see if that affects the outcome. Try a
ridiculously large sum of money to make
the activity funnier, and tell students to
come up with extreme uses for the large
sum of money.

When students are working on oral
activities, tell them to listen for the correct
pronunciation and make sure they
understand what they are saying and
hearing. Also, encourage students to
personalize the material whenever
possible to make it more meaningful.

Activity 16

Answers

33 1. Es Guadalajara.
2. Se llaman tapatíos.
3. Son las enchiladas tapatías y la birria de chiva.
4. Es el jarabe tapatío.
5. Los pintó José Clemente Orozco.
6. La Catedral tiene dos torres.

34 Answers will vary.

Activities

Communities
Have students research some aspect of Guadalajara. Tell them to use the Internet, the library or other sources if they prefer. Students should then summarize what they found out in a report with accompanying visuals, if possible. Ask some students to present their reports to the class.

Multiple Intelligences (spatial/linguistic)
Tell students to pretend they work for the tourism office of Guadalajara, Mexico. Then ask them to prepare a poster that tells visitors to the city what to see and do. For example: *¡Venga y vea la Ciudad de las Rosas y su magnífica catedral!*

Lectura cultural

GUADALAJARA

¡100% Mexicana!

Guadalajara, la "Ciudad de las Rosas," es la capital del estado de Jalisco y la segunda ciudad más importante de México. Es un lugar ideal para aquellas personas que buscan el auténtico sabor[1] de la cultura mexicana. Las imágenes que tenemos de México nacieron[2] en esta área: la música de mariachi, el baile típico 'el jarabe tapatío', la charrería[3], el arte muralista.

Un viaje por Guadalajara debe empezar por el centro histórico. Para llegar, tome el metro a la estación de Juárez. Allí, alquile una calandria[4], coches de caballos que pasean por las principales avenidas. En el paseo, puede ver la Catedral que domina el centro histórico con sus dos magníficas torres. Detrás de la catedral está el gran Teatro Degollado. Siguiendo derecho, a cuatro cuadras, está la Plaza Tapatía,

La Catedral de Guadalajara.

donde se encuentra el Instituto Cultural Cabañas. Este edificio, originalmente un orfanato[5], está adornado con murales pintados por José Clemente Orozco. está adornado con murales pintados por José Clemente Orozco. Para el almuerzo, pare en el Mercado de San Juan de Dios, donde no sólo se puede comprar en las zapaterías, dulcerías y florerías, sino también se puede comer unas deliciosas enchiladas tapatías, o birria de chivo[6].

Bailando el jarabe tapatío.

La próxima vez que esté en México, visite Guadalajara y vea por qué los tapatíos (habitantes de Guadalajara) están tan orgullosos[7] de su ciudad.

[1]flavor [2]were born [3]Mexican rodeo [4]horse-drawn carriage [5]orphanage [6]dark stew made with goat meat [7]proud

33 ¿Qué recuerdas?

1. ¿Cuál es la capital de Jalisco?
2. ¿Cómo se llaman los habitantes de Guadalajara?
3. ¿Cuáles son los platos típicos de Guadalajara?
4. ¿Cuál es el baile típico de Guadalajara?
5. ¿Qué artista pintó los murales en el Instituto Cultural Cabañas?
6. ¿Qué edificio en el centro histórico tiene dos torres?

34 Algo personal

1. Cuando piensas en México, ¿en qué piensas?
2. Imagina que vas a visitar Guadalajara, ¿qué te gustaría hacer allí?
3. ¿Qué tipo de transporte usas para pasear por tu ciudad?

- Compare the capital of Jalisco with the capital of your state. What kinds of buildings are found in both? Which city is the most important city in your state? Can you name something that originated in or that is representative of your state or of the United States, like Jalisco's mariachi music and big sombreros?

Notes Note for students that more than three million people live in Guadalajara.

The biggest celebration in Guadalajara, *Las Fiestas de Octubre,* lasts an entire month. The festival features concerts with many types of music, the arts, games and entertainment, and commercial exhibits.

 **¿Qué aprendí?**

Autoevaluación

Como repaso y autoevaluación, responde lo siguiente:

Visit the web-based activities at www.emcp.com

1. In Spanish, identify four places or things that are found in cities and surrounding areas.

2. Tell a friend in Spanish to close the door.

3. A friend has asked you for directions to the bus station. Give the following directions to the station in Spanish: Go to the right and walk four blocks to the corner where the post office is. Then go left and you will see the station on the right.

4. Name the store in Spanish in which you can purchase each of the following items: *carne, fruta, zapatos* and *leche*.

5. Imagine you are telling some Spanish-speaking visitors some things to see and do while they are in town. Tell them to do the following: get up early, take the bus to downtown, visit the cathedral and the museum, then eat lunch in the Mexican restaurant on the corner near the library.

6. Your family is on a vacation in Mexico City and your mother says, "Let's go to the museum." Suggest three additional things to do.

7. You are about to travel to Mexico. What would you like to see and do?

Palabras y expresiones

En la ciudad
el aeropuerto
el almacén
el apartamento
la carnicería
la carretera
la catedral
la cuadra

la dulcería
la esquina
la estación
   (de autobuses/
   del metro/del tren)
la florería
la frutería
la heladería
la iglesia
el monumento
la oficina de correos
la panadería
la papelería
el puente
la torre
la vitrina
la zapatería

Direcciones
a la derecha
adelante
la derecha
derecho
la dirección
a la izquierda
próximo,-a

En el restaurante
la enchilada
el taco
la tortilla
Verbos
parar
Expresiones y otras palabras
el caballero
el dulce
hacia
mexicano,-a
el policía, la policía

La papelería.

Pare Ud. aquí.

Capítulo 3

ciento diecinueve **119**

Teacher Resources

Activity 17

**Information Gap Activities
Postcard Activities
*Funciones de Comunicación***

Answers

Autoevaluación
Possible answers:
1. la catedral, el aeropuerto, la esquina, el monumento, etc.
2. Cierra la puerta.
3. Ve a la derecha y camina cuatro cuadras hasta la esquina donde está la oficina de correos. Luego, ve a la izquierda y vas a ver la estación a la derecha.
4. la carnicería, la frutería, la zapatería, la lechería
5. Levántense (Uds.) temprano, tomen (Uds.) el autobús al centro, visiten (Uds.) la catedral y el museo, luego coman (Uds.) el almuerzo en el restaurante mexicano en la esquina cerca de la biblioteca.
6. Comamos en un restaurante mexicano. Visitemos la catedral. Subamos a la torre.
7. Answers will vary.

Activities

Expansion
Select several words and phrases from the list of *Palabras y expresiones* for individual students to use orally in sentences.

Pronunciation
Model words and have students repeat after you.

Notes If you live in an area that is visited by large numbers of Spanish-speaking people or where there is a health-care facility or government agency used by a large Spanish-speaking population, etc., consider suggesting to students that they investigate how they may be able to help Spanish-speaking people (e.g., as a guide or as a translator). Check for a community organization that might already offer such help. In this way students may use and improve their skills and at the same time attain community service credit for their work.

Teacher Resources

 En el barrio

 Activities 1–2

 Activities 18–19

 Activities 1–2

 Activity 1

 Activities 1–2

Content reviewed in *Lección B*
- present tense of *saber*
- places in a city
- informal versus formal
- negatives
- object pronouns

Activities

Cooperative Learning
Ask students to prepare a map that shows the route between two places, such as school and home. Then, working in pairs, students should take turns explaining the directions to a classmate.

120 *ciento veinte*

Lección B

Notes Some people prefer the following for referring to directions: *oriente* (east); *occidente* (west); *nororiente* or *nordeste* (northeast); *suroriente* or *sudeste* (southeast); *noroccidente* (northwest); *suroccidente* or *sudoeste* (southwest).

Using transparencies 18 and 19, introduce the new words and expressions in *Vocabulario I*. First, show students transparency 18 and point to one of the people or objects and identify it in Spanish. Students should repeat after you. Continue on to the next item and repeat the process. As a second step, show students transparency 19. Once again identify the new vocabulary in Spanish, allowing students to see how each word is spelled.

La dirección del vecino es calle Rosales, número 24.
Al vecino no le gusta conducir, le gusta caminar.

la acera

la señal de alto

Answers

1 1. D
2. F
3. A
4. E
5. B
6. C
2 Creative self-expression.

Activities

Critical Thinking
Ask students to state what they think is the theme of *Vocabulario I*. Then have students guess what the people at the bottom of page 120 are saying to one another.

Prereading Strategy
Ask questions to practice the new vocabulary: *¿Cuál es la dirección de tu casa?; Desde tu casa, ¿en qué dirección está el centro comercial? ¿Y el colegio? ¿Y la iglesia?; ¿Cuál es la dirección de la oficina de correos que está más cerca de tu casa?; ¿Qué tiendas hay en tu barrio?*

Students with Special Needs
Ask students to look at the labels in the illustration and guess their meanings based upon clues in the illustration.

---

1 En el barrio

🔊 **Selecciona la foto que corresponde con lo que oyes.**

      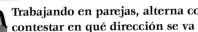

A **B** **C** **D** **E** **F**

2 ¿En qué dirección se va?

👥 **Trabajando en parejas, alterna con tu compañero/a de clase en preguntar y contestar en qué dirección se va desde la escuela a cinco diferentes lugares en la ciudad donde viven. Cada uno debe preguntar por cinco lugares.**

MODELO **A:** ¿En qué dirección se va a la oficina de correos?
B: Se va hacia el noreste.

Capítulo 3 *ciento veintiuno* **121**

Notes Tell students that although *Alto* appears on stop signs in Mexico, most other Spanish-speaking countries use the term *Pare* on stop signs.

Activity 1 is intended for listening comprehension practice. Play the audio CD recording of the activity that is part of the Audio CD Program or use the transcript that appears in the ATE Introduction if you prefer to read the activity yourself.

Answers

3 1. Dice que está hacia el sur.
2. Cree que Pedro no sabe dónde está el lugar.
3. Alicia quiere mirar el mapa.
4. Dice que está hacia al norte.
5. El mapa no conoce el barrio ni sabe la dirección.
4 Answers will vary.
5 1. Puebla
2. Ciudad Juárez
3. Guadalajara
4. Tampico
5. Acapulco

Activities

Critical Listening
Play the audio CD version of the dialog. Have several individuals state what they believe is the main theme of the conversation.

Prereading Strategy
Instruct students to cover the dialog with one hand and look at the photographs. Then ask them to look through the dialog quickly to find cognates and any words or expressions they already know.

Pronunciation
After practicing and presenting the dialog, have students work in pairs practicing the dialog. Circulate and assist with pronunciation and intonation. Encourage students to switch roles.

Diálogo I
¿Para qué mirar el mapa?

ALICIA: ¿Sabes en qué dirección está el lugar de la exhibición de carros?
PEDRO: Sí. Está hacia allá, hacia el sur.
ALICIA: Está bien. Entonces, caminemos hacia allá.

ALICIA: Ya caminamos mucho y no veo nada. Creo que no sabes dónde está el lugar.
PEDRO: Claro que sí sé. ¿Qué dices? Lo sé todo.
ALICIA: No lo creo. Espera, miro en el mapa.
PEDRO: ¿Para qué mirar el mapa? Te digo, es hacia allá.

ALICIA: El mapa dice que el edificio de la exhibición está hacia el norte.
PEDRO: ¡Este mapa no conoce el barrio ni sabe la dirección!
ALICIA: El que no conoce y no sabe nada eres tú. Vamos hacia el norte.

3 ¿Qué recuerdas?

1. ¿Hacia dónde dice Pedro que está la exhibición de carros?
2. ¿Qué cree Alicia?
3. ¿Quién quiere mirar el mapa?
4. ¿Dónde dice el mapa que está el edificio de la exhibición de carros?
5. ¿Quién no conoce el barrio ni sabe la dirección según Pedro?

4 Algo personal

1. ¿Sabes llegar siempre a un lugar o tienes que mirar un mapa? Explica.
2. ¿En qué dirección está tu colegio desde tu casa?
3. ¿Sabes siempre en qué dirección vas? ¿Cómo lo sabes? ¿Cómo haces para saberlo?

5 Desde el D.F.

 Varias personas viajan desde el D.F. a otras ciudades de México. Escucha a las siguientes personas y di a qué ciudad van, según la dirección en que van.

¡Oportunidades!

Cuando estás perdido
Have you ever visited a different city and been unable to find where you needed to go? When you are new to a city or lost, asking directions can be very helpful. With the Spanish language skills you have acquired you will be able to survive being lost in any city where Spanish is spoken. You have the skills to ask directions in Spanish and now you are also capable of giving directions to someone in Spanish!

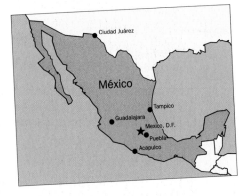

Notes Your students may also be interested in other vocabulary that they could use to describe locations: *la costa pacífica, la costa atlántica, cerca de, lejos de,* etc.

The dialog and activities 3 and 4 have been recorded and can be found in the Audio CD Program. They offer exposure to various voices and speaking practice. Play the audio CD version of activity 5 for listening comprehension practice. Student answers sheets for activity 5 are provided in the back of the Audio CD Program Manual.

Cultura viva

México, D.F.

México, país de contrastes

México es hoy un país de muchos contrastes en donde se combinan la historia, la cultura y la vida moderna. México, D.F., la capital de México, es una de las ciudades más grandes del mundo con más de veinte millones de habitantes. La vida moderna se ve en sus sistemas de transporte y en sus imponentes[1] rascacielos. La historia y la cultura están presentes en sus calles, museos y universidades.

Hacia el sur de la capital encontramos la ciudad de la eterna primavera, Cuernavaca. Hacia el norte está Monterrey, una de las ciudades con más industria del país. Hacia el este de la capital, en la península del Yucatán, está Mérida, una ciudad con mucha historia. La grande y cosmopolita Guadalajara está hacia el noroeste y si seguimos en ésta dirección, encontramos la península de Baja California con sus costas espectaculares, desiertos y enormes y bellas montañas.

En México también hay ciudades muy populares para el turismo internacional. Entre estas ciudades se encuentran Acapulco, Puerto Vallarta y Mazatlán en el Océano Pacífico, y Cancún en el Mar Caribe con sus maravillosas playas y clima excelente.

Mérida es una ciudad con mucha historia.

El México de hoy disfruta de[2] muchas cosas buenas, pero también tiene los problemas de todos los países modernos. La contaminación y el crimen son comunes hoy en sus grandes ciudades, pero también lo son sus grandes esfuerzos[3] para solucionar estos problemas.

[1]majestic [2]enjoys [3]efforts

6 Conexión con otras disciplinas: geografía

Completa las oraciones, escogiendo la letra de la respuesta correcta.

1. Hay muchas playas bonitas en...
   A. Puerto Vallarta, Mazatlán y Cancún.
   B. Acapulco, Guanajuato y Cuernavaca.
   C. Puebla, Monterrey y Ciudad Juárez.

2. El D.F. es una de las ciudades...
   A. más pequeñas del mundo.
   B. más importantes de América Central.
   C. más grandes del mundo.

3. La ciudad de la eterna primavera es...
   A. Mérida.
   B. Acapulco.
   C. Cuernavaca.

4. La ciudad de Mérida está...
   A. en el sur del país.
   B. en el este del país.
   C. en el oeste del país.

Answers

6 1. A; 2. C; 3. C; 4. B

Activities

Connections
Make a geographical connection by having students use a map or atlas to find the places mentioned in *Cultura viva*. Then, as a follow-up activity, identify the various sites as a class activity.

Language through Action
Have students locate and point to various sites in Mexico that are mentioned in activity 6.

Prereading Strategy
This *Cultura viva* offers an opportunity for students to increase their knowledge about the Spanish-speaking world by reading about Mexico in Spanish. The vocabulary and structures have been controlled to enable individuals to read in the target language and enjoy the experience. Before beginning the reading, consider asking some general preparation questions about the theme: What is Mexico's capital? What other cities are in Mexico? What else do students know about Mexico? Then have students skim the reading for cognates and any words or expressions they already know.

Notes In addition to the beach resorts mentioned in the reading, other popular destinations include Cozumel, Ixtapa and Cabo San Lucas. Ask students if they have visited any of these locations and/or where they would like to travel in Mexico.

Mexico City is located in the southern portion of the Valley of Mexico at an altitude of 7,556 feet. In 1325, the Aztecs founded and began to inhabit Tenochtitlán in what today is Mexico City.

The Mexican town of Taxco is well known for its silver mines and its colonial architecture.

Idioma

Estructura

Talking about whom and what you know: *conocer* and *saber*

Just as you have learned to use *ser* and *estar* in different situations as the equivalent of "to be," the Spanish verbs *saber* and *conocer* are used in very different situations for "to know." Both verbs are irregular in the present tense.

saber	
sé	sabemos
sabes	sabéis
sabe	saben

conocer	
conozco	conocemos
conoces	conocéis
conoce	conocen

Use *saber* to talk about facts that someone may or may not know. *Saber* followed by an infinitive indicates that someone knows how to do something.

| ¿**Sabes** dónde se puede comprar flores? | **Do you know** where one can buy flowers? |
| **Sé** dar direcciones en español. | **I know how** to give directions in Spanish. |

Use *conocer* to discuss whether someone is familiar with (or acquainted with) people, places or things. Note that it is necessary to add the personal *a* after *conocer* when referring to people.

| ¿**Conoces a** tus vecinos? | **Do you know** your neighbors? |
| **Conozco** una florería cerca de la estación del metro. | **I know (am familiar with)** a flower shop near the subway station. |

Other verbs like *conocer* that require the spelling change *c → zc* for *yo* in the present tense include the following: *conducir* (to drive, to conduct) and *ofrecer* (to offer).

| Nunca **conduzco** en el centro de la ciudad. | **I never drive** in the downtown area. |
| Siempre **ofrezco** ayuda a todo el mundo. | **I always offer** help to everyone. |

Nunca conduzco en el centro de la ciudad.

 **Práctica**

7 ¿Qué saben sobre México?

Completa las siguientes oraciones con la forma apropiada de *saber*.

MODELO ¿Sabe Ud. qué quieren decir las letras *D.F.*?

1. ¿Qué __ Uds. sobre México?
2. Nosotros __ que Guadalajara está al noroeste de la capital.
3. ¿__ tú llegar a México?
4. Yo __ que la gente mexicana habla español.
5. ¿__ tu amigo qué es la UNAM?
6. ¿__ el profesor mucho sobre México?
7. ¿__ ellos las direcciones para ir desde el Zócalo hasta el Palacio de Bellas Artes?
8. ¿__ Uds. si la península de Baja California está al noroeste o al noreste de la Ciudad de México?

El Palacio de Bellas Artes.

8 ¿Los conocen?

Haz oraciones para decir si las siguientes personas conocen o no a las personas indicadas, según las pistas que se dan.

MODELOS Antonio / mi tío / sí   Luisa / Antonio / no
Antonio conoce a mi tío.   Luisa no conoce a Antonio.

1. ellas / don Jacinto / no
2. tú / aquellas chicas / no
3. el profesor / los padres de Clara / no
4. yo / ese chico / sí
5. tus amigos / la profesora de geografía / sí
6. nosotros / ese basquetbolista famoso / sí

 ### 9 Algunos lugares de la ciudad

 Trabajando en parejas, alterna con tu compañero/a de clase en preguntar y en contestar quién conoce los siguientes lugares. Sigue el modelo.

MODELO la nueva heladería / Marta
     A: ¿Quién conoce la nueva heladería?
     B: Marta la conoce.

1. el aeropuerto / tú
2. el apartamento del profesor / ellos
3. el nuevo almacén / Rafael
4. la vitrina del nuevo almacén / yo
5. la nueva carretera / Tomás y Sofía
6. la estación del tren / María
7. la torre del reloj / nosotros

La nueva heladería.

Capítulo 3   *ciento veinticinco* **125**

Notes *Traducir* (to translate) is another verb that follows the same pattern of conjugation as *conocer, conducir* and *ofrecer: Cuando estamos en Mazatlán,* **traduzco** *del español al inglés para mis amigos* (When we are in Mazatlan, **I translate** from Spanish to English for my friends). Some other verbs that have the same spelling change as *conocer* include *complacer* (to please), *deducir* (to deduce) and *introducir* (to introduce).

The verb *saber* is reviewed thoroughly first, so students can succeed with material they are familiar with before practicing the new verb *conocer* in activities 8 and 9.

Answers

10
1. conoces
2. conozco
3. Sabes
4. sé
5. sé
6. Conoces
7. conozco
8. sé
9. conozco
10. conocerlo
11. Sabes
12. sé
13. saber(lo)

11 Answers will vary.

12
1. Yo no conozco las carreteras muy bien.
2. Gloria ofrece ayuda a todos.
3. Rodrigo conoce la ciudad mejor que todos.
4. Los muchachos les ofrecen unos refrescos a las muchachas.
5. David le ofrece ayuda a su amiga.
6. Los profesores conducen cuando los estudiantes están cansados.
7. Yo les ofrezco unos dulces a los profesores.
8. Todos nosotros conocemos lugares interesantes para visitar.

Activities

Expansion

Ask students if they can name a synonym for *conducir: manejar.*

126

---

10 La nueva vecina

Completa el diálogo entre Ana y Juan con las formas apropiadas de *conocer* y *saber*.

Ana: Oye, ¿(1) tú a Marcela, la nueva vecina?
Juan: Sí, la (2). ¿(3) dónde vive?
Ana: No (4) exactamente, pero (5) que vive en el barrio.
Juan: ¿(6) tú a su hermano, Alberto?
Ana: No, no lo (7), pero yo (8) que es muy simpático.
Juan: Yo no lo (9) tampoco, pero quiero (10).
Ana: ¿(11) tú el número de teléfono de Marcela y Alberto?
Juan: No, yo no lo (12), pero mi vecina debe (13).

Marcela, la nueva vecina.

11 ¿Saben o conocen?

Escribe ocho oraciones diferentes, escogiendo elementos de cada columna. Añade las formas apropiadas de *saber* y *conocer*.

MODELO Ernesto sabe la dirección de ese almacén.

I	II
yo	sus vecinos
tú	el aeropuerto de Mérida
Manuel y Teresa	dibujar un mapa de ese barrio
Ernesto	la historia de la catedral
Guillermo y Alba	en qué dirección ir
el policía	todas las señales de alto en esta calle
Uds.	llegar a la estación del metro
nosotros	la dirección de ese almacén

12 En México

Imagina que estás con tus compañeros y algunos profesores del colegio en una excursión en México. Haz oraciones completas para decir lo que pasa durante el viaje, usando las indicaciones que se dan.

MODELO yo / conducir / cinco horas
Yo conduzco cinco horas.

1. yo / no / conocer / las carreteras muy bien
2. Gloria / ofrecer / ayuda a todos
3. Rodrigo / conocer / la ciudad mejor que todos
4. los muchachos / ofrecerles / unos refrescos a las muchachas
5. David / ofrecerle / ayuda a su amiga
6. los profesores / conducir / cuando los estudiantes están cansados
7. yo / ofrecerles / unos dulces a los profesores
8. todos nosotros / conocer / lugares interesantes para visitar

Yo conduzco cinco horas.

Notes **Comparisons.** Remind students that as they travel and talk with people from different parts of the Spanish-speaking world they will hear differences in speech and the expressions people use to name the same object or activity. For example, *manejar* is usually used in Mexico for *to drive*. The term *conducir* is introduced on page 121 for comparison purposes and to expand student vocabulary. The conjugation of this new verb is explained in the *Estructura* on page 124 and practiced beginning on this page. Later in this lesson, students will also learn *coche* as an alternative means of referring to a car in other countries such as Spain.

❖ Comunicación

 13 El barrio donde vives

Trabajando en parejas, haz una lista de por lo menos ocho lugares que conoces de tu barrio o del lugar donde vives. Luego, alterna con tu compañero/a de clase en hacer preguntas y contestarlas para saber si conoce cada lugar y para decir algo sobre el lugar.

> **MODELO** **A:** ¿Conoces el nuevo almacén de ropa de la calle corrales?
> **B:** Sí, lo conozco. Sé que es muy popular.

 14 Hablando de tu mundo

Trabajando en grupos pequeños, hablen sobre personas, lugares o cosas que todos conocen y determinen los aspectos que todos saben sobre cada persona, lugar o cosa y los que sólo algunos saben.

> **MODELO** **A:** ¿Conocen al cantante Juanes?
> **B:** Sí, yo lo conozco. ¿Saben de dónde es? ¿Es de México?
> **C:** Yo también lo conozco. Es de Colombia.

Juanes.

 15 Una nueva familia

Imagina que hay una nueva familia en tu barrio. Trabajando en parejas, un estudiante hace el papel de uno de los miembros de la nueva familia y el/la otro/a estudiante el papel de un miembro de una familia que ya vive en el barrio. Hagan un diálogo donde el estudiante que representa a la nueva familia le hace preguntas al estudiante que representa a la familia que ya vive en el barrio, usando *saber* y *conocer*.

> **MODELO** **A:** ¿Sabe si hay un hospital cerca?
> **B:** Sí, hay uno a dos cuadras.
> **A:** ¿Conoce un buen restaurante?
> **B:** Sí, conozco muchos.

Hay un hospital a dos cuadras.

Notes Juanes (activity 14) is from Medellín, Colombia. He has won several Latin Grammy awards. Try to obtain one of Juanes' recordings (or ask students if they have some of Juanes' music) to play for the class.

Some native speakers of Spanish use the personal *a* after *conocer* when referring to cities and countries: *¿Conoces a México?*

Teacher Resources

 El coche ideal

 Activity 5

 Activities 20–21

 Activity 7

 Activity 3

 Activities 6–7

Activities

Critical Listening

Help students learn to become good listeners by asking follow-up questions about *El coche ideal*: *¿De qué están hablando los muchachos?; ¿A quién están esperando?; ¿Saben por qué es la demora?; ¿Están enojados?*

Critical Thinking

Ask students to describe a family car or their dream car (*El coche de mi familia...; Mi coche ideal...*). To further expand on this topic, discuss travel destinations for which they use a car and reasons for going there.

Expansion

Ask students if they recognize the word *coche* that appears on this page. Find out if they know what the term means. Ask the class what other words in Spanish they know that refer to a car.

Vocabulario II
El coche ideal

128   *ciento veintiocho*   **Lección B**

Notes **Comparisons.** Although the word *carro* is usually used to refer to a car in Mexico, the boy on the left on this page uses the term *coche* because he is from Spain. This difference in usage makes for an interesting cultural comparison and expands students' vocabulary while making them sensitive to this cultural subtlety, much as they learned that *manejar* and *conducir* are alternatives for one another. Tell students they should learn alternative forms they will recognize in varying circumstances, such as where they are and whom they are talking to.

In addition to *carro* and *coche*, students may encounter the words *automóvil* and *vehículo*.

16 El coche

Di la parte del coche que corresponde con lo que oyes.

17 ¡A dibujar!

En una hoja de papel, dibuja un coche. Luego, trabajando en parejas, alterna con tu compañero/a de clase en decir las partes del coche mientras que tu compañero/a señala cada parte que mencionas.

MODELO **A:** El capó.
        B: *(Point to the hood.)*

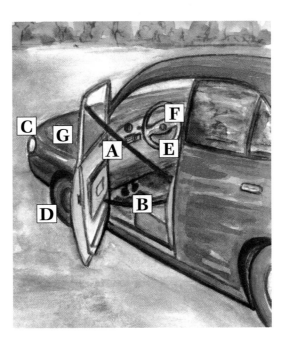

el volante
el capó
el parabrisas
el motor
el limpiaparabrisas
el claxon
el faro
la placa
el parachoques
la rueda

Por su seguridad

Coche deportivo

Notes It is interesting to point out that several vocabulary items related to a car are compound words. For example, *parabrisas* (windshield) comes from *parar* (to stop) and *brisa* (wind).

Cars in Mexico have not always had seat belts or alarms. In fact, few people used seat belts until recently. Seat belts have now become a standard feature on cars, and alarms are more in demand as an add-on accessory.

Another word for *el claxon* is *la bocina.*

Diálogo II
¡Por fin llegamos!

PEDRO: Aquí es. Mira, llegamos
a la exhibición de carros.
ALICIA: ¡Gracias al mapa!
PEDRO: Sí, sí, está bien.

ALICIA: Bueno, entremos y
miremos los carros.
PEDRO: ¿Sólo mirar?, no. Vamos
a subirnos a todos los carros.
ALICIA: Pero son muchísimos y
no tenemos mucho tiempo. ¡Qué
exigente eres!

PEDRO: ¡Ah! Hay muchos carros
aquí.
ALICIA: Sí. ¡Mira éste! ¡Qué
llantas! Son muy deportivas y
modernas.
PEDRO: Con esas llantas debe
tomar curvas muy rápido. Algún
día voy a manejar un carro así.
ALICIA: Sí, algún día si
consigues un buen trabajo.

18 ¿Qué recuerdas?

1. ¿Adónde llegan Alicia y Pedro?
2. ¿Gracias a qué llegan ellos allí?
3. ¿Quién quiere sólo mirar los carros?
4. ¿Qué quiere Pedro?
5. ¿Quién es exigente?
6. ¿Cómo son las llantas del carro?
7. ¿Cómo toma el carro las curvas con las
llantas que tiene?

19 Algo personal

1. ¿Usas siempre un mapa para llegar a un
lugar? Explica.
2. ¿Te gustan las exhibiciones de carros?
¿Qué te gusta hacer allí?
3. ¿Cómo te gustan los carros? ¿Qué es lo
que más te gusta de un carro?
4. ¿Eres exigente? Explica.

¡Extra!

Otras palabras para el coche

el asiento delantero/ trasero	*front/back seat*
la barra (palanca) de cambios	*stick shift*
el espejo retrovisor	*rearview mirror*
el gato	*jack*
la guantera	*glove compartment*
la direccional	*signal light*
la llanta de repuesto	*spare tire*
el techo corredizo	*sunroof*
el tablero	*dashboard*

20 En la exhibición de coches

 Identifica la parte del coche que corresponde con lo que oyes.

Notes The legal driving age may vary
from country to country. If possible, ask
students to consult with foreign exchange
students in your school to obtain
information about the driving age in
different countries.

Other words that pertain to cars that may
be of interest to students include *el filtro*
(filter), and *el aire acondicionado* (air
conditioning). Terms that refer to a
license plate are *la placa, la matrícula, la
licencia.*

Cultura viva

Por un aire más puro

"No puedes usar el carro. Hoy es jueves y tu placa termina en 2.", me dijo el vecino. Así es. Desde 1989, los carros en México, D.F., no pueden manejar un día de la semana. Si la placa termina en 5 o 6, no se puede manejar los lunes. Si la placa termina en 7 u 8, no se puede manejar los martes, y así sucesivamente. Esta restricción trata de reducir la contaminación del aire en esta gran ciudad donde aproximadamente 3.5 millones de carros, 125,000 taxis y 1,000 autobuses circulan por las calles. Pero la ciudad sigue creciendo y las montañas que la rodean[1] no permiten que el viento se lleve los contaminantes. Cuando el nivel de CO_2 está demasiado alto, las autoridades de la ciudad restringen[2] manejar a más vehículos y cierran muchas gasolineras[3] y algunas industrias. El Dr. Mario Molina, químico mexicano ganador del

Premio Nobel en 1995, ayudó a proponer nuevas medidas[4] para reducir la contaminación. Estas medidas son parte de Proaire 2002–2010, un programa del gobierno mexicano para mejorar la calidad del aire del Valle de México. Una medida fue sustituir los microbuses por autobuses modernos. Otra medida fue mejorar la calidad de la gasolina. Dice mi vecino: "Esperamos que con Proaire la ciudad vuelva a tener la imagen de los años 1940: una ciudad con aire limpio y una vista espectacular de los volcanes".

La contaminación en el D.F.

[1]surround [2]restrict [3]gas stations [4]measures

---

21 Por un aire más puro

Nombra dos medidas que el gobierno mexicano tomó para reducir la contaminación del aire en el Distrito Federal. Sugiere *(Suggest)* otras dos medidas que podrían ayudar. Comparte tus ideas con tus compañeros(as) de clase.

Notes Given the population of Mexico City and related concerns such as traffic and pollution, an effective and affordable metro system is essential to the daily functioning of the city.

Another word for *tráfico* is *tránsito*.

Mexico City's population is growing rapidly. It is already considered to be the city with the largest population in the world (including suburbs).

Answers

21 Possible answer: Dos medidas que el gobierno mexicano tomó fueron la restricción vehicular y usar autobuses modernos en vez de microbuses.

Activities

Communities
Have students prepare a short report about pollution in Mexico City. Inform them they may use the Internet, the library or other sources if they prefer. In their report, they should include the causes of the pollution, its consequences and what steps the Mexican government is taking to control it.

Comparisons
Using the Internet, the library or other sources, ask students to compare large cities in the United States with comparably sized cities in Mexico. They should look at transportation, jobs, benefits of living in the city, problems, etc.

Activities

Cooperative Learning

Ask small groups of students to assume the role of dieticians and prepare appropriate negative and affirmative commands in order to suggest a healthy diet. Each group then presents its ideas to the class and discussion follows on what recommendations would be easy or difficult to follow.

TPR

Introduce the negative commands or practice them after your introduction using Total Physical Response. Begin by saying a student's name. Using a command, tell the student what to do. While the student is performing the action, interrupt or stop him or her with the negative of the same command.

Idioma

Estructura

Telling someone what not to do: negative commands

The formation of a negative *Ud.* or *Uds.* command or a negative *nosotros/as* command is the same as for an affirmative command, but with *no* before the verb. The negative *nosotros/as* command for *ir* is one exception: *¡Vamos! → ¡No vayamos!*

Maneje Ud. derecho. (Drive straight ahead.)	→	***No** maneje Ud. derecho.* (Don't drive straight ahead.)
Duerman Uds. temprano. (Go to sleep early.)	→	***No** duerman Uds. muy tarde.* (Don't go to sleep too late.)
¡Comamos! (Let's eat!)	→	***No** comamos todavía.* (Let's not eat yet.)

The negative *tú* command is different from the affirmative *tú* command. It is formed by adding an *-s* to the end of the formal *Ud.* command and by placing *no* before the verb.

Alberto, maneja. (Alberto, drive.)	→	*Alberto, **no** manejes.* (Alberto, don't drive.)
***Camina** hasta la esquina.* (Walk to the corner.)	→	***No** camines hasta la esquina.* (Don't walk to the corner.)

You have learned to attach object and reflexive pronouns to the end of affirmative commands. For negative commands, object and reflexive pronouns must precede the verb. When used together with the same verb, the indirect object pronoun precedes the direct object pronoun. Since the placement of object pronouns before the command does not affect the pronunciation of the word, it is not necessary to add a written accent mark to negative commands. Compare the following:

*Tíra**lo** al cesto de papeles.*	→	*No **lo** tires al cesto de papeles.*
*Pída**las** Ud.*	→	*No **las** pida Ud.*
*Sentémo**nos** allí.*	→	*No **nos** sentemos allí.*
*Prepáren**melas** Uds.*	→	*No **me las** preparen Uds.*
*Cóman**selos** Uds.*	→	*No **se los** coman Uds.*

Notes If you are teaching the *vosotros/vosotras* command, note the following: The negative *vosotros/vosotras* command is formed by adding *-éis* to the formal command stem of *-ar* verbs, and by adding *-áis* to the formal command of *-er* and *-ir* verbs (*no habléis; no comáis; no escribáis*).

 **Práctica**

22 Las señales de tráfico

Conecta lógicamente los mandatos con las señales que se muestran.

1. Pare Ud.
2. No entre Ud.
3. Tome Ud. la curva.
4. Vaya Ud. a la derecha.
5. No doble Ud. a la derecha.
6. No doble Ud. a la izquierda.
7. Vaya Ud. a la izquierda.
8. No vaya Ud. a más de 60 kilómetros por hora.

23 Di que no lo hagan

Cambia los siguientes mandatos al negativo.

1. Cierre Ud. la ventana.
2. Volvamos el sábado.
3. Continúen Uds. adelante.
4. Maneje Ud.
5. Pare Ud. aquí.
6. Pidamos refrescos.
7. Estén Uds. aquí por la mañana.
8. Suban Uds. más tarde.
9. Dobla a la izquierda.
10. Consigue carne para los tacos.
11. Ve derecho.
12. Conduzca Ud.

¡No se suba!

Notes The *Práctica* activities that follow the *Estructura* lesson on negative commands offer step-by-step practice in this order: formation of negative *Ud.* commands; formation of negative *tú* commands; distinguishing whether to use an *Ud.* or a *tú* command; formation and correct usage of negative *tú* and *Uds.* commands; usage of *nosotros* commands with affirmative and negative *tú* commands (includes commands with spelling changes); formation of negative *Ud.* commands with object pronouns; formation of negative commands with reflexive verbs.

Teacher Resources

 Activity 23

Answers

22 1. H
      2. B
      3. G
      4. E
      5. C
      6. D
      7. F
      8. A

23 1. No cierre (Ud.) la ventana.
      2. No volvamos el sábado.
      3. No continúen (Uds.) adelante.
      4. No maneje (Ud.).
      5. No pare (Ud.) aquí.
      6. No pidamos refrescos.
      7. No estén (Uds.) aquí por la mañana.
      8. No suban (Uds.) más tarde.
      9. No dobles a la izquierda.
      10. No consigas carne para los tacos.
      11. No vayas derecho.
      12. No conduzca (Ud.).

Activities

Critical Thinking
Before beginning activity 22, ask students to guess what the traffic signs communicate.

Multiple Intelligences (linguistic)
Tell students they are to pretend they work for the tourism office in Mexico City. Then have them prepare a radio advertisement telling visitors what they can and cannot do in Mexico.

Teacher Resources

Activities 24–25

Answers

24
1. No nos sentemos a la izquierda.
2. No los pidamos.
3. No las pongan Uds. allí.
4. No lo conduzca Ud.
5. No la cierre Ud.
6. No lo manejes hasta la esquina.
7. No le hable Ud. en inglés.
8. No se laven Uds. las manos en el baño de los caballeros.
9. No las comamos.
10. No los busquemos en la zapatería.

25
1. Marcos, no recojas esa basura.
2. Jaime, no hagas eso.
3. Alejandro, no corras por la calle.
4. Antonio, no vayas tan rápido.
5. Soledad, no digas malas palabras.
6. María, no seas mala con tu hermanito.
7. Ricardo, no camines sobre el césped.
8. Juan Manuel, no tires basura al piso.

26
1. pare
2. siga
3. vayan
4. jueguen
5. camina
6. sigamos
7. ofrezca
8. tardemos
9. Doblen
10. compren

---

24 Muy indecisos

Cambia los siguientes mandatos al negativo.

1. Sentémonos a la izquierda.
2. Pidámoslos.
3. Pónganlas Uds. allí.
4. Condúzcalo Ud.
5. Ciérrela Ud.
6. Manéjalo hasta la esquina.
7. Háblele Ud. en inglés.
8. Lávense Uds. las manos en el baño de los caballeros.
9. Comámoslas.
10. Busquémoslos en la zapatería.

25 Los niños del barrio

Imagina que cuidas a un grupo de niños hijos de tus vecinos y ahora caminas con ellos por la calle. Usando mandatos informales y las indicaciones que se dan, diles lo que no deben hacer.

MODELO Sandra / tirar comida al césped
Sandra, no tires comida al césped.

1. Marcos / recoger esa basura
2. Jaime / hacer eso
3. Alejandro / correr por la calle
4. Antonio / ir tan rápido
5. Soledad / decir malas palabras
6. María / ser mala con tu hermanito
7. Ricardo / caminar sobre el césped
8. Juan Manuel / tirar basura al piso

Sandra, no tires comida al césped.

26 En mi barrio

Imagina que es un día de verano y tú y tus vecinos están en la calle de tu cuadra. Escoge la forma correcta del mandato en las siguientes oraciones para ver qué están diciendo todos.

1. Sra. Ortíz, *(para / pare)* un momento, por favor.
2. No *(siga / sigas)* Ud. en esa dirección.
3. No *(vayan / vamos)* Uds. ahora.
4. Paloma y Alba, no *(juegan / jueguen)* en la calle.
5. Carolina, *(camines / camina)* por la acera.
6. No *(seguimos / sigamos)* por esta calle. Debemos continuar derecho.
7. Sr. Rodríguez, no *(ofrece / ofrezca)* dulces a los niños, por favor.
8. No *(tardamos / tardemos)*. Quiero volver temprano.
9. *(Doblen / Doblan)* Uds. a la derecha en la esquina.
10. Niños, no *(compren / compran)* helados en esa heladería.

134 *ciento treinta y cuatro*   **Lección B**

134

27 El restaurante Rosales

Imagina que llevas a comer a un grupo de niños de tu familia al restaurante Rosales. Diles lo que no deben hacer en la cafetería.

MODELO Sofía / entrar por esa puerta
Sofía, no entres por esa puerta.

1. Julián / tardar en venir
2. Eugenio / hablar con comida en la boca
3. Alberto y Esteban / ir a tomar más refrescos
4. Carlos / escribir nada sobre la mesa
5. Josefina / tirar la comida al piso
6. Juan / jugar en la mesa
7. Amparo / ir al baño de las damas todavía
8. David / ser malo con tu hermano
9. Carlota / comer la carne con las manos
10. chicos / pedir mucha comida

Sofía, no entres por esa puerta.

28 De vacaciones

Conchita está de vacaciones con su familia, pero no está feliz. Cada vez que dice que va a hacer algo, sus padres se lo niegan *(tell her not to do it)*. Trabajando en parejas, alterna con tu compañero/a de clase en decir lo que va a hacer Conchita y en decir los mandatos negativos de los padres a Conchita.

MODELO salir temprano esta tarde
A: Voy a salir temprano esta tarde.
B: No salgas temprano esta tarde.

1. nadar en la piscina antes de comer
2. levantarme tarde mañana
3. desayunar en la playa mañana
4. ducharme ahora
5. quedarme en la cama toda la mañana
6. irme del hotel ahora
7. acostarme tarde esta noche

No salgas temprano esta tarde.

Voy a nadar en la piscina.

Teacher Resources

 Activity 27

Answers

27
1. Julián, no tardes en venir.
2. Eugenio, no hables con comida en la boca.
3. Alberto y Esteban, no vayan a tomar más refrescos.
4. Carlos, no escribas nada sobre la mesa.
5. Josefina, no tires la comida al piso.
6. Juan, no juegues en la mesa.
7. Amparo, no vayas al baño de las damas todavía.
8. David, no seas malo con tu hermano.
9. Carlota, no comas la carne con las manos.
10. Chicos, no pidan mucha comida.

28
1. Voy a..../No nades....
2. Voy a..../No te levantes....
3. Voy a..../No desayunes....
4. Voy a..../No te duches....
5. Voy a..../No te quedes....
6. Voy a..../No te vayas....
7. Voy a..../No te acuestes....

Activities

TPR
Tell students to think of the commands their parents give them at home. Then, working in pairs, students should say the commands to classmates who must act out the activities (e.g., *saca la basura, lava los platos, arregla tu cuarto*).

Notes Explain that if students eat in a restaurant like the *restaurante Rosales* (activity 27) they should be aware that many restaurants in Latin America offer a different menu each day. It is common practice to offer a complete lunch or dinner that includes two or three courses and a beverage for one fixed price.

You may wish to note for students that *niegan* (in the instruction to activity 28) comes from the verb *negar,* which means, literally, **to deny.**

29 1. Quiere decir unas cortas
       vacaciones.
   2. *Possible answers:* camino
      (carretera, calle); vehículo
      (coche, carro); conduzca
      (maneje).
   3. *Possible answer:* Les debe
      importar a las personas
      que van a viajar en carro o
      en motocicleta.
   4. Answers will vary.
   5. El viaje más bonito es la
      vida.
   6. Hay once mandatos. Son
      disfrute, piense, siga, revise,
      abróchese, respete,
      mantenga, no adelante, no
      conduzca, póngase y siga
      (por segunda vez).
   7. Los mandatos negativos en
      el anuncio son *no adelante*
      y *no conduzca.*
30 Creative self-expression.

Expansion

As an extension of activity 30, ask
students to brainstorm advice for
new students at your school.

Pronunciation

Consider asking one or more
students to read the
advertisement aloud.

Students with Special Needs

Read the advertisement as a class
activity and answer questions to
be certain all students
understand the content before
attempting activity 29.

Comunicación

**29 Este puente tiene que cruzarlo
dos veces**

Contesta las siguientes preguntas en español
sobre el anuncio *(advertisement).*

1. ¿Qué quiere decir la palabra *puente* en este
   anuncio?
2. ¿Qué otras palabras quieren decir lo
   mismo que *camino, vehículo* y *conduzca?*
3. ¿A quiénes les debe importar este
   anuncio?
4. ¿Es este anuncio importante para la
   gente que no tiene coche? Explica.
5. ¿Cuál es el viaje más bonito, según el
   anuncio?
6. ¿Cuántos mandatos hay en el anuncio?
   ¿Cuáles son?
7. ¿Cuáles son los dos mandatos negativos
   en el anuncio?

30 Aconsejando a los turistas

Imagina que un/a turista mexicano/a
está visitando el lugar donde vives. Haz
una lista de ocho consejos que le
puedes ofrecer.

MODELO No camine (Ud.) por las calles, sino
         por las aceras.

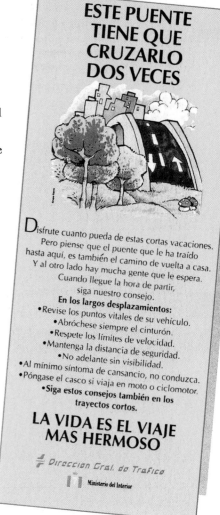

**ESTE PUENTE
TIENE QUE
CRUZARLO
DOS VECES**

Disfrute cuanto pueda de estas cortas vacaciones.
Pero piense que el puente que le ha traído
hasta aquí, es también el camino de vuelta a casa.
Y al otro lado hay mucha gente que le espera.
Cuando llegue la hora de partir,
siga nuestro consejo.
En los largos desplazamientos:
• Revise los puntos vitales de su vehículo.
• Abróchese siempre el cinturón.
• Respete los límites de velocidad.
• Mantenga la distancia de seguridad.
• No adelante sin visibilidad.
• Al mínimo síntoma de cansancio, no conduzca.
• Póngase el casco si viaja en moto o ciclomotor.
• Siga estos consejos también en los
  trayectos cortos.

**LA VIDA ES EL VIAJE
MAS HERMOSO**

Dirección Gral. de Trafico

Ministerio del Interior

Visite las pirámides. (Chichén Itzá.)

Notes Have students pair up and take
turns asking one another the questions in
activity 29. Walk around the room and
monitor how students do with the activity,
offering help as needed.

Call on students to read commands from
their lists for activity 30 and then call on a
classmate to act out the command.

31 Imaginando

 Trabajando en parejas, haz un diálogo con tu compañero/a de clase de por lo menos diez líneas, usando pronombres y mandatos afirmativos y negativos. Luego, tú y tu compañero/a deben presentar el diálogo a la clase.

No vayas muy rápido.

> **MODELO** **A:** Oye, ¿puedo conducir el coche de papá para ir al cine?
> **B:** Condúcelo, pero no vayas muy rápido.

 32 Dando direcciones

Prepare two identical street maps putting the word *aquí* where someone should start and the letter *X* where someone should finish. Then, plot your own route between the two points on one copy of the map. Next, give the blank copy to another student. After deciding who will go first, describe the route you plotted between the word *aquí* and the letter *X* as your partner plots the course on the blank map. When you have finished, compare the routes that appear on both maps to see if they are the same. Switch roles.

> **MODELO** **A:** Ve hacia el este una cuadra.
> **B:** ¿Doblo a la derecha?
> **A:** No, no dobles a la derecha. Dobla a la izquierda.

¡Extra!

Los puntos cardinales

You can tell someone how to go somewhere using the directions *(los puntos cardinales)* north *(el norte)*, south *(el sur)*, east *(el este)* and west *(el oeste)*, e.g., *Para ir al banco se va hacia el norte* (To go to the bank go north).

To be even more exact, use the combined directions: northeast *(el noreste)*, southeast *(el sureste)*, northwest *(el noroeste)*, and southwest *(el suroeste)*.

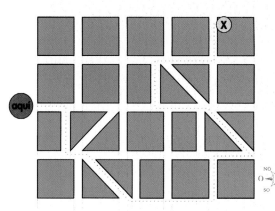

Dando direcciones.

Capítulo 3

---

31 Creative self-expression.
32 Answers will vary.

Activities

Spanish for Spanish Speakers
Have students research a particular aspect of Mexico and write a report on what they find out. As an alternative, have students present their findings to the class.

Students with Special Needs
Using overhead transparencies from the *Navegando 2 Transparency Program*, review the city vocabulary students have learned in *Capítulo 3*: places in a city, specialty shops, parts of a car, traffic signs and map directions.

TPR
Practice the *tú* forms of a few verbs using TPR. Select several students to react to the informal commands of the corresponding verbs: *Abre el libro; Cierra el libro; Toca el libro.* Work with one verb several times before going to another verb. To avoid monotony, vary the commands slightly: (student's name), *abre el libro*; (student's name), *abre el cuaderno.* Perform the action or use gestures only if a student does not respond.

Notes As with most pair and group work, limit the amount of time students have to do activities 31 and 32. Before assigning the activities, inform students how long they will have for each.

This ¡*Extra!* reviews the directions that students learned on page 120. They are provided here as an aid for students working on giving directions in activity 32.

Answers

33 1. El grupo musical La Ola condujo de Guadalajara a Puerto Vallarta. Generalmente se tarda cuatro horas pero ellos tardaron siete horas.
2. Pasaron por Ixtlán del Río, Chapalilla, Las Varas.
3. Vieron la Sierra Nevada y el volcán El Ceboruco.
4. Puerto Vallarta está en la costa pacífica en el estado mexicano de Jalisco.
5. La película *Night of the Iguana* hizo de Puerto Vallarta un lugar mundialmente famoso.

34 Answers will vary.

Activities

Communities
Tell students they are to plan a trip to Mexico or research aspects of Mexican history, art, geography, music or politics. Such work may generate a special interest in the country and encourage a study/travel abroad experience to be organized between your school and a student-oriented travel agency.

Lectura personal

Cantantes y grupos musicales

Dirección: http://www.emcp.com/músico/ola/e.diario-2.htm ▲ Archivo Edición Ver Favoritos Herramientas Ayuda

página principal   miembros   e-diario

Grupo musical La OLA

Nombre: **Manuel Andrade Blanco**
Edad: **17 años**
Nacionalidad: **panameño**
Pasión: **coches deportivos**

Puerto Vallarta, México.

Nuestro primer concierto fue en Guadalajara, México, y estuvo *padrísimo*[1], como dicen los mexicanos. Ayer decidimos conducir de Guadalajara a Puerto Vallarta, que está a unas cuatro horas en carro. ¡Fue una aventura! Primero tomamos la carretera Mex 15 hacia el noreste. Cuando pasamos por Ixtlán del Río, una rueda se pinchó[2]. Un señor muy amable ofreció arreglarla. Seguimos derecho hacia Chapalilla. En el camino subimos y bajamos la Sierra Nevada y vimos el volcán El Ceboruco. No está activo pero dejó un río[3] de lava negra. ¡Parecía la Luna! En el pueblo[4] Las Varas, nos paramos para comprar frutas tropicales.

Mientras estábamos allí, la alarma del coche empezó a sonar[5]. Abrimos el capó y tardamos media hora en apagarla. Volvimos en ruta a Puerto Vallarta, dirección oeste, pero nos perdimos. Un policía nos dijo que deberíamos[6] tomar la carretera Mex 200. Así lo hicimos y finalmente, después de siete horas, llegamos a Puerto Vallarta, una ciudad pequeña pero hermosa en la costa pacífica del estado de Jalisco. El hotel en que estamos está en el barrio donde filmaron *Night of the Iguana*, la película que en 1964 hizo de Puerto Vallarta un lugar mundialmente famoso.

[1]very cool [2]got a flat tire [3]river [4]village [5]alarm started [6]should

33 ¿Qué recuerdas?

1. ¿Adónde condujo el grupo musical La Ola? ¿Cuánto se tarda generalmente? ¿Cuánto tardaron ellos?
2. Nombra tres pueblos por los que pasaron.
3. ¿Qué sierra vieron? ¿Qué volcán vieron?
4. ¿Dónde está Puerto Vallarta?
5. ¿Qué película hizo a Puerto Vallarta mundialmente famosa?

- Compare Manuel's car trip to Puerto Vallarta with a car trip you have taken in the past. Did you have any similar mishaps? How was the scenery similar or different?

34 Algo personal

1. ¿Te gusta viajar en coche? ¿Por qué?
2. ¿Qué crees que va a hacer Manuel en Puerto Vallarta?

138   *ciento treinta y ocho*   **Lección B**

Notes In addition to *fantástico, excelente, magnífico* and so forth that students have already learned, students may be interested in learning the term *padrísimo*, which Manuel uses and which is roughly equivalent to "very cool" in English. You may also wish to teach students a similar expression, ¡*chévere*!

¿Qué aprendí?

Visit the web-based activities at www.emcp.com

Autoevaluación

Como repaso y autoevaluación, responde lo siguiente:

1. Name two street signs in Spanish.
2. Name the four cardinal directions in Spanish.
3. Say how many of your neighbors you know well.
4. How would you ask someone in Spanish if they know where the bathroom is?
5. Name five parts of a car you have learned in Spanish.
6. You are taking care of your little brother for a couple of hours. Tell him five things not to do.
7. Say two things you know about Mexico.

Palabras y expresiones

En la ciudad
la acera
el alto
el barrio
el césped
la curva
la señal
el tráfico
el vecino, la vecina

Partes del coche
la alarma
el baúl

el capó
el cinturón de
    seguridad
el claxon
el coche
el faro
el freno
el guardabarros
el limpiaparabrisas
la llanta
el motor
el parabrisas
la rueda
el volante

Puntos cardinales
el este
el noreste
el noroeste

el norte
el oeste
el sur
el sureste
el suroeste

Verbos
conducir
conocer
doblar
manejar
ofrecer
subir
tardar
tirar

Otras expresiones
de cerca
la demora
deportivo,-a
la dirección
la exhibición
exigente
mientras (que)
moderno,-a
prohibido,-a
la seguridad
sino
tardar en (+ *infinitive*)

La vecina.

El motor no funciona.

Capítulo 3　　　　*ciento treinta y nueve* **139**

Teacher Resources

📑 **Activity 15**

🗨 **Information Gap Activities**
Postcard Activities
Funciones de Comunicación

Answers

Autoevaluación
Possible answers:
1. la señal de alto, la dirección prohibida
2. el norte, el este, el sur, el oeste
3. Conozco bien a cinco vecinos.
4. ¿Sabe Ud. (Sabes tú) dónde está el baño?
5. la puerta, el parabrisas, el baúl, el limpiaparabrisas, la llanta, cinturones de seguridad, etc.
6. No salgas de la casa. No subas la escalera. No toques la cocina. No corras en la casa. No comas la planta.
7. Answers will vary.

Activities

Expansion
Dictate a letter of the alphabet to the class. Give students three minutes to write any words they can think of in Spanish that begin with that letter. After calling time, ask students to read their lists aloud. The student with the longest list of correct words wins.

Pronunciation
To ensure proper pronunciation, model each word or expression and have students repeat after you.

Notes Assign the *Autoevaluación* to provide students with an opportunity to measure their own progress in learning the main elements of the lesson and as preparation for the end-of-chapter test. Pick and choose from activities or use them all as a means of prescriptive testing. Then review student answers to be sure everyone understands the lesson content.

The *Palabras y expresiones* is intended as a resource for reviewing the active vocabulary for the lesson. As a self-test, have students determine how many of the words and expressions they recognize and know how to use.

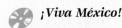
Answers

Preparación
1. B
2. A
3. C
4. A

Activities

Expansion
Ask some questions about Mexico: *¿Qué lugar en tamaño tiene México entre los países de habla hispana?; ¿Qué países están al sur de México?; ¿Qué país está al norte de México?; ¿Qué hay al este de México?; ¿Cómo se llama el conquistador que llegó a las costas del Golfo de México en 1519?*

Prereading
Before assigning the reading, discuss what students know about Mexico. Have students call out facts they know about Mexico as you write the information on the board. (You may wish to ask for volunteers to do this or simply assign the task to a capable student.) After the reading, allow students to add to the list. Next, show students a map of Mexico and surrounding countries and bodies of water and discuss where the named countries and cities are located.

Tú lees

Estrategia

Using format clues to predict meaning
Before beginning to read, examine how the material is formatted. Look at the title, the subtitles, the photos, the graphics and the layout to predict what the reading is about.

Preparación
Mira la lectura y, luego, contesta las siguientes preguntas como preparación para la lectura, escogiendo la letra de la respuesta apropiada.

1. ¿Para qué es el folleto *(brochure)*?
   A. Para dar direcciones de cómo llegar a México.
   B. Para preparar un viaje a México.
   C. Para dar información sobre la historia de México.
2. ¿Quién hace este folleto?
   A. Lo hace Viajes Planeta.
   B. Lo hace La Ruta Indígena.
   C. Lo hacen en Puebla.
3. ¿Qué ofrecen para visitar México?
   A. No ofrecen nada.
   B. Ofrecen paseos a caballo.
   C. Ofrecen rutas.
4. ¿A qué tipo de lugares ofrecen viajes?
   A. A lugares donde hace sol.
   B. A lugares donde hay nieve.
   C. A y B.

El mejor plan de excursiones a México lo tiene Viajes Planeta. Viajes Planeta le ofrece cuatro rutas fascinantes para conocer México: La Ruta Indígena, La Ruta Colonial, La Ruta Moderna y La Ruta del Desierto

Notes Be sure to review the *Estrategia* and student answers for the *Preparación* before asking students to do this reading.

The *Tú lees* feature provides a formal opportunity for students to improve their ability to read in Spanish.

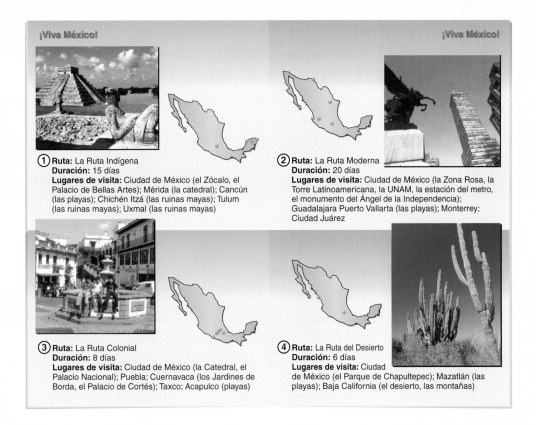

¡Viva México!

① **Ruta:** La Ruta Indígena
Duración: 15 días
Lugares de visita: Ciudad de México (el Zócalo, el Palacio de Bellas Artes); Mérida (la catedral); Cancún (las playas); Chichén Itzá (las ruinas mayas); Tulum (las ruinas mayas); Uxmal (las ruinas mayas)

¡Viva México!

② **Ruta:** La Ruta Moderna
Duración: 20 días
Lugares de visita: Ciudad de México (la Zona Rosa, la Torre Latinoamericana, la UNAM, la estación del metro, el monumento del Ángel de la Independencia); Guadalajara Puerto Vallarta (las playas); Monterrey; Ciudad Juárez

③ **Ruta:** La Ruta Colonial
Duración: 8 días
Lugares de visita: Ciudad de México (la Catedral, el Palacio Nacional); Puebla; Cuernavaca (los Jardines de Borda, el Palacio de Cortés); Taxco; Acapulco (playas)

④ **Ruta:** La Ruta del Desierto
Duración: 6 días
Lugares de visita: Ciudad de México (el Parque de Chapultepec); Mazatlán (las playas); Baja California (el desierto, las montañas)

A ¿Qué recuerdas?

1. ¿Cuántas rutas diferentes ofrece este folleto turístico?
2. ¿Cuál es la ruta más larga?
3. ¿Cuántos días tiene el viaje más corto?
4. ¿Cuál es la única ciudad que está en todas las rutas?
5. ¿En qué ruta hay ruinas mayas y playas?
6. ¿En qué rutas puede la gente bañarse en la playa?
7. ¿Qué lugar ofrece desiertos?

B Algo personal

1. ¿Cuál de las rutas que ofrece *Viajes Planeta* te gustaría tomar? ¿Por qué?
2. ¿Te gustan los viajes cortos o largos? Explica.
3. ¿Qué lugares te gusta visitar cuando vas a una ciudad?
4. ¿Te gusta visitar ciudades grandes o pequeñas? Explica.
5. ¿Cuáles son los lugares más importantes para visitar donde tú vives?

Teacher Resources

 Activities A–B

Answers

A 1. Ofrece cuatro rutas diferentes.
2. La ruta más larga es La Ruta Moderna.
3. El viaje más corto tiene seis días.
4. La ciudad de México es la única ciudad que está en todas las rutas.
5. En la Ruta Indígena hay ruinas y playas.
6. En todas las rutas la gente puede bañarse en la playa.
7. Baja California ofrece desiertos.

B Answers will vary.

Activities

Prereading Strategy
In order to mentally prepare students for the reading *(¡Viva México!,* ask some general questions about the article, such as the questions found in the *Preparación.* Next, play the first paragraph of the recording of the *Tú lees,* using the corresponding compact disc that is part of the Audio CD Program. As an alternative, you may choose to read the first paragraph yourself. Read the paragraph again with students following along in the book. Give students a moment to look over the paragraph silently on their own and then have them ask questions. Ask for a student to volunteer to read the contents aloud.

Notes **Comparisons.** Students may find it interesting that Mexico is divided into thirty-two states whereas the United States consists of fifty states.

Connections. Make a cross-curricular connection to geography by showing students where some of the places mentioned in *Capítulo 3* are located using the maps in the front of the book or a wall map.

You may wish to discuss the article on this page titled *¡Viva México!* to be sure students understand that information before continuing with the rest of the reading.

Activities

Expansion

Students prepare a brochure for young visitors to their city that tells about the best places to eat and shop. Students should use commands in their advertisements.

Language through Action

Have students pretend they are in a *tiangui* where they must negotiate a price for something they wish to purchase. Ask them to pair up and take turns playing the role of vendor and buyer.

Multiple Intelligences (linguistic)

If you have not yet done so, have students create a Writer's Journal for student writing activities. The Writer's Journal offers appropriate portfolio activities for assessing student writing skills and is an ideal opportunity for an ongoing dialog with students about their writing progress.

Spanish for Spanish Speakers

Have students read about the Mexican muralist José Clemente Orozco using the Internet, the library or other sources of their choosing. They should take notes and either summarize what they learned or prepare a report on some aspect of Orozco's life or his art.

Tú escribes

Estrategia

Providing details to appeal to your reader
You already know it is important to identify your purpose for writing and the audience you are writing for. In order to attract and hold the reader's attention, it is a good idea to include details that appeal to your reader's sense of sight, sound and taste.

Prepare a travel brochure for a trip to Mexico. Use commands (such as ¡*Diviértase Ud. mucho!*) and add description and details about the dream vacation that will appeal to the reader's senses of sight, sound and taste. Incorporate graphics and/or artwork to enhance the visual appeal of your brochure.

Parte de un mural por José Clemente Orozco.

Cancún, México.

Notes The beach photograph depicts the well-known tourist attraction, Cancún. The man shown in the mural is Father Hidalgo (Padre Miguel Hidalgo y Castilla), one of the heroes of the Mexican Revolution of 1810. He is shown here in a detail of a larger mural with a flaming torch lighting the way to battle. The work was done by the Mexican artist José Clemente Orozco (1883–1949).

Visitors to Guadalajara can see the mural when they visit the Government Palace.

Try using the *Tú escribes* section as a quiz on writing, as a replacement or in addition to the end-of-lesson testing of writing skills or for prescriptive testing in order to provide remediation.

Proyectos adicionales

A Comunidades

Imagine you have a Spanish-speaking friend who is new to your area and would like to visit some of the local attractions. Using an Internet search engine, select a Web site that provides road maps to specific addresses. Locate and print out a map to a particular site in your city or town, such as a park, museum or theater. Then, referring to the map, write directions in Spanish to tell your friend how to go to the place. Paste or attach the map to the directions.

B Conexión con la tecnología

Search the Internet for Mexican car rental agencies. Print out your findings. Report back to the class what cars are available. Include any of the following

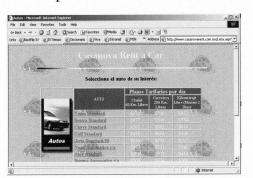

information you can: car rental cost, fuel price, cost for rental insurance, driver's license requirements, additional services offered (e.g., availability of maps and directions to your destinations) and any other interesting information you discovered in your search.

C Comunicación

Find a Web site that features a car of your choice. Design a detailed brochure in color describing the main features of the car and any custom features that are available to order. Finally, present the brochure and explain its contents to the class.

Notes Before assigning activity B, remind students that the currency of Mexico is the *peso mexicano*. Ask what other currencies from the Spanish-speaking world they can name.

Answers

A Creative self-expression.
B Creative self-expression.
C Creative self-expression.

Activities

Connections
Tell the class that in many ways, the history of Mexico is closely connected to that of the United States. Then have students choose one of the following topics and write a brief report (two to three paragraphs) to share with the class, using an encyclopedia, sources from the school library or the Internet to gather information for their reports. Some possible topics include the following: Pancho Villa, Mexico's struggle for independence, Gadsden Purchase, Treaty of Guadalupe Hidalgo, Constitution of 1917, the Battle of the Alamo or the North American Free Trade Agreement (NAFTA).

Teacher Resources

🔵 *Trabalenguas*

Activities

Connections
Have students prepare a report about the muralists and their importance in Mexican history and society, selecting from the following: Diego Rivera, José Clemente Orozco and David Alfaro Siqueiros.

Critical Thinking
Begin a discussion of the North American Free Trade Agreement (NAFTA) among the governments of Mexico, the United States and Canada that took effect on January 1, 1994. Make a general presentation of the pros and cons of the trade agreement that were considered before it was approved, and then discuss them in relation to the effects on the current economies of these countries. Possible cons: NAFTA leads American businesses to Mexico to hire less expensive Mexican workers; unemployment may increase; the United States may lose control over the ability to govern its own affairs. Possible pros: NAFTA creates new jobs from industries that export goods and services to Mexico and Canada; increased trade will continue to help the Mexican and Canadian economies thrive so the standard of living will rise; it will lessen the number of illegal immigrants entering the United States.

Repaso

Now that I have completed this chapter, I can...	**Go to these pages for help:**
talk about places in a city.	98
ask for and give directions.	98
tell others what to do or not to do.	98
give advice and make suggestions.	107
discuss what is sold in specific stores.	107
talk about everyday activities.	120
discuss whom and what people know.	120
identify parts of a car.	128

I can also... |
--- | ---
talk about life in Mexico. | 109, 123
read traffic signs in Spanish-speaking countries. | 133
plan a trip to Mexico. | 142

Trabalenguas

De Guadalajara vengo, jara traigo, jara vendo, a medio doy cada jara.
¡Qué jara tan cara traigo de Guadalajara!

Notes Loose translation of the *Trabalenguas*: I am coming from Guadalajara, I bring cistus (type of plant like a wild rose) and cistus I sell, at a half (meaning half a *real*—Spanish coin that is no longer in use) I give each cistus. What an expensive cistus I am bringing from Guadalajara!

Additional *trabalenguas: No me mires que miran que nos miramos y verán en tus ojos que nos amamos. No nos miremos, que cuando no nos miren nos miraremos.* Loose translation: Don't look at me because they are looking at us looking at each other and they will see in your eyes that we are in love. Let us not look at each other so when they don't look at us we can look at each other.

Vocabulario

a la derecha (izquierda) to the right (left) 3A
la acera sidewalk 3B
adelante ahead 3A
el aeropuerto airport 3A
la alarma alarm 3B
el almacén department store, grocery store, warehouse 3A
el alto stop 3B
el apartamento apartment 3A
el barrio neighborhood 3B
el baúl trunk 3B
el caballero gentleman 3A
el capó hood 3B
la carnicería meat market, butcher shop 3A
la carretera road 3A
la catedral cathedral 3A
el césped lawn, grass 3B
el cinturón de seguridad safety belt 3B
el claxon horn 3B
el coche car 3B
conducir to drive 3B
conocer to know, to be acquainted with, to be familar with 3B
la cuadra city block 3A
la curva curve 3B
la dama lady 3A
de cerca close up, from a short distance 3B
la demora delay 3B
deportivo,-a sporty 3B
la derecha right 3A
derecho straight ahead 3A

la dirección instruction, guidance, direction 3A; address 3B; direction 3B
doblar to turn (a corner) 3B
el dulce candy 3A
la dulcería candy store 3A
la enchilada enchilada 3A
la esquina corner 3A
la estación (de autobuses/del metro/del tren) station (bus, subway, train) 3A
el este east 3B
la exhibición exhibition 3B
exigente demanding 3B
el faro headlight 3B
la florería flower shop 3A
el freno brake 3B
la frutería fruit store 3A
hacia toward 3A
la heladería ice cream parlor 3A
la iglesia church 3A
la izquierda left 3A
el limpiaparabrisas windshield wiper 3B
la llanta tire 3B
manejar to drive 3B
el mexicano,-a Mexican 3A
mientras (que) while 3B
moderno,-a modern 3B
el monumento monument 3A
el motor engine 3B
el noreste northeast 3B
el noroeste northwest 3B
el norte north 3B
el oeste west 3B
la oficina de correos post office 3A
ofrecer to offer 3B

la panadería bakery 3A
la papelería stationery store 3A
el parabrisas windshield 3B
el parachoques fender 3B
parar to stop 3A
la placa license plate 3B
el policía, la policía police (officer) 3A
prohibido,-a not permitted, prohibited 3B
el próximo,-a next 3A
el puente bridge 3A
la rueda wheel 3B
la seguridad safety 3B
la señal sign 3B
sino but (on the contrary), although, even though 3B
subir to climb, to go up the stairs, to take up, to bring up, to carry up 3B
el sur south 3B
el sureste southeast 3B
el suroeste southwest 3B
el taco taco 3A
tardar to delay 3B
tardar en (+ infinitive) to be long, to take a long time 3B
tirar to throw away 3B
la torre tower 3A
la tortilla corn meal pancake (Mexico), omelet (Spain) 3A
el tráfico traffic 3B
el vecino, la vecina neighbor 3B
la vitrina store window, glass showcase 3A
el volante steering wheel 3B
la zapatería shoe store 3A

Una policía mexicana.

¡Este coche no tiene ruedas!

Testing/Assessment
Test Booklet
Portfolio Assessment

Activities

Communities
If your community is visited by large numbers of Spanish-speaking people, or if there is a health-care facility or government agency that you know is used by a large Spanish-speaking population, consider suggesting to students that they investigate how they may be able to offer their services helping Spanish-speaking people (e. g., as a guide or as a translator). Check for a community organization that might already offer such help. In this way students may improve their skills and at the same time attain community service credit for their work.

Multiple Intelligences (linguistic)
Imagine you write a magazine column in which you provide helpful suggestions to people who are about to buy a car. Write an article consisting of at least ten lines in which you offer advice about what to do and what to look for when purchasing a new or used car. Be sure to use formal commands in your article.

Notes Students should be familiar with terms that will help them in restaurants when they travel to Mexico. For example, students may be familiar with the term *salsa*, which can be any sauce poured over food. Make sure students understand that if they are asking for something that is "hot," *picante* may be added to *salsa* (*salsa picante*) to mean the sauce is hot (as in spicy), whereas *caliente* means a food is hot in temperature. Students may find it interesting that *salsa picante* (hot sauce) now outsells catsup in the United States!

146

Connections with Parents

As you begin *Capítulo 4,* you have had opportunities to establish communication with your students' families. This would be a good time to send a letter home welcoming parents to contact you, visit the classroom or otherwise become more involved in Spanish class. You may find there are parents who would be happy to come and speak to your class about a trip they have taken to one of the countries you are discussing or about another topic that is related to what you are teaching in class. Parental support and interest can be very effective in improving success in the classroom.

Activities

Critical Thinking

The two photographs that appear on pages 146–147 are intended to encourage students to connect with the countries and people they are studying. These visuals depict the functions, cultural settings and themes of the chapter ahead and further student connections to how Spanish is used outside of the controlled environment of the classroom.

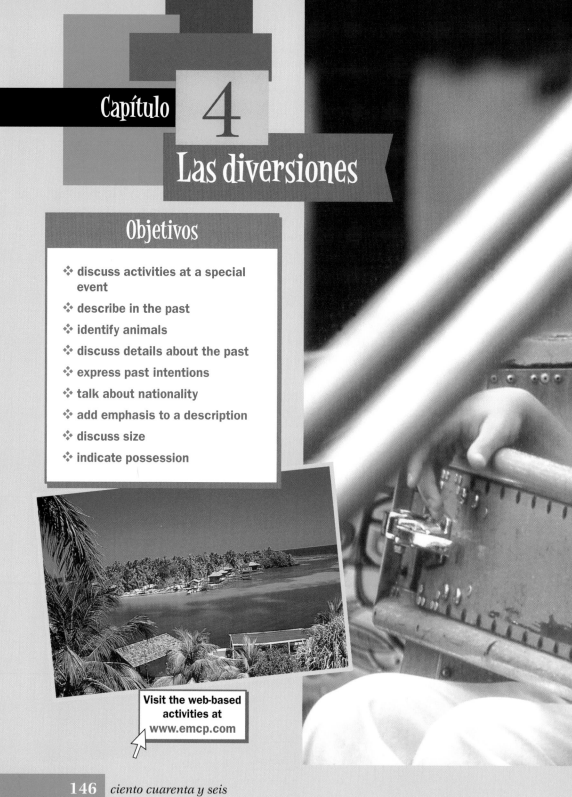

Capítulo **4**

Las diversiones

Objetivos

❖ discuss activities at a special event

❖ describe in the past

❖ identify animals

❖ discuss details about the past

❖ express past intentions

❖ talk about nationality

❖ add emphasis to a description

❖ discuss size

❖ indicate possession

Visit the web-based activities at www.emcp.com

146 *ciento cuarenta y seis*

Notes The communicative objectives provided in the box on page 146 can assist you in establishing the objectives and goals for *Capítulo 4.* A checklist of these functions also appears along with additional objectives on page 198. Students can use this as a self-check to evaluate their progress.

Review these two pages, asking students what they see in the two photographs. Ask what they think the chapter is about. Then ask what countries they think they will be studying in the chapter.

El Salvador
Nombre oficial: República de El Salvador
Población: 6.600.000
Capital: San Salvador
Ciudades importantes: Santa Ana, San Miguel, Mexicanos
Unidad monetaria: el colón
Fiesta nacional: 15 de Septiembre, Día de la Independencia
Gente famosa: Roque Dalton (poeta); Francisco Gavidia (dramaturgo)

Honduras
Nombre oficial: República de Honduras
Población: 6.900.000
Capital: Tegucigalpa
Ciudades importantes: San Pedro Sula, La Ceiba, El Progreso
Unidad monetaria: el lempira
Fiesta nacional: 15 de septiembre, Día de la Independencia
Gente famosa: José Antonio Velázquez (pintor); Rafael Eliodoro Valle (cronista)

Activities

Connections

Ask students to name the countries of Central America. Then discuss what students know about the Central American countries that are the setting for *Capítulo 4.* For example, have students name the capitals of El Salvador and Honduras as well as some other cities that are located in these countries. Then ask what else students know about the countries.

ciento cuarenta y siete **147**

Notes The visuals on these pages mentally and visually whet students' appetites for the chapter they are about to begin. The small photograph on page 146 shows the Bahía Islands *(las Islas de la Bahía)* in Honduras, known for their exceptional scuba-diving waters. Water sports are enjoyed there year round by people from all over the world. The large photograph depicts young people at an amusement park.

Show students where El Salvador and Honduras are located, using the maps in the front of the book or the transparencies that are part of this program. Then discuss what students know about these countries.

Teacher Resources

 En el parque de atracciones

 Activity 1

 Activities 22–23

 Activity 1

 Activity 1

 GV Activity 1

> **Content reviewed in *Lección A***
> - describing in the past
> - numbers
> - telling time
> - Spanish-speaking countries
> - *ser* vs. *estar*

Activities

Prereading Strategy
Have students look at *Vocabulario I* and identify cognates and other words they recognize. Then ask students to guess what the people shown on page 148 are discussing.

Pronunciation
Play the audio CD recording of *Vocabulario I*. Students should listen and repeat the words and expressions they hear as a first step in learning the new vocabulary and establishing good pronunciation.

Lección A

El Salvador

Vocabulario I
En el parque de atracciones

la rueda de Chicago

la montaña rusa

el coche antiguo

¿Te gustó la montaña rusa?

¡Mira su cara! ¡Qué chistoso!

el globo

el carrusel

Fue fascinante. Como puedes imaginarte, había mucha gente que gritaba de miedo, pero yo no.

las golosinas

los carros chocones

el algodón de azúcar

las palomitas de maíz

El parque es maravilloso.
La gente monta en las atracciones del parque.

Notes Using transparencies 22 and 23, teach the new words and expressions in *Vocabulario I*. Show students transparency 22, point to one of the objects and identify it in Spanish. Students should repeat after you. Continue on to the next item and repeat the process. Follow up the introduction by showing students transparency 23. Once again identify the new vocabulary in Spanish, allowing students to see how each word is spelled. Finally, call on students to spell each new word or expression.

Students may find it interesting that *la rueda de Chicago* was named for the ride that first became popular at the Chicago World's Fair.

las montañas

los fuegos artificiales

el globo

Alcázar

española

mexicano

CHICHEN ITZA

el desfile

Answers

1 1. A
   2. B
   3. A
   4. A
   5. A
   6. B
   7. A
2 Creative self-expression.

Activities

Critical Thinking
Have students describe the illustration for *Vocabulario I*, saying what they see and making educated guesses about what the people are doing. As an alternative activity, have students make up a story about what they see and what is happening in the amusement park.

Pronunciation
Model the new words on pages 148–149. Then call on individuals to say the words after you.

TPR
Using overhead transparencies 22 and 23, ask students to come up and point to the different objects and people as you name them in Spanish.

1 ¿Dónde ocurre?

🔊 **Di si lo que oyes es más común en un parque de atracciones o en un colegio.**

   A. Es común en un parque de atracciones.

   B. Es común en un colegio.

2 En el parque de atracciones

¿Tienes un parque de atracciones favorito? ¿Cuáles son algunas de las atracciones en ese parque? ¿Qué puedes comprar para comer allí?
¿Qué más te gusta en ese parque? Haz una lista de lo que ofrece tu parque de atracciones favorito.

Atracciones	Comidas	Otra
1. montaña rusa – Se llama "La arriesgada".	1. las palomitas de maíz	1.

Notes The term *la rueda de Chicago* is common in El Salvador, Colombia and other parts of Latin America. Elsewhere, the term *noria* is used to refer to a Ferris wheel.

Inform students that the adjectives of nationality shown in *Vocabulario I (rusa, mexicano* and *española)* are formed and used much like other adjectives. These adjectives will be discussed in the *Estructura* titled "Adjectives of nationality" on page 166 and practiced on subsequent pages of *Lección A*.

Teacher Resources

¡Qué mentira!
Activities 3–5

Answers

3 1. Fue durante el fin de semana.
2. Fue con su amiga guatemalteca.
3. Montaron en todas las atracciones.
4. No montó en la montaña rusa porque había mucha gente.
5. Gritaba como loca.
4 Answers will vary.
5 1. C; 2. B; 3. D; 4. A

Activities

Critical Listening
Play the audio recording of the dialog to develop good listening skills before concentrating on reading Spanish. Ask several individuals to state what they believe is the main theme of the conversation.

Expansion
Additional questions (*¿Qué recuerdas?*): *¿Adónde fueron Paco y su amiga de Guatemala?; ¿Qué mentira dijo Paco?; ¿Cómo estuvo la visita al parque de atracciones?*
Additional questions (*Algo personal*): *¿Cuándo fue la última vez que fuiste a un parque de atracciones?; ¿Trabajaste alguna vez en un parque de atracciones? ¿Qué hacías?; ¿Montaste en una montaña rusa alguna vez? ¿Dónde? ¿Te gustó?*

Diálogo I

¡Qué mentira!

PACO: El fin de semana fui al parque de atracciones con mi amiga guatemalteca.
SARA: ¡Qué bueno! ¿Montaron en todas las atracciones?
PACO: Sí, montamos en todas.

SARA: ¡Qué mentira! Tú no montaste en la montaña rusa.
PACO: Bueno, es que había mucha gente y ya puedes imaginarte.
SARA: Sí, sí, claro.

PACO: Pero mi amiga sí pudo montar. Gritaba como loca.
SARA: ¡Qué chistoso!
PACO: Sí, fue maravilloso.

3 ¿Qué recuerdas?

1. ¿Cuándo fue Paco al parque de atracciones?
2. ¿Con quién fue Paco?
3. ¿En qué atracciones montaron?
4. ¿En qué atracción no montó Paco? ¿Por qué?
5. ¿Qué hacía la amiga de Paco que pudo montar en la montaña rusa?

4 Algo personal

1. ¿Visitaste un parque de atracciones recientemente? ¿Cuál?
2. ¿Cuál es tu atracción favorita en el parque de atracciones? ¿Por qué?
3. ¿Tienes un parque de atracciones favorito? ¿Cómo se llama?

5 ¿Cuál es la respuesta correcta?

Escoge la letra de la respuesta correcta a lo que oyes.

A. A mucha gente le gusta las palomitas de maíz.
B. Es el carrusel. ¡Les encanta a los niños!
C. Sí. Fue fascinante y quiero montar en ella otra vez.
D. No. Es un coche antiguo.

Nos encanta el carrusel.

Notes *Guatemalteca* is another adjective of nationality. Its use will be discussed later in the lesson.

After introducing the dialog, have students work in pairs practicing the dialog. Circulate and assist with pronunciation and intonation. Encourage students to act out the dialog using appropriate body language.

Cultura viva

El Salvador

El Salvador está ubicado[1] entre Honduras, Guatemala y el océano Pacífico. La capital, San Salvador, es la ciudad más grande del país, con más de 500.000 habitantes. San Salvador y otras ciudades principales, como Santa Ana y San Miguel, están en la región central. Esta región es de tipo volcánico y, por lo tanto, tiene muchos temblores y terremotos[2]. Hay más de veinte volcanes activos en este área.

El volcán Ilamatepec.

Antes de la llegada de los españoles en el siglo XVI, la región era parte del territorio maya. En 1524, empezó la conquista española de la población nativa para tomar posesión de las tierras[3] que hoy son El Salvador. En 1525, el conquistador español, Diego Alvarado, fundó la ciudad de San Salvador en el Valle de las Hamacas. El Salvador consiguió su independencia de España en 1821.

En la historia reciente de esta nación hay mucha violencia, problemas sociales

Suchitoto, El Salvador.

y económicos, y una guerra[4] civil. Los problemas sociales existen por el gran contraste que hay entre los pocos ricos y los muchos pobres. Los problemas económicos se deben a que la mayor parte de su economía depende de la producción del café. Hoy, el país quiere resolver estos problemas y mejorar[5] sus sistemas político y económico para dar a su gente un mejor futuro.

[1]located [2]earthquakes [3]lands [4]war [5]improve

6 Conexión con otras disciplinas: geografía

Busca información sobre El Salvador en la internet o en la biblioteca y haz un folleto (brochure) de una página para dar a conocer a la gente de otros países las cosas buenas y los puntos geográficos importantes de El Salvador.

¡Oportunidades!

El Salvador

Would you be interested in visiting El Salvador as a volunteer or as a venture traveler? There are many different ways to volunteer in El Salvador, and many organizations exist to help. The *Centro Internacional de Solidaridad (CIS)* language schools in San Salvador offer English teachers opportunities to volunteer. In addition, Green Arrow's Conservation Connection Placement Program in Costa Rica will help volunteers find work throughout Central America. If you are interested in the field of volcanology, you can hike around the rim of San Salvador's Boquerón volcano or explore a trail that takes you into the crater.

Capítulo 4   *ciento cincuenta y uno* **151**

Teacher Resources

 Activity 2

 Activity 2

Answers

6 Creative self-expression.

Activities

Multiple Intelligences (linguistic/spatial)

Instruct students to make a tourism pamphlet depicting El Salvador's main attractions. They should use information obtained by searching the Internet. When complete, ask students to share their work with the class (using PowerPoint or HyperStudio, if available). Then investigate placing the presentation on the school Web page or in the school newspaper for other students and parents to see.

Prereading Strategy

Before beginning the *Cultura viva* feature, consider asking some general preparation questions about the theme of the reading: What is the capital of El Salvador? What else do students know about El Salvador? Where is El Salvador located? Then have students skim the *Cultura viva* for cognates and any words or expressions they already know.

Notes Although it is the smallest Central American country, El Salvador is the most densely populated in the region. Exports include textiles, coffee and sugar.

Students may be aware that El Salvador suffered through war throughout the 1980s. Today, the country is trying to reestablish its identity with help from several international organizations. El Salvador's major trading partners include Guatemala, the United States, Mexico, Costa Rica and Germany.

Other organizations that offer volunteer opportunities in El Salvador include Seeds of Learning, Volunteers for Peace and the Peace Corps.

151

Activities

Expansion

Ask students to write a simplified version of a well-known fairy tale, leaving spaces for other students to write the verbs in the imperfect. Then students must illustrate the fairy tale and write a sentence describing what took place using the imperfect tense. (You may decide to have students pair up to do the activity in order to share the work and learn from one another.)

Multiple Intelligences (linguistic/interpersonal)

Tell students they are to interview a favorite relative about his or her life at the age of 12. Then have students write a short composition describing the relative and telling about the person's life in the past.

Estructura

Talking about the past: imperfect tense

You already have learned the *pretérito*, which expresses completed past actions. A second tense, the imperfect tense *(el imperfecto)*, also refers to the past, but without indicating specifically when the event or condition begins or ends.

Form the imperfect tense of regular verbs by dropping the *-ar, -er* or *-ir* ending from the infinitive and by adding the endings indicated in bold. All verbs in Spanish follow this pattern except for *ser, ir* and *ver*, which you will learn later in this lesson.

hablar					
yo	habl**aba**	I was speaking (I used to speak)	nosotros nosotras	habl**ábamos**	we were speaking (we used to speak)
tú	habl**abas**	you were speaking (you used to speak)	vosotros vosotras	habl**abais**	you were speaking (you used to speak)
Ud.	habl**aba**	you were speaking (you used to speak)	Uds.	habl**aban**	you were speaking (you used to speak)
él		he was speaking (he used to speak)	ellos		they were speaking (they used to speak)
ella		she was speaking (she used to speak)	ellas		they were speaking (they used to speak)

comer					
yo	com**ía**	I was eating (I used to eat)	nosotros nosotras	com**íamos**	we were eating (we used to eat)
tú	com**ías**	you were eating (you used to eat)	vosotros vosotras	com**íais**	you were eating (you used to eat)
Ud.	com**ía**	you were eating (you used to eat)	Uds.	com**ían**	you were eating (you used to eat)
él		he was eating (he used to eat)	ellos		they were eating (they used to eat)
ella		she was eating (she used to eat)	ellas		they were eating (they used to eat)

Notes Inform the class that for *-ar* verbs, only the *nosotros* form takes a written accent. For *-er* and *-ir* verbs, all forms take a written accent.

Explain to students that the imperfect describes an incomplete process. The speaker does not know when the process started, when or if it ended or how many times it took place. However, the speaker does know that there was some duration (but there are no limits on the time) and that the beginning and the end are irrelevant. The imperfect is used to refer to an event that happened somewhere in the middle of the past.

vivir					
yo	viv**ía**	*I was living* *(I used to live)*	nosotros nosotras	viv**íamos**	*we were living* *(we used to live)*
tú	viv**ías**	*you were living* *(you used to live)*	vosotros vosotras	viv**íais**	*you were living* *(you used to live)*
Ud.		*you were living* *(you used to live)*	Uds.		*you were living* *(you used to live)*
él	viv**ía**	*he was living* *(he used to live)*	ellos	viv**ían**	*they were living* *(they used to live)*
ella		*she was living* *(she used to live)*	ellas		*they were living* *(they used to live)*

The imperfect tense is used to describe an ongoing past action, a repeated (habitual) past action or a long-standing situation.

Hablaba con Pedro cuando....   **I was talking** with Pedro when....
Comíamos juntos todos los días.   **We used to/would eat** together every day.
Vivíamos en San Salvador.   **We were living** in San Salvador.

Note: The impersonal expression *había* is the imperfect tense of *haber* (to have) and is the equivalent of **there was/there were.**

Práctica

7 ¿Qué hacían por la tarde?

Quieres saber qué hacían ayer por la tarde las personas indicadas. Haz preguntas, usando la forma apropiada del imperfecto de los siguientes verbos. Usa las pistas que se dan.

MODELO   montar la rueda de Chicago (él)
            ¿Montaba él en la rueda de Chicago?

1. viajar a San Salvador (ella)
2. trabajar en el parque de atracciones (Uds.)
3. gritar en la montaña rusa (él)
4. hablar con un amigo mexicano (tú)
5. aprender español (nosotros)
6. jugar con los globos (tú)
7. correr (ellos)
8. dormir en su cuarto (él)
9. leer (yo)
10. escribir correos electrónicos (nosotros)
11. acostarse (Ud.)
12. divertirse en el carrusel (Uds.)

¿Montaba él en la rueda de Chicago?

Capítulo 4   *ciento cincuenta y tres*   **153**

Teacher Resources

 Activity 7

 Activity 3

 Activities 3–6

 Activity 2

 Activities 2–4

Answers

7   1. ¿Viajaba ella a San Salvador?
     2. ¿Trabajaban Uds. en el parque de atracciones?
     3. ¿Gritaba él en la montaña rusa?
     4. ¿Hablabas tú con un amigo mexicano?
     5. ¿Aprendíamos nosotros español?
     6. ¿Jugabas tú con los globos?
     7. ¿Corrían ellos?
     8. ¿Dormía él en su cuarto?
     9. ¿Leía yo?
     10. ¿Escribíamos nosotros correos electrónicos?
     11. ¿Se acostaba Ud.?
     12. ¿Se divertían Uds. en el carrusel?

Activities

Students with Special Needs
Have students pair up and take turns asking and answering the questions they created for activity 7 to further reinforce the imperfect tense verb forms.

Notes Remind students that they already have learned to use an informal form of the verb *haber*: *hay*. Students will learn other impersonal forms of *haber* in future lessons. The use of *haber* as an auxiliary verb also will be presented in this book.

Some native speakers use *habían* as a plural form of the impersonal expression *había*.

Before assigning activity 7, inform the class that reflexive verb endings are the same as all other reflexive verbs (see sentences 11 and 12). However, students must remember to place the reflexive pronouns in front of the conjugated form of the verb: *Ud. se acostaba; Uds. se divirtían.*

8 El parque de atracciones

Tu vecino te invitó a ir con su familia a un parque de atracciones. Completa las siguientes oraciones con el imperfecto de los verbos indicados para decir qué hizo cada persona durante la visita al parque.

MODELO Su hermano menor <u>pedía</u> monedas para montar en las atracciones. (pedir)

1. Yo __ a todo el mundo. (mirar)
2. Sus primos __ a una montaña artificial. (subir)
3. Sus padres __ con todo el mundo. (hablar)
4. Nosotros __ un día maravilloso. (pasar)
5. Todos nosotros __ música popular. (escuchar)
6. Su hermana mayor __ en la montaña rusa. (montar)
7. Su prima __ golosinas. (comer)
8. Su abuelo__. (dormir)

9 En los carros chocones

Usando el imperfecto, haz oraciones diciendo qué hacían las personas mencionadas cuando tú montabas en los carros chocones.

MODELO tú / mirar un desfile de carros antiguos
    Tú mirabas un desfile de carros antiguos

1. yo / gritar en los carros chocones
2. nosotros / comer unas golosinas
3. cuatro muchachos / recoger basura
4. un hombre chistoso / vender globos rojos
5. tú / jugar con unos globos
6. unas chicas / cepillarse el pelo
7. Uds. / broncearse al sol

10 De vacaciones

Marta estaba de vacaciones con su familia la semana pasada. Cambia los verbos indicados en las siguientes oraciones al imperfecto para decir qué hacían todos en su familia durante la semana.

MODELO Ellos *visitan* el parque de atracciones todos los días.
    Ellos visitaban el parque de atracciones todos los días.

1. *Se levantan* a las seis y media todos los días para ir al parque de atracciones.
2. Los hermanos de Marta *montan* en la montaña rusa todos los días.
3. El abuelo de Marta *lee* el periódico en el parque todas las mañanas.
4. La mamá de Marta *grita* cuando *monta* en las atracciones.
5. Marta y su hermana *comen* golosinas todas las noches.
6. *Duermen* en un hotel que *está* cerca del parque.
7. Marta *se acuesta* todas las noches a las once.
8. *Se divierten* mucho todos los días.

Notes Tell students that verbs with spelling changes (e.g., *recoger*) follow the same rules they have already learned regarding spelling changes.

Stem-changing verbs do not show a change in the imperfect because the imperfect is formed from the infinitive.

11 Cuando Luisa tenía seis años

Completa el siguiente párrafo con las formas apropiadas del imperfecto.

Mi hermano y yo siempre 1. *(visitar)* el parque de atracciones los fines de semana cuando yo 2. *(tener)* seis años. Nosotros 3. *(caminar)* por el parque y 4. *(hablar)* de nuestras vidas. Nosotros 5. *(parar)* muchas veces para comer algo y para tomar unos refrescos. Me parece que él siempre 6. *(comer)* en menos de cinco minutos. Yo 7. *(tardar)* más tiempo. Cuando nosotros 8. *(terminar)*, 9. *(montar)* en la montaña rusa varias veces y, luego, 10. *(salir)* para ir a casa. Mis padres también 11. *(hacer)* lo mismo a los seis años, pero ellos no 12. *(poder)* comer en el parque porque sus padres siempre los 13. *(esperar)* para comer en casa.

 **12 Armando y su familia**

 Armando vivía con su familia en otra ciudad antes de vivir en San Salvador. Trabajando en parejas, alterna con tu compañero/a de clase para decir lo que varias personas en su familia hacían cuando vivían en la otra ciudad.

> **MODELO** la hermana de Armando / escribir a unos parientes en San Salvador
> La hermana de Armando escribía a unos parientes en San Salvador.

1. Armando / salir a jugar al fútbol con unos amigos
2. la abuela / comprar golosinas en la dulcería
3. sus primos / correr por el parque de atracciones
4. el tío y la tía / visitar los museos de historia
5. la tía Luisa / mirar las vitrinas de los almacenes nuevos
6. su hermano mayor / comer los sábados en un restaurante mexicano

✷ Comunicación

 13 ¿Qué hacías el sábado pasado a diferentes horas?

Haz oraciones completas para decir lo que tú hacías el sábado pasado a diferentes horas, usando los siguientes verbos y pistas: *dormir, despertarse, levantarse, bañarse, vestirse, desayunar, salir de la casa, llegar a la escuela, almorzar, estudiar español, hacer la tarea, acostarse, dormirse.*

> **MODELO** Me despertaba a las seis y media.

14 ¿Qué recuerdas?

En parejas, alternen en hacer y contestar las siguientes preguntas para decir qué recuerdan de cuando tenían seis años. Usen el imperfecto.

1. ¿A qué hora salías para la escuela cuando tenías seis años?
2. ¿Te gustaban tus profesores/as?
3. ¿A qué jugabas con tus amigos/as?
4. ¿A qué hora comía tu familia los domingos?
5. ¿A qué hora tenías que acostarte?
6. ¿Qué hacías durante el verano a los seis años?

 Teacher Resources

⚙ **Activities 12 and 14**

Answers

11 1. visitábamos
2. tenía
3. caminábamos
4. hablábamos
5. parábamos
6. comía
7. tardaba
8. terminábamos
9. montábamos
10. salíamos
11. hacían
12. podían
13. esperaban

12 1. Armando salía a jugar....
2. La abuela compraba....
3. Sus primos corrían....
4. El tío y la tía visitaban....
5. La tía Luisa miraba....
6. Su hermano mayor comía....

13 Times may vary. Verbs are as follows: *Dormía..., Me despertaba..., Me levantaba..., Me bañaba..., Me vestía..., Desayunaba..., Salía..., Llegaba..., Almorzaba..., Estudiaba..., Hacía..., Me acostaba..., Me dormía....*

14 Answers will vary.

Activities

Expansion
Additional questions for activity 14: *¿Dónde vivías cuando tenías diez años?; ¿Qué hacías con tu familia los domingos?; ¿A qué horas podías ver televisión cuando tenías diez años?*

Notes Quickly review how to tell time with students before assigning activity 13.

Brainstorm with students some games they can play *(jugar)* in Spanish before asking them to do question 3 of activity 14.

Inform students that they may make up any of the answers they give for activity 14.

En el zoológico

 Activity 4

 Activities 24–25

 Activities 7–8

 Activity 3

Activities

Multiple Intelligences (bodily-kinesthetic)
Divide the class into two groups. A person from each group imitates an animal found in the zoo. A person from the other team guesses the animal and says a sentence describing a physical attribute of the animal (e.g., *Es una jirafa; las jirafas tienen el cuello muy largo*).

Prereading Strategy
Have students identify cognates and other words they recognize on pages 156–157. Then ask students to guess what the people shown on page 156 are discussing.

Spanish for Spanish Speakers
Have students write a short composition describing a visit to the zoo. The zoo trip can be imaginary or real, past or future. The composition should discuss what students saw or would like to see and what activities the individuals did or would like to do during the trip.

Vocabulario II
En el zoológico

156 *ciento cincuenta y seis* **Lección A**

Notes Use transparencies 24 and 25 to teach the names of the animals in a zoo and to introduce the new words and expressions in *Vocabulario II*. Show students transparency 24. Point to one of the animals and identify it in Spanish. Students should repeat after you. Continue on to the next item and repeat the process. Follow up the introduction by showing students transparency 25. Once again identify the new vocabulary in Spanish, allowing students to see how each word is spelled. Finally, call on students to spell each new word or expression.

Review previously learned animals including: *el perro, el gato, el caballo*.

el tigre

el león africano

la pantera

la jirafa

el hipopótamo

15 ¿Qué es?

 Escucha las oraciones y decide qué animal se describe.

A. el elefante   **B.** la jirafa   **C.** el flamenco   **D.** la serpiente   **E.** el hipopótamo

16 En el zoológico

Identifica los animales que ves en estas fotos.

MODELO   Es un camello.

1   **2**   **3**   **4**   **5**   **6**

Capítulo 4   *ciento cincuenta y siete*   **157**

Answers

15   1. D
        2. E
        3. A
        4. B
        5. C
16   1. Es una pantera.
        2. Es una jirafa.
        3. Es un león.
        4. Es un elefante.
        5. Es un tigre.
        6. Es una iguana.

Activities

Students with Special Needs
Have students cut out pictures of animals from magazines and label the cutouts in Spanish for animals students have learned in class. This can also be a good opportunity to enrich student vocabulary by adding words that are not yet active in *Navegando*.

TPR
Using overhead transparencies 24 and 25, ask students to come up and point to the different objects and animals as you name them in Spanish.

Notes   *El Parque Zoológico Nacional* in El Salvador is located just south of the capital. Noted especially for its species of tropical birds, it is considered one of the best zoos in Central America.

This would be a good time to remind students that some words in Spanish ending in *-a* require a masculine article (*el gorila, el agua, el programa*).

Activity 15 is intended for listening comprehension practice. Play the audio CD of the activity that is part of the Audio CD Program or use the transcript that appears in the ATE Introduction if you prefer to read the activity yourself.

Answers

17
1. Fueron al zoológico.
2. No, no vieron muchos animales.
3. Eran como cien animales.
4. Vieron los animales salvajes de África.
5. La iguana.

18 Answers will vary.

19
1. zoológico
2. África
3. animales
4. salvajes
5. monos
6. panteras
7. leones
8. tigres
9. camellos
10. hipopótamos
11. gorila

Activities

Cooperative Learning
After sufficient practice, have several pairs of students present their interpretations of the dialog in front of the class.

Expansion
Additional questions (*¿Qué recuerdas?*): *¿Tuvieron tiempo de ver a todos los animales?; ¿Vio Sara las iguanas?; ¿Le gustan las iguanas a Sara?; ¿Piensa Sara que las iguanas son feas o bonitas?; ¿Qué prepara la mamá de Paco?*

Diálogo II
¡Qué lástima!

PACO: Sara, ¿qué hiciste tú el fin de semana pasado?
SARA: Mi familia y yo fuimos al zoológico.
PACO: ¿Vieron muchos animales?
SARA: No, no muchos. Eran como cien animales. No tuvimos tiempo de verlos todos.

PACO: Por lo menos viste las iguanas.
SARA: ¿Las iguanas? A mí no me gustan las iguanas. Nosotros sólo vimos los animales salvajes de África.
PACO: ¡Qué lástima! La iguana es mi animal favorito.

SARA: ¿Tu animal favorito? Es muy feo.
PACO: Sí, es feo, pero la sopa de iguana que prepara mi mamá me gusta mucho.
SARA: ¡Qué tonto eres! La próxima vez le digo a tu mamá que te prepare una sopa de mono.
PACO: Muy chistosa.

17 ¿Qué recuerdas?

1. ¿Qué hicieron Sara y su familia el fin de semana pasado?
2. ¿Vieron muchos animales?
3. ¿Cuántos animales eran?
4. ¿Qué animales vieron?
5. ¿Cuál es el animal favorito de Paco?

18 Algo personal

1. ¿Te gustan los zoológicos? Explica.
2. ¿Cuándo fue la última vez que fuiste a un zoológico?
3. ¿Qué animales había? ¿Eran africanos?
4. ¿Conoces a alguna persona con un apellido de animal? ¿Cómo se llama?

¿Cuál es tu animal favorito?

19 Dictado

 Escucha la información y escribe las palabras que faltan *(missing)*.

El (1) de mi ciudad es muy grande y completo. Hay muchas especies de animales de muchos lugares, como (2), Australia y América del Sur. Hay (3) pequeños y grandes, dóciles y (4). Los (5) son mis favoritos. También me encanta ver los gatos grandes como las (6), los (7) y los (8) de lugares exóticos. A los niños pequeños les llaman la atención los (9). También les gusta mucho ver los (10), pero pueden ser peligrosos. La última vez que fui al zoológico, un (11) atacó a una de las personas que trabajaba allí. Por suerte, no pasó nada, pero sirve para recordarnos no caminar cerca de las jaulas.

Notes This dialog provides exposure to authentic spoken Spanish and allows students to practice their pronunciation in complete sentences using the new vocabulary and expressions in context.

Encourage students to visit a local zoo and look specifically for animal species native to Central America. How are they different from animals of North America? What characteristics do Central American animals share?

Cultura viva

Sopa de iguana, por favor

Una iguana.

Helen, una estudiante estadounidense, estaba en San Salvador viviendo con una familia salvadoreña. Un día, estaba enferma con gripe. "Te voy a hacer sopa de iguana", le dijo la señora de la casa. Helen no podía imaginar comer iguana. Pensaba que la iguana era un reptil con cara de dinosaurio y le daba miedo y asco[1]. Por curiosidad, la comió. "*Tastes just like chicken*", pensó. A diferencia del pollo, la carne de iguana tiene muy poca grasa[2], algo que les gusta a los nutricionistas. A diferencia de la carne de res[3], es mucho más fácil criar[4] iguanas porque necesitan poca atención y no necesitan grandes áreas de tierras deforestadas. Las fincas de iguanas necesitan árboles[5] y eso les gusta a los ecologistas. Hoy en día, la carne de iguana criada en fincas en El Salvador se exporta a tiendas latinas en ciudades grandes como Washington, D.C. y Nueva York. Las fincas de iguana ayudan a conservar a esta especie protegida. Ahora la gente de América Central que vive lejos de su país puede comer iguana legalmente. La carne de iguana se come desde los tiempos de los mayas y se considera deliciosa y una fuente[6] natural de energía.

[1]disgust [2]fat [3]beef [4]raise [5]trees [6]source

Comemos huevos de iguana.

---

20 Conexión con otras disciplinas: ciencias

Contesta las siguientes preguntas.

1. ¿Qué sopa comen muchos salvadoreños cuando tienen gripe?
2. ¿Qué sopa comen muchos estadounidenses cuando tienen gripe?
3. ¿A qué carne se parece la carne de iguana? ¿Cuál es la diferencia?
4. Compara la crianza *(raising)* de ganado *(cattle)* y de iguanas. ¿Cuál es mejor para el medio ambiente?

Teacher Resources

 Activity 20

 Activity 9

 Activity 4

Answers

20 1. Muchos salvadoreños comen sopa de iguana cuando tienen gripe.
2. Muchos estadounidenses comen sopa de pollo cuando tienen gripe.
3. La carne de iguana se parece a la carne de pollo pero tiene menos grasa.
4. *Possible answers:*
La crianza de ganado requiere muchas hectáreas de tierras deforestadas y mucho cuidado.
La crianza de iguana requiere poca atención y muchos árboles.
La crianza de iguanas es mejor para el medio ambiente porque requiere la reforestación.

Activities

Expansion
Using the Internet, the library or other references of their choosing, have students research some aspect of El Salvador. Then have students create a report with accompanying visuals. Ask students to share the information with the class.

Notes Some students may object to the idea of eating iguana. You may wish to remind students that just as language varies from one part of the world to the next, foods people commonly eat and other aspects of everyday culture vary, as well. The *Cultura viva* prepares students for differences they may experience as they travel. The reading is not intended to promote the eating of iguana.

Foods that are common in El Salvador include *casamiento,* a mixture of rice and beans, and *pupusas,* made by stuffing cornmeal with farmer's cheese, cooked beans, and pork fat. Plantains, pineapple and corn are abundantly grown.

Activities

Cooperative Learning

Have students pair up and talk about what they did several times during the last vacation or holiday. Give them this question: *¿Cuáles son cinco cosas que hacías mucho?* to get started. You may wish to use the following as a model: *Nadaba en la piscina.*

Multiple Intelligences (interpersonal)

Working in small groups, tell students to discuss what their lives were like when they were six, seven, eight, etc., years old: *¿Qué música escuchaban? ¿Qué programas de televisión miraban? ¿Qué comidas les gustaban?* etc. Each group should then present a summary to the class.

Idioma

Estructura

Irregular imperfect tense verbs: *ser, ir* and *ver*

Three verbs are irregular in the imperfect tense in Spanish.

ser	
era	éramos
eras	erais
era	eran

ir	
iba	íbamos
ibas	ibais
iba	iban

ver	
veía	veíamos
veías	veíais
veía	veían

In addition to describing an ongoing past action, a repeated (habitual) past action or a long-standing situation, the imperfect tense may be used in the following situations:

- to refer to a physical, mental or emotional characteristic or condition in the past

  Era inteligente y chistoso. — **He was** smart and funny.

  Tenían miedo a las serpientes. — **They were** afraid of snakes.

- to describe or provide background information about the past

  Eran las siete de la noche. — **It was** 7:00 P.M.

  Yo tenía once años. — **I was** eleven years old.

  Hacía mucho frío. — **It was** very cold.

  Había muchos animales. — **There were** many animals.

- to indicate past intentions

  Iba a ir al zoológico ayer. — **I was going to go** to the zoo yesterday.

  Queríamos ver la película sobre el zoológico. — **We wanted to see** the movie about the zoo.

Iba a ir al zoológico ayer.

Notes Point out that the students have already learned the imperfect endings for the verb *ver*. It is irregular only because it maintains the vowel *e*.

Before teaching the irregular forms shown on this page 160, conjugate several regular imperfect-tense verbs on the board or on a transparency. Then say several things you used to do, using some of the verb forms you wrote down. Call on several students to say something they used to do, choosing from the verb forms you wrote down. Next, practice the verb forms for *ser, ir* and *ver* using the same method.

 **Práctica**

21 ¿Qué hacían todos ayer?

Visitabas un parque de atracciones ayer con tu familia. Completa las siguientes oraciones con la forma apropiada del imperfecto de los verbos entre paréntesis para describir la visita.

MODELO El parque <u>era</u> maravilloso. (ser)

1. Las atracciones __ fascinantes. (ser)
2. Mi hermana menor __ la muchacha más simpática de todo el parque. (ser)
3. Mis hermanas __ sólo para montar en la montaña rusa. (ir)
4. Yo __ a comprar una serpiente de El Salvador, pero no tenía dinero. (ir)
5. Mi hermano y yo __ una exhibición de carros antiguos por la tarde. (ver)
6. Mucha gente __ los fuegos artificiales. (ver)
7. Nosotros __ a montar en globo pero tuvimos miedo. (ir)
8. Uds. __ los chicos más chistosos del parque. (ser)
9. Tú __ un desfile por más de una hora. (ver)
10. Cuando salíamos del parque __ las once de la noche. (ser)

El parque era maravilloso.

22 ¿Cuántos años tenían?

Las siguientes personas fueron al zoológico por última vez el año pasado. Di cuántos años tenían cuando fueron al zoológico el año pasado, según la edad que tienen hoy.

MODELO Manuela tiene 20 años.
Manuela tenía 19 años el año pasado.

1. Mi abuela tiene 59 años.
2. Fernando y Alicia tienen 18 años.
3. La señorita León tiene 25 años.
4. Mi primo tiene 14 años.
5. Tú tienes 17 años.
6. Mi amigo y yo tenemos 15 años.
7. Uds. tienen 21 años.
8. Yo tengo....

Manuela tiene 20 años.

Capítulo 4

ciento sesenta y uno **161**

Notes The *vosotros/vosotras* verb endings are included for passive recognition. If you have decided to make these forms active, adapt the provided activities as required.

Answers

23 1. Nosotros íbamos...los flamencos.
2. Diana y Francisco iban...las jirafas.
3. Tú ibas...los gorilas.
4. Miguel y Pablo iban...los hipopótamos.
5. Uds. iban...las tortugas.
6. Jaime iba...los leones.
7. Alicia y Patricia iban...las cebras.
8. Yo iba...los monos.
24 Answers will vary.

Activities

Cooperative Learning
Pair up students and have them take turns asking and answering questions about the photographs for activity 23.

Students with Special Needs
Practice verb conjugation using choral response to each form of the verbs *ser, ir* and *ver.* Start with the *yo* form of each verb. Then ask for the *tú* form of each verb, and so on, until students have had a chance to practice all forms of each verb.

23 ¿Qué animales?

Tú fuiste al zoológico con algunos amigos la semana pasada para ver los animales favoritos de cada uno. Di qué animales fueron a ver, según las fotos.

MODELO Ana
Ana iba a ver los tigres.

1. nosotros   2. Diana y Francisco   3. tú   4. Miguel y Pablo

5. Uds.   6. Jaime   7. Alicia y Patricia   8. yo

Comunicación

24 Una visita al zoológico

 Estás hablando con unos amigos de su visita al zoológico el fin de semana pasado. En grupos pequeños, describan los animales que vieron. Pueden usar elementos de cada columna y hacer los cambios necesarios en sus descripciones. Después de cada descripción, los otros miembros de tu grupo deben adivinar *(guess)* qué animal estás describiendo.

MODELO A: Era feroz.
B: Era el león.

los hipopótamos		rápido
la cebra		gordo y lento
las serpientes		rápido y chistoso
la jirafa		largo
la tortuga		chistoso
el tigre	ser	alto
los flamencos		rápido y negro
los elefantes		rosado y delgado
la leona		grande
los monos		feroz
los gorilas		lento y viejo

162 *ciento sesenta y dos*   **Lección A**

Notes Identify the animals shown in each photograph before assigning activity 23.

Before assigning activity 24, help students with the meaning of the adjectives in the right-hand column. After completing the activity, ask students if they would use other adjectives to describe the animals named in the left-hand column.

Inform students that there may be more than one answer for each description in activity 24. Students may accept the alternative answer or tell the person the answer is incorrect and then give another clue.

25 El Reino Animal

Mira el siguiente horario del zoológico El Reino Animal. Luego, trabajando en parejas, alterna con tu compañero/a de clase en preguntar y contestar a qué hora ocurrían diferentes actividades ayer en el zoológico.

MODELO los fuegos artificiales

    A: ¿A qué hora eran ayer los fuegos artificiales?

    B: Eran a las siete.

1. la exhibición de los monos de América Central
2. el Gran desfile
3. la película sobre el zoológico
4. el desfile de la selva
5. las exhibiciones de animales salvajes africanos
6. la visita al mundo de los hipopótamos
7. la película sobre los animales de América del Sur
8. la exhibición de los tigres

¡Extra!

Otros animales

el águila	eagle
el avestruz	ostrich
la ballena	whale
el cocodrilo	crocodile
el delfín	dolphin
la foca	seal
el loro	parrot
el rinoceronte	rhinoceros
el tiburón	shark
el venado,	deer
el ciervo	

Los fuegos artificiales.

Capítulo 4

Expansion
For additional practice on the imperfect tense, have students complete the following sentences: *Cuando tenía diez anos, yo...; Cuando mis padres estaban en casa, mi hermano y yo...; Cuando mi mejor amigo estudiaba, yo...; Cuando el profesor de español presentaba la lección, los estudiantes...; Cuando mis amigos estaban en la fiesta, yo....*

Critical Thinking
Write several phrases on the board that are preceded by *ser (de San Salvador, inteligente, las 8:00)* and several that are preceded by *estar (bien, regular, en Honduras, en la clase)*. Point to a word or phrase and ask *¿Ser o estar?* After students respond, ask *¿Por qué?* and call on one student to support the answer. (The response may be in English unless you prefer to give students the Spanish words *origen, característica, condición* and *lugar*.)

26 ¿Qué hacías tú en el zoológico?

Hablando con un(a) compañero/a de clase, se dan cuenta de que *(you realize)* los dos fueron al zoológico ayer. Trabajando en parejas, y usando la información de la actividad anterior, alternen en hacer y contestar preguntas sobre lo que Uds. hicieron en diferentes horas.

¡Qué mono tan mono!

¡Extra!

Los monos

You might find it interesting to know that the word *mono* is used in Colombia to refer to blond people. In Mexico and in Spain the word *mono* is equivalent to "cute." To say "blond" in El Salvador, use the word *chele* for a man or *chela* for a woman.

Repaso rápido: *Ser* vs. *estar*

Do you remember how to use *ser* and *estar*?

- *Ser* may express origin.

  Soy de El Salvador.   **I am** from El Salvador.

  Soy salvadoreño.   **I am** Salvadoran.

- Sometimes *ser* expresses a characteristic that distinguishes people or objects from one another.

  El zoológico **era** *fascinante.*   The zoo **was** fascinating.

  ¡Qué inteligente **eres***!*   How smart **you are!**

- *Estar* is used to express a temporary condition.

  Estamos *muy bien.*   **We are** very well.

  ¡Qué gordo **estaba** *el hipopótamo!*   How fat the hippopotamus **was!**

- *Estar* also may refer to location.

  ¿Dónde **está** *el zoológico?*   Where **is** the zoo?

Although *estar* generally is used to express location, note this exception: *Ser* can refer to the location of an event, in which case it is the equivalent of **to take place**.

  ¿Dónde **son** *los fuegos artificiales?* Where do the fireworks **take place**?

Notes Remind students that they can use the Appendices at the end of the book as a handy reference for verifying the correct conjugations of irregular verbs.

Inform students that you will be asking several pairs of students to present the information they discussed for activity 26 in the form of a dialog in front of the class.

27 ¿Ser o estar?

Completa las siguientes oraciones con la forma apropiada del presente o del imperfecto de *ser* o *estar*, según las situaciones.

MODELOS El zoológico de San Diego <u>es</u> uno de los zoológicos estadounidenses más grandes.

Cuando fuimos al zoológico el día <u>estaba</u> nublado.

1. El hipopótamo __ un animal muy gordo. No conozco ninguno delgado.
2. Las golosinas no __ muy buenas para tu cuerpo. No debes comerlas.
3. Mi amiga panameña __ en San Salvador de vacaciones el mes pasado cuando la llamé.
4. Las panteras __ salvajes y muy feroces. Nadie tiene una en su casa.
5. ¡La serpiente __ sobre mi cámara cuando trataba de tomar una foto! ¡Qué miedo!
6. El desfile __ ayer a las dos de la tarde en el parque.
7. ¿__ enfermas las tortugas ecuatorianas anteayer?
8. David __ muy chistoso hoy. Ayer estaba muy triste.
9. Este zoológico __ muy grande. Tiene más de tres mil animales.
10. ¡Las montañas que vimos en América Central __ fascinantes!

El desfile.

En el zoológico de San Diego.

Answers

27
1. es
2. son
3. estaba
4. son
5. estaba
6. era
7. Estaban
8. está
9. es
10. eran

Activities

Multiple Intelligences (bodily-kinesthetic/linguistic)
You may wish to review the verb *estar* by asking students to bring in cutouts from magazines of various places throughout the world (preferably places where Spanish is spoken). Then have them write captions below the pictures telling about who is in each and where the people are, using the appropriate present-tense form of *estar* and each of the subject pronouns. After students complete the written assignment, you may wish to have them work in pairs, asking one another about the photographs or presenting the information to the class: *Aquí están mis tíos, en San Salvador.*

Notes In addition to *tomar fotos* (sentence number 5 of activity 27) students may hear *sacar fotos* or *fotografiar.*

Activities

Connections
Give students a map of the Americas and have them fill in the countries where Spanish is spoken and the nationalities of the people who live in them.

Expansion
Ask students if they can guess the nationality of people from Equatorial Guinea: *guineano/guineana.*

Estructura

Adjectives of nationality

You will recall that singular masculine adjectives that end in *-o* have a feminine form that ends in *-a* and most singular adjectives that end with an *-e* or with a consonant have only one singular form. However, for masculine adjectives of nationality that end with a consonant, add *-a* to make the feminine form: *español/española.*

Adjectives of Nationality	
Soy de...	**Soy...**
(la) Argentina	argentino,-a
Bolivia	boliviano,-a
Chile	chileno,-a
Colombia	colombiano,-a
Costa Rica	costarricense
Cuba	cubano,-a
Ecuador	ecuatoriano,-a
El Salvador	salvadoreño,-a
España	español/española
(los) Estados Unidos	estadounidense
Guatemala	guatemalteco,-a
Honduras	hondureño,-a
México	mexicano,-a
Nicaragua	nicaragüense
Panamá	panameño,-a
(el) Paraguay	paraguayo,-a
(el) Perú	peruano,-a
Puerto Rico	puertorriqueño,-a
(la) República Dominicana	dominicano,-a
(el) Uruguay	uruguayo,-a
Venezuela	venezolano,-a

Adjectives of nationality are used after the word they are describing. However, sometimes a word you are describing may be omitted in order to avoid repeating a noun. In such cases the article remains and the adjective must agree with the noun that was omitted.

*¿Te gustan los (animals/objects) colombianos o **los** (animals/objects) **salvadoreños**?*

Do you like the Colombian (animals/objects) or **the Salvadoran ones**?

Notes Point out that *estadounidense* is more specific than *norteamericano* because North America is actually comprised of Canada, the United States and Mexico.

Additional nouns and adjectives of nationalities were presented on page 149.

Using a wall map, the maps at the front of this book or the transparencies that are part of the *Navegando 1* Transparency Program, show students where the countries listed are located.

 **Práctica**

28 Las nacionalidades

Unos amigos te presentaron a algunas personas de otros países durante una visita al zoológico. Di de qué país eran, conectando lógicamente las oraciones de la columna B con las oraciones de la columna A.

A

1. La señora Martínez era de España.
2. Margarita era del Perú.
3. Los señores Toro eran de España también.
4. Todos éramos de los Estados Unidos.
5. Miguel y Rogelio eran de la República Dominicana.
6. Paco era de Chile.
7. Ana y Paula eran de Panamá.
8. Silvia era de Guatemala.
9. Los amigos de Fernando eran de Nicaragua.
10. La señorita Sánchez era de Puerto Rico.

B

A. Éramos estadounidenses.
B. Eran panameñas.
C. Eran dominicanos.
D. Era chileno.
E. Eran nicaragüenses.
F. Era guatemalteca.
G. Era peruana.
H. Era puertorriqueña.
I. Eran españoles.
J. Era española.

29 Eres veterinario/a

Imagina que eres veterinario/a y fuiste a un zoológico en El Salvador para hacer un estudio. Completa las observaciones que hiciste durante tu visita, usando las indicaciones que se dan. Sigue el modelo.

MODELO serpientes / americano / enfermo / por comer algo malo
Las serpientes americanas estaban enfermas por comer algo malo.

1. leones / africano / salvaje
2. monos / hondureño / contento / de verme
3. panteras / negro / feroz
4. zoológico / salvadoreño / maravilloso
5. iguanas / mexicano / muy chistoso
6. camellos / nervioso / de ver a tanta gente
7. elefantes / africano / cansado / por no dormir bien

¡Extra!

¿Qué es América?

In the Spanish-speaking world, the word *América* refers to *América del Sur*, *América Central* and *América del Norte*. Additionally, the adjective *americano,-a* refers to anyone from any part of *América*. For this reason, if you are from the United States when traveling in the Spanish-speaking world, demonstrate good diplomacy and a knowledge of this cultural and linguistic difference by referring to yourself as an *estadounidense*.

Una serpiente.

30 Son de muchas nacionalidades

En parejas, alternen en preguntar y en contestar de dónde eran las siguientes personas que Uds. conocieron en la visita al zoológico.

> **MODELO** la señora Varela / Lima
> **A:** ¿De dónde era la señora Varela?
> **B:** Era del Perú.
> **A:** Ah, ¿sí? ¿Era peruana?
> **B:** Claro. Era de Lima.

1. el señor De la Torre / La Habana
2. Ricardo / Santa Fe de Bogotá
3. Lucía y Carmen / Buenos Aires
4. Karin y su esposo / San José
5. José y su amiga / Caracas
6. el señor y la señora Vargas / La Paz
7. las amigas de María / Quito
8. Raúl / Tegucigalpa

La Sra. Varela es de Lima.

◈ Comunicación

 31 Son de todas partes del mundo

En grupos, cada persona pregunta el nombre y la nacionalidad de siete estudiantes de otros grupos. (Todos deben contestar con una de las nacionalidades de cualquiera de los países de habla hispana.) Luego, regresa a tu grupo y comparte *(share)* la información con tus compañeros/as. Un miembro del grupo debe preparar un resumen *(summary)* de toda la información. Por último, otro miembro del grupo debe presentar la información a la clase, señalando a las personas y diciendo su nacionalidad.

> **MODELO** **A:** ¿Cómo te llamas?
> **B:** Me llamo Paloma.
> **A:** ¿Cuál es tu nacionalidad?
> **B:** Soy salvadoreña.

¡Extra!

¿Nombres de animales o de personas?

Do you know any Tigers? How about people with the name Bird? In Spanish-speaking countries, it is fairly common to meet people with last names that are the same as the names of animals. Do not be surprised, for example, if one day you are introduced to Mr. and Mrs. Lion *(el señor* and *la señora León),* or to their friend Miss Bull *(la señorita Toro),* whose first name is *Paloma* (Dove). For some people the use of an animal's name to refer to a person may seem odd. However, in many cultures you will find that animal names for people are quite common and very acceptable.

¿Cómo te llamas?

Notes Have students select a nationality before beginning activity 31.

It is interesting that in English, people's names are commonly the names of plants (Daisy, Lily, Sage, Ginger). Point out that month names are fairly common (April, May, June, August). In addition, state and city names are becoming more common (Nevada, Dakota, Phoenix, Paris). Animal names are less common, although some do exist (Robin, Wolf).

32 Cuando éramos pequeños/as

¿Qué hacías cuando eras pequeño/a? Haz una lista de por lo menos ocho cosas. Luego, trabajando en parejas, lean el uno al otro lo que escribieron y hagan una lista de las actividades que los dos tienen en común en sus listas. Por último, da un reporte de estas actividades a otra pareja de estudiantes.

Cuando era pequeño/a:
1. Montaba en la montaña rusa con mi familia.
2. Comía muchas golosinas.

Cuando era pequeño/a:
1. Comía muchas golosinas.
2. Montaba en bicicleta con mis amigos del barrio.

33 El fin de semana pasado

En grupos de tres, hablen de lo que Uds. hacían durante el fin de semana pasado a diferentes horas. Pueden usar algunos de los verbos indicados si quieren.

MODELO **A:** ¿Qué hacías a la una el sábado?
B: Almorzaba a la una el sábado.
C: ¿Qué comías?
B: Comía pescado y una ensalada.

almorzar   estudiar español   dormirse
dormir   hacer la tarea
salir de la casa   mirar la televisión
        acostarse
        levantarse   desayunarse
despertarse
        bañarse

Activities

Expansion

Additional questions (*¿Qué recuerdas?*): *¿Qué llevaban mulas desde las montañas hasta Acajutla hace cien años?; ¿Por dónde tenían que pasar?; ¿Cómo se llamaba el paso peligroso por donde tenían que pasar con el café?; ¿Qué no es imposible si trabajamos juntos?*

Technology

Have students use the Internet to look up additional information about *¡Salvemos El Imposible!* They should gather data from at least three sources, focusing on historical aspects of the site, the park today, or efforts to save the area habitat. Then they should prepare a short oral presentation of their findings in Spanish.

Lectura cultural

¡Salvemos[1] El Imposible!

Parque nacional, El Salvador.

En el siglo pasado, en el pequeño país de El Salvador, productores de café llevaban el café en mula desde las montañas del norte del país hasta el puerto de Acajutla. Tenían que pasar por una selva y a través de[2] un barranco[3]. Este peligroso paso[4] lo llamaban "El Paso Imposible". En un siglo, El Salvador ha crecido[5] mucho. Hoy, es el país de mayor densidad de población en toda América Latina. También es el país con el porcentaje de bosques[6] más pequeño en América Latina: solamente el 2% del territorio de El Salvador es bosque.

Una especie de pájaro.

En 1989, el gobierno salvadoreño creó un parque nacional en uno de los últimos bosques tropicales que quedaban. Como el parque incluye el antiguo paso "El Imposible", también se le llamó El Imposible. Hoy, el Parque Nacional El Imposible es el último refugio para los animales salvajes[7] de El Salvador, como el puma, el oso hormiguero[8], el mono, 300 especies de pájaros y 25 especies de serpientes. SalvaNATURA, un grupo de jóvenes salvadoreños, está trabajando para proteger El Imposible. Desde 1995, este grupo de ecologistas ha estado educando a las comunidades salvadoreñas, quienes desde entonces han creado[9] clubes de ecología que participan en campañas de reforestación. Trabajando juntos, no es imposible salvar El Imposible.

[1]Let's save [2]through [3]ravine [4]passage [5]has grown [6]forests [7]wild [8]anteater [9]have created

34 ¿Qué recuerdas?

Di si lo siguiente es cierto o falso.

1. De todos los países latinoamericanos, El Salvador tiene la mayor densidad de población.
2. De todos los países latinoamericanos, El Salvador tiene el mayor porcentaje de bosque.
3. Monos, serpientes y pumas viven en El Imposible.
4. El parque se llama El Imposible porque es imposible salvar a los animales.
5. SalvaNATURA es un grupo ecologista salvadoreño.

> • What's the closest national park to where you live? Compare the wildlife of that park with that of El Imposible. How are both parks important to the ecology of the region?

35 Algo personal

1. ¿Por qué crees que solamente el 2% de El Salvador es bosque?
2. ¿Crees que es importante proteger El Imposible? ¿Por qué?
3. ¿Cómo podrías ayudar a SalvaNATURA a proteger El Imposible?

Notes If students are interested in obtaining more information about this important national park, visit the SalvaNATURA Web site at www.salvanatura.org. You may also want to obtain and read or let students read the book *El Parque Nacional El Imposible y su Vida Silvestre,* available both in English and in Spanish.

¿Qué aprendí?

Autoevaluación

Como repaso y autoevaluación, responde lo siguiente:

Visit the web-based activities at www.emcp.com

1. Name two things you would see at an amusement park.

2. Imagine you went to an amusement park last weekend. Describe the day and say what you did.

3. Name six animals in Spanish that you would expect to see at the zoo.

4. Describe something you did, where you went and what you saw when you were ten.

5. Give the nationality of a person from the following countries: El Salvador, México, Puerto Rico, España, Estados Unidos.

6. What do you know about El Salvador?

Palabras y expresiones

Nacionalidades
africano,-a
argentino,-a
boliviano,-a
chileno,-a
colombiano,-a
costarricense
cubano,-a
dominicano,-a
ecuatoriano,-a
español, española
estadounidense
guatemalteco,-a
hondureño,-a
nicaragüense
panameño,-a
paraguayo,-a
peruano,-a
puertorriqueño,-a

salvadoreño,-a
uruguayo,-a
venezolano,-a
En el parque de atracciones
el algodón de azúcar
la atracción
los carros chocones
el carrusel
el desfile
los fuegos artificiales
el globo
la golosina
la montaña rusa
las palomitas de maíz
la rueda de Chicago
En el zoológico
el animal
el camello
la cebra
el elefante
el flamenco
el gorila
el guía, la guía
el hipopótamo
la iguana
el zoológico
la jirafa
el león
el mono

la pantera
la selva
la serpiente
el tigre
la tortuga
Para describir
antiguo,-a
chistoso,-a
fascinante
feroz
maravilloso,-a
salvaje
Verbos
gritar
había

imaginar(se)
molestar
Expresiones y otras palabras
el África
la América
(Central/del Norte/del Sur)
bienvenido,-a
la cámara
como
más de
la montaña
la visita

Una cámara.

Mira el algodón de azúcar.

Capítulo 4

ciento setenta y uno **171**

Teacher Resources

Activity 13

Information Gap Activities
Postcard Activities
Funciones de Comunicación

Answers

Autoevaluación
Possible answers:
1. las atracciones, las golosinas, los fuegos artificiales, las palomitas de maíz
2. Answers will vary.
3. una jirafa, un mono, un gorila, una iguana, un león, un elefante, un tigre, una pantera, una cebra, una serpiente
4. Answers will vary.
5. salvadoreño/a; mexicano/a; puertorriqueño/a; español/a; estadounidense
6. Answers will vary.

Activities

Expansion
Dictate a letter of the alphabet to the class. Give students three minutes to write any words they can think of in Spanish that begin with that letter. After calling time, ask students to read their lists aloud. The student with the longest list of correct words wins.

Pronunciation
To ensure proper pronunciation, model each word or expression and have students repeat after you.

Students with Special Needs
Select several words and phrases for individual students to use orally in sentences.

Notes Point out the dieresis (*diéresis*) on the word *nicaragüense*. This linguistic point is explained for students in detail in *Navegando 3*. For the time being, you may wish to note for interested students that for the letter combinations *gue* and *gui*, the *u* is not usually pronounced. The two dots, or dieresis, over the *u* indicate that the letter should be pronounced, as happens here with *nicaragüense*.

Many Uruguayans refer to themselves as *orientales*.

En el circo

 Activity 1

 Activities 26–27

 Activity 1

 Activity 1

 Activity 1

Activities

Connections

Using the maps in the front of the book or the *Navegando* transparencies, show students where Honduras is located.

Prereading Strategy

Instruct students to look at the illustrations on pages 172–173. Have them look through the content quickly to find cognates and any words they recognize. Then ask students what they think the illustrations depict. Finally, ask several questions to prepare students for the new content: Who are the people in the illustration on page 172? What are the people doing on the right side of the illustration on page 173? What else can students guess the meaning of on these two pages?

172 *ciento setenta y dos*   **Lección B**

Notes Use transparencies 26 and 27 to teach the circus-related vocabulary shown on pages 172–173. Show students transparency 26. Point to one word or expression and identify it in Spanish. Have students repeat after you. Continue on to the next item and repeat the process. Follow up the introduction by showing students transparency 27. Once again,

identify the new vocabulary in Spanish, allowing students to see how each word is spelled. Finally, call on students to spell each new word or expression.

Note for students several other circus words: *los zancos* (stilts), *el trapecio* (trapeze), *el columpio* (swing).

la jaula

la taquilla

el boleto

la fila

 1 **¿Qué ves en el circo?**

 Di si lo que oyes es cierto o falso, según la ilustración del Vocabulario I.
Si lo que oyes es falso, di lo que es cierto.

2 **¿Qué vio Elena?**

Elena fue al circo el sábado y hoy está hablando con Pablo sobre lo que ella
vio. Completa el siguiente diálogo con las palabras de la lista para saber lo
que dicen.

> osos　　malabaristas　　emocionante　　banda
> payasos　　　　　　acróbatas

Pablo: Oye, Elena, ¿te gustó el circo adonde fuiste el sábado?
Elena: Sí, fue estupendo. Había (1) chistosos, una (2) de música, (3) con mucha destreza
y unos (4) marrones lindísimos.
Pablo: Y, ¿qué era lo más (5)?
Elena: Lo más emocionante fueron los leones.
Pablo: Y, ¿qué era lo más peligroso?
Elena: Lo más peligroso eran los (6) jugando con fuego.

Capítulo 4　　　　　　　　　　　　　　　　*ciento setenta y tres* **173**

Teacher Resources

 Activity 1

Answers

1 1. Falso. Los payasos están
contentos.
2. Falso. Los acróbatas tienen
mucha destreza.
3. Falso. El león es
grandísimo.
4. Cierto.
5. Cierto.
6. Cierto.
2 1. payasos
2. banda
3. acróbatas
4. osos
5. emocionante
6. malabaristas

Activities

Language through Action
Use TPR and overhead
transparencies 26 and 27 to teach
and reinforce the vocabulary
shown here.

Pronunciation
Play the audio CD version of the
vocabulary and have students
practice repeating the
expressions in Spanish before
opening their books and seeing
how the new words and
expressions are written.

Notes Review previously learned terms
for animals that students may find at a
circus.

You may want to let students know that an
alternative term for *fila* is *cola*. Similarly,
they may hear the term *entrada* used as a
synonym of *boleto*. Usage will vary from
country to country.

Remember that the first activity after each
vocabulary presentation is recorded and is
part of the Audio CD Program. You may
wish to play the recorded version of the
activity or read the script that is available
in the ATE Introduction.

173

Teacher Resources

Soy un gran malabarista
Activities 3–5

Answers

3 1. Quiere ir al circo.
2. Oyó que el circo era grandísimo.
3. Dice que hay acróbatas, malabaristas y trapecistas.
4. Ariel dice que él es un gran malabarista.
5. Marina dice que Ariel es un payaso.

4 Answers will vary.

5 1. A; 2. C; 3. E; 4. B; 5. D

Activities

Critical Listening
Play the audio recording of the dialog. Instruct students to cover the words as they listen to the conversation. Then ask several individuals to guess where the conversation takes place and what the people are talking about.

Expansion
Additional questions (¿Qué recuerdas?): ¿Qué hay en la ciudad?; ¿Les gustaría ir al circo a Marina y Ariel?
Additional questions (Algo personal): Cuando eras más joven, ¿ibas al circo?; ¿Cuántos años tenías cuando fuiste al circo la última vez?; ¿Cuál es tu atracción favorita en el circo?; ¿Adónde fuiste para ir al circo?

Diálogo I
Soy un gran malabarista

JORGE: Hay un gran circo en la ciudad. ¿Les gustaría ir?
MARINA: ¡Ay, sí! Yo oí que era un circo grandísimo.
ARIEL: Bueno, ¡vamos!

ARIEL: ¿Qué hay en este circo?
JORGE: Hay acróbatas, malabaristas y trapecistas.
ARIEL: ¿Malabaristas? ¡Yo soy un gran malabarista!

MARINA: ¡Qué mentira tan grande!
JORGE: A ver. Aquí tienes tres naranjas. Queremos ver.
MARINA: ¡Ja, ja! Lo que eres es un payaso.

 3 ¿Qué recuerdas?

1. ¿Adónde quiere ir Jorge?
2. ¿Qué oyó Marina?
3. ¿Qué dice Jorge que hay en el circo?
4. ¿Qué dice Ariel que él es?
5. ¿Qué dice Marina de Ariel?

4 Algo personal

1. ¿Te gusta el circo? ¿Por qué?
2. ¿Te gustaría ser acróbata o malabarista? ¿Por qué?
3. ¿Qué te parece más peligroso, un león o un oso? ¿Por qué?

¿Te gustaría ser acróbata?

 5 ¿Qué es?

Escucha y, luego, identifica las cosas y personas que se encuentran en el circo.

A **B** **C** **D** **E**

174 *ciento setenta y cuatro* **Lección B**

Notes Remind students that *¡Ja, ja!* is equivalent to **Ha, ha!** in English.

As students practice the dialog, it is important that they work on correct pronunciation and determine if students appear to understand what they are saying and hearing. You may want to have students personalize the dialogs by role-playing the parts using their own names.

Honduras

Honduras está en América Central, entre el Mar Caribe, Nicaragua, El Salvador y Guatemala. La capital del país, y la ciudad más grande, es Tegucigalpa, con más de 700000 habitantes. Como México y Guatemala, Honduras tiene una larga historia y mucha influencia del gran imperio maya. Los mayas fundaron la ciudad de Copán en el siglo V en la región que hoy es Honduras. Esta ciudad era un importante centro cultural y religioso. Cuando los españoles llegaron a Copán para empezar la colonización en el siglo XV, sólo encontraron ruinas del antiguo imperio maya.

La economía de Honduras está basada[1] en la producción de café y de plátanos, aunque también se producen minerales como el zinc, el oro y la plata. Honduras es un país

Ruínas de Copán.

En las costas de Honduras.

muy bonito, con montañas de origen volcánico que tienen hasta 2800 m de altura, bosques que cubren[2] casi la mitad del país y muchos ríos que van a parar al océano Atlántico. El clima de este país centroamericano es tropical. Durante los meses de noviembre a enero llueve mucho y el resto del tiempo hace un clima seco y caluroso, con temperaturas de 80 grados casi todos los días. ¿Has oído hablar del libro *Mosquito Coast (La costa de los mosquitos),* que fue también una película con Harrison Ford? Pues, si te interesa, esta costa está en Honduras y es un lugar muy poco habitado.

Un pueblo colonial, Honduras.

[1]based   [2]cover

6 Conexión con otras disciplinas: geografía

Haz un mapa de Honduras, incluyendo países vecinos (El Salvador, Guatemala y Nicaragua), océanos, montañas y ríos. Añade los nombres y las capitales de estos países.

Capítulo 4   *ciento setenta y cinco* **175**

Estructura

Special endings: *ísimo/a* and *ito/ita*

Adding an ending to an adjective or noun can have special significance in Spanish. For example, when you would use "very," "most" or "extremely" with an adjective in English, the ending *-ísimo* (and the variations *-ísima, -ísimos* and *-ísimas*) often can be added to an adjective in Spanish. For adjectives that end in a vowel, the appropriate *-ísimo* ending usually replaces the final vowel.

*Ése es un león **grande**.*	That is a **big** lion.
*Ése es un león **grandísimo**.*	That is a **very big** lion.

but:

El oso era pequeño.	The bear was **small.**
El oso era pequeñísimo.	The bear was **very small.**

For adjectives that end in *-ble,* change the *-ble* to *-bil* before adding the *-ísimo* ending.

*Ese malabarista era **amable**.*	That juggler was **nice.**
*Ese malabarista era **amabilísimo**.*	That juggler was **very nice.**

Adjectives with an accent mark lose the accent mark when an *-ísimo* ending is added.

*Las trapecistas eran **rápidas**.*	The trapeze artists were **fast.**
*Las trapecistas eran **rapidísimas**.*	The trapeze artists were **very fast.**

Attach the appropriate form of *-ísimo/a* directly to the end of adjectives that end in a consonant, but first remove any plural ending before adding *-ísimo/a.*

*Era **fácil** jugar con los payasos.*	It was **easy** to play with the clowns.
*Era **facilísimo** jugar con los payasos.*	It was **very easy** to play with the clowns.

but:

*La banda tocaba cosas **difíciles**.*	The band played **difficult** things.
*La banda tocaba cosas **dificilísimas**.*	The band played **extremely difficult** things.

Adjectives that end in *-co/-ca, -go/-ga* or *-z* require a spelling change when a form of *-ísimo* is added.

c	→	*qu:*	*cómico* →	*comiquísimo*
g	→	*gu:*	*larga* →	*larguísima*
z	→	*c:*	*feliz* →	*felicísimo*

Es comiquísimo.

Lección B

Similarly, you can add another set of endings to a noun to show affection or to indicate that someone or something is small. The most common of these endings is a form of *-ito (-ita, -itos, -itas)*, which usually replaces the final vowel of a noun. Other diminutive endings include *-cito (-cita, -citos, -citas), -illo (-illa, -illos, -illas), -uelo (-uela, -uelos, -uelas)* and *-ico (-ica, -icos, -icas)*. Like all adjectives, these endings must match the gender and number of the noun. There are many exceptions for this rule: *animal → animalito*. Try to become familiar with as many variations as you can since the endings vary from person to person and from country to country.

-ito: *oso → osito*   **-cito:** *león → leoncito*   **-illo:** *payaso → payasillo*

-uelo: *pollo → polluelo*   **-ico:** *gato → gatico*

**Práctica**

7 ¡No es cierto!

Imagina que alguien te está haciendo las siguientes descripciones sobre algunas cosas que había en el circo, pero tú piensas lo contrario *(opposite)*. Haz oraciones para decir qué piensas tú, usando una forma de *-ísimo/a*.

> **MODELO** El circo era pequeño.
> No es cierto. El circo era grandísimo.

1. La taquilla era grande.
2. Los elefantes eran delgados.
3. Los malabaristas eran bajos.
4. Los caballos eran lentos.
5. La banda era mala.
6. Todos nosotros estábamos tristes.
7. Los payasos eran aburridos.

El circo era grandísimo.

8 Fuimos al circo

En parejas, alterna con tu compañero/a de clase en preguntar y en contestar cómo eran o estaban las siguientes cosas del circo que visitaron el fin de semana. Usen la forma apropiada de *-ísimo/a* y las indicaciones que se dan. Sigan el modelo.

> **MODELO** estar / las jaulas muy sucias
> **A:** ¿Estaban las jaulas muy sucias?
> **B:** Sí. ¡Las jaulas estaban sucísimas!

1. estar / la fila muy larga
2. ser / los osos muy grandes
3. ser / los tigres muy feroces
4. estar / tu amiga muy cansada al final del día
5. ser / los malabaristas muy buenos
6. ser / los boletos muy caros

El malabarista.

Teacher Resources

 Activities 7–8

 Activity 3

 Activities 3–4

 Activity 2

 Activities 2–3

Answers

7 Possible answers:
1. ...pequeñísima.
2. ...gordísimos.
3. ...altísimos.
4. ...rapidísimos.
5. ...buenísima.
6. ...felicísimos.
7. ...comiquísimos.

8 1. ¿Estaba...?/Sí. ¡...estaba larguísima!
2. ¿Eran...?/Sí. ¡...eran grandísimos!
3. ¿Eran...?/Sí. ¡...eran ferocísimos!
4. ¿Estaba...?/Sí. ¡...estaba cansadísima...!
5. ¿Eran...?/Sí. ¡...eran buenísimos!
6. ¿Era...?/Sí. ¡...eran carísimos!

Activities

Students with Special Needs
Provide another example for activity 7.

Notes Note for students that the accent mark for words with the *-ísimo* ending is invariable.

The diminutive is usually associated with an affective nuance: small is viewed as nice, charming or emotionally engaging.

9 ¡Vamos a exagerar!

Ana siempre exagera lo que dice. Cambia los adjetivos indicados con la forma apropiada de *-ísimo* para ver qué escribió en su diario.

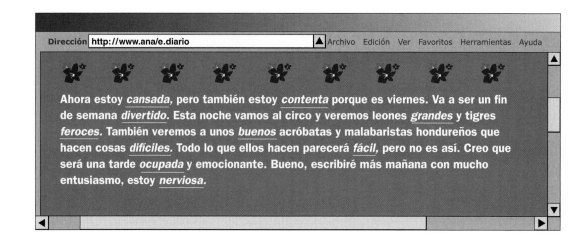

Dirección http://www.ana/e.diario ▲ Archivo Edición Ver Favoritos Herramientas Ayuda

Ahora estoy *cansada*, pero también estoy *contenta* porque es viernes. Va a ser un fin de semana *divertido*. Esta noche vamos al circo y veremos leones *grandes* y tigres *feroces*. También veremos a unos *buenos* acróbatas y malabaristas hondureños que hacen cosas *difíciles*. Todo lo que ellos hacen parecerá *fácil*, pero no es así. Creo que será una tarde *ocupada* y emocionante. Bueno, escribiré más mañana con mucho entusiasmo, estoy *nerviosa*.

10 De menor a mayor

Escribe la forma original de los siguientes diminutivos.

MODELO un payasito
un payaso

1. unos papelitos
2. un leoncito
3. una florecita
4. unos flamenquitos
5. unos polluelos
6. unos globitos
7. una casita
8. una ventanilla

Una leona.

11 ¡Qué pesado!

Como Ana, Ernesto exagera mucho, pero a él le gusta usar las terminaciones *-ito* e *-ita* en todo lo que dice. Cambia las palabras indicadas a la forma apropiada de *-ito* o *-ita* para ver cómo diría *(would say)* Ernesto las siguientes oraciones.

MODELO Había muchos *payasos* en el circo.
Había muchos *payasitos* en el circo.

1. Mis *primas* veían a los *tigres*.
2. A mis *amigos* no les gustaron los *osos*.
3. La *banda* del circo tocaba buena *música*.
4. Los *caballos* hacían una *fila* muy simpática.
5. Veíamos un *león* muy bonito en una *jaula*.
6. Los *payasos* eran muy divertidos.

Los payasitos del circo.

Notes Point out that the superlative meaning may also be expressed in Spanish using the expression *sumamente* followed by an adjective: *Estoy sumamente cansado.*

Tell students that *magnífico, fantástico, maravilloso* and *estupendo* already have a superlative meaning and are not modified with the suffix *-ísimo*.

Note that some words may require a spelling change: *poquito (poco)*.

Comunicación

12 ¿Qué animal es?

Escribe en español el nombre de un animal (e.g., la jirafa). Luego, trabajando en parejas, alternen en hacer y contestar preguntas para poder identificar el animal. Pueden hacer no más de cinco preguntas antes de adivinar qué es. Las respuestas deben usar la palabra sí o la palabra no. La persona que adivine primero qué animal es gana.

MODELO   **A:** ¿Es pequeñito y blanco?
         B: No.

El oso no es pequeñito y blanco.

Estructura

Adjective placement

You will recall that adjectives are masculine or feminine and singular or plural and usually follow the nouns they modify.

*Era un tigre **feroz**.*	It was a **fierce tiger.**
*Los payasos del circo eran **divertidos**.*	The circus clowns were **funny.**

Exceptions to this rule include demonstrative adjectives *(este, ese, aquel)*, adjectives of quantity *(mucho, poco)*, cardinal numbers *(dos, tres)*, question-asking words *(¿qué?)* and indefinite adjectives *(otro)*. They precede the nouns they modify.

*¿Conoces a **ese** hombre?*	Do you know **that** man?
*Vimos **pocos** gorilas.*	We saw **few** gorillas.
*Había **seis** elefantes en el circo.*	There were **six** elephants in the circus.
*¿**Qué** payaso preferías?*	**What** clown did you prefer?
*El **otro** payaso es guatemalteco.*	The **other** clown is Guatemalan.

Adjectives that describe a permanent characteristic often precede the noun they describe.

*La **blanca** nieve caía.*	The **white** snow was falling.

Ordinal numbers usually precede a noun, although they may sometimes be used after a noun, especially in headings and for titles.

Note: Cardinal numbers precede ordinal numbers when both are used in one sentence to refer to the same noun.

*Éste es el **tercer** circo del año.*	This is the **third** circus of the year.
*Eran los **dos primeros** hombres en la fila.*	They were the **first two** men in the line.

but:

*Juan Carlos **I** (Juan Carlos **Primero**)*	Juan Carlos **I** (Juan Carlos **the First**)

Capítulo 4   *ciento setenta y nueve*   **179**

Answers

13 1. ...leones <u>africanos</u>....
2. ...acróbata <u>bueno</u>./
   ...<u>buen</u> acróbata.
3. ...<u>gran</u> circo....
4. ...banda <u>grande</u>....
5. ...osos <u>blancos</u>....
6. ...<u>cuatro</u> payasos....
7. ...<u>mucha</u> destreza.

Activities

Critical Thinking
Conduct a class discussion about adjective placement, using information from pages 179 and 180. Before beginning, create three columns on the board, indicating where an adjective normally must be placed: 1) *antes*, 2) *después*, 3) *antes o después*. Be sure to include the third list of adjectives as part of the follow-up to the explanation. Start the discussion by naming an adjective. Students must say whether the adjective is placed before or after the noun it describes: *seis (antes), feroz (después), seis (antes), mismo (antes o después)*.

Several common adjectives may be used before or after the nouns they describe.
Note: Before a masculine singular noun, *bueno* changes to *buen* and *malo* changes to *mal*.

*Era un **buen** circo.*
*Era un circo **bueno.***   It was a **good** circus.

*Ella no era una **mala** acróbata.*
*Ella no era una acróbata **mala.***   She was not a **bad** acrobat.

Some adjectives actually change their meaning according to whether they are used before or after a noun. For example, placed before a noun, *grande* may be the equivalent of **great**. (Before singular nouns, *grande* changes to *gran*.) Placed after a noun, a form of *grande* conveys that someone or something is **big**.

*Es un **gran** circo.*   It is a **great** circus.
*Es un circo **grande.***   It is a **big** circus.

Here are other adjectives that change their meanings depending upon their placement before or after a noun:

*un amigo **viejo***	an **old** (elderly) friend	*un **viejo** amigo*	an **old** (I have known him a long time) friend
*la chica **pobre***	the **poor** (without much money) girl	*la **pobre** chica*	the **poor** (pitiful) girl
*el **mismo** payaso*	the **same** clown	*el payaso **mismo***	the clown **himself**
*un coche **nuevo***	a (never-owned) **new** car	*un **nuevo** coche*	a **new** car (that is new to me, but that may have been previously owned)

If two or more adjectives describe a noun, they may be used as follows: place both (or all) after the noun, connecting the last two with the word *y;* or place one before and one (or more) after the noun, according to the preceding rules. (The shorter, more subjective adjective usually precedes the noun.)

*Era el **primer** circo **grande***
*y **bueno** del año.*   It was the **first good, big** circus of the year.

Práctica

13 **¿Cómo era todo en el circo?**

Completa las siguientes oraciones con los adjetivos indicados, decidiendo la posición correcta para cada uno y haciendo los cambios necesarios.

1. Los __ leones __ eran lo mejor del circo. (africano)
2. El muchacho más joven era un __ acróbata __. (bueno)
3. Era un __ circo __ porque era buenísimo. (grande)
4. Había una __ banda __. Tenía cincuenta personas. (grande)
5. Los __ osos __ eran muy cariñosos. (blanco)
6. Había __ payasos __ muy chistosos. (cuatro)
7. Los acróbatas tenían __ destreza __. (mucho)

Notes Adjectives can be placed before the noun for emphasis and emotional effect. For example: *un extraordinario viaje, una maravillosa vista.*

Some adjectives, such as *bello, buen, gran, horrible, mal, mejor, nuevo, peor, pequeño, verdadero,* usually come before the noun and add a nuance of moral or aesthetic appreciation: *el peor examen, la verdadera razón.*

14 Cuando fui al circo, había…

Usando las pistas entre paréntesis y haciendo los cambios necesarios, di qué había en el circo cuando fuiste.

MODELO   fila / largo (La fila no era corta.)
        Había una fila larga.

1. mujer / pobre (Una mujer sin dinero perdió su boleto y no podía entrar.)
2. ositos de peluche / mucho (Vi más de diez mil ositos de peluche.)
3. banda / grande (La banda era pequeña pero fantástica.)
4. amigo / viejo (Vi a un amigo que conozco hace mucho tiempo.)
5. acróbatas / hondureño (Los acróbatas eran de Honduras.)
6. payasos / malo (Los payasos no eran buenos.)
7. oso / blanco (El oso que vi no era negro.)

 **15 Circo Internacional**

Mira el dibujo y escribe ocho oraciones completas para describir las siguientes cosas, usando por lo menos dos adjetivos en cada descripción.

1. el circo
2. el elefante
3. las trapecistas
4. los osos
5. la banda
6. los leones
7. la jaula de los leones
8. el payaso

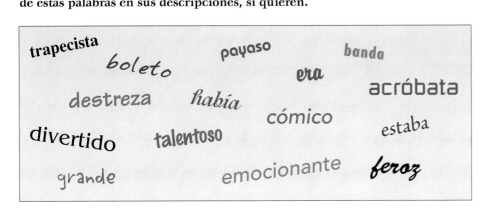

Comunicación

16 Cuando fui al circo

Trabajando en parejas, hablen de la última vez que fueron al circo. En su conversación, describan todo lo que vieron e hicieron. Pueden usar algunas de estas palabras en sus descripciones, si quieren.

> trapecista
> boleto
> payaso
> banda
> era
> destreza
> había
> acróbata
> cómico
> divertido
> talentoso
> estaba
> grande
> emocionante
> feroz

Capítulo 4   *ciento ochenta y uno*   **181**

Teacher Resources

 En la finca

 Activity 5

 Activities 28–29

 Activities 7–8

 Activity 4

 Activity 5

Activities

Critical Thinking

Give the names one by one for several animals in Spanish. Have students write down each animal name they hear. Next, write on the board the verbs that are identified with each animal (*perro: ladrar; pájaro: volar;* etc.). Call on volunteers to write the word on the board under the appropriate verb.

Multiple Intelligences (bodily-kinesthetic/linguistic)

Have students cut out from magazines, newspapers and brochures photographs and illustrations of animals. Then have students write in Spanish on note cards what each animal is. Have students pair up and ask one another to identify the animals. Extend the activity by asking volunteers to use the visuals and call on members of the class to identify each animal.

Prereading Strategy

Play the audio CD recording of the vocabulary and have students repeat the words while showing them overhead transparency 29.

Vocabulario II
En la finca

el cielo

la estrella

la oveja

la vaca

el gallo

el establo

el conejo

volar

el pavo

saltar

¡Guau, guau! ladrar

el pájaro

el cerdo

el pato

el ratón

el cuerno

la pluma

la gallina

el rabo

el toro

la pata

Una gallina se le escapó.
Esto ocurrió en la noche.
La gallina fue a parar al establo.
La gallina que escapó era la suya.

182 *ciento ochenta y dos*

Lección B

Notes Use transparencies 28 and 29 to teach the farm animal names and to introduce other new words and expressions in *Vocabulario II*. Show students transparency 28. Point to one of the animals and identify it in Spanish. Students should repeat after you. Continue on to the next item and repeat the process. Then show students transparency 29. Once again identify the new vocabulary in Spanish, allowing students to see how each word is spelled. Finally, call on students to spell each new word or expression.

Note that certain animal sounds vary from Spanish to English.

la luna

el árbol

el bosque

el burro

El burro está detrás del árbol.

17 ¿Qué animal es?

Escoge la letra del animal y di qué animal es, según las descripciones que oyes.

MODELO Es un perro.

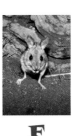

A   **B**   **C**   **D**   **E**   **F**

18 ¿Dónde están estos animales?

Prepara tres listas de animales, según dónde se pueden encontrar. Usa *la casa, la finca* y *el zoológico* para clasificarlos.

MODELO

casa	finca	zoológico
el perro	la vaca	el hipopótamo

Capítulo 4   *ciento ochenta y tres* **183**

Teacher Resources

 Activity 17

Answers

17 1. D. Es un conejo.
    2. B. Es una oveja.
    3. F. Es un ratón.
    4. C. Es un cerdo.
    5. A. Es un león.
    6. E. Es una vaca.
18 Answers will vary.

Activities

Critical Listening

Ask simple questions about the illustration to practice the new vocabulary and to review previously learned structures and functions: *¿Hay una gallina en el dibujo?; ¿Qué está haciendo el toro? ¿Ves un gato?*

Students with Special Needs

Create labels (or have students create labels) for pictures of animals. Attach the labels to the pictures with string or tape and hang them around the room. This can be a good opportunity to enrich student vocabulary by adding words they have already learned in previous lessons for review or by including words that are not yet active in *Navegando,* for example: *el águila* (eagle).

Notes Remind students that they already know how to say in Spanish many things that people do: *caminamos, hablamos, comemos.* Teach the class what some animals do: *Todos los animales* **comen;** *los pájaros* **vuelan;** *los caballos* **corren;** *los perros* **ladran;** *los conejos* **saltan;** *los tigres y los leones* **rugen.** (You will have to teach the verb *rugir.*)

Before assigning activity 17, check to be sure students can identify each of the animals shown in the photographs.

Remember to use the audio CD recording of activity 17 or read the script that appears in the ATE Introduction.

Activities

Cooperative Learning
After completing the presentation of the dialog, have students work in pairs practicing the dialog. Circulate and assist with pronunciation and intonation.

Expansion
Additional questions (*¿Qué recuerdas?*): *¿Qué fue lo más chistoso?*; *¿Qué hizo el hermano cuando la gallina se le escapó?*; *¿Encima de qué saltó el hermano?*; *¿A quién se le escapó la gallina?*
Additional questions (*Algo personal*): *¿Te gustaría tener una finca?*; *¿Qué animales te gustaría tener en tu finca?*; *¿Te gusta mirar las estrellas en el cielo?*; *¿Hay bosques donde vives? ¿Te gusta ir a los bosques?*

Diálogo II
¡Qué chistoso!

MARINA: ¿Fuiste a la finca de tu familia el domingo?
ARIEL: Sí, fue muy divertido.
MARINA: ¿Por qué? ¿Qué ocurrió?
ARIEL: Tú sabes que mi hermano y yo tenemos una gallina cada uno.

MARINA: Sí, sí.
ARIEL: Pues, una gallina se escapó y mi hermano salió detrás de ella. Cuando la gallina paró cerca de los cerdos, mi hermano saltó encima de ella, pero ella voló y él fue a parar encima de los cerdos.

MARINA: ¡Qué chistoso!
ARIEL: Sí, pero lo más chistoso fue que la gallina que se escapó era mi gallina, no la suya. ¡Ja, ja!
MARINA: ¡Qué burro!
ARIEL: ¡Ay, no! Pobre hermano.

19 ¿Qué recuerdas?

1. ¿Adónde fue Ariel?
2. ¿Cómo fue el día en la finca?
3. ¿Qué tienen Ariel y su hermano?
4. ¿Qué le pasó a una gallina?
5. ¿De quién era la gallina que se escapó?

20 Algo personal

1. ¿Conoces una finca? ¿Dónde?
2. ¿Hay muchas fincas en tu estado? ¿Dónde están?
3. ¿Cuál es tu animal favorito de una finca?

¿Qué le pasó a la gallina?

21 El fin de semana en una finca

 Tu sobrinito de cinco años estuvo en una finca durante el fin de semana pasado y te está hablando de su gran aventura. ¿Qué animales te está describiendo?

MODELO Era un gallo.

Era un gallo.

Notes Other terms for *cerdo* are *cochino, chancho* and *puerco*.

Another word for *rabo* is *cola*.

Play the audio CD version of activity 21 for listening comprehension practice. A reproducible student answer sheet for the activity is provided for your convenience at the end of the Audio CD Program Manual if you choose to use it.

Other words that are commonly used to refer to a farm are *la granja* and *la hacienda*.

Cultura viva

Gestos y palabras para describir animales

En Honduras hay muchas fincas donde hay vacas, cerdos, gallinas y caballos. Los animales y las personas conviven[1] pero cada uno tiene su lugar. No se piensa en un animal como una versión del ser humano. Es más, cuando se habla de las partes del cuerpo de un animal, no se usan las mismas palabras que se usan para referirse a una persona. Los animales no tienen piernas sino patas. La pezuña[2] se refiere a un animal mientras que el pie se refiere a una persona. Las personas tienen piel pero los animales tienen pellejo. Las personas tienen cuellos pero los animales tienen pescuezos.

Un caballo en una finca.

Los gestos que se usan para describir la altura[3] de un animal y de una persona también son diferentes. Para mostrar[4] qué tan alto es un animal, los hondureños extienden la mano horizontalmente, como si estuvieran poniendo la mano sobre la cabeza del animal. Para describir la altura de una persona, la mano está vertical con los dedos para arriba. Si describes la altura de una persona con el gesto horizontal, estarías diciendo que la persona es un animal, lo cual es un insulto. Expresiones como **animal** o **burro** son insultos porque los animales no tienen educación o cultura. No todos los nombres de animales son insultos. En Honduras, por ejemplo, **gallo** quiere decir **bueno** o **experto.**

Así es mi perro.

Así es mi hijo.

[1]live together [2]hoof [3]height [4]show

 Gestos y palabras para describir animales

Contesta las siguientes preguntas según lo que aprendiste en la Cultura viva.

1. ¿Cómo diferencian los hispanohablantes entre un animal y una persona?
2. ¿Por qué es un insulto decir que una persona tiene patas largas?
3. En Honduras, ¿cuál es el gesto correcto para describir la altura de una persona?
4. En Honduras, ¿cómo es una persona gallo?

Capítulo 4 *ciento ochenta y cinco* **185**

Teacher Resources

 Activity 22

 Activity 9

 Activity 5

Answers

22 1. Los hispanohablantes usan palabras distintas para describir las partes del cuerpo de una persona y un animal. También usan distintos gestos para describir la altura de un animal y de una persona.
2. Es un insulto porque la palabra "pata" solamente se usa para los animales.
3. En Honduras, para mostrar la altura de una persona, uno debe extender la mano verticalmente.
4. En Honduras, una persona gallo es una persona buena o experta en algo.

Activities

Expansion
Have students describe animals that belong to their family, such as pets or farm animals. The descriptions should include photos and be shared with the class.

Multiple Intelligences (linguistic/spatial)
Have artistically talented students draw a picture of a farm, including animals. Students then label the animals.

185

Notes Much of Honduras' economy is based upon products from farms and ranches. For example, the country's main exports are coffee, bananas and frozen meat products. For obvious reasons, animals are important in virtually every aspect of many Hondurans' lives.

Model for students how the gestures described in the *Cultura viva* look when performed with accompanying Spanish expressions.

Practice possessive forms by borrowing several different items from students (for example, a book, pen, backpack, hat and keys). Ask questions such as *¿Es tu bolígrafo? ¿Es el bolígrafo tuyo?* and *¿Es (el) tuyo?* until the owner is identified. Then ask follow-up questions *(¿De quién es el bolígrafo?)* so that the third-person forms are also practiced.

Idioma

Estructura

Possessive adjectives: long forms

You will recall that you can show possession in Spanish by using *de* + a noun/pronoun *(el caballo de mis tíos/de ellos).* In addition, you can show possession using the short-form possessive adjectives: *mi(s), tu(s), su(s), nuestro(s), nuestra(s), vuestro(s), vuestra(s).* There are also long-form (or stressed) possessive adjectives.

los adjetivos posesivos (formas largas)	
mío(s), mía(s)	*my, (of) mine*
tuyo(s), tuya(s)	*your, (of) yours*
suyo(s), suya(s)	*your, (of) yours (Ud.), his, (of) his, her, (of) hers, its*
nuestro(s), nuestra(s)	*our, (of) ours*
vuestro(s), vuestra(s)	*your, (of) yours*
suyo(s), suya(s)	*your, (of) yours (Uds.), their, (of) theirs*

The long-form possessive adjectives agree with and usually follow the nouns they modify.

*Ésa es la gallina **mía.***	That is **my** hen.
*¿Es ése el cerdo **tuyo?***	Is that **your** pig?
*Éste es el toro **nuestro.***	This is **our** bull.
*¿Son éstos los pavos **suyos?***	Are these **your** turkeys?
*Todos ésos son animales **nuestros.***	All of those are **our** animals.

The possessive adjectives also may be used immediately after a form of the verb *ser.*

*¿Son **suyos?***	Are they **yours?**
*Sí, son **nuestros.***	Yes, they are **ours.**

To clarify the meaning of a sentence containing *suyo(s), suya(s),* it may sometimes be necessary to substitute a phrase that uses *de* followed by a prepositional pronoun.

*¿Son los animales **suyos?*** → *¿Son los animales **de Ud./de él/de ella/ de Uds./de ellos/de ellas?***

(Are the animals **yours/his/hers/ yours/theirs?**)

¿Es suyo?

Notes Review the short-form possessive adjectives with students by pointing out objects in the classroom that belong to various students and then making statements or asking questions using short-form possessive adjectives: *¿Es tu bolígrafo?* Repeat by using a long-form possessive adjective: *¿Es tuyo?*

For a quick warm-up exercise, have students change simple possessive adjectives to the stressed form.

Possessive pronouns may be used in place of a possessive adjective and a noun. They are formed by placing a definite article in front of the long-form possessive adjectives.

Observe how possessive pronouns are used in the following sentences:

Veo tu burro y **el mío** también.	I see your donkey and **mine,** too.
Mis vacas están delgadas y también lo están **las tuyas.**	My cows are thin and so are **yours.**
¿Es ese conejo **el nuestro?**	Is that rabbit **ours?**
Nuestros gallos son ésos y **los suyos** son éstos.	Our roosters are (those ones) over there and **yours** are (these ones) over here.

 ## Práctica

23 La fiesta de la Finca El Suspiro

Tienen una fiesta el fin de semana en su finca, y quieren saber cuántas personas van a ir. Di con quién van a la fiesta las siguientes personas, usando las indicaciones que se dan.

MODELO la señora Martínez / unas primas
La señora Martínez va a ir a la fiesta con unas primas suyas.

1. yo / una amiga
2. tú / unos compañeros
3. nosotros / unos parientes
4. tu amiga / una tía
5. tus padres / unos amigos
6. Uds. / unos sobrinos
7. mi hermano / unas amigas
8. Ud. / una compañera

24 Te invito a ver los animales en mi finca

Luis llama a Elisa para invitarla a ver los animales de su finca. Completa su diálogo para saber lo que dicen, usando las siguientes palabras: de él, de ellas, mi, mío, mis, nuestros, tu, tus, tuyo. **Cada palabra se usa sólo una vez.**

Luis: Aló, Elisa. Te llamo para ver si quieres venir a la finca para ver (1) animales.
Elisa: Sí. Me gustaría mucho. ¿Te importa si voy con Mateo?
Luis: ¿Mateo? ¿Quién es? ¿Es (2) novio?
Elisa: No. Es un sobrino (3) de Honduras que está visitándome.
Luis: No, no hay problema.
Elisa: ¿Puedo también ir con Alicia y Conchita, las hermanas menores (4), y Nena, una amiguita (5)?
Luis: Es mucha gente, ¿no?
Elisa: Sí, pero a ellos les gustaría mucho ver (6) animales. Y ahora que lo pienso, a (7) padres también les gustaría verlos... y a Pepe también.
Luis: ¿Quién es? ¿Otro primo (8)? ¿Un vecino?
Elisa: ¡Claro que no! ¡Es (9) perro!

Capítulo 4   *ciento ochenta y siete*   187

Teacher Resources

 Activity 23

 Activity 6

 Activities 10–11

 Activity 6

 Activities 6–8

Answers

23 1. Yo voy...con una amiga mía.
2. Tú vas...con unos compañeros tuyos.
3. Nosotros vamos...con unos parientes nuestros.
4. Tu amiga va...con una tía suya.
5. Tus padres van...con unos amigos suyos.
6. Uds. van...con unos sobrinos suyos.
7. Mi hermano va...con unas amigas suyas.
8. Ud. va...con una compañera suya.

24 1. nuestros/mis
2. tu
3. mío
4. de él
5. de ellas
6. tus
7. mis
8. tuyo
9. mi

Notes Although possessive pronouns are generally used with the corresponding definite article, the article may be omitted after the verb *ser.*

Remind students that possessive adjectives must agree in gender and in number with the object that someone possesses, not the possessor.

25 ¿De quiénes son?

Hay una confusión hoy con todos los animales en la Finca El Suspiro. En parejas, alterna con tu compañero/a de clase en hacer y en contestar preguntas para decir si los siguientes animales son o no son de las personas indicadas. Sigue el modelo.

MODELO ellos / gallinas
   A: ¿Son sus gallinas?
   B: Sí, (No, no) son las gallinas suyas.

1. ellas / pavos
2. tú / pato
3. él / vacas
4. ella / conejo
5. nosotros / animales
6. tú / toro
7. Uds. / cerdo

¿Es tu pato?

 26 ¡De nuevo!

Haz otra vez las oraciones 1, 3, 4, 5 y 7 de la actividad anterior, tratando de hacerlas más claras. Sigue el modelo.

MODELO ella / ovejas
   A: ¿Son las ovejas *de ella*?
   B: Sí, (No, no) las ovejas son *de ella.*

27 ¿Me ayudas con el inventario?

Los Hernández, los García y los Velázquez tienen tres fincas vecinas. Sus animales se escaparon y se mezclaron *(became mixed)* ayer. Ahora el señor García está haciendo un inventario de los animales. Completa las siguientes oraciones para ver lo que dice durante el inventario.

¿Son las ovejas de ella?

1. Yo tengo mis animales y tú....
2. Uds. tienen su pavo y nosotros....
3. Los Hernández tienen su burro y los Velázquez....
4. Ud. tiene su oveja y yo....
5. Tú tienes tus pájaros y Uds....
6. María Velázquez tiene sus gallinas y Manuel Hernández....
7. Nosotros tenemos nuestros caballos y los Hernández y los Velázquez....

Notes Be sure to review the words students have learned to identify animals before beginning activity 25.

28 En la feria agrícola

En la feria agrícola *(4-H fair)* de tu comunidad hay animales tuyos y animales de un amigo tuyo. Di de quién es y dónde está cada uno de los animales, usando las pistas que se dan. Sigue el modelo.

MODELO ese / tú
Ese burro es el tuyo.

1. ese / tú   2. aquellas / Paco   3. esas / yo   4. aquel / nosotros

5. aquellos / yo   6. estas / Uds.   7. estos / Celia   8. esos / él

Comunicación

29 ¿El tuyo, el mío o el nuestro?

 Trabajando en grupos de tres, hablen de lo que tienen hoy en su posesión. Describan cada objeto. Pueden hablar de algunas de las siguientes cosas, si quieren: un cuaderno, un cepillo, una calculadora, un lápiz, una regla, un diccionario.

MODELO **A:** Tengo un lápiz. Es amarillo. ¿Tienes tú un lápiz?
     B: Sí. Aquí está. Es rojo. Y tú, ¿tienes tú un lápiz?
     C: Claro. Es amarillo también. Los nuestros son amarillos y el tuyo es rojo.

Answers

28 1. Ese toro es el tuyo.
   2. Aquellas vacas son las suyas.
   3. Esas gallinas son las mías.
   4. Aquel gallo es el nuestro.
   5. Aquellos conejos son los míos.
   6. Estas ovejas son las suyas.
   7. Estos cerdos son los suyos.
   8. Esos pájaros son los suyos.
29 Creative self-expression.

Notes Brainstorm with students some of the items they may want to include in their conversations when doing activities 29 and 30 (on page 190). For example, other items students may wish to talk about in activities 29 and 30 include *el bolígrafo, el teléfono celular, las gafas, los aretes, los zapatos, el cinturón,* among others.

30 Una competencia

En grupos pequeños, imaginen que están compitiendo y cada persona quiere ganar. Alternen en decir que sus posesiones son mejores que las posesiones de la otra persona. ¡Sean creativos! Usen cosas de la caja si quieren.

MODELO
A: Mi casa es muy bonita.
B: La mía es más bonita.
C: Pues, mi casa es mejor que las suyas. Es la mejor de todas.

casa   radio   bicicleta
estéreo   patineta
coche   tenis
computadora   ropa

Mi casa es muy bonita.

Estructura

Lo with adjectives/adverbs

You have seen the word *lo* used as a direct object pronoun meaning **him, it** or **you.** *Lo* can also be used with an adjective or adverb followed by the word *que* as an equivalent for **how (+ adjective/adverb).**

*¿Sabes **lo grande** que es el establo?*   Do you know **how big** the stable is?

*Uds. saben **lo mucho** que me gustan los bosques.*   You know **how much** I like the forest.

Note: Although the form of the adjective may change, the word *lo* remains the same in each example.

Notes Be sure students understand the difference between adjectives and adverbs before assigning activity 31 (on page 191). Then review adjective-noun agreement to be sure students understand when they must change the describing word that follows *lo.*

Practice by making several statements using adjectives and several statements using adverbs.

Práctica

31 ¡Y tú lo sabes!

Sigue el modelo y contesta a las siguientes preguntas usando la palabra *lo* con un adjetivo o un adverbio.

MODELO ¿Son grandes los toros?
¡No sabes lo grande que son!

1. ¿Son bonitas esas flores?
2. ¿Es chistoso tu ratón?
3. ¿Era interesante tu visita a la finca?
4. ¿Era emocionante la música?
5. ¿Van a ser modernos los establos?
6. ¿Está lejos tu finca?

¿Son bonitas esas flores?

Comunicación

32 Nuestros animales

 Bring to class a cutout or drawing of a farm animal along with a written description of the animal. Then, in groups of three or four, take turns describing the animal. Vote on the best animal and description in your group (the way judges vote on the best animal at a 4-H fair). As a group, improve the description of the group's animal. Next, set the picture or drawing in front of the class along with other groups' animals. Read the description and see if your classmates can guess which animal is being described. Finally, the class must vote on the winning animal.

33 Charlando de tu vida

Completa las siguientes oraciones sobre tu vida personal.

1. Lo interesante es que....
2. Lo chistoso es que....
3. Lo bueno es que....
4. Lo malo es que....
5. Lo magnífico es que....

Los chistoso es que....

Capítulo 4   *ciento noventa y uno* **191**

Teacher Resources

 Activity 31

Answers

31 1. ¡No sabes lo bonitas que son!
2. ¡No sabes lo chistoso que es!
3. ¡No sabes lo interesante que era!
4. ¡No sabes lo emocionante que era!
5. ¡No sabes lo modernos que van a ser!
6. ¡No sabes lo lejos que está!
32 Creative self-expression.
33 Creative self-expression.

Activities

Expansion
Explain to students that sometimes *lo* may be followed by an adjective that describes something abstract or that is nonspecific, in which case the adjective is neutral and, therefore, must be masculine and singular: *Lo bonito de mi casa es el jardín.* Then have students make statements about various aspects of their life, using *lo* plus an adjective.

Notes The construction *lo* followed by an adjective is used to describe a general characteristic or an abstract quality. Introduce the use of *lo* by asking students: *¿Qué es lo más fácil de esta clase? ¿Qué es lo peor de este colegio?*, etc.

There are many ways you can do activities 32 and 33 to expand them. Experiment and ask for student input on activity variations.

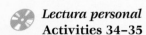
Answers

34 1. ...cerca de Copán, Honduras.
2. ...bosque.
3. ...ruinas mayas.
4. ...la rueda o instrumentos de metal.
5. ...daban a luz.

35 Answers will vary.

Activities

Connections
Have students prepare a detailed report about the Mayan city of Copán.

Expansion
Additional questions (*¿Qué recuerdas?*): *¿Dónde está Ceci, según la lectura?; ¿Qué es Eco-Hacienda?; ¿Qué tiene la finca?; ¿Qué era el París de la civilización maya?; ¿Por qué va a ser difícil volver a la ciudad?*
Additional questions (*Algo personal*): *¿Te gustaría estar en la finca Eco-Hacienda San Lucas? Explica.; ¿Cuál es tu animal favorito?*

Spanish for Spanish Speakers
Pair bilingual and nonbilingual students for activity 35.

Lectura personal

Cantantes y grupos musicales

Dirección http://www.emcp.com/músico/ola/e.diario-3.htm ▲ Archivo Edición Ver Favoritos Herramientas Ayuda

página principal   miembros   e-diario

Grupo musical La OLA

Nombre: **Ceci Eugenia Madrigal**
Edad: **18 años**
Nacionalidad: **uruguaya**
Animal favorito: **el pájaro, porque vuela**

Estamos en Eco-Hacienda San Lucas, una finca turística cerca de Copán, Honduras. Nos venimos ayer después del concierto en Tegucigalpa. La finca tiene caballos, vacas, gallinas y cerdos. Está en medio de[1] un bosque tropical por lo que es muy verde. Saben, el 40% de Honduras es bosque. ¡Qué país tan rico en vegetación! Esta mañana nos levantamos temprano y ayudamos a ordeñar[2] las vacas. Después, montamos a caballo. Vimos muchos pájaros y unos monos que estaban encima de unos árboles. Desde una montaña, observamos el acrópolis de las ruinas de Copán. Copán era el París de la civilización maya en el siglo VI; o sea[3], es una de las ciudades mayas más artísticas. ¡Pensar que construyeron[4] todos esos templos sin el uso de la rueda o instrumentos de metal! Increíble. También visitamos Los Sapos, un sitio arqueológico con rocas esculpidas[5] por artesanos mayas hace miles de años. Lo interesante del sitio es que las mujeres mayas venían aquí para dar a luz[6]. Ahora es de noche y estamos todos afuera admirando el cielo lleno[7] de estrellas. Saben, va a ser difícil volver a la ciudad mañana. Estar entre la naturaleza y las ruinas mayas es como estar en otro mundo, un mundo mágico.

[1] in the middle of   [2] to milk   [3] that is   [4] built   [5] carved, sculpted   [6] to give birth   [7] full

34 ¿Qué recuerdas?

1. Eco-Hacienda San Lucas está....
2. El 40% de Honduras es....
3. En Copán hay....
4. Los mayas no usaban....
5. Se cree que en Los Sapos, las mujeres mayas....

35 Algo personal

1. ¿Te gustaría ir a una finca turística? ¿Por qué?
2. ¿Cuál es tu animal favorito? ¿Por qué?
3. ¿Qué crees que es lo más interesante de Copán? Explica.

- ¿Has visitado alguna granja? Compara una granja típica de los Estados Unidos con Eco-Hacienda San Lucas.

- ¿Qué hace que la Eco Hacienda San Lucas sea tan especial?

Notes Note for students that Honduran farmers face difficult lives. Increased sales of corn from the United States has driven down the price of corn, so Honduran farmers have to sell theirs for less on the market. Rice from Asia has done the same thing to Honduran rice farmers. Coffee growers in Honduras who sell their product as "fair trade" coffee are becoming more competitive, however. Worldwide demand for fair trade coffee—which must meet strict international guidelines—is growing.

¿Qué aprendí?

Autoevaluación

Como repaso y autoevaluación, responde lo siguiente:

Visit the web-based activities at www.emcp.com

1. What four things would you see at a circus?
2. Imagine you went to the circus. Describe your experience, including something that was extremely fun or interesting.
3. Say you saw an elephant that was very fat.
4. Describe an animal and a person using diminutives.
5. In Spanish, name three animals.
6. Name two items that are yours and one that belongs to your friend.
7. Ask a friend if she knows how big the sky is.
8. What do you know about Honduras?

Palabras y expresiones

El circo
el acróbata, la acróbata
la banda
el boleto
el circo
la destreza
la fila
la jaula
el malabarista, la malabarista
el oso (de peluche)
el payaso
la taquilla
el trapecista, la trapecista

La finca
el árbol
el bosque
el burro
el cerdo
el cielo
el conejo
el cuerno
el establo
la estrella
la finca
la gallina
el gallo
la luna
la oveja

el pájaro
la pata
el pato
el pavo
la pluma
el rabo
el ratón
el toro
la vaca

Verbos
escapar(se)
ladrar
ocurrir
saltar
volar (ue)

Expresiones y otras palabras
detrás de
durante
emocionante
encima de
gran
ir a parar
lo (+ *adjective/adverb*)
mío,-a
nuestro,-a
pobre
suyo,-a
tuyo,-a

Esperamos en la taquilla.

Mi osito de peluche.

Teacher Resources

Activity 13

Information Gap Activities
Postcard Activities
Funciones de Comunicación

Answers

Autoevaluación
Possible answers:
1. un acróbata, una acróbata, una banda, un payaso, una taquilla, una fila, un oso, una jaula, un león
2. Answers will vary. Students should use a form of -*ísimo/ísima*.
3. ¡Vi un elefante que era muy gordo!
4. El perrito vive en una casita. Mi amiga es bajita.
5. la vaca, el gato, el cerdo, el pato
6. Answers will vary. Students should use the possessive adjectives *mío, mía, suyo, suya*.
7. ¿Sabes lo grande que es el cielo?
8. Answers will vary.

Activities

Multiple Intelligences (intrapersonal/linguistic)
Assign a short composition in Spanish on the topic of a favorite pet or animal. In the composition, students should describe the animal and tell about any special characteristics or talents of the animal.

Notes Remind students that when they use the present tense of *volar* (to fly), they must remember that *volar* is a stem-changing verb: The third-person forms require the change $o \rightarrow ue$.

One of the best Mayan ruin sites is in Honduras. *Copan Ruinas* has more artifacts and has taught researchers more about the ancient Mayan culture than any other site. Visit http://www.rioshonduras.com/copanmap.html for more information and a guided tour of this amazing ancient city.

Teacher Resources

 ¡El gran Circo de los Hermanos Suárez!

Answers

1. past
2. presentations/shows
3. applause
4. tent

Activities

Critical Listening

Play the *Navegando 2* audio CD version of the reading. Tell students to listen for the main ideas the speaker is addressing. Finally, have several individuals state what they believe is the main theme of the reading.

Prereading Strategy

Prepare students for the content of a reading by asking some general questions on the reading topic, such as the questions found in the *Preparación*. Next, play the first paragraph of the recording of the *Tú lees*, using the corresponding audio CD that is part of the Audio Program. As an alternative, you may choose to read the first paragraph yourself. Read the paragraph again with students following along in the book. Give students a moment to look over the paragraph silently on their own and then have them ask questions. Ask for a student to volunteer to read the paragraph aloud. Continue in this way for subsequent paragraphs.

Tú lees

Estrategia

Contextual cues

You will often encounter words you do not know anytime you read. Before looking in a dictionary, gather clues from the context of a reading to help you identify what a word means. The context includes words and sentences that appear before and after the unknown word. Looking for these contextual clues will help improve your reading skills and will also make reading more enjoyable because you can spend less time looking up words in a dictionary.

Preparación

Como preparación para la lectura, di qué quieren decir las palabras indicadas según el contexto.

1. El año *pasado* el circo visitó Honduras por primera vez.
2. El circo va a hacer más de cincuenta *presentaciones* en la capital.
3. El público recibió a los artistas con grandes *aplausos*.
4. El circo tiene una *carpa* muy grande de muchos colores.

¡El gran Circo de los Hermanos Suárez!

El gran Circo de los Hermanos Suárez visitó Honduras por primera vez el año pasado en su gira[1] por América Central. ¡La visita fue un éxito[2] total! La gente decía que era lo mejor que visitaba Honduras en muchos años. Pues, bien, este año está otra vez aquí y ya está divirtiendo al público hondureño. Con más de cincuenta presentaciones, el circo hace su gira más larga por el país. Este maravilloso circo, el más grande de México, tiene fascinantes atracciones para personas de todas las edades.

Ayer mi familia y yo visitamos el circo en su primera presentación de este año en la ciudad. Todos estábamos muy emocionados[3] y contentos. Al principio[4] pensábamos que todo iba a ser un dolor[5] de cabeza pues sabíamos que mucha gente iba para verlo,

194   *ciento noventa y cuatro*

¡Viento en popa!

Notes The section *¡Viento en popa!* provides a reading and activities that combine and apply the themes and content of the lesson. In this case, the reading is about a circus that is touring Honduras. Have students practice reading aloud "*¡El gran Circo de los Hermanos Suárez!*". Listen for correct pronunciation and inflection.

Complete the *Preparación* with the class. Ask what students think the reading is about.

This reading is recorded and available in the Audio CD Program.

pero todo era diferente de lo que imaginábamos. La fila para comprar los boletos era corta y rápida. La gente entraba al circo en forma muy organizada[6] y lo mejor de todo, el circo era excelente. En su gran carpa[7] había acróbatas de gran destreza, payasos y muchos animales salvajes. Los feroces tigres y leones africanos hacían gritar a más de una persona. El desfile de los elefantes sorprendía[8] a chicos y a grandes. Los payasos eran muy chistosos y hacían morir de la risa[9] a todo el mundo. Los acróbatas nos hacían poner los pelos de punta[10]. Al terminar la función todos premiábamos[11] a los artistas con grandes aplausos.

Ud., si no tiene planes para la semana que viene, ya sabe adónde ir. El circo va a estar en la ciudad por diez semanas más. Hay funciones todos los días y los boletos no son caros. Vaya con su familia y diviértase.

[1]tour [2]sucess [3]excited [4]At the beginning [5]pain [6]organized
[7]tent [8]surprised [9]die laughing [10]hair standing on end (with fear)
[11]rewarded

¡Vayamos al circo!

A ¿Qué recuerdas?

1. ¿Qué circo visitó Honduras el año pasado?
2. ¿De dónde es el circo?
3. ¿Qué decía la gente de este circo?
4. ¿Cuántas presentaciones va a hacer el circo?
5. ¿A qué hora son las funciones los sábados?
6. ¿Cómo era la fila para comprar los boletos?
7. ¿Qué animales había en este circo?

B Algo personal

1. ¿Piensas que el Circo de los Hermanos Suárez es un circo bueno?
2. ¿Hay algún circo de visita donde tú vives? ¿Cómo se llama?
3. ¿Por cuánto tiempo va a estar?
4. ¿Te gusta ir al circo?
5. ¿Buscas información en el periódico de los eventos que quieres ver o visitar? Explica.

¿Te gustan los elefantes del circo?

Capítulo 4   *ciento noventa y cinco* **195**

Teacher Resources

Activities A–B

Answers

A 1. El Circo de los Hermanos Suárez visitó Honduras el año pasado.
2. Es de México.
3. La gente decía que era lo mejor que visitaba a Honduras en muchos años.
4. El circo va a tener más de cincuenta presentaciones.
5. Las funciones los sábados son a las cuatro y a las siete y media.
6. La fila era corta y rápida.
7. Había tigres y leones africanos.

B Answers will vary.

Activities

Expansion
Additional questions (*¿Qué recuerdas?*): *¿Cuántos cognados hay en la lectura "El gran Circo de los Hermanos Suárez"? ¿Cuáles son?; ¿Es éste un circo pequeño o grande?; ¿De dónde es el circo?; ¿Desde cuándo tiene presentaciones el circo?; ¿Por cuántas semanas va a estar el circo?; ¿A qué hora empiezan a vender los boletos?*
Additional questions (*Algo personal*): *¿Cuándo fue la última vez que fuiste al circo?; ¿Cómo era ese circo? ¿Era grande o pequeño?; ¿Qué animales había?; ¿Había animales salvajes?; ¿Qué es lo que más te gusta de un circo? Explica.; ¿Te gustaba ir al circo cuando eras niño?; ¿Con quién ibas al circo?; ¿Conoces algún circo mexicano?*

Notes Readings and narratives in *Navegando* make extensive use of cognates, thus enabling students to apply skills they have developed in the many reading strategies presented in this series. This careful use of cognates enables students to read authentic Spanish without having to look up a large number of words.

Remind students that close cognates will not be defined in *Navegando*.

Pair students and have them take turns asking the questions in activities A and B on this page.

Activities

Expansion

Have students write a poem on some aspect of El Salvador or Honduras.

Multiple Intelligences (linguistic)

Students can learn to be better writers by exposure to great writers in Spanish. Select and read aloud several poems by well-known Hispanic writers so students can hear good poetry that they might use as models when they are writing.

Technolology

Locate a Spanish teacher in another school and arrange to have students at each school e-mail one another about their lives. As an alternative, try to locate key pals in El Salvador or Honduras and have students in the two countries write to one another about their lives.

Tú escribes

Estrategia

Writing a poem

Do you like to express yourself in writing? Try writing a poem. A poem creates a picture that can be seen by the mind's eye and conveys to your reader thoughts and feelings you have about an aspect of your life. Some poems are serious in nature and explore social issues, while others are creative descriptions that present something in a unique way. The following instructions take you step-by-step through the process of writing a cinquain, which is a five-line poem.

How to write a cinquain

Prewriting

Step One: Decide on an **object, person, place** or **idea** that you would like to write about.

Step Two: Brainstorm and list as many descriptions and adjectives about your topic as you can think of. Be creative. Use your imagination. Consult the Spanish/English dictionary if necessary.

Step Three: Read this example of a cinquain and observe how it is composed.

La vida
Contenta, triste
Los años pasan
Lentos, rápidos
Como una montaña rusa.

Composing

Line 1: Write the name of the **object, person, place** or **idea** you want to write about.

Line 2: Write two descriptions or adjectives about the topic in line 1.

Line 3: Write a phrase comparing something with the topic in line 1.

Line 4: Write two descriptions or adjectives about line 2.

Line 5: Write a word or a group of words that describes and ties together both lines 1 and 3.

Now compose your own cinquain poem by following the indicated guidelines.

Notes Tell students to be creative and to check for agreement. Be sure to inform them what criteria will be used when evaluating their work.

These poems make a great bulletin board.

Evaluate your students' work according to the following criteria: Does the language of the poem agree in number and gender? Is the poet's name included on the page? Does the poem contain any spelling errors? Is the work presented in an attractive and interesting way? Does the format add to the meaning of the cinquain? Is the piece intellectually and visually appealing?

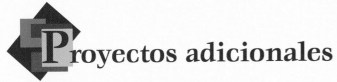

Proyectos adicionales

A Conexión con la tecnología

Visit a virtual zoo. Search the Internet for sites that allow you to visit a virtual zoo. Report back to the class about the Internet locations of the ones you liked the most. See how many animals you could name in Spanish.

B Conexión con otras disciplinas: biología

Busca más información sobre los animales salvajes que acabas de estudiar. Por ejemplo, ¿son los animales herbívoros o carnívoros? ¿Son mamíferos *(mammals)* u ovíparos *(egg-laying animals)*? ¿Dónde viven comúnmente *(usually)*? ¿Qué comen? Puedes añadir cualquier otra información que te interese. Puedes encontrar la información sobre estos animales en la biblioteca o en la Internet.

C Comunicación

This activity has three parts. *Parte A:* Working in pairs, each student conducts a survey on the current emotional or physical condition of four different students in the class and then returns to his or her partner to compile the results. *Parte B:* One member of each pair reports the information to the class, while a student (or the teacher) makes a graph *(gráfica)* of the results on the blackboard for the entire class. *Parte C:* Students then take turns asking one another questions in Spanish about the information on the graph.

MODELO **Parte A:**

> **A:** ¿Cómo estás?
> **B:** Estoy apurado/a.

Parte B:

En nuestra encuesta, tres estudiantes estaban contentos, uno estaba triste, tres estaban cansados y uno estaba apurado.

	contentos	apurados	cansados	enfermos	nerviosos	tristes
Pareja 1	I /III	I	III	I	I	I
Pareja 2	III I	II	II	II		
Pareja 3	II	I			I	
Pareja 4	II	I	II	I	I	I
TOTAL	11	5	7	4	3	2

Parte C:

> **A:** ¿Cuántos estudiantes en la clase estaban apurados?
> **B:** Cinco estudiantes estaban apurados.

D Conexión con la tecnología

Utilize a spreadsheet program to chart the results of the classroom survey in activity C in the form of a bar graph or a pie chart. Make it more interesting by including different colors and by importing graphics and clip art.

Capítulo 4 *ciento noventa y siete* **197**

Teacher Resources

  Situation Cards

  Capítulo 4

Answers

A Creative writing practice.
B Creative problem solving.
C Creative self-expression.
D Creative writing practice.

Activities

Connections
In groups of four, have students research one of the themes they have studied in this chapter (El Salvador, Honduras, zoology, travel, etc.). Then have them write a simple dialog, design a piece of art or prepare some other artistic reflection of their research and present it to the class.

Spanish for Spanish Speakers
Have students write a short report in Spanish of at least 100 words, describing a trip they took to a circus that they saw or a farm or ranch that they visited. Students should tell about what they saw and did, who they went with and any other details they wish.

Technology
Using a multimedia authoring program, have students write and illustrate a story about a circus or zoo focusing on saving wildlife or eliminating animal abuse (e.g., animals that are abused at a poorly run circus or zoo).

Notes The *Proyectos adicionales* provide comprehensive opportunities for addressing the five National Standards of Communication, Cultures, Connections, Comparisons and Communities, along with such large issues as technology and cross-curricular learning. Pick and choose from the activities as you see fit to suit you and your students' needs.

Service Learning. Students can learn by using their newly acquired skills to assist Spanish-speaking families in your community. For example, local amusement parks, the zoo, the library, the local park system, nearby farms and the school system are all organizations that often can use help from volunteers with the ability to speak Spanish.

Activities

Connections

Discuss the following questions with students: *¿Cuál piensas que es la lengua oficial de El Salvador y Honduras?; ¿Qué país está al oeste de Honduras? ¿Cuál es la capital del país?; ¿Qué país está al este de El Salvador? ¿Cuál es la capital del país?; ¿Qué tienen en común Honduras, México y Guatemala?; ¿Qué ciudad maya era un importante centro cultural y religioso?*

Critical Thinking

Using a map (see the front of *Navegando 2* or the transparency maps that accompany the book), practice the adjectives of nationality for the Spanish-speaking parts of the world. Say the following while pointing to one of the countries on the map: *Si* (name of person/people) *es de aquí, ¿qué es?*; students should answer with *Es* (nationality). (You may choose to have various students direct the class to add variety.)

Repaso

Now that I have completed this chapter, I can...

	Go to these pages for help:
discuss activities at a special event.	148
describe in the past.	149
identify animals.	156
discuss details about the past.	160
express past intentions.	160
talk about nationality.	166
add emphasis to a description.	172
discuss size.	172
indicate possession.	182

I can also...

talk about life in El Salvador and Honduras.	151, 175
discuss opportunities to use Spanish in careers or as a volunteer.	151
write a descriptive poem.	196

Trabalenguas

El hipopótamo Hipo está con hipo.
¿Quién le quita el hipo al hipopótamo Hipo?

Notes Review the functions and other objectives in the *Repaso* and assign the activities. Answer questions so students can prepare for the chapter test. Follow up by reviewing the activities as a class.

Loose translation of the *Trabalenguas*: Hipo the hippopotamus has hiccups. Who can take the hiccups away from Hipo?

Share with students the following additional *Trabalenguas*: *Erre con erre no encuentro, erre con erre van tres, otros animales en mi cuento, con erre de rana de burro y de res.* (Loose translation: I can't find the R with the R, R with the R I have three animals in my story, R for frog, R for donkey and R for cow.)

Vocabulario

el **acróbata**, la **acróbata**
    acrobat *4B*
el **África** Africa *4A*
    africano,-a African *4A*
el **algodón de azúcar** cotton
    candy *4A*
la **América (Central/del
    Norte/del Sur)** America *4A*
el **animal** animal *4A*
    antiguo,-a antique, ancient,
    old *4A*
el **árbol** tree *4B*
    argentino,-a Argentinian *4A*
la **atracción** attraction, ride *4A*
la **banda** band *4B*
    bienvenido,-a welcome *4A*
el **boleto** ticket *4B*
    boliviano,-a Bolivian *4A*
el **bosque** forest *4B*
el **burro** burro, donkey *4B*
la **cámara** camera *4A*
el **camello** camel *4A*
los **carros chocones** bumper
    cars *4A*
el **carrusel** carrousel,
    merry-go-round *4A*
la **cebra** zebra *4A*
el **cerdo** pig, pork *4A*
    chileno,-a Chilean *4A*
    chistoso,-a funny *4A*
el **cielo** sky *4B*
el **circo** circus *4B*
    colombiano,-a Colombian *4A*
    como like, since, such as *4A*
el **conejo** rabbit *4B*
    costarricense Costa Rican *4A*
    cubano,-a Cuban *4A*
el **cuerno** horn *4B*
el **desfile** parade *4A*
la **destreza** skill, expertise *4B*
    detrás de behind, after *4B*
    dominicano,-a Dominican *4A*
    durante during *4B*
    ecuatoriano,-a Ecuadorian *4A*
el **elefante** elephant *4A*
    emocionante exciting *4B*
    encima de above, over,
    on top of *4B*

escapar(se) to escape *4B*
español, española
    Spanish *4A*
el **establo** stable *4B*
    estadounidense something or
    someone from the United
    States *4A*
la **estrella** star *4B*
    fascinante fascinating *4A*
    feroz fierce *4A*
la **fila** line, row *4B*
la **finca** ranch, farm *4B*
el **flamenco** flamingo *4A*
los **fuegos artificiales**
    fireworks *4A*
la **gallina** hen *4B*
el **gallo** rooster *4B*
el **globo** balloon, globe *4A*
la **golosina** sweets *4A*
el **gorila** gorilla *4A*
    gran big (of *grande* before a
    m., s. noun); great *4B*
    gritar to shout *4A*
    guatemalteco,-a
    Guatemalan *4A*
el **guía**, la **guía** guide *4A*
    había there was, there were *4A*
el **hipopótamo** hippopotamus *4A*
    hondureño,-a Honduran *4A*
la **iguana** iguana *4A*
    imaginar(se) to imagine *4A*
    ir a parar to end up *4B*
la **jaula** cage *4B*
la **jirafa** giraffe *4A*
    ladrar to bark *4B*
el **león** lion *4A*
    lo (+ *adjective/adverb*) how
    (adjective/adverb) *4B*
la **luna** moon *4B*
el **malabarista**, la **malabarista**
    juggler *4B*
    maravilloso,-a marvelous,
    fantastic *4A*
    más de more than *4A*
    mío,-a (of) mine *4B*
    molestar to bother *4A*
el **mono** monkey *4A*
la **montaña** mountain *4A*

la **montaña rusa** roller coaster *4A*
    nicaragüense Nicaraguan *4A*
    nuestro,-a our, (of) ours *4B*
    ocurrir to occur *4B*
el **oso** (de peluche) (teddy)
    bear *4B*
la **oveja** sheep *4B*
el **pájaro** bird *4B*
las **palomitas de maíz**
    popcorn *4A*
    panameño,-a Panamanian *4A*
la **pantera** panther *4A*
    paraguayo,-a Paraguayan *4A*
la **pata** paw, leg (for animals) *4B*
el **pato** duck *4B*
el **pavo** turkey *4B*
el **payaso** clown *4B*
    peruano,-a Peruvian *4A*
la **pluma** feather *4B*
    pobre poor *4B*
    puertorriqueño,-a Puerto
    Rican *4A*
el **rabo** tail *4B*
el **ratón** mouse *4B*
la **rueda de Chicago** Ferris
    wheel *4A*
    saltar to jump *4B*
    salvadoreño,-a Salvadoran *4A*
    salvaje wild *4A*
la **selva** jungle *4A*
la **serpiente** snake *4A*
    suyo,-a his, (of) his, her,
    (of) hers, its, (of) yours,
    (of) theirs *4B*
la **taquilla** box office, ticket
    office *4B*
el **tigre** tiger *4A*
el **toro** bull *4B*
la **tortuga** turtle *4A*
el **trapecista**, la **trapecista**
    trapeze artist *4B*
    tuyo,-a (of) yours *4B*
    uruguayo,-a Uruguayan *4A*
la **vaca** cow *4B*
    venezolano,-a Venezuelan *4A*
la **visita** visit *4A*
    volar (ue) to fly *4B*
el **zoológico** zoo *4A*

Episode 14

Testing/Assessment

Test Booklet
Portfolio Assessment

Activities

Cooperative Learning
Review the countries and
adjectives of nationality by
having students pretend to be
from one of the Spanish-speaking
countries. Then, working in
groups of three, students try to
find out the name and country of
as many classmates as they can
in five minutes by asking in
Spanish *¿Cómo te llamas?* and *¿De
dónde eres?* Students should then
return to their respective groups
to compile the information and
to select one classmate to present
the information to the class,
adding each person's nationality:
*Se llama Mario García y es de El
Salvador. Es salvadoreño.*

Notes This *Vocabulario* provides a
reference list of new words and
expressions that students are required to
know for the chapter test.

Point out that the word *goloso/golosa* (a
person with a sweet tooth) is related to
golosinas (sweets). Similarly, the word
chiste (a joke) is related to the word
chistoso (funny).

Activities

Connections

Have students name some cities in the Caribbean. Then ask what students know about Puerto Rico, the Dominican Republic and Cuba. Next, ask if anyone in class has visited or knows someone who has visited any Caribbean countries. If so, ask volunteers to give a presentation to the class describing one or more of the islands.

Critical Thinking

The two photographs that appear on these pages depict the functions, cultural setting and themes of the chapter ahead and provide students with connections to the countries and people they will be studying in this chapter. Use these supportive visuals as an introduction to the themes that students will be studying. Ask about any similarities and differences students observe, what words students are able to understand and what conclusions students can draw from the information.

Capítulo 5

¿Qué compraron?

Objetivos

❖ name some foods

❖ talk about the past

❖ talk about what someone remembers

❖ express an opinion

❖ describe clothing

❖ ask for advice

❖ state what was happening at a specific time

❖ describe how something was done

❖ express length of time

Visit the web-based activities at www.emcp.com

200 *doscientos*

Notes The communicative objectives in the box on this page can assist you in establishing the objectives and goals for *Capítulo 5*. A checklist of these functions also appears, along with additional objectives on page 248. Students can use these to evaluate their own progress.

Review these two pages, asking students what they see in the two photographs. Ask what students think the chapter is about. Then ask what part of the Spanish-speaking world they think they will be studying in the chapter (the Caribbean).

Cuba
Nombre oficial: **República de Cuba**
Población: **11.300.000**
Capital: **La Habana**
Ciudades importantes: **Santiago de Cuba, Camagüey, Holguín, Santa Clara**
Unidad monetaria: **el peso**
Fiesta nacional: **1 de enero, Día de la Liberación**
Gente famosa: **José Martí (escritor y politico); Alicia Alonso (interprete de la danza); Silvio Rodriguez (cantautor); Nicolas Guillén (poeta)**

Puerto Rico
Nombre oficial: **Estado Libre Asociado de Puerto Rico**
Población: **3.900.000**
Capital: **San Juan**
Ciudades importantes: **Ponce, Mayagüez, Bayamon**
Unidad monetaria: **el dólar (EE.UU.)**
Fiesta nacional: **4 de julio, Día de la Independencia de los EE.UU.**
Gente famosa: **Raúl Julia (actor); Miguel Pou (pintor); Roberto Clemente (beisbolista); Ricky Martin (cantante); Rita Moreno (actriz)**

República Dominicana
Nombre oficial: **República Dominicana**
Población: **8.700.000**
Capital: **Santo Domingo**
Ciudades importantes: **Santiago de los Caballeros, Puerto Plata**
Unidad monetaria: **el peso dominicano (RD$)**
Fiesta nacional: **27 febrero, Día de la Independencia**
Gente famosa: **Juan Luis Guerra (cantante); Sammy Sosa (beisbolista); Oscar de la Renta (diseñador de modas)**

Notes The photographs on these pages mentally and visually whet students' appetites for the chapter they are about to begin. The Caribbean consists of many beautiful beaches that are used daily for every kind of water sport, as depicted in the small photograph on page 200. The large photograph conveys the theme of the chapter: shopping.

Use maps to show students where the Caribbean is located.

Discuss with students the countries they will be studying in this chapter: Cuba, Puerto Rico, the Dominican Republic. Then tell students about other countries in the Caribbean.

En el supermercado

 Activity 1

 Activities 30–31

 Activities 1–2

 Activity 1

 Activities 1–2

Content reviewed in *Lección A*
• imperfect tense
• foods
• preterite tense
• everyday activities
• chores

Activities

Critical Thinking
Play the audio CD recording of *Vocabulario I* as students listen carefully. Have students look at the illustrations and imagine what the people are saying to one another. Next, ask students to identify some of the objects they see on pages 202–203. Then call on several individuals to state what they think is the main theme of the scene. Finally, ask if students know where it takes place (in a grocery store).

202

Lección A

Cuba   Puerto Rico   La República Dominicana

Vocabulario I
En el supermercado

Notes Some native speakers use *hubieron* as a plural form of the impersonal expression *hubo*.

The verb *acordar(se)* requires the stem change *o → ue* in the present tense.

Choose from the ancillaries listed under Teacher Resources at the top of pages 202–203 for help when introducing and practicing the new lesson vocabulary.

Call on students to spell each new word or expression.

1 En el supermercado

 Selecciona la foto que corresponde con lo que oyes.

A **B** **C** **D** **E** **F** **G**

2 Un virus en la computadora

Imagina que un virus corrompió *(corrupted)* la lista de compras que hacías en tu computadora. Pon las letras de cada comida en su orden correcto.

lista.doc

1. jorsotna	8. ét
2. elhec	9. eauglch
3. npa	10. ateotms
4. rnoduasz	11. niatmllaequ
5. pyapasa	12. ugjo de arjnana
6. loesmne	13. díanas
7. ñaip	14. realce

la bolsa

la toronja

la pera

Capítulo 5

doscientos tres **203**

Notes Remind students of the fruits they already have learned to identify in Spanish: *la manzana* (apple), *la naranja* (orange), *la fresa* (strawberry), *la uva* (grape).

Activity 1 is intended for listening comprehension practice. Play the audio CD of the activity that is part of the Audio CD Program or use the transcript that appears in the ATE Introduction if you prefer to read the activity yourself.

Teacher Resources

 Activity 1

Answers

1 1. D; 2. B; 3. C; 4. E; 5. A; 6. F; 7. G

2 1. toronjas
2. leche
3. pan
4. duraznos
5. papayas
6. melones
7. piña
8. té
9. lechuga
10. tomates
11. mantequilla
12. jugo de naranja
13. sandía
14. cereal

Activities

Expansion
Use overhead transparencies 30 and 31 to introduce the new words and expressions in *Vocabulario I*. Begin by showing transparency 30 and point to one of the objects shown and identify it in Spanish. Students should repeat after you. Continue on to the next item and repeat the process. As a second step, show students transparency 31. Once again identify the objects in Spanish, allowing students to see how each word is spelled.

Prereading Strategy
Instruct students to look at the illustration and quickly find cognates and words they recognize. Then ask students what they think the illustration depicts.

Answers

3 1. Porque es muy grande y no les va a caber en el refrigerador.
2. María nunca quiere comprar lo que le gusta a César.
3. Quería comprar unas ciruelas.
4. Quería comprar diez papayas.
5. Deben comprar una piña.
4 Answers will vary.
5 1. E; 2. D; 3. A; 4. C; 5. B

Activities

Cooperative Learning
Have students work in pairs, practicing the dialog. Circulate and assist with pronunciation and intonation.

Expansion
Additional questions (*¿Qué recuerdas?*): *¿Qué dice César que deben comprar?; ¿Qué dice María a César de comprar diez papayas?; ¿Quién dice un mal chiste?; ¿Cuál es el chiste?*
Additional questions (*Algo personal*): *¿Te gustan las frutas?; ¿Qué tipos de fruta te gustan?; ¿Qué otras comidas te gustan?; ¿Te acuerdas siempre de lo que tienes que comprar?; ¿Quién dice en tu casa lo que hay que comprar en el supermercado?*

204

Diálogo I
Una sandía

CÉSAR: ¿Compramos una sandía?
MARÍA: No, es muy grande y no nos va a caber en el refrigerador.
CÉSAR: Ay, pero tú nunca quieres comprar lo que a mí me gusta.

MARÍA: ¿Qué estás diciendo?
CÉSAR: Sí, el otro día que estuvimos por el supermercado yo quería comprar unas ciruelas y tú dijiste que no.
MARÍA: Eso no es verdad. Yo no recuerdo eso.

CÉSAR: La otra vez yo quería comprar diez papayas y tú dijiste que yo estaba loco.
MARÍA: Pues, claro, diez papayas, sólo a ti se te ocurre eso.
CÉSAR: Entonces, ¿por qué no compramos una piña para la "niña"?
MARÍA: ¡Qué chiste tan malo!

3 ¿Qué recuerdas?

1. ¿Por qué no deben comprar una sandía, según María?
2. ¿Quién nunca quiere comprar lo que le gusta a César?
3. ¿Qué quería comprar César el otro día que estuvieron por el supermercado?
4. ¿Cuántas papayas quería comprar César la otra vez?
5. ¿Qué fruta deben comprar para la "niña", según César?

4 Algo personal

1. ¿A qué supermercado fuiste la última vez?
2. ¿Qué compraste allí?
3. ¿Compraste lo que a ti te gusta? Explica.
4. Cuando vas al supermercado, ¿te cabe siempre todo lo que compras en el refrigerador?

¡Extra!
Más frutas

la cereza	*cherry*
el coco	*coconut*
la frambuesa	*raspberry*
la guayaba	*guava*
el melocotón	*peach*
la mora	*mulberry*

5 Quería comprar...

Di la letra de la ilustración que identifica lo que querían comprar las siguientes personas, según lo que oyes.

A   **B**   **C**   **D**   **E**

204 *doscientos cuatro*   **Lección A**

Notes This dialog contains a rhyme (*una rima*). Brainstorm with students some other phrases or sentences that contain rhymes. You may want to begin by thinking of pairs of words that rhyme (e.g., *poco/loco; perro/quiero; casa/pasa; gato/pato; mes/tres; loca/boca; gol/sol*).

When reviewing answers for the sections *¿Qué recuerdas?* and *Algo personal*, ask students to call on one another in order to remove yourself from always being at the center of classroom discussions.

Before assigning activity 5, have students identify the objects at the bottom of page 204.

Hay playas muy bonitas en el Caribe.

El Caribe, islas de encanto

Cuba, Puerto Rico y la República Dominicana son los tres lugares del Caribe donde el español es la lengua principal. Estas tres islas de encanto[1] tienen playas muy bonitas, abundantes palmeras[2] magníficas y clima tropical todo el año. Históricamente están unidas porque Cristóbal Colón las visitó durante sus viajes al continente americano en el siglo XV.

El Caribe tiene, además, una gran influencia en el mundo por sus contribuciones en

deportes, música y literatura. A nivel internacional, se destacan en deportes como el béisbol, el boxeo y el básquetbol. En la música, ritmos como el merengue, la salsa y el mambo se bailan en todo el mundo. La literatura caribeña tiene un gran representante en el autor cubano José Martí. Su libro de poemas, *Versos sencillos,* es muy famoso. La canción *Guantanamera,* que es muy conocida, está basada en uno de los versos de este libro.

José Martí, poeta cubano.

[1]enchantment [2]palm trees

6 Conexión con otras disciplinas: geografía

Busca información en la biblioteca o la internet sobre algún lugar que te gustaría conocer de alguno de los países de la Cultura viva. Luego, dibuja un mapa con los países del Caribe e identifica las capitales y las ciudades importantes, los ríos, montañas y cualquier punto que creas importante.

¡Oportunidades!

Viaje al Caribe
Travel to the Spanish-speaking islands of the Caribbean is very popular among Americans, especially during a long, cold winter. Many companies offer reduced rates and reasonable travel packages. If you travel to the Caribbean, speaking Spanish will enable you to find unique areas and experience activities that are off the beaten path of other tourists.

Capítulo 5   *doscientos cinco* **205**

Teacher Resources

 Activity 2

 Activities 3–4

Answers

6 Check maps for accuracy.

Activities

Communities
Ask each student to return to the next class session with the name of a well-known person from each of these three Spanish-speaking Caribbean countries.

Connections
Discuss with students the geographical features and location of Puerto Rico, Cuba and the Dominican Republic, using the maps in the front of the book or the transparencies that are part the *Navegando 1* Transparency Program.

Critical Thinking
Ask students if they can name the capital cities of Puerto Rico, the Dominican Republic and Cuba. In turn, name other Spanish-speaking countries and ask the students to recall the capitals.

Prereading Strategy
Before beginning *Cultura viva,* ask general questions about the theme of the reading: What are some Spanish-speaking Caribbean countries? What do students know about these places? Then have students skim the reading for cognates and words or expressions they already know.

Notes Inform students that *José Martí* is a national hero in Cuba, having been a leader in the battle for independence.

Students may need help with the meaning of the following words: *históricamente* (historically), *nivel* (level), *se destacan* (stand out).

Note that the Dominican Republic shares the island of *Hispaniola* with Haiti.

Point out that the official status of Puerto Rico is that of a U.S. commonwealth *(estado libre asociado).*

Activities

Students with Special Needs
The following preterite-tense verbs have irregularities: *caer(se)*, *dar, decir, estar, hacer, ir, leer, oír, ser, tener* and *ver.* If students have forgotten the forms of any of these verbs, you may review them in the Appendices.

Repaso rápido: the preterite tense

You have learned to recognize and use the preterite tense to express simple past actions in Spanish. Review the formation of regular verbs for this frequently used verb tense in the chart that follows.

	preparar	comer	vivir
yo	preparé	comí	viví
tú	preparaste	comiste	viviste
Ud./él/ella	preparó	comió	vivió
nosotros/nosotras	preparamos	comimos	vivimos
vosotros/vosotras	preparasteis	comisteis	vivisteis
Uds./ellos/ellas	prepararon	comieron	vivieron

Do you recall the spelling changes that occur in the preterite tense?

expli**car**	c → qu	expli**qu**é
pa**gar**	g → gu	pa**gu**é
almor**zar**	z → c	almor**c**é

Do you remember that the verbs *conseguir (i, **i**), despedirse (i, **i**), divertirse (ie, **i**), dormir (ue, **u**), mentir (ie, **i**), pedir (i, **i**), preferir (ie, **i**), repetir (i, **i**), seguir (i, **i**), sentir (ie, **i**), sentirse (ie, **i**),* and *vestirse (i, **i**)* all require a stem change in the *Ud., él, ella, Uds., ellos* and *ellas* form of the preterite tense?

sentir (ie, **i**): sentí, sentiste, s**i**ntió, sentimos, sentisteis, s**i**ntieron
dormir (ue, **u**): dormí, dormiste, d**u**rmió, dormimos, dormisteis, d**u**rmieron
pedir (i, **i**): pedí, pediste, p**i**dió, pedimos, pedisteis, p**i**dieron

Note: Some verbs change their meaning in the preterite tense. You have learned to use *conocer* to indicate who someone knows or to state what someone is familiar with. In the preterite tense, *conocer* is the equivalent of **to meet.**

| ¿A quién **conociste** tú anoche? | Whom **did you meet** last night? |
| **Conocí** a la familia de Alberto. | **I met** Alberto's family. |

Notes Skip the *Repaso rápido* and either or both of the activities on page 207 if you feel your students have a good grasp of the preterite tense.

Remind students that they must remove the endings *-as, -er* and *-ir* before adding the endings shown in the chart that reviews the preterite tense on this page.

7 ¿Qué hicieron por la tarde?

Completa estas oraciones con el pretérito de los verbos indicados para decir lo que hicieron las siguientes personas por la tarde.

MODELO Martín *(ver)* una película sobre la República Dominicana.
Martín *vio* una película sobre la República Dominicana.

1. Tú *(quedarte)* en tu casa viendo televisión.
2. Ud. *(conseguir)* un regalo para un amigo.
3. Yo *(tocar)* el piano.
4. Nosotras *(conocer)* a unos chicos de Puerto Rico.
5. Ellos *(salir)* a caminar.
6. Alicia *(llamar)* a sus abuelos.
7. Graciela *(leer)* una revista.
8. Uds. *(comer)* comida del Caribe.

Se quedaron en casa viendo televisión.

8 Invitación a cenar

Pablo invitó a varios amigos a cenar a su casa el fin de semana pasado y él tuvo que preparar todo con la ayuda de su hermano, Jorge, y su hermanastra, Eliana. Completa cada oración con el pretérito del verbo apropiado para decir lo que pasó.

buscar   escuchar   llegar   venir
despertarse   sentarse
empezar   tener   hacer   levantarse

1. Yo __ a las cinco y media.
2. Poco después, yo __ a las seis.
3. Jorge __ algunos de los ingredientes en el supermercado.
4. Yo no fui con ella porque yo __ que arreglar la cocina.
5. Yo __ a cocinar a las cuatro.
6. Eliana __ para ayudarme a las cinco.
7. Nosotros __ una receta especial con papayas y duraznos.
8. Mis amigos __ a las ocho.
9. Nosotros __ a comer a las ocho y media.
10. Nosotros __ unos discos compactos de música salsa durante la cena.

¿Tuviste que arreglar la cocina?

Prepararon una receta especial con papayas.

Answers

7 1. te quedaste
2. consiguió
3. toqué
4. conocimos
5. salieron
6. llamó
7. leyó
8. comieron
8 Possible answers:
1. me desperté
2. me levanté
3. buscó
4. tuve
5. empecé
6. llegó
7. hicimos
8. vinieron
9. nos sentamos
10. escuchamos

Activities

Expansion
As a follow-up to activity 7, ask students to say what different family members and friends did yesterday. They may choose from the verbs found in these activities or provide new information.

Students with Special Needs
Model the first sentence or two of activity 8.

Notes Model one or two sentences showing how *conocer* is used in the preterite tense for **to meet**: *Conocí a la señora y al señor Blanco en la fiesta el sábado pasado* (I met Mr. and Mrs. Blanco at the party last Saturday).

Answers

9 1. fueron
2. salieron
3. Llovía, llegaron
4. compró
5. Eran, salieron
6. estaba, llegaron
7. fue, tenía
8. me llamaron
9. comías, llamaron

Activities

Critical Listening
To reinforce the uses of the preterite and imperfect tenses, give several statements in English and ask students if they would use the preterite or imperfect in Spanish. Then give statements in Spanish and ask the students to explain whether you used the preterite or imperfect and why.

Critical Thinking
Ask students to justify their responses for activity 9.

Estructura

Preterite vs. imperfect tense

A sentence may have various combinations of the two past tenses: *pretérito/pretérito, imperfecto/pretérito, pretérito/imperfecto, imperfecto/imperfecto.* For example, all verbs may be in the preterite tense if you are stating simple facts.

> ***Fui*** *al supermercado y* ***compré*** *unas ciruelas.*

> **I went** to the supermarket and **bought** some plums.

A sentence also may have one verb that is in the imperfect tense and another that is in the preterite tense: Use the imperfect tense in a sentence to describe a repeated (habitual) past action or ongoing condition; use the preterite tense to state what happened during the repeated or ongoing action/condition.

> ***Estaba*** *en el supermercado cuando* ***tú llamaste.***

> **I was** in the supermarket when **you called.**

Finally, more than one verb may be in the imperfect tense when you are describing simultaneous ongoing actions or conditions.

> ***Jugábamos*** *videojuegos mientras* ***esperábamos*** *a Ramiro.*

> **We were playing** video games while **we were waiting** for Ramiro.

Note: The impersonal expressions *hay, había* and *hubo* are forms of the infinitive *haber* (to have). *Hay* is an irregular present-tense form of *haber* and is the equivalent of **there is/there are.** The imperfect tense of *haber, había,* and the irregular preterite-tense form of *haber, hubo,* are both equivalent to **there was/there were.**

Jugábamos videojuegos.

 Práctica

 **9 El sábado pasado**

Completa estas oraciones, escogiendo la palabra (o frase) correcta para decir lo que las siguientes personas hacían o hicieron el sábado pasado.

1. Edgar y Enrique *(fueron / iban)* al supermercado.
2. Ellos *(salieron / salían)* a las cinco para ir al supermercado.
3. *(Llovió / Llovía)* cuando ellos *(llegaron / llegaban)* al supermercado.
4. Un señor *(compró / compraba)* cinco piñas.
5. *(Fueron / Eran)* las siete cuando ellos *(salieron / salían)* del supermercado.
6. Yo *(estuve / estaba)* en mi cuarto cuando Edgar y Enrique *(llegaron / llegaban)* de hacer sus compras.
7. Enrique *(fue / iba)* a comprar toronjas, pero no *(tuvo / tenía)* bastante dinero.
8. Unos amigos *(me llamaron / me llamaban)* el sábado a las nueve.
9. Tú *(comiste / comías)* cuando mis amigos *(llamaron / llamaban).*

Notes Explain that the imperfect answers the question **What were the circumstances?**, whereas the preterite answers the question **What happened?**

10 ¿Qué hiciste tú el domingo?

Completa el diálogo entre Sandra y Lucila con el imperfecto o con el pretérito de los verbos indicados.

Sandra: Aló. ¿Está Lucila?
Lucila: Hola, Sandra.
Sandra: Hola. Pues, ¿qué *(1. hacer)* tú el domingo?
Lucila: Alfonso y yo *(2. ir)* al zoológico.
Sandra: ¡Qué bueno! Dime, ¿no *(3. ir)* a ir al circo?
Lucila: Alfonso *(4. querer)* ir al zoológico y yo no *(5. tener)* problema, el zoológico me gusta mucho.
Sandra: Pues, ¿*(6. divertirse)* Uds. mucho?
Lucila: Sí y no. En las dos primeras horas nosotros *(7. divertirse)* mucho, pero después *(8. llover)* casi todo el día y no *(9. poder)* ver todos los animales.
Sandra: ¡Qué lástima! Aquí el domingo *(10. hacer)* sol todo el día.
Lucila: Bueno, el domingo aquí *(11. ser)* un día fantástico para quedarse en casa.

Aló. ¿Está Lucila?

11 ¿Cuándo?

Completa las oraciones con *hay*, *había* o *hubo*, según sea correcto.

1. Anoche __ una cena especial en casa de Pablo cuando yo llegué del centro.
2. El lunes pasado __ una cena en la casa de mis abuelos, pero nadie podía ir.
3. El fin de semana que viene __ una cena especial en la casa de Alfonso.
4. El mes pasado no __ ninguna cena especial en la casa de Alfonso.
5. El mes pasado __ dos cenas especiales en mi familia.
6. Esta noche __ una cena en la casa de Iván y voy a ir con un amigo.

¿Hay una cena especial esta noche?
Hubo una celebración especial en casa de mi abuelo.

Capítulo 5

doscientos nueve **209**

12 ¿Qué pasó en el supermercado?

Completa este párrafo con el imperfecto o con el pretérito de los verbos indicados para decir lo que te pasó ayer en el supermercado.

Ayer por la mañana yo *(1. ver)* a mi amigo, Hernán, en el supermercado. Él *(2. ir)* de compras con su mamá a quien yo *(3. conocer)* una vez en el colegio. Ella me *(4. decir)* que *(5. estar)* comprando unas frutas. Yo no *(6. tener)* mucho tiempo, pero nosotros *(7. hablar)* por unos minutos. Luego, la mamá de Hernán *(8. decir)* que ellos *(9. tener)* que seguir con las compras. Yo les *(10. decir)* "hasta luego" y me *(11. ir)* para mi casa. Yo *(12. salir)* del supermercado y *(13. tomar)* un autobús para ir a mi casa. Cuando yo *(14. entrar)* a la casa, mi mamá me *(15. decir)* que ella me *(16. estar)* esperando mucho tiempo. Ella me *(17. preguntar)* que por qué *(18. ser)* la demora. Yo le *(19. decir)* que me *(20. encontrar)* con Hernán y su mamá en el supermercado y que yo *(21. estar)* hablando con ellos por unos minutos. Después, mi mamá me *(22. decir)* que nosotros *(23. ir)* a almorzar en diez minutos. Yo *(24. subir)* al baño donde *(25. lavarse)* las manos y *(26. ir)* para almorzar.

¿Qué pasó en el supermercado?

13 La familia prepara una cena

Di lo que hacían estas personas para preparar una cena.

MODELO la madre y la abuela (preparar el arroz) / los hijos (hacer los quehaceres)
La madre y la abuela preparaban el arroz mientras que los hijos hacían los quehaceres.

1. tú (barrer el piso) / yo (arreglar la mesa)
2. la tía (poner flores en la mesa) / el tío (poner el mantel y las servilletas)
3. el padre (lavar los platos) / los hijos (limpiar los cubiertos)
4. Ud. (sacar unas frutas del refrigerador) / el abuelo (cortar un melón)
5. las primas (preparar una ensalada) / la hija (hacer una sopa)
6. los primos (comprar unos refrescos) / los hijos (cocinar la carne)

La madre y la abuela preparaban el arroz.

 **Comunicación**

 14 No había luz

Imagina que anoche se fue la luz *(blackout)* en el lugar donde vives. Trabajando en parejas, hablen sobre lo que cada uno hacía y lo que otros miembros de la familia hacían cuando la luz se fue.

¿Qué hacías anoche cuando se fue la luz?

MODELO **A:** ¿Qué hacías anoche cuando se fue la luz?

B: Cuando se fue la luz yo estaba en el supermercado. ¿Y tú?

A: Cuando se fue la luz yo comía con unos amigos.

 15 ¿Qué hiciste la semana pasada?

En parejas, hablen sobre lo que cada uno de Uds. hizo la semana pasada. Puedes inventar la información si lo deseas. Recuerda preguntar por cualquier detalle *(detail)* adicional, según lo que tu compañero/a te cuenta.

MODELO **A:** ¿Qué hiciste el lunes de la semana pasada?

B: Fui a un supermercado en la República Dominicana.

A: Y, ¿cómo era el supermercado?

B: Era muy grande y había muchas frutas.

La semana pasada trabajé en la tienda.

Fui al supermercado en la República Dominicana.

Capítulo 5

doscientos once **211**

Answers

14 Creative self-expression.
15 Creative self-expression.

Activities

Cooperative Learning
Working in pairs, students should make a statement using the preterite tense. Then ask them to restate the sentence using the imperfect tense: *Compramos frutas y verduras en el supermercado ayer* (preterite tense); *Comprábamos frutas y verduras en el supermerdado ayer* (imperfect tense).

Critical Thinking
Ask groups of students to summarize several things they did yesterday and why they did them. For example, *Fui al restaurante porque tenía hambre.* As they develop their ideas, they should consider specific actions (preterite) and the states of being (imperfect) that caused them. Have several groups share their examples with the class.

Notes Have students summarize their classmates' statements to practice third-person singular forms of the preterite tense for activity 15.

Ask for volunteers to do activities 14 and 15 in front of the class.

211

Carnes, pescados y mariscos

 Activity 6

 Activities 32–33

 Activity 9

 Activity 3

 Activity 8

Activities

Expansion

Use overhead transparencies 32 and 33 to introduce the new words and expressions in *Vocabulario II*. Begin by showing students transparency 32 and name the items shown in the illustration one at a time in Spanish. Students should repeat after you. Continue with overhead transparency 33 and call on students to practice spelling the food items in Spanish.

Prereading Strategy

Have students look at *Vocabulario II* and identify cognates and other words they recognize. Then ask students to summarize what each box on pages 212–213 says.

Pronunciation

Model the pronunciation of several words and phrases from *Vocabulario II* for students to repeat.

Vocabulario II
Carnes, pescados y mariscos

Notes Point out the reflexive verb *reírse*. The irregular preterite tense of *reírse* and *freír* is presented later in this lesson.

Remind students that some food words may vary from country to country. For example, *mantequilla de maní* is called *crema de cacahuetes* in other places. *Papas* in Latin America are called *patatas* in Spain. Similarly, *chuletas de puerco* are also called *chuletas de cerdo*.

Note for students that the word *anduvieron* that appears in the box at the bottom of page 212 is the preterite tense of *andar*.

la salchicha la carne de res la costilla

la ternera

Un filete de ternera para freír, por favor.

CARNES

Activities

Cooperative Learning
Have students conduct a survey of their classmates to find out how many people eat the different types of meat, fish and seafood in *Vocabulario II*. Students should summarize their findings and present them orally to the class.

16 Carne, pescado o marisco

Escucha lo que algunas personas buscan en el supermercado. Di si lo que buscan es *carne*, *pescado* o *marisco*.

¡Extra!

Más carnes, pescados y mariscos

la chuleta de puerco, la chuleta de cerdo	*pork chop*
el cordero	*lamb*
el solomillo de ternera	*filet mignon*
la langosta	*lobster*
el langostino	*prawn*
el salmón	*salmon*
la trucha	*trout*

17 En la sección de carnes, pescados y mariscos

Trabajando en parejas, alterna con tu compañero/a de clase en hacer y contestar preguntas para decir lo que compraron las siguientes personas cuando fueron al supermercado.

MODELO Isabel
A: ¿Qué compró Isabel?
B: Isabel compró almejas.

1. Jorge y Alfredo   **2.** Francisco   **3.** tú   **4.** Uds.   **5.** Catalina y Maurico   **6.** nosotros

Notes Inform students that they will hear the term *kilo* as they listen to the first sentence of activity 16. Tell them that a *kilo* is short for *kilograma*. For the time being, tell them this is a common metric measurement that is equivalent to 2.2 pounds. Other metric measurements include the following: centimeter (0.3937 inches), meter (1.094 yards), gram (.035 ounces).

Answers

18 1. Quiere un filete de pescado.
2. Quiere un kilo de ternera.
3. Quiere cinco kilos de camarones.
4. A César le gustan mucho.
5. Porque no tienen mucho dinero.

19 Answers will vary.

20 1. D; 2. E; 3. A; 4. C; 5. B

Activities

Connections

Have students create a makeshift counter or several counters in a *mercado* or *supermercado*. Students take turns as shoppers and vendors. Vendors put up signs with prices for the various goods for sale. Shoppers begin with a predetermined amount of money and request items of the vendor or vendors, being careful not to go over the amount of money they can spend.

Critical Listening

Play the audio CD recording of the dialog. Instruct students to cover the words as they listen to the conversation to develop good listening skills before concentrating on reading Spanish. Have students look at the photographs and imagine what the people are saying to one another and where they are. Ask several individuals to state what they believe is the main theme of the conversation.

Diálogo II
¿Algo más?

MARÍA: Un filete de pescado para freír, por favor.
SEÑOR: Sí, cómo no. ¿Qué más se le ofrece?
MARÍA: Un kilo de ternera y medio kilo de costillas.

SEÑOR: ¿Algo más?
CÉSAR: Sí, cinco kilos de camarones.
MARÍA: Chico, ¿qué te pasa? No, los camarones no. Eso es todo.

CÉSAR: ¿Por qué no? A mí me gustan mucho.
MARÍA: Es que cuestan mucho y no tenemos mucho dinero.
CÉSAR: Entonces, creo que el atún me gusta mucho más.

18 ¿Qué recuerdas?

1. ¿Qué quiere María para freír?
2. ¿Cuántos kilos de ternera quiere María?
3. ¿De qué quiere cinco kilos César?
4. ¿A quién le gustan mucho los camarones?
5. ¿Por qué no quiere comprar los camarones María?

19 Algo personal

1. ¿Qué carne, pescado o marisco te gusta mucho?
2. ¿Qué carne, pescado o marisco te gusta poco?
3. ¿Te gusta freír las carnes o los pescados?

20 Me gusta mucho

 Indica la letra de la ilustración que corresponde con lo que oyes.

A   B   C   D   E

¿Te gusta freír el pescado?

Notes Point out that María uses the metric measurement *kilos,* which is short for *kilogramos.*

Play the audio CD version of activity 20 for listening comprehension practice. A reproducible student answer sheet for the activity is provided for your convenience

at the end of the Audio CD Program Manual if you choose to use it.

Cultura viva

Las paladares

En Cuba, una paladar es un restaurante pequeño en una casa operado[1] por una familia y no por el gobierno cubano. El nombre **paladar** viene de una telenovela de Brasil que la televisión cubana presentó en el año 1993. En esta telenovela, una joven pobre que vende sandwiches por las playas termina millonaria y dueña[2] de unos restaurantes llamados La Paladar. Muchos cubanos siguieron el ejemplo de esta joven y en vez de vender comida en el mercado negro, decidieron vender comida preparada en sus casas. A estos restaurantes en casas se les llamaron **paladares.** En ese año, el gobierno de

Una paladar cubana.

Cuba pasó la Ley[3] 141, que permitió a las familias cubanas el derecho a poner un negocio[4], siguiendo las reglas del gobierno. En las paladares, por ejemplo, se permiten sólo cuatro mesas y no se permite vender ni carne de res ni mariscos. Las paladares son muy populares entre los turistas porque se come muy bien en una atmósfera familiar y es menos caro que los restaurantes de los hoteles o los restaurantes del estado. Uno de los platos que las paladares sirven es el **congrí,** el famoso plato cubano de arroz y frijoles.

Las paladares son muy populares.

El congrí.

[1]managed [2]owner [3]Law [4]business

21 Las paladares

Di si lo siguiente es cierto o falso, según la Cultura viva. Si es falso, di lo que es cierto.

1. Las paladares son restaurantes en Cuba.
2. Las paladares son del gobierno cubano.
3. Las paladares pueden tener cuarenta mesas.
4. El nombre **paladar** viene de una telenovela de Brasil.
5. La comida de las paladares es más cara que la comida de los hoteles.
6. **Congrí** es arroz y frijoles.

Teacher Resources

 Activity 21

Activity 10

 Activity 4

Answers

21
1. Cierto.
2. Falso. Son de las familias cubanas.
3. Falso. Las paladares pueden tener sólo cuatro mesas.
4. Cierto.
5. Falso. La comida de las paladares es más barata que la comida de los hoteles.
6. Cierto.

Activities

Prereading Strategy
This *Cultura viva* feature provides an opportunity for students to increase what they know about the Spanish-speaking world by reading about Cuba in Spanish. Before beginning the reading, consider asking some general questions about the country: Where is Cuba located? What is the name of Cuba's capital? What do students know about Cuba? Then have students skim the reading for cognates and any words or expressions they already know.

Notes Although small family-run restaurants exist throughout the world, *paladares* are unique to Cuba.

Point out the picture of *congrí* in the lower right-hand corner of the *Cultura viva.*

Additional words that pertain to food and dining: The term *plancha* refers to a **grill,** where students may have seen eggs cooked in a restaurant, so *a la plancha* is literally **on the grill** when ordering off a menu; the word *vapor* refers to **vapor** or **steam,** so *al vapor* means **steamed;** although they may recognize the term *huevos,* students will not necessarily know *revueltos,* for **scrambled,** or *fritos,* for **fried;** *asado/-a* indicates something **roasted.**

Answers

22 1. ¿Por qué se ríe Darío?
2. ¿Por qué se ríen Alejandro y Mónica?
3. ¿Por qué se ríe ella?
4. ¿Por qué se ríen ellos?
5. ¿Por qué me río yo?
6. ¿Por qué se ríen Uds.?
7. ¿Por qué te ríes tú?
8. ¿Por qué nos reímos nosotros?

Activities

Students with Special Needs
Call on students to indicate which reflexive pronoun goes with each subject pronoun as you say them.

 **Idioma**

Estructura

Present tense of *reír* and *freír*

The verbs *reír(se)* and *freír* are irregular in the present tense. However, both verbs are formed following the same pattern, so learning the conjugation of one will help you learn the conjugation of the other.

reír(se)	
(me) río	(nos) reímos
(te) ríes	(os) reís
(se) ríe	(se) ríen
gerundio: riendo (riéndose)	

freír	
frío	freímos
fríes	freís
fríe	fríen
gerundio: friendo	

 **Práctica**

22 Todos se ríen

Haz las preguntas apropiadas para saber por qué se ríen las siguientes personas.

MODELO Nubia
¿Por qué se ríe Nubia?

1. Darío
2. Alejandro y Mónica
3. ella
4. ellos
5. yo
6. Uds.
7. tú
8. nosotros

¿Por qué se ríe Nubia?

Notes **Comparisons.** Ask if students see any similarity between the English word **fry** and the Spanish equivalent *freír*.

Be sure to review the reflexive pronouns that correspond with the various forms *reír(se)* and *sonreír(se)*.

The verb *sonreír* follows the same conjugation pattern as *reír(se)* and *freír*.

23 ¿Qué fríen?

Di lo que fríen las siguientes personas, usando la forma apropiada del presente del verbo *freír* y las indicaciones.

MODELO Margarita / para la cena
Margarita fríe pescado para la cena.

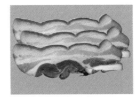

1. yo / para un picnic

2. Samuel / para el almuerzo

3. tú / para una ensalada

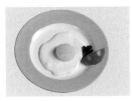

4. Uds. / para el desayuno

5. Rosita y Efraín / para la cena

6. nosotros / para una cena especial

❖ Comunicación

24 La comida

Trabajando en parejas, hablen de la forma en que les gusta preparar algunas comidas y por qué les gusta comerlas así. Digan si prefieren carnes, pescados o mariscos, o si sólo comen verduras.

MODELO **A:** Yo siempre frío los huevos para el desayuno. ¿Y tú?
B: No, yo prefiero cocinarlos en agua, porque son mejores para la salud.

Siempre frío los huevos para el desayuno.

Capítulo 5

Notes Remind students what the words *carnes, pescados, mariscos* and *verduras* mean: **meats, fish, seafood** and **vegetables.**

You may want to ask students to follow up their conversation for activity 24 by asking them to summarize their work orally or in writing.

The *vosotros/vosotras* verb endings are included for passive recognition. Decide if you want to teach these forms. Then inform students whether to include the verb forms in class work according to your choosing (activity 23).

217

Activities

Expansion

Ask the following questions to practice irregular preterite-tense forms of verbs: *¿Qué ropa te pusiste esta mañana? ¿A qué hora viniste al colegio? ¿Anduviste o condujiste al colegio? ¿Qué cosas trajiste al colegio? ¿Qué cosas trajiste a la clase de español?* The questions may also be presented in the third-person plural *(Uds.)*.

Students with Special Needs

As a class activity, have students make up sentences using the preterite-tense verb forms shown on page 218.

Estructura

Irregular preterite-tense verbs

The following are some verbs that are irregular in the preterite tense. Learning them will improve your ability to talk about the past.

andar *(to walk):*	anduve, anduviste, anduvo, anduvimos, anduvisteis, anduvieron
caber *(to fit):*	cupe, cupiste, cupo, cupimos, cupisteis, cupieron
conducir *(to drive):*	conduje, condujiste, condujo, condujimos, condujisteis, condujeron
freír *(to fry):*	freí, freíste, frió, freímos, freísteis, frieron
leer *(to read):*	leí, leíste, leyó, leímos, leísteis, leyeron
poder *(to be able):*	pude, pudiste, pudo, pudimos, pudisteis, pudieron
poner *(to put):*	puse, pusiste, puso, pusimos, pusisteis, pusieron
querer *(to want):*	quise, quisiste, quiso, quisimos, quisisteis, quisieron
reír *(to laugh):*	reí, reíste, rió, reímos, reísteis, rieron
saber *(to know):*	supe, supiste, supo, supimos, supisteis, supieron
traducir *(to translate):*	traduje, tradujiste, tradujo, tradujimos, tradujisteis, tradujeron
traer *(to bring):*	traje, trajiste, trajo, trajimos, trajisteis, trajeron
venir *(to come):*	vine, viniste, vino, vinimos, vinisteis, vinieron

Note: In the preterite tense, *saber* is the equivalent of **to find out.**

*¿Qué **supiste** anoche?*   What **did you find out** last night?

***Supe** que Ignacio preparó almejas.*   **I found out** that Ignacio prepared clams.

Supe que Ignacio preparó las almejas.

Notes Draw students' attention to similarities in the conjugations of the verbs *reír* and *freír* and the verbs *conducir* and *traducir*.

Remind students that the verb *caber* is regular in all forms of the present tense except *yo quepo.* You may wish to tell your students that even children who are native speakers of Spanish sometimes make the error of using *cabo.* The verb is irregular in the preterite tense, as shown in this chart.

The verb *traducir* follows the pattern of *conducir: traduzco, traduces,* etc. Point out the similarities in the preterite tense forms of *conducir* and *traducir* and *reír* and *freír.*

 **Práctica**

25 **¿Qué hicieron?**

Haz ocho oraciones lógicas, usando elementos de cada columna y haciendo los cambios que sean necesarios.

I	II	III
yo	andar	mucho tocino en aceite
tú	freír	la ternera en el refrigerador
Luisa y Gilma	poder	la fecha de la cena ayer
Fabiola	poner	poner todo en el baúl
Héctor	querer	del supermercado hace media hora
mis padres	saber	preparar unos cangrejos al horno
mi hermana	traer	dos kilos de camarones del mercado
nosotros	venir	por el supermercado toda la tarde

26 **Ayer por la mañana**

Di lo que hacían estas personas ayer por la mañana según las ilustraciones.

MODELO Gloria / poder ir
Gloria pudo ir al centro.

1. yo / querer ir

2. tú / venir

3. Uds. / querer ir

4. Liliana / andar

5. los Mora / conducir

6. los chicos / andar

7. Inés y Jairo / ir

8. nosotros / conducir

Answers

25 Answers will vary.
26 Possible answers:
1. ...quise ir al cine.
2. ...viniste a la biblioteca.
3. ...quisieron ir al centro comercial.
4. ...anduvo por el supermercado.
5. ...condujeron al parque de atracciones.
6. ...anduvieron por el zoológico.
7. ... fueron al banco.
8. ...condujimos al parque.

Activities

Cooperative Learning
Have students find classmates who have done certain activities in the past week. (Students must get out of their seats and mingle with classmates in order to complete this activity.) Tell students that as they move from one person to the next, they should jot down who has done what and be prepared to share what they found out with the rest of the class. You may want to provide the following questions to get students started, or have them make up their own: *¿Anduviste al parque?; ¿Condujiste al centro comercial?; ¿Freíste un huevo?; ¿Leíste una novela?; ¿Reíste en clase?; ¿Viniste a la escuela sin tu tarea?; ¿Pudiste ir al cine?; ¿Pudiste dormir tarde un día?*

Notes The preterite-tense forms of the irregular verbs *dar, decir, estar, hacer, ir, ser* and *tener* were taught in *Navegando 1*. They were presented again in *Navegando 2* in *Capítulo 1B* for students who either forgot their forms or for teachers who did not complete *Navegando 1*. This review and reteaching of previously taught content is intended to offer teachers increased options for how and what they teach throughout the year.

Before assigning activity 26, quickly ask students to identify what is shown in each of the illustrations.

219

27 1. ¿Cuánta carne de res freíste?/Freí diez kilos de carne de res.
2. ¿Qué no cupo en el refrigerador?/Los mariscos no cupieron en el refrigerador.
3. ¿Quién tradujo el menú al español?/Yo traduje el menú al español.
4. ¿Quién no pudo trabajar ayer?/Mauricio y Nicolás no pudieron trabajar ayer.
5. ¿Dónde puso Orlando el atún?/Orlando puso el atún en la cocina.
6. ¿Cuántas personas vinieron al restaurante ayer?/Setenta personas vinieron al restaurante ayer.
28 1. ...quería...tenía....
2. ...trajiste...podías....
3. ...llegó...ponían....
4. ...pudieron...eran....
5. ...sabía...preguntó... quería.
6. ...cabía...comió....
29 1. fueron
2. anduvieron
3. compraron
4. estaban
5. pudieron
6. Llevaron
7. trajeron
8. tenía
9. cupieron
10. vino
11. dijo
12. necesitaba
13. puso
14. supo
15. hizo
16. hizo

27 Trabajando en un restaurante

El jefe *(boss)* del restaurante donde trabajas estuvo enfermo ayer y ahora te hace unas preguntas sobre lo que pasó ayer. Trabajando en parejas, alterna con tu compañero/a de clase en hacer y en contestar las preguntas que te hace tu jefe.

MODELO quién / traer / demasiadas toronjas del mercado (Patricia)
> **A:** ¿Quién trajo demasiadas toronjas del mercado?
> **B:** Patricia trajo demasiadas toronjas del mercado.

1. cuánta carne de res / freír / tú (diez kilos)
2. qué / no caber / en el refrigerador (los mariscos)
3. quién / traducir / el menú al español (yo)
4. quién / no poder / trabajar ayer (Mauricio y Nicolás)
5. dónde / poner / Orlando el atún (la cocina)
6. cuántas personas / venir / al restaurante ayer (setenta)

28 En el restaurante

Di lo que les pasó a estas personas, usando la forma apropiada del pretérito o del imperfecto de los verbos indicados.

MODELO Cuando nosotros *(leer)* el menú, el mesero *(venir)* a la mesa.
> Cuando *leíamos* el menú, el mesero *vino* a la mesa.

1. Yo *(querer)* comer ternera, pero el restaurante no *(tener)* ternera.
2. Tú no *(traer)* dinero y no *(poder)* pagar tu comida.
3. Cuando la gente *(llegar)*, los meseros *(poner)* las mesas.
4. Pablo y Rafael no *(poder)* pedir las almejas porque *(ser)* muy caras.
5. Yo no *(saber)* qué pedir cuando el mesero me *(preguntar)* lo que yo *(querer)*.
6. A la hora de comer el postre, a Samuel no le *(caber)* el flan porque *(comer)* muchas costillas.

29 En el supermercado

Leíamos el menú.

Completa el siguiente párrafo con el imperfecto o con el pretérito de los verbos indicados para saber lo que hicieron César y María en el supermercado.

César y María *(1. ir)* ayer al supermercado. Ellos *(2. andar)* por el supermercado toda la mañana y *(3. comprar)* mucha comida. Ellos *(4. estar)* muy felices porque *(5. poder)* conseguirlo todo. *(6. Llevar)* el carro sin nada y lo *(7. traer)* lleno con frutas, carnes y verduras. El carro *(8. tener)* tanta comida que ellos casi no *(9. caber)*. Un muchacho del supermercado *(10. venir)* para ayudarlos, pero César *(11. decir)* que no *(12. necesitar)* ayuda. Él *(13. poner)* todo en el carro. María nunca *(14. saber)* cómo César, un niño de diez años, lo *(15. hacer)*, pero ella cree que lo *(16. hacer)* muy bien.

Notes The end-of-book Appendices provide a comprehensive overview of the preterite forms. Use the content to teach, review or expand the conjugation of verbs anytime you desire. Remind students where to find this information and inform them to use the Appendices whenever they need help with the conjugation of a verb.

Point out that students may also hear *la carta* used in place of *el menú* (activity 28).

Comunicación

 30 La última vez que fuiste de compras

 En parejas, hablen sobre la última vez que fueron de compras a un supermercado o a una tienda. Usen el pretérito y el imperfecto en su conversación. Pueden inventar la información si quieren.

Anduve de compras en un supermercado muy grande.

MODELO A: ¿Por dónde anduviste de compras la última vez?
B: Anduve de compras en un supermercado muy grande.
A: ¿Pudiste conseguir todo lo que buscabas?
B: No, no pude conseguir mis dulces favoritos.

 31 Una encuesta

Hazles las preguntas de la siguiente encuesta a cinco compañeros/as de clase para saber quiénes hicieron las actividades indicadas la semana pasada. Luego, prepara los resultados de tu encuesta y preséntalos a la clase.

MODELO Sólo un estudiante anduvo por un supermercado, nadie condujo a un centro comercial, dos estudiantes frieron un huevo...

Encuesta	1	2	3	4	5	Total
1. ¿Anduviste por un supermercado?	✓					1
2. ¿Condujiste a un centro comercial?						0
3. ¿Freíste un huevo?	✓			✓		2
4. ¿Leíste un libro?	✓					1
5. ¿Reíste en clase?	✓	✓	✓		✓	4
6. ¿Viniste a la escuela sin tu tarea?				✓		1
7. ¿Pudiste dormir ocho horas seguidas?	✓		✓	✓		3

Capítulo 5 *doscientos veintiuno*

Answers

30 Creative self-expression.
31 Answers will vary.

Activities

Multiple Intelligences (logical-mathematical)
Based upon the fact that a kilogram *(kilogramo* or *kilo* in Spanish) is the equivalent of 2.2 pounds, ask students how many pounds *diez kilos* would be equivalent to in the first sentence of activity 27. Then give students several other weights and ask them to convert the weights back and forth between kilos and pounds. Practice the same concept with grams, telling the class that 100 grams *(gramos* in Spanish) are equivalent to about 3.5 ounces. Finally, name several items that are available for purchase in grocery stores (use items for which students have learned Spanish terms). Then ask students to say how many *kilos/gramos* of each item they normally buy when they shop.

Students with Special Needs
Assign students to look at the weights indicated on packages of food in their refrigerator and pantry. For example, ask them to look at cans of vegetables and fruits, frozen, packaged or other food items of their choosing. Then tell them you want them to write down the weights, giving ounces, grams, pounds and kilos.

Notes Activity instruction lines for *Práctica* activities are in Spanish in *Navegando 2* to convey the importance of using Spanish for important communication. Instructions for *Comunicación* activities may be in English or in Spanish, depending upon the complexity of the activity. Be sure to check to see if students understand how to complete activities and offer to help anyone who may be having trouble.

Answers

32 1. Falso. La comida cubana no es picante como la comida mexicana.
2. Cierto.
3. Falso. El adobo tiene ajo, sal, comino, orégano y jugo de limón.
4. Cierto.
5. Cierto.
6. Falso. El mojo es una mezcla de aceite de oliva, jugo de limón, cebolla, ajo y comino.

33 Creative self-expression.

Activities

Technology

Tell students to use the Internet to look up other popular Cuban dishes. Ask them to print out any recipes they find. Review the recipes and select a few for students to prepare at home or to prepare as a class at school.

Spanish for Spanish Speakers

If you have students of Cuban descent in your class, ask them to prepare a list of foods they are familiar with that are Cuban. Have them identify one or two meals that are unlike American meals they customarily eat in the United States. Finally, have students talk about how eating and food preparation are similar or different in the United States and in Cuba.

222

Lectura cultural

LA COCINA **Cubana**

Mientras Doña Blanca Ruiz de Castaño, una señora cubana, freía plátanos[1] en su cocina, la revista **Marea Alta** *le hizo las siguientes preguntas sobre la comida cubana.*

Doña Blanca en la cocina.

Unos plátanos fritos.

MA: Díganos, Doña Blanca, ¿cómo es la comida cubana?

BRC: La comida cubana es muy condimentada[2] pero no es picante[3]. Es la perfecta combinación entre las tradiciones de España y de África.

MA: ¿Cuáles son algunos platos típicos de Cuba?

BRC: Los platos típicos incluyen el congrí (arroz blanco con frijoles[4] negros), ropa vieja (carne deshilachada[5] con verduras), maduros (plátanos fritos), cucurucho (dulce hecho de coco, papaya y miel[6]). Dos preparaciones principales en la cocina cubana son el sofrito y el adobo. El sofrito es una mezcla[7] de ajo, cebolla y pimientos fritos en aceite. Es la base de cualquier sopa. El adobo es ajo, sal, comino[8], orégano y jugo de limón. Cuando se cocina carne, pollo o mariscos, siempre se macera[9] primero con adobo.

MA: ¿Cómo son un desayuno, un almuerzo y una cena típicos?

BRC: Un desayuno típico cubano es café con leche y tostadas. El almuerzo puede ser un sandwich y flan de postre. La cena consiste generalmente de carne o pescado con maduros, frijoles, yuca en mojo...

MA: ¿Yuca en mojo?

BRC: La yuca es un tubérculo[10] de masa[11] blanca y el mojo es una mezcla de aceite de oliva, jugo de limón, cebolla, ajo y comino que se le pone encima.

MA: Mmm, ¡qué rico!

[1]plantains [2]flavorful [3]spicy, hot
[4]beans [5]shredded [6]honey
[7]mixture [8]cumin [9]marinates
[10]tuber [11]flesh

32 ¿Qué recuerdas?

Di si lo siguiente es cierto o falso según la Lectura cultural. Si es falso, di lo que es cierto.

1. La comida cubana es picante como la comida mexicana.
2. La comida cubana tiene influencias españolas y africanas.
3. El adobo tiene aceite de oliva, jugo de limón, cebolla, ajo y comino.
4. Una cena cubana puede consistir de carne o pescado con maduros, frijoles y yuca en mojo.
5. La yuca es un tubérculo de masa blanca.
6. El mojo es una mezcla de aceite de oliva y jugo de papaya.

- ¿Cuál es una comida típica en donde vives?
- Compara la comida cubana con la comida en tu casa. ¿Qué es similar? ¿Qué es diferente? ¿Qué condimentos son diferentes?

33 Algo personal

1. ¿Te gustaría comer la comida cubana? ¿Qué te gustaría comer? Explica.
2. Imagina que tus amigos te piden preparar carne de res como los cubanos. ¿Qué ingredientes puedes usar?
3. ¿Cómo es tu desayuno? ¿Y tu almuerzo? ¿Y tu comida?

222 *doscientos veintidós*

Lección A

Notes Remind students that in the Spanish-speaking world, lunch (*el almuerzo* or *la comida*) is often larger than dinner (*la cena*).

Consider having a Latin American/Hispanic food-tasting day for which student volunteers each make a food dish to share with others in the class.

¿Qué aprendí?

Visit the web-based activities at www.emcp.com

Autoevaluación
Como repaso y autoevaluación, responde lo siguiente:

① Name three food items you learned in this lesson.

② Say three things you did yesterday.

③ How would you say in Spanish that you met the president yesterday?

④ In three or four sentences, describe the last time you were invited somewhere for dinner.

⑤ Tell a friend that there was an elegant dinner at the Cuban restaurant in your neighborhood last year.

⑥ Write a complete sentence identifying at least one person who fries food and name the food they fry.

⑦ How would you say in Spanish that you found out that the food server from the restaurant speaks Spanish?

⑧ What do you know about food in Cuba?

Palabras y expresiones

La comida
la almeja
el atún
el camarón
el cangrejo
la carne de res
el cereal
la ciruela
la costilla
la crema
el durazno
el filete
el flan
el limón
la mantequilla de maní
el marisco
el melón
la papaya
la pera
la piña
el pulpo

la salchicha
la sandía
el sandwich
el té
la ternera
el tocino
la toronja

Verbos
acordar(se) (ue) (de)
andar
caber
freír (i, i)
hubo
reír(se) (i, i)
traducir

Expresiones y otras palabras
anoche
la bolsa
el chiste
demasiado,-a
necesario,-a
la parte
probable
todo

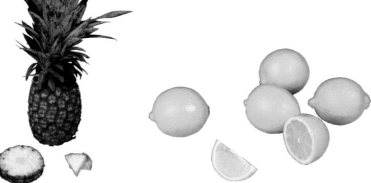

Las piñas y los limones son populares en el Caribe.

Teacher Resources

📝 **Activity 15**

💬 **Information Gap Activities
Postcard Activities
*Funciones de Comunicación***

Answers

Autoevaluación
Possible answers:
1. el durazno, la papaya, el melón, la piña, la carne de res, la costilla
2. Answers will vary.
3. Ayer conocí al presidente.
4. Answers will vary.
5. El año pasado hubo una cena especial en el restaurante cubano de mi barrio.
6. Yo frío los huevos. Mis padres fríen las papas. Mi hermana fríe el pollo. La vecina fríe las cebollas y los pimientos verdes.
7. Supe que el mesero del restaurante habla español.
8. Answers will vary.

Activities

Multiple Intelligences (linguistic)
Inform students they are going to have three minutes to write words in Spanish that begin with a particular letter. Then say a letter of the alphabet and tell students to list words that begin with that letter. After calling time, ask students to read their lists aloud. The student with the longest list of correct words wins.

Notes Inform students that it is commonly thought that Cuba produces some of the world's finest cigars. However, you also may wish to remind students of the hazards of smoking any kind of tobacco, regardless of the quality.

The Cuban revolution (1953–1959) resulted in the arrival of many Cuban immigrants to the United States. A second wave of immigrants, referred to sometimes as *los marielitos,* arrived in 1980. Their presence is especially noticeable in the part of Miami known as Little Havana.

Content reviewed in *Lección B*
• clothing
• colors
• time
• everyday activities
• foods
• *hace que*

Activities

Critical Thinking
Before playing the audio CD for *Vocabulario I,* ask students if they can guess where the people are. Then ask what they are probably discussing.

Prereading Strategy
Have students find cognates and other words they know in *Vocabulario I.*

Cuba   Puerto Rico   La República Dominicana

Vocabulario I
En la tienda

224   *doscientos veinticuatro*   **Lección B**

Notes Numerous ancillaries offer additional support for the content of the pages of *Navegando 2,* including an Audio CD Program (for pronunciation practice), Workbook (for writing practice), Listening Activities (for listening comprehension practice), a Grammar/Vocabulary Manual (for grammar reinforcement), Quizzes with Answer Key Manual (for assessment), video (for visual support), as well as numerous other options you may select from to suit your needs as well as your students'. Icons in the upper half of the ATE margins indicate which components you can use at any given moment in order to better attain your teaching goals.

1 En la tienda

Escoge la letra que corresponde con lo que oyes y di lo que se describe.

MODELO F. los rubís

A   **B**   **C**   **D**   **E**   **F**

2 ¡A completar!

Completa el siguiente diálogo, escogiendo las palabras apropiadas de la lista.

anochecer   apurarme   prendas   probársela
rayas   surtido   tipo   variedad

Señorita:	El (1) de faldas es muy bueno.
Dependiente:	Sí, tenemos una buena (2) de (3).
Señorita:	Ésta a (4) me gusta mucho. Es mi (5) de falda.
Dependiente:	¿Quiere (6)? Allí está el vestidor.
Señorita:	Sí, claro, pero debo (7) porque va a (8).

¡Extra!

En la joyería

la cadena	chain
el diamante	diamond
la esmeralda	emerald
la medalla	medal
la piedra preciosa	precious stone
el zarcillo	earring

Sí, hay una buena variedad de prendas de todo tipo.

Claro, si es posible.

¡Felizmente, pero no soy rica! Bueno, debo apurarme, va a anochecer.

¿Quiere probárselo?

¡Cómo no! ¿Quiere comprarlo?

JOYERÍA

el rubí

el cajero

Capítulo 5   *doscientos veinticinco* **225**

Teacher Resources

🔘 **Activity 1**

Answers

1 1. B. la tela
    2. D. el vestidor
    3. E. el cajero
    4. C. la prenda
    5. A. la dependienta
2 1. surtido
    2. variedad
    3. prendas
    4. rayas
    5. tipo
    6. probársela
    7. apurarme
    8. anochecer

Activities

Cooperative Learning
Have students bring in pictures from magazines or newspapers of various articles of clothing that are taught in the *Vocabulario I*. They should also bring in cutouts of clothing they have learned to identify in Spanish in previous lessons. Then, working in pairs, have students take turns talking about the clothing in the cutouts.

Critical Thinking
Remind students that they recently learned the names of specialty shops, such as *joyería*. Review this information by naming a product *(zapatos)* and asking the students to name the store *(zapatería)*.

Notes Using transparency 34, teach the new words and expressions in *Vocabulario I.*

Note for students that *rico* can also mean rich (or delicious) when referring to food.

The verb *probar(se)* requires the stem change *o → ue* in the present tense.

Activity 1 offers listening comprehension practice over the new vocabulary. Remember to use the audio CD of activity 1 that is part of the Audio CD Program or use the transcript that appears in the ATE Introduction if you prefer to read the activity yourself.

Diálogo 1
Buscando una blusa

MARTA: El surtido de blusas aquí es muy bueno.
DIANA: Sí, hay una gran variedad.
MARTA: ¿Qué te parece esta blusa?
DIANA: No me gusta la tela a cuadros.

MARTA: Y ésta a rayas, ¿qué te parece? A mí me gusta mucho.
DIANA: No es muy bonita pero tampoco es fea.
MARTA: Voy a probármela.
DIANA: Muy bien. ¡Mira! allí está el vestidor.

MARTA: ¿Qué tal? ¿Cómo me veo?
DIANA: La verdad, con esa tela a rayas pareces una cebra.
MARTA: Ja, ja, tienes razón, eso estaba pensando. ¿Qué me aconsejas?
DIANA: Que debes apurarte porque debemos ir a comer con Jorge y Edgar.

3 ¿Qué recuerdas?

1. ¿De qué es bueno el surtido?
2. ¿Qué no le gusta a Diana?
3. ¿Qué le gusta mucho a Marta?
4. ¿Adónde va Marta a probarse la blusa?
5. ¿Qué parece Marta con la blusa de tela a rayas, según Diana?
6. ¿Por qué debe apurarse Marta?

4 Algo personal

1. ¿Pides consejo cuando vas a comprar ropa? ¿A quién se lo pides?
2. ¿Aconsejas a tus amigos/as cuando vas de compras con ellos?
3. ¿Te pruebas la ropa que vas a comprar?

5 ¿Cuál es la respuesta correcta?

Escoge una respuesta correcta a lo que oyes.

¡Extra!	
Expresiones adicionales	
el color claro	*light color*
el color liso	*solid color*
el color oscuro	*dark color*
estampado/a	*printed*
hacer juego	*to match*
la talla	*size*
el vestido largo	*full-length evening dress*

No me gusta la Tela y no es elegante.

No, no soy rica.

La consigues en la joyería.

Prefiero el amarillo.

Mi consejo es que no la compres.

Notes Tell students to use what they have learned about drawing upon skills and knowledge they already have in order to recognize new words and expressions to assist them in reading and understanding the content of the dialog.

As students practice the dialog, it is important that they improve their ability to speak Spanish. Listen for the correct pronunciation and determine if students appear to understand what they are saying and hearing.

Cultura viva

La República Dominicana y su diseñador estrella

La moda es algo muy importante para los jóvenes hispanos y los países latinos tienen muchos diseñadores[1] famosos. La República Dominicana tiene a uno de los diseñadores hispanos más importantes del mundo, Oscar de la Renta.

Oscar de la Renta nació en Santo Domingo, República Dominicana, de padres españoles. A los dieciocho años fue a España, a la Academia de San Fernando en Madrid, para estudiar pintura. Oscar llegó al mundo de la moda por buena suerte[2]. Mientras que él estudiaba en Madrid, diseñaba ropa para sus amigos, sólo para divertirse. Un día la esposa del embajador de los Estados Unidos vio ropa de Oscar y le pidió diseñar un vestido para la fiesta de quinceañera de su hija. La hija de los embajadores fue fotografiada y su

Oscar de la Renta ayuda a financiar una escuela en la República Dominicana.

foto publicada en *Life Magazine* y Oscar se hizo famoso.

Su primer trabajo como diseñador oficial lo hizo para Balenciaga, otro diseñador internacional de España. Después de trabajar con Balenciaga trabajó para Lanvin en París y más tarde llegó a Nueva York para trabajar con Elizabeth Arden. En 1965 de la Renta fundó[3] su línea de ropa. Hoy él tiene varios premios y honores internacionales, pero dice que ninguno le gusta tanto como los de la orden Juan Pablo Duarte, grado Caballero[4] y la orden de Cristóbal Colón, grado Gran Comandante que recibió de su país, La República Dominicana. Oscar de la Renta también tiene premios por todas las cosas que hace por su país, como ayudar a los pobres y financiar escuelas para niños sin padres.

Oscar de la Renta.

[1]designers   [2]good luck   [3]founded   [4]Knight degree from the order of Juan Pablo Duarte

6 La República Dominicana y su diseñador estrella

Di si las siguientes oraciones son ciertas o falsas. Si son falsas, di lo que es cierto.

1. Oscar de la Renta es de España.
2. Oscar de la Renta es famoso por su ropa.
3. De la Renta diseñaba ropa para divertirse.
4. De la Renta hizo un vestido para una chica de veinte años.
5. Oscar trabajó para Balenciaga y Elizabeth Arden.
6. De la Renta no ayuda a nadie en la República Dominicana.

Capítulo 5   *doscientos veintisiete* **227**

Teacher Resources

 Activity 6

 Activity 2

 Activity 2

Answers

6 1. Falso. Es de la República Dominicana.
2. Cierto.
3. Cierto.
4. Falso. Hizo un vestido para una quinceañera.
5. Cierto.
6. Falso. De la Renta ayuda a los pobres y a los niños sin padres.

Activities

Expansion
Using the Internet, students locate a Web site for a clothing or department store in one of the Spanish-speaking countries of the world or at a store with a Spanish-version Web site. Then have students summarize their findings, using visuals as needed.

Technology
Have students do research online to find other popular Latin American clothing designers. Ask them to select one designer and do a report on that person. Require students to find information about their subject on at least three different Web sites.

Notes Tell students that Oscar de la Renta does not use an accent mark on his first name, although it is necessary for its correct pronunciation (Óscar).

De la Renta's honors received from the Dominican Republic are comparable to being knighted by the Queen of England; they are some of the highest honors a Dominican could ever receive.

Juan Pablo Duarte is considered one of the founders of the Dominican Republic, along with Francisco del Rosario Sánchez and Ramón Matías Mella.

Activities

Students with Special Needs
Review the formation of regular present participles with students: For -*ar* verbs, drop the -*ar* and add -*ando;* for -*er* and for -*ir* verbs, drop the -*er/-ir* ending and add -*iendo*. In addition, remind students that verbs in the imperfect progressive tense have the same spelling and stem changes as the present progressive tense, which they already have learned.

 # Idioma

Estructura

The imperfect progressive tense

The imperfect progressive tense tells what was going on at a specific time in the past, often when something else happened. It is formed by combining the imperfect tense of *estar* with the present participle of a verb.

Yo **estaba pensando** en comprar un suéter a cuadros.	I **was thinking** about buying a plaid sweater.
Cuando los vi ayer **estaban comprando** una tela a rayas.	When I saw them yesterday, **they were buying** a striped fabric.

Object pronouns may precede the form of *estar* or may follow and be attached to the present participle, which may require a written accent mark in order to maintain the original stress of the present participle without the pronoun.

La estaba aconsejando.	→	Estaba aconsejándo**la.**
Nos estábamos probando unas camisas.	→	Estábamos probándo**nos** unas camisas.

The two most commonly used progressive tenses are the present and the imperfect progressive, which usually consist of a form of the verb *estar* plus a present participle. In addition to *estar,* several other verbs can be used to form the progressive tenses. The most common of these are *seguir,* which you already have learned to use, *andar, continuar* and *venir.*

Andrés y Blanca **siguen** comprando.	Andrés and Blanca **keep on** buying.
Camila **andaba** por el parque jugando.	Camila **was walking** down the park playing.
Yo **continuaba** esperando.	I **kept on (continued)** waiting.
Venían caminando.	**They came** walking.

Venían caminando.

Notes Tell students that it is often possible to convey the same meaning with either the imperfect or the imperfect progressive tense. For example, **I was eating in the restaurant** could be expressed as *Comía en el restaurante* or *Estaba comiendo en el restaurante.*

Note for the class that some verbs are rarely used in the progressive tenses in Spanish. The most common are: *ser, estar, llevar* (to wear), *ir, venir* and *salir.*

Práctica

7 ¿Qué te pasó?

Completa la siguiente conversación telefónica entre Luis y Juan, usando la forma apropiada del imperfecto progresivo de los verbos indicados.

Luis: ¿Qué tal, Juan?
Juan: Regular.
Luis: ¿Qué te pasó?
Juan: Esta mañana muy temprano cuando yo *(1. dormir)*, un camión pasó por mi calle y su claxon me despertó. Luego, cuando *(2. bañarse)*, el agua caliente se acabó, y cuando *(3. peinarse)*, la luz se fue. Después, cuando *(4. desayunar)*, se me cayó el jugo de naranja en mi camisa a cuadros nueva.
Luis: ¡Lo siento!
Juan: Pero eso no es todo. Cuando la profesora *(5. preguntar)* la tarea, me dormí. Luego, cuando mis amigos y yo *(6. jugar)* al fútbol, empezó a llover. Cuando *(7. volver)* a casa, vi que no tenía los cuadernos para hacer mis tareas. ¿Y sabes qué pasó ahora cuando *(8. ver)* mi programa favorito de televisión?
Luis: No, ¿qué pasó?
Juan: ¡Tú me llamaste!

¿Qué tal, Juan?

8 ¿Qué le dice?

Completa las siguientes oraciones, usando la forma apropiada del imperfecto progresivo de los verbos indicados para saber lo que Carolina le dice a Álvaro sobre su día de compras con Margarita.

> **MODELO** A las ocho Margarita todavía *(seguir / buscar)* una blusa a cuadros.
> A las ocho Margarita todavía *seguía buscando* una blusa a cuadros.

1. A las ocho y diez nosotras *(andar / caminar)* por todo el centro comercial.
2. A las ocho y veinte nosotras *(seguir / entrar)* en las tiendas.
3. A las ocho y media Margarita *(seguir / probarse)* blusas.
4. A las nueve la dependienta *(continuar / sacar)* blusas para Margarita.
5. A las nueve y cuarto la dependienta *(seguir / dar)* consejos a Margarita.
6. A las nueve y media yo *(continuar / esperar)* a Margarita.
7. A las diez menos veinte Margarita y la dependienta *(continuar / hablar)*.
8. A las diez nosotras *(venir / correr)* para la casa.

Margarita todavía seguía buscando una blusa a cuadros.

Capítulo 5

doscientos veintinueve **229**

9 En la tienda de ropa

Di lo que hacían los siguientes miembros de tu familia cuando estaban comprando en la tienda de ropa, usando las siguientes pistas.

MODELO Graciela / estar / probarse una blusa a cuadros
Graciela estaba probándose una blusa a cuadros.

1. yo / estar / pedir un consejo a la dependienta
2. mi sobrino / continuar / molestar a su hermana
3. mis primas / estar / mirar unos rubís en la joyería
4. mis padres / continuar / decidir qué ropa comprar
5. tú / estar / dar consejos a todos
6. mi abuelo / estar / ver el surtido de corbatas
7. mi hermano / seguir / apurar a todo el mundo
8. todos nosotros / estar / pensar qué comprar

Ellas estaban mirando las camisas.

10 Todavía no consiguen nada

Las siguientes personas todavía no conseguían lo que estaban buscando, después de pasar todo el día en las tiendas. Haz oraciones completas para decir lo que buscaban.

MODELO Jimena / seguir / falda a cuadros
Jimena seguía buscando una falda a cuadros.

1. nosotros / seguir / abrigos de lana
2. Claudia y Marcela / seguir / vestido a rayas
3. Gloria / seguir / botas negras de cuero
4. Alfonso / continuar / traje de baño
5. Uds. / continuar / tela a rayas
6. Daniel / continuar / pantalón de tela desteñida
7. Fernando y Raquel / continuar / anillo de rubís
8. yo / continuar / ropa interior
9. tú / seguir / guantes

Jimena consiguió una falda a cuadros.

11 ¿Qué estaban haciendo?

Anoche llamaste a un(a) amigo/a a su casa, pero nadie contestó el teléfono. Trabajando en parejas, alterna con tu compañero/a de clase en hacer preguntas y contestarlas para saber qué estaban haciendo todos en ese momento.

MODELO tu hermana mayor / pasar la aspiradora

A: ¿Qué estaba haciendo tu hermana mayor?
B: Estaba pasando la aspiradora.

1. tú / oír música en la sala
2. tu hermano mayor / sacando la compra del carro
3. tu abuelo / dormir en su cuarto
4. tu papá y tu mamá / leer unos libros en el patio
5. tus hermanas menores / andar por el centro comercial
6. Uds. / hacer muchas cosas

Notes Before assigning the activities on pages 230–231, review the imperfect tense of the helping verbs *estar, seguir, andar, continuar* and *venir.*

12 Cuando los vi ayer, estaban....

Di lo que estaban haciendo estas personas, de acuerdo con las ilustraciones.

 MODELO Horacio
Cuando lo vi, Horacio estaba probándose
(se estaba probando) un suéter a rayas.

1. mi hermano 2. Ignacio y Mercedes 3. Gustavo 4. tú y yo 5. tú

✦ Comunicación

 ### 13 De compras durante las vacaciones

With a classmate, talk about what you remember about the last time you went shopping while on vacation. Ask about such things as where each of you went, what items you purchased and what other members in your family were doing while you were shopping. You may both make up any of the answers you wish. Use the imperfect progressive and preterite tenses in your answers.

MODELO **A:** Dime, ¿adónde fuiste de compras en tus
últimas vacaciones?
B: Fui a las tiendas del centro en Santo
Domingo.
A: ¿Qué compraste?
B: Compré una blusa a rayas muy bonita.
A: ¿Y qué estaban haciendo tus padres cuando
tú fuiste de compras?
B: Mis padres estaban caminando en la playa y
mis hermanos estaban nadando en la piscina.

¿Qué compraste?

 ### 14 Ayer a las ocho

Trabajando en parejas, hablen sobre lo que cada uno de Uds. y otros miembros de su familia estaban haciendo anoche a las ocho.

MODELO **A:** Yo estaba viendo televisión, mi padre seguía trabajando en su coche y mis
hermanas jugaban al ajedrez.
B: Yo estaba en el cento comercial. Estaba buscando una camisa nueva. Mis
hermanos estaban haciendo las tareas y mis padres estaban viendo televisión.

Capítulo 5   *doscientos treinta y uno* **231**

Teacher Resources

✦ Activity 12

Answers

12 Possible answers:
1. ...lo vi, mi hermano estaba durmiendo.
2. ...los vi, Ignacio y Mercedes estaban pescando.
3. ...lo vi, Gustavo estaba comiendo costillas.
4. ...nos vimos, nosotros estábamos leyendo en la biblioteca.
5. ...te vi, tú estabas friendo huevos con tocino.

13 Creative self-expression.
14 Creative self-expression.

Activities

Expansion
After completing activities 13 and 14, have one person from each pair summarize the information they discussed for the class.

Spanish for Spanish Speakers
Ask bilingual speakers in class to tell about some of the activities they were doing in the last few days when something else happened simultaneously or that interrupted the activity. Ask them to use the imperfect progressive as they relate what happened.

Notes Circulate around the room during activities 13 and 14, making sure that students understand the assignments and are using proper pronunciation.

231

Activity 4

Activities 6–7

Activity 3

Activity 6

Answers

15 1. cariñosamente
2. amablemente
3. necesariamente
4. rápidamente
5. probablemente
6. inteligentemente

16 1. rápidamente
2. inteligentemente
3. perfectamente
4. locamente
5. lentamente
6. amablemente

Activities

Expansion
Ask for a volunteer to go to the board to record classmates' ideas as everyone brainstorms adjectives. The volunteer should write down adjectives from classmates only upon your approval (check for correct spelling). Then ask individual students what activities they perform at various times of the day. Using the adjectives written on the board, other students comment on how the action is performed: *Me levanto a las seis de la mañana; Julián se levanta lentamente.*

Estructura

Adverbs ending in *-mente*

In Spanish, many adverbs end in *-mente,* which often corresponds to **-ly** in English: *rápida***mente** (rapid**ly**). You can form many other Spanish adverbs by adding *-mente* to the end of the feminine form of an adjective.

adjective	feminine form (+ mente)		adverb
especial	especial (+ mente)	=	especialmente
fácil	fácil (+ mente)	=	fácilmente
feliz	feliz (+ mente)	=	felizmente
necesario	necesaria (+ mente)	=	necesariamente
probable	probable (+ mente)	=	probablemente
sólo	sola (+ mente)	=	solamente

Práctica

15 Recuerdos

Marta está recordando lo que hacían sus compañeros de la escuela primaria. Cambia cada adjetivo en las oraciones a un adverbio para ver qué recuerda.

MODELO Yadira siempre jugaba *(maravilloso)* al tenis.
Yadira siempre jugaba *maravillosamente* al tenis.

Yadira siempre jugaba al tenis.

1. Santiago hablaba *(cariñoso)* con su amiga, Cecilia, porque la quería mucho.
2. Sebastián siempre hablaba *(amable)* con todos porque era muy simpático.
3. Estefanía jugaba al voleibol y *(necesario)* tenía que jugar todos los días.
4. Adriana siempre caminaba *(rápido)* porque siempre tenía mucha prisa.
5. Juanita era muy especial y *(probable)* ella era la mejor estudiante.
6. Arturo estudiaba mucho y hablaba *(inteligente)*.

16 Maravillosamente

Completa las siguientes oraciones, escogiendo entre los adjetivos de la lista y cambiándolos a adverbios.

perfecto   rápido   inteligente   lento   amable   loco

1. Cristina decidió que quería comprar muy __.
2. Antonio nos aconsejó __.
3. A Ramiro le queda el traje nuevo __.
4. Cuando mis perros no saben dónde estoy ladran __.
5. Cuando no tengo prisa camino __.
6. Paula es mi amiga y casi siempre me habla __.

Notes Explain that adjectives retain their accent marks when adding *-mente*.

When two or more adverbs in *-mente* are used, the suffix appears attached to the last adverb only.

17 Una amiga del barrio

Mauricio siempre salía de compras con una amiga de su barrio. Ahora ellos no salen juntos y él recuerda lo que ella hacía. Completa lógicamente el siguiente párrafo, escogiendo las palabras de la lista y añadiendo la terminación *-mente*.

feliz   **rápido**   especial   fácil   solo   inteligente

Mi amiga, Mónica, siempre caminaba (1) a las ofertas especiales en la tienda porque siempre sabía dónde encontrarlas. Me gustaba ir con ella porque ella sabía comprar muy (2). Ella iba de un departamento a otro, (3), como en una fiesta. A ella no le gustaba comprar (4) para ella. También compraba para otros, (5) para personas como yo. Como conocía tan bien a la gente escogía (6) los mejores regalos para cada persona. A todos les gustaba recibir regalos de Mónica.

⬖ Comunicación

18 El juego de las preguntas y respuestas

En grupos de cuatro o cinco estudiantes, cada grupo prepara cinco preguntas que tienen un adverbio en la respuesta. Luego, los estudiantes de un grupo leen sus preguntas y seleccionan a otro/a estudiante de la clase para ver quién puede contestar rápidamente (sólo tienen diez segundos para contestar cada pregunta). Cuando el primer grupo termina, el siguiente grupo lee sus preguntas hasta que todos los grupos tengan la oportunidad de leer todas sus preguntas. Cada vez que un/a estudiante contesta correctamente a una pregunta, gana un punto para su grupo. El grupo con más puntos gana.

MODELO **A:** ¿Cómo camina el conejo?
       B: Camina rápidamente.
       C: ¿Cómo pasas tu cumpleaños?
       D: Lo paso felizmente.

¿Cómo camina el conejo?

19 ¡A crear!

Trabajando en parejas, alterna con tu compañero/a de clase en hacer oraciones lógicas con los verbos y los adjetivos que siguen. Cambia los adjetivos a adverbios terminados en *-mente*. Pueden inventar descripciones chistosas, si quieren.

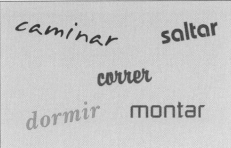

caminar   saltar
correr
dormir   montar

perfecto   lento   amable
inteligente   loco
fácil   rápido
solo   feliz

Answers

17 Possible answers:
1. rápidamente
2. inteligentemente
3. felizmente
4. solamente
5. especialmente
6. fácilmente
18 Creative self-expression.
19 Creative self-expression.

Activities

Expansion
Have students make a list of three or four additional adjectives and then come up with their own sentences for activity 17.

Students with Special Needs
Working in pairs, students choose an action verb and create a sentence with an adverb ending in *-mente* that they create using an adjective. Have students personalize the sentences by adding a subject, someone they know in school. Action verbs: *correr, montar, saltar, caminar, dormir.* Adjectives to be changed to adverbs: *rápido, lento, inteligente, feliz, solo, fácil, difícil, perfecto, loco, amable.* Consider having students act out some of the sentences in front of the class as an additional reminder of the sentences they created.

Notes You will need to moderate and be the judge for activity 18.

Circulate around the room to be sure students stay on target when doing activities 18 and 19 on page 233. Offer help, as needed.

Teacher Resources

 En el restaurante

 Activity 5

 Activities 35–36

 Activity 8

 Activity 4

 Activities 7–8

Activities

Expansion

Use overhead transparencies 35 and 36 to introduce the new words and expressions in *Vocabulario II.* Show students transparency 35. Point to one of the objects in the restaurant and identify it in Spanish. Students should repeat after you. Continue on to the next item and repeat the process. As a second step, show students transparency 36. Once again identify each item in Spanish, allowing students to see how the word is spelled.

Students with Special Needs

Using overhead transparencies 35 and 36, point to one of the objects in the restaurant as students spell out each item one by one. Then pronounce words in the *Vocabulario II* and call on students to repeat after you.

Vocabulario II
En el restaurante

234 *doscientos treinta y cuatro*   **Lección B**

Notes Tell students that the verb form *sirve* comes from the stem-changing verb *servir,* which requires the stem change $e \rightarrow i$ in all forms of the present tense except *nosotros* and *vosotros.* The third-person preterite tense requires the same change *(sirvió, sirvieron).* In addition, this same change occurs in the commands and in the present participle.

The verb *agregar* (top of page 235) is regular in the present tense. Note for students, however, that the *Ud./Uds.* commands *(agregue Ud./agreguen Uds.)* and the preterite tense *(yo agregué)* follow the pattern of *llegar* and require the spelling change $g \rightarrow gu.$

¿Qué le pones a tu carne?

Pero, ¿qué es?

Me estás tomando el pelo.

Es un aderezo especial que le suelo agregar a la carne. ¿Quieres? Te va a agradar.

Es un secreto de este restaurante. Es una salsa diferente. Es de cabeza de mono.

el cocinero

la salsa

la cuenta

Hace diez minutos que los chicos están comiendo. Hacía mucho tiempo que la chica no comía carne.

20 ¿Qué es?

 Indica la letra de la foto que corresponde con lo que oyes.

A   B   C   D   E   F

21 En el restaurante

Completa las siguientes oraciones lógicamente, usando las palabras apropiadas.

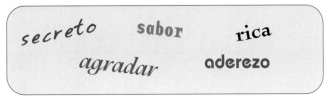

secreto   sabor   rica   agradar   aderezo

1. La comida está muy __.
2. Esta carne tiene un buen __.
3. Esta salsa es un __ especial que le suelo añadir a la ensalada.
4. La receta del pollo es un __ de este restaurante.
5. Prueba esta sopa. Te va a __.

Notes Point out the use of *es* and *estar* in the sentence *Este restaurante es agradable y la comida está muy rica* on page 234. The speaker uses *es* rather than *estar* to indicate his general impression of the restaurant and the food served there, whereas he uses the verb *está* to indicate how the food that he is eating tastes on this particular day. The choice of *estar* emphasizes the food's special taste at this particular moment as opposed to a typical characteristic of the food served at this restaurant.

Teacher Resources

Activity 20

Answers

20 1. F; 2. C; 3. A; 4. E; 5. B; 6. D
21 1. rica
    2. sabor
    3. aderezo
    4. secreto
    5. agradar

Activities

Language through Action
In groups of three, students write a dialog among a server and two customers in which the customers are not sure what they want to order. The server must make recommendations and give reasons for each suggestion. Ask for volunteers or select students to present their dialogs to the class.

Multiple Intelligences (bodily-kinesthetic/spatial)
Tell students to ask for a copy of the menu from a favorite local restaurant. Then have them use the items listed to prepare the equivalent menu in Spanish, adding a design of their own. Have students work in pairs asking and answering questions in Spanish about each other's menus.

Answers

22 1. Estaba muy rica.
2. Hacía mucho tiempo que no comía una ternera tan buena.
3. Pidió unas costillas.
4. Porque está muy llena.
5. Es de quinientos dólares.
23 Answers will vary.
24 1. Ilógico. El/La camarero/a sirve la comida en un restaurante.
2. Lógico.
3. Lógico.
4. Lógico.
5. Ilógico. Le pongo sal a la carne usando el salero.
6. Ilógico. Una comida rica es una comida agradable (deliciosa).

Activities

Critical Listening

Play the audio CD recording of the dialog. Have students look at the photographs and imagine what the people are saying to one another and where they are. Have one or two students say what they think the conversation is about.

Expansion

Additional questions (*¿Qué recuerdas?*): *¿Cómo era el sabor de las costillas que pidió Edgar?; ¿A qué tienen que quedarse?; ¿Por qué Marta no debe creer lo que dice Edgar?*

Diálogo II

Una comida muy rica

DIANA: La comida estaba muy rica.
MARTA: Sí, hacía mucho tiempo que no comía una ternera tan buena.
EDGAR: Las costillas que pedí tenían un sabor excelente.

JORGE: ¿Quieren pedir algo de postre?
DIANA: No, gracias. Yo estoy muy llena.
JORGE: Edgar, pídele la cuenta a la camarera.

EDGAR: Uy, Jorge, ¡son quinientos dólares!
JORGE: ¿Cómo? Entonces, tenemos que quedarnos a lavar platos.
DIANA: Marta, no les creas. Nos están tomando el pelo.

22 ¿Qué recuerdas?

1. ¿Cómo estaba la comida, según Diana?
2. ¿Qué hacía mucho tiempo que no comía Marta?
3. ¿Qué pidió Edgar?
4. ¿Por qué no quiere pedir Diana algo de postre?
5. ¿De cuánto es la cuenta, según Edgar?

23 Algo personal

1. ¿Cómo estaba la comida la última vez que fuiste a un restaurante?
2. ¿Pides postre cuando vas a un restaurante? ¿Por qué sí o por qué no?
3. ¿Quién paga la cuenta cuando vas a comer a un restaurante con un(a) amigo/a? Explica.
4. ¿Les tomas el pelo a tus amigos/as? ¿Cuándo? ¿Por qué?

24 ¿Lógico o ilógico?

¿Cómo estaba la comida?

))) Di si lo que oyes es lógico o ilógico. Si lo que oyes es ilógico, di lo que es lógico.

Notes Many cities in the United States have very good Caribbean restaurants. Students could research the availability of such restaurants in your area. If they locate one, ask them to request a menu from the restaurant. Then have students create their own restaurant dialogs, using the menu as a prop. You may also consider visiting one of the restaurants as a field trip.

Cultura viva

Los restaurantes puertorriqueños sirven comida criolla.

La comida criolla

Puerto Rico tiene restaurantes muy buenos que sirven una variedad de platos internacionales. Muchos restaurantes también sirven la auténtica comida puertorriqueña que se llama "comida criolla". La comida criolla es una mezcla[1] interesante y deliciosa de influencia española, africana, arawaka y taíno, y usa ingredientes como el cilantro, la papaya, el cacao, plátanos y yampi. Uno de los platos más tradicionales es el asopao[2] preparado con pescado o con pollo. Especias como el pimentón[3], el orégano y el ajo le dan un sabor muy rico. Otra sopa criolla es el sancocho, hecho con verduras,

carnes y plátano. El arroz con gandules[4] y el pernil asado[5] son también muy populares. Para acompañar la comida, muchos restaurantes sirven tostones, rodajas de plátano verde que se aplastan[6] y se fríen, o mofongo, bolas[7] de plátano verde aplastados con bastante ajo. Los postres típicos incluyen tembleque (un flan hecho con leche de coco) y arroz con dulce (arroz con leche de coco, azúcar y especias). La comida criolla está llena de sabor.

El mofongo.

[1]blend [2]gumbo [3]paprika [4]pigeon peas [5]roasted pork shoulder [6]mash [7]balls

25 La comida criolla

Di si lo siguiente es cierto o falso, según la Cultura viva.

1. La comida criolla es una mezcla de influencia española, africana, arawaka y taíno.
2. Un ingrediente común en la comida criolla es el chile.
3. El asopao es una sopa tradicional de Puerto Rico.
4. Los tostones y el mofongo están hechos con coco.
5. Tembleque y arroz con dulce son postres típicos.

26 Comparando

Compara la comida criolla de Puerto Rico con la comida típica de donde vives. ¿Qué ingredientes tienen en común? ¿Cuáles son algunas diferencias?

Capítulo 5   *doscientos treinta y siete* **237**

Teacher Resources

- Activity 25
- Activities 9–10
- Activity 5

Answers

25 1. Cierto.
2. Falso.
3. Cierto.
4. Falso.
5. Cierto.
26 Answers will vary.

Activities

Communities
Have your students investigate restaurants in your community or in another nearby community in order to find a restaurant that serves one or more of the items discussed in the *Cultura viva*. Students may want to ask their parents, check telephone directories or talk with friends to find out what is available.

Language through Action
Many communities may not offer a large variety of restaurants. In such instances, consider asking students to search the Internet for recipes and ask them to try out a Puerto Rican recipe for *criollo* food. As an alternative, have students try to find some of the items mentioned in the *Cultura viva* at home or in a grocery store to bring to class.

 Have students apply reading strategies they have learned in *Navegando* as they prepare to read about *comida criolla* in the *Cultura viva*. Begin by asking students general questions about what they think Puerto Rican food is like. Then have students skim the content for cognates and for words they recognize. Tell students to read the first and last lines of the reading and summarize what they understood. Finally, students should identify words they do not understand so you can help them. Then assign activities 25 and 26 and conduct a class discussion about what students understood.

Idioma

Repaso rápido: *Hace* (+ time) *que*

Use the following four elements to describe an action that began in the past and has continued into the present time:

hace (+ time expression) que (+ present tense of a verb)			
1	2	3	4

Hace una hora que ando
  1   2   3 4
por el centro comercial.

I have been walking
in the shopping center for one hour.
(An hour ago I started walking in the shopping center and I am still doing the same thing.)

For questions, reverse the order of *hace* and the time expression if a form of *¿cuánto?* introduces the question.

¿Cuánto tiempo hace que andas
    2   1   3   4
por el centro comercial?

How long have you been walking
in the shopping center?

27 Preguntas y respuestas

 Trabajando con un compañero/a de clase, alterna en hacer preguntas y contestarlas.

MODELO no ir a un restaurante elegante
    A: ¿Cuánto tiempo hace que no vas a un restaurante elegante?
    B: Hace seis meses que no voy a un restaurante elegante.

1. no comer una carne muy rica
2. no saber un secreto
3. no tomar el pelo a un(a) amigo/a
4. no ponerle pimienta a la comida
5. no comprar mayonesa
6. no pagar la cuenta en un restaurante

¿Cuánto tiempo hace que no vas a un restaurante elegante?

Notes Note for students the possible confusion between *¿Cuánto tiempo hace que?* (how long has it been since...?) and *¿Qué tiempo hace?* (What is the weather?).

Estructura

Hacía (+ time) *que*

Express an action that continued for a period of time in the past by using the following pattern:

hacía + *(time expression)* + que + *(imperfect tense of a verb)*
1   2   3   4

Hacía una hora que andaba
  1   2   3   4
por el centro comercial.

I had been walking
in the shopping center for an hour.

When a form of *¿cuánto?* introduces a question, reverse the order of *hacía* and the time expression.

¿Cuánto tiempo hacía que andabas
      2   1   3   4
por el centro comercial?

How long had you been walking
in the shopping center?

 Práctica

28 Comiendo en un restaurante

Imagina que fuiste a comer a un restaurante con otra persona. Explica qué pasó, cambiando estas oraciones al pasado.

MODELO Hace ocho meses que vamos al mismo restaurante.
Hacía ocho meses que *íbamos* al mismo restaurante.

1. Hace tres semanas que no comemos pescado con mayonesa.
2. Hace mucho tiempo que quiero probar el nuevo aderezo.
3. Hace poco que no como huevos con sal y pimienta.
4. Hace media hora que estamos en el restaurante.
5. Hace más de media hora que mi amigo está en el teléfono.
6. Hace media hora que esperamos al camarero con la cuenta.

Hace ocho meses que vamos al mismo restaurante.

Teacher Resources

 Activity 28

 Activity 6

 Activities 11–12

 Activity 6

 GV Activity 11

Answers

28 1. Hacía tres semanas que no comíamos pescado con mayonesa.
2. Hacía mucho tiempo que quería probar el nuevo aderezo.
3. Hacía poco que no comía huevos con sal y pimienta.
4. Hacía media hora que estábamos en el restaurante.
5. Hacía más de media hora que mi amigo estaba en el teléfono.
6. Hacía media hora que esperábamos al camarero con la cuenta.

Activities

Cooperative Learning
You may want to ask students to redo activity 28 in pairs. Tell students to alternate asking and answering questions based upon the provided cues.

Students with Special Needs
Model a second example for activity 28.

Notes While talking about foods and ordering meals, talk with the class about attitudes and behavior: Tell students that if they sometimes complain because they do not get their favorite foods or if they throw away perfectly good food, they might want to reconsider their actions. Point out they should be thankful because if they were very hungry and the only thing to eat was a food they disliked, they would devour it without hesitation. Use the opportunity to teach the expression *A buen hambre no hay pan duro* (When hunger is great, no bread is too hard). Another way to convey the same idea is with the expression *La hambre hace la mejor salsa* (Hunger makes the best sauce).

29 ¿Cuánto tiempo hacía?

Di cuánto tiempo hacía que estabas haciendo estas actividades cuando algo ocurrió.

MODELO 12:00 P.M. Empecé a leer un libro interesante.
           12:05 P.M. Me llamaste. (Estaba leyendo.)
                    Hacía cinco minutos que leía un libro cuando me llamaste.

Empecé a leer un libro interesante.

1. 12:05 P.M.   Empezamos a hablar por teléfono.
   12:15 P.M.   Tuviste que colgar el teléfono. (Estábamos hablando.)
2. 12:30 P.M.   Decidí ir al supermercado para comprar algunas frutas y verduras.
   12:35 P.M.   Salí de la casa. (Estaba lloviendo.)
3. 12:55 P.M.   Llegué al supermercado.
   1:30 P.M.   Encontré la última verdura de mi lista. (Estaba haciendo compras.)
4. 2:00 P.M.   Llegué a la casa.
   2:30 P.M.   Empecé a cocinar. (Estaba preparando todo para cocinar.)
5. 3:15 P.M.   Le serví la comida a mi familia.
   3:20 P.M.   Les pregunté si les gustó el sabor de mi receta secreta. (No estaban diciendo nada.)
6. 3:20 P.M.   Empezaron a reírse.
   3:25 P.M.   Me dijeron que era deliciosa. (Estaban tomándome el pelo.)
7. 6:00 P.M.   Empezaron a lavar los platos y limpiar la cocina.
   7:00 P.M.   Terminaron los quehaceres de la cocina. (¡Yo estaba viendo televisión!)

✦ Comunicación

30 Unas preguntas para ti

Contesta estas preguntas, usando una expresión con *hace* o una expresión con *hacía*.

1. ¿Cuánto tiempo hace que no vas a comer con tu mejor amigo/a del colegio?
2. ¿Cuánto tiempo hace que no vas a un mismo restaurante?
3. ¿Cuánto tiempo hacía que ibas al colegio cuando conociste a tu mejor amigo/a?
4. ¿Cuánto tiempo hace que tu profesor/a enseña español?
5. ¿Cuánto tiempo hacía que estudiabas español cuando empezaste este año?
6. ¿Cuánto tiempo hacía que ibas a otro colegio cuando empezaste a estudiar en este colegio?
7. ¿Cuánto tiempo hace que estudias español?
8. ¿Cuánto tiempo hacía que tu profesor/a enseñaba español cuando empezó a trabajar en este colegio?

¿Cuánto tiempo hace que Sandra estudia español?

31 En el restaurante

Trabajando en grupos de tres, un(a) estudiante hace el papel de camarero/a, y los otros de clientes que están comiendo en un restaurante. Hablen sobre cómo está la comida y el tiempo que hacía que no comían un plato. Al final el camarero/a debe preguntar si quieren postre y preguntar cómo estaba la comida. Luego, uno de los clientes debe pedir la cuenta.

MODELO
A: Las costillas estaban muy ricas.
B: Sí, hacía mucho tiempo que no comía unas costillas con un sabor tan bueno.
C: ¿Quieren pedir algo de postre?
A: No, gracias.
B: Camarero, ¿nos puede traer la cuenta?
C: Sí, con mucho gusto.

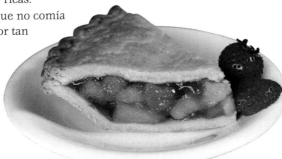

¿Quieren pedir algo de postre?

Answers

30 Answers will vary.
31 Creative self-expression.

Activities

Cooperative Learning
To help students concentrate on listening to one another's answers, have them write their partners' responses to the questions for activity 30.

Connections
As you explain the expression *A buen hambre no hay pan duro* that appears in the note at the bottom margin of the ATE, tell students why it is important to try dishes from foreign countries—so they will experience new tastes and different combinations of spices and ingredients. Then tell the class that although they may not like everything when tasting a new dish, if they are adventurous and if they are really hungry, the food will probably taste good because, as the saying goes, when their hunger is great, no bread is too hard.

Capítulo 5   *doscientos cuarenta y uno*   **241**

Notes In groups of three, students can create menus in Spanish that they can use for activity 31. They should include entree items, beverages, side dishes, salads, soups and desserts. You may also wish to have students include prices to make the activity more realistic.

Remind students that Spanish speakers often ask for the attention of a family member or friend by using the expression *oye* at the beginning of a sentence: *Oye, Jaime, las costillas tienen muy buen sabor.*

Answers

32 1. E
2. B
3. D
4. F
5. C
6. A

33 Answers will vary.

Activities

Expansion

Have students find several maps of *Viejo San Juan* that show the different districts, ports, and plazas. Students should use those maps as reference as they create their own maps of the town. Encourage creative use of color and labeling of the different locations.

Lectura personal

Cantantes y grupos musicales

Dirección http://www.emcp.com/músico/ola/e.diario-4.htm ▲ Archivo   Edición   Ver   Favoritos   Herramientas   Ayuda

página principal   miembros   e-diario

Grupo musical La OLA

Nombre: **Carlos Cubillas Lorca**
Edad: **19 años**
Nacionalidad: **chileno**
Comida favorita: **sopa de mariscos**

El carnaval en Puerto Rico.

Ésta es la segunda vez que estamos en San Juan, Puerto Rico. Me agrada mucho esta isla de playas blancas y montañas verdes. Ayer, después del concierto, fuimos a un restaurante donde el mesero nos dio el consejo de pedir mofongo. Era como un puré de plátanos con un relleno[1] de mariscos. ¡Delicioso! Después de engordar unos kilos, nos fuimos de compras a la Plaza de la Dársena en el Viejo San Juan. Yadira y Chantal compraron joyas. Ceci decidió comprar una prenda con mundillo del pueblo[2] de Moca. Mundillo es un encaje[3] muy delicado que solamente existe en Puerto Rico y en España. Xavier se probó una guayabera, camisa que se originó hace dos siglos en Cuba, pero que es muy popular en Puerto Rico. ¡Le queda bien con su sombrero de Montecristo! A Manuel le fascinaron las caretas, máscaras[4] que usan los vejigantes en los carnavales. Los vejigantes son caracteres imaginarios, que además de ser muy coloridos, asustan[5] un poco. La careta que Manuel compró es de Loíza y está hecha de cáscara de coco[6]. Es el perfecto ejemplo de la fusión de las culturas africana, española e indígena que tanto se ve en esta isla. Yo me compré un güiro hecho de una calabaza[7] dura[8]. Quiero tocarlo en nuestro próximo concierto. ¿Qué les parece?

[1]filling   [2]village, town   [3]lace   [4]masks   [5]frighten   [6]coconut shell   [7]pumpkin   [8]hard

32 ¿Qué recuerdas?

Conecta lógicamente las frases de la derecha con las palabras de la izquierda.

1. güiro
2. mofongo
3. careta
4. guayabera
5. Moca
6. vejigante

A. personaje imaginario
B. plato típico de Puerto Rico
C. pueblo en donde hacen mundillo
D. máscara que se usa en los carnavales
E. instrumento musical
F. camisa

• Compare and contrast the arts and crafts from Puerto Rico and your home region. Do both places use local produce? Does the art in both places reflect its cultural, racial and ethnic heritages?

33 Algo más

1. ¿Te gustan los ingredientes del mofongo? ¿Qué sabor crees que tiene?
2. ¿Qué te gustaría comprar en la plaza de la Dársena? ¿Por qué?
3. ¿Qué tipo de productos artesanales *(arts and crafts)* compran los turistas en tu estado?

242 *doscientos cuarenta y dos*   **Lección B**

Notes *La Plaza de la Dársena* in old San Juan *(el Viejo San Juan)* has one of the best craft markets in Puerto Rico. Jewelry, fashions and folk art are just a few of the things shoppers can find there.

¿Qué aprendí?

Autoevaluación

Como repaso y autoevaluación, responde lo siguiente:

Visit the web-based activities at www.emcp.com

1. Describe a favorite article of clothing (color, design, fabric, etc.).
2. Say something you were doing last weekend when there were no classes.
3. How might you ask someone for their advice?
4. Describe how you were when you were six or seven, using what you have learned in this lesson about adverbs.
5. Say that you ate three hours ago.
6. How long have you been studying Spanish?
7. What can you say in Spanish to describe how you feel about the food you are eating?
8. What do you know about the Caribbean?

Palabras y expresiones

En la tienda
- a cuadros
- a rayas
- el cajero, la cajera
- desteñido,-a
- la joyería
- la prenda
- el rubí
- el surtido
- la tela
- el tipo
- la variedad
- el vestidor

En el restaurante
- el aderezo
- agradable
- la azucarera
- el cocinero, la cocinera

- la cuenta
- delicioso,-a
- lleno,-a
- la mayonesa
- el camarero, la camarera
- la mostaza
- el pimentero
- la propina
- rico,-a
- el sabor
- el salero
- la salsa
- la salsa de tomate

Verbos
- aconsejar
- agradar
- agregar
- anochecer
- apurar(se)
- decidir
- probar(se) (ue)
- servir (i, i)
- soler (ue)

Expresiones y otras palabras
- además
- el consejo
- el cuadro
- cualquier, cualquiera
- diferente
- elegante
- posible
- principal
- ¿Qué (te, le, les) parece?
- la raya
- la razón
- el secreto
- tener razón
- tomar el pelo

Una joyería en Puerto Rico.

Un pimentero.

Teacher Resources

Activity 13

**Information Gap Activities
Postcard Activities
*Funciones de Comunicación***

Answers

Autoevaluación
Possible answers:
1. Answers will vary.
2. Answers will vary.
3. ¿Qué me aconsejas?
4. Answers will vary.
5. Hace tres horas que comí.
6. Hace...que estudio español.
7. Es muy rica. Es deliciosa. Tiene buen sabor. No me gusta.
8. Answers will vary.

Activities

Expansion
Select several words and phrases for individual students to use orally in sentences.

Language through Action
As an alternative exercise, arrange a visit to the food preparation area of your school and have students use the restaurant items taught in this lesson in a role-playing activity. You may also decide to have students cut out newspaper or magazine illustrations or photographs of the items to use in class to practice using the items in a quasi-realistic setting.

Pronunciation
To ensure proper pronunciation, model each word or expression and have students repeat after you.

Notes Review student answers for the *Autoevaluación* before requiring students to take the chapter test, allowing them to ask questions. The review will also provide you an opportunity for helping students who are having difficulties with the lesson content.

Remind students that it is their responsibility to review the vocabulary listed here. Encourage them to return to the page where words and expressions they do not know were first introduced in the lesson.

Answers

Preparacíon
1. The reading discusses travel to the Caribbean.
2. The reading contains information about travel packages to the Caribbean.

Activities

Critical Listening
Make several correct and incorrect statements about the travel programs to various cities in the Caribbean as students look at the realia on pages 244–245. Students should raise their hands if what you say matches the place you name.

Multiple Intelligences (intrapersonal/linguistic)
Ask students the following questions, or have them ask one another: *¿Qué país del Caribe te gustaría visitar? ¿Por qué?; ¿Adónde fuiste en tus últimas vacaciones? ¿Qué hiciste?; ¿Cuántos cognados hay en la lectura El Caribe?*

Prereading Strategy
Prepare students for the reading by asking general questions on the reading topic. Next, play the recording of *Tú lees*, using the corresponding compact disc that is part of the Audio CD Program.

¡Viento en popa!

Tú lees

Estrategia

Using a combination of reading strategies
You have learned a number of different strategies to help you read. As you begin a new reading, draw upon the knowledge you have acquired in these various strategies. For example, look at the format to predict the general theme. Then, skim the reading to get a general idea of the content. Then use context clues throughout the reading to help you guess the meaning of any new words.

Preparación
Contesta las siguientes preguntas como preparación para la lectura.

1. What do you think this reading is about, based upon the title, the pictures and the graphics?
2. As you skim the subtitles and the first lines of the paragraphs, what information do you think the reading might contain?

Un baile caribeño.

El Caribe

La gente más cordial.
Las playas más blancas.
El mar más azul.
El precio más conveniente.

CUBA
La isla que usted siempre quiso conocer.
POR SOLO US$ 799

Sin visa y sin trámites, visite Cuba.
El plan incluye:
Tiquetes Bogotá - La Habana - Bogotá Vía Aces 8 días 7 noches.
2 comidas diarias, excursiones, traslados, paseos, hoteles. Y además de La Habana, tres días inolvidables en Varadero.

SIN VISA

Salidas: Junio 24
Julio 1o.

Consulte en su agencia de viajes.
Informes en Caribe Representaciones.
Calle 19 No. 4-74 Of. 2101
Tels: 2866189 • 2840440 • 2827982 BOGOTA

TODOS LOS PROGRAMAS INCLUYEN PASAJE AÉREO

Un lugar privilegiado, diferente, único para disfrutar una experiencia inolvidable... donde todo es posible: sol, aguas azules y cristalinas, arenas blancas, palmeras, grandes monumentos, frutas, mariscos, gente cálida y alegre, y vida natural.

Todo esto es el Caribe. Pero es aún más con KIEN.

KIEN conoce como nadie sus lugares, sus ritmos, su magia. Sus programas ofrecen las vías aéreas más convenientes, contratos con los mejores hoteles. Además cuenta en cada isla con personal especializado.

Los planes KIEN son los más económicos del mercado turístico, ya que incluyen todo: pasajes, alojamiento, comidas, visitas... y el mejor servicio antes y durante su viaje.

Asegure sus mejores vacaciones. Venga al Caribe de KIEN.

Consulte a su agente de viajes.

Caribe kien
PRECIOS ALTA TEMPORADA
TODOS LOS PRECIOS SON POR PERSONA EN BASE A HABITACION DOBLE

VIASA
LA LINEA AEREA DE VENEZUELA

AV. 11 de Septiembre 2155, torre A. Of. 803. Tels: 233-3360-3848-3013-3994-3628. Fax: 2336698. Telex: 241123 Kien CL.

Notes Note for students that it is still illegal for non-Cuban U.S. citizens to travel to Cuba without special permission from the government. These advertisements are for citizens of other counties who may wish to take advantage of the growing tourism industry in Cuba.

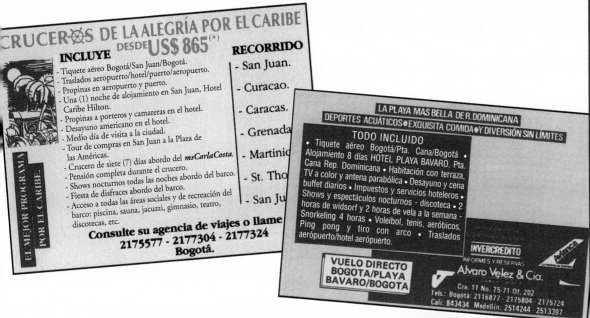

CRUCEROS DE LA ALEGRÍA POR EL CARIBE
DESDE US$ 865(*)

INCLUYE
- Tiquete aéreo Bogotá/San Juan/Bogotá.
- Traslados aeropuerto/hotel/puerto/aeropuerto.
- Propinas en aeropuerto y puerto.
- Una (1) noche de alojamiento en San Juan, Hotel Caribe Hilton.
- Propinas a porteros y camareras en el hotel.
- Desayuno americano en el hotel.
- Medio día de visita a la ciudad.
- Tour de compras en San Juan a la Plaza de las Américas.
- Crucero de siete (7) días abordo del *msCarlaCosta*.
- Pensión completa durante el crucero.
- Shows nocturnos todas las noches abordo del barco.
- Fiesta de disfraces abordo del barco.
- Acceso a todas las áreas sociales y de recreación del barco: piscina, sauna, jacuzzi, gimnasio, teatro, discotecas, etc.

RECORRIDO
- San Juan.
- Curacao.
- Caracas.
- Grenada
- Martinic
- St. Tho
- San Ju

Consulte su agencia de viajes o llame
2175577 - 2177304 - 2177324
Bogotá.

LA PLAYA MAS BELLA DE R. DOMINICANA
DEPORTES ACUÁTICOS • EXQUISITA COMIDA • Y DIVERSIÓN SIN LÍMITES
TODO INCLUIDO
• Tiquete aéreo Bogotá/Pta. Cana/Bogotá • Alojamiento 8 días HOTEL PLAYA BAVARO. Pta. Cana Rep. Dominicana • Habitación con terraza, TV a color y antena parabólica • Desayuno y cena buffet diarios • Impuestos y servicios hoteleros • Shows y espectáculos nocturnos - discoteca • 2 horas de widsorf y 2 horas de vela a la semana - Snorkeling 4 horas • Voleibol, tenis, aeróbicos, Ping pong y tiro con arco • Traslados aerópuerto/hotel aeropuerto.

INVERCREDITO

VUELO DIRECTO BOGOTA/PLAYA BAVARO/BOGOTO

INFORMES Y RESERVAS
Alvaro Velez & Cia.
Cra. 11 No. 75-71 Of. 202
Tels.: Bogotá: 2116877 - 2175804 - 2175724
Cali: 843434 Medellín: 2514244 - 2513397

A ¿Qué recuerdas?

1. ¿Por cuántos días es el plan que va a Cuba?
2. ¿Qué viaje es más caro, el plan a Cuba o el crucero por el Caribe?
3. ¿Cómo se llama el crucero que va a San Juan, Curaçao, Caracas, Grenada, Martinica y St. Thomas?
4. ¿Qué deportes se practican en el hotel Playa Bávaro en la República Dominicana?
5. ¿Cuándo salen los viajes para Cuba?
6. ¿En dónde se ofrecen sol, aguas azules, frutas, mariscos y gente alegre?

B Algo personal

1. ¿Qué plan te gustó más? ¿Por qué?
2. ¿Qué cosas te gustaría hacer en un viaje al Caribe?
3. ¿Qué piensas que es lo más importante en un plan de viajes?
4. ¿Cuál es tu medio de transporte favorito? ¿Por qué?
5. ¿Te gustaría hacer un crucero por el Caribe? ¿Por qué?

La Habana Vieja, Cuba.

Una playa caribeña.

Capítulo 5

doscientos cuarenta y cinco **245**

Teacher Resources

Activities A–B

Answers

A 1. El plan es por ocho días.
2. El plan de Cruceros de la Alegría por el Caribe es más caro.
3. Se llama *ms Carla Costa*.
4. Se practican voleibol, tenis, aeróbicos, ping pong y tiro con arco.
5. Salen el 24 de junio o el 1 de julio.
6. Se ofrecen en el Caribe.
B Answers will vary.

Activities

Expansion
Additional questions *(¿Qué recuerdas?)*: *¿Qué plan incluye boletos para el avión?*; *¿Cuánto cuesta el viaje a Cuba?*; *¿A qué teléfonos puedes llamar si quieres ir con el programa de Kien?* Additional questions *(Algo personal)*: *¿Cuál es tu medio de transporte favorito? ¿Por qué?*; *¿Qué otra parte del mundo te gustaría conocer?*

Students with Special Needs
These advertisements are real and therefore may contain several unfamiliar words. Encourage students to use the reading skills they have developed to make out the general meaning. Help students with the meaning of unknown words or have them find unknown words in a dictionary.

Notes As students become used to hearing and using Spanish, their aural comprehension will improve and they will develop increased confidence and comfort. Ease student anxiety about hearing Spanish by indicating that it is not necessary to understand every word. Inform students that learning a language involves a lot of educated and intelligent guessing and listening for key words rather than trying to understand or look up every unknown word they encounter.

245

Tú escribes

The following activity consists of creating a concept map that will help you to write about a memorable dinner. First, think of a dinner that stands out in your mind—such as a birthday, a holiday or a special date—and write a three- or four-word title that describes the dinner in the center of a piece of paper. Next, draw lines extending out from it in different directions, and add secondary circles containing related topics such as who was there, when it took place, where it took place, and what happened. Branching out from these circles, add more circles containing details about the guests, the menu, the clothing, the preparations and so on.

Organize your ideas logically into a complete paragraph in Spanish that describes your memorable dinner. Be sure to give your paragraph a title and use transition words to make your ideas flow smoothly, such as *sin embargo*, *luego*, etc.

Proyectos adicionales

A Conexión con otras disciplinas: habilidades para la vida diaria

Search the Internet or go to the library for Caribbean recipes of any of the dishes you learned in this chapter. Print out several that you would like to try. You may wish to prepare one or more of the recipes to share with others in the class. Bring a copy of the recipe to share with the class, as well.

B Conexión con la tecnología

Plan a weeklong trip to a Spanish-speaking country in the Caribbean. You may want to search the Internet for travel sites offering discount airfares to Caribbean destinations and compare prices from several sites. Include any details you learn during the search. For example, can you find any package deals that include a stay in a hotel, a guided tour or other special perks? How much more would a particular airline charge for traveling first class? Are there cheaper charter flights to particular destinations? Print out the results of the Internet travel sites offering the best deals and compare them with other students' findings.

C Comunicación

Interview a classmate and find out about his or her last visit to a clothing or shoe store. Where did the person go? What clothing or shoes did your partner look at? Did the person buy anything? What? Is he/she happy with the purchase? Write a summary of your partner's trip to the clothing store. Be specific and give examples of clothing purchases, material and any other pertinent information.

¿Adónde fuiste de compras?

 Situation Cards

 Capítulo 5

Answers

A Creative self-expression.
B Creative self-expression.
C Creative writing practice.

Activities

Critical Listening

Ask students to listen to some statements in Spanish about Cuba. They must determine whether each is true *(cierto)* or false *(falso)*: *Cuba está en el Caribe (cierto); La capital de Cuba es La Habana (cierto); El inglés es la lengua principal en Cuba (falso); La paladar es un árbol pequeño de Cuba (falso)*. Add any other statements you feel are appropriate.

Multiple Intelligences (linguistic/spatial)

In groups of four, students should imagine they are preparing a marketing campaign for the tourism office of Puerto Rico or of the Dominican Republic. Have them create a poster and pamphlet that include the places a tourist might want to visit and the things he or she can do there.

Notes As part of your classroom management, set time limits for activities A, B and C. Then hold students accountable for their work by selecting several students to present their work in front of the class.

Teacher Resources

 Trabalenguas

Activities

Multiple Intelligences (logical-mathematical)

Ask if students know what currency is used in Puerto Rico. Then have students find out the value in dollars for the *peso dominicano*. Sources for currency exchange rates include various newspapers (e.g., the business section of the local paper and the *Wall Street Journal*) and the Internet. The school media specialist may be able to help students find other sources for exchange rates, as well.

Spanish for Spanish Speakers

Inform students that José Martí is a national hero in Cuba, having been a leader in the battle for independence. Have students research some aspect of Martí's life or work. Then ask individuals to present the information to the class. For example, students might read one or two of the *Versos sencillos* Martí wrote, explaining the content to classmates. As an alternative, to practice writing skills, tell students to write a short critique of the poem(s). As another alternative for the more musically inclined, students may be interested in singing the song *Guantanamera* and helping the class learn the song.

Repaso

Now that I have completed this chapter, I can...	Go to these pages for help:
name some foods.	202, 212
talk about the past.	202
talk about what someone remembers.	202
express an opinion.	212
describe clothing.	224
ask for advice.	224
state what was happening at a specific time.	234
describe how something was done.	234
express length of time.	234

I can also...	
read in Spanish about life in the Caribbean.	205
combine reading strategies.	244

Trabalenguas

Me trajo Tajo tres trajes, tres trajes me trajo Tajo.

Notes Baseball is extremely popular in Cuba, the Dominican Republic and Puerto Rico. The Cuban national team has been very successful in international competition. In addition, many players from the Dominican Republic, where baseball is also very important, play in the U.S. major leagues.

Although education and health care are free to all Cubans, most schools lack books and supplies. There is also a lack of medicines in hospitals, clinics and pharmacies.

Loose translation of the *Trabalenguas*: Tajo brought me three suits, three suits Tajo brought me.

Vocabulario

a cuadros plaid, checkered *5B*
a rayas striped *5B*
aconsejar to advise, to suggest *5B*
acordar(se) (ue) (de) to remember *5A*
además besides, furthermore *5B*
el **aderezo** seasoning, flavoring, dressing *5B*
agradable nice, pleasing, agreeable *5B*
agradar to please *5B*
agregar to add *5B*
la **almeja** clam *5A*
andar to walk, to go *5A*
anoche last night *5A*
anochecer to get dark, to turn to dusk *5B*
apurar(se) to hurry up *5B*
el **atún** tuna *5A*
la **azucarera** sugar bowl *5B*
la **bolsa** bag *5A*
caber to fit (into) *5A*
el **cajero**, la **cajera** cashier *5B*
el **camarero**, la **camarera** food server *5B*
el **camarón** shrimp *5A*
el **cangrejo** crab *5A*
la **carne de res** beef *5A*
el **cereal** cereal *5A*
el **chiste** joke *5A*
la **ciruela** plum *5A*
el **cocinero**, la **cocinera** cook *5B*
el **consejo** advise *5B*
la **costilla** rib *5A*
la **crema** cream *5A*

el **cuadro** painting, square *5B*
cualquier, cualquiera any *5B*
la **cuenta** bill, check *5B*
decidir to decide *5B*
delicioso,-a delicious *5B*
demasiado,-a too (much) *5A*
desteñido,-a faded *5B*
diferente different *5B*
el **durazno** peach *5A*
elegante elegant *5B*
el **filete** fillet, boneless cut of meat or fish *5A*
el **flan** custard *5A*
freír (i, i) to fry *5A*
hubo there was, there were *5A*
la **joyería** jewelry store *5B*
el **limón** lemon *5A*
lleno,-a full *5B*
la **mantequilla de maní** peanut butter *5A*
el **marisco** seafood *5A*
la **mayonesa** mayonnaise *5B*
el **melón** melon *5A*
la **mostaza** mustard *5B*
necesario,-a necessary *5A*
la **papaya** papaya *5A*
la **parte** place, part *5A*
la **pera** pear *5A*
el **pimentero** pepper shaker *5B*
la **piña** pineapple *5A*
posible possible *5B*
la **prenda** garment *5B*
principal principal, main *5B*
probable probable *5A*
probar(se) (ue) to try, to test, to prove *5B*

la **propina** tip *5B*
el **pulpo** octopus, squid *5A*
¿Qué (te, le, les) parece? What do/does (you/he/she/they) think? *5B*
la **raya** stripe *5B*
la **razón** reason *5B*
reír(se) (i, i) to laugh *5A*
rico,-a rich, delicious *5B*
el **rubí** ruby *5B*
el **sabor** flavor *5B*
la **salchicha** sausage *5A*
el **salero** saltshaker *5B*
la **salsa** sauce *5B*
la **salsa de tomate** ketchup *5B*
la **sandía** watermelon *5A*
el **sándwich** sandwich *5A*
el **secreto** secret *5B*
servir (i, i) to serve *5B*
soler (ue) to be accustomed to, to be used to *5B*
el **surtido** assortment, supply, selection *5B*
el **té** tea *5A*
la **tela** fabric, cloth *5B*
tener razón to be right *5B*
la **ternera** veal *5A*
el **tipo** type, kind *5B*
el **tocino** bacon *5A*
todo everything *5A*
tomar el pelo to pull someone's leg *5B*
la **toronja** grapefruit *5A*
traducir to translate *5A*
la **variedad** variety *5B*
el **vestidor** fitting room *5B*

Anoche cenamos salchichas.

¿Qué buscaban en la tienda?

Capítulo 5   *doscientos cuarenta y nueve*   **249**

Teacher Resources

Capítulo 6

Connections with Parents

The involvement of parents and guardians in their children's educations can benefit young people both psychologically and emotionally, increasing students' chances for success at school. You may want to try the following ways of involving them. Assign activities that require students and parents or guardians to interact. Send work home with students that will require them to talk with a parent or guardian, such as student interviews of family members. Ask for parent and guardian volunteers to assist in class. Not surprisingly, improved classroom management often results from improving school connections with parents.

Activities

Critical Thinking

Discuss what students see in the photographs. Then ask students to answer the following: 1) What is the chapter theme?; 2) What similarities or differences are there between life depicted on these pages and their lives at home?

Capítulo **6**

Hogar, dulce hogar

Objetivos

❖ describe a household

❖ talk about family

❖ tell someone what to do

❖ state wishes and preferences

❖ talk about everyday activities

❖ invite someone to do something

❖ make a request

❖ express doubt, emotion and uncertainty

❖ state hopes and opinions

Visit the web-based activities at www.emcp.com

Notes Discuss the objectives on page 250 with the class. These communicative functions are provided to prepare students for the chapter they are about to begin. A list of the functions appears at the end of the chapter on page 296, along with additional objectives for students to use to do a self-check and evaluate their progress.

The photographs on pages 250–251 depict the chapter theme of family and housing.

Bolivia
Nombre oficial: República de Bolivia
Población: 8.600.000
Capital: La Paz, Sucre
Ciudades importantes:
Cochabamba, Oruro, Santa Cruz, Potosí
Unidad monetaria: el boliviano
Fiesta nacional: 6 de agosto, Día de la Independencia
Gente famosa: Nataniel Aguirre (dramaturgo); Franz Tamayo (periodista)

Países bolivarianos
Países: República de Bolivia; República de Colombia; República del Ecuador; República del Perú; República de Venezuela
Población: 8.600.000 (Bolivia); 44.200.000 (Colombia); 12.600.000 (Ecuador); 27.100.000 (Perú); 25.700.000 (Venezuela)

Activities

Connections

Using the map of South America that is part of the *Navegando 2* Transparency Program, call on students to identify Bolivia and the countries that border it. Then discuss cities in each country identified.

doscientos cincuenta y uno **251**

Notes The cultural focus of this chapter is on five countries that are sometimes referred to as *países bolivarianos:* Bolivia, Colombia, Ecuador, Peru and Venezuela. The reference has come about in honor of Simón Bolívar, who led them to independence from Spanish rule. The *Libertador,* as he is sometimes called, dreamed of the formation of one great country, which he called *La Gran Colombia,* that would consist of all the Spanish-speaking countries of the continent. Today, the *países bolivarianos* still maintain cultural, economic, political and social connections, but disputes over boundaries continue as well.

En el hogar

 Activity 1

 Activities 37–38

 Activity 1

 Activity 1

 Activities 1–2

Content reviewed in *Lección A*
- items found in a home
- household chores
- family
- stem-changing verbs
- commands
- describing a home
- everyday activities

Activities

Prereading Strategy
Have students look at the illustrations depicting some common items in many homes that appear on pages 252–253. Have students identify the objects and then look at what the people are saying to one another in the speech bubbles. Next, have students look for cognates and any words or expressions they have already learned. Finally, ask several individuals to state what they believe is the main theme of *Vocabulario I*.

Lección A

Bolivia

Vocabulario I
En el hogar

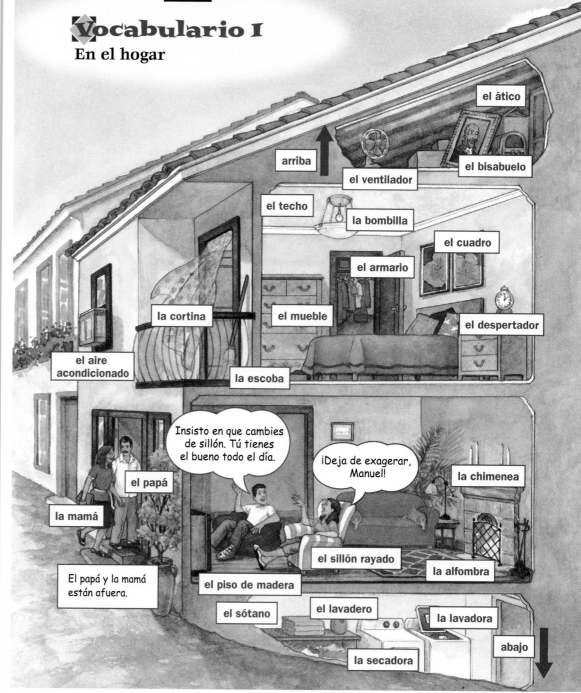

el ático

arriba

el bisabuelo

el ventilador

el techo

la bombilla

el cuadro

el armario

la cortina

el mueble

el despertador

el aire acondicionado

la escoba

Insisto en que cambies de sillón. Tú tienes el bueno todo el día.

¡Deja de exagerar, Manuel!

la chimenea

el papá

la mamá

el sillón rayado

la alfombra

El papá y la mamá están afuera.

el piso de madera

el sótano

el lavadero

la lavadora

abajo

la secadora

Notes Point out to students the sentence *Insisto en que cambies de sillón.* Inform them that this is an example of the subjunctive form of a verb *(cambies,* from *cambiar)* and that the subjunctive tense will be explained in this lesson.

Explain that *chimenea* refers to either the **chimney** or the **fireplace.**

Tell the class that the word *madera* refers to **wood;** the word for **firewood** is *leña.*

1 ¿Mueble o comida?

 Di si lo que oyes es: *un mueble* o *una comida*.

Es un mueble. *Es una comida.*

2 Juego

En un minuto, haz una lista de tantas cosas que hay en una casa como puedas.

3 Mi hogar

Haz una ilustración del interior de dos o tres cuartos de tu casa. Identifica en español dos o tres cosas que hay en cada cuarto. Luego, trabaja con otro/a estudiante y hablen Uds. de sus casas.

MODELO
A: ¿Qué cuarto es?
B: Es mi cuarto.
A: ¿Qué es esto?
B: Es un despertador.

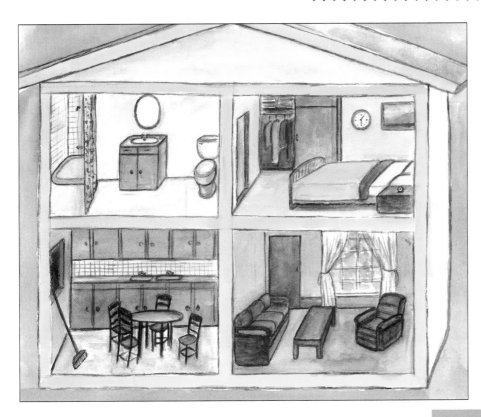

Capítulo 6   *doscientos cincuenta y tres*   253

Teacher Resources

 Activity 1

Answers

1 1. Es una comida.
2. Es un mueble.
3. Es un mueble.
4. Es un mueble.
5. Es una comida.
6. Es una comida.

2 Answers will vary.

3 Creative self-expression.

Activities

Critical Listening
Activity 1 is recorded and available as part of the Audio CD Program. Use the audio recording, along with the answer sheet at the back of the Audio CD Program Manual, to help students assimilate the new vocabulary in *Vocabulario I*.

Critical Thinking
Have students find related families of words using the information from the *Estrategia* feature on this page.

Students with Special Needs
Create labels (or have students create labels) for common objects found in a home, and attach the labels to the objects with string or tape. This can be a good opportunity to enrich student vocabulary by adding words that are not yet active in *Navegando*, for example: *el estante* (bookshelf), *el tapete* (carpet) and so forth.

Notes Remember to select ancillaries listed under Teacher Resources at the top of pages 252–253 for introducing and reinforcing the new content on these pages. For example, you may wish to introduce vocabulary using overhead transparencies 37 and 38 or you may prefer to use the audio CD. The Listening Activities Manual offers listening activity 1 with a worksheet for developing listening comprehension skills. Written activities for practicing the new vocabulary are available in the Workbook and the Grammar and Vocabulary Exercises Manual. In addition, you can use Quiz 1 for evaluating students' understanding of the content of *Vocabulario I*. Choose support items that help to accomplish your goals.

Answers

4 1. Ellos limpian el ático.
2. Ellos necesitan comprar un ventilador y bombillas nuevas.
3. Ella dice que deben sacar la alfombra, el sillón y el armario.
4. Lo quiere llevar a la sala.
5. Insiste en que el Sr. García ponga las cortinas en la basura.

5 Answers will vary.

6 1. B; 2. A; 3. E; 4. C; 5. D; 6. F

Activities

Critical Listening

Play the audio recording of the dialog. Instruct students to cover the words as they listen to the conversation. This helps them to develop good listening skills before concentrating on reading Spanish. Have students look at the photographs and imagine what the people are saying to one another. Ask several individuals to state what they believe is the main theme of the conversation. Finally, ask if students know where the conversation takes place (in an attic).

Prereading Strategy

Instruct students to cover the dialog with one hand and to look at the photographs. Ask them to imagine where the conversation takes place and what the people are saying to one another.

Diálogo I

El ático de los García

SRA. GARCÍA: Tenemos que comprar un ventilador para este ático.
SR. GARCÍA: Sí, y bombillas nuevas también.
SRA. GARCÍA: No podemos limpiar con tantos muebles aquí.

SRA. GARCÍA: Debemos sacar la alfombra, el sillón y el armario.
SR. GARCÍA: ¡Cuántos muebles para llevar afuera!
SRA. GARCÍA: ¡Ay, no exageres! No son tantos.

SRA. GARCÍA: Llevemos el armario y el sillón a la sala.
SR. GARCÍA: Sí, y también el cuadro de la bisabuela y esas cortinas.
SRA. GARCÍA: No. Insisto en que pongas esas cortinas feas en la basura.

4 ¿Qué recuerdas?

1. ¿Qué hacen el Sr. y la Sra. García?
2. ¿Qué necesitan comprar para el ático el Sr. y la Sra. García?
3. ¿Qué dice la Sra. García que deben sacar?
4. ¿Dónde quiere llevar el Sr. García el cuadro de la bisabuela?
5. ¿En qué insiste la Sra. García?

5 Algo personal

1. ¿Tienes ático en tu casa?
2. ¿Limpias tu ático o tu sótano cada año?
3. ¿Te gustaría conocer a tus bisabuelos? ¿Por qué?
4. ¿Cómo es tu casa? Descríbela.

6 ¿Qué es?

 Identifica lo que oyes, según las descripciones.

Describe tu casa.

A. la cortina	C. la chimenea	E. el despertador
B. el armario	D. el ventilador	F. la lavadora

Notes Answers for the *¿Qué recuerdas?* and the *Algo personal* questions may be written or oral.

Help students with the descriptions of their houses by providing some items they may wish to include: number of rooms, furniture, fixtures, wall hangings, construction materials, etc.

La Paz es la capital más alta del mundo.

Bolivia, país de quechuas y aymaras

Bolivia tiene más de ocho millones de habitantes cuya gran mayoría es de origen quechua y aymara. Por eso tiene tres lenguas oficiales—el español, el quechua y el aymara. El país fue nombrado en honor de Simón Bolívar, quien escribió la primera constitución y quien fue el primer presidente del país. Bolivia está en América del Sur, en el área conocida como el Altiplano, o tierras altas[1], las cuales están al pie de los Andes. En el Altiplano, entre los países de Bolivia y Perú, está el lago Titicaca, que es el lago navegable más alto del mundo. Este lago es importante para la economía de Bolivia, especialmente para el transporte de productos, ya que el país no tiene salida al mar. Conectado al lago Titicaca por un río está el lago Poopó, el cual es un lago de agua salada[2].

Aymaras en el Lago Titicaca.

Bolivia tiene la rara distinción de tener dos capitales: La Paz y Sucre. La Paz, la capital más alta del mundo (aproximadamente 3500 metros sobre el nivel del mar), es la capital administrativa; Sucre es la capital constitucional. Otra ciudad importante de Bolivia es Potosí, donde se encuentran algunas de las minas de plata más ricas del mundo.

[1] highlands   [2] salt water

Ellos son quechuas.

7 Conexión con otras disciplinas: historia

Contesta las siguientes preguntas, según la Cultura viva.

1. ¿Cúal es el origen de la mayoría de los habitantes de Bolivia?
2. ¿Qué idiomas se hablan en Bolivia?
3. ¿Quién fue Simón Bolívar?
4. ¿Cuáles son las dos capitales de Bolivia?
5. ¿Qué ciudad es importante en Bolivia por las minas de plata?
6. ¿Cuál es el lago navegable más alto del mundo?

Capítulo 6   *doscientos cincuenta y cinco*   255

Notes Tell students that Potosí is so well known for its wealth of silver mines that its name became a synonym with wealth and was used in common sayings throughout the Spanish-speaking world. Examples are *Tiene un Potosí de riqueza* (He/she has a mountain of wealth), *Pagó un Potosí por ese...* (He/she paid tons of money for that...), *Costó un Potosí* (It cost an enormous amount of money).

One of the two Bolivian capitals was named for General Antonio José de Sucre, who was born in Venezuela but was a military hero throughout South America.

Idioma

Repaso rápido: stem-changing verbs

You have already learned to use several verbs that require a stem change in the present indicative, indicated by the first set of letters in parentheses after infinitives in this textbook: *pensar (ie), poder (ue), pedir (i, i), doler (ue)*. Can you name any other verbs that require this kind of change?

*¿Qué **pie**nsa Ud.?*	What do you think?
*¿**Pue**des limpiar el sótano?*	Can you clean the basement?
*Siempre **pi**des ayuda con los quehaceres.*	You always ask for help with chores.
*Me d**ue**le la espalda.*	My back hurts.

8 Un día en mi casa

Completa el siguiente párrafo con la forma correcta del presente de los verbos indicados. Sigue el modelo.

MODELO *¿(Querer)* poner el ventilador o el aire acondicionado?
¿Quieres poner el ventilador o el aire acondicionado?

Mis abuelos *(1. pensar)* que va a hacer calor esta noche. Papá *(2. querer)* encontrar un ventilador para poner en la sala. Dice que *(3. costar)* menos que el aire acondicionado. Él *(4. seguir)* buscando el ventilador en el sótano, en el ático y en el garaje. Después de pasar toda la mañana buscando un ventilador, *(5. encontrar)* uno en una tienda no lejos de la casa. Mamá y nosotros *(6. preferir)* poner el aire acondicionado. Mis hermanos *(7. cerrar)* las cortinas y ponen el aire. Papá *(8. volver)* a casa. Tiene calor y está cansado. Decide no usar su ventilador nuevo y dejar puesto el aire acondicionado. Nosotros nos *(9. reírse)* porque ¡conseguir el ventilador tomó mucho más tiempo que poner el aire acondicionado!

¿Quieres poner el ventilador?

Estructura

The subjunctive

You have learned to use various tenses in the indicative mood (e.g., present tense, preterite tense, imperfect tense) to express certainty and to state facts. The subjunctive mood *(el subjuntivo)* allows you to convey subjectivity (your opinion) or express uncertainty. In particular, the subjunctive mood can be useful when suggesting, requesting or ordering that someone do something, or for expressing emotion, hope or doubt.

Form the present-tense subjunctive by dropping the final -o from the yo form of the present-tense verb and adding -e, -es, -e, -emos, -éis or -en for -ar verbs; add -a, -as, -a, -amos, -áis or -an for -er and -ir verbs.

el presente del subjuntivo					
-ar		**-er**		**-ir**	
hable	hablemos	coma	comamos	viva	vivamos
hables	habléis	comas	comáis	vivas	viváis
hable	hablen	coma	coman	viva	vivan

You already have learned how to use commands to tell people what you would or would not like them to do. It is also possible to suggest what you would or would not like others to do by using the word *que* followed by the third-person (*Ud./él/ella/Uds./ ellos/ellas*) subjunctive form of a verb. This indirect or implied command is roughly equivalent to "let (someone do something)" in English.

command		**indirect command**
Saque Ud. la basura.	→	*Que* la *saque* otra persona.
(**Take out** the garbage.)		(**Let** someone else **take it out.**)

Indirect commands often consist of the verbs *decir* (to tell, to say) or *querer* (to want, to love, to like) followed by *que* and a verb in the subjunctive mood. These "causal verbs" indicate that one person is indirectly trying to influence another. When a causal verb is followed by another that has a different subject, the verb that follows *que* must be in the subjunctive.

> **(verb) + *que* + (subjunctive)**

*Mi abuelo me **dice que** (yo) **llame** a las diez.*	My grandfather **says to call** at ten.
*Mi madre **quiere que** (yo) **barra** la cocina.*	My mother **wants me to sweep** the kitchen.

Note: If there is no change of subject, use the infinitive in place of the word *que* and a subjunctive verb: *Yo quiero hacer la cama.*

Some other verbs that indicate that one person is indirectly trying to influence another include *aconsejar, decidir, insistir (en), necesitar, pedir, permitir* and *preferir*. These and other causal verbs follow the pattern of *querer* and *decir* and are followed by the subjunctive when there is a change of subject in the part of the sentence (clause) introduced by *que*.

¡Extra!

El subjuntivo: un poco más

The subjunctive requires the same spelling changes as the *Ud.* commands you already have learned: -car (**c → qu**), -cer (**c → zc**), -cir (**c → zc**), -gar (**g → gu**), -ger (**g → j**), -guir (**gu → g**) and -zar (**z → c**).

*Paula **insiste en que** Ramón **pinte** la cerca.*	Paula **insists that Ramón paint** the fence.
*Ramón **prefiere que** Felipe lo **haga**.*	Ramón **prefers that Felipe do** it.

Capítulo 6   *doscientos cincuenta y siete*

Teacher Resources

 Activities 3–8

Activities

Expansion
Instruct students to look for the subjunctive verb in the dialog on page 254: *pongas.*

Students with Special Needs
After presenting and discussing the contents of the *Estructura,* practice the formation of the subjunctive mood of several verbs not shown here. Have students practice forming the subjunctive with the following verbs: *hacer, salir, ofrecer, oír, venir, contribuir, coger, escoger, corregir, elegir.*

Notes Before beginning an explanation of the subjunctive mood, remind students they have already learned to express certainty or state facts by using various tenses of the indicative mood: present tense, preterite tense, imperfect tense.

Tell students the endings for the subjunctive are similar to the endings they learned for formal (*Ud.*) commands.

Unlike affirmative direct commands, object pronouns do not follow indirect/implied commands: *Límpielo Ud.* → *Que lo limpie Felipe.*

❖ Práctica

9 ¡Todo para sus necesidades!

Encuentra seis verbos en subjuntivo en los siguientes anuncios del periódico.

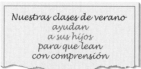

10 ¿Cuál no va?

Busca los verbos que están en subjuntivo.

1. hable	estamos	lavo	lavas
2. agrada	aconsejan	decidamos	tengo
3. fríen	paguen	hacen	ponen
4. pasamos	sentimos	almorzamos	pidamos
5. cree	duerma	vive	dice
6. hablas	contestas	comes	juegues
7. saltamos	molestamos	gritemos	comemos
8. conduzco	doblo	ofrezca	manejo

11 Un fin de semana con la familia

Todos se están preparando para un fin de semana con la familia. Completa las oraciones con la forma correcta de los verbos entre paréntesis para decir qué hace cada uno para ayudar.

MODELO ¿Mi hermana? Que (*siga / sigue*) preparando el aderezo para la ensalada.
¿Mi hermana? Que *siga* preparando el aderezo para la ensalada.

1. ¿Marcos y Juana? Que (*limpian / limpien*) el ático.
2. ¿Mi abuelo? Que (*conduce / conduzca*) el carro al mercado.
3. ¿Mi mamá? Que (*empiece / empieza*) a preparar la comida.
4. ¿Mi papá? Que (*pase / pasa*) la cortadora de césped.
5. ¿Mis primos? Que (*cuelguen / cuelgan*) los abrigos.
6. ¿Mis sobrinos? Que (*se sientan / se sienten*) en la cocina para comer.
7. ¿Marta y Ana? Que (*recojan / recogen*) la mesa después de la cena.
8. ¿Mi hermano? Que (*saca / saque*) la basura.

258

12 ¡Que no lo haga si no quiere!

Di que estas personas no hagan lo que no quieran hacer.

MODELO Mi papá no quiere recoger la mesa.
Que no la recoja, entonces.

1. Pablo no quiere cambiar la bombilla.
2. Mi mamá y mi abuela no quieren mirar el partido de fútbol.
3. Mis hermanos no quieren conseguir una escoba nueva.
4. Susana y Alejandro no quieren lavar los platos.
5. Mis primas no quieren limpiar el ático.
6. El abuelo no quiere barrer el piso de madera.
7. Mi hermanita no quiere ponerse el suéter.
8. Mis hermanitas no quieren quitarse los zapatos.

Mis hermanos no quieren
conseguir una escoba
nueva.

13 ¡Que hagan lo que quieran!

Todo el mundo quiere hacer algo diferente durante el fin de semana. Di que estas personas pueden hacer lo que quieran.

MODELO Mis hermanos quieren ver televisión.
Que vean televisión.

1. Mi abuela y mis hermanas quieren hacer compras.
2. Paula y mi madre quieren preparar galletas.
3. Mi padre quiere conseguir un mueble nuevo.
4. Los niños quieren levantarse temprano.
5. Raúl quiere almorzar solo.
6. Mi tía quiere tocar el piano.
7. Mi abuelo quiere acostarse tarde.
8. Mi primo y mi sobrina quieren jugar a las cartas.
9. Mi tía quiere dormir bastante.
10. Mi hermano mayor quiere ganar un premio en deportes.

¡Que vean televisión!

14 ¿Qué quieren?

Hay miembros de tu familia que quieren que tú y tu hermano hagan algo. Completa estas oraciones con la forma apropiada del subjuntivo de los verbos indicados.

MODELO Nuestros tíos quieren que *(buscar)* un despertador para ellos.
Nuestros tíos quieren que *busquemos* un despertador para ellos.

1. Nuestro abuelo quiere que *(buscar)* algo suyo que está en el ático.
2. Nuestras sobrinas quieren que *(seguir)* jugando con ellas.
3. Nuestro tío quiere que nosotros *(lavar)* su coche.
4. Nuestras tías quieren que *(divertirse)* mucho todo el tiempo.
5. Nuestro papá quiere que *(vestirse)* bien antes de salir.
6. Nuestra mamá quiere que *(limpiar)* la alfombra.
7. Nuestros abuelos quieren que *(dormir)* más de seis horas todos los días.

Capítulo 6

doscientos cincuenta y nueve 259

Teacher Resources

Activities 12–13

Answers

12 1. Que no la cambie, entonces.
2. Que no lo miren, entonces.
3. Que no la consigan, entonces.
4. Que no los laven, entonces.
5. Que no lo limpien, entonces.
6. Que no lo barra, entonces.
7. Que no se lo ponga, entonces.
8. Que no se los quiten, entonces.
13 1. Que hagan compras.
2. Que preparen galletas.
3. Que consiga un mueble nuevo.
4. Que se levanten temprano.
5. Que almuerce solo.
6. Que toque el piano.
7. Que se acueste tarde.
8. Que jueguen a las cartas.
9. Que duerma bastante.
10. Que gane un premio.
14 1. busquemos
2. sigamos
3. lavemos
4. nos divirtamos
5. nos vistamos
6. limpiemos
7. durmamos

Notes Note that activities in this lesson review the vocabulary for family.

Review. Because the subjunctive is formed using the present-tense **you** form of the verb, stem-changing verbs that end in *-ar* or *-er* require the same change in both the present-tense indicative and the present-tense subjunctive: *e → ie, o → ue, u → ue*:

empezar (ie): emp**ie**ce, emp**ie**ces, emp**ie**ce, empecemos, empecéis, emp**ie**cen

contar (ue): c**ue**nte, c**ue**ntes, c**ue**nte, contemos, contéis, c**ue**nten

jugar (ue): j**ue**gue, j**ue**gues, j**ue**gue, juguemos, juguéis, j**ue**guen

259

15
1. ¿Qué dice mi papá?/Dice que mis tíos paguen la cuenta del teléfono.
2. ¿Qué dice mamá?/Dice que yo pase la aspirador por el piso de madera.
3. ¿Qué dice el tío Jaime?/ Dice que (mis hermanos) busquen una bombilla para la lámpara de la sala.
4. ¿Qué dicen los abuelos?/ Dicen que mi hermana menor ponga la mesa.
5. ¿Qué dicen los padres?/ Dicen que (tú) laves las cortinas en la lavadora.
6. ¿Qué dice la tía María?/ Dice que (nosotros) subamos la ropa de verano al ático.
7. ¿Qué dicen los tíos?/ Dicen que mis hermanos compren una escoba en la tienda.
8. ¿Qué dices tú?/Yo digo que (nosotros) salgamos ahora.

16
1. sepa
2. estudie
3. estudie
4. estudiar
5. la ayude
6. pase
7. haga
8. cuelgue
9. salga
10. esté

15 Hay mucho que hacer hoy

Hay mucho que hacer hoy en tu casa y todos están dando órdenes diferentes. Trabajando en parejas, alterna con tu compañero/a de clase en hacer preguntas y contestarlas para saber lo que dicen las siguientes personas.

MODELO los padres (nosotros / poner la ropa en la secadora)
> **A:** ¿Qué dicen los padres?
> **B:** Dicen que (nosotros) pongamos la ropa en la secadora.

1. papá (mis tíos / pagar la cuenta del teléfono)
2. mamá (yo / pasar la aspiradora por el piso de madera)
3. el tío Jaime (mis hermanos / buscar una bombilla para la lámpara de la sala)
4. los abuelos (mi hermana menor / poner la mesa)
5. los padres (tú / lavar las cortinas en la lavadora)
6. la tía María (nosotros / subir la ropa de verano al ático)
7. los tíos (mis hermanos / comprar una escoba en la tienda)
8. tú (nosotros / salir ahora)

Los padres dicen que pongamos la ropa en la secadora.

16 El diario de Pedro

Completa este párrafo que Pedro escribió en su página de Web, usando las formas apropiadas de los verbos indicados.

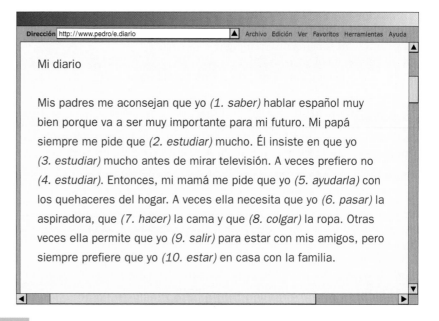

Dirección http://www.pedro/e.diario   Archivo Edición Ver Favoritos Herramientas Ayuda

Mi diario

Mis padres me aconsejan que yo (1. saber) hablar español muy bien porque va a ser muy importante para mi futuro. Mi papá siempre me pide que (2. estudiar) mucho. Él insiste en que yo (3. estudiar) mucho antes de mirar televisión. A veces prefiero no (4. estudiar). Entonces, mi mamá me pide que yo (5. ayudarla) con los quehaceres del hogar. A veces ella necesita que yo (6. pasar) la aspiradora, que (7. hacer) la cama y que (8. colgar) la ropa. Otras veces ella permite que yo (9. salir) para estar con mis amigos, pero siempre prefiere que yo (10. estar) en casa con la familia.

Notes **Review.** Tell the class that stem-changing verbs that end in -*ir* have two changes in the present-tense subjunctive, both of which are indicated in parentheses after verbs in *Navegando*. They should use the first change for all forms of the present-tense subjunctive except for the *nosotros* and *vosotros* forms, where the second change should be used:

sentir (ie, i): sienta, sientas, sienta, sintamos, sintáis, sientan

dormir (ue, u): duerma, duermas, duerma, durmamos, durmáis, duerman

pedir (i, i): pida, pidas, pida, pidamos, pidáis, pidan

17 ¿Un día típico?

Contesta estas preguntas, usando las indicaciones entre paréntesis.

MODELO ¿Qué prefieres tú? (tú / lavar la ropa en la lavadora nueva)
Yo prefiero que tú laves la ropa en la lavadora nueva.

1. ¿Qué pide la tía Eva? (su sobrino / cambiar la bombilla)
2. ¿Qué quiere tu padrastro? (yo / limpiar el sótano)
3. ¿Qué prefiere Juan? (ellos / lavar y secar la ropa)
4. ¿Qué necesita tu bisabuela? (yo / pintar el mueble)
5. ¿Qué decide tu mamá? (mi hermano / ayudar al padrastro)
6. ¿Qué permites tú? (Uds. / estar en el sótano donde hay aire acondicionado)
7. ¿Qué necesitan Uds.? (alguien / arreglar el armario)
8. ¿Qué aconsejan ellos? (nosotros / estudiar mucho)
9. ¿En qué insiste tu tío? (su esposa / jugar al tenis)

Prefiero que tú laves la ropa.

Comunicación

18 En tu familia

Escribe una lista de instrucciones para gente que conoces, usando cada uno de los siguientes verbos: *aconsejar, decidir, insistir (en), necesitar, pedir, permitir* y *preferir*. Luego, trabajando en parejas, alternen en hacer y contestar preguntas sobre la información en la lista.

MODELO **A:** ¿Qué insistes que tu hermana haga?
B: Insisto en que ella limpie su armario porque está muy sucio.

19 En casa

Escribe cuatro oraciones originales, usando el subjuntivo para describir las circunstancias que se muestran *(are shown)* en las ilustraciones. Luego, trabajando con otro/a estudiante, hablen de lo que ven en las ilustraciones.

1   **2**   **3**   **4**

Capítulo 6   *doscientos sesenta y uno* **261**

Notes Inform the class that the subjunctive is usually used in a sentence that has two clauses, a main or independent clause and a subordinate or dependent clause. It is the verb in the main clause that will determine the use of the subjunctive or the indicative in the subordinate clause. A clause contains a subject and a verb. A main clause expresses a complete thought and can stand alone. A subordinate clause does not express a complete thought and cannot stand alone.

Have students use causal verbs *aconsejar, decidir, decir, insistir (en), necesitar, pedir, permitir, preferir* and *querer* for activity 19.

Activities

Expansion

Have students form small groups to discuss who is in their families. They should describe their families one by one and then tell one or two activities each person does. Allow students to make up any of the information they wish. As an alternative, allow students to cut out pictures of celebrities and make up their families using sports figures, actors or politicians in their conversations.

Prereading Strategy

Have students look at *Vocabulario II* and identify cognates and other words they recognize. Then ask students to guess what the people shown are saying to one another on page 262. Finally, ask students to identify how the people shown on these two pages are related to one another, if they can.

262 *doscientos sesenta y dos*

Lección A

Notes Terms of affection that are used for addressing family members vary from country to country. For example, sometimes a *padre* or *papá* is referred to as *papito, papacito* or *papi,* and a *madre* or *mamá* may be referred to as *mamita, mamacita* or *mami.* In everyday speech, parents and guardians may refer to children as *mijito* or *mijita,* which are shortened forms of *mi hijito* and *mi hijita.* In addition, the following terms of affection are used by family members to refer to one another: *amor, cariño, corazón mío, mi vida, mi cielo.*

Use transparencies 39 and 40 to introduce the new words and expressions in *Vocabulario II.*

262

la madrastra · el padrastro · la madre · el padre · Julia · el hermanastro · la hermanastra

Los miembros de la familia de Julia.

20 ¿Prefieren estar adentro o afuera?

Escucha lo que dicen varias personas y decide si prefieren estar adentro o afuera. Selecciona la letra de la ilustración apropiada.

A

Te invito a la casa.

B

21 En mi casa

Di qué son las siguientes cosas que se pueden encontrar en una casa.

 **1**  **2**  **3**  **4**  **5**

Capítulo 6 · *doscientos sesenta y tres* **263**

Answers

22 1. Dice que está cansado.
2. Quiere que le lleven un refresco.
3. Corta el césped desde las nueve.
4. Prefiere el aire puro.
5. Abre la ventana.
6. Quiere un beso.

23 Answers will vary.

24 1. A; 2. B; 3. A; 4. B; 5. B; 6. B

Activities

Critical Listening

Review the new vocabulary with overhead transparencies 39 and 40. Next, play the audio CD version of the dialog. Instruct students to cover the words with one hand and concentrate on developing good listening skills. Tell students to look at the photographs while they imagine what the people are saying. Have several individuals state what they believe is the main theme of the conversation.

Expansion

Additional question (*¿Qué recuerdas?*): *¿Cómo está el papá de Daniel?*

Additional questions (*Algo personal*): *¿Te gusta estar al aire libre?*; *¿Hay una cerca en el jardín de tu casa?*; *¿Te han dado algún premio alguna vez?*; *¿Te pagan si cortas el césped? ¿Cuánto?*

Diálogo II

¡Qué buena eres!

DANIEL: Mamá, papá dice que está cansado.
MAMÁ: ¿Qué quiere tu papá?
DANIEL: Quiere que le lleves un refresco.
MAMÁ: Sí, toma. Llévale este refresco.

PAPÁ: Ay, estoy cortando el césped desde las nueve y ¡hace calor!
MAMÁ: ¿Quieres que ponga el aire acondicionado?
PAPÁ: No, gracias Marta. Prefiero el aire puro, pero sí me gustaría otro refresco.

MAMÁ: Bueno, pues, abro la ventana y te preparo un jugo.
PAPÁ: ¡Qué buena eres! ¡Dame también un beso!
MAMÁ: ¡Bueno, cómo no!

22 ¿Qué recuerdas?

1. ¿Qué dice el papá?
2. ¿Qué quiere el papá?
3. ¿Desde qué hora corta el papá el césped?
4. ¿Qué prefiere el papá, el aire acondicionado o el aire puro?
5. ¿Qué abre la mamá?
6. ¿Qué más quiere el papá?

23 Algo personal

1. ¿Cortas el césped en tu casa? ¿Quién lo hace?
2. Si hace calor, ¿prefieres poner el aire acondicionado o abrir una ventana?
3. ¿Te gusta trabajar en el jardín o prefieres trabajar adentro de la casa? Explica.

24 ¿Quién es?

 Indica la letra de la ilustración que corresponde con lo que oyes.

A   **B**

Notes Another expression for *cortar el césped* is *podar el césped* (or *podar el pasto*).

Students may find it interesting that the article and the use or lack of an accent mark are important differences in distinguishing the meaning of *el papá* (father), *el papa* (pope) and *la papa*

(potato). Accentuation is treated in the Appendices on page 465.

Las casas coloniales

Sucre es la capital histórica de Bolivia y la "Ciudad Blanca de América". Visitar la ciudad es como volver al pasado. Los edificios, la mayoría blancos con balcones, campanarios[1], rejas de hierro y techos de tejas[2], recuerdan el rico pasado colonial de Bolivia, cuando la plata de las minas de Potosí financiaba el capitalismo de Europa en los siglos XVI y XVII.

Las casas coloniales en Sucre se parecen a las casas coloniales en otras partes de América Latina. Todas fueron el producto de constructores[3] que importaban los estilos de España y asimilaban las tradiciones locales.

Un edificio colonial en Sucre.

Sucre, Bolivia, la "Ciudad Blanca".

Se trata de arquitectura española en América, o arquitectura hispanoamericana. El carácter austero, minimalista y repetitivo son los principios básicos de la casa colonial. Afuera, la casa es modesta, con muros gruesos[4] de adobe y pocas ventanas. Adentro, la casa es abierta con patios llenos de fuentes[5] y flores.

La casa colonial está construida[6] alrededor de un patio abierto central. Alrededor del patio hay un corredor y alrededor del corredor están los cuartos. El orden espacial es similar al orden espacial de un pueblo. Hay un espacio abierto (el patio o la plaza), un espacio de transición, abierto solamente de un lado (el corredor o las calles) y un espacio cerrado por todos sus lados (los cuartos o los edificios).

[1]bell towers [2]roof tiles [3]builders [4]thick [5]fountains [6]built

25 Las casas coloniales

Contesta las siguientes preguntas, según la Cultura viva.

1. ¿Cómo son los edificios en el centro de Sucre?
2. ¿En qué se parece la casa colonial a un pueblo español?
3. ¿Cómo se comparan las casas coloniales con tu casa o una casa en tu comunidad?

26 Conexión con otras disciplinas: dibujo

 Dibuja un plano (floor plan) de una casa colonial con base en la descripción de la Cultura viva. Luego, trabajando en parejas, hablen de los dibujos.

Capítulo 6 | doscientos sesenta y cinco | 265

Notes Remind students that Sucre is one of two capitals in Bolivia.

Tell students that Totora, another formerly important colonial town in Bolivia, was devastated by an earthquake in 1998. Citizens are trying to raise funds to restore the colonial architecture there.

Note that activity 26 makes a cross-curricular connection with art.

Teacher Resources

 Activity 6

 Activities 9–10

 Activity 5

Activities 12–13

Answers

27 1. ¿...debe estar...?/...esté....
2. ¿...debo estar...?/...estés....
3. ¿...debe estar...?/...esté....
4. ¿...deben estar...?/...estén....
5. ¿...debe estar...?/...esté....
6. ¿...deben estar...?/...estén....
7. ¿...debemos estar...?/
...estemos....
8. ¿...debe estar...?/...esté....

Activities

Students with Special Needs
Review telling time with students
before assigning activity 27.

Idioma

Estructura

Irregular subjunctive verbs

Some verbs are irregular in the present-tense subjunctive. They do not have a present-tense indicative *yo* form that ends in *-o*.

	dar	estar	ir	saber	ser
yo	dé	esté	vaya	sepa	sea
tú	des	estés	vayas	sepas	seas
Ud./él/ella	dé	esté	vaya	sepa	sea
nosotros/nosotras	demos	estemos	vayamos	sepamos	seamos
vosotros/vosotras	deis	estéis	vayáis	sepáis	seáis
Uds./ellos/ellas	den	estén	vayan	sepan	sean

Note: The only other verb that is irregular in the subjunctive is *haber.* The indicative form *hay* becomes *haya* in the subjunctive: *Insisto en que haya aire acondicionado en la casa* (I insist that the house have air conditioning).

 Práctica

 27 ¿Cuándo deben estar en la reunión?

Decide a qué hora cada miembro de la familia debe estar en la casa para una reunión. En parejas, alterna con tu compañero/a de clase en hacer preguntas y contestarlas, usando las indicaciones que se dan.

MODELO el esposo de Luisa / ocho de la mañana
> **A:** ¿A qué hora debe estar el esposo de Luisa?
> **B:** Prefiero que el esposo de Luisa esté a las ocho de la mañana.

1. la esposa de Carlos / siete y media de la tarde
2. yo / siete menos cuarto de la tarde
3. mi hermanastro / cinco de la tarde
4. mis tíos / siete de la tarde
5. mi madrastra / siete y cuarto de la mañana
6. mis hermanastras / siete de la tarde
7. nosotros / seis de la tarde
8. mi abuelo / cinco de la tarde

¿A qué hora debe estar el esposo de Luisa?

Notes **Review.** Students already have learned some verbs that require spelling changes: verbs that end in *-car* and that require the change c → qu include *buscar, equivocarse, explicar, sacar* and *tocar;* verbs that end in *-cer* and that require the change c → zc include *conocer, ofrecer* and *parecer;* verbs that end in *-cir* and that require the change c → zc include *conducir* and *traducir;* verbs that end in *-gar* and that require the change g → gu include *agregar, apagar, colgar, jugar, llegar* and *pagar;* verbs that end in *-ger* and that require the change g → j include *escoger* and *recoger;* verbs that end in *-guir* and that require the change gu → g include *seguir* and *conseguir;* and verbs that end in *-zar* and that require the change z → c include *almorzar* and *empezar.*

28 ¿Qué dicen?

Usa elementos de cada columna para hacer oraciones sobre lo que aconsejan varias personas en la familia de Daniel.

MODELO Su mamá aconseja que nosotros estemos más tiempo en casa.

su mamá	ella	estar	en casa a las cinco
sus padres	Uds.	ser	al zoológico
su bisabuelo	yo	dar	más tiempo en casa
sus tíos	nosotros	ir	buenos estudiantes
sus abuelos	tú		de comer a los gatos
su hermanastro	él		a arreglar el armario
su papá	ellos		dinero para la fiesta

29 ¿Adónde van?

Di adónde deben ir diferentes miembros de la familia, según las ilustraciones.

MODELO mis tíos / mis hermanas
Mis tíos dicen que mis hermanas vayan al museo.

1. mi bisabuelo / mi hermano y yo

2. mi hermanastra / tú

3. mi madrastra / nosotros

4. mi padrastro / yo

5. mis tías / Uds.

6. mi abuela / mi hermano

✦ Comunicación

30 ¿Qué debemos hacer?

 Trabajando en grupos, alternen en sugerir *(suggest)* diferentes actividades y quehaceres que pueden hacer durante el día.

MODELO limpiar la chimenea
A: ¿Limpiamos la chimenea?
B: Sí, (No, no) quiero que la limpiemos.
C: Prefiero que Paco y Marta la limpien. Yo prefiero que vayamos al cine.

Capítulo 6   *doscientos sesenta y siete* **267**

Notes Tell students that when speaking, people often drop the main clause of a sentence as they try to hurry their speech. You may choose to note this point for your students, using some commonly heard examples in Spanish: *Que descanses*, for example, is common instead of (I would like for you to) rest, and *Que duermas bien* is used in many households in place of (I would like for you to) sleep well.

Teacher Resources

 Activity 29

Answers

28 Answers will vary.
29 Possible answers:
1. Mi bisabuelo dice que mi hermano y yo vayamos al parque de atracciones.
2. Mi hermanastra dice que tú vayas a la playa.
3. Mi madrastra dice que nosotros vayamos al centro.
4. Mi padrastro dice que yo vaya al parque.
5. Mis tías dicen que Uds. vayan al colegio.
6. Mi abuela dice que mi hermano vaya al zoológico.
30 Creative self-expression.

Activities

Cooperative Learning
Working in pairs, students talk about what teachers tell them to do or not to do. They may use specific teacher and student names or make general reference to what teachers say: *Nuestro profesor de español le dice a Teresa que no hable tanto.*

Expansion
As a follow-up to activity 28, ask students to develop statements consisting of advice commonly given in their families. For example, *Mi padre dice que estudiemos más; Mi hermana quiere que yo arregle la casa.*

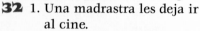
Answers

31 Creative problem solving.

32 1. Una madrastra les deja ir al cine.
   2. Unos muchachos les invitan a venir a su casa.
   3. Una tía le permite jugar afuera, al aire libre.
   4. Unos abuelos les hacen tomar toda la sopa.
   5. Unos padres no les dejan manejar su carro.

Activities

Cooperative Learning
Have students pair up and discuss what various teachers allow them to do in class: *Nuestro profesor no nos deja escribir notas personales durante la clase.*

Critical Thinking
Discuss the solutions students came up with for activity 31. Next, talk about other problems people have (students may wish to volunteer their own ideas). Finally, brainstorm solutions for the problems, using the subjunctive mood.

---

 31 Buscando soluciones a problemas

Aquí hay una lista de los problemas que tienen algunas personas. Trabajando en parejas, digan quién tiene cada problema (pueden inventar los nombres) y ofrezcan soluciones. Luego, hablen de otros problemas que conozcan y ofrezcan soluciones.

MODELO A: Patricia tiene mucha ropa vieja.
B: Sugiero que vaya al centro comercial para comprar ropa nueva.

> • tiene mucha ropa vieja (ir al centro comercial)
> • siempre está triste (estar feliz)
> • duerme en clase (acostarse más temprano)
> • no puede estudiar en su cuarto (ir a la biblioteca)
>
> • no le gusta estar adentro (estar afuera)
> • quiere ir a vivir con una familia boliviana (saber español)
> • siempre tiene el control remoto en la mano (dárselo a otra persona)
> • siempre es aburrido (ser divertido)

Estructura

Using an infinitive instead of the subjunctive

You have learned several verbs that are followed by the subjunctive when there is a change of subject. However, the verbs *dejar, hacer, invitar* and *permitir* (sometimes referred to as **causal** verbs) may be followed by an infinitive instead of the subjunctive, even when there is a change of subject. In such instances, the sentence requires an indirect object.

Papá **me deja que use** *la cortadora de césped.*   *Papá* **me deja usar** *la cortadora de césped.*

Yo no **permito que** *el* **niño juegue** *en la sala.*   *Yo no* **le permito jugar** *en la sala.*

Mi madre **hace que nosotros comamos** *todo.*   *Mi madre* **nos hace comer** *todo.*

Práctica

32 En algunos hogares

Lee sobre algunas situaciones que pasan todos los días. Luego, di las oraciones en forma diferente sin usar el subjuntivo.

MODELO Un papá *permite* a sus hijos que *corten* el césped.
Un papá *les permite cortar* el césped.

1. Una madrastra deja que sus hijos vayan al cine.
2. Unos muchachos invitan a sus amigos a que vengan a su casa.
3. Una tía permite que su sobrina juegue afuera, al aire libre.
4. Unos abuelos hacen que sus nietos tomen toda la sopa.
5. Unos padres no dejan que sus hijos manejen su carro.

Un papá les permite cortar el césped.

Notes Encourage students to use a variety of expressions in their solutions for activity 31: *Digo que..., Aconsejo que..., Insisto en que...,* etc.

33 Nosotros decidimos todo

Tus padres y tus tíos fueron juntos al teatro, dejándote en casa a ti, a tus hermanos y a tus primos. Tú y tu prima mayor deciden lo que pueden o no pueden hacer sus hermanos menores. Trabajando en parejas, tomen sus decisiones, usando *dejar, hacer, invitar* o *permitir*, sin usar el subjuntivo.

MODELO A: Quieren salir de la casa.
B: Les dejamos salir de la casa. / No les dejamos salir de la casa.

1. Quieren mirar una telenovela.
2. Prefieren estar arriba jugando.
3. Piden poder jugar con sus amigos.
4. Quieren limpiar el sótano.
5. Tienen ganas de navegar por la internet.
6. Quieren comer tacos y tomar refrescos.
7. Deciden que quieren estudiar.

❖ Comunicación

34 Las reglas son duras

Imagina que tú y tu compañero/a son profesores/as de una clase nueva. Trabajando en parejas, hablen de las reglas *(rules)* de clase. Como son muy estrictos/as, todas las reglas deben empezar con la palabra *no*.

MODELO No les permitimos hablar en clase.

35 ¿Quién va a hacer qué?

In groups of six, first decide who will play the role of various family members. Then form two concentric circles of three, with students who are playing the part of adults in one circle and students who are playing the part of children in the other circle. Now do the following: 1) The adults ask the children to perform a household chore or to help with an errand; 2) the children must answer by saying someone else should do the requested task; 3) the adults rotate one person to the left and begin the activity again, making a different request. Switch roles after each person has had an opportunity to make three requests or to respond three times.

MODELO A: María, quiero que pongas la ropa en el armario, por favor.
B: Ay, no, Papá. Que lo haga Pepita.

¿No me van a dejar salir?

33 Possible answers:
1. (No) Les dejamos mirar una telenovela.
2. (No) Les permitimos estar arriba jugando.
3. (No) Les dejamos jugar con sus amigos.
4. (No) Les permitimos limpiar el sótano.
5. (No) Les dejamos navegar por la internet.
6. (No) Les permitimos comer tacos y tomar refrescos.
7. (No) Les dejamos estudiar.

34 Answers will vary.

35 Creative self-expression.

Activities

Expansion
As a class activity, redo activity 33, using the subjunctive mood instead of infinitives: *1) No les/Les dejamos que miren una telenovela; 2) No les/Les permitimos que estén arriba jugando; 3) No les/Les dejamos que juguen con sus amigos; 4) No les/Les permitimos que limpien el sótano; 5) No les/Les dejamos que naveguen por la internet; 6) No les/Les permitimos que coman tacos y tomen refrescos; 7) No les/Les dejamos que estudien.*

Multiple Intelligences (intrapersonal)
Have students imagine it is Friday night. Then have them list five things that their parents will or will not let them do: *Mis padres me dejan quedarme afuera hasta las doce.*

Notes For all oral activities, listen for the correct pronunciation and determine if students appear to understand what they are saying and hearing. Also, be sure students personalize information so that it is meaningful to them.

Students will find it fun to play the roles of family members in activity 35.

Listen for correct pronunciation and determine if students appear to understand what they are saying and hearing for activities 34 and 35.

Answers

36 1. Los aymaras son una cultura muy antigua que vive en Bolivia, Perú y el norte de Chile. Fueron conquistados por los incas y luego por los españoles. En su idioma, la palabra para *casa* es *uta*.

2. Los muros de las casas aymaras son de adobe. Los techos son de paja.

3. Los quehaceres se realizan afuera, en un área en medio de las estructuras.

4. Antes de construir una casa, los aymaras ofrecen a Pachamama el feto de una llama.

37 Answers will vary.

Activities

Technology

Have students do library and/or Internet research on a topic related to the Aymaras. Encourage them to find or draw visuals that relate to their research. After they have collected information, have them assemble it in a three-dimensional presentation to display in the classroom.

Lectura cultural

Uta

Uta quiere decir casa en aymara, el idioma de una cultura andina[1] muy antigua. Desde hace miles de años, los aymaras han habitado[2] Bolivia, Perú, el norte de Chile y Paraguay. A pesar de[3] la conquista[4] por los incas en 1460 y, luego, por los españoles, los aymaras han logrado mantener[5] vivas su cultura y su lengua. Hoy día, hay más de un millón y medio de aymaras. La mayoría vive de la producción de papas y cereales y del cuidado de llamas y ovejas.

Una casa aymara.

La casa tradicional de los aymaras no ha cambiado[6] mucho a través del tiempo. La mayoría están hechas de adobe con techos de paja[7]. Una casa típica consiste en un recinto[8] pequeño con varias estructuras (3 a 5 en total). El cuarto en donde se cocina está separado de los cuartos en donde se duerme. Todas las estructuras dan hacia un área exterior donde se realizan los quehaceres, como tejer[9] y trillar[10]. Todos los hombres de una comunidad ayudan a construir[11] las casas. Antes de empezar, le hacen a Pachamama (la Tierra Madre) una ofrenda[12], la cual incluye enterrar[13] el feto de una llama.

Uta es un lugar sagrado[14], y por esa razón, ninguna casa aymara tiene baño. Para "ir al baño", los aymaras van al aire libre, lejos de la casa.

Utas en el Lago Titicaca, Bolivia.

[1]Andean (from the Andes) [2]have inhabited [3]In spite of [4]conquest [5]to maintain [6]has not changed [7]straw [8]enclosure [9]to weave [10]to thresh [11]to build [12]offering [13]to bury [14]sacred

36 ¿Qué recuerdas?

1. ¿Quiénes son los aymaras? ¿Cómo se dice *casa* en aymara?
2. ¿De qué material son los muros de las casas aymaras? ¿Y los techos?
3. ¿En qué parte de la casa se realizan muchos de los quehaceres?
4. ¿Qué le ofrecen a Pachamama antes de construir una casa?

37 Algo personal

1. ¿De qué materiales está hecha tu casa o apartamento?
2. ¿Cuántos cuartos tiene tu hogar? ¿Dónde está la cocina?
3. ¿Dónde se realizan la mayoría de los quehaceres en tu hogar? ¿Estás más tiempo adentro o afuera de tu hogar?

- Compara una casa típica aymara con una casa típica donde tú vives. Si quieres puedes hacer un diagrama de Venn para mostrar las diferencias y las similitudes.

Notes Point out for students that about 1.6 million people in the Andes region speak Aymara. More than 1.2 million of those people are in Bolivia.

¿Qué aprendí?

Autoevaluación
Como repaso y autoevaluación, responde lo siguiente:

Visit the web-based activities at www.emcp.com

1. Describe your home.
2. Who is in your family?
3. How would you tell your little brother to help you cut the lawn?
4. How might a home in Latin America be different from your home?
5. Say something your parents want you to do.
6. List two bits of advice for a friend who is about to take a trip to a Spanish-speaking country.
7. Name three things that your parents do not permit you to do.
8. What do you know about Bolivia?

Palabras y expresiones

La casa
el aire (acondicionado)
la alfombra
el armario
el ático
la bombilla
la cerca
la chimenea
la cortadora de césped
la cortina
el cuadro
el despertador
la escoba
el hogar
el ladrillo

el lavadero
la lavadora
la madera
el mueble
el muro
la reja

la secadora
el sillón
el sótano
el techo
el tocador
el ventilador

La familia
el bisabuelo,
    la bisabuela
el hermanastro,
    la hermanastra
la madrastra
la mamá
el miembro
el padrastro
el papá

Verbos
cortar
dejar
encargar(se) (de)
exagerar
ganar
insistir (en)
invitar
referir(se) (ie, i)

Expresiones y otras palabras
abajo
adentro
afuera
al aire libre
arriba
el beso
la broma
el cuidado
el premio
tener cuidado
puro,-a
rayado,-a

La bombilla.

El cuadro.

El mueble.

Capítulo 6

doscientos setenta y uno 271

Teacher Resources

Activity 13

Information Gap Activities
Postcard Activities
Funciones de Comunicación

Answers

Autoevaluación
Possible answers:
1. Tiene un ático, un sótano, un baño, una sala y cuatro cuartos. La sala tiene un piso de madera.
2. Tengo un padrastro. Se llama Jorge. Mi mamá se llama Liliana. También tengo un hermano, Juan, y una hermana, Ana.
3. Quiero que me ayudes a cortar el césped.
4. Hay rejas en las ventanas.
5. Quieren que sepa español.
6. Answers will vary.
7. Mis padres no me permiten que yo salga de casa a las once de la noche. Ellos no me permiten que yo fume. Mamá y papá no me permiten que yo use su tarjeta de crédito.
8. Answers will vary.

Activities

Expansion
Select several words and phrases for individual students to use orally in sentences.

Pronunciation
To ensure proper pronunciation, model each word or expression and have students repeat.

Notes One of many groups to have lived in Bolivia, the Tiahuanaco civilization disappeared when the Inca civilization arrived around A.D. 1200.

Remind students that the word *parientes* is the English equivalent of **relatives**.

Some people prefer the term *clóset* for *armario*.

Review. This would be a good time to review some of the vocabulary students have learned pertaining to the house: rooms of the house, items in various rooms, etc. In your review, include vocabulary from previous chapters and from *Navegando 1*.

Teacher Resources

 Las reglas

 Activity 1

 Activity 42

 Activities 1–2

 Activity 1

 Activity 1

> **Content reviewed in *Lección B***
> • family
> • describing a household
> • expressing emotions

Activities

Prereading Strategy
Ask students to think about the last time they asked their parents for permission to do something with friends that required them to be out late at night. Then have them look at the illustrations. Ask them to imagine who the individuals are, where the conversation takes place and what the people are saying to one another. Finally, have students look through the vocabulary quickly to find cognates and other words or expressions they already know.

Lección B

 Bolivia Colombia Ecuador Perú Venezuela

Vocabulario I
Las reglas

Notes Ancillaries listed under Teacher Resources at the top of pages 272–273 reinforce the contents of *Vocabulario I*.

Use transparency 42 to introduce the new words and expressions in *Vocabulario I*.

1 Dictado

 Escucha la información y escribe lo que oyes.

2 A corregir

Corrige la información incorrecta, según el Vocabulario I.

MODELO Eva espera que su mamá la deje *limpiar el piso.*
Eva espera que su mamá la deje *manejar su carro para ir al club.*

1. La mamá *deja que Eva pueda usar el carro.*
2. A Eva *no le gusta el carro* de su mamá.
3. *No es importante que* Eva regrese a tiempo.
4. *Eva no está segura de que* vaya a regresar a tiempo.
5. Le interesa a Eva *seguir a su hermano.*
6. La mamá dice que a Eva *le interesan más las reglas que las llaves.*
7. Eva *no quiere manejar el carro.*

3 A completar

Completa las siguientes oraciones, usando las palabras de la lista. Cada palabra se usa una vez.

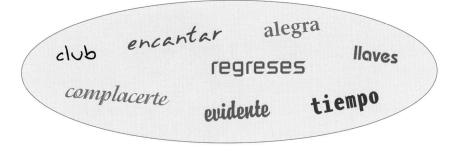
club encantar alegra llaves regreses complacerte evidente tiempo

1. Me fascina mucho ir al __ para hablar con mis amigos.
2. Es preciso que __ a las diez de la noche.
3. Es seguro que voy a regresar a __.
4. No olvides llevar las __ de la casa.
5. Me va a __ si puedo llevar tu carro.
6. Voy a __, pero debes manejar con cuidado.
7. Me __ que me dejes manejar tu carro.
8. Es __ que te voy a cuidar mucho tu carro.

Notes For additional listening comprehension practice, play the recorded version of activity 1 that is available in the Audio CD Program or read the activity using the transcript that appears in the ATE Introduction. A reproducible student answer sheet for the activity can be found at the end of the Audio CD Program Manual if you choose to use it.

Teacher Resources

Activity 1

Answers

1 Play a portion of the recording for *Vocabulario I* as students write what they hear. As an alternative, you may choose to read the selection yourself. Check the accuracy of student spelling.

2 1. duda que Eva pueda usar el carro
2. le encanta el carro
3. Es preciso que
4. Eva está segura de que
5. seguir las reglas
6. le interesan más las llaves que las reglas
7. se alegra de poder manejar el carro

3 1. club
2. regreses
3. tiempo
4. llaves
5. encantar
6. complacerte
7. alegra
8. evidente

Activities

Pronunciation
Play the audio CD recording of *Vocabulario I*. Students should listen and repeat the words and expressions they hear as a first step in learning the new vocabulary and establishing good pronunciation.

Answers

4 1. Le fascina manejar rápido.
2. No tienen prisa por llegar al club.
3. Duda de que puedan dejar el carro en el lugar donde están.
4. Está seguro de que no hay otro lugar cerca.
5. Dejó las llaves.
6. Es claro que el club no va a estar tan divertido.

5 Answers will vary.

6 1. Cierto.
2. Falso. Pablo no tiene prisa por llegar al club.
3. Cierto.
4. Falso. Javier está seguro de que no hay otro lugar cerca.
5. Cierto.
6. Falso. Es claro para Pablo que el club no va a estar tan divertido.

Activities

Expansion

Additional questions *(Algo personal)*: *¿A qué lugares vas con tus amigos?; ¿Tienen reglas en tu casa que debes seguir? ¿Cuáles?; ¿Tienes que regresar temprano cuando sales por la noche? Explica.; ¿Se preocupan mucho tus padres cuando sales por la noche? Explica.*

Diálogo I

¿Y las llaves?

JAVIER: Me fascina manejar rápido.
PABLO: ¡Ten cuidado! No tenemos prisa por llegar al club.
JAVIER: Sí, está bien. Voy a complacerte.

JAVIER: ¿Podemos dejar el carro aquí?
PABLO: Dudo que puedas dejarlo aquí. Mira, hay una señal de prohibido.
JAVIER: Estoy seguro de que no hay otro lugar cerca.
PABLO: Sí, sí, mira allí hay uno.

JAVIER: Bueno, vamos ya a divertirnos al club.
PABLO: Oye, ¿y las llaves del carro?
JAVIER: ¡Ay, las dejé en el carro!
PABLO: Bueno, está claro que el club no va a estar tan divertido.

4 ¿Qué recuerdas?

1. ¿Le fascina manejar a Javier?
2. ¿Para qué no tienen prisa?
3. ¿De qué duda Pablo?
4. ¿De qué está seguro Javier?
5. ¿Qué dejó Javier en el carro?
6. ¿Qué está claro para Pablo?

5 Algo personal

1. ¿Sabes manejar? ¿Cómo manejas?
2. ¿Sigues siempre las reglas?
3. ¿A qué lugares vas con tus amigos?
4. ¿Dejaste las llaves dentro del carro alguna vez?

¿Sabes manejar?

6 ¿Y las llaves?

 Di si lo que oyes es cierto o falso, según el Diálogo I. Si es falso, corrige la información.

Notes Point out that the expression *oye* is commonly used to get the attention of a family member or friend, as Pablo does here with Javier.

Activities 4, 5 and 6 are recorded and available as part of the Audio CD Program. You may wish to have students answer the questions in activities 4 and 5 orally or in writing. Activity 6 is intended for listening comprehension practice. You may either use the audio CD of the activity or use the transcript for the recorded portion of the activity in the ATE Introduction if you choose to read it yourself.

Cultura viva

Bolívar y los países bolivarianos

Simón Bolívar, el Libertador.

Los países bolivarianos son Bolivia, Colombia, Ecuador, Perú, Venezuela y Panamá. El nombre de países bolivarianos se les da a estas repúblicas porque Simón Bolívar ayudó a liberar todo el territorio de los españoles. Luego, el territorio se dividió en los países que hoy conocemos. En estos países Bolívar es conocido como el Libertador.

Bolívar nació en Caracas, Venezuela, en 1783 y murió[1] el 17 de diciembre de 1830 en Santa Marta, Colombia. La mayor parte de su vida la dedicó a la lucha por la independencia de estos países. Su sueño era el de unir[2] a todas las repúblicas que liberó para formar una sola nación bajo el nombre

Sucre, Bolivia.

de la Gran Colombia, pero murió sin poder ver realizado este gran sueño.

El sueño de unidad de Bolívar sigue siendo el ideal de los gobiernos de estos cinco países. En principio, el objetivo es el de buscar la unidad de sus mercados y así fortalecer[3] la economía del área. El camino para llegar a esta meta es largo y difícil. Todavía son muchos los obstáculos que hay que sobrepasar, pero posiblemente algún día este sueño sea realidad.

Cali, Colombia.

Casa donde nació Simón Bolívar, Caracas, Venezuela.

[1]died [2]unite [3]strengthen

7 Conexión con otras disciplinas: geografía

Prepara un mapa de América del Sur y añade color a los países bolivarianos. Luego, pon los nombres de las capitales de estos países, las montañas, los lagos, los ríos y otros puntos geográficos que puedas. Busca información en la biblioteca o en la internet si es necesario.

Capítulo 6   *doscientos setenta y cinco* 275

Teacher Resources

 Activity 2

Activity 3

Answers

7 Check maps for accuracy.

Activities

Critical Thinking
Encourage students to read for ideas rather than look up every word they do not recognize. Students can become better readers by observing contextual cues and by becoming better at discerning the meaning of words. Remind students that they have seen many words that end in *-dad*, such as *variedad, calidad* and *actividad*. Based upon these examples, ask if students can give an approximate English equivalent for the ending *-dad*: **-ty.** Some words that do not follow this pattern are *edad* (age), *verdad* (truth) and *Navidad* (Christmas). Ask if students can find examples of words that do follow this pattern in this *Cultura viva* reading *(unidad, realidad)*.

Prereading Strategy
Before beginning the *Cultura viva*, have students skim the content to find the names of the countries that make up the *países bolivarianos*. Then have students skim the reading for cognates and any words or expressions they already know.

Notes Words that may cause problems for some students include the following: *nació* (was born), *lucha* (battle), *sueño* (dream), *bajo* (under), *poder ver realizado* (being able to see fulfilled), *gobiernos* (governments), *sobrepasar* (overcome).

El Pacto Andino is a treaty among Bolivia, Colombia, Ecuador, Guatemala and Uruguay. It is intended to unite these five countries economically.

Connections. Make a geographical connection for students by encouraging them to include a variety of geographical features in the maps they create for activity 7.

Activities

Cooperative Learning

In pairs, have students discuss the future (using expressions of doubt) of local college or professional teams: *Dudo que mi equipo favorito vaya a perder este año.*

Critical Listening

Present the class with various statements that are most likely false. The students must respond to each one with a logical expression of doubt. For example, *"Tengo seis casas"* would generate the reaction *"Dudo que Ud. tenga/tú tengas seis casas."*

 # Idioma

The subjunctive with verbs of emotion and doubt

In Spanish, the subjunctive is used after verbs of emotion and after verbs that express doubt when there is a change of subject in the clause that is introduced by *que.* You have already learned some verbs that convey emotion: *esperar* (to hope), *sentir* (to be sorry, to feel sorry, to regret), *temer* (to fear) and *tener miedo* (to be afraid).

***Espero que regreses** temprano.*	**I hope you return** early.

Other verbs that express emotion are usually conjugated following the pattern of *gustar:*

agradar to please	*gustar* to like, to be pleasing
alegrar (de) to make happy	*importar* to be important, to matter
complacer to please	*interesar* to interest
divertir to amuse, to have fun	*molestar* to bother
encantar to enchant, to delight	*parecer bien/mal* to seem right/wrong
fascinar to fascinate	*preocupar* to worry

***Me agrada que estés** bien.*	**I'm glad (It pleases me) that you're** well.

Note: When the verb *alegrar* becomes reflexive it is followed by the word *de* and no longer follows the pattern of *gustar.* Compare these two sentences:

***Me alegra que ayudes** en casa.*	**I am glad** you help at home.
***Me alegro de que ayudes** en casa.*	

The principal verb of doubt is *dudar* (to doubt). The verbs *creer* and *pensar* and the expression *estar seguro/a (de)* imply doubt when they are negative and, therefore, require the subjunctive.

***Dudo que Miguel vaya** a ayudar.*	**I doubt (that) Miguel is going** to help.
***No creo que él ayude** mucho.*	**I don't think (that) he helps** much.
***No pienso que a Miguel le guste** pasar la aspiradora.*	**I don't think Miguel likes** to vacuum.
***No estoy seguro de que vaya** a ayudar.*	**I'm not sure he is going** to help.

Me alegra que ayudes en casa.

Notes Quickly review what students have learned about the subjunctive before beginning to talk about using the subjunctive with verbs of emotion and doubt. Be sure students know the conjugation of verbs in the subjunctive.

Comparisons. Compare the use of **that** in English and *que* in Spanish: The word **that** is not always necessary in English (as indicated by the parentheses in the example **I doubt (that) Felipe is going to help.** Neither is the word **that** necessary in the example **I'm glad (that) you're well.**

 **Práctica**

8 Antes de una fiesta en el hogar de los Miranda

Estas personas están hablando de lo que sienten antes de una fiesta en el hogar de los Miranda. ¿Cómo cambia lo que dicen estas personas si pones las frases entre paréntesis al comienzo *(beginning)?*

MODELO Nadie viene a la fiesta. (Tengo miedo de...)
Tengo miedo de que nadie venga a la fiesta.

1. La fiesta empieza a tiempo. (Me alegra...)
2. No llegan a tiempo. (Temo que mis padres...)
3. Nos sentamos en el jardín. (¿Esperan Uds...?)
4. La familia Miranda tiene una casa grande. (Nos complace...)
5. Los niños juegan afuera. (Me encanta...)
6. La casa está lejos. (Me molesta...)
7. Tú vas a Venezuela. (Les fascina...)
8. El Sr. Miranda es una persona inteligente. (A mi me interesa...)
9. Nosotros vamos en tu carro. (Me alegro de...)
10. La comida es muy mala. (Me molesta...)

Me alegra que la fiesta empiece a tiempo.

9 Dando opiniones

Di lo que piensan o sienten las siguientes personas, según las indicaciones.

MODELO a Raúl / gustar / Marta / regresar a tiempo
A Raúl le gusta que Marta regrese a tiempo.

1. a sus padres / agradar / Marta y Tomás / ayudar en la casa
2. a Raúl / molestar / yo / traer a Marta después de la medianoche
3. yo / tener miedo de / Marta / no tener las llaves de la casa
4. a Tomás / parecerle bien / su hermana / seguir las reglas
5. Ud. / esperar / nosotros / ir a la fiesta del club con Marta
6. la novia de Tomás / no pensar / él / tener que estar en la casa todo el día
7. a sus tíos / no importar / tú / ser amigo de Tomás
8. a nosotros / preocupar / Marta y Tomás / comer poco

A su madre le molesta que no siga las reglas.

Capítulo 6

doscientos setenta y siete **277**

Teacher Resources

 Activity 9

Answers

8 1. Me alegra que la fiesta empiece a tiempo.
2. Temo que mis padres no lleguen a tiempo.
3. ¿Esperan Uds. que nos sentemos en el jardín?
4. Nos complace que la familia Miranda tenga una casa grande.
5. Me encanta que los niños jueguen afuera.
6. Me molesta que la casa esté lejos.
7. Les fascina que tú vayas a Venezuela.
8. A mi me interesa que el Sr. Miranda sea una persona inteligente.
9. Me alegra de que nosotros vayamos en tu carro.
10. Me molesta que la comida sea muy mala.

9 1. A sus padres les agrada que Marta y Tomás ayuden....
2. A Raúl le molesta que yo traiga....
3. Yo tengo miedo de que Marta no tenga....
4. A Tomás le parece bien que su hermana siga....
5. Ud. espera que nosotros vayamos....
6. La novia de Tomás no piensa que él tenga....
7. A sus tíos no les importa que tú seas....
8. A nosotros nos preocupa que Marta y Tomás coman....

Notes **Review.** Tell the class that the subjunctive follows certain principles students already learned when studying formal commands *(Ud., Uds.).*

Discuss why the subjunctive is used in sentences for activities 8 and 9.

10 El hogar de los Chávez

Combina las dos oraciones en una sola oración para saber cómo son algunas cosas en el hogar de los Chávez.

MODELO ¿Puedes manejar el carro al club cuando tus padres no están? (Lo dudo.)
Dudo que yo pueda manejar el carro al club cuando mis padres no estén.

La familia Chávez.

1. ¿Tienen Uds. mucho que hacer hoy? (Temo que sí.)
2. ¿Sabe manejar la tía? (Me encanta que sí.)
3. ¿Va a llevarlos al club después del trabajo? (Me agrada que sí.)
4. ¿Regresan tus padres temprano? (Me alegra que sí.)
5. ¿Te parece bien que no tengan las llaves? (Me parece mal.)
6. ¿Cuándo empieza a pasar la aspiradora tu hermano? (Pronto, espero.)
7. ¿Están aquí los abuelos? (No, lo siento.)
8. ¿Van a acabar a tiempo? (Me preocupa que no.)

11 ¡Nadie está seguro de nada!

Nadie está seguro de nada en el hogar de la familia de David. Di qué están pensando hoy algunos miembros de su familia, usando *dudar, no creer, no estar seguro/a de* o *no pensar*, y las indicaciones que se dan.

MODELO Mi hermana tiene las llaves de la casa. (mi madre)
Mi madre no cree que mi hermana tenga las llaves de la casa.

1. El aire acondicionado está funcionando bien. (tú)
2. Mi mamá y mi papá compran más muebles para la casa. (mi hermanastro)
3. Nosotros siempre tenemos mucho cuidado cuando lavamos los platos. (ellos)
4. Les gustan las bromas a mis primos. (mi tía)
5. La fiesta va a ser en el club. (nosotros)
6. Antonio y Felipe se encargan de arreglar la cocina hoy. (yo)
7. La cerradura de la casa es nueva. (mi abuela)
8. Mi hermana invita a sus amigas a almorzar. (Uds.)

Mi madre no cree que mi hermana tenga las llaves de casa.

Notes Remind students to apply the rules they have learned for spelling changes that are required for verbs like *encargarse* in sentence 6 of activity 11.

Comparisons. Although their equivalents are common in the United States, the terms *padrastro, madrastra, hermanastro* and *hermanastra* are used sparingly in Spanish-speaking countries. Instead, Spanish-speaking natives often use *el esposo de mi madre (mamá)* for **stepfather**, *la esposa de mi padre* for **stepmother**, *el hijo del esposo de mi padre/madre (papá/mamá)* for **stepbrother**, *la hija del esposo de mi padre/madre (papá/mamá)* for **stepsister** and so forth.

 **Comunicación**

 12 ¿Qué sienten en el hogar tuyo?

Trabajando en parejas, hablen de lo que sienten los miembros de sus familias. Pueden alternar en completar las siguientes oraciones con ideas que sean verdaderas para sus familias o pueden inventar las ideas, si prefieren.

MODELO A mi madre le complace que...

A: A mi madre le complace que yo ayude con los quehaceres.

B: A mi madre le complace que yo vaya bien en mis clases.

> A mi hermano le preocupa que...   A mis tíos les complace que...
> A mis hermanas les gusta que...   A mi abuelo le interesa que...
> A mis padres les alegra que...   A mi padre le agrada que...
> A mi abuela le fascina que...   A mi madre le molesta que...

 13 Lo dudo

En parejas, alterna con tu compañero/a de clase en decir cinco oraciones y, luego, ponerlas en duda. Usen *dudar, no creer, no estar seguro/a* o *no pensar* en cada oración y traten de ser tan creativos/as como sea posible.

MODELO **A:** Pienso que la gente va a ser más inteligente en el año dos mil diez.

B: Dudo (No creo/No estoy seguro,-a /No pienso) que la gente vaya a ser más inteligente en el año dos mil diez.

¿Es inteligente?

 14 Expresando tus emociones personales

Con otro/a estudiante, hablen de lo que sienten, usando las expresiones que se dan y el subjuntivo si es necesario. Pueden usar otras expresiones para expresar sus emociones personales si lo prefieren.

MODELO Me molesta que...
Me molesta que mis padres no me permitan manejar.

Me interesa...   Siento...   Temo...
Me complace...   Espero...
Me fascina...   Me encanta...
Me molesta...

Capítulo 6   *doscientos setenta y nueve* **279**

Answers

12 Creative self-expression.
13 Creative self-expression.
14 Creative self-expression.

Activities

Multiple Intelligences (interpersonal/intrapersonal) Have students work in pairs or small groups asking and answering questions that require students to use the expressions in activity 14: *¿Qué te fascina?/Me fascina que haga un día bonito hoy.*

Students with Special Needs Model a second sentence for activity 12.

Aparatos y cosas de la casa

 Activity 4

 Activities 43–44

 Activity 8

 Activity 3

 Activities 5–7

Activities

Critical Thinking
Ask students to rank the different household items in order of importance. Students should then share their lists in small groups and justify the order given.

Prereading Strategy
Talk with students about some of the small appliances they have in their homes. Using transparency 43, preteach the vocabulary: Pronounce each of the words in the illustration and have students repeat them; then use transparency 44 to point to some of the objects included in the illustration and ask students what they are.

TPR
Using overhead transparencies 43 and 44 *(Aparatos y cosas de la casa)*, ask students to come up and point to the people and items you name in Spanish.

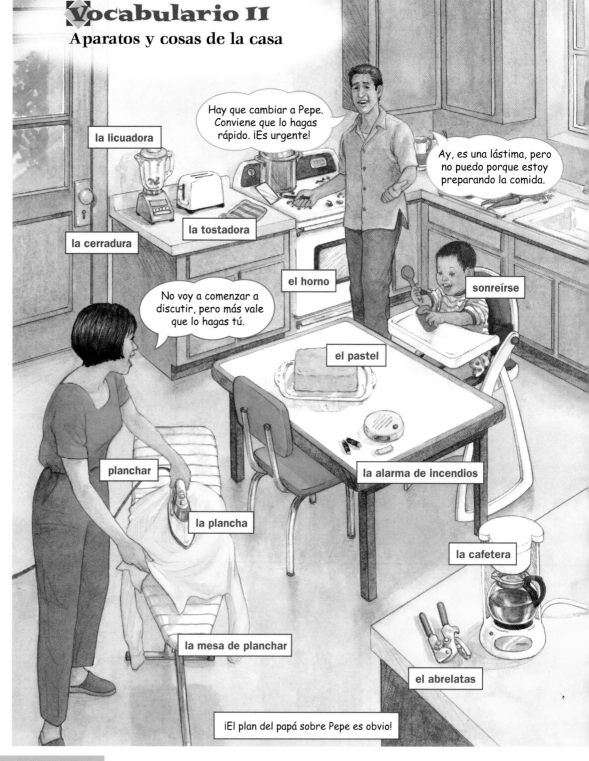

Vocabulario II
Aparatos y cosas de la casa

Notes Point out that the verb *sonreírse* is conjugated following the pattern of *reírse*.

Use transparencies 43 and 44 to introduce the new words and expressions in *Vocabulario II*. Show students transparency 43 and point to one of the objects and identify it in Spanish. Students should repeat after you. Continue on to the next item and repeat the process. As a second step, show students transparency 44. Identify the new vocabulary in Spanish, allowing students to see how each word is spelled. As an alternative, reverse the process: Show students transparency 44, say the new word or expression and have students repeat what they see and hear.

es posible

Cualquiera puede hacerlo.

es imposible

15 Los aparatos de la casa

Selecciona la letra de la foto que corresponde con lo que oyes.

A B C D E F

16 ¡Qué fácil!

Di qué haces con los siguientes aparatos o cómo te ayudan en la casa.

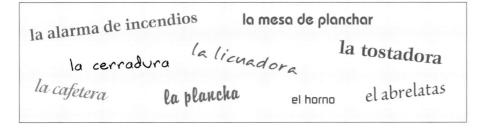

la alarma de incendios la mesa de planchar

la cerradura la licuadora la tostadora

la cafetera la plancha el horno el abrelatas

Teacher Resources

 Activity 15

Answers

15 1. C; 2. D; 3. A; 4. F; 5. E; 6. B
16 Answers will vary.

Activities

Critical Listening
Tell students you are going to say some words that are associated with a home. Students must listen to determine where each item is located. If the item is normally found inside the home, have students raise their right hand. If the item is normally found outside a home, ask students to raise their left hand. (You may wish to write cues on the board to help students remember which hand to raise for inside or outside: *Adentro—la mano derecha; Afuera—la mano izquierda.*)

Critical Thinking
Have students describe the illustration for *Vocabulario II*, saying what they see and making educated guesses about what the people are doing.

Pronunciation
Play the audio CD recording of the *Vocabulario II*. Students should listen and repeat the words and expressions they hear as a first step in learning the new vocabulary and establishing good pronunciation.

Notes Play the recording of *Vocabulario II* in order for students to practice the pronunciation of new words and expressions.

You may wish to use the *Navegando 2* audio CD recording for activity 15 that is available in the Audio CD Program for additional listening comprehension practice. Or use the transcript that appears in the ATE Introduction if you prefer to read the activity yourself. A reproducible student answer sheet for the activity is provided for your convenience at the end of the Audio CD Program Manual if you choose to use it.

281

Answers

17 1. Se olvidaron de la hora.
  2. Javier y Pablo se divirtieron mucho.
  3. Más vale que piensen en el carro.
  4. Es evidente que tienen que pedir ayuda.
  5. Tiene un abrelatas.
18 Answers will vary.
19 1. A; 2. D; 3. E; 4. B; 5. C

Activities

Cooperative Learning
After sufficient practice, several pairs of students can present their interpretations of the dialog in front of the class.

Critical Listening
Play the audio recording of the dialog as students look at the photographs and imagine what the people are saying to one another. Then ask students to state what they believe is the main theme of the conversation.

Language through Action
Ask for volunteers to come to the front of the class to act out the dialog *El abrelatas*.

Prereading Strategy
Ask students to imagine where the conversation takes place and what the people could be saying to one another. Have students look through the dialog quickly to find cognates and other words or expressions they already know.

Diálogo II
El abrelatas

JAVIER: ¡No es posible que sea tan tarde!
PABLO: Sí, nos olvidamos de la hora.
JAVIER: Bueno, pero nos divertimos mucho.

PABLO: Más vale que pensemos ahora en el carro.
JAVIER: Sí, ¿cómo vamos a abrir esa cerradura?
PABLO: Es evidente que tenemos que pedir ayuda.

JAVIER: Qué lástima que la cerradura necesite una llave.
PABLO: ¿Cómo así? ¿Qué dices?
JAVIER: Sí, porque no tengo llave, pero tengo un abrelatas.

17 ¿Qué recuerdas?

1. ¿De qué se olvidaron los chicos?
2. ¿Quiénes se divirtieron mucho?
3. ¿En qué más vale que piensen los chicos?
4. ¿Qué es evidente para Pablo?
5. ¿Qué tiene Javier para abrir el carro?

18 Algo personal

1. ¿Te olvidas del tiempo cuando sales a divertirte con tus amigos?
2. ¿Pides ayuda cuando tienes problemas?
3. ¿Qué haces cuando no tienes llaves para entrar a tu casa o tu carro?
4. ¿Usas algún aparato de la casa para algo diferente de lo que se usa normalmente?

19 ¿Qué es?

 Escucha y adivina a qué se refiere.

A. la licuadora
B. la cafetera
C. el abrelatas
D. el pastel
E. el horno

¿Qué es?

Notes Point out for students that *Diálogo II* is a continuation of *Diálogo I*.

As students practice the dialog, it is important that they improve their ability to speak Spanish. Listen for the correct pronunciation and determine if students appear to understand what they are saying and hearing. You may want to have students personalize the dialogs by role-playing the parts using their own names.

Activities 17, 18 and 19 are all recorded and offer listening and speaking practice. You may use the answer sheet for activity 19 that is located at the end of the Audio CD Program for additional listening comprehension practice.

La boda.

Las celebraciones familiares

La familia es muy importante en los países bolivarianos. En la celebración de un evento significativo, como puede ser un cumpleaños, la familia se reúne y celebra. En los pueblos, las celebraciones familiares siempre incluyen a los compadres y las comadres[1]. Estas personas importantes se escogen cuando el niño nace[2]. El compadre es el que prepara la fiesta de bautizo[3] y apoya[4] al niño durante su vida. En Ayabaca, Bolivia, el compadrazgo[5] se celebra en la primera semana de marzo. En esta festividad, los lazos[6] de compradrazgo se renuevan[7] en cada casa. También se baila y se toca música por las calles.

Las familias en cada país bolivariano tienen su manera única de celebrar los eventos especiales. En las bodas tradicionales en Venezuela, por ejemplo, las familias de los novios se intercambian[8] 13 monedas de oro, llamadas arras, que simbolizan prosperidad y buena suerte. En el Perú, es costumbre poner dijes[9] amarrados[10] con cintas[11] en el pastel de boda. Antes de cortar el pastel, las señoritas toman una cinta. A la que le toca la cinta con un anillo se dice que va a ser la próxima novia. En Colombia, las familias se reúnen el 31 de diciembre y siguen la tradición de los agüeros[12] con la esperanza[13] de un año nuevo lleno de prosperidad. Algunos agüeros incluyen comerse 12 uvas mientras se piden 12 deseos, dar la vuelta a la cuadra con una maleta, ponerse ropa interior amarilla y regalarse tres monedas.

El bautizo.

[1]godparents of the son or daughter   [2]is born   [3]baptism   [4]supports   [5]relationship between godparent and parent   [6]ties   [7]renew
[8]exchange   [9]charms   [10]tied   [11]ribbons   [12]omens   [13]hope

20 Las celebraciones familiares

Completa las siguientes oraciones, según la Cultura viva sobre los países bolivarianos.

1. La familia en los paises bolivarianos es...
2. Muchas celebraciones familiares incluyen a...
3. Cada uno de los países bolivarianos tiene su manera única de...
4. En las bodas tradicionales en Venezuela, las familias...
5. En el Año Nuevo, las familias colombianas...

21 Comparaciones

Compara una tradición de un país bolivariano con una tradición de tu familia.

Answers

20 1. ...muy importante.
2. ...los compadres y las comadres.
3. ...celebrar los eventos especiales.
4. ...se intercambian 13 monedas de oro.
5. ...siguen la tradición de los agüeros.
21 Creative self-expression.

Activities

Expansion
Hold a class discussion about cultural traditions on special days in your community. For example, you might mention customs that pertain to New Year's Eve, Halloween, Independence Day or a local celebration.

Notes **Review.** Review family vocabulary with students.

Remind students that the word *cumpleaños* is normally a singular noun although it ends in -s: *mi cumpleaños* (my birthday); *mis cumpleaños* (my birthdays).

Students may find it amusing that the noun *cumpleaños* comes from the expression *cumplir años*.

Activities

Expansion
Ask students if they can think of other expressions to add to the list of *expresiones impersonales.*

Multiple Intelligences (intrapersonal/linguistic)
Have students write five rules to live by, using five different impersonal expressions and the present tense of the subjunctive: *Es importante que yo siga las reglas de la casa.* Then discuss the rules and write the best ones on the board.

Idioma

Estructura

The subjunctive with impersonal expressions

Impersonal expressions in Spanish are followed by *que* and the subjunctive when they express doubt or state an opinion and when the verb that follows has its own subject. Compare these sentences:

Es importante que limpies tu cuarto.   **It is important for you to clean (that you clean) your room.**

but:

Es importante limpiar la casa hoy.   **It is important to clean the house today.**

Some of the more common impersonal expressions include the following:

es difícil (que)	it is unlikely (that)	*es posible (que)*	it is possible (that)
es dudoso (que)	it is doubtful (that)	*es preciso (que)*	it is necessary (that)
es fácil (que)	it is likely (that)	*es probable (que)*	it is probable (that)
es importante (que)	it is important (that)	*es una lástima (que)*	it is a pity (that)
es imposible (que)	it is impossible (that)	*es urgente (que)*	it is urgent (that)
es mejor (que)	it is better (that)	*más vale (que)*	it is better (that)
es necesario (que)	it is necessary (that)	*conviene (que)*	it is fitting (that)

The impersonal expressions *es claro* (it is clear), *es evidente* (it is evident), *es obvio* (it is obvious), *es seguro* (it is sure) and *es verdad* (it is true) are followed by the indicative. However, when these expressions are **negative,** they express doubt and, therefore, they require the subjunctive.

Es evidente que quieres ayudar.   **It is clear that you want to help.**

No es evidente que quieras ayudar.   **It is not clear that you want to help.**

Es evidente que quieres ayudar.

Notes Note that the word *que* is not used when the impersonal expression is followed by an infinitive instead of a conjugated verb.

Most impersonal expressions are formed with the verb *ser.*

 **Práctica**

22 ¿Qué dices tú?

Completa estas oraciones con la forma apropiada de los verbos indicados para dar tu opinión.

MODELOS Es evidente que Uds. *quieren* mucho a sus padres. (querer)
Es fácil que mis padres *lleguen* pronto. (llegar)

1. Es preciso que tú __ más tiempo en casa. (estar)
2. Es necesario que yo __ de comer tanto. (dejar)
3. Es claro que Inés __ arreglar el aire acondicionado. (saber)
4. Es dudoso que Ramón __ unas cortinas nuevas para su casa. (comprar)
5. No es seguro que sus amigos __ al club también. (ir)
6. Es imposible que nosotros __ dos casas. (tener)
7. Es probable que nosotros __ a los países bolivarianos. (viajar)
8. Es obvio que Uds. __ los dientes todos los días. (cepillarse)
9. Es difícil que ellos __ de su hogar. (irse)

23 ¿Cuál es tu opinión?

Da una opinión para cada una de las situaciones que se muestran en las siguientes ilustraciones, usando las indicaciones que se dan.

MODELO es una lástima / yo
Es una lástima que yo no pueda salir a jugar al béisbol.

1. conviene / Pablo y Rosa

2. es necesario / Juan

3. más vale / Ana

4. es urgente / él

5. es importante / ellos

6. es preciso / tú

Capítulo 6

doscientos ochenta y cinco 285

Teacher Resources

Activity 23

Answers

22 1. estés
2. deje
3. sabe
4. compre
5. vayan
6. tengamos
7. viajemos
8. se cepillan
9. se vayan

23 Possible answers:
1. Conviene que Pablo y Rosa pasen la aspiradora por la alfombra.
2. Es necesario que Juan haga la cama.
3. Más vale que Ana lleve las llaves.
4. Es urgente que él vaya al médico.
5. Es importante que ellos laven la ropa.
6. Es preciso que tú arregles el techo.

Activities

Cooperative Learning
Ask small groups of students to brainstorm and then develop a list of five logical pieces of advice for a student who will be visiting a Spanish-speaking country. Each piece of advice should begin with an impersonal expression or a verb of influence or emotion.

Students with Special Needs
Before assigning activity 23, review the illustrations with students so everyone knows what is depicted in each.

Notes Before assigning activity 22, inform students that some verbs will require the subjunctive whereas others will require the indicative.

Remind students to apply the rules they have learned for spelling changes that are required for verbs like *llegar* in the *modelo* for activity 22: *lleguen*.

285

24 ¡Gracias por el permiso!

Tus padres te dan permiso para ir de camping con unos amigos, pero primero expresan unas opiniones. Haz oraciones completas para saber lo que ellos dicen, usando las indicaciones que se dan.

MODELO mejor / Uds. / llevar / mucha agua
Es mejor que Uds. lleven mucha agua.

1. lástima / nosotros / no ir
2. fácil / Uds. / perderse / en las montañas
3. preciso / nadie / estar solo
4. conviene / Uds. / llevar / sus chaquetas
5. posible / hacer / mucho frío
6. probable / yo / recogerlos
7. más vale / tú / llamarnos / cuando regresen
8. importante / Uds. / divertirse / en este camping

Es mejor que Uds. lleven mucha agua.

25 Es preciso que...

Di qué es preciso que las siguientes personas hagan, añadiendo las palabras que sean necesarias.

MODELO Uds. / encontrar / muebles pequeños
Es preciso que Uds. encuentren unos muebles pequeños.

1. mi bisabuela / conseguir / mesa de planchar
2. los padres de mi amigo / tener / perro / cuidar la casa
3. yo / tener / armario grande
4. nosotros / buscar / cafetera nueva
5. mi papá / comprar / horno microondas
6. tú / preparar / pastel ahora mismo
7. mis tíos / tener / buenos vecinos
8. mi hermana y su marido / comprar / sillón barato

¿Son estos muebles pequeños?

El sillón.

Notes Point out the benefits of learning the subjunctive, which sometimes seems overwhelming to students and teachers alike. Learning the subjunctive mood will allow students to better express opinions, emotions, hope, doubt and uncertainty. In addition, they will learn alternative ways to suggest, request or order someone to do something.

26 ¿Te complace?

Las siguientes personas tienen algo ahora que no tenían ayer. Di qué te complace que tengan.

MODELO Mi hermanastro tenía una cerradura muy mala. (bueno)
Me complace que tenga ahora una cerradura buena.

1. Mi hermanastra tenía un lavadero muy feo. (bonito)
2. La madre de mi amigo tenía un lavaplatos eléctrico viejo. (nuevo)
3. Nosotros teníamos un armario pequeño. (grande)
4. Mis tíos tenían unas bombillas de poca luz. (mucho)
5. Tú tenías una computatora blanca. (azul)
6. Mis vecinos tenían una licuadora vieja. (nuevo)
7. Mi abuela tenía un horno antiguo en su cocina. (microondas)

Tenía una cerradura muy mala.

◈ Comunicación

27 Los aparatos de la casa

Di qué aparatos son, de acuerdo con las siguientes pistas.

MODELO Es importante que tengan este aparato para saber cuándo hay un incendio en la casa.
Es la alarma de incendios.

1. Es poco probable que puedan cocinar rápidamente la comida sin este aparato.
2. Es seguro que pueden hacer muchos jugos con este aparato.
3. Conviene que tengan este aparato para tener fresca y fría la comida.
4. Es una lástima que no tengan este aparato cuando es verano y hace mucho calor.
5. Es fácil que hagan el café con este aparato.
6. Es claro que pueden lavar fácilmente los platos y los cubiertos con este aparato.
7. Es posible que usen este aparato para limpiar las alfombras.
8. Es imposible que planchen la ropa sin este aparato.
9. Es difícil que puedan cocinar la comida sin este aparato.
10. Más vale que tengan este aparato si quieren abrir una lata de guisantes.

Es una alarma de incendios.

Capítulo 6   *doscientos ochenta y siete*   **287**

Notes Although the verb *complacer* (activity 26) usually is conjugated and used following the pattern of *gustar,* it may also be conjugated for use with the first- and second-person subjects. In such cases, it is conjugated following the pattern of *conducir (conduzco)* or *traducir (traduzco):* *complazco.*

Teacher Resources

 Activities 26–27

Answers

26
1. Me complace que tenga ahora un lavadero bonito.
2. Me complace que tenga ahora un lavaplatos nuevo.
3. Me complace que tengamos ahora un armario grande.
4. Me complace que tengan ahora unas bombillas de mucha luz.
5. Me complace que tengas ahora una computatora azul.
6. Me complace que tengan ahora una licuadora nueva.
7. Me complace que tenga ahora un microondas.

27
1. Es el horno microondas.
2. Es la licuadora.
3. Es el refrigerador.
4. Es el aire acondicionado./ Es el ventilador.
5. Es la cafetera.
6. Es el lavaplatos eléctrico.
7. Es la aspiradora.
8. Es la plancha.
9. Es la estufa.
10. Es el abrelatas.

Activities

Critical Listening
Read the sentences from activity 27 and ask for volunteers to name what each sentence refers to.

287

28 Anuncios de publicidad

Trabajas en publicidad (*advertising*) y estás escribiendo los textos para algunos anuncios (*advertisements*). Completa estos anuncios lógicamente con una de las expresiones de la lista y el subjuntivo de un verbo apropiado. Puedes usar uno de los siguientes verbos, si quieres: *abrir, comprar, correr, encontrar, llamar, tomar, enviar.*

es importante   interesa
conviene   creemos
más vale   es mejor
es urgente

¡Oportunidades!

Carreras que usan el español
You already are aware that the ability to communicate in another language can enhance your career (*carrera*) opportunities. By now you have accumulated many skills in Spanish that will allow you to work in various fields someday. One possibility might be a career in advertising. Would you like to use your creativity and work in an advertising agency to promote products for people who speak Spanish? Marketing is a career that also offers many opportunities to use a second language and communicate ideas to other people. Consider these jobs as a unique way for you to practice your Spanish and use your imagination without limits.

MODELO
Es mejor que Ud.
Compre nuestra alarma de incendios ¡Fuego!
Su familia va a vivir más tranquilamente.

1. _____ que Ud. nos _____ su dirección hoy mismo. Vamos a enviarle información importante sobre lo mejor en aparatos eléctricos. DORA

2. Le _____ que Ud. _____ a nuestros Almacenes La Flecha Roja ahora mismo. Hoy tenemos los mejores precios en lámparas para su casa. ALMACENS NUESTRO HOGAR

3. Nos _____ que Ud. _____ el mejor café. Compre nuestra cafetera *Amanecer*.

4. _____ que Ud. _____ esta carta ahora mismo. Su vida va a ser mejor.

5. No _____ que Ud. _____ mejores escobas que las nuestras. Escobas Sinmugre barren mejor.

6. _____ que nos _____ hoy. Aquí en la revista *Cambio* tenemos un lindo celular de regalo para Ud.

29 Planes para el fin de semana

En parejas, preparen una conversación por teléfono donde Uds. deciden lo que van a hacer durante el fin de semana.

¡Aló! ¿Julio?

MODELO
A: ¡Aló! ¿Julio?
B: Hola, Luz. ¿Qué vamos a hacer el fin de semana?
A: Vamos al centro a almorzar.
B: Es mejor que nos quedemos en casa. Es posible que llueva, y además, podemos escuchar CDs y completar la tarea de español.
A: Pues, mejor naveguemos en la internet.

30 ¿Qué piensas tú?

Expresa tus opiniones o dudas sobre algunos eventos importantes que hay en tu vida (e.g., en la familia, en tu colegio, etc.), usando una de las siguientes expresiones: *conviene, es dudoso, es fácil, es importante, es imposible, es una lástima, es mejor, es necesario, es posible, es preciso, es probable, es urgente, más vale.* Puedes inventar la información si quieres. Sé creativo/a.

MODELO Es dudoso que mi tío de Venezuela venga a la fiesta de cumpleaños de mi hermanastro.

31 Una visita

Trabajando en parejas, hagan planes para visitar a un pariente (abuelo, tía, primo, etc.) en el futuro próximo. Pueden describir a la persona, decir dónde vive, etc., pero tienen que decir por qué quieren ver a la persona pronto.

Visitaremos a la abuela.

Teacher Resources

Lectura personal
Activities 32–33

Answers

32 1. La Paz es la capital más alta del mundo. Está a 12464 pies de altura.
2. Soroche es mal de altura, una enfermedad causada por la falta de oxígeno.
3. Simón Bolívar fue el libertador de Colombia, Panamá, Venezuela, Ecuador, Perú y Bolivia. Él fundó Bolivia en 1825, escribió su constitución y abolió la esclavitud.

33 Creative self-expression.

Activities

Multiple Intelligences (logical-mathematical)
Have students research the altitudes of various Latin American cities. Ask them to determine the effects that altitude has on these places.

Technology
Ask students to search the Internet for information about Simón Bolívar. Then ask them to summarize their findings for the class.

Lectura personal

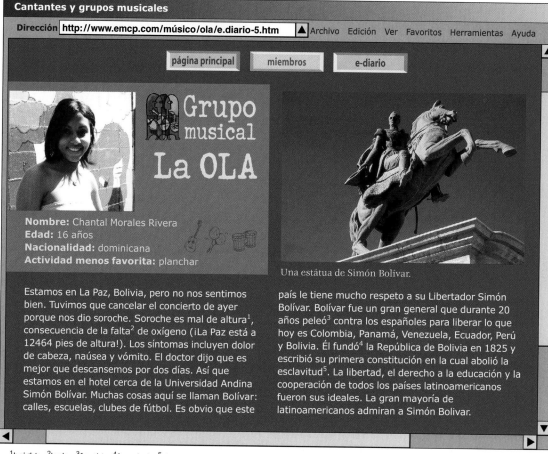

Cantantes y grupos musicales

Dirección http://www.emcp.com/músico/ola/e.diario-5.htm ▲ Archivo Edición Ver Favoritos Herramientas Ayuda

página principal   miembros   e-diario

Grupo musical La OLA

Nombre: Chantal Morales Rivera
Edad: 16 años
Nacionalidad: dominicana
Actividad menos favorita: planchar

Una estátua de Simón Bolívar.

Estamos en La Paz, Bolivia, pero no nos sentimos bien. Tuvimos que cancelar el concierto de ayer porque nos dio soroche. Soroche es mal de altura[1], consecuencia de la falta[2] de oxígeno (¡La Paz está a 12464 pies de altura!). Los síntomas incluyen dolor de cabeza, naúsea y vómito. El doctor dijo que es mejor que descansemos por dos días. Así que estamos en el hotel cerca de la Universidad Andina Simón Bolívar. Muchas cosas aquí se llaman Bolívar: calles, escuelas, clubes de fútbol. Es obvio que este país le tiene mucho respeto a su Libertador Simón Bolívar. Bolívar fue un gran general que durante 20 años peleó[3] contra los españoles para liberar lo que hoy es Colombia, Panamá, Venezuela, Ecuador, Perú y Bolivia. Él fundó[4] la República de Bolivia en 1825 y escribió su primera constitución en la cual abolió la esclavitud[5]. La libertad, el derecho a la educación y la cooperación de todos los países latinoamericanos fueron sus ideales. La gran mayoría de latinoamericanos admiran a Simón Bolívar.

[1]height [2]lack [3]fought [4]founded [5]slavery

32 ¿Qué recuerdas?

1. ¿Cuál es la capital más alta del mundo? ¿A qué altura está?
2. ¿Qué es soroche? ¿Cuál es la causa?
3. ¿Quién fue Simón Bolívar? ¿Qué hizo por Bolivia?

- Algunas veces se piensa en Simón Bolívar como el George Washington de América del Sur. Explica por qué.

33 Algo personal

1. ¿De qué altura es el lugar más alto que conoces? ¿Cómo te sentiste allí?
2. ¿Hay alguna calle o edificio en tu comunidad que tiene el nombre de un personaje histórico? Explica.
3. ¿Te interesaría visitar La Paz? ¿Por qué sí o por qué no?

290 *doscientos noventa*

Lección B

Notes Inform students that *soroche* refers to altitude sickness.

Simón Bolívar lived from 1783 to 1830.

¿Qué aprendí?

Autoevaluación
Como repaso y autoevaluación, responde lo siguiente:

Visit the web-based activities at www.emcp.com

1. State two rules in your house.

2. What are the *países bolivarianos*?

3. Say three things that make you happy, that bother you or that worry you.

4. Name four household appliances in Spanish.

5. Use two impersonal expressions to give your opinion about the chores you do at home.

6. State one similarity and one difference between how a special event is celebrated in the *países bolivarianos* and how a similar event is celebrated in your family.

Palabras y expresiones

Aparatos de la casa
el abrelatas
la alarma de incendios
el aparato
la cafetera
la cerradura
el horno
la licuadora
la llave
la mesa de planchar
la plancha
la tostadora

Para describir
claro,-a
dudoso,-a
evidente
imposible
obvio,-a
preciso,-a
seguro,-a
urgente
Verbos
alegrar(se) (de)
cambiar
comenzar (ie)

complacer
convenir
discutir
dudar
encantar
esperar
fascinar
interesar
planchar
regresar
sonreír(se) (i, i)
temer
valer

Expresiones y otras palabras
a tiempo
el club
cualquiera
el incendio
la lástima
más vale que
el pastel
el plan
la regla
ser difícil que
ser fácil que

Conviene que tengan estos aparatos en la casa.

291

Teacher Resources

📝 **Activity 13**

💬 **Information Gap Activities**
Postcard Activities
Funciones de Comunicación

Answers

Autoevaluación
Possible answers:
1. Dos reglas de mi casa son: que yo no salga de casa después de las once de la noche y que nadie fume en casa.
2. Answers will vary.
3. Me alegra que.... Me molesta que.... Me preocupa que....
4. el horno microondas, la licuadora, el refrigerador, el aire acondicionado, el ventilador, la alarma de incendios, el lavaplatos eléctrico, la aspiradora, la plancha, la estufa
5. Es una lástima que yo tenga que limpiar la cocina en vez de salir. Es necesario que yo haga la comida los lunes.
6. Answers will vary.

Activities

Expansion
Dictate a letter of the alphabet to the class. Give students three minutes to write any words they can think of in Spanish that begin with that letter. After calling time, ask students to read their lists aloud. The student with the longest list of correct words wins.

Notes Extend question 6 of *Autoevaluación* by having students make additional comparisons between common celebrations in your community and those in *los países bolivarianos*.

The EMCParadigm Web site shown on this page offers additional activities that practice the content of this lesson.

Have students check their own understanding of the *Palabras y expresiones*. Remind students that the active vocabulary on this page will be used throughout the book and will appear on the chapter test. Words appear again, with English equivalents, in the end-of-chapter *Vocabulario* and in the glossary at the end of the book.

1. The reading is about the Hispanic family.
2. B, C, D, E, G

Activities

Critical Listening

Play the audio recording of the reading. Tell students to listen for the main ideas each speaker is addressing. Finally, have several individuals state what they believe is the main theme of the reading.

Prereading Strategy

Prepare students for the content of a reading by asking some general questions on the reading topic, such as the questions found in the *Preparación*. Next, play the first paragraph of the recording of *Tú lees,* using the corresponding audiocassette or compact disc that is part of the Audio Program. As an alternative, you may choose to read the first paragraph yourself. Read the paragraph again with students following along in the book. Give students a moment to look over the paragraph silently on their own and then have them ask questions. Ask for a student to volunteer to read the paragraph aloud. Continue in this way for subsequent paragraphs.

¡Viento en popa!

Tú lees

Estrategia

Skimming

You can become a better reader in Spanish by learning how to skim content. Skimming is looking over a reading quickly to get a general idea of what it is about. This allows you to predict what will be in the reading. Skimming also helps you to anticipate related vocabulary that will probably be found in the reading.

Preparación

Contesta las siguientes preguntas como preparación para la lectura.

1. Skim the content of the reading by looking at the title, the subtitles, pictures and the first sentence of each paragraph. What do you predict the reading is about?
2. Which of the following words and expressions do you think you will find in the reading?

   A. rebelde   E. tradicional
   B. los valores morales   F. independiente
   C. el respeto   G. la autoridad
   D. la unidad familiar

La familia hispana

Cristina (Venezuela): En Venezuela hacemos muchas actividades en familia. Durante la semana, siempre se cena con toda la familia porque para el almuerzo es difícil que nos reunamos todos. Los fines de semana, salimos a hacer compras, a comer o a alguna fiesta. A veces los sábados vamos a la playa a comer pescado y casi todos los domingos vamos a casa de los abuelos donde nos divertimos con los primos hablando de lo que pasó durante la semana. En mi país el respeto a los padres es muy importante. Si mi mamá o mi papá me dicen que regrese temprano, tengo que regresar temprano. Muchas veces pedimos la bendición[1] a nuestros padres o seres queridos[2] adultos, ya sea[3] como saludo o despedida.

Almudena (España): En España la vida del hogar es muy diferente de lo que era hace unos años. Por ejemplo, las familias son más pequeñas. También, las chicas y los chicos se casan cuando son mayores, generalmente a los veintisiete o veintiocho años. Hoy hay muchas mujeres que trabajan fuera de su casa. En general, la gente pasa más su tiempo haciendo cosas personales, como navegar en la internet, pero todavía se cena en familia, y los fines de semana se va a visitar a parientes o amigos. Los hijos normalmente viven con sus padres hasta que se casan. El respeto a los adultos es también muy importante en mi país. No se discute lo que dicen los padres.

Notes   The *Tú lees* feature is intended to provide a formal opportunity for students to strengthen their reading skills in Spanish. Remind students they do not need to understand every word to read in Spanish.

Be sure to cover the *Preparación* activity prior to beginning the *Tú lees.*

Conchita (Guatemala): Al igual que[4] en otros países, la vida familiar está cambiando según[5] el ritmo de vida de la época[6] y el lugar. En Guatemala hay muchas familias pobres. A veces los hijos de estas familias tienen que trabajar en la calle desde muy pequeños. Los hijos mayores incluso[7] llegan a ser los que llevan la comida a la casa y dan el dinero para la educación de sus hermanos menores. Pero también hay familias de clase media y alta muy ricas en las que los padres son los que dan todo a los hijos. En muchas de estas casas hay empleadas de servicio[8] que ayudan con los quehaceres de la casa. Los hijos se dedican a estudiar y a jugar con sus amigos o amigas.

Alberto (Costa Rica): En mi país los padres ponen mucha atención al comportamiento[9] de sus hijos, especialmente a las relaciones con los amigos, para así evitar[10] problemas como la drogadicción o el alcoholismo. Al igual que en otros países, los hijos se quedan[11] en la casa de los padres hasta que terminan la universidad o se casan. Antes, las familias eran bastante grandes, pero esto está cambiando. Hoy en día una familia promedio[12] consiste de cuatro miembros, los papás y dos hijos. Es bonito escuchar las conversaciones de nuestros familiares sobre viejos tiempos, especialmente en visitas o en fiestas en las que todos nos reunimos.

Juan Andrés (Colombia): En Colombia la unidad familiar sigue siendo importante. Nos gusta mucho estar juntos y vivir en el mismo hogar. Es en el hogar donde aprendemos a querer y donde los padres nos educan[13] y nos transmiten los valores[14] morales. La casa es el lugar donde compartimos[15] lo bueno y lo malo de la vida. Los hijos podemos quedarnos en la casa de nuestros padres toda la vida si queremos. En la casa tenemos mucha libertad, lo que nos permite hacer lo que nos guste. Pero claro, debemos respetar las reglas de la casa. También podemos traer a nuestros amigos para estudiar o hacer fiestas. Muchas veces a nuestros padres les gusta estar en las fiestas porque así pueden conocer a nuestros amigos, hablar con ellos y, lo más importante, bailar con ellos.

[1]blessing [2]loved ones [3]whether [4]Just as [5]according to [6]era [7]even [8]maids
[9]behavior [10]avoid [11]stay [12]average [13]educate [14]values [15]share

A ¿Qué recuerdas?

1. ¿En qué país piden los chicos y las chicas la bendición de los padres?
2. ¿Adónde va Cristina los sábados?
3. ¿En qué pasa más su tiempo hoy la gente en España?
4. ¿Dónde hay muchas familias pobres, según la lectura?
5. ¿Quiénes tienen que trabajar en la calle para conseguir dinero?
6. ¿Qué problemas dice Alberto que pueden tener en su país los jóvenes?
7. ¿Hasta cuándo se quedan los hijos en la casa, según Alberto?
8. ¿Qué debe respetar Juan Andrés en su casa?

B Algo personal

1. ¿En qué son diferentes las familias hispanas de tu familia?
2. ¿Crees que los problemas de la drogadicción y el alcoholismo se pueden acabar? ¿Cómo?
3. ¿Qué piensas de quedarte en casa con tus padres hasta los treinta años? ¿Te gustaría? Explica.
4. ¿Qué fue lo más interesante de la lectura para ti?

Teacher Resources

Activities A–B

Answers

A 1. En Venezuela los chicos y las chicas piden la bendición de los padres.
2. Cristina va a la playa.
3. Pasa más su tiempo navegando en la internet.
4. En Guatemala hay muchas familias pobres.
5. Algunos de los hijos de las familias pobres tienen que trabajar en la calle para conseguir dinero.
6. Los jóvenes pueden tener problemas con la drogadicción y el alcoholismo.
7. Se quedan en casa hasta que terminen la universidad o se casen.
8. Debe respetar las reglas de la casa.

B Answers will vary.

Activities

Communities
Discuss student conclusions about culture based upon the reading titled *La familia hispana*. Ask how students feel about what Cristina, Almudena, Conchita, Alberto and Juan Andrés say about their families and life in their respective countries. Finally, compare how family life in the United States compares to family life in the countries where these five people live.

Notes Equivalents for difficult words have been provided to help students enjoy the contents of the readings without having to look up important but passive vocabulary.

Use maps to discuss where the people on these pages live.

Comparisons. Point out that it is common for Spanish speakers to use both their first and middle names on an everyday basis (the student from Colombia is *Juan Andrés*). Other examples include *Ana María* and *José Luis*.

293

Activities

Cooperative Learning

Have students exchange rough drafts of their compositions with a classmate. Each student should do a peer evaluation of his or her partner's paper, jotting down constructive comments and suggestions for revision.

Expansion

Conduct a discussion about family life beginning with the following questions: *¿Qué haces los fines de semana con tu familia?; ¿Cenas durante la semana con tu familia? Explica.; ¿Es pequeña o grande tu familia? ¿Cuántas personas hay en tu familia?; En tu casa, ¿quién consigue el dinero para la comida?; ¿Quieren saber tus padres adónde vas cuando sales?; ¿Cuántos cognados hay en la lectura La familia hispana? ¿Cuáles son?*

Multiple Intelligences (linguistic)

Assign a topic of your choosing for your students' Writer's Journals. You may decide to have them write about family life, Bolivia, Simón Bolívar or any topic of your or their choosing. Then consider having them e-mail the journal entry to you. The Writer's Journal offers appropriate portfolio activities for assessing student writing skills and is an ideal opportunity for an ongoing dialog with students about their writing progress.

Tú escribes

Estrategia

Comparing and contrasting

You can compare and/or contrast different aspects of a topic to offer your reader a clear mental picture of what you are describing. One way to compare/contrast items is by using a Venn diagram (overlapping circles, each containing one aspect of a topic) to create visual representation of what two topics have in common.

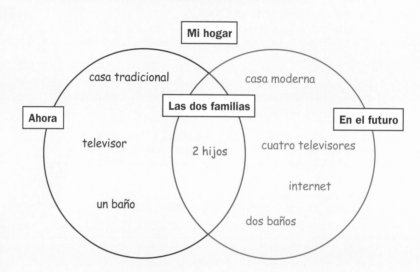

Write a short composition comparing and contrasting your home and family life now with how you think your own home and family will be in ten years. Tell about your likes and dislikes and how you would like things to be in the future. Add artwork or graphics to your composition when you are finished to enhance the descriptions.

MODELO

Somos cinco personas en mi familia: mi padre, mi madrastra, mi hermano David, mi hermana Blanca y yo. Vivimos en una casa antigua. En el futuro, quiero que mi casa sea moderna, con una piscina muy grande. También quiero que mi casa tenga muchos baños. No me gusta que mi hermana y yo usemos el mismo baño. Cuando tenga mi propia familia espero tener dos hijos y también quiero que cada uno tenga su baño.

Notes Remind students to use the subjunctive after verbs of wanting and emotion when writing their compositions.

You may wish to review how to set up a Venn diagram before beginning the *Estrategia* on this page.

Review some of the writing strategies students have learned over the course of the year. Encourage students to apply as many of these strategies as possible in their compositions.

Proyectos adicionales

A Conexión con la tecnología

Use a camera or a camcorder to photograph or film the different parts of your house. Then prepare a script in Spanish to identify the rooms and objects being seen, and to tell which family members you advise to do particular household chores. Be creative! Share your presentation with the rest of the class.

B Comunicación

Trabajando en parejas, hablen de sus familias. Deben decir dos o tres cosas sobre algún miembro de la familia. Pueden inventar la información, si prefieren.

> **A:** ¿Quiénes son los miembros de tu familia?
> **B:** Mi madrastra se llama Lucía. Hace siete años que es la esposa de mi papá. Trabaja en una joyería en un centro comercial.
> **B:** ¿Quiénes son los miembros de tu familia?
> **A:** Tengo una bisabuela. Tiene 90 años.

C Conexión con la tecnología

How important is technology in your life? Many people depend upon it to run their homes and offices. Write a paragraph that discusses the technology you want your own home to have. Remember to use the subjunctive after verbs of emotion or doubt and after the impersonal expressions you have learned.

MODELOS Es importante que mi casa tenga una computadora en todos los cuartos.
Espero que la puerta de mi garaje sea automática.

D Comparaciones

Compara la vida en casa con tu familia con lo que supiste del hogar y de la vida de familia en el mundo hispano en este capítulo.

La vida de una familia hispana.

Teacher Resources

 Trabalenguas

Activities

Communities

Find out if there is a nursing home in your locality that has Spanish-speaking residents or a club or a church with Spanish-speaking elders. Plan a visit to the home, club or church and bring a birthday cake *(torta de cumpleaños)* for all to share. Have your students interview the residents or members to find out their dates and countries of birth, when they came to the United States, how many children they have and whether or not their children helped at home with the household chores.

Multiple Intelligences (linguistic)

Assign small groups the task of developing and presenting an advertisement for a given product. The advertisement should include both the subjunctive and commands in an effort to persuade consumers to buy the product. Have students present their advertisements to the entire class.

TPR

Ask students to take turns giving indirect or implied commands to one another and acting them out. For example, the first student says *"Que baile Juan,"* and Juan responds by dancing. Then the partner gets to make up the next implied command.

Repaso

Now that I have completed this chapter, I can...

	Go to these pages for help:
describe a household.	252
talk about family.	252
tell someone what to do.	252
state wishes and preferences.	262
talk about everyday activities.	262
invite someone to do something.	262
make a request.	272
express doubt, emotion and uncertainty.	272
state hopes and opinions.	280

I can also...

talk about my responsibilities at home.	262
talk about Latin American architecture.	265
discuss Bolivia and other countries that Simón Bolívar helped liberate.	275
identify employment opportunities in advertising and marketing.	288
skim content for ideas and cues in context.	292

Trabalenguas

Pancha plancha con cuatro planchas.
¿Con cuántas planchas Pancha plancha?

Notes Bolivia was already populated when the first Spanish explorers arrived in 1535. The Spanish established a colony that continued for nearly 300 years. Led by Simón Bolívar, Bolivia won its independence from Spain in 1825.

Loose translation of the *Trabalenguas*: Pancha is ironing with four irons. With how many irons is Pancha ironing?

Vocabulario

a tiempo on time *6B*
abajo downstairs, down *6A*
el **abrelatas** can opener *6B*
adentro inside *6A*
afuera outside *6A*
el **aire (acondicionado)** air (conditioning) *6A*
al aire libre outdoors *6A*
la **alarma de incendios** fire alarm, smoke alarm *6B*
alegrar(se) (de) to be glad, to make happy *6B*
la **alfombra** carpet, rug *6A*
el **aparato** appliance, apparatus *6B*
el **armario** closet, wardrobe, cupboard *6A*
arriba upstairs, above, up *6A*
el **ático** attic *6A*
el **beso** kiss *6A*
el **bisabuelo, la bisabuela** great-grandfather, great-grandmother *6A*
la **bombilla** light bulb *6A*
la **broma** joke *6A*
la **cafetera** coffee pot, coffee maker *6B*
cambiar to change *6B*
la **cerca** fence *6A*
la **cerradura** lock *6B*
la **chimenea** chimney, fireplace *6A*
claro,-a clear *6B*
el **club** club *6B*
comenzar (ie) to begin, to start *6B*

complacer to please *6B*
convenir to be fitting, to agree *6B*
la **cortadora de césped** lawn mower *6A*
cortar to cut, to mow *6A*
la **cortina** drape, curtain *6A*
el **cuadro** picture, painting *6A*
cualquiera any at all *6B*
el **cuidado** care *6A*
dejar to let, to allow *6A*
el **despertador** alarm clock *6A*
discutir to discuss, to argue *6B*
dudar to doubt *6B*
dudoso,-a doubtful *6B*
encantar to enchant, to delight *6B*
encargar(se) (de) to make responsible (for), to put in charge (of), to take care (of), to take charge (of) *6A*
la **escoba** broom *6A*
esperar to hope *6B*
evidente evident, clear *6B*
exagerar to exaggerate *6A*
fascinar to fascinate *6B*
ganar to win, to earn *6A*
el **hermanastro, la hermanastra** stepbrother, stepsister *6A*
el **hogar** home *6A*
el **horno** oven *6B*
imposible impossible *6B*
el **incendio** the fire *6B*
insistir (en) to insist (on) *6A*
interesar to interest *6B*
invitar to invite *6A*
el **ladrillo** brick *6A*
la **lástima** shame, pity *6B*
el **lavadero** laundry room *6A*
la **lavadora** washer *6A*
la **licuadora** blender *6B*
la **llave** key *6B*
la **madera** wood *6A*
la **madrastra** stepmother *6A*
la **mamá** mother, mom *6A*
más vale que it is better that *6B*
la **mesa de planchar** ironing board *6B*
el **miembro** member *6A*
el **mueble** piece of furniture *6A*
el **muro** wall (exterior) *6A*
obvio,-a obvious *6B*
el **padrastro** stepfather *6A*

el **papá** father, dad *6A*
el **pastel** cake, pastry *6B*
el **plan** plan *6B*
la **plancha** iron *6B*
planchar to iron *6B*
preciso,-a necessary *6B*
el **premio** prize *6A*
puro,-a pure, fresh *6A*
rayado,-a scratched, striped *6A*
referir(se) (ie, i) to refer *6A*
la **regla** ruler, rule *6B*
regresar to return, to go back, to come back *6B*
la **reja** wrought iron window grille, wrought iron fence *6A*
la **secadora** dryer *6A*
seguro,-a sure *6B*
ser difícil que to be unlikely that *6B*
ser fácil que to be likely that *6B*
el **sillón** armchair, easy chair *6A*
sonreír(se) (i, i) to smile *6B*
el **sótano** basement *6A*
la **tostadora** toaster *6B*
el **techo** roof *6A*
temer to fear *6B*
tener cuidado to be careful *6A*
urgente urgent *6B*
valer to be worth *6B*
el **ventilador** fan *6A*

Es obvio que los muebles son grandes.

La reja de mi casa es azul.

Capítulo 6

doscientos noventa y siete **297**

Teacher Resources

 Episode 16

Testing/ Assessment
Test Booklet
Portfolio Assessment

Activities

Critical Thinking

El verdugo. Have one student think of a word from this chapter *(plancha).* The person then goes to the board and writes one blank for each letter of any word. The other students then begin to guess letters of the alphabet that might be in that word. Each correct letter is inserted into the proper blank. If the correct letter is not guessed, the student at the board draws in a part of a hanged person. The game continues until the word has been guessed or until the complete hanged person has been drawn. You may want to make the game more challenging by drawing in a part of the hanged person for every vowel guessed. This game may be played with the class divided into two teams or with the entire class guessing the letters.

Expansion

Have students identify other words that are members of the same family: *lavar (lavadora), secar (secadora), cortar (cortadora).*

Notes The word *broma* usually refers to a practical joke. Students will find it interesting to note that December 28 *(el día de los inocentes)* is a traditional day for such jokes in many Spanish-speaking countries. The equivalent in the United States is April Fools' Day (April 1).

You may want to help students get started thinking about word families. Remind them of a few more: *cocina/cocinar/cocinero; comida/comer; el médico/la medicina; enfermo/enfermera.*

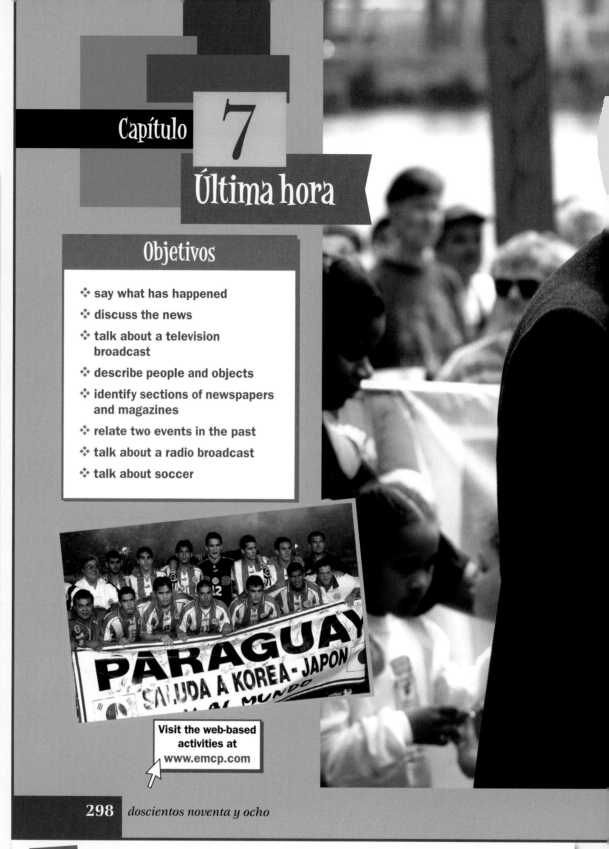

Capítulo **7**

Última hora

Objetivos

- ❖ **say what has happened**
- ❖ **discuss the news**
- ❖ **talk about a television broadcast**
- ❖ **describe people and objects**
- ❖ **identify sections of newspapers and magazines**
- ❖ **relate two events in the past**
- ❖ **talk about a radio broadcast**
- ❖ **talk about soccer**

PARAGUAY SALUDA A KOREA - JAPON ... MUNDO

Visit the web-based activities at www.emcp.com

298 *doscientos noventa y ocho*

Notes The chapter objectives appear here with accompanying supportive visuals depicting what students will be studying in the chapter: events in the news, the media, sports and reporting in the past. A checklist of the functions also appears at the end of *Capítulo 7,* along with additional objectives. Students can use this as a self-check to evaluate their progress.

Soccer is popular in Paraguay, just as it is throughout the Spanish-speaking world. In this chapter, students will be learning about soccer: player positions and how the game is called or reported.

Uruguay

Nombre oficial: **República Oriental del Uruguay**

Población: **3.400.000**

Capital: **Montevideo**

Ciudades importantes: **Salto, Paysandú, Las Piedras**

Unidad monetaria: **el peso uruguayo**

Fiesta nacional: **25 de agosto, Día de la Independencia**

Gente famosa: **Eduardo Galeano (ensayista); Juana de Ibarbourou (poetiza); Juan Carlos Onetti (escritor)**

Paraguay

Nombre oficial: **República del Paraguay**

Población: **6,200,000**

Capital: **Asunción**

Ciudades importantes: **Ciudad del Este, San Lorenzo, Concepción**

Unidad monetaria: **el guaraní**

Fiesta nacional: **14 de mayo, Día de la Independencia**

Gente famosa: **Augusto Roa Bastos (poeta)**

Activities

Critical Thinking

The photographs on these pages help further student awareness of and connections to how Spanish is used outside the controlled environment of the classroom. Ask students what conclusions they can draw from the two images. Ask if students can guess in what part of the world this chapter takes place. Then ask what the people in the photographs on pages 298 and 299 are doing.

doscientos noventa y nueve **299**

Notes In this chapter, students will learn about Uruguay and Paraguay. The information above provides you with some background information that you may wish to share with the class about these two South American countries. In addition, students will be learning to say what has happened both in their personal lives and in the media.

Teacher Resources

 En las noticias

 Activity 1

 Activities 45–46

 Activity 1

 Activities 1–2

 Activities 1–2

Content reviewed in *Lección A*
- everyday activities
- reflexive verbs
- days of the week

Activities

Critical Thinking

Have students look at the content of pages 300 and 301. What is shown on page 300? Where might these images appear? How are the photographs and content of page 300 connected with the illustration at the top of page 301? Finally, ask students to guess what they will be learning in this chapter.

Prereading Strategy

Have students look at *Vocabulario I* and identify cognates and other words they recognize. Then ask students to guess what is happening in the pictures.

Lección A

Uruguay

Vocabulario I
En las noticias

La República

EL DIARIO PLURAL — AÑO VI - NÚMERO 1808 - LUNES, 11 DE AGOSTO

Noticias en fotos

AQUÍ ESTÁN LAS MEJORES FOTOS DE LOS ACONTECIMIENTOS Y SUCESOS QUE HAN HECHO NOTICIA EN LAS ÚLTIMAS 24 HORAS:

Destrucción por temblor en el sur del país

Un temblor de poca intensidad ocurrió ayer en Punta del Este. Con éste han sido ya dos los temblores de tierra que han ocurrido esta semana.

Accidente en la carretera Central

Página 3

Gran celebración en la capital Página 2

Misterio por robo en banco

Una importante reunión de miembros de la comunidad del barrio Villa del Cerro con miembros de la policía se realizó esta mañana para estudiar la situación de los robos que han venido pasando en el sector.

Protesta en reunión de bancos

Catástrofe por el huracán Mario Página 2

300 *trescientos*

Lección A

Notes You may wish to use the ancillaries listed under Teacher Resources at the top of pages 300–301 to introduce and reinforce the new content on these pages. For example, you may wish to introduce vocabulary using overhead transparencies 45 and 46. You may also want to play the audio CD recording of *Vocabulario I* so students can practice their pronunciation by imitating the pronunciation of the native speakers they hear. Other components practice and assess a variety of skills and content and students' understanding of the content of *Vocabulario I*. Choose support items that help you accomplish your goals.

300

1 ¿Qué oíste?

Di si lo que oyes es cierto o falso, según la información en el Vocabulario I. Si es falso, di lo que es cierto.

2 En el periódico

Completa el artículo, usando las palabras de la lista. Cada palabra se usa una vez.

accidente	catástrofe
acontecimientos	celebraciones
protesta	robos
reunión	huracán
misterio	ocasión

Las noticias del año

Estos son los (1) más importantes que han ocurrido durante el año: En enero hubo una (2) de más de cuarenta mil personas amigas de la ecología en favor de los bosques del país. En marzo hubo una gran (3) en el país, cuando los vientos del (4) Mario barrieron con varias ciudades pequeñas de la costa este. En mayo con (5) del día de la madre se hicieron muchas (6) para las madres de todo el país. En julio, en medio de un gran (7), el Banco Central tuvo uno de los (8) más grandes de su historia sin que hasta hoy la policía sepa quién lo hizo. En septiembre un avión tuvo un (9) fatal en su viaje de Montevideo a Miami sobre la selva del Amazonas. Finalmente, el mes pasado hubo una (10) nacional de padres de familia para hablar sobre los jóvenes y la violencia.

Teacher Resources

 Activity 1

 Activities 3–4

Answers

1. 1. Falso. Un tigre se ha escapado de su jaula.
   2. Cierto.
   3. Cierto.
   4. Falso. El tigre estaba en un zoológico.
   5. Cierto.
2. 1. acontecimientos
   2. protesta
   3. catástrofe
   4. huracán
   5. ocasión
   6. celebraciones
   7. misterio
   8. robos
   9. accidente
   10. reunión

Activities

Multiple Intelligences (linguistic) Discuss with students the newspaper clippings and photographs on page 300 and the illustration at the top of page 301. Ask what words students can recognize. Have students summarize what each article or photograph depicts. Ask what else students can make out in the articles or visuals.

Notes The word *suceso* is synonymous with *acontecimiento* and *evento*.

Activity 1 is intended for listening comprehension practice. Play the audio CD of the activity that is part of the Audio CD Program or use the transcript that appears in the ATE Introduction if you prefer to read the activity yourself.

Help students with the meaning of difficult words as they read the news article on page 301.

Answers

3 1. No todavía.
  2. Están leyendo el periódico.
  3. Hubo un accidente de un bus con un carro pequeño.
  4. Pasan catástrofes en esa carretera todos los días.
  5. Están los Vegas, los papás de Raúl.
  6. Vio dos heridos.
4 Answers will vary.
5 1. E; 2. C; 3. A; 4. D; 5. B

Activities

Critical Listening
Play the audio recording of the dialog as students listen to the conversation. Ask students what Rogelio and Mario are doing when Blanca comes in. Then have students look at the photographs and imagine what the people are saying to one another. Finally, ask several individuals to state what they believe is the main theme of the conversation.

Expansion
Additional questions *(Algo personal)*: *¿Cómo se llama el periódico más popular en tu comunidad?*; *¿Has leído algún periódico en español?*

Diálogo 1
Accidente en la Carretera 10

BLANCA: ¡Hola, chicos! ¿Han hecho la tarea?
ROGELIO: No, todavía no. Estamos leyendo el periódico.
BLANCA: ¡Ay! ¿Leyeron sobre el accidente en la Carretera 10?
MARIO: No. ¿Qué pasó?

BLANCA: Miren en la página tres A. Hubo un accidente de un bus con un carro pequeño.
ROGELIO: Pasan catástrofes en esa carretera todos los días.
BLANCA: Lo sé, pero miren bien la foto que muestran en el periódico.
MARIO: ¿Esos no son los Vega?

BLANCA: Sí, claro. Ellos son los papás de Raúl.
ROGELIO: ¿Están bien? ¿Se lastimaron?
BLANCA: Un testigo vio dos personas heridas, pero parece que no eran los Vega.
MARIO: ¡Qué bueno!

3 ¿Qué recuerdas?

  1. ¿Han hecho los chicos la tarea?
  2. ¿Qué están haciendo los chicos?
  3. ¿Qué pasó en la Carretera 10?
  4. ¿Qué pasan todos los días en la Carretera 10?
  5. ¿Quién está en la foto del periódico?
  6. ¿Cuántos heridos vio un testigo?

4 Algo personal

  1. ¿Te gusta ver o leer las noticias? Explica.
  2. ¿Qué noticia importante o seria ha pasado donde tú vives?
  3. ¿Hubo algún accidente donde tú vives? ¿Hubo heridos?
  4. ¿Hubo algún acontecimiento importante esta semana en el país? ¿Cuál?

5 En las noticias

 Escoge un contenido apropiado para los titulares *(headlines)* que oyes.

  A. Hubo fuegos artificiales en las principales ciudades del país.
  B. No hubo heridos, ni destrucción de casas o edificios.
  C. El Banco Central dijo "adiós" a un millón de dólares.
  D. Hubieron cinco personas heridas en uno de los carros.
  E. Hay lluvias y vientos muy fuertes en Puerto Rico.

¿Te gusta leer o ver las noticias?

Notes Using the recorded version of the dialog, ask students to cover the words and practice lines from the dialog to improve their pronunciation and to begin to familiarize themselves with the new vocabulary and structures for the lesson.

You may choose whether to have students do activities 3 and 4 orally or in writing since they are recorded and included in the *Navegando* Audio CD Program.

Activity 5 has been provided for listening comprehension practice. A recorded version of the activity is included in the Audio CD Program.

Cultura viva

Montevideo, Uruguay.

Los españoles llegaron a Uruguay en el siglo XVI cuando Juan Díaz de Solís descubrió lo que hoy es el Río de la Plata. Un grupo de españoles de la Compañía de Jesús estableció la ciudad de Santo Domingo de Soriano en 1624. Durante los años siguientes continuó la colonización de la región. Doscientos años más tarde, el día 25 de agosto de 1825, Uruguay declaró su independencia de España.

Hoy, Uruguay es un país cosmopolita. Su población, que en su mayoría vive en las ciudades, muestra una variedad de herencias. El ochenta y cinco por ciento de su gente es de origen europeo, generalmente español o italiano.

Uruguay, el país más pequeño de América del Sur

Es el país más pequeño de América del Sur después de Surinam. Su lengua oficial es el español. El Uruguay está ubicado entre Brasil al norte y al este, Argentina al oeste, el Océano Atlántico al sureste y el Río de la Plata al suroeste. Montevideo es la capital del país y la ciudad más grande, con una población de más de un millón de habitantes. Otras ciudades importantes del Uruguay son Salto y Punta del Este.

Punta del Este, Uruguay.

6 Uruguay

Contesta las siguientes preguntas.

1. ¿Es Uruguay un país grande? Explica.
2. ¿Qué lengua se habla en Uruguay?
3. ¿Cuáles son los países vecinos del Uruguay?
4. ¿Qué cuerpos de agua tiene el país al sur?
5. ¿Cuál es la capital del país?
6. ¿Cuántas personas viven en la capital?
7. ¿Cuándo declaró Uruguay su independencia de España?
8. ¿Cómo es Uruguay hoy? Explica.

La bandera de Uruguay.

 Activity 6

 Activity 2

 Activity 3

Answers

6
1. No. Es un país pequeño.
2. Se habla español.
3. Sus países vecinos son el Brasil y la Argentina.
4. El país tiene el Río de la Plata y el Océano Atlántico al sur.
5. La capital es Montevideo.
6. Tiene una población de más de un millón de habitantes.
7. Declaró su independencia el 25 de agosto de 1825.
8. Hoy el Uruguay es un país cosmopolita; la mayor parte de su población es de origen español o italiano.

Activities

Connections
Talk with students about Uruguay in preparation for this reading. Begin with the country's location in South America with respect to surrounding geographical features, using the maps in the front of the book or the transparencies that are part of this program.

Notes Nearly half of Uruguay's citizens live in the capital, Montevideo.

Juan Díaz de Solís was a 16th-century Spanish navigator. He explored the Yucatán Peninsula in 1508 with Vicente Yáñez Pinzón. He explored South America in 1516, encountered the Plata River and was killed by native people.

Activity 3

 Activities 4–7

 Activity 2

 Activities 5–8

Activities

Critical Listening

Tell students you want them to prepare four sentences using the present perfect tense to say things they and other friends and family members have done. Three of the statements should be true, whereas one must be an innocent lie. Then have individual students present their sentences while the others listen and try to identify the statement that is false.

Students with Special Needs

Practice forming the past participle for several regular verbs to build students' confidence. Continue until all students are able to form past participles without help. Then combine the present tense of *haber* (shown in the chart on page 304) with the past participles you created together to show students how easy the formation of the present perfect tense is.

Idioma

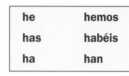

Estructura

The present perfect tense and past participles

Combine the present tense of *haber* (to have) and the past participle *(participio)* of a verb to form the present perfect tense *(pretérito perfecto)*. Use this verb tense to talk about the past in a general sense and to say what **has happened** or what someone **has done.**

he	hemos
has	habéis
ha	han

+ [past participle]

You are familiar with past participles of words in English that usually end in -*ed.* In Spanish, form the past participle of regular -*ar* verbs by changing the -*ar* of the infinitive to -*ado.* For regular -*er* and -*ir* verbs, change the infinitive ending -*er* or -*ir* to -*ido.* Some past participles are regular, but they require an accent mark. You will need to memorize some irregular past participles.

regular		
pas**ar**	→	pas**ado** (happened)
com**er**	→	com**ido** (eaten)
viv**ir**	→	viv**ido** (lived)

*¿Qué **ha pasado** en la protesta?*
(What **has happened** in the protest?)

irregular		
abrir	→	**abierto** (opened)
cubrir	→	**cubierto** (covered)
decir	→	**dicho** (said, told)
escribir	→	**escrito** (written)
hacer	→	**hecho** (done, made)
morir	→	**muerto** (died)
poner	→	**puesto** (put)
romper	→	**roto** (broken, torn)
ver	→	**visto** (seen)
volver	→	**vuelto** (returned)

*Ellos **han visto** mucho.*
(They **have seen** a lot.)

regular with an accent mark		
caer	→	**caído** (fallen)
creer	→	**creído** (believed)
leer	→	**leído** (read)
oír	→	**oído** (heard, listened to)
reír	→	**reído** (laughed)
traer	→	**traído** (brought)

*¿**Has leído** el periódico?*
(**Have** you **read** the newspaper?)

Object pronouns precede the conjugated form of *haber.* However, when an expression uses the infinitive of *haber,* attach object pronouns directly to the end of the infinitive form.

¿Qué les ha pasado aquí?	What has happened to them here?
Siento no habértelo contado.	I am sorry I have not told you.

Notes **Comparisons.** It may help some students if you point out that in English the regular past participle ends in **-ed.**

Explain to students that the past participle always ends in -*o* in the perfect tenses; it does not change to agree with changes in subjects.

The past participles are invariable in form when they are part of a perfect tense construction, but they change their endings when they function as adjectives.

 ## Práctica

7 Noticias en la internet

Lee las siguientes noticias de una página del periódico La República y, luego, encuentra seis participios.

Activities

Students with Special Needs
Provide a second example for activities 8–10.

---

8 Una visita al zoológico

Completa las siguientes oraciones, usando el pretérito perfecto y las indicaciones que se dan.

> **MODELO** Los gorilas <u>han comido</u> plátanos todo el día. (comer)

1. Mis amigos y yo __ por el zoológico. (caminar)
2. Yo __ todo tipo de animales salvajes. (ver)
3. Los leones __ mucho. (dormir)
4. Unos señores __ a la jaula de los leones. (entrar)
5. Nosotras __ de comer a los monos. (dar)
6. El mono __ a un árbol. (subir)
7. Mis amigos __ la exhibición de las serpientes. (visitar)
8. Nosotros __ la visita al zoológico. (terminar)

¿Has comido plátanos?

9 ¿Cuántas veces lo han hecho?

Di el número de veces al mes que cada una de las siguientes personas ha hecho las actividades indicadas, usando las indicaciones que se dan.

> **MODELO** Srta. Montoya / ir de compras / 2
> La Srta. Montoya ha ido de compras dos veces este mes.

1. Ud. / ir a una celebración / 2
2. yo / estar en una protesta / 1
3. tú / tener una reunión con tu profesor / 3
4. Liliana / comprar el periódico / 20
5. los chicos / montar en patineta / 8
6. Mauricio y Mónica / cenar juntos / 15
7. ellos / discutir sus actividades con sus padres / 4

10 Esta semana

Di cuántas veces has hecho esta semana las actividades indicadas, usando el pretérito perfecto.

> **MODELO** dar un paseo en carro
> He dado un paseo en carro dos veces esta semana.

1. leer las noticias
2. ir a una celebración
3. llegar tarde al colegio
4. conducir el carro de mis padres
5. conocer a una persona nueva
6. mentir a un amigo
7. tener un pequeño accidente

Hemos dado un paseo en carro.

Notes Have students review *Vocabulario I* and the newspaper articles on page 300 to identify any past participles. Then have them look at the *Diálogo I* on page 302 to find two past participles (*hecho* and *heridas*). Tell the class that whereas *hecho* is combined with the present tense of *haber* to form the present perfect tense, *heridas* does not need a form of *haber* because it is actually used as an adjective and not a verb. This will be explained in detail later in this chapter.

Point out that the present perfect tense is always used with a verb helper (a present-tense form of *haber*) and a past participle.

11 El robo del Banco Central

Completa el siguiente diálogo, usando el pretérito perfecto de los verbos indicados para saber lo que Cecilia y Ricardo dicen sobre el robo en el Banco Central.

Cecilia: ¿Qué *(1. pasar)* hoy en las noticias?

Ricardo: Un periodista *(2. decir)* algo sobre un robo en el Banco Central.

Cecilia: ¿Cómo? ¿Un robo? ¿*(3. mostrar)* ellos el banco?

Ricardo: Todavía no. Yo *(4. ver)* las noticias todo el día. Pero, ¿por qué te preocupas tanto?

Cecilia: Bueno, tengo una amiga que *(5. trabajar)* por muchos años en ese banco.

Ricardo: ¡Ah, ya!, pero todo está bien. Todas las personas *(6. escapar)* de allí, según dijo la policía.

Cecilia: ¡Qué bien! ¿Y nadie se lastimó cuando escapaban?

Ricardo: No, nadie. Mira, Cecilia, creo que tú *(7. tener)* un día muy largo. Ve a descansar un poco.

Cecilia: Sí, está bien. No *(8. dormir)* lo suficiente. Hasta mañana, Ricardo.

12 Tu madre te hace preguntas

Trabajando con otro/a estudiante, alterna con tu compañero/a de clase en hacer preguntas y contestarlas, usando el pretérito perfecto y las indicaciones que se dan.

MODELO leer el periódico / todos nosotros

    A: ¿Quién ha leído el periódico?

    B: Todos nosotros lo hemos leído.

1. escribir estos números en la pared / Juanito
2. cubrir la mesa / mi papá
3. poner las revistas en mi cuarto / yo
4. abrir todas las ventanas / mis tíos
5. ver las noticias hoy / mi abuela
6. decir que el piso está sucio / mi papá
7. morder el pastel / Juanito
8. romper estos platos / Graciela
9. hacer estas galletas / mi hermana mayor
10. traer este televisor para la sala / tú

¿Quién ha leído el periódico?

Answers

11
1. ha pasado
2. ha dicho
3. Han mostrado
4. he visto
5. ha trabajado
6. han escapado
7. has tenido
8. he dormido

12
1. ¿...ha escrito...?/Juanito los ha escrito.
2. ¿...ha cubierto...?/Mi papá la ha cubierto.
3. ¿...ha puesto...?/Yo las he puesto.
4. ¿...ha abierto...?/Mis tíos las han abierto.
5. ¿...ha visto...?/Mi abuela las ha visto.
6. ¿...ha dicho...?/Mi papá lo ha dicho.
7. ¿...ha mordido...?/Juanito lo ha mordido.
8. ¿...ha roto...?/Graciela los ha roto.
9. ¿...ha hecho...?/Mi hermana mayor las ha hecho.
10. ¿...ha traído...?/ Tú lo has traído.

Activities

Cooperative Learning
Working in pairs, students should ask and answer questions using the *tú* and *yo* forms of several verbs in the present perfect tense. Student A could ask *¿Has comido hoy?*, *¿Has visto alguna película nueva?* and so forth. Student B should respond to each question. Then have students change roles.

Notes Explain that the accent mark on *leído, caído, creído* and so forth prevents a diphthong and, therefore, changes the pronunciation. The Appendices in *Navegando* provide an explanation of syllabification and accentuation rules.

Activities

Expansion

Call on students to share with the class some of the funnier, more interesting sentences they came up with for activity 14. Then write the best sentences on the blackboard and have students vote on which are the best exaggerated sentences.

Multiple Intelligences (interpersonal)

Working in pairs, have students ask one another personalized questions about school in order to further practice the present perfect tense: *¿Qué lenguas has estudiado?*; *¿Qué clases te han gustado mucho?*; *¿En qué clase has trabajado mucho?*; *¿En qué grupos has participado?*; *¿Qué deportes has jugado?* Follow up the activity by discussing some of the information as a class.

---

13 La familia de Rogelio

Haz oraciones completas para decir lo que han hecho esta mañana algunos miembros de la familia de Rogelio, combinando elementos de cada columna.

MODELO Su papá ha leído una revista muy interesante.

I	II	III
sus hermanas	abrir	frutas y verduras
sus abuelos	cubrir	una noticia sobre una protesta
su sobrina	escribir	una revista muy interesante
su papá	leer	una ventana jugando al béisbol
sus tíos	oír	un pastel de limón
su mamá	poner	un e-mail a su amiga de Montevideo
su prima	romper	todos los muebles de la casa
su hermanastro	traer	sus cosas en su lugar

Su papá ha leído una revista muy interesante.

Comunicación

14 ¿Quién exagera más?

 Trabajando en parejas, alternen en decir algo exagerado, usando el pretérito perfecto de los verbos indicados.

MODELO correr
    A: He corrido más de cien mil cuadras.
    B: Pues, yo he corrido más de quinientas mil cuadras.

1. tomar
2. decir
3. escribir
4. hacer
5. leer
6. oír
7. poner
8. romper
9. traer a la clase
10. ver

No hemos empezado a correr.

308 *trescientos ocho*

Lección A

Notes Encourage students to be creative when they do activity 14. Then extend this to a class activity by calling on students to share their funniest statements with the whole class. Write the best sentences on the blackboard.

15 ¿Qué han hecho ellos?

Trabajando con otro/a estudiante, alternen en hacer preguntas y en contestarlas para decir lo que han hecho durante la semana varias personas que Uds. conocen. Usen el pretérito perfecto en cada pregunta y respuesta.

MODELO A: ¿Qué ha hecho tu padre esta semana?
B: Mi padre ha leído el periódico todos los días.
B: ¿Qué ha hecho tu hermana?
A: Mi hermana ha jugado al voleibol con sus amigas.

Mi hermana ha jugado al voleibol con sus amigas.

16 Comunidades

Escribe un reporte de los sucesos más importantes que han pasado durante la semana en tu comunidad. Informa sobre alguna actividad de la comunidad hispana de tu ciudad o de tu estado. Da toda la información que puedas.

MODELO El lunes hubo una celebración mexicana por el cinco de mayo.

Celebración mexicana.

¡Extra!

En las noticias

el choque	*collision*
el crimen	*crime*
la explosión	*explosion*
la guerra	*war*
la huelga	*strike*
la tormenta	*storm*
el terremoto	*earthquake*

Notes Inform students that variations of verbs in combination with prefixes and suffixes reflect the same irregularities of the original verb: *reír → reído; sonreír → sonreído.*

Before assigning activity 16, review the days of the week.

Vary the way you assign oral activities. For example, pair students requiring additional help with stronger students for activity 15. You might even consider asking several volunteers to share with the class some of the pastimes from their discussions in pairs.

Activities

Communities

In groups of four, students investigate Spanish-speaking television networks in the United States. They should identify the name of each network, approximately how many different programs they offer, who some of the stars of programs are (e.g., Jaime Bayley) and any other details they may find. At least one of the students in each group should try to watch a program and then share details about the show with others in the group. Finally, one member of each group must share the results of the research with the class.

Expansion

Use overhead transparencies 47 and 48 to introduce the new words and expressions in *Vocabulario II*. First, using transparency 47, point to the new word and identify it in Spanish. Ask students to repeat after you. Then, using transparency 48, point out new words and expressions, allowing students to see how each object is spelled. You may want to call on some students to spell the words aloud for additional practice.

Vocabulario II
En la televisión

la comedia

el concurso

el público

Muchas personas participan en este programa.

el anuncio comercial

Algunos anuncios comerciales son con dibujos animados.

el noticiero

el periodista

Los periodistas opinan e informan sobre los sucesos del día.

el musical

la cantante

Ella es una cantante famosísima y tiene mucho éxito.

la telenovela

el actor

la actriz

Las telenovelas son nacionales y extranjeras.

310 *trescientos diez*   **Lección A**

Notes Point out that *programa(s)* is a masculine noun. Many other nouns that end in *-ma* are also masculine (*sistema, problema*, etc).

Telenovelas (soap operas) are very popular in Hispanic countries. Ask your students if they have ever seen one. Spanish-language television channels in the United States present soap operas primarily from Mexico and Venezuela.

Remind students that the word *e* (page 310) is substituted for *y* when the following word begins with the letter *i: Los periodistas opinan e informan....*

los personajes

grabar

el plato roto

el autógrafo

bostezar

la risa

Esta comedia nunca va a fracasar.

Estoy de acuerdo. Nunca me he aburrido viéndola.

Teacher Resources

 Activity 17

 Activity 4

 Activity 8

 Activity 10

17 Los programas de televisión

Selecciona el tipo de programa de televisión que corresponde con cada descripción que oyes.

A. un musical   C. un concurso   E. un noticiero

B. una comedia   D. una telenovela   F. unos dibujos animados

18 En la televisión

Completa las siguientes oraciones, usando las palabras de la lista. Cada palabra se usa una vez.

aburren   autógrafo   extranjeras   famosísimo
fracasar   informan   participar   personajes

1. Los __ de mi telenovela favorita del Canal 5 son fantásticos.
2. Las telenovelas __ son mis favoritas.
3. Mi telenovela favorita nunca va a __, tiene mucho éxito.
4. Yo nunca he tenido el __ de alguien famoso.
5. Los periodistas del Canal 8 __ muy bien sobre los sucesos del día.
6. Los comerciales de televisión que pasan durante mis programas favoritos me __ mucho.
7. Mi hermana mayor va a __ en un programa de concurso el próximo mes.
8. Alejandro Sanz es un cantante __.

Capítulo 7

trescientos once **311**

Diálogo II

¡No hay nada que ver!

ROGELIO: Me he aburrido de cambiar canales. ¡No hay nada que ver!
MARIO: ¿Cómo que no? En el canal 8 hay unos dibujos animados muy buenos ahora.
ROGELIO: Los dibujos animados no me gustan.
MARIO: Entonces en el 12 hay una comedia extranjera muy divertida.

BLANCA: Ah, sí, donde trabaja Ana María Orozco, esa actriz tan bonita.
ROGELIO: ¿A quién le interesan las actrices? Prefiero los noticieros.
MARIO: ¡Eres un aburrido!
BLANCA: ¡Chicos! Miren. ¡No lo van a creer!

MARIO: ¿Qué pasa?
BLANCA: Es Ana María Orozco. Está en la calle dando autógrafos.
ROGELIO: ¿Ana María Orozco? ¿La famosa actriz? ¿Dónde?
BLANCA: ¡Ja, ja! ¡Qué risa! Era un chiste.

19 ¿Qué recuerdas?

1. ¿Por qué está aburrido Rogelio?
2. ¿Qué hay en el canal 8 ahora?
3. ¿Qué hay en el canal 12?
4. ¿Qué prefiere ver Rogelio?
5. ¿Quién está en la calle dando autógrafos, según Blanca?
6. ¿Qué era un chiste?

20 Algo personal

1. ¿Cuáles son tus canales de televisión favoritos? ¿Por qué?
2. ¿Qué tipo de programas te gustan?
3. ¿Ves los noticieros alguna vez?
4. ¿Has pedido el autógrafo a alguna persona famosa? ¿A quién?

21 Lógico o ilógico

 Di si lo que oyes es lógico o ilógico. Si lo que oyes es ilógico, di lo que es lógico.

¡Oportunidades!

Los canales de televisión en español
The next time you turn on the television, check out the Spanish channels. Try watching one of the news programs, a soap opera or a movie to test how much you are able to understand. Begin the habit of listening to or watching programs and following the news in Spanish, even if you do not understand everything at first, because it will help you become accustomed to the sounds of spoken Spanish. It will also keep you informed!

Notes Remind students that the word *televisor* refers specifically to the television set. Native Spanish speakers say *poner el televisor,* but many use *ver* (or *mirar*) *televisión* when they talk about watching television.

In informal language use, Spanish speakers may refer to *la televisión* as *la tele*.

In some countries *encender* or *prender* are used instead of *poner* to mean **to turn on** a light or appliance.

Cultura viva

La televisión uruguaya

Con la televisión por cable y la televisión por satélite, los uruguayos pueden ver una gran variedad de programas nacionales y extranjeros. Los programas extranjeros más vistos son los dibujos animados, las películas y las series dramáticas de los Estados Unidos. Las producciones nacionales más populares en Uruguay son las telenovelas, los programas de concurso, los musicales, los programas de entretenimiento[1], los noticieros y los programas de deportes.

La producción de telenovelas es una industria muy importante en Latinoamérica. Es quizás lo que distingue[2] a la televisión latina en el mundo. A diferencia de las *soap operas* de los

La telenovela *Sofía, dame tiempo.*

Estados Unidos que nunca terminan, las telenovelas latinoamericanas duran[3] generalmente de seis a diez meses. Cada una es como una película de cien horas que se transmite por media o una hora entre las siete y las diez de la noche de lunes a viernes. Los programas de entretenimiento tienen entrevistas, premios, música, comedia y la participación de la teleaudiencia. Un ejemplo de un programa de entretenimiento es el programa argentino de Susana Giménez que es muy popular en Uruguay. Los noticieros son de una hora y muchos canales tienen hasta seis ediciones en un día. La hora de los noticieros es diferente de canal a canal, así que los uruguayos pueden ver las noticias a diferentes horas del día.

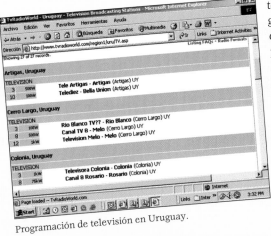

Programación de televisión en Uruguay.

[1]variety shows   [2]distinguishes   [3]last

22 La televisión uruguaya

Contesta las siguientes preguntas, según la Cultura viva.

1. ¿Cuáles son dos diferencias entre las telenovelas latinas y las *soap operas* de los Estados Unidos?
2. ¿Qué diferencia hay entre los noticieros uruguayos y los noticieros en los canales locales de tu ciudad?

Capítulo 7

trescientos trece **313**

Teacher Resources

 Activity 22

 Activity 9

 Activity 4

Answers

22 1. Las telenovelas latinas duran generalmente de seis a diez meses y se transmiten por media o una hora entre las siete y las diez de la noche. Las *soap operas* en los Estados Unidos nunca terminan y se ven durante el día.
2. Possible answer: Casi todos los noticieros en los canales locales son a la misma hora. Los noticieros uruguayos son a diferentes horas en diferentes canales y hay muchas ediciones en un día.

Activities

Technology
Using a video camera, students prepare a news report using news from your school. They may talk about sports events, dances and any special event(s). Include a weather report and any other important local news. If you work with a cooperating class abroad, propose an exchange of locally produced news reports.

Notes   **Technology.** Videotape one or more Spanish-language television programs (*telenovelas*, *noticias* or other types of programs) and play them in class. Verify how much of the programming students understood.

While talking about television programs and soap operas, this might be a fun time to show the *Navegando 2* Video, which is available either as a videocassette or as a DVD.

Answers

23 1. se han aburrido
2. se ha caído
3. me he peinado
4. se ha levantado
5. se han muerto
6. se han equivocado
7. habernos apurado
8. se ha bañado

Activities

Multiple Intelligences (interpersonal)
Ask students to keep a log of personal activities and interesting events over a twenty-four-hour period. The log is then the starting point for a paragraph in which the students use the present perfect tense to discuss things they have recently done and events that have occurred in their lives.

 **Idioma**

The present perfect tense of reflexive verbs

The present perfect tense of reflexive verbs is formed using a reflexive pronoun in combination with the present tense of *haber* and the past participle of a verb. Reflexive pronouns precede the conjugated form of *haber.* However, when an expression uses the infinitive *haber,* attach the reflexive pronouns directly to the end of the infinitive.

¿Se ha lastimado él?	**Did he hurt himself?**
Creo haberme lastimado.	I believe **I have hurt myself.**

 **Práctica**

23 ¿Qué han hecho?

Completa las siguientes oraciones con la forma apropiada del pretérito perfecto de los verbos entre paréntesis para decir lo que han hecho o lo que les ha pasado a estas personas.

MODELO Javier <u>se ha lastimado</u> montando en bicicleta. (lastimarse)

1. Ellos __ mucho viendo los comerciales de la televisión. (aburrirse)
2. Un periodista __ cuando decía las noticias. (caerse)
3. Yo __ mientras veía a mi cantante favorita en la televisión. (peinarse)
4. Mi madre __ temprano para ver el noticiero. (levantarse)
5. Ernesto y Carmen __ de la risa viendo una comedia en el Canal 8. (morirse)
6. Uds. __ con la información que me dieron sobre los huracanes. (equivocarse)
7. Nosotros tuvimos un pequeño accidente por __ mucho esta mañana. (apurarse)
8. Mi hermanastro __ mientras escuchaba las noticias. (bañarse)

Javier se ha lastimado montando en bicicleta.

Notes **Review.** Review some of the reflexive verbs before discussing them in terms of the present perfect tense.

Completa el siguiente anuncio, usando el pretérito perfecto de los verbos entre paréntesis.

Dr. Ochoa

Veterinario

Si te (1. *doler*) algo en los últimos días, o si tú (2. *perder*) el apetito y no (3. *tener*) mucha hambre, no te puedo examinar. Si alguien en tu familia (4. *sentirse*) cansado o si (5. *sentirse*) enfermo, ni mis colegas ni yo le podemos ayudar. Pero si tu gato (6. *caerse*) de un árbol y (7. *romperse*) una pata, o si (8. *lastimarse*), ¡tráemelo! Soy el Dr. Ochoa y soy veterinario. Los problemas de los animales no son muy diferentes de los problemas de las personas. Por ejemplo, una chica me (9. *traer*) un perro que tenía dificultades para caminar. ¡Sufría de artritis! También, mis colegas y yo (10. *tratar*) a gatos que (11. *tener*) apendicitis. ¡Sí! ¡Gatos! Mis pacientes nunca me (12. *dar*) las gracias, pero sé que se sienten mucho mejor después de venir a mi consultorio.

Los pacientes del Dr. Ochoa.

Capítulo 7

trescientos quince **315**

Answers

24 1. ha dolido
2. has perdido
3. has tenido
4. se ha sentido
5. se ha sentido
6. se ha caído
7. se ha roto
8. se ha lastimado
9. ha traído
10. hemos tratado
11. han tenido
12. han dado

Activities

Expansion
Ask students to read the article. Then call on students to summarize what the article says, one line at a time.

Students with Special Needs
Provide a model for the first verb in the paragraph about Dr. Ochoa.

Notes Help students with the meaning of difficult words as they read the article about Dr. Ochoa on page 315.

315

Activities

Expansion
As a follow-up to activities 25 and 26, conduct a class discussion about some of the things students have done recently or at any time during their life.

Multiple Intelligences (linguistic)
Follow up activity 25 by asking students to write a summary of what their partners said using the third-person forms of the present perfect tense.

 Comunicación

 25 Una entrevista sobre tu vida

Trabajando en parejas, alternen en hacer las siguientes preguntas y contestarlas con información sobre sus vidas personales. Usen el pretérito perfecto en sus respuestas.

1. ¿A qué hora te has levantado hoy?
2. ¿Qué ropa te has puesto hoy?
3. ¿Qué has desayunado hoy?
4. ¿Cómo se llama el último periódico o revista que has leído?
5. ¿Qué noticia importante has leído o visto hoy?
6. ¿Qué tipo de programa de televisión has visto hoy?
7. ¿Has ido a ver grabar un programa de televisión?
8. ¿Qué te ha hecho reir hoy?
9. ¿Qué has roto últimamente?
10. ¿Les has dicho siempre la verdad a tus padres?

¿A qué hora te has levantado hoy?

26 ¿Qué has hecho interesante?

Find out some of the interesting things your classmates have done or have happened during their lives. First, prepare six questions in which you inquire whether someone has done several different activities during his or her life. Then, in pairs, compare the questions and agree upon four that seem the most interesting. Next, each of you must ask a member of another pair the questions you have chosen. Return to your partner to share what each of you has learned about your classmates. Finally, one of you must summarize the information for the class.

MODELO
A: ¿Te has lastimado alguna vez?
B: Sí, recuerdo haberme lastimado hace dos años.
A: ¿Y qué te pasó?
B: Me rompí un brazo en un accidente que tuve cuando tenía diez años.

¿Qué ha pasado?

Notes The term *grabar* in sentence 7 changes meaning according to the context (it can mean to record, to tape-record or to video-record).

Be sure to walk around the room as students work in pairs or in groups in order to facilitate and encourage students to stay on task.

Estructura

Participles as adjectives

In Spanish, a past participle may be used as an adjective following a verb (such as *ser* or *estar*), or alone with a noun. As is the case with other adjectives you have learned, past participles that are used as adjectives must agree in number and gender with the noun they modify.

*Los noticieros no son **aburridos.***	News programs are not **boring.**
*La cantante estaba **cubierta** de flores.*	The singer was **covered** with flowers.
*Hay un lapiz **roto.***	There is a **broken** pencil.

Práctica

27 Un temblor

Imagina que anoche hubo un temblor cuando tú estabas en la casa de Pedrito y su familia. Completa las siguientes oraciones con el participio de los verbos indicados para describir cómo estaba todo en ese momento.

MODELO   La mesa estaba *(poner)*.
La mesa estaba puesta.

1. La comida estaba *(servir)* en la mesa.
2. Yo estaba *(sentar)* en el comedor.
3. Los niños estaban *(dormir)* en su cuarto.
4. Nosotros estábamos *(sentar)* en el comedor.
5. Pedrito estaba muy *(aburrir)* porque la televisión estaba *(apagar)*.
6. Dos tazas estaban *(romper)* en la cocina.
7. Los hermanos mayores de Pedrito estaban *(preparar)* para salir.

La mesa estaba puesta.

El niño estaba dormido en su cuarto.

Capítulo 7

trescientos diecisiete

Teacher Resources

 Activity 6

 Activities 11–12

 Activity 6

 Activity 12

Answers

27
1. servida
2. sentado/a
3. dormidos
4. sentados
5. aburrido, apagada
6. rotas
7. preparados

Activities

Expansion
Write several verbs on the board. Next, ask students to give the past participle of the listed verbs. Then ask students to use the past participles in sentences to reinforce the *Estructura* on this page. Finally, discuss the sentences and make corrections, as needed.

Students with Special Needs
Give a second example for activity 27.

Notes   Note that the verbs *abrir, cubrir, escribir* and *romper* have no forms that are irregular other than the past participle.

Review. Students have already learned several past participles as adjectives in relation to states of being or conditions: *estar cansado, estar aburrido*.

28 En una reunión

Usa la forma del adjetivo de los verbos entre paréntesis para completar las siguientes oraciones y saber lo que dijeron algunas personas en una reunión.

MODELO **Raúl:** Mi abuelo me ha dicho muchas veces que la gente bien <u>informada</u> puede llegar a tener mucho éxito en la vida. (informar)

1. **Edgar:** He leído que hay un canal de comedia que es muy __. (divertir)
2. **Darío:** He visto que algunos programas de concurso dan unos premios __. (exagerar)
3. **Lucila:** Algunas personas han opinado que los libros de Eduardo Galeano son muy __. (leer)
4. **Diana:** Siempre he pensado que los programas de noticias sólo presentan información __. (aburrir)
5. **Vivian:** Algunas veces me ha parecido que las noticias están llenas de personas __. (morir)
6. **Cecilia:** He sabido que Cristina Aguilera tiene algunas canciones __ en español. (grabar)
7. **Lyda:** He oído que los dibujos animados son tus programas de televisión __. (preferir)

29 Samuel y Cristina

Completa el siguiente párrafo, usando la forma del adjetivo de los verbos entre paréntesis para saber lo que veían Samuel y Cristina en la televisión.

Samuel y Cristina estaban *(1. sentar)* esta mañana en la sala, con los ojos muy *(2. abrir)* viendo televisión. En un programa *(3. grabar)* en los Estados Unidos, mostraban actores y actrices de mucho éxito que recibían premios. Luego, los mostraban dando autógrafos al público que estaba *(4. aburrir)* por haberlos esperado mucho tiempo. Más tarde, en las noticias nacionales los chicos veían a algunos hombres *(5. lastimar)* en un accidente de carro, y que dos edificios *(6. quemar)* en un incendio el año pasado eran hoy dos bonitos edificios de oficinas. Después, en los anuncios comerciales, veían una torta *(7. morder)* que bailaba para unos niños mientras ellos desayunaban. Por la noche, los chicos casi *(8. dormir)* y con los ojos casi *(9. cerrar)* bostezaban mientras veían una comedia poco *(10. divertir)* que los puso a dormir.

Vemos televisión.

Notes Eduardo Galeano (activity 28) was born in Montevideo in 1940. He is a well-established writer.

Cristina Aguilera is a popular singer of contemporary music. She has recorded albums both in English and in Spanish.

❖ Comunicación

30 Eres periodista

Imagina que eres un(a) periodista y ahora cubres un accidente para el noticiero de un canal de tu ciudad. Describe para los televidentes todo lo que ves en la escena del accidente.

MODELO Hola, soy Javier Pérez del Canal 60. Esta mañana ha ocurrido un accidente entre varios carros en la carretera principal. Hay muchos vidrios rotos por todos lados. Hay dos personas lastimadas y parece que no hay ninguna persona muerta.

Soy Javier Pérez, del Canal 60.

31 En el teléfono

En parejas, creen una conversación telefónica en donde hablan de los programas de televisión. Recuerden usar un saludo apropiado al comenzar la conversación. Intercambien opiniones sobre los programas y digan si están de acuerdo o no con la opinión de tu compañero/a. Digan también qué programas les gustan y qué programas no les gustan. Usen el participio tanto como puedan.

MODELO **A:** ¡Aló! ¿Javier? ¿Qué tal?
B: Bien, gracias.
A: ¿Has visto los nuevos programas de televisión para el otoño?
B: Sí, hay una comedia con una actriz nueva muy divertida.
A: Ah, sí. Pero yo creo que esa comedia es aburrida.

¡Aló! ¿Javier?

Activities

Cooperative Learning
Groups of three or four students prepare a news report for the class. The report should include an item of international, national, state, local and school news, along with sports and weather. The reports should be developed, practiced and then presented to the class.

Critical Listening
Have the groups working on the cooperative learning activity above develop a series of listening comprehension questions corresponding to the news reports. The questions should be distributed before the reports are given. Answers can be reviewed afterward in class or submitted to the instructor.

Capítulo 7　　　　　　　　*trescientos diecinueve* **319**

Notes You may wish to help students with difficult words in activity 30: **televidentes** is a term that refers to television viewers; **vidrios** means pieces of glass.

Have students prepare the questions they wish to use for their telephone conversation as homework. Pair students of varying language ability levels so that less accomplished students can work with more advanced students. Also, if you pair them, your students will become accustomed to working with different peers instead of always choosing their friends.

Answers

32 5, 2, 6, 3, 4, 1, 7
33 Answers will vary.

Activities

Prereading Strategy
Have students quickly look through the *Lectura cultural* on Natalia Oreiro for cognates and other words they recognize.

Spanish for Spanish Speakers
Have students write a short composition in Spanish, summarizing what they know about a well-known actor who speaks Spanish. Expand the activity by having students seek additional information about the actor in the library or via the Internet.

Technology
Have students use the Internet to research other well-known Latin American actors and performers. They can use the information they find to begin producing a classroom book about famous Latin Americans.

Lectura cultural

La talentosa Natalia Oreiro

Natalia Oreiro.

A los ocho años, empezó a estudiar teatro. Entre los doce y los diecisiete años, hizo más de treinta comerciales. A los veintiún años, protagonizó[1] una película argentina, y luego, grabó su primer disco. A los veintitrés años, recibió el premio *Celebrity of the Year* del canal de televisión *E! Entertainment.* También fue nominada al premio Martín Fierro como mejor actriz dramática por su personaje en una telenovela argentina. Al año siguiente, fue nominada al premio Grammy Latino como mejor cantante pop. Además, fue nombrada madrina[2] de la selección uruguaya de fútbol para el Mundial de Fútbol Corea-Japón. ¿Quién es ella? Su nombre es Natalia Oreiro.

Natalia Oreiro nació[3] el diecinueve de mayo de 1977 en Montevideo, Uruguay. Desde pequeña supo que quería ser famosa. Cuando tenía diecisiete años, dejó Montevideo y se fue sola a Argentina para conseguir el éxito. Al poco tiempo, participó en telenovelas y empezó a grabar canciones. Con su personalidad y su música, Natalia conquistó[4] al mundo. Hoy día, esta joven cantante y actriz uruguaya tiene admiradores no solamente en América Latina sino también en países extranjeros como Rusia, Polonia y Eslovenia, entre otros.

[1]played the lead [2]godmother [3]was born [4]conquered

32 ¿Qué recuerdas?

Pon los eventos de la vida de Natalia Oreiro en orden cronológico.

1. Grabó su primer disco.
2. Estudió teatro.
3. Se fue a Argentina.
4. Protagonizó una película argentina.
5. Nació en Montevideo.
6. Hizo comerciales.
7. Fue al Mundial de Fútbol Corea-Japón con el equipo uruguayo.

- ¿Conoces a alguien famoso que es al mismo tiempo actor/actriz y cantante como Natalia Oreiro? Compara los éxitos de ambas personas.

33 Algo personal

1. ¿Por qué crees que Natalia Oreiro dejó Uruguay y se fue a Argentina?
2. ¿Has visto a Natalia en alguna telenovela o has escuchado alguna canción suya? Explica.
3. ¿Cuál crees que fue el acontecimiento más importante de la vida profesional de Natalia? ¿Por qué?

320 *trescientos veinte*   Lección A

Notes The year 2003 marked the opening of the film *Cleopatra,* starring Natalia Oreiro, Norma Aleandro and Leo Sbaraglia.

Vary how you assign the *¿Qué recuerdas?* and *Algo personal* activities. For example, you may wish to have students listen to the audio CD of the activity and answer orally; you may decide to have students listen to the audio CD and then write their answers; or you may choose to have students write their answers and then do the activities in class orally.

¿Qué aprendí?

Autoevaluación

Como repaso y autoevaluación, responde lo siguiente:

Visit the web-based activities at www.emcp.com

1. State two recent events in the news.
2. Say two things you have done during the past week.
3. What is your favorite type of television program?
4. How would you say someone "has died of laughter" in Spanish?
5. What clothing have you put on today?
6. Imagine you are a police detective and yesterday you walked into a home that had been burglarized. Describe what you saw in the room for the police report.
7. What do you know about Uruguay?

Palabras y expresiones

En las noticias
el accidente
el acontecimiento
la actividad
la catástrofe
la celebración
la destrucción
la herida
herido,-a
el huracán
el misterio
la ocasión
el periodista,
   la periodista
el personaje
la protesta
el público
el reportero,
   la reportera
la reunión
el robo
el suceso
el temblor
el testigo, la
   testigo

En la televisión
el actor
la actriz
el anuncio (comercial)
el autógrafo
el canal
el cantante, la cantante
la comedia
el comercial
el concurso
el dibujo animado
el éxito
extranjero,-a
famoso,-a

el musical
nacional
el noticiero
la risa
Verbos
aburrir
bostezar
cubrir
fracasar
grabar
haber
informar
lastimar(se)

morder (ue)
morir(se) (ue, u)
mostrar (ue)
opinar
participar
romper
Expresiones y otras palabras
estar de acuerdo
morirse de la risa
normal
serio,-a
tener éxito

El testigo habla con el policía.

El noticiero.

Teacher Resources

📄 Activity 13

💬 **Information Gap Activities**
Postcard Activities
Funciones de Comunicación

Answers

Autoevaluación
Possible answers:
1. Answers will vary.
2. He visto... y he oído que....
3. Me gustan mucho los programas de música.
4. se ha muerto de risa
5. Me he puesto unos pantalones, una camisa azul y unos zapatos negros.
6. La puerta estaba abierta y una ventana estaba rota.
7. Answers will vary.

Activities

Critical Thinking
Dictate a letter of the alphabet to the class. Give students three minutes to write any words they can think of in Spanish that begin with that letter. After calling time, ask students to read their lists aloud. The student with the longest list of correct words wins.

Expansion
Select several words and phrases for individual students to use orally in sentences.

Pronunciation
To ensure proper pronunciation, model each word or expression and have students repeat after you.

Notes Students should use the *Autoevaluación* to measure their progress learning the main elements of the lesson. The section also prepares students for the lesson test.

Model words from the list of *Palabras y expresiones* and have students repeat after you. Then call on individuals in order to simultaneously practice and evaluate pronunciation.

321

Lección B

Paraguay

Vocabulario I
¿Qué hay en el periódico?

EL DÍA

El fútbol de esta semana anota y destaca **Página 12**

el titular

Tres muertos en accidente

Muchos accidentes han ocurrido recientemente en la Avenida Juan Giannatasio. Vecinos del lugar dicen que todo se debe a la gran actividad de autobuses en esta ruta. **Página 3**

	Cultura
	Pasatiempos
	Deportes
	Hogar
	Política
	Economía
	Editorial
	Internacional
	Nacional
	Tira cómica

la tabla

Muchos accidentes han ocurrido recientemente en la Avenida Juan Giannatasio. Los vecinos del lugar dicen que todo se debe a la gran actividad de autobuses que pasan por esta ruta.

En el accidente ocurrido ayer hubo varias fatalidades. Los vecinos fueron al ayuntamiento a hablar con el alcalde y los concejales para determinar la necesidad de instalar un nuevo semáforo o, al menos, obtener señales de tráfico adicionales en la avenida.

La preocupación principal de los vecinos reside en la cantidad de niños y niñas que a diario suben y bajan de los autobuses escolares. Estos niños, todos en edad escolar, pueden ser víctimas de **Página 3**

¿Buscando un reloj que diga la hora exacta?

¡RONA!

el aviso

Destrucción por temblor en el sur del país

Un temblor de poca in**el artículo**n su hogar y la mayoría ocurrió ayer en Punta del Este. Con éste han sido ya dos los temblores de tierra que han ocurrido esta semana.

No hubo bajas personales graves como consecuencia de este temblor, pero la pérdida de bienes ha sido bastante elevada.

Los residentes del bloque que mostramos en la fotografía

de sus muebles y pertenencias personales. Es imposible, por ahora, poner una cifra total a las pérdidas materiales de la zona, pero se estima en millones.

El gobernador de la región se dirigió hoy a la población para pedir que todos ayuden en estos tiempos de crisis y necesidad, y para asegurar a los habitantes de la región que se

la columna

No. ¿Por qué?

Lo siento, bueno pero aquí tengo la sección de política con las últimas encuestas.

Yo había visto la sección de cultura en la mesa, pero ya no está allí. ¿Tú la has visto?

Es que no había tenido la oportunidad de leerla y quiero leer la entrevista de Augusto Roa.

1 En el periódico

Selecciona la letra del ícono y di la sección del periódico que corresponde con lo que oyes.

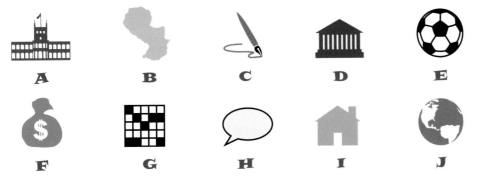

A   B   C   D   E

F   G   H   I   J

2 ¿Cuál no pertenece?

Di qué palabra no pertenece en cada uno de los siguientes grupos de palabras.

1. hogar	deportes	editorial	morder
2. romper	columna	titular	artículo
3. películas	pasatiempos	televisión	temblor
4. internacional	nacional	morir	economía
5. actriz	cantante	encuesta	actor
6. encuesta	lastimarse	tabla	entrevista
7. opinión	risa	periodista	editorial
8. política	economía	deportes	anuncio

Capítulo 7   *trescientos veintitrés*   **323**

Teacher Resources

 Activity 1

 Activity 1

 Activity 2

Answers

1
1. B, la sección nacional
2. H, la sección de tiras cómicas
3. D, la sección de cultura
4. G, la sección de pasatiempos
5. F, la sección de economía
6. C, la sección editorial
7. J, la sección internacional
8. E, la sección de deportes
9. I, la sección del hogar
10. A, la sección de política

2
1. morder
2. romper
3. temblor
4. morir
5. encuesta
6. lastimarse
7. risa
8. anuncio

Activities

Critical Thinking
Ask students to justify their responses for activity 2.

Spanish for Spanish Speakers
Have students write an article on a topic of their choosing that could be found in a newspaper under one of the section headings listed on page 322 (e.g., culture, leisure, sports, home, politics, the economy, editorial, international news, national news, comics).

Notes Activity 1 is intended for listening comprehension practice. Play the audio CD of the activity that is part of the Audio CD Program or use the transcript that appears in the ATE Introduction if you prefer to read the activity yourself.

Have students justify their answers for activity 2 on page 323.

Select from the ancillaries listed under Teacher Resources at the top of pages 322 and 323 when you are introducing or reinforcing the contents of these pages.

Answers

3 1. Había visto las tiras cómicas.
2. Las tiras cómicas son para niños.
3. Ana lee las secciones de economía y de política.
4. Piensa que también le gustan las cosas divertidas pero no le gusta decirlo.
5. Dice que sólo se entera de las cosas importantes.
6. No.
4 Answers will vary.
5 1. Lógico.
2. Ilógico. En la sección de deportes encuentro información acerca del fútbol americano y béisbol.
3. Ilógico. El titular y la columna son partes del periódico.
4. Lógico.
5. Lógico.
6. Ilógico. Leo noticias de otros países en la sección internacional.

Activities

Expansion
Additional questions *(¿Qué recuerdas?)*: *Según Ana, ¿cómo llegaron las tiras cómicas a su cuarto?; ¿Cómo es Ana, según sus palabras?; ¿Quién tenía las tiras cómicas?*
Additional questions *(Algo personal)*: *¿Te gusta leer las tiras cómicas? ¿Cuáles?; ¿Prefieres leer un periódico o mirar el noticiero para enterarte de las noticias?*

324

Diálogo 1
Eso no es verdad

HUGO: Yo había visto las tiras cómicas en tu cuarto, pero ya no están allí. ¿Tú las has visto?
ANA: No, yo no leo tiras cómicas. Eso es para niños. Yo sólo leo la sección de economía y la sección de política.

HUGO: Uy, ¡qué culta! Entonces, ¿por qué yo las había visto en tu cuarto?
ANA: Bueno, alguien las puso allí.
HUGO: Yo no creo eso. Pienso que a ti también te gustan las cosas divertidas pero no te gusta decirlo.

ANA: No, eso no es verdad. Yo soy muy seria. Sólo me entero de las cosas importantes.
HUGO: Pues, eso es mentira.
PAPÁ: Hola, amor. Tenías razón, las tiras cómicas están muy divertidas.

 3 ¿Qué recuerdas?

1. ¿Qué había visto Hugo en el cuarto de Ana?
2. ¿Qué es para niños, según Ana?
3. ¿Qué secciones del periódico lee Ana?
4. ¿Qué piensa Hugo que a Ana le gusta pero no le gusta decirlo?
5. ¿De qué dice Ana que sólo se entera?
6. ¿Dice Ana la verdad?

 4 Algo personal

1. ¿Lees el periódico todos los días? ¿Qué secciones lees?
2. ¿Crees que leer las tiras cómicas es sólo para niños?
3. ¿Qué es para ti una persona culta?
4. ¿Por qué crees que es bueno ser culto/a?

¡Oportunidades!

Los periódicos en español
There are many newspapers from Spanish-speaking countries that you can download from the Internet. Print one out and try to read several articles, underlining unfamiliar words and phrases. This is a good opportunity to challenge yourself and strengthen your reading comprehension in Spanish. Establish a habit of reading a newspaper every day; it will help you increase your vocabulary and keep you informed about what is happening in the world.

 5 Lógico o ilógico

Di si lo que oyes es lógico o ilógico. Si lo que oyes es ilógico, di lo que es lógico.

Notes Numerous newspapers from throughout the world can be accessed via the World Wide Web. The Web address below allows students to read articles pertaining to Paraguay. Additional Web sites appear on pages 344–345.

Paraguay
ABC Color: http://www.abc.com.py/

Asunción, Paraguay.

Paraguay, corazón de América del Sur

En el corazón de América del Sur se encuentra Paraguay, un país maravilloso con casi seis millones de habitantes. El país está rodeado por Argentina (al sur, al este y al oeste), Brasil (al norte y al este) y Bolivia (al norte y al oeste). La capital del país es Asunción y la lengua oficial es el español, aunque hay otra lengua nacional, el guaraní, que hablan la mayoría de los paraguayos.

Paraguay no tiene costas sobre el mar, pero sus dos ríos principales, el Paraguay y el Paraná, comunican al país con el Océano Atlántico. En el Paraná, que está entre el Brasil y el Paraguay, se encuentra la central hidroeléctrica de Itaipú, la más grande del mundo.

Paraguay es un país de clima cálido. La temperatura promedio al año es de veintidós grados centígrados, y el promedio al año de días soleados es de 310. El verano, que va desde octubre hasta marzo, es caliente y la temperatura promedio es de treinta y un grados centígrados. El invierno es corto, y su temperatura promedio es de catorce grados.

Yo hablo guaraní.

6 Paraguay

Contesta las siguientes preguntas, según la Cultura viva.

1. ¿Dónde está Paraguay?
2. ¿Cuál es la capital de Paraguay?
3. ¿Qué países están alrededor de Paraguay?
4. ¿Qué lenguas se hablan en Paraguay?
5. ¿Sobre qué océano tiene costas Paraguay?
6. ¿Dónde está la central hidroeléctrica de Itaipú?
7. ¿En qué meses es el verano en Paraguay?

Paraguay.

Capítulo 7 — *trescientos veinticinco* **325**

Teacher Resources

 Activity 6

 Activity 2

 Activity 3

Answers

6 1. Paraguay está en el corazón de la América del Sur.
2. La capital de Paraguay es Asunción.
3. Argentina, Brasil y Bolivia están alrededor del Paraguay.
4. En Paraguay se hablan el español y el guaraní.
5. Paraguay no tiene costas sobre ningún océano.
6. La central hidroeléctrica de Itaipú está entre el Paraguay y el Brasil.
7. El verano en Paraguay va desde octubre hasta marzo.

Activities

Connections
Show students where Paraguay is located using the maps in the front of the book or the transparencies that are part of this program.

Prereading Strategy
Before beginning the *Cultura viva,* consider asking general preparation questions about the theme of the reading: Where is Paraguay located? What is the name of Paraguay's capital? What do students know about Paraguay? Then have students skim the *Cultura viva* for cognates and any words or expressions they already know.

Notes The currency of Paraguay is the *guaraní. Guaraní* also refers to a river, an indigenous population and the language the *Guaraní* people speak.

Remind students that they have learned that the names of some countries in Spanish are preceded by a definite article. *El Paraguay* is one such country. In actual usage, however, many native speakers of Spanish drop the article.

Students may need help with the meaning of the following words: *rodeado* (surrounded), *central hidroeléctrica* (hydroelectric plant), *cálido* (warm), *promedio* (average).

Activity 3

Activities 4–6

Activity 2

Activities 3–4

Answers

7 1. Alberto y Liliana habían leído la sección de economía.
2. Jimena había leído los titulares de la sección internacional.
3. Yo había leído una encuesta acerca del número de personas que ya no fuman.
4. Tú habías leído un artículo acerca de la economía del país.
5. Todos nosotros habíamos leído una parte del periódico.
6. Graciela había leído un artículo en la sección del hogar.
7. Gabriel había leído un artículo sobre un museo en la sección de cultura.
8. Marisol y Soledad habían leído una entrevista al cantante Juanes.

Activities

Critical Thinking
Say the present perfect tense of several verbs and call on students to give the past perfect tense of each.

Students with Special Needs
Model a second sentence for activity 7.

326

Idioma

Estructura

The past perfect tense

Use the past perfect tense *(pretérito pluscuamperfecto)* when you wish to describe an event in the past that had happened prior to another past event. Form this tense using the imperfect tense of *haber* and a past participle.

*Ana **había leído** las tiras cómicas cuando Hugo llegó.*

Ana **had read** the comic strips when Hugo arrived.

*Uds. ya **se habían vestido** cuando empezó a llover.*

You **had** already **dressed** when it started raining.

Object and reflexive pronouns precede the conjugated form of *haber* in the past perfect tense. However, when an expression uses the infinitive of *haber,* attach object pronouns directly to the end of the infinitive.

*Ya **me había dormido**.*

I **had** already **fallen asleep.**

*Se fueron sin **haberme aconsejado**.*

They left without **advising me.**

 Práctica

7 En el autobús

Di qué habían leído en el periódico las siguientes personas en el autobús antes de llegar a su parada.

MODELO Fabiola / la columna de un periodista famoso en la sección editorial
Fabiola había leído la columna de un periodista famoso en la sección editorial.

1. Alberto y Liliana / la sección de economía
2. Jimena / los titulares de la sección internacional
3. yo / una encuesta acerca del número de personas que ya no fuman
4. tú / un artículo acerca de la economía del país
5. todos nosotros / una parte del periódico
6. Graciela / un artículo en la sección del hogar
7. Gabriel / un artículo sobre un museo en la sección de cultura
8. Marisol y Soledad / una entrevista al cantante Juanes

¡Extra!
Otras palabras en el periódico

los anuncios clasificados	classified ads
el crucigrama	crossword puzzle
la farándula	celebrity news
la primera plana	front page
el pronóstico del tiempo	weather forecast
el reportaje	report
la vida social	society pages

¿Qué sección había leído?

326 *trescientos veintiséis* **Lección B**

Notes You may wish to review the formation of regular and irregular past participles before introducing the past perfect.

Comparisons. Explain that when two past actions are presented in the same sentence, the pluperfect indicates which action happened first. In general, the uses of the pluperfect are similar in Spanish and in English.

8 ¿Qué les había pasado?

Di lo que las siguientes personas no podían hacer y por qué, según las indicaciones.

MODELO Hernán quería ir a pescar. (él / pescar un resfriado)
Hernán no podía porque había pescado un resfriado.

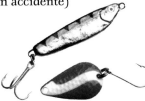

1. Uds. querían leer las tiras cómicas. (alguien / tomarlas)
2. Tú querías llegar a tiempo a la celebración. (tú / tener un accidente)
3. Yo quería esquiar. (yo / lastimarme una pierna)
4. Nosotros queríamos pedir un autógrafo a nuestro actor favorito. (él / salir)
5. Manuel quería ver las noticias. (nosotros / llevarnos el televisor)
6. Mis primas querían leer la entrevista sobre su actriz favorita. (alguien / tirar el periódico)

9 Un e-mail de Francisco desde Paraguay

Completa el e-mail de Francisco a su amiga Pilar, usando el pluscuamperfecto de los verbos indicados para saber lo que Francisco le dice a Pilar.

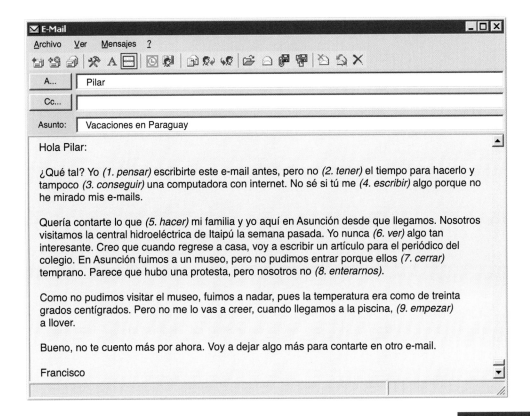

E-Mail
Archivo   Ver   Mensajes   ?

A...   Pilar
Cc...
Asunto: Vacaciones en Paraguay

Hola Pilar:

¿Qué tal? Yo (*1. pensar*) escribirte este e-mail antes, pero no (*2. tener*) el tiempo para hacerlo y tampoco (*3. conseguir*) una computadora con internet. No sé si tú me (*4. escribir*) algo porque no he mirado mis e-mails.

Quería contarte lo que (*5. hacer*) mi familia y yo aquí en Asunción desde que llegamos. Nosotros visitamos la central hidroeléctrica de Itaipú la semana pasada. Yo nunca (*6. ver*) algo tan interesante. Creo que cuando regrese a casa, voy a escribir un artículo para el periódico del colegio. En Asunción fuimos a un museo, pero no pudimos entrar porque ellos (*7. cerrar*) temprano. Parece que hubo una protesta, pero nosotros no (*8. enterarnos*).

Como no pudimos visitar el museo, fuimos a nadar, pues la temperatura era como de treinta grados centígrados. Pero no me lo vas a creer, cuando llegamos a la piscina, (*9. empezar*) a llover.

Bueno, no te cuento más por ahora. Voy a dejar algo más para contarte en otro e-mail.

Francisco

10 El primer artículo de Efraín

Completa el párrafo, usando el pluscuamperfecto de los verbos indicados.

Mis padres y yo *(1. decidir)* invitar a la casa a algunas personas para la celebración de mi primer artículo en una revista. Yo ya *(2. llamar)* a algunos amigos para invitarlos. Mis amigos ya *(3. comprar)* la revista en una papelería. Yo *(4. escribir)* este artículo hace un mes pero hasta este mes no salió en la revista. Mi amiga, Gabriela, ya lo *(5. traducir)* al inglés para algunos amigos en los Estados Unidos hace dos semanas. Mis familiares ya *(6. leer)* algunos artículos de la revista pero todavía no *(7. llegar)* a la sección donde está mi artículo. Yo todavía no he visto la revista, pero claro, yo sé lo que yo *(8. hacer)*, pero verlo en forma final va a ser ¡fantástico!

11 Todos habían hecho algo

Imagina que tú no puedes recordar algunas cosas, y ahora le haces preguntas a tu hermano/a para tratar de recordar. Trabajando con otro/a estudiante, alternen en hacer preguntas y contestarlas, usando las indicaciones que se dan. Sigue el modelo.

MODELO papá / ir de compras
A: ¿Había ido papá de compras?
B: Sí, (No, no) había ido de compras.

 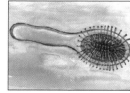  

1. la prima / ver
2. yo / comprar
3. el tío / leer
4. José y Pablo / jugar

   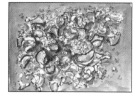

5. tú / preparar
6. yo / arreglar
7. Elena / lavar
8. la abuela / romper

12 ¡Tu abuelo!

Imagina que tu abuelo te está contando cosas de cuando era joven. Haz oraciones completas, usando el pluscuamperfecto y las pistas que se dan para saber lo que tu abuelo te dice. Cambia las palabras en itálica con uno de los siguientes prefijos *super-, re-, requete-, archi-, in-* o *des-*. Sigue el modelo.

MODELO cuando jugaba al fútbol, siempre / llevar / una camiseta *muy bonita.*
Cuando jugaba al fútbol, siempre había llevado una camiseta rebonita.

1. yo / ser / un jugador de fútbol *muy famoso*
2. a los treinta años, / no leer / mucho y era una persona *de poca cultura*
3. mis amigos y yo / ser / *muy amigos* de jugadores famosos
4. cuando tenía quince años, sólo / jugar / partidos *muy malos*
5. mi madre no me dejaba jugar fútbol si yo no / limpiar / mi cuarto y si lo tenía *sin arreglar*

Estrategia ◆◆◆◆◆◆◆◆◆◆◆◆◆◆◆◆◆

Applying prefixes
Learning prefixes will improve your ability to express yourself in Spanish. They may be used, much as in English, to make a new word or to add emphasis. Common prefixes in Spanish:

super-	(super-, very)	*¡superbien!*	very well!
re-	(very)	*¡reguapo/a!*	very attractive!
requete-	(extremely)	*¡requetebueno!*	extremely good!
archi-	(very)	*¡archifamoso/a!*	very famous!
in-	(un-, not)	*inculto*	uncultured
des-	(un-)	*despeinarse*	to mess up a hairdo

❋ Comunicación

13 Antes de acostarse

Escribe una lista de diez cosas que tú y otros miembros de tu familia habían hecho ayer antes de acostarse. Usa oraciones completas. Puedes inventar la información si quieres.

14 La semana pasada

Haz una lista de ocho actividades que hiciste la semana pasada e indica lo que habías hecho antes para prepararte para hacer cada actividad de la lista. Luego, trabajando en parejas, alterna con tu compañero/a de clase en hacer preguntas para saber lo que cada uno hizo.

MODELO
A: ¿Qué hiciste la semana pasada?
B: Jugué un partido de fútbol.
A: ¿Qué habías hecho antes de jugar el partido?
B: Pues, había hecho mucho ejercicio.

- jugar un partido de fútbol (Tuve que hacer mucho ejercicio por dos horas.)
- comprar una pelota de fútbol (Trabajé cuatro horas.)

 Activity 5

Answers

12 Possible answers:
1. Yo había sido un jugador de fútbol archifamoso.
2. A los treinta años, no había leído mucho y era una persona inculta.
3. Mis amigos y yo habíamos sido superamigos de jugadores famosos.
4. Cuando tenía quince años, sólo había jugado partidos requetemalos.
5. Mi madre no me dejaba jugar fútbol si no había limpiado mi cuarto y si lo tenía desarreglado.

13 Creative self-expression.
14 Creative self-expression.

Activities

Critical Listening
Ask small groups of students to identify celebrities in sports, politics or entertainment. They should then describe each one by using the verb *ser* and an adjective with a logical prefix. Then ask groups to present their descriptions to the class and see who can identify each celebrity.

Students with Special Needs
Have students divide words into two parts, prefix and stem word: *archifantástico, desarreglar, inactivo, reinteligente, requetebién, superexcelente.* Then ask students to tell you what each word means.

Notes Note for students that many of these prefixes *(super-, re-, requete-, archi-)* add the same meaning to an adjective as adding the suffix *-ísimo* does: *guapísimo, buenísimo, famosísimo.*

Model a couple of sentences for activity 13:
1) Yo había leído la sección de deportes.
2) Mi hermano había hecho la tarea.

Encourage students' creativity for activity 14.

Review. Review some everyday activities that students have already learned before assigning activity 14.

El fútbol y la radio

 Activities 50–51

 Activity 7

 Activity 3

 Activities 6–7

Activities

Critical Thinking

Before playing the audio CD for *Vocabulario II,* ask students if they can guess who the people in the illustration are. Then ask what they think the people on page 331 are saying. Finally, ask students what else they are able to identify in the illustrations.

Prereading Strategy

Talk with students about the game of soccer. Where is it popular? Do they play soccer? Do they ever watch games on television or listen to matches on the radio?

Spanish for Spanish Speakers

Call on native students from outside the United States to share with the class what role soccer plays in their country of origin. They might talk about how popular the sport is, describe some of the traditions around it or recount a particular game that stands out in their minds.

Vocabulario II
El fútbol y la radio

el marcador

CERRO PORTEÑO 0
GUARANÍ 1

el delantero

el mediocampista

el defensor

el árbitro

el portero

el tiro

el gol

la pelota

el espectador

el aficionado

Notes **Communities.** Soccer *(fútbol)* is the most watched sport in the Spanish-speaking world. During *la Copa Mundial de Fútbol* (World Cup), which is held every four years, *la fiebre del gol* is at its peak. Ask if students are able to name recent World Cup winners or host countries.

Another word for *partido* (game) is *encuentro* (match). An *emisora* also may be called an *estación de radio.*

Vamos a ver si Cerro Porteño puede empatar en este primer tiempo.

Estamos llevándoles el partido entre Cerro Porteño y Guaraní.

El gol fue marcado por Carlos Barreto de pena máxima.

El marcador está uno a cero a favor de Guaraní, el equipo en el primer lugar del campeonato.

el micrófono

el comentarista

Los comentaristas narran en vivo el partido de fútbol.
En Asunción escuchan las transmisiones de fútbol por la emisora Radio Canal 100.

15 El fútbol

🔊))) **Indica la letra de la respuesta que corresponde con lo que oyes.**

A. la pelota   C. el gol   E. el árbitro

B. el marcador   D. el espectador   F. el aficionado

16 En un partido

Completa las siguientes oraciones, usando las palabras de la lista. Cada palabra se usa una vez.

| campeonato | defensores | delantero | empatar |
| espectadores | equipo | pena | portero |

1. Clara quiere que el árbitro dé una __ máxima.
2. Uds. quieren que el delantero haga otro gol para __ el partido.
3. Todos queremos que el __ termine bien.
4. Gilberto y Rosario quieren que los __ no dejen hacer más goles.
5. Armando quiere que su __ gane el campeonato.
6. Leonardo y Ester quieren que los __ griten más.
7. Yo quiero que el __ no se vaya detrás de la pelota.
8. Tú quieres que el __ haga más goles.

Capítulo 7   *trescientos treinta y uno* **331**

Answers

17
1. El marcador está a uno a cero a favor de Guaraní.
2. El gol fue marcado por Jiménez.
3. Quiere escuchar a José Vélez.
4. Los comentaristas de televisión son muy aburridos.
5. El gol lo hace Ortiz y lleva el número diez.

18 Answers will vary.

19
1. Falso. Los comentaristas narran en vivo un partido de fútbol.
2. Cierto.
3. Falso. Las transmisiones de fútbol las escuchan los aficionados por radio.
4. Cierto.
5. Falso. Los comentaristas narran los partidos en las emisoras usando un micrófono.
6. Cierto.

Activities

Cooperative Learning
After introducing the dialog, have students work in pairs practicing the dialog. Circulate and assist with pronunciation and intonation. After sufficient practice, have several pairs of students present their interpretations of the dialogs in front of the class.

Diálogo II
¡Gol!

HUGO: ¿Cómo está el marcador?
ANA: Está a uno a cero a favor de Guaraní. El gol fue marcado por Jiménez.
HUGO: Uy, ¡qué mal! Cerro Porteño tiene que empatar.

PAPÁ: Oigan, ¿por qué no escuchamos a José Vélez narrar por la radio?
ANA: Sí, es verdad papá. Es mucho mejor.
HUGO: Estos comentaristas de la televisión son muy aburridos.

JOSÉ: Lleva la pelota el número diez en la camiseta, es el delantero Ortiz del Cerro Porteño. Ahora está muy cerca del portero de Guaraní. Mira adelante. Va a hacer el tiro. Lo hace. ¡Goool!
HUGO: ¡Goool! Alabio, alabao, a la bim, bom, bao, Cerro, Cerro, ra, ra, ra.

17 ¿Qué recuerdas?

1. ¿Cómo está el marcador?
2. ¿Por quién fue marcado el gol de Guaraní?
3. ¿A quién quiere escuchar Hugo por la radio?
4. ¿Quiénes son muy aburridos, según Hugo?
5. ¿Quién hace el gol del Cerro Porteño y qué número de camiseta lleva el jugador?

18 Algo personal

1. ¿Cuál es tu equipo de fútbol favorito?
2. ¿Quién es tu comentarista de radio o de televisión favorito/a?
3. ¿Escuchas transmisiones en vivo de deportes por la radio? ¿Qué transmisiones escuchas?
4. ¿Has escuchado alguna transmisión de radio de un partido de fútbol? ¿Dónde? ¿Qué equipos jugaban?

19 ¿Cierto o falso?

 Di si lo que oyes es cierto o falso. Si lo que oyes es falso, di lo que es cierto.

Humberto Rubín, comentarista paraguayo.

Notes Note for students that the verb *marcar* requires the spelling change $c \rightarrow qu$ in the *Ud./Uds.* commands and in the subjunctive.

Other words for *portero* are *arquero* and *guardamallas*. The word for **tie** (score) is *el empate*.

Alabio, alabao, a la bim, bom, bao, Cerro, Cerro, ra, ra, ra is a very popular *porra* (cheer) during sport tournaments in schools.

Cultura Viva

Jugadores del Cerro Porteño.

El fútbol y la radio en Paraguay

En el Paraguay hay varias emisoras de radio donde los paraguayos escuchan programas musicales, informativos, culturales, y claro, deportivos. Al igual que en la gran mayoría de los países hispanos, el deporte nacional es el fútbol, y es el deporte que más se transmite por radio. Como en muchos otros países hispanos, aunque los paraguayos ven los partidos de fútbol por la televisión, es muy normal que ellos le bajen el volumen al televisor y escuchen a los comentaristas de la radio. Para muchos aficionados, es más divertido y emocionante escuchar al comentarista de la radio que al de la televisión.

El fútbol empezó en Paraguay en 1902. El primer equipo de fútbol paraguayo, el Olimpia, lo fundó un holandés, William Paats. Este club sigue siendo uno de los clubes más populares del país y el mayor ganador de campeonatos nacionales de la Liga Paraguaya de Fútbol. Junto con el Olimpia, el Cerro Porteño, el Sol de América, el Guaraní y el Nacional son los clubes principales del país.

El Olimpia.

20 En la internet

Busca en la internet una página Web con información sobre los partidos de la Liga Paraguaya de Fútbol. Di cuáles han sido los últimos partidos de la liga, qué equipos jugaron, los marcadores y quiénes marcaron los goles. También, si puedes, escucha a los comentaristas de la radio paraguaya en directo por una emisora que los transmita por la internet y reporta a la clase tu experiencia.

Teacher Resources

 Activity 4

Answers

20 Answers will vary.

Activities

Communication
Record a portion or portions of a soccer game. Bring the video recording to class and ask for volunteers to act as commentators. First, model as the commentator for students to refamiliarize them with the vocabulary.

Notes Encourage students to use context clues to figure out the meanings of unfamiliar words and phrases.

Reminder: Web addresses change frequently and sites come and go, so it's a good idea to check them. In addition, it is a good idea to give students guidelines when using the Internet. The *Navegando 2* ATE Introduction offers tips and suggestions on how to make good use of the Internet while avoiding some of the problems associated with Web searches.

Answers

21 Possible answers:
1. ...se lavan....
2. ...se limpia....
3. Se cubre....
4. Se prepara....
5. Se cepillan....
6. Se pone....
7. ...se traen....
8. ...se hacen....

22
1. Se come en el restaurante.
2. Se estudia en la biblioteca.
3. Se escriben cartas en español.
4. Se va al mercado para comprar la comida.
5. Se pide ayuda cuando es necesario.
6. Se duerme cuando uno está enfermo.

Activities

**Multiple Intelligences
(logical-mathematical/linguistic)**
Ask students to imagine they are going to have a party at their house that is similar to the one at the González home. What would the event be? How should students prepare? Have students write a short composition about their preparations, using the *se* construction.

Idioma

Repaso rápido: the passive voice

You already know you can combine *se* with the *él/ella/Ud.* form of a verb or with the *ellos/ellas/Uds.* form of a verb when the performer of an action is indefinite or unknown (where speakers of English often use "one," "people" or "they"). When the subject (which may precede or follow the verb) is singular, the verb is singular. Similarly, if the subject is plural, so is the verb.

*Esa entrevista **se había leído** mucho.*	That interview **had been read** a lot. (**Many people had read** that interview.)
*El español y el guaraní **se hablan** en el Paraguay.*	Spanish and Guarani **are spoken/They speak** Spanish and Guarani in Paraguay.

21 La superfiesta

Las siguientes oraciones describen lo que hacen los miembros de la familia González para prepararse para una superfiesta el día de la final de la Copa Mundial de Fútbol. Cámbialas, usando una construcción con *se*.

MODELO Primero, arreglan la sala.
Primero, se arregla la sala.

1. Luego, lavan las ventanas.
2. Más tarde, limpian el piso de la cocina.
3. Cubren la mesa con un mantel.
4. Preparan la comida.
5. Cepillan al perro y al gato.
6. Ponen la mesa.
7. Después, traen los refrescos.
8. Finalmente, hacen unas galletas de perlas de chocolate.

Primero, se arregla la sala.

22 En voz pasiva

Haz oraciones completas con las indicaciones que se dan, usando la voz pasiva.

MODELO hablar / español / Asunción
Se habla español en Asunción.

1. comer / restaurante
2. estudiar / biblioteca
3. escribir / cartas / español
4. ir / mercado / comprar / la comida
5. pedir / ayuda / cuando / ser / necesario
6. dormir / cuando uno / estar / enfermo

Notes Remind students that when *se* is used in this impersonal reflexive construction, the subject may precede or follow the verb.

Estructura

More on the passive voice

In most sentences, the subject of the sentence performs an action. These sentences are said to be in the active voice.

Barreto marcó el gol.   Barreto scored the goal.

Edgar Perea narró el partido.   Edgar Perea announced the game.

However, where the subject is not the doer of an action but instead receives an action, the sentence is said to be in the passive voice. In the passive-voice examples that follow, note the use of a form of the verb *ser* plus a past participle, which is treated like an adjective and, therefore, must agree with the subject in gender and number. The word *por* usually follows and is used to tell by whom the action was performed.

*El gol **fue marcado por** Barreto.*   The goal **was scored by** Barreto.

*El partido **fue narrado por** Edgar Perea.*   The game **was announced by** Edgar Perea.

 Práctica

23 Durante un partido de fútbol

Repite las siguientes oraciones usando la voz pasiva para saber lo que pasa durante un partido.

MODELO El jugador número diez da muchas oportunidades para marcar un gol.
        Muchas oportunidades para marcar un gol son dadas por el jugador número diez.

1. Los comentaristas de la radio narran el partido.
2. Los muchachos venden refrescos.
3. Los periodistas escriben artículos acerca del partido.
4. Los aficionados compran camisetas.
5. La policía cierra las calles cerca del estadio.
6. Los jugadores estrella marcan los goles.

El jugador número diez da muchas oportunidades para marcar un gol.

Capítulo 7   *trescientos treinta y cinco* **335**

Teacher Resources

 Activity 23

 Activity 5

 Activities 9–10

 Activity 5

 Activities 9–10

Answers

23 1. El partido es narrado por los comentaristas de la radio.
2. Los refrescos son vendidos por los muchachos.
3. Los artículos acerca del partido son escritos por los periodistas.
4. Las camisetas son compradas por los aficionados.
5. Las calles cerca del estadio son cerradas por la policía.
6. Los goles son marcados por los jugadores estrella.

Activities

Students with Special Needs
Model an additional sentence for activity 23.

Notes Spanish has a true passive construction that uses a form of the verb *ser* with a past participle: *Los muchachos fueron presentados por sus padres.* However, the passive construction that is most commonly used is that expressed by *se* followed by a third-person singular verb.

24 Roberto no tiene la información correcta

Ayuda a Roberto a corregir lo que sabe, escribiendo otra vez las siguientes oraciones en la voz pasiva y completándolas con la información correcta.

MODELO El jugador Jiménez visitó la luna por primera vez.
No, la luna *fue visitada por primera vez por Neil Armstrong.*

1. Agusto Roa Bastos escribió los *Versos Sencillos.*
No, estos versos...
2. El Sur ganó la Guerra *(war)* Civil estadounidense.
No, la Guerra Civil estadounidense...
3. Cristobal Colón ayudó a cinco países de la América del Sur a conseguir su libertad *(freedom)* de los españoles.
No, estos cinco países...
4. Shakespeare escribió el libro *El viejo y el mar.*
No, ese libro...
5. George Washington dijo *"I have a dream..."* ("Tengo un sueño...")
No, esto...
6. Australia vendió el estado de Alaska a los Estados Unidos.
No, este estado...

Neil Armstrong visitó la luna.

25 ¿Quiénes lo hicieron?

Trabajando con otro/a estudiante, alternen en hacer preguntas y contestarlas, usando la voz pasiva para decir quiénes hicieron las cosas indicadas.

MODELO narrar el partido (Julio Sánchez)
A: ¿Quién narró el partido?
B: El partido fue narrado por Julio Sánchez.

1. llevar en vivo el partido a los hogares del Paraguay (la emisora Radio Canal 100)
2. marcar los goles (el jugador con la camiseta número cinco)
3. cambiar el marcador en el segundo tiempo (el jugador con la camiseta número doce)
4. sacar las fotos para los periódicos (los reporteros de la sección deportiva)
5. dar camisetas a los aficionados (los jugadores del equipo)
6. describir el partido en la televisión (dos comentaristas superfamosos)

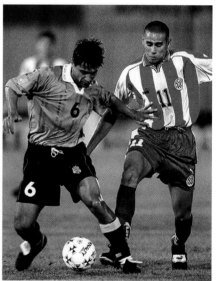

El partido fue narrado por Julio Sánchez.

Notes Students may need help with who did what in activity 24: 1) The collection of poems titled *Versos Sencillos* was written by José Martí; 2) the North won the American Civil War; 3) Simón Bolívar helped the five South American nations obtain their freedom; 4) *The Old Man and the Sea* was written by Ernest Hemingway; 5) Martin Luther King, Jr. said "I have a dream"; 6) Alaska was sold to the United States by Russia.

26 La fiesta de la familia González

Imagina que fuiste a la fiesta que la familia González había organizado para la final del Mundial de Fútbol. Di quién había hecho cada actividad cuando llegaste, según las indicaciones. Sigue el modelo, y usa el pluscuamperfecto en cada oración.

MODELO Rosita había limpiado las ventanas.
Las ventanas habían sido limpiadas por Rosita.

1. La mamá había arreglado la sala.
2. Iván había limpiado el piso de la cocina.
3. Los niños habían cepillado al perro y al gato.
4. El papá había preparado la comida.
5. Miguel había puesto la mesa.
6. El papá había hecho unas galletas de perlas de chocolate.
7. Olga y su nuevo esposo habían traído los refrescos.
8. Alberto había comprado las flores.

Rosita había limpiado las ventanas.

Comunicación

27 Hablando de fútbol

 Trabajando en grupos pequeños, habla del fútbol con tus compañeros/as. Habla de la última vez que fuiste a un partido de fútbol, quién ganó el partido, quién marcó los goles, la posición en que juegan tus jugadores favoritos y la posición que tiene el equipo en el campeonato.

MODELO Mi equipo favorito es... La última vez que lo vi jugar, fue en un estadio en Los Ángeles. El último partido de ellos fue ganado por... Los goles fueron marcados por...

28 Cuando tenías diez años

Trabajando en parejas, alternen en decir actividades que cada uno de Uds. había hecho cuando tenían diez años. Usen la lista de actividades de abajo como guía, o creen su propia lista.

MODELO **A:** Cuando tenía diez años yo había leído un poema escrito por José Martí.

- leer un poema
- escuchar una canción
- comer una langosta
- ir a un concierto
- ver una película
- escuchar una transmisión de fútbol

Teacher Resources

 Activity 26

Answers

26 1. ...había sido arreglada por....
2. ...había sido limpiado por....
3. ...habían sido cepillados por....
4. ...había sido preparada por....
5. ...había sido puesta por....
6. ...habían sido hechas por....
7. ...habían sido traídos por....
8. ...habían sido compradas por....

27 Creative self-expression.
28 Creative self-expression.

Activities

Expansion
As a follow-up to activity 28, talk with the class about what they discussed. After a student states something he or she had done by a certain age, call on another student to summarize the information for additional practice.

Multiple Intelligences (linguistic/intrapersonal)
Ask students to write a summary in Spanish of what they told others in the group about the last time they saw a soccer match. If a student has never seen a soccer match, tell him or her to make up the details.

Notes Students may not have a favorite soccer team. Before assigning activity 27, you may need to tell individuals to do some research and find a team they like.

Check students' pronunciation and intonation when doing the *Comunicación* activities. Remind students to make their best effort to say words correctly and to use proper intonation in their speech.

Follow up activity 28 with a class discussion about what students discussed in pairs.

Teacher Resources

Lectura personal
Activities 29–30

Activities

Communities

Ask students if they think soccer is more popular in the United States or in the Spanish-speaking countries of the world. Then ask students to find out more about soccer in Latin America and to explore why the sport is so popular there.

Expansion

Have students research and look for pictures of soccer stadiums in Latin America. Have them do a Venn diagram to help them decipher what is the same and what is different when comparing these stadiums to sports stadiums and crowds of fans in the United States.

Lectura personal

Cantantes y grupos musicales

Dirección http://www.emcp.com/músico/ola/e.diario-6.htm ▲ Archivo Edición Ver Favoritos Herramientas Ayuda

página principal   miembros   e-diario

Grupo musical **La OLA**

Nombre: **Xavier Rodríguez Guerra**
Edad: **18 años**
Nacionalidad: **estadounidense**
Deporte favorito: **el fútbol**

Estamos en Asunción, la capital de Paraguay. Después de nuestro concierto, fui a ver un partido de fútbol en el estadio Puerto Sajonia. Fue un partido superemocionante entre Olimpia y Guaraní, dos equipos paraguayos requetebuenos. Olimpia abrió el marcador con un impecable cabezazo[1]. A los cuarenta minutos el árbitro sancionó una pena máxima a favor de Guaraní. Era prácticamente el empate. Guaraní disparó[2] ¡pero la pelota dio en el palo del arco[3] de Olimpia! No obstante[4], el buen juego continuó. El empate llegó en el segundo tiempo cuando el delantero de Guaraní, desde cuarenta metros hizo un tiro que se incrustó[5] en el arco del Olimpia. Cinco minutos más tarde, mientras los aficionados de Guaraní celebraban el gol, Olimpia tomó posesión de la pelota y marcó su segundo gol. Guaraní trabajó de manera intensa hasta el final pero no logró empatar. Olimpia ganó por 2 a 1 el partido. ¡Qué partido!

[1]header [2]shot [3]goalpost [4]Nevertheless [5]was lodged

29 ¿Qué recuerdas?

1. ¿Qué hizo Xavier después del concierto?
2. ¿Qué equipos jugaron?
3. ¿En qué tiempo llegó el empate del Guaraní?
4. ¿Qué equipo ganó el partido?
5. ¿Cuál fue el marcador final del partido?

30 Algo personal

1. ¿Eres aficionado/a al fútbol? ¿Por qué sí o por qué no?
2. ¿Sabes el nombre del equipo de fútbol de tu estado? ¿Cuáles son los colores de sus camisetas?
3. ¿Has visto alguna vez un partido de fútbol? Describe un partido emocionante.

- Compara un partido de fútbol con un partido de fútbol americano. ¿Por qué crees que el fútbol, el deporte más popular en el mundo, no es tan popular como el fútbol americano en los Estados Unidos?

338 *trescientos treinta y ocho*   **Lección B**

Notes The *Lectura personal* has been recorded and is available in the Audio CD Program along with activities 29 and 30. You may wish to help students with the reading and then assign the reading and the questions as homework. After reviewing the contents of the *Lectura personal*, play the recording and allow students to read along silently. Then play the audio CD of the activities, pausing after each question and calling on students to provide an answer.

¿Qué aprendí?

Autoevaluación

Como repaso y autoevaluación, responde lo siguiente:

Visit the web-based activities at www.emcp.com

1. What sections of a newspaper do you enjoy reading?

2. A friend has arrived late to a school dance. Say three things that had happened before the friend arrived.

3. Describe three things you did or saw prior to arriving at school today.

4. You are working as a professional radio announcer and today you are announcing for a soccer match. What might you say to your audience?

5. Say something about two things that were done, said or written by someone you know.

6. What do you know about Paraguay?

Palabras y expresiones

El fútbol
el aficionado,
   la aficionada
el árbitro, la árbitro
el campeonato
el defensor, la
   defensora
el delantero, la
   delantera
el espectador,
   la espectadora
el gol
el marcador
el mediocampista,
   la mediocampista
la pelota
la pena (máxima)
el portero, la portera
el tiempo
el tiro

El periódico
el artículo
el aviso
la columna
la cultura
la economía
editorial
la encuesta
la entrevista
internacional
la política
la sección
la tabla

la tira cómica
el titular
La radio
el comentarista,
   la comentarista
la emisora
en vivo
el micrófono
la transmisión
Verbos
empatar
enterar(se) de
escuchar

llevar
marcar
narrar
Expresiones y otras palabras
acerca de
a favor (de)
alrededor de
culto,-a
económico,-a
máximo,-a
la oportunidad
ya

El micrófono.

La pelota.

Teacher Resources

📝 Activity 11

🗨 Information Gap Activities
Postcard Activities
Funciones de Comunicación

Answers

Autoevaluación
Possible answers:
1. Me gusta leer los titulares y la sección de deportes.
2. La profesora Sosa había bailado. Carlos había tomado un refresco. Yo había ido al baño.
3. Yo había tomado el desayuno. Me había cepillado los dientes y me había puesto la chaqueta para salir. También vi que mi madre había hecho un sandwich para el almuerzo.
4. Answers will vary.
5. Answers will vary.
6. Answers will vary.

Activities

Expansion
Select several words and phrases for individual students to use orally in sentences.

Multiple Intelligences (bodily-kinesthetic/ linguistic/spatial)
Students present their newscast orally in pairs, in small groups or to the entire class. Encourage creativity by having students prepare appropriate visual reinforcement of their presentation.

Notes The *Autoevaluación* provides several self-check activities students can use for evaluating their own progress. Assign them as time and your own judgment allow.

Have students answer the *Autoevaluación* questions orally in small groups or in pairs.

Have students check their own understanding of the vocabulary by reviewing the list of *Palabras y expresiones*. Then have them find the words they do not recognize in the lesson.

Answers

Preparación
Statement 4 best describes the main theme of the reading. Statements 1, 2 and 3 are the supporting information of the reading.

Activities

Critical Listening
Play the audio recording of the reading one paragraph at a time. Tell students to listen for the main ideas the speaker is addressing. Finally, have several individuals state what they believe is the main theme of each paragraph.

Prereading Strategy
Prepare students for the content of a reading by asking some general questions on the reading topic, such as the questions found in the *Preparación*. Next, play the first paragraph of the recording of the *Tú lees*, using the corresponding audio CD that is part of the Audio Program. As an alternative, you may choose to read the first paragraph yourself. Read the paragraph again with students following along in the book. Give students a moment to look over the paragraph silently on their own and then have them ask questions. Ask for a student to volunteer to read the paragraph aloud. Continue in this way for subsequent paragraphs.

¡Viento en popa!

Tú lees

Estrategia

Determining the main theme of a reading
When reading informative texts, such as a news article, begin by skimming the content to identify the main idea and distinguish it from any supporting information. The main idea is the central theme around which the article is built. The supporting details form the body of the paragraphs serve to develop the main topic. Knowing which part of the reading is the main idea and which is the supporting information will help you better understand the reading.

Preparación
Como preparación para la lectura, lee rápidamente *(skim)* el artículo y decide cuál de las siguientes ideas representa el tema principal y cuáles representan las ideas de apoyo *(support)*.

1. Hay un total de ochenta piezas en la exhibición y participan diez artistas latinoamericanos.
2. La exhibición estará hasta el doce de octubre y es gratuita.
3. Se pueden observar las diferentes técnicas de arte que los participantes de esta exposición representan.
4. Un grupo de famosos artistas latinoamericanos se une para hacer una original exhibición de arte.

Cultura

Gran exhibición de artistas latinoamericanos
El arte latinoamericano unido en Montevideo

Un grupo de famosos artistas latinoamericanos se ha unido en una singular ocasión organizada por la Facultad de Bellas Artes de la Universidad de Montevideo para hacer una original exhibición donde se muestran, entre otros[1], trabajos de la chilena Patricia Israel, el

uruguayo Carlos Colombino y el colombiano Fernando Botero. Esta exhibición busca celebrar la diversidad de las bellas artes en los países latinoamericanos.

Los asistentes a este evento van a poder observar las diferentes técnicas de arte que los participantes de esta exposición representan. Un total de ochenta piezas forman la exhibición, con la participación de un total de diez artistas latinoamericanos. Hay pinturas[2] al óleo y en pasteles, esculturas en piedra y mármol[3], y muchos medios mixtos. La escultora Patricia Israel presenta una escultura en piedra con piezas de orfebrería[4]. El artista Carlos Colombino expone su famosa xilopintura *Piedra Ritual* y el maestro Fernando Botero su escultura *Los amantes*, que recientemente fue vendida a un rico empresario de

Minneapolis, en Estados Unidos.
La exhibición, que empezó en el mes de junio, estará hasta el doce de octubre en el salón principal de exposiciones de la Facultad de Bellas Artes de la Universidad de Montevideo. Si no ha visitado esta fabulosa exhibición, recuerde que la entrada es gratuita[5] y el horario al público es de martes a domingo, de diez de la mañana a ocho de la noche. No falte[6] a este gran evento.

[1]among others [2]paintings [3]marble [4]goldsmithery [5]free [6]miss

Notes Review the contents of the *Estrategia* with the class. Then go to readings and articles that appear in the chapter (or elsewhere in the *Navegando 2*) and show students how to apply the information provided.

Glossed words are defined at the end of the reading.

Complete the *Preparación* with the class. Ask what students think the reading is about.

A ¿Qué recuerdas?

1. ¿Dónde ocurre la exhibición de arte?
2. ¿Quién organiza la exhibición?
3. ¿Cuántas obras hay en la exhibición?
4. ¿Cuáles son algunos de los artistas que van a estar en la exhibición y de qué países son?
5. ¿A quién fue vendida la escultura *Los amantes* de Botero?
6. ¿Hasta cuándo va a estar la exhibición?
7. ¿Cuál es el horario de la exhibición?

B Algo personal

1. ¿Has ido a alguna exhibición de arte donde vives? ¿Dónde?
2. ¿Qué tipo de arte te gusta más, la pintura o la escultura? ¿Por qué?
3. ¿Lees la sección de cultura de algún periódico? Explica.
4. ¿Qué lees en la sección de cultura de un periódico?
5. ¿Qué piensas del artículo de la lectura?

¿Has ido a alguna exhibición de arte?

Activities A–B

Answers

A 1. Ocurre en Montevideo, Uruguay.
2. La exhibición es organizada por la Facultad de Bellas Artes de la Universidad de Montevideo.
3. Hay ochenta obras.
4. Van a estar Patricia Israel de Chile, Carlos Colombino de Uruguay y Fernando Botero de Colombia.
5. Fue vendida a una persona rica de Minneapolis, en Estados Unidos.
6. La exhibición va a estar hasta el doce de octubre.
7. El horario es de martes a domingo, de diez de la mañana a ocho de la noche.

B Answers will vary.

Activities

Technology
Have students research some aspect of the information in the article on page 340, such as one of the names mentioned. Then ask students to write a short composition in Spanish summarizing what they found out. As a follow-up to the written summary, have students present their findings to the class. Encourage students to show the class any supporting visuals they found during their research to make the presentation more interesting.

Notes The reading *Gran exhibición de artistas latinoamericanos* is recorded and available in the Audio CD Program. You may wish to play the CD to allow students to listen to the recording as they read.

Multiple Intelligences (linguistic)

As a quick additional activity that will inspire creativity, ask students to select an important date in the history of the state and write a headline about that event. Tell students that the event may be cultural, an economic or financial news item, a sport result, a tragedy or any other event they wish. Students may wish to consult a book on the history of the state, an encyclopedia, newspapers from the past, etc. Then extend the activity by having students write an imaginary headline for some imaginary past or future event.

Multiple Intelligences (linguistic/spatial)

As a follow-up to this writing assignment, combine the news articles to make a newspaper. Students should submit the final copy on disk so other students can work on the layout and design of the paper.

Tú escribes

Estrategia

Modeling a style of writing
Before beginning to write about a news event, first find a few examples of similar news articles to use as a model. You will notice that a formal style of writing is used and the kind of information that is presented is more formal, too. If you imitate the writing style and include the same kind of information, your article will be perceived by the reader as a factual account of important news about a person, place or event.

Write a news article reporting about a person, an event, a tragedy, a discovery, etc., that you consider interesting. Make sure your writing models the following pattern for reporting the news:

1. Provide a **title** that summarizes the theme of the article.
2. State the **dateline** to indicate where the report takes place.
3. Begin with the **who?, what?, when?, where?** or **why?** information to catch the readers' attention and make them want to continue reading the rest of the article.
4. Include supporting details in the paragraphs in order to develop the main theme.

Notes **Review.** Review some of the writing strategies students have learned over the course of the year. Encourage students to apply as many of these strategies as possible in the article.

This *Tú escribes* lesson provides a formal opportunity for students to improve their ability to write in Spanish, modeling their news articles after similar professionally written articles.

Point out that students should imitate other professionally written articles but they should not plagiarize another person's work.

Proyectos adicionales

A Comparando

Find someone in your class or school who has cable or satellite access to the Spanish television networks that broadcast in your community. Have them tape excerpts of several types of programs such as the news, the weather, a sitcom, a soap opera, a variety show, commercials, etc. View them in class and try to identify what type of program it is. Then discuss the differences between the programming shown on those networks and the programming on other networks that broadcast in the United States.

B Conexión con la tecnología

Imagine you have been asked to audition to report your school's news on a local Hispanic radio station. Make a three- to five-minute tape recording in Spanish to submit as your audition. Start your report by identifying yourself and telling the name and call letters for the radio station. Include the weather for today, the results of the most recent sports events, the traffic report and any other newsworthy information happening in your school at the present time. In order to get the job you will need to be creative, so incorporate any special effects you can.

C Un noticiero

In small groups, produce a news show where each member of the group will be in charge of a segment of the program. Possible segments may include local news, international news, sports, entertainment and commercials. If possible, have someone videotape the program and show the finished product to the class.

Producimos un noticiero local.

Teacher Resources

 Situation Cards

 Capítulo 7

Answers

A Creative self-expression.
B Creative self-expression.
C Creative self-expression.

Activities

Critical Thinking
Ask small groups of students to compare a popular local or national paper from the United States with a popular newspaper from a Spanish-speaking country. They should describe both papers and look for similarities and differences in terms of format, content, photos, style, etc. The information should then be shared with the class.

Expansion
Students watch a soccer game on TV or cable that has commentary in Spanish. They should listen to it and see how much they can understand. Discuss what may make comprehension difficult at times.

Spanish for Spanish Speakers
Have students read a section from the book *Ariel* or from *Prosas profanas* by Uruguayan writer José Enrique Rodó. They should then write short summaries describing the work or their feelings about the work.

Notes As part of your classroom management, consider setting a time limit for each pair or group activity. You can hold students accountable by selecting pairs or groups to perform the task they are practicing or by having students select one person from each group to give a summary of the activity to the class.

Teacher Resources

 Trabalenguas

Activities

Multiple Intelligences (linguistic)

Have students select one or more of the newspapers that can be accessed on the Internet using the provided Web addresses. Tell students to group themselves according to the newspapers they have chosen in different areas of the classroom. Then have students find examples of the different sections of a newspaper in the Web version of the newspaper they have selected. They should list the name of each section, name one or two articles in the section and read an article if they are able. Finally, have each group select one member to share their findings with the class. (The activity can be expanded or made shorter, according to your time and student interest.)

Spanish for Spanish Speakers

Have students prepare a report about the dictatorship of General Alfredo Stroessner, who ruled Paraguay for 35 years.

Technology

Using the Internet, students should find out the important things a visitor to Paraguay should see and do. They should report their findings to the class.

Repaso

Now that I have completed this chapter, I can...	Go to these pages for help:
say what has happened.	300
discuss the news.	300
talk about a television broadcast.	310
describe people and objects.	310
identify sections of newspapers and magazines.	322
relate two events in the past.	322
talk about a radio broadcast.	330
talk about soccer.	330

I can also...	
talk about life in Uruguay and Paraguay.	303, 325
use Spanish to obtain information from various media.	324
use prefixes in Spanish to add emphasis.	329

Trabalenguas

Han dicho que he dicho un dicho,
tal dicho no lo he dicho yo.
Porque si yo hubiera
dicho el dicho, bien dicho
habría estado el dicho
por haberlo dicho yo.

Notes Loose translation of the *Trabalenguas:* They have said I have said a saying, that saying I have not said. Because if I had said that saying, it would have been well said since it would have been said by me.

Some newspaper Web sites:

__Argentina__
Diario el Clarín: http://www.clarin.com/

__Chile__
El Mercurio: http://www.elmercurio.cl/

__Colombia__
El Tiempo:
  http://www.eltiempo.com/hoy/

344

Vocabulario

a favor (de) in favor (of) 7B
aburrir(se) to bore 7A
el **accidente** accident 7A
acerca de about 7B
el **acontecimiento** event, happening 7A
la **actividad** activity 7A
el **actor** actor 7A
la **actriz** actress 7A
el **aficionado,** la **aficionada** fan 7B
alrededor de around 7B
el **anuncio (comercial)** announcement, advertisement 7A
el **árbitro,** la **árbitro** referee, umpire 7B
el **artículo** article 7B
el **autógrafo** autograph 7A
el **aviso** printed advertisement 7B
bostezar to yawn 7A
el **campeonato** championship 7B
el **canal** channel 7A
el **cantante,** la **cantante** singer 7A
la **catástrofe** catastrophe 7A
la **celebración** celebration 7A
la **columna** column 7B
la **comedia** comedy 7A
el **comentarista,** la **comentarista** commentator 7B
el **comercial** commercial, announcement, advertisement 7A
el **concurso** contest, competition 7A
cubrir to cover 7A
culto,-a cultured, well-read 7B
la **cultura** culture 7B
el **defensor,** la **defensora** defender 7B
el **delantero,** la **delantera** forward 7B
la **destrucción** destruction 7A
el **dibujo animado** cartoon 7A

la **economía** economy 7B
económico,-a economic 7B
editorial editorial 7B
la **emisora** radio station 7B
empatar to tie (the score of a game) 7B
en vivo live 7B
la **encuesta** survey, poll 7B
enterar(se) de to find out, to become aware, to learn about 7B
la **entrevista** interview 7B
escuchar to hear, to listen (to) 7B
el **espectador,** la **espectadora** spectator 7B
estar de acuerdo to agree 7A
el **éxito** success 7A
extranjero,-a foreign 7A
famoso,-a famous 7A
fracasar to fail 7A
el **gol** goal 7B
grabar to record 7A
haber to have (auxiliary verb) 7A
la **herida** wound 7A
herido,-a injured 7A
el **huracán** hurricane 7A
informar to inform 7A
internacional international 7B
lastimar(se) to injure (oneself), to hurt (oneself) 7A
llevar to take, to carry, to wear, to bring 7B
el **marcador** score 7B
marcar to score 7B
máximo,-a maximum 7B
el **mediocampista,** la **mediocampista** midfielder 7B
el **micrófono** microphone 7B
el **misterio** mystery 7A
morder (ue) to bite 7A
morir(se) (ue, u) to die 7A

morirse de la risa to die laughing 7A
mostrar (ue) to show 7A
el **musical** musical 7A
nacional national 7A
narrar to announce, to narrate 7B
normal normal 7A
el **noticiero** news program 7A
la **ocasión** occasion 7A
opinar to give an opinion, to form an opinion 7A
la **oportunidad** opportunity 7B
participar to participate 7A
la **pelota** ball 7B
la **pena (máxima)** penalty 7B
el **periodista,** la **periodista** journalist 7A
el **personaje** character 7A
la **política** politics 7B
el **portero,** la **portera** goalkeeper, goalie 7B
la **protesta** protest 7A
el **público** public, audience 7A
el **reportero,** la **reportera** reporter 7A
la **reunión** meeting, reunion 7A
la **risa** laugh 7A
el **robo** robbery 7A
romper to break, to tear 7A
la **sección** section 7B
serio,-a serious 7A
el **suceso** event, happening 7A
la **tabla** chart 7B
el **temblor** tremor, earthquake 7A
tener éxito to be successful 7A
el **testigo,** la **testigo** witness 7A
el **tiempo** time, weather, verb tense, period 7B
la **tira cómica** comic strip 7B
el **tiro** shot 7B
el **titular** headline 7B
la **transmisión** transmission 7B
ya already, now 7B

Notes   Costa Rica
La Nación: http://www.nacion.co.cr/

Ecuador
Diario Hoy: http://www.hoy.com.ec/

España
El País: http://www.elpais.es/

México
El Universal: http://www.el-universal.com.mx/

Perú
La República: http://www.larepublica.com.pe/

Puerto Rico
El Nuevo Día: http://www.endi.com/

Connections with Parents

As you begin this chapter about Spain and travel, have students interview their parents or other relatives to find out what they know about what to see and do in Spain. This type of activity works to improve connections between the home and what students are learning in Spanish class. Students should begin by preparing a list of questions about what to see and do on a trip to Spain. After summarizing their parents' or guardians' answers, students must ask them to sign and date the work and then return it to you.

Capítulo **8**

¡Vámonos a España!

Objetivos

❖ **express emotion**

❖ **talk about everyday activities**

❖ **talk about the future**

❖ **plan a vacation**

❖ **state what is probable**

❖ **make travel and lodging arrangements**

❖ **use the twenty-four-hour clock**

❖ **talk about schedules**

❖ **express logical conclusions**

❖ **talk about hopes and dreams**

Visit the web-based activities at www.emcp.com

Notes Review these two pages, asking students what country they think they will be studying in the chapter. Then discuss what students know about the country (the country is Spain; Spain is in Europe; the capital is Madrid; etc.).

The communicative functions *(Objetivos)* taught in *Capítulo 8* are listed here along with photographs of Spain (small photograph: two people planning where to go next; large photograph: El Alcázar in Segovia) that mentally and visually whet students' appetites for what they are about to study. A checklist of the same functions, along with additional objectives, appears on page 392.

Contexto cultural

España

Nombre oficial: Reino de España

Población: 39.193.000

Capital: Madrid

Ciudades importantes: Barcelona, Granada, Sevilla

Unidad monetaria: el euro

Fiesta nacional: 12 de octubre, Día de la Hispanidad

Gente famosa: Antonio Banderas (actor), Pablo Picasso (pintor), Enrique Iglesias (cantante), Penélope Cruz (actriz)

Activities

Critical Thinking

Give students the opportunity to study the photographs on these two pages. Ask students where they think the chapter takes place. Then have students guess what they think they will be learning in the chapter.

Multiple Intelligences (musical)

Introduce students to music from Spain as an auditory connection to the country and its geography. As you talk about pages 346–347, play Spanish songs or music in the background. You may even wish to play one or two songs and have students sing along, using EMC's *Canciones Volume I* or *II*.

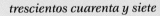

trescientos cuarenta y siete   347

Notes Chapters 8–10 of *Navegando 2* serve for use as a bridge for students who are continuing with Spanish and who will be using *Navegando 3*. With this in mind, note that students will be required to obtain and provide increasingly more challenging information in Spanish (the longer *Tú lees* feature in *Capítulos 8–9;* more challenging activities and projects with instructions entirely in Spanish). The philosophy of gradually increasing the amount of Spanish without overwhelming students culminates in *Capítulo 10* of this textbook. *Navegando 3* requires students to use Spanish exclusively except for grammar explanations.

Lección A

España

Vocabulario I

¡Soñaremos!

Notes Tell students about the royal Spanish family shown in these photographs. The man and woman in the top photograph are Juan Carlos I de Borbón, who is the king of Spain, and Queen Sofía, his wife. She is of Greek heritage and a member of the Greek royal family. Their son and youngest child, Felipe (in the left-hand corner of the page), is the prince of Asturias. Felipe will be named king after his father either abdicates or dies. Elena and Cristina, the daughters of Juan Carlos I and Sofía, are not princesses but *infantas*. They are second and third to the throne of Spain only if Felipe has no children in the future.

¡Estoy tan emocionada! Saborearemos la comida, veremos corridas de toros...

¡Vámonos ya a la agencia de viajes a comprar los billetes!

Activities

Critical Thinking

Ask students to look at the illustrations and photographs on pages 348–349. Tell them to imagine where the conversation takes place and what the people are saying to one another. Finally, ask several individuals to state what they believe is the main theme of the conversation.

Pronunciation

Say the new words in *Vocabulario I* as students practice saying the words after you. Be sure to practice several words with *c, s* and *z* to compare how the letters sound: *gozar, vacaciones, España.*

---

1 ¿Qué foto?

Escoge la foto del lugar donde es más probable encontrar lo que oyes en la descripción.

A

B

2 ¿Quién se describe?

Lee las descripciones y decide quién se describe.

1. Este hombre es un líder de una monarquía.
2. Es el hijo de la reina y el rey.
3. Es la hija de un monarca.
4. Esta mujer es una líder de una monarquía.

A. el príncipe
B. la reina
C. el rey
D. la princesa

Capítulo 8　　　　*trescientos cuarenta y nueve* **349**

Notes Activity 1 is intended for listening comprehension practice. Play the audio CD recording of the activity that is part of the Audio CD Program or use the transcript that appears in the ATE Introduction if you prefer to read the activity yourself.

If students ask about the two photographs in activity 1, tell them that photograph A shows the Royal Palace *(el Palacio Real)* in Madrid and that photograph B shows the bullring in Seville (called *La Maestranza*).

Answers

3 1. Soñó con una corrida de toros.
2. Era el rey de España.
3. Lo más divertido fue que en su sueño Juan era el matador.
4. Lo hizo muy mal.
5. Quiere que sueñe que él es un príncipe.

4 Answers will vary.

5 1. B; 2. C; 3. A; 4. D

Activities

Critical Listening

Play the audio recording of the dialog. Have students look at the photographs and imagine what the people are saying to one another. Ask several individuals to state what they believe is the main theme of the conversation.

Expansion

Additional questions *(Algo personal)*: *¿Te gustaría ser un rey o una reina? ¿Por qué sí o por qué no?; ¿Cómo son los príncipes y las princesas en los cuentos de hada (fairy tales)?; ¿Qué piensas del concepto de la corrida de toros?; ¿Hay otros deportes tan brutales como la corrida de toros? ¿Cuáles?; ¿Te gusta soñar? Explica.; ¿Cuál ha sido tu dicha más grande?; ¿Qué gastos tienes cuando vas de viaje?; ¿Has oído hablar de algún rey o de alguna reina? ¿Quiénes son?*

Diálogo 1

El sueño de Carlos

CARLOS: Anoche soñé con una corrida de toros.
JUAN: Y, ¿qué soñaste? ¿Que tú eras el toro?
CARLOS: No, tonto, que yo era el rey de España y que estaba en una corrida.

JUAN: Ah, sí. ¡Qué divertido!
CARLOS: Sí, pero lo más divertido fue que tú eras el matador.
JUAN: Bueno, ¿y qué tal yo como matador?

CARLOS: Pues, lo hiciste muy mal. El toro gozó más que tú.
JUAN: ¡Qué triste! Entonces en tu próximo sueño voy a ser un príncipe.
CARLOS: Seguro que sueño contigo, ¡pero de payaso!

3 ¿Qué recuerdas?

1. ¿Con qué soñó Carlos anoche?
2. ¿Quién era Carlos en su sueño?
3. ¿Qué fue lo más divertido del sueño de Carlos?
4. ¿Qué tal fue Juan como matador en el sueño de Carlos?
5. ¿Qué quiere Juan que sueñe de él Carlos la próxima vez?

4 Algo personal

1. ¿Soñaste anoche? ¿Con qué?
2. ¿Cuál ha sido tu sueño más divertido últimamente?
3. ¿Has visto alguna vez una corrida de toros? ¿Te gustó?
4. ¿Qué piensas de las corridas de toros? Explica.

5 ¿Quién es?

 Escoge la ilustración que corresponde con lo que oyes.

A　　　　**B**　　　　**C**　　　　**D**

Notes In the dialog, Carlos tells Juan that he dreamed that he was the king of Spain and that he attended a bullfight where Juan was a matador. If students ask about the term, explain that a *matador* is a cognate in English: matador (bullfighter).

Another term for *matador* is *torero*.

Inform the class that bullfights are part of popular culture in a number of countries in the Spanish-speaking world. There are bullfights in Mexico, in parts of Central America and in the northern countries of South America. In Portugal, a variation of bullfighting consists of a rider on horseback in the ring with a bull.

Cultura viva

San Fermín, Pamplona.

La Feria de Abril, Sevilla.

De vacaciones en España

España es el destino número uno de vacaciones en Europa y es fácil comprender por qué. España es un país con museos famosos, increíble arquitectura, playas blancas, montañas verdes y una rica historia que dejó ruinas romanas, castillos, mezquitas, barrios judíos[1], catedrales y palacios.

Para los jóvenes turistas, España es un lugar muy divertido. Si están en la Costa Brava, pueden hacer deportes acuáticos como windsurf y vela[2]. Si están en Madrid, la capital, pueden visitar muchos parques de atracciones o caminar por El Rastro, un enorme mercado al aire libre.

La vida nocturna en España es famosa. Los españoles cenan a las 9 ó 10 de la noche y, luego, salen con

Las Fallas de Valencia.

amigos a hablar, caminar por las calles, bailar, comer tapas y seguir hablando. La vida nocturna es aún más alegre cuando hay un festival, y en España, siempre hay alguno. Entre los más famosos están las fiestas de San Fermín en julio, en las cuales muchos chicos y chicas corren por las calles de Pamplona seguidos por toros. En marzo, durante Las Fallas de Valencia, miles de personas ven figuras de madera gigantes quemarse en medio de grandes celebraciones. En abril, Sevilla celebra su cultura en una gran feria con flamenco, caballos, corridas de toros y trajes tradicionales. Durante los meses de primavera y verano, casi todos los fines de semana hay, en un lugar u otro de España, algún tipo de celebración o fiesta.

[1]Jewish quarters [2]sailing

Communities

Ask students to research one aspect of Spain mentioned in the *Cultura viva*. They may use the Internet, the library, a travel agent or other any other source of their choosing. Then have them prepare a short summary of their findings to share with the class. Encourage students to show visuals or play appropriate recordings as they talk about their research in order to make the presentation more interesting.

Spanish for Spanish Speakers

Have students prepare a report about the changes that have taken place in Spain since 1975, the year that the Spanish dictator Francisco Franco died and the monarchy was restored.

6 ¡A divertirse!

 Con base en la Cultura viva, haz una lista de seis cosas que se pueden hacer y ver en un viaje a España. Pon la lista en orden de preferencia (el número 1 siendo lo que más te gustaría hacer y el 6 lo que menos te gustaría hacer). Compara tu lista con la de tus compañeros(as) de clase.

Notes Inform students that even small towns in Spain hold annual festivals that are often quite grandiose. Many of these *fiestas* center around a particular regional harvest or a connection to a certain saint. Most feature food, dancing, parades and socializing.

In Spain, the fiesta de San Fermín involves what is referred to as "the running of the bulls," in which bulls are allowed to run in the street running after people who try to get close to the bulls without getting hurt.

Activities

Cooperative Learning
Encourage students to ask a variety of different questions for activity 8. Then have students switch partners for additional practice.

Students with Special Needs
Before assigning activity 7, ask students questions about when they do various activities during the day, using the expression *¿A qué hora...?* (e.g., get up, eat, go to school, attend classes, do homework). Students should answer in Spanish, naming the activity and using the expression *a las....*

Idioma

Repaso rápido: the future tense with *ir a*

You have already learned to use the present tense of *ir* followed by *a* and an infinitive to say what is going to happen.

*Nosotros **vamos a viajar** a Valencia el viernes.*	We **are going to travel** to Valencia on Friday.
*El tren **va a llegar** en una hora.*	The train **is going to arrive** in one hour.

7 San Pablo

Hoy estás en el Aeropuerto de San Pablo, en Sevilla. Di adónde van a ir estas personas y a qué hora van a salir, combinando palabras y expresiones de las tres columnas. Añade las palabras que sean necesarias.

MODELO Tú vas a ir a Santiago y vas a salir a las diez menos cuarto de la noche.

A	B	C
Alba y Jorge	San Sebastián	1:05 P.M.
doña Sofía	Madrid	2:10 P.M.
Uds.	Barcelona	8:25 A.M.
el Sr. Jiménez	Las Palmas	9:10 A.M.
Petra y Lourdes	Oviedo	5:45 P.M.
tú	Valencia	7:30 A.M.
la Srta. Lorente	Santiago	9:45 P.M.

8 ¿Adónde vas a ir?

 En parejas, hablen de sus planes para las próximas vacaciones (adónde van a ir, cuándo van a ir, con quién, qué van a hacer, qué lugares van a visitar, etc.). Usa las expresiones que has aprendido en esta lección.

MODELO A: ¿Adónde vas a ir de vacaciones?
B: Voy a ir a Valencia, España.
A: ¿Qué vas a hacer allá?
B: Voy a ir a la playa.
A: ¿Cómo vas a ir?
B: Voy a ir en tren.

Peñíscola, Valencia.

Notes Remind students that the construction *ir a* followed by an infinitive is the most common way to express the future in Spanish, especially in spoken Spanish.

Review. Review how to ask for and tell time for activity 7. Remind students that they should use the expression *¿A qué hora (verb)?* when talking about when a plane departs or arrives.

Select several pairs of students to perform activity 8 in front of the class.

Estructura

The future tense

Much as in English, you can sometimes use the present tense of a verb in conversation in order to refer to the future.

Vamos a Bilbao mañana.   **We're going** to Bilbao tomorrow.

You also have learned to talk about the future using the construction *ir + a +* infinitive.

¿Van a ir en tren?   **Are you going to go** by train?

Spanish also has a true future tense *(el futuro)* that may be used to tell what will happen. It is usually formed by adding the endings *-é, -ás, -á, -emos, -éis* and *-án* to the infinitive form of the verb.

viajar	
viajar**é**	viajar**emos**
viajar**ás**	viajar**éis**
viajar**á**	viajar**án**

comer	
comer**é**	comer**emos**
comer**ás**	comer**éis**
comer**á**	comer**án**

abrir	
abrir**é**	abrir**emos**
abrir**ás**	abrir**éis**
abrir**á**	abrir**án**

Look at these examples:

*Yo **viajaré** a Ponferrada mañana.*   **I'll travel** to Ponferrada tomorrow.
*Nosotros **iremos** en avión.*   **We'll go** by plane.
*El tren **llegará** a las tres.*   The train **will arrive** at three o'clock.

The future tense also may be used in Spanish to express uncertainty in questions and probability in answers that refer to the present. Compare the following:

*¿A qué hora **llegará**?*   **I wonder** what time it will arrive.
*Él **saldrá** en el próximo tren.*   **He is probably (He must be) leaving** on the next train.

Comerán tortillas ahora.   **I imagine they are eating** tortillas.
*Ellos **estarán** en la playa.*   **They probably are (must be)** at the beach.

 **Práctica**

9 Hablando de las vacaciones

Tú y unos amigos están haciendo planes para las próximas vacaciones. Completa las siguientes oraciones con la forma del futuro de los verbos indicados.

MODELO   Elena *(conocer)* las islas Canarias.
Elena *conocerá* las islas Canarias.

1. Nosotros *(comer)* tapas en Málaga.
2. Alejandro *(ir)* a las corridas de toros en Sevilla.
3. Ernesto y Paloma *(visitar)* el parque del Retiro.
4. Yo *(viajar)* a la casa de mis tíos en la Costa Brava.
5. Tú *(esquiar)* en los Pirineos.
6. José y Antonio *(trabajar)* en un supermercado.
7. Mi familia y yo *(ir)* a Ponferrada.

Capítulo 8   *trescientos cincuenta y tres* **353**

Teacher Resources

 Activities 3–4

 Activities 3–7

 Activity 2

 Activities 6–8

Answers

9 1. comeremos
2. irá
3. visitarán
4. viajaré
5. esquiarás
6. trabajarán
7. iremos

Activities

Critical Thinking
Ask students to give you the subject of the following verb forms: *irán, tomaré, hablarás, comeremos, llevaré, leerá, viajarán, beberé,* etc.

Students with Special Needs
After presenting the formation of the future tense, practice conjugating other previously learned verbs in the future tense for additional practice.

Notes Point out that future-tense endings are always preceded by the letter *r*, whether the verb is formed regularly or not.

Inform students that they should form the future tense of reflexive verbs the same way they have learned to form the present tense of nonreflexive verbs: The reflexive pronoun must agree with the subject and must precede the verb. You may wish to offer some examples: *Me despertaré temprano para llegar a tiempo al aeropuerto* (I will wake up early to arrive at the airport on time); *Ellos se bañarán antes de salir para el aeropuerto* (They will take a bath before going to the airport).

10
1. iré
2. compraré
3. regresaré
4. prepararé
5. conduciremos
6. mirará
7. hablaremos
8. cubrirá
9. veré
10. comeré

11
1. Nosotros veremos la televisión.
2. Tú recogerás los billetes de avión.
3. Almudena irá al aeropuerto.
4. María y Borja saborearán las golosinas.
5. Yo subiré las maletas.
6. Alberto preparará el pastel de chocolate.

Activities

Critical Listening
Say aloud several verbs that are either in the past or the future tense. Ask students to raise their left hand if the verb is in the past tense; have them raise their right hand if the verb is in the future tense.

Critical Thinking
Conjugate in the future tense a verb of your choosing (*ir*, for example) as students write the corresponding subject pronoun. Follow up with a discussion about the errors students made.

10 Francisco hace planes

Completa el párrafo sobre los planes que Francisco tiene para mañana, usando el futuro de los verbos indicados.

Mañana yo *(1. ir)* a la estación por la mañana y *(2. comprar)* el billete para mi viaje a Las Baleares. Luego, *(3. regresar)* a casa y *(4. preparar)* una tortilla para mi almuerzo. Después del almuerzo, mi hermano y yo *(5. conducir)* a una tienda en el centro donde él *(6. mirar)* una maleta que quiere comprar. Por la tarde, mis padres y yo *(7. hablar)* de los gastos de mi viaje. Van a ser muchos, pero por suerte mi padre los *(8. cubrir)* casi todos. Finalmente por la noche, yo *(9. ver)* mi programa favorito de televisión, "El gran hermano", y *(10. comer)* una ensalada antes de ir a dormir.

Francisco tiene planes para mañana.

11 ¿Qué harán?

Haz oraciones completas, usando las ilustraciones y poniendo los verbos en el futuro.

MODELO Andrés / comer
Andrés comerá pollo.

1. nosotros / ver

2. tú / recoger

3. Almudena / ir

4. María y Borja / saborear

5. yo / subir

6. Alberto / preparar

Notes The future tense is most often used for distant projects and possibilities. The present tense can also be used for a future meaning when there is a certainty: *¿Estás en tu casa esta tarde?*

Students may recognize Francisco in the photograph at the top of the page from the *Navegando* video.

Many of the Spanish names used throughout this chapter (Alba, Jorge, Petra, Lourdes, etc.) are common names in the region of Castille. Other typical Castilian names that appear in this lesson include Paloma, Almudena, Borja, Julián.

12 ¿Adónde irán en Segovia?

Las siguientes personas están de vacaciones en Segovia. Trabajando en parejas, alterna con tu compañero/a de clase en preguntar y contestar a qué lugares irán cada una de las siguientes personas, según el mapa y las indicaciones que se dan.

MODELO   Claudia y sus abuelos / 2
  A: ¿Adónde irán Claudia y sus abuelos?
  B: Claudia y sus abuelos irán a la Iglesia de San Clemente.

1. Guillermo y yo / 6
2. doña Teresa / 11
3. Óscar y su prima / 16
4. Cristina / 19
5. Roberto y su esposa / 9
6. tú / 23
7. yo / 3
8. Uds. / 22

Correspondencia con la enumeración en el plano de Segovia

① Iglesia de San Millán		⑬ Iglesia de San Andrés
② Iglesia de San Clemente		⑭ Alcázar
③ Acueducto		⑮ Casa del Sol, Museo Provincial de Segovia
④ Iglesia de San Justo		⑯ Casa de las Cadenas
⑤ Monasterio de San Antonio el Real		⑰ Iglesia de San Juan de los Caballeros
⑥ Casa de los Picos		⑱ Iglesia de San Sebastián
⑦ Alhóndiga		⑲ Iglesia de San Nicolás
⑧ Iglesia de San Martín		⑳ Iglesia de San Quirce
⑨ Torreón de los Lozoya		㉑ Iglesia de San Esteban
⑩ Convento del Corpus Cristi		㉒ Palacio Episcopal
⑪ Catedral		㉓ Torre de Hércules
⑫ Iglesia de San Miguel		㉔ Iglesia de La Trinidad

Answers

13 1. ¿Cómo preparará...?
2. ¿Dónde estarán...?
3. ¿Quién viajará...?
4. ¿Cuánto costarán los billetes?
5. ¿Cuál será...?
6. ¿Quién cubrirá...?

14 Possible answers:
1. Pedro está en la cama. Dormirá.
2. Alberto y Enrique están en la piscina. Nadarán.
3. Elena y su esposo están en el aeropuerto. Viajarán.
4. Ana está en una agencia de viajes. Comprará un billete.
5. Pedro y su esposa están en la cocina. Prepararán la comida.
6. Laura está en un restaurante. Comerá.

Activities

Critical Thinking

As an additional activity to practice the future tense of probability, have students list the names of several people—close friends, family members and celebrities. Students should then say where each person probably is right now: *¿El presidente? Estará en la Casa Blanca.*

---

13 ¿Qué te preguntas?

Expresa las siguientes ideas con una pregunta, usando el futuro de probabilidad.

MODELO Me pregunto qué llevo de ropa para mi viaje.
¿Qué llevaré de ropa para mi viaje?

1. Me pregunto cómo prepara mi tía las tortillas.
2. Me pregunto dónde están los billetes.
3. Me pregunto quién viaja también a España.
4. Me pregunto cuánto cuestan los billetes.
5. Me pregunto cuál es la temperatura en Barcelona.
6. Me pregunto quién cubre nuestra visita a Barcelona para el periódico.

¿Qué llevaré de ropa para mi viaje?

14 Probablemente

Di dónde están las siguientes personas según las ilustraciones y qué es probable que hagan. Usa el futuro de probabilidad.

MODELO tú
Tú estás en una plaza de toros.
Estarás en una corrida.

1. Pedro

2. Alberto y Enrique

3. Elena y su esposo

4. Ana

5. Pedro y su esposa

6. Laura

Comunicación

 15 Cuando llegues a Madrid

Trabajando en parejas, hablen de sus planes para un futuro viaje a España. Si quieren pueden usar el tiempo futuro de algunos de los verbos indicados.

llegar	conocer	levantarse	vestirse	cepillarse
irse	despedirse	acostarse	comer	comprar

MODELO En Madrid, me despertaré a las diez porque me acostaré tarde.

16 ¿Dónde piensas que estará?

Trabajando en parejas, alternen en presentar la situación y en adivinar *(guess)* qué estarán haciendo las siguientes personas, según lo que se ve en las fotos.

MODELO Julia
Julia dormirá y soñará
con sus vacaciones.

1. la tía de Julia   **2.** Felipe y Marta   **3.** Ana y su amigo   **4.** Ramiro

5. Sandra   **6.** Carmen   **7.** Andrés y su prima

 17 Un viaje estudiantil

Imagina que haces un viaje a España para estudiar en un programa para estudiantes extranjeros. En parejas, alterna con otro/a estudiante en preguntar y en contestar a qué hora harás las siguientes actividades.

1. despertarte
2. levantarte
3. bañarte
4. desayunarte
5. peinarte
6. despedirte de todos nosotros

Capítulo 8   *trescientos cincuenta y siete*   **357**

Notes Madrid is the fifth largest city in Europe, after Moscow, London, St. Petersburg and Berlin. The Spanish capital's population is more than three million.

Vary the way you assign oral activities. For example, pair students requiring additional help with stronger students for activities 15–17. You might even consider asking several volunteers to share with the class some of the future plans pairs discussed for activity 15.

En la agencia de viajes El Sol

 Activity 5

 Activity 53

 Activity 8

 Activity 3

 Activities 9–10

Activities

Prereading Strategy

Talk to students about where they would like to travel. Ask what they would like to do there, whether there are any particular foods they would like to eat during their trip and how they might go about making travel arrangements. Then instruct students to look at the illustration. Ask them to imagine where the conversation takes place and what the people are saying to one another. Finally, have students look through *Vocabulario II* quickly to find cognates and other words or expressions they already know.

Notes Tell the class that the poster on the wall of the travel agency shown on page 358 is for Iberia Airlines, the national airline of Spain.

Point out that there is a significant time change between the United States and Spain. (During most of the year Spanish time is seven hours ahead of Central Standard Time in the United States.)

Depending upon circumstances and individual differences, some people use the words *boleto, pasaje* or *tiquete* in place of *billete*.

Teacher Resources

 Activity 18

 Activity 6

Answers

18 1. D
2. A
3. B
4. C
19 Answers will vary.
20 Creative self-expression.

Activities

Expansion
Bring to the classroom a variety of travel brochures, travel guides, airline and hotel ads, travel posters, vacation itineraries, airline tickets, hotel and museum receipts, etc. Have students assist in using these items to decorate the classroom and practice vocabulary at the same time.

18 ¿Qué es?

Escucha las definiciones y determina a qué palabra se refiere.

A. los folletos
B. las guías
C. los itinerarios
D. la visa

19 Juego

Haz una lista, en un minuto, de las cosas que necesitas para ir de viaje a España.

¡Oportunidades!

En la agencia de viajes

If you are traveling within a Spanish-speaking country, you may have to go to a travel agency to confirm your reservations for the airplane and hotels scheduled in your itinerary. Perhaps you also will need to make new arrangements to include additional interesting sites you want to visit.

Take that opportunity to practice all you have learned in Spanish and see if you can acquire new words that you did not know.

20 En la agencia de viajes

Antes de ir a la agencia de viajes para conseguir información para tus vacaciones, quieres preparar algunas preguntas para el/la agente. Escribe seis preguntas que le piensas hacer.

MODELO ¿Tiene Ud. folletos para un viaje a Toledo, España?

Notes Select from ancillaries listed under Teacher Resources at the top of pages 358–359 for introducing and reinforcing the new content. For example, in addition to using overhead transparencies to teach the new vocabulary, you may wish to have students practice new words and expressions and their pronunciations using the Audio CD Program. Activities 5 and 6 of the Listening Activities Manual offers additional listening comprehension practice. Written practice of the material on pages 358–359 is also available in the Workbook and the Grammar and Vocabulary Exercises Manual. There is also a quiz to check student comprehension. Choose support items that help to accomplish your goals.

Activities

Critical Listening
Play the audio recording of the dialog. Have several individuals state what they believe is the main theme of the conversation.

Expansion
Additional questions *(Algo personal): ¿Qué ciudades te gustaría visitar en España?; ¿Qué comidas españolas te gustaría comer?; ¿Adónde irás en tus próximas vacaciones?; ¿Cuál fue tu destino en tu último viaje? ¿Fue a algún lugar donde se habla español?; ¿Crees que cargar gastos en una tarjeta de crédito es mejor que pagar en efectivo? ¿Por qué?*

Diálogo II
Voy a San Sebastián

EL AGENTE: Buenas tardes. ¿Cómo puedo ayudarle?
EL CLIENTE: Debo ir a San Sebastián la semana que viene y necesitaré reservaciones de vuelo y hotel.
EL AGENTE: Muy bien. ¿Necesita un billete de ida y vuelta?

EL CLIENTE: Sí, de ida y vuelta, por favor.
EL AGENTE: Saldrá en el vuelo 386 el viernes a las tres y quince y llegará a las cinco y media.
EL CLIENTE: Perfecto. Me quedaré en el hotel desde el viernes hasta el domingo.

EL AGENTE: ¿Quiere cargar el total a su tarjeta o pagará con cheque?
EL CLIENTE: Pagaré con cheque, gracias.
EL AGENTE: Aquí tiene sus billetes y la información sobre su hotel. ¡Buen viaje!

21 ¿Qué recuerdas?

1. ¿Adónde necesita viajar el cliente?
2. ¿Quiere el cliente un billete sólo de ida?
3. ¿Necesitará el cliente un hotel?
4. ¿En qué vuelo saldrá el cliente?
5. ¿Cómo pagará por el viaje?

22 Algo personal

1. ¿Has viajado alguna vez en avión?
2. ¿Qué hace tu familia cuando necesita billetes de avión? ¿Va a una agencia de viajes?
3. ¿Te gustaría ir a algún hotel en España? ¿Por qué?
4. ¿Cómo cargas las compras que haces?

¿Te gustaría ir a algún hotel en España?

23 ¿Dónde? ¿Cómo? y ¿Cuándo?

 Di si lo que oyes es cierto o falso, según el Diálogo II. Si es falso, corrige la información.

Notes Encourage students to study and/or travel abroad during or after high school. Consider organizing a student trip to Spain or to another Spanish-speaking country through a student-oriented travel agency.

Whereas in the United States airlines are corporate businesses, the countries of the Spanish-speaking world (and other countries throughout the world, as well) subsidize national airlines, as Spain does with Iberia.

¡Olé!

Si estás en España un domingo por la tarde durante la primavera, puedes ir a una corrida de toros en la plaza. Las corridas de toros son una forma de arte para algunos, un deporte para otros y aún para otros son una forma de tortura animal. No hay duda de que las corridas de toros son una de las tradiciones más antiguas, arraigadas[1], y controversiales en España, Francia, Portugal y algunos países hispanos.

En esta corrida no hay toros.

Taquilla en la calle Sierpes, Sevilla.

El espectáculo que se ofrece en las corridas involucra[2] a muchas personas, no sólo al matador y al toro. En el ruedo[3], ayudando a lidiar al toro[4], están los banderilleros, los picadores y los peones, que trabajan con el matador. El alguacil es la persona que tiene las llaves de la plaza y debe abrir todas las puertas, incluso la puerta del *callejón de los sustos*[5], que es la puerta por la que salen los toros.

Los espectadores de la corrida también forman parte[6] del espectáculo. Cuando el matador hace un buen trabajo, se oye en la plaza a la gente gritando *Olé* y enseñando pañuelos blancos. Si el matador no es muy bueno, la gente silba[7] y hasta puede tirar cosas al ruedo. ¡A veces, los espectadores son más peligrosos para el matador que el toro!

También es cierto que todas las corridas no son serias. Hay corridas divertidas donde actúan otros animales que no son toros y donde los toreros no tienen que mirar con miedo hacia el *callejón de los sustos*.

Cristina Sánchez, una torera.

[1]rooted [2]involves [3]bullring
[4]to fight the bull [5]the alley of the scares
[6]are part [7]whistle

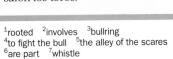

24 ¿Qué es el toreo?

Trabajando en parejas, busquen información en la internet o en la biblioteca sobre las corridas de toros. Luego, preparen una presentación corta en español que puedan compartir con otros estudiantes de la clase.

Answers

24 Creative self-expression.

Activities

Communities

Discuss the pros and cons of bullfights. You may wish to use some of the information from student presentations for activity 24 and the following as the foundation for the discussion: Although many people associate bullfighting with Spain, not everyone there condones the bullfight. Whereas it is considered an unchanging tradition in the Spanish-speaking world, a number of people inside and outside of the Spanish-speaking world protest the cruelty that bullfighting inflicts upon the animal.

Notes **Communities.** The bullfight activity offers students an opportunity to learn about the perspectives of people from other communities of the world.

By tradition, if a bullfighter does well, he or she receives an ear from the dead bull. Similarly, two ears are given to matadors who have performed very well, and two ears and a tail are rewarded to a matador who has performed exceptionally well.

The man with the chicken is called a *torero bombero*. His role is similar to that of rodeo clowns.

The first female matador in Spain was Maríbel Atiénzar, who is retired.

Activities

Students with Special Needs

After discussing the *Idioma* about irregular forms in the future tense, have students close their books and then practice the formation of the future tense of the verbs shown on this page.

TPR

Check students' understanding of verb tense by making several travel statements that either have already occurred or that will occur: *Fui a España el año pasado./Mi familia y yo iremos a la América del Sur el año que viene.* Have students raise their left hand if the sentence is in the past tense; have them raise their right hand if the sentence is in the future tense. To extend the activity, ask individual students to offer statements of their own.

Idioma

Estructura

The future tense: irregular forms

Some Spanish verbs use a modified form of the infinitive in the future tense. However, their endings remain the same as for regular verbs. The following verbs drop the letter *e* from the infinitive ending:

caber	poder	querer	saber
cabré	**podr**é	**querr**é	**sabr**é
cabrás	**podr**ás	**querr**ás	**sabr**ás
cabrá	**podr**á	**querr**á	**sabr**á
cabremos	**podr**emos	**querr**emos	**sabr**emos
cabréis	**podr**éis	**querr**éis	**sabr**éis
cabrán	**podr**án	**querr**án	**sabr**án

The vowel of the infinitive endings *-er* and *-ir* changes to *d* in these verbs:

poner	salir	tener	venir
pondré	**saldr**é	**tendr**é	**vendr**é
pondrás	**saldr**ás	**tendr**ás	**vendr**ás
pondrá	**saldr**á	**tendr**á	**vendr**á
pondremos	**saldr**emos	**tendr**emos	**vendr**emos
pondréis	**saldr**éis	**tendr**éis	**vendr**éis
pondrán	**saldr**án	**tendr**án	**vendr**án

The letters *e* and *c* are dropped from the infinitives *decir* and *hacer* before adding the future-tense endings.

decir	hacer
diré	**har**é
dirás	**har**ás
dirá	**har**á
diremos	**har**emos
diréis	**har**éis
dirán	**har**án

Haremos un viaje en el AVE.

Notes The *vosotros/vosotras* verb endings are included for passive recognition. Decide if you want to teach the *vosotros/vosotras* form of verbs. Then include these verb forms in class work.

Tell the class that the train shown in the photograph on page 362 is an *AVE (Alta Velocidad Española).* This high-speed train is discussed in the *Lectura personal* on page 384.

Práctica

25 Preparaciones para viajar

Completa estas oraciones con la forma apropiada
del futuro de los verbos indicados.

MODELO Los chicos <u>querrán</u> ver todos los itinerarios.
(querer)

1. Javier __ las reservaciones del hotel mañana.
   (hacer)
2. El agente no __ si hay vuelos sin mirar en la
   pantalla. (saber)
3. ¿Cuándo __ Marcos su nombre completo y la otra
   información que necesitan a los señores de la agencia? (decirles)
4. El viernes, a lo mejor nosotros __ a las nueve de la mañana. (salir)
5. Benjamín y Esteban __ que pagar los billetes con cheque. (tener)
6. Cuando regresemos de España, __ en una compañía aérea diferente. (venir)
7. Yo __ que Uds. me traigan algo de España. (querer)
8. Tanta ropa no __ en una maleta. (caber)

Los chicos querrán ver todos los itinerarios.

26 Las vacaciones de la señora García

Cuando la señora García piensa en voz alta *(aloud)* acerca de lo que hará
durante sus vacaciones, su secretaria entra a su oficina. Completa lo siguiente
con el futuro del verbo indicado para saber lo que pasa.

Sra. García: Mañana es mi primer día de vacaciones. ¡Por fin, *(1. poder)* descansar!
(2. Levantarse) al mediodía. *(3. Ponerse)* un pantalón y una blusa
requetecómodos, ¡nada de faldas y trajes!, y unos zapatos deportivos.
(4. Desayunar) en el patio. *(5. Leer)* ese libro que hace meses está en mi
cuarto. Y, lo mejor de todo, ¡no *(6. tener)* que ir a reuniones a ninguna
parte! *(7. Hacer)* exactamente lo que quiera todos los días.

Secretaria: Buenos días, Sra. García. Su esposo está al teléfono.

Sra. García: Gracias. Hola, Pedro.
¿Pasa algo?

Pedro: No, te llamo para decirte que
no hagas planes para
mañana. A las ocho y media,
nosotros *(8. llevar)* a Luz al
médico. Luego, *(9. ir)* al
zoológico. Se lo prometí a los
niños. A la una, *(10. comer)*
en casa de tus padres. Y a las
cinco, mi hermana y sus
hijos *(11. venir)* a ver una
película.

Sra. García: ¿Y mis vacaciones?

La Sra. García y su secretaria.

Notes Remind students that in Spain
(especially in the south), people use the
subject pronoun *vosotros/vosotras*.

Point out the similarities among irregular
stems: 1) loss of a vowel *(e* of the infinitive
ending) for *poder, querer, saber* and *caber;*
2) a special stem *(decir, hacer);* 3) loss of a
vowel *(e* of the infinitive ending) and the
addition of the letter *d (poner, salir, tener,
venir).*

Answers

25 1. hará
2. sabrá
3. les dirá
4. saldremos
5. tendrán
6. vendremos
7. querré
8. cabrá

26 1. podré
2. Me levantaré
3. Me pondré
4. Desayunaré
5. Leeré
6. tendré
7. Haré
8. llevaremos
9. iremos
10. comeremos
11. vendrán

Activities

**Multiple Intelligences
(linguistic)**
Tell students to imagine they
have ESP (extra sensory
perception) and must use their
talent to advise their best friend
about upcoming life events. Have
students create five or six
sentences using the future tense.

Students with Special Needs
To practice the future of
probability, students should give
Spanish equivalents for the
following: 1) What time do you
think it is? 2) It's probably five
o'clock; 3) I wonder where she
is? 4) She's probably at school;
5) She'll probably be here soon;
6) They will probably know why;
7) We will probably leave at one.

27 Answers will vary.

28 1. Tu hermanita no querrá ir de viaje a última hora.

2. Tus tías podrán conseguir sólo un billete de ida y vuelta.

3. Tu vuelo saldrá muy temprano el jueves.

4. Tú y tu familia dirán sus nombres completos cuando lleguen al hotel.

5. A tu hermano no le cabrá toda la ropa en una maleta.

6. Tus padres tendrán mucha paz en sus vacaciones.

7. El agente no sabrá las tarifas para un viaje a Pamplona.

Activities

Cooperative Learning

Working in pairs, students take turns telling one another's fortune. Circulate to offer help and to keep students on task. Choose a few of the best fortunes for presentation before the class.

Expansion

You can review the future of probability by having students try an activity that involves the entire class. First, students should pretend they are at home with friends and hear a knock at the door. (You might knock three times to create ambience and add interest.) Students must state who they think the person is, using the future of probability. Encourage creativity by having students explain why the person is calling: *Será Alex Rodríguez porque quiere jugar al béisbol con nosotros.*

364

---

27 ¡Vámonos a España!

Viajas mañana a España con tu familia. Habla del viaje, usando el futuro y elementos de cada columna. Puedes inventar la información que quieras.

MODELO   Mis hermanos pondrán sus cosas en sus maletas.

I	II	III
el vuelo	saber	un vuelo con destino a Oviedo
mi mamá	querer	de Tenerife en el primer vuelo
mi papá	poder	reservaciones de ida y vuelta
mis abuelos	salir	la hora de salida
mis hermanos	venir	pagar los billetes con cheque
mis tíos	hacer	sus cosas en sus maletas
todos nosotros	tener	cargar todo en su tarjeta
yo	poner	a tiempo

28 Veo en tu futuro...

Martín fue a ver a un adivino *(fortune-teller)* ayer. Haz oraciones completas para saber lo que el adivino le dice a Martín qué va a pasar, usando las indicaciones que se dan. Añade las palabras que sean necesarias.

MODELO   tú / no tener / reservaciones listas
        Tú no tendrás las reservaciones listas.

1. tu hermanita / no querer ir / de viaje a última hora
2. tus tías / poder conseguir / sólo un billete de ida / vuelta
3. tu vuelo / salir / muy temprano / jueves
4. tú y tu familia / decir / sus nombres completos cuando lleguen / hotel
5. a tu hermano / no caberle / toda la ropa / una maleta
6. tus padres / tener / mucha paz / sus vacaciones
7. el agente / no saber / tarifas para un viaje / Pamplona

¿Viajarás a España?

Notes   Another word for *maleta* is *valija*. Other travel terms appear in the *¡Extra!* on page 365.

❖ Comunicación

29 ¿Qué haremos?

You are instant-messaging with the exchange student from Barcelona who stayed with you last year, and you are talking about your upcoming visit. Ask your friend for suggestions as to what to do every day.

30 De viaje

Pronto harás un viaje por varios países con un amigo y ahora están hablando de lo que será importante recordar para el viaje. Trabajando en parejas, hablen del viaje y de lo que tendrán que hacer para prepararse.

MODELO
   A: ¿Tienes las guías para España?
   B: Sí. Tendré que conseguir algunas más.
   A: Bueno, yo tengo folletos, pero son viejos.
   B: Entonces tendremos que ir a la agencia de viajes.

31 Haciendo reservaciones

Imagina que estás en una agencia de viajes, hablando con el agente para arreglar todos los detalles (reservaciones, vuelos, horarios, compañía aérea, llegada, hotel, etc.) de un viaje que vas a hacer. Trabajando en parejas, alterna con tu compañero/a de clase en hacer preguntas y contestarlas, usando el futuro si es posible.

MODELO
   A: ¿Cuál será su destino final?
   B: Mi destino final será Sevilla.

¡Extra!

Otras palabras y expresiones

el asiento	*seat*
la cancelación	*cancellation*
la clase económica	*coach class*
la confirmación	*confirmation*
el cupo	*space available*
la tarjeta de embarque	*boarding pass*
la primera clase	*first class*
la ventanilla	*window*

Plaza de España, Sevilla.

Capítulo 8

trescientos sesenta y cinco **365**

Teacher Resources

 Barcelona: dinámica y emocionante
Activities 32–33

Answers

32 1. Barcelona está en Cataluña, España.
2. Se llama las Ramblas. Empieza en la Plaza de Cataluña y termina en el Monumento a Colón.
3. Antonio Gaudí fue un gran arquitecto catalán. Su obra más famosa es la catedral de La Sagrada Familia.
4. Se llama Joan Miró.
5. Montjuïc es una colina desde donde se puede ver Barcelona. Una de las atracciones allí es la Anella Olímpica (la fuente luminosa, la Fundación Joan Miró).

33 Answers will vary.

Activities

Prereading Strategy
Before beginning the *Lectura cultural,* consider asking some general preparation questions about the theme of the reading: Where is Barcelona? What do students know about Antonio Gaudí? Who was Pablo Picasso? Then have students skim the *Lectura cultural* for cognates and any words or expressions they already know.

Lectura cultural

Vista desde Montjuïc.

Barcelona: dinámica y emocionante

Viaja a Barcelona, la capital de Cataluña, y comprenderás por qué es la ciudad más *hip* de España. A lo mejor después de visitarla, querrás vivir allí.

Las Ramblas
Pasea sin itinerario por esta calle cosmopolita que va desde la Plaza de Cataluña hasta el Monumento a Colón. Te fascinará el mercado de pájaros, el Palau de la Virreina (una gran mansión de estilo rococó) y el Liceu, la famosa casa de ópera.

La Sagrada Familia
Esta catedral, de inspiración gótica, es la obra más famosa del arquitecto catalán Antonio Gaudí. Lamentablemente[1], Gaudí murió en 1926 antes de terminar este grandioso monumento, su gran sueño.

Museu Picasso
Ningún otro museo en Barcelona es más visitado que éste. Aquí verás muchas de las obras del pintor Pablo Picasso, quien vivió en Barcelona de joven y tuvo su primera exhibición, en 1900, en esta ciudad.

Montjuïc
El Montjuïc es una colina[2] desde la cual puede verse la ciudad. Detrás de la plaza hay una fuente[3] luminosa. También está la Anella Olímpica, un grupo de instalaciones en donde se celebraron los Juegos Olímpicos de 1992. Bajo la colina, encontrarás la Fundación Joan Miró, una galería de arte del gran artista que nació en Barcelona.

La Sagrada Familia.

La arquitectura de Gaudí.

[1]Sadly, unfortunately [2]hill [3]fountain

32 ¿Qué recuerdas?

1. ¿Dónde está Barcelona?
2. ¿Cómo se llama la calle cosmopolita donde pasean las personas? ¿Dónde empieza y dónde termina?
3. ¿Quién fue Antonio Gaudí? ¿Cuál es su más famosa obra?
4. ¿Cómo se llama un artista famoso que nació en Barcelona?
5. ¿Qué es Montjuïc? Nombra una de las atracciones allí.

33 Algo personal

1. Imagina que viajarás a Barcelona. ¿Adónde irás para oír ópera? ¿Para ver la arquitectura de Gaudí? ¿Y para tener una vista de la ciudad?
2. ¿Qué más te gustaría saber sobre Barcelona? Piensa en tres preguntas que le harías a un agente de viajes.
3. ¿Qué ciudad de los Estados Unidos crees que se parece a Barcelona? ¿Por qué?

> • ¿Sabes que en Barcelona se habla el *catalán* además del castellano? Busca información en la internet o en la biblioteca sobre este idioma de Cataluña y aprende varias palabras en catalán que ya sabes en castellano.

366 *trescientos sesenta y seis*   **Lección A**

Notes This *Lectura cultural* provides an opportunity for students to acquire information in Spanish about some sites they may wish to visit when traveling to Barcelona, Spain. The vocabulary and structures have been controlled to enable individuals to read in the target language and enjoy the experience. The meaning of important but unknown passive vocabulary has been provided to facilitate an enjoyable experience.

The most famous work of Antonio Gaudí is the unfinished church *La Sagrada Familia,* which has become a symbol of Barcelona. The residence pictured above right is another example of Gaudí's work.

¿Qué aprendí?

Autoevaluación

Como repaso y autoevaluación, responde lo siguiente:

Visit the web-based activities at www.emcp.com

1. Where will you go and what will you do on your next vacation?
2. Where do you dream about going on vacation?
3. Say two things that you will do in the future.
4. Imagine you have a job interview tomorrow at 10:00 A.M. State three things you will do to prepare yourself for the interview.
5. State two things that you will have to do in ten years.
6. What do you know about Spain?

Palabras y expresiones

Las vacaciones
aéreo,-a
la agencia de viajes
el agente, la agente
el billete
la compañía
de ida y vuelta
el destino
el folleto
el gasto
la guía

el itinerario
la llegada
el pasaporte
la reservación
la salida
la tarifa
turístico,-a
la visa
el vuelo

La familia real
la princesa
el príncipe
la reina
el rey

Verbos
cargar
gozar

nacer
saborear
soñar

Expresiones y otras palabras
a lo mejor
el cheque
completo,-a
la corrida
la dicha
emocionado,-a
el nombre
puede ser
la suerte

¿Quieres billetes?

Los toros en Sevilla.

Una agencia de viajes.

Teacher Resources

Activity 13

Information Gap Activities
Postcard Activities
Funciones de Comunicación

Answers

Autoevaluación
Possible answers:
1. Answers will vary.
2. Sueño con ir a España.
3. Estudiaré en una universidad. Iré de vacaciones a España.
4. Me cepillaré los dientes. Me vestiré con ropa elegante. Me iré de la casa temprano para no llegar tarde.
5. Tendré un trabajo bueno. Compraré una casa grande.
6. Answers will vary.

Activities

Critical Thinking
Dictate a letter of the alphabet to the class. Give students three minutes to write any words they can think of in Spanish that begin with that letter. After calling time, ask students to read their lists aloud. The student with the longest list of correct words wins.

Pronunciation
To ensure proper pronunciation, model each word or expression and have students repeat after you.

Notes Review with students how to use this reference list of words and expressions as a self-test of the new active vocabulary for a lesson. Select two or three words that students do not know. Return to where the word was first introduced to see how it was used; encourage students to try to determine what the word means.

367

Teacher Resources

 En el aeropuerto

 Activity 1

 Activities 54–55

 Activity 1

 Activity 1

GV Activities 1–2

Content reviewed in *Lección B*
- planning a vacation
- transportation
- telling time
- schedules

Activities

Expansion
Play the audio CD version of the vocabulary and have students practice repeating the expressions in Spanish before opening their books and seeing how the new words and expressions are written.

Prereading Strategy
Instruct students to look at the illustrations on pages 368–369. Have them look through the content quickly to find cognates and any words they recognize. Then ask students what they think the illustrations depict. What else can students guess the meaning of on these two pages?

 Lección **B**

España

Vocabulario I
En el aeropuerto

Aerolíneas Iberia

la puerta de embarque 16:50

Primera clase — Hace una escala. — Clase turista

¿Cuántas escalas hace el vuelo?

Bienvenida a Iberia, ¿cuántas piezas de equipaje va a registrar?

entregar

Dos maletas y un maletín.

¡Ah, sí, cómo no!

¿No preferiría llevar el maletín como equipaje de mano? Lo puede colocar bajo el asiento.

el mostrador

el equipaje de mano

el maletín

el equipaje

La señorita le da la bienvenida a la pasajera.

368 *trescientos sesenta y ocho*   **Lección B**

Notes Point out that the airline uses the twenty-four-hour clock (the time 16:50 is on the wall).

Point out that the word for welcome *(bienvenido)* acts as an adjective and therefore can have four different forms. In this case *bienvenida* is used as a noun.

Another term for *aerolínea* is *línea aérea*.

despegar

aterrizar

abordar

los pasajeros

el auxiliar de vuelo

el piloto

la auxiliar de vuelo

la tripulación

Answers

1 1. Falso. El piloto conduce el avión.
2. Cierto.
3. Cierto.
4. Cierto.
5. Falso. Cuando estamos al final del vuelo, aterrizamos.

2 1. mostrador
2. registrar
3. piezas
4. escalas
5. embarque
6. pasajeros

Activities

Multiple Intelligences (linguistic/bodily-kinetic)
Have students use the vocabulary they are learning on these pages to act out various scenes at an airport. First, divide them into small groups. Each small group should develop a skit using the words and phrases shown here. The groups then can present their skits to the rest of the class.

Pronunciation
Model words and expressions that appear on pages 368–369. Then call on individuals to say the new words in *Vocabulario I* after you.

1 ¿Cierto o falso?

Di si lo que oyes es cierto o falso. Si es falso, di lo que es cierto.

2 A completar

Completa estas oraciones, usando las siguientes palabras.

> mostrador   pasajeros   embarque
> piezas   registrar   escalas

1. En el __ de la aerolínea hay una fila muy larga.
2. Tendremos que __ nuestro equipaje antes de subir al avión.
3. Llevamos cinco __ de equipaje.
4. Creo que el vuelo hará dos __ antes de llegar a Bilbao.
5. Su puerta de __ es la número veinticuatro.
6. Todos los __ del vuelo cincuenta y uno entran al avión.

Notes *Navegando* stresses the use of authentic Spanish by students in a culturally correct context. Therefore, vocabulary is introduced lexically, in context, along with appropriate cultural visual information with a minimal explanation of grammar. Note for the class that the time on the wall is indicated using the twenty-four-hour clock. Ask students if they can guess what the time is using a twelve-hour time clock. Telling time using a twenty-four-hour clock is taught beginning on page 372.

Another term for *auxiliar de vuelo* is *azafata*.

Answers

3 1. Están en un aeropuerto.
2. Le gustaría viajar con dos piezas.
3. Preferiría ir en taxi.
4. Ella cree que los taxis están al lado de un mostrador, en la calle.
5. No puede ser que los taxis estén al lado del mostrador de la aerolínea.
6. Es mejor preguntar.

4 Answers will vary.

5 1. Ilógico. Las maletas son el equipaje de los pasajeros.
2. Lógico.
3. Lógico.
4. Lógico.
5. Lógico.

Activities

Cooperative Learning
Have students work in pairs practicing the dialog. Circulate and assist with pronunciation and intonation.

Critical Listening
Play the audio recording of the dialog. Ask if students know where the conversation takes place (at an airport).

Expansion
Additional questions *(¿Qué recuerdas?)*: *¿Cómo está Rosa?; ¿Sobre qué tienen una pregunta las chicas? ¿Adónde van a preguntar?*

370

Diálogo I
Vamos a preguntar

ALBA: ¿Tienes todo tu equipaje?
ROSA: Sí, aquí está todo, pero me gustaría tener sólo dos piezas.
ALBA: Verdad que sí, es difícil viajar con tanto equipaje de mano.

ROSA: Ahora, ¿cómo podemos ir a la estación de trenes? ¿A pie?
ALBA: Preferiría tomar un taxi. Creo que están al lado de un mostrador, en la calle.
ROSA: ¿Qué mostrador, el de la aerolínea? No puede ser.

ALBA: No estoy segura. Mejor, vamos a preguntar.
ROSA: Sí, porque estoy muy cansada.
ALBA: Mira, allí hay un mostrador de información.

3 ¿Qué recuerdas?

1. ¿Dónde crees que están Rosa y Alba?
2. ¿Con cuántas piezas de equipaje le gustaría viajar a Rosa?
3. ¿Cómo preferiría Alba ir a la estación de trenes?
4. ¿Dónde cree Alba que están los taxis?
5. ¿Qué no puede ser, según Rosa?
6. ¿Qué es mejor, según Alba?

4 Algo personal

1. ¿Te gusta viajar en avión? ¿Por qué?
2. Cuando viajas, ¿llevas mucho equipaje? ¿Por qué?
3. ¿Hay un aeropuerto en tu ciudad? ¿Cómo se llama?

5 ¿Lógico o ilógico?

 Di si lo que oyes es lógico o ilógico. Si lo que oyes es ilógico, di lo que es lógico.

¿Llevas mucho equipaje?

 Notes Point out that Rosa and Alba use verbs in the conditional tense in this dialog: *preferiría* and *me gustaría*. The conditional tense will be taught later in this lesson.

As students practice the dialog, listen for correct pronunciation and determine whether they appear to understand what they are saying and hearing. You may want to have students personalize the dialogs by role-playing the parts using their own names.

Cultura viva

La mezquita de Córdoba.

España

España es un país con más de cuarenta millones de habitantes que ofrece una gran diversidad. Madrid es la capital de España, la ciudad más grande, y el centro del gobierno donde está la corona[1] española, representada por los reyes de España. En Madrid está uno de los museos más importantes del mundo, el Museo del Prado.

Barcelona, el puerto más grande del país, ofrece la arquitectura del famoso Gaudí.

En la costa noroeste de España está el País Vasco (Euskadi), donde se habla uno de los idiomas más antiguos de europa, el vasco, o euskera. Los expertos creen que este idioma existe desde el período neolítico[2].

La tercera ciudad en población de España es Valencia y está en la costa mediterránea. Esta área es famosa por sus productos agrícolas. En contraste directo con estas ciudades grandes y cosmopolitas, España también tiene numerosas ciudades pequeñas y pueblos[3] donde la vida tiene un ritmo más lento.

Al sur de Madrid, en la región de Castilla-La Mancha, los veranos son muy calientes y los inviernos muy fríos. El clima es muy diferente en la región pesquera[4] y agrícola de Galicia, que está en la parte noroeste del país. Aunque esta región sólo representa un séptimo del tamaño del país, recibe la tercera parte de la lluvia anual de España.

Algunas personas creen que el corazón y el alma[5] de España están representados por la región de Andalucía, al sur del país. Allí uno puede ver la arquitectura mora[6] que quedó de la ocupación musulmana de la ciudad de Sevilla. Otras ciudades de la región de Andalucía donde se ve reflejada la historia musulmana de España son Córdoba y Granada.

Santiago de Compostela.

[1]crown [2]Neolithic period, about 2 millenium BCE [3]villages
[4]fishing [5]heart and soul [6]Moorish

6 ¿Qué sabes sobre España?

Contesta las siguientes preguntas, según la Cultura viva.

1. ¿Dónde están el centro del gobierno y la corona española?
2. ¿Qué museo importante está en la capital de España?
3. ¿Quién es un famoso arquitecto de Barcelona?
4. ¿Qué idioma se habla en el País Vasco?
5. ¿En qué región española los veranos son muy calientes y los inviernos muy fríos?
6. ¿Por qué región creen algunas personas que están representados el corazón y el alma de España?

Teacher Resources

 Activity 6

 Activity 3

 Activity 2

Answers

6 1. Están en Madrid, la capital.
2. El Museo del Prado está en la capital de España.
3. Es Antonio Gaudí.
4. El vasco, o euskera.
5. Los veranos son muy calientes y los inviernos muy fríos en la región de Castilla-La Mancha.
6. Creen que están representados por la región de Andalucía.

Activities

Expansion
Have students prepare a report explaining the contributions of Arab people to Spain.

Prereading Strategy
Before beginning the *Cultura viva*, consider asking some general preparation questions about the theme of the reading: What is Spain's capital? Where is Spain located? What else do students know about Spain? Then have students skim the reading for cognates and any words or expressions they already know.

Notes When reading the *Cultura viva* on Spain, some students may have difficulty with the following words: *gobierno* (government), *corona* (crown), *situada* (situated), *poblada* (populated), *agrícolas* (agricultural), *pueblos* (villages), *alma* (soul), *mora* (moorish) and *musulmana* (Muslim).

The mezquita in Córdoba, Spain (photograph above), is representative of the Muslim influence in southern Spain.

The photograph in the lower-right corner of the *Cultura viva* depicts the cathedral in Santiago de Compostela, Spain. The site is visited by religious pilgrims from throughout the world.

Answers

7 1. ¿A qué hora llegarán Tomás y Blanca a Madrid?
Llegarán a las diez y media de la noche.

2. ¿A qué hora servirán el desayuno?
Ellos servirán el desayuno a las seis y media de la mañana.

3. ¿A qué hora despegará tu avión?
Mi avión despegará a las dos y veinte de la tarde.

4. ¿A qué hora saldrá el piloto?
El piloto saldrá a las tres y diez de la tarde.

Activities

Students with Special Needs
Check students' understanding of the twenty-four-hour clock. Put several times on the board. Be sure to use the twenty-four-hour clock (12:30, 17:50, 21:15, etc.). Then call on students and ask *¿Qué hora es?,* as you point to the time.

Idioma

Estructura

The twenty-four-hour clock

As you travel, you will sometimes encounter schedules for trains, planes, ships, movies and television programs that are written using a twenty-four-hour clock. You can learn to use this system quite easily by substracting twelve hours from any time past 12:00. What may at first seem unrecognizable or difficult to understand, the twenty-four-hour clock is quite simple and can be helpful in determining if an event occurs during the daytime or at night. Compare the following times as they would be stated using a twenty-four-hour clock:

4:15   *Son las cuatro y cuarto de la mañana.*

16:15   *Son las cuatro y cuarto de la tarde.* (16:15 – 12:00 = 4:15)

20:45   *Son las nueve menos cuarto de la noche.* (20:45 – 12:00 = 8:45)

 **Práctica**

7 Cosas del aeropuerto

Trabajando en parejas, alterna con tu compañero/a de clase en preguntar y en contestar a qué hora ocurrirán las siguientes cosas en el aeropuerto. Usa las pistas que se dan.

MODELO despegar / el vuelo a Santurce (13:30)
A: ¿A qué hora despegará el vuelo a Santurce?
B: Despegará a la una y media de la tarde.

1. llegar / Tomás y Blanca a Madrid (22:30)
2. servir el desayuno / ellos (6:30)
3. despegar / tu avión (14:20)
4. salir / el piloto (15:10)

¡Oportunidades!

En el aeropuerto
Airports can be excellent places to practice a world language since many people from different parts of the world travel through them. If you are traveling to or from a Spanish–speaking city or country, it is possible that you will meet people who speak Spanish. Test your skills and chat with someone. When you are checking in at an airport where Spanish is spoken, chances are that the airline agent will speak to you in Spanish, as well.

¿Está el avión en el aeropuerto?

Notes Beginning with activity 7 through to the end of this lesson, time is given using the twenty-four-hour clock to give students ample practice.

8 ¡En Barajas hay trabajo!

Trabajas en el mostrador de una aerolínea en el aeropuerto de Barajas en Madrid contestando las preguntas por teléfono sobre salidas de vuelos nacionales. Alterna con tu compañero/a de clase en preguntar la hora de salida de los vuelos y en contestar, diciendo la hora, el destino y la puerta de embarque de donde salen.

MODELO A: ¿A qué hora sale el vuelo sesenta y cinco para Málaga?
          B: El vuelo sesenta y cinco para Málaga sale a la una y cuarto de la tarde por la puerta de embarque número doce.

```
S A L I D A S
                                    HORA
CIUDAD          VUELOS    DE EMBARQUE     PUERTA

MÁLAGA          065       13:15           12
OVIEDO          129       14:20           18
TENERIFE        012       16:10           20
SEVILLA         180       18:40           16
BILBAO          215       22:30           32
```

1. ¿A qué hora sale el vuelo ciento veintinueve para Oviedo?
2. ¿A qué hora sale el vuelo doce para Tenerife?
3. ¿A qué hora sale el vuelo ciento ochenta para Sevilla?
4. ¿A qué hora sale el vuelo doscientos quince para Bilbao?

¡Extra!

¿A qué hora?

Remember to ask when something is going to occur (or has already occurred) using the question ¿A qué hora...? Answer using *a la/las* followed by the time.

¿A qué hora salieron del cine?   Salimos *a las* nueve y media.

¿A qué hora llegarán al parador?   Llegaremos tarde, casi *a las* once.

El mostrador de la aerolínea.

❖ Comunicación

9 En la estación de Atocha

En parejas, alterna con tu compañero/a de clase en hacer y contestar preguntas, para saber a qué hora van a salir los trenes de la estación de Atocha para ir a las siguientes ciudades.

Horario de trenes de Atocha en Madrid a:

Ciudad	Horas de salida				
Córdoba	06:05	08:50	11:35	18:50	21:35
Granada	05:55	08:50	11:45	14:40	17:35
La Coruña	06:15	21:50			
Murcia	06:10	22:55			
Salamanca	00:15	04:45	12:30	18:20	
San Sebastián	00:15	2:15	11:00	14:00	17:00
Sevilla	06:05	10:20	12:30	14:40	16:20
Toledo	06:00	08:30	11:00	16:00	21:00
Zaragoza	01:15	04:15	16:15	23:15	

José y Ana viajan en tren.

10 Controlador aéreo

Imagine you work at a small airport as an air traffic controller and you need to schedule fifteen airline flights leaving the airport within the next twenty-four hours. It is 9:00. Using the twenty-four-hour clock, develop the schedule for these fifteen flights. Allow time for passengers to board the planes and time for incoming flights to land, considering that the airport only has three boarding gates.

Notes Students may recognize Ana and José (in the photo above) from the *Navegando* Video/DVD Program titled *El cuarto misterioso.*

The train schedule shown on this page indicates departure times for a number of Spanish cities. Show students where these cities are located using the maps at the front of *Navegando 2.*

Estructura

The conditional tense

You have learned to use the future tense to tell what will happen. Similarly, the conditional tense (*el condicional*) tells what would happen or what someone would do (under certain conditions). It is usually formed by adding the endings *-ía, -ías, -ía, -íamos, -íais* and *-ían* to the infinitive form of the verb.

viajar	
viajaría	viajaríamos
viajarías	viajaríais
viajaría	viajarían

comer	
comería	comeríamos
comerías	comeríais
comería	comerían

abrir	
abriría	abriríamos
abrirías	abriríais
abriría	abrirían

Look at the following examples:

Me gustaría ir a La Mancha.

¿Viajarías allí pronto?

¡Sería fantástico!

¿Irías en tren o en avión?

I would like to go to La Mancha.

Would you travel there soon?

That **would be** great!

Would you go by train or by plane?

La Mancha, España.

Práctica

11 ¿De qué hablarían?

Para saber lo que dijeron en el mostrador de la aerolínea las siguientes personas, completa las oraciones con la forma del condicional de los verbos indicados.

MODELO Antonio dijo que él <u>preferiría</u> llevar sólo una mochila como equipaje de mano. (preferir)

1. Cristina y Elisa dijeron que __ en la cafetería mientras que Sara hace el registro. (estar)
2. Lola dijo que le __ sentarse en el corredor. (gustar)
3. La señorita nos dijo que sólo __ dos piezas de equipaje por cada pasajero. (registrar)
4. Un señor nos dijo que nosotros __ abordar el avión en quince minutos. (deber)
5. Unas mujeres dijeron que __ a alguien que las ayude con sus maletas. (necesitar)

Teacher Resources

 Activity 5

 Activity 4

 Activity 3

 Activities 4–5

Answers

11 1. estarían
2. gustaría
3. registraría
4. deberíamos
5. necesitarían

Activities

Critical Thinking
Say the future tense of several verbs and call on students to give the conditional tense of each.

Expansion
Give students several verbs that they must conjugate using *vosotros* and *vosotras*.

Students with Special Needs
Provide a second model sentence for activity 11.

Notes Students may recognize the name Don Quixote. Tell them this fictional character rode through Spain with his sidekick, Sancho Panza, righting wrongs in the acclaimed novel *Don Quijote de la Mancha*. Add that one of the most famous episodes in the novel takes place in the region of La Mancha, Spain, when Don Quixote sees what he believes are giants but that in reality are windmills like those shown on this page.

Many of the windmills in La Mancha are still functioning today.

Point out that all conditional forms take a written accent.

Answers

12 1. ...trabajarían como agentes de viajes.
2. ...viajaría por todo el mundo.
3. ...conoceríamos a más gente interesante.
4. ...viviría con los reyes de España.
5. ...trabajaría en una agencia de viajes.
6. ...nacería en España.
7. ...escribiría un libro sobre cómo ser feliz.
8. ...aprenderías a pilotar un avión.

13 1. Pondría....
2. Pediría....
3. Correrías....
4. Esperaríamos....
5. Dejarían....

14 1. ¿...visitarías?/Visitaría....
2. ¿...estarías...?/Estaría....
3. ¿...volarías?/Volaría....
4. ¿...irías?/No iría....
5. ¿...llevarías?/Llevaría....

Activities

Expansion
Ask students to consider what they would be if they were not human: *¿Qué animal serías?; ¿Qué color serías?; ¿Qué estación del año serías?; ¿Qué día de la semana serías?;* etc.

376

---

12 ¿Qué harían?

Usando el condicional, di lo que las siguientes personas harían si volvieran a nacer. Añade las palabras que sean necesarias.

MODELO   Pedro y su hermano / ser / príncipes
Pedro y su hermano serían príncipes.

1. Esperanza y Natalia / trabajar como agentes de viajes
2. Enrique / viajar / todo el mundo
3. nosotros / conocer / más gente interesante
4. Victoria / vivir / reyes de España
5. Eduardo / trabajar / agencia de viajes
6. Diana / nacer / España
7. yo / escribir / libro sobre cómo ser feliz
8. tú / aprender / pilotar un avión

Yo sería príncipe.

13 Lo que harían si...

Usando las indicaciones que se dan, di lo que harían las siguientes personas en esas situaciones.

MODELO   Carolina olvidó su equipaje de mano en la casa. (viajar en otro vuelo)
Viajaría en otro vuelo.

1. Lorenzo tiene mucha ropa para llevar. (poner todo en dos maletas)
2. Doña Ana tiene que llevar cinco maletas. (pedir ayuda a alguien)
3. Tienes que abordar en cinco minutos por la puerta de embarque nacional, pero estás en la puerta de embarque internacional. (correr a la puerta de embarque nacional)
4. No llegamos a tiempo al aeropuerto y perdemos nuestro avión a Málaga. (esperar para tomar el siguiente vuelo)
5. Los chicos no pueden registrar todo su equipaje. (dejar una maleta con sus padres)

14 ¿Qué harías tú?

 Eres una persona con experiencia en viajar a España y tus amigos te hacen preguntas para pedirte consejos. Alterna con tu compañero/a de clase en hacer preguntas y en contestarlas, usando el condicional y la información que sea apropiada.

MODELO   dónde / comprar los billetes
A: ¿Dónde comprarías los billetes?
B: Compraría los billetes en la agencia de viajes.

1. qué ciudades / visitar
2. a qué hora / estar en el aeropuerto
3. en qué aerolínea / volar
4. adónde / no ir
5. cuántas piezas de equipaje / llevar

Estrategia

Planning ahead
Plan ahead and do things when you are able to because you never can be certain there will be enough time tomorrow. Try to complete what you can today and do not postpone tasks. Do not procrastinate. As the saying goes: *No dejes para mañana lo que puedas hacer hoy* (Do not put off till tomorrow what you can do today).

Notes The conditional-tense endings are the same as the -er and -ir endings for the imperfect tense. Before beginning the conditional, review the imperfect with students. Then have students change verbs from the imperfect tense to the conditional.

Explain that the conditional tense is usually paired with a verb in the past tense, whereas the future tense is usually paired with a verb in the present tense.

15 ¡Deberías hacerlo ya!

Rodrigo promete muchas cosas pero nunca las cumple porque es perezoso. Completa el siguiente párrafo con la forma apropiada del condicional para ver lo que no hizo.

Rodrigo les prometió a sus padres y a su novia que haría muchas cosas durante el verano. Le dijo a su padre que *(1. buscar)* un trabajo, *(2. cortar)* el césped y *(3. lavar)* el carro cada semana. No lo hizo. Le dijo a su madre que *(4. levantarse)* temprano y la *(5. ayudar)* en el jardín. Tampoco lo hizo. Le prometió a su novia que los dos *(6. ir)* a la playa, *(7. ver)* buenas películas y *(8. jugar)* al tenis. No hicieron ninguna de estas cosas. ¡Ahora, parece que nadie quiere ayudarlo a él! Ayer, le pidió dinero a su padre, y su padre le contestó: "Mañana". Le preguntó a su madre si le *(9. comprar)* ropa nueva y ella respondió: "Un día de éstos". Cuando le dijo a su novia que le *(10. gustar)* invitarla a cenar, ella le contestó: "¡Nunca más!"

 ## Comunicación

 16 En el avión

Trabajando en parejas, alternen en hacer y contestar las siguientes preguntas personales.

1. ¿Has viajado en avión alguna vez? ¿Cuándo? ¿Volverías allí?
2. ¿Hizo el avión alguna escala? ¿Dónde?
3. ¿Te gustaría ser miembro de la tripulación de un avión? ¿Qué te gustaría ser?
4. ¿Adónde te gustaría ir en el mundo? ¿Por qué?
5. ¿Qué ciudades te interesaría visitar durante un viaje a España?
6. ¿Crees que las medidas de seguridad que se toman en un avión son buenas? Explica. ¿Qué cambiarías?

He viajado del Perú a España.

17 La lotería

Con un(a) compañero/a de clase, hablen de lo que harían si ganaran *(if you were to win)* la lotería. Hagan una lista de diez cosas que harían y compártanla con la clase.

Answers

15 1. buscaría
2. cortaría
3. lavaría
4. se levantaría
5. ayudaría
6. irían
7. verían
8. jugarían
9. compraría
10. gustaría

16 Answers will vary.

17 Answers will vary.

Activities

Expansion
Follow up activity 16 by asking the questions of the whole class.

Students with Special Needs
Ask if students can figure out the meaning of *si volvieran a nacer* (if they were born again) in activity 12. (Another example of the imperfect subjunctive appears in activity 17 on page 377: *si ganaran*—if you were to win.) The formation of the imperfect subjunctive *(volvieran, ganaran)* will be presented in *Navegando 3*.

Notes The conditional tense is commonly used with the verbs *deber, gustar* and *poder,* as well as with other verbs, to reflect courtesy or to politely suggest something. Note, however, that the conditional tense is not used to express **would** in the sense of past habitual action, for which the imperfect is used: *De niña,* *yo pasaba los inviernos en las montañas* (As a child I would spend every winter in the mountains).

Activities

Expansion

Have students develop short essays stating what their dream vacation might include. They may have to look up certain terms in a Spanish–English dictionary. Encourage them to use their imaginations as they write, and ask for volunteers to share their essays with the class.

Prereading Strategy

Have students look at *Vocabulario II* and identify cognates and other words they recognize. Then ask students to guess what the people in the illustrations are saying to one another.

Vocabulario II
En un parador nacional

PARADOR NACIONAL

¿Querrían una habitación doble o sencilla?

Una doble, por favor, sin mucho ruido.

Este hotel es de lujo.

el botones

el recepcionista

la recepción

Los chicos se alojan en un parador nacional. El parador tiene servicio de habitaciones veinticuatro horas al día.

Notes A *parador* is a government-run inn, commonly located in historical buildings and out-of-the-way places.

It is interesting to note that the hotel employees called *botones* get their name from the large buttons found on their traditional uniforms.

Firme aquí, por favor, con sus dos apellidos.

En seguida.

Es un placer tenerlo aquí.

la recepcionista

Answers

18 1. E
2. A
3. C
4. F
5. B
6. D
19 1. servicio
2. apellidos
3. parador
4. botones
5. placer
6. lujo

Activities

Critical Thinking
Before playing the audio CD for *Vocabulario II,* ask students if they can guess who the people are. Then ask what they think the people on pages 378–379 are saying. Finally, ask students what else they are able to identify in the illustrations.

Pronunciation
Play the audio CD recording of *Vocabulario II.* Students should listen and repeat the words and expressions they hear as a first step in learning the new vocabulary and establishing good pronunciation.

18 En un parador nacional

Selecciona la letra de la respuesta que corresponde con cada descripción que oyes.

A. la habitación doble
B. el servicio de habitaciones
C. firmar

D. la recepción
E. el ruido
F. alojarse

19 ¡A completar!

Escoge la palabra apropiada para completar las siguientes oraciones de forma lógica.

placer   botones   servicio
parador   lujo   apellidos

1. Cuando estoy en un hotel de lujo, me gusta pedir __ de habitaciones.
2. Mi nombre es Roberto y mis __ son Sánchez García.
3. La recepción de este __ es muy grande y bonita.
4. Me gustaría llamar al __ para que suba el equipaje a mi cuarto.
5. Al recepcionista le da __ que nosotros estemos en el hotel.
6. Este parador es muy elegante, es de __.

Capítulo 8   *trescientos setenta y nueve*   379

Notes Decide which ancillaries you wish to use to introduce and reinforce the content of *Vocabulario II* by selecting from the support materials listed under Teacher Resources at the top of pages 378–379. For example, you may choose to use overhead transparency 56, an audio CD recording of *Vocabulario II* or activity 18, workbook activity 5, grammar/vocabulary activities 6 and 7 or listening activity 6 to practice the content of the two pages. Quiz number 4 for *Lección 8B* offers assessment over the content. You should choose support items that help to accomplish your goals.

Answers

20 1. Les gustaría alojarse en un hotel de lujo.
2. Tendrían una habitación doble grande y cómoda.
3. Pediría refrescos, golosinas y frutas todo el día.
4. Pediría desayunos grandes con jugos frescos todas las mañanas.
5. Las saludaría con placer.
6. Las subiría en seguida a la habitación.

21 Answers will vary.

22 1. Falso. Una habitación sencilla es buena para alojar a una persona.
2. Falso. La noche en un hotel de lujo cuesta mucho.
3. Cierto.
4. Cierto.
5. Falso. Los botones de los hoteles llevan el equipaje a las habitaciones.
6. Cierto.

Activities

Critical Listening
Play the audio recording of the dialog. Ask several individuals to state what they believe is the main theme of the conversation. Finally, ask if students can guess what the conversation is about.

Language through Action
Ask for volunteers to come to the front of the class to act out the dialog *Soñar no cuesta nada*.

Diálogo II
Soñar no cuesta nada

ROSA: Ay, me gustaría alojarme en un hotel de lujo.
ALBA: A mí también. Tendríamos una habitación doble grande y cómoda.
ROSA: Sí, con servicio de habitaciones las veinticuatro horas.

ALBA: ¡Ay, sí!, yo pediría refrescos, golosinas y frutas todo el día.
ROSA: Y yo pediría desayunos grandes con jugos frescos todas las mañanas.
ALBA: E iríamos a pasear por el centro en limusina.

ROSA: Sí, y al volver la recepcionista nos saludaría con placer.
ALBA: Y el botones nos subiría en seguida las compras a la habitación.
ROSA: Soñar no cuesta nada. Bueno, mejor démonos prisa que vamos a llegar tarde a la estación.

20 ¿Qué recuerdas?

1. ¿En qué tipo de hotel les gustaría alojarse a las chicas?
2. ¿Qué tipo de habitación tendrían Alba y Rosa?
3. ¿Qué pediría Alba al servicio de habitaciones?
4. ¿Qué pediría Rosa al servicio de habitaciones?
5. ¿Cómo las saludaría la recepcionista?
6. ¿Qué haría el botones con las compras?

21 Algo personal

1. ¿Adónde has viajado?
2. ¿Adónde te gustaría viajar? ¿Por qué?
3. ¿En qué tipo de hotel prefieres alojarte?
4. ¿Cómo era el último hotel donde estuviste? ¿Dónde estaba?

22 ¿Cierto o falso?

 Di si lo que oyes es cierto o falso. Si es falso, di lo que es cierto.

Parador de Jarandilla de la Vera, Cáceres.

Notes Inform students that Rosa and Alba have many transportation options in Spain. Trains, buses and jets depart on regular schedules from towns and cities from all across Spain to locations throughout the world. Boats and ships offer maritime travel options. In cities, taxis, cars and buses offer a wide array of choices for crossing town. Some cities (Madrid and Barcelona) have subways that are very economical, fast and safe.

Cultura Viva

Viajando por España.

¡Viajando por España!

Muchos estudiantes de Europa y América viajan a España, especialmente durante el verano. TIVE, una oficina de turismo para jóvenes en España, ofrece muchos servicios a estos estudiantes, entre ellos el carné Joven Euro que permite a los estudiantes entre los catorce y veintiséis años conseguir descuentos en transportes, museos, teatros y albergues[1]. RENFE, la compañía nacional de trenes de España, ofrece a los estudiantes un veinticinco por ciento de descuento en viajes por España. Si quieren viajar por toda Europa, muchos estudiantes consiguen el *Eurorail Youthpass*.

En cuanto a lugares para alojarse, hay muchas opciones. En España hay más de cien albergues juveniles. Son sitios

Parador de Carmona, Sevilla.

baratos pero durante el verano están muy llenos y una persona puede quedarse sólo por tres días. Otra opción son los hostales. Los hostales son hoteles pequeños y sus dueños[2] son normalmente familias. Las habitaciones son sencillas pero muy limpias y con buenos precios.

Una experiencia singular, aunque más costosa, es alojarse en un parador. Los paradores son edificios de importancia histórica, artística y cultural que pertenecen[3] al estado español. El programa de paradores del gobierno español preserva lugares históricos y al mismo tiempo, ofrece al turista la oportunidad de comer y dormir en palacios, castillos y conventos.

[1]hostals [2]owners [3]belong   Un hostal para alojarse, Toledo.

23 ¡Viajando por España!

Contesta las siguientes preguntas, según la Cultura viva.

1. ¿En dónde se puede conseguir un carné Joven Euro? ¿Para quiénes son estos carnés?
2. ¿Qué se puede hacer con el *Eurorail Youthpass*?
3. ¿Cuáles son tres tipos de lugares para alojarse en España?
4. ¿Cuál te gustaría más? ¿Por qué?

24 El parador de tus sueños

Busca información sobre paradores nacionales en España, usando guías de turismo o la internet. Decide a qué parador te gustaría viajar. Escribe una composición sobre el parador y di por qué te gustaría visitarlo. Incluye fotos si quieres.

Capítulo 8   *trescientos ochenta y uno* **381**

Notes *RENFE* is an acronym that stands for *Red nacional de ferrocarriles españoles.*

Hostal de los Reyes Católicos in Santiago de Compostela is one of Spain's famed *paradores*. The five-star hotel is considered by some to be the oldest hotel in the world.

Whereas *catalán* is a Romance language like Spanish, Portuguese, French, Romanian and Italian, the origin of the Basque language, *eusquera*, remains a mystery.

Answers

25 1. Querría conducir el avión con el piloto.
2. Le diría al piloto que me deje pilotar el avión.
3. Jugaría ajedrez sobre la mesita del asiento.
4. Hablaría con toda la tripulación.
5. Tendría un poco de miedo al aterrizar.
6. Me colocaría el cinturón de seguridad al despegar.

26 1. El botones dijo que llevaría todas las maletas a la habitación.
2. Mi papá dijo que firmaría algún papel en la recepción del hotel.
3. Mis padres me dijeron que saldrían para Madrid a las tres.
4. En el hotel me dijeron que tendrían las habitaciones listas.
5. Mi hermano me dijo que saldría temprano para el aeropuerto.

Idioma

Estructura

The conditional tense of irregular verbs

Verbs that are irregular in the future tense have identical irregular stems in the conditional. However, their endings remain the same as regular verbs.

caber → **cabría**   decir → **diría**   poder → **podría**   querer → **querría**   saber → **sabría**

hacer → **haría**   poner → **pondría**   salir → **saldría**   tener → **tendría**   venir → **vendría**

Just as the future tense is used in Spanish to express uncertainty or probability in the present, the conditional tense can express what was uncertain or probable in the past.

Darían la merienda a las cinco y media.

They **were probably serving** tea at five thirty.

Diría que no llegaron a tiempo.

He/she **probably said** they were not on time.

Volverían juntos.

They **probably came back** together.

 Práctica

25 ¿Y tú qué harías?

Di qué harías en un avión durante un vuelo largo, usando el condicional y añadiendo las palabras que sean necesarias.

1. querer / conducir el avión con el piloto
2. decirle / al piloto que me deje pilotar / avión
3. jugar / ajedrez sobre / mesita del asiento
4. hablar / con toda / tripulación
5. tener / un poco de miedo / aterrizar
6. colocarme / el cinturón de seguridad / despegar

26 Probablemente

Usa el condicional de probabilidad para indicar lo que fue probable que ocurriera con la familia de Alicia, de acuerdo con la información.

Yo soy el piloto.

MODELO   Una persona me dijo que el vuelo de mis tías iba a salir a tiempo.
Una persona me dijo que el vuelo de mis tías saldría a tiempo.

1. El botones dijo que iba a llevar todas las maletas a la habitación.
2. Mi papá dijo que iba a firmar algún papel en la recepción del hotel.
3. Mis padres me dijeron que iban a salir para Madrid a las tres.
4. En el hotel me dijeron que iban a tener las habitaciones listas.
5. Mi hermano me dijo que iba a salir temprano para el aeropuerto.

Notes Write on the board the list of verbs with modified future stems. Discuss and contrast their future forms with their conditional forms.

The conditional can be used to express the speaker's best guess about something that may have happened in the past: *¿Qué hizo Elias anoche?* (What do you suppose Elias did last night?)/*Iría a la biblioteca o al cine* (He probably went to the library or to the movies).

27 Sin respuesta

Manuel llamó a su amiga Cristina al hotel varias veces y ni ella ni su familia contestaban al teléfono en la habitación. Haz oraciones completas, usando las indicaciones que se dan para saber lo que piensa Manuel.

MODELO Cristina no estaba a las 9:00. (desayunar en el restaurante)
Cristina desayunaría en el restaurante.

1. Su hermano no estaba a las 10:00. (pasear por el centro)
2. Sus padres no estaban a las 11:00. (visitar el museo de arte)
3. Nadie estaba a las 12:00. (almorzar en el restaurante)
4. Su hermana no estaba a las 15:00. (nadar en la playa)
5. Sus padres no estaban a las 16:45. (dar un paseo por el parque)
6. Cristina no estaba a las 21:30. (salir a cenar con su familia)

Comunicación

28 ¿Y qué es lo que no harían?

Adivina *(guess)* lo que no harían las personas de las fotos, usando el condicional. Luego, di lo que preferirían hacer.

MODELO yo
(Yo) Nunca viajaría con mucho equipaje. Yo preferiría llevar equipaje de mano con algunas cosas personales.

1. el profesor
2. mis amigos
3. Enrique Iglesias
4. mis padres
5. tú

29 ¿Ganarías un premio?

Si ganas un premio de un millón de dólares, es posible que hagas muchos planes. Con tu compañero/a alterna en hacer preguntas y en contestarlas para saber seis cosas que cada uno/a haría con el dinero.

MODELO **A:** ¿Qué sería lo primero que tú harías con tu millón de dólares?
B: Compraría una nueva cámara digital.

Notes Discuss some of the changes that occur in the irregular conditional (and future) stem: Some verbs drop the letter *e* from the infinitive ending (*caber → cabría; poder → podría; querer → querría; saber → sabría*); some verbs change the vowel of the infinitive endings *-er* and *-ir* to d (*poner → pondría; salir → saldría;* *tener → tendría; venir → vendría*); the verbs *decir* and *hacer* drop the letters *e* and *c* from the infinitives before adding the future-tense endings (*decir → diría; hacer → haría*).

Teacher Resources

 Activity 27

Answers

27 1. Su hermano pasearía por el centro.
2. Sus padres visitarían el museo de arte.
3. Todos almorzarían en el restaurante.
4. Su hermana nadaría en la playa.
5. Sus padres darían un paseo por el parque.
6. Cristina saldría a cenar con su familia.
28 Creative self-expression.
29 Creative self-expression.

Activities

Expansion
Have students predict where you and other students were last night at 10:30.

Multiple Intelligences (linguistic)
Have students invent details about people and events in magazine or newspaper pictures, using the conditional (e.g., *hombre estaría en una oficina*).

Students with Special Needs
Practice the conditional of probability by having students give the conditional form for the following sentences:
Probablemente era medianoche (Sería la medianoche); Probablemente fueron a una discoteca (Irían a una discoteca); Probablemente se quedaron en casa (Se quedarían en casa).

Answers

30 1. El tren de alta velocidad de España se llama el AVE.
2. Desde 1992.
3. Tiene tres clases: turista, preferente y primera.
4. Dura dos horas y veinticinco minutos.
5. El tren tiene una cafetería y también tiene ventanas grandes.

31 Answers will vary.

Activities

Connections
Have students find out all the languages that are spoken in Spain and in what region or regions each is spoken.

Critical Thinking
Given that Spanish *(español, castellano), catalán* and *gallego* are romance languages, there are certain similarities among the three. Ask interested students to obtain an example of *catalán* or *gallego* from the Internet and see which words are similar to Spanish.

Lectura personal

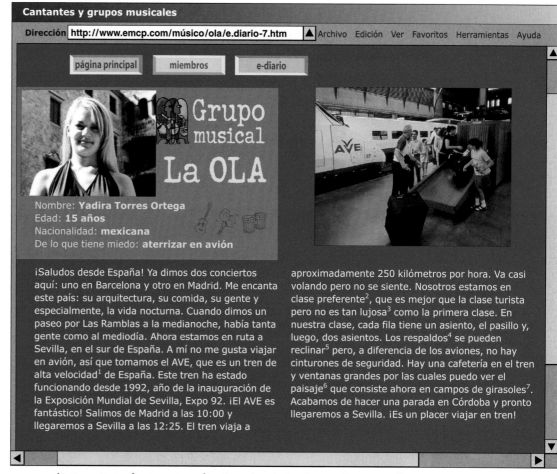

Cantantes y grupos musicales

Dirección http://www.emcp.com/músico/ola/e.diario-7.htm ▲ Archivo Edición Ver Favoritos Herramientas Ayuda

página principal   miembros   e-diario

Grupo musical La OLA

Nombre: **Yadira Torres Ortega**
Edad: **15 años**
Nacionalidad: **mexicana**
De lo que tiene miedo: **aterrizar en avión**

¡Saludos desde España! Ya dimos dos conciertos aquí: uno en Barcelona y otro en Madrid. Me encanta este país: su arquitectura, su comida, su gente y especialmente, la vida nocturna. Cuando dimos un paseo por Las Ramblas a la medianoche, había tanta gente como al mediodía. Ahora estamos en ruta a Sevilla, en el sur de España. A mí no me gusta viajar en avión, así que tomamos el AVE, que es un tren de alta velocidad[1] de España. Este tren ha estado funcionando desde 1992, año de la inauguración de la Exposición Mundial de Sevilla, Expo 92. ¡El AVE es fantástico! Salimos de Madrid a las 10:00 y llegaremos a Sevilla a las 12:25. El tren viaja a aproximadamente 250 kilómetros por hora. Va casi volando pero no se siente. Nosotros estamos en clase preferente[2], que es mejor que la clase turista pero no es tan lujosa[3] como la primera clase. En nuestra clase, cada fila tiene un asiento, el pasillo y, luego, dos asientos. Los respaldos[4] se pueden reclinar[5] pero, a diferencia de los aviones, no hay cinturones de seguridad. Hay una cafetería en el tren y ventanas grandes por las cuales puedo ver el paisaje[6] que consiste ahora en campos de girasoles[7]. Acabamos de hacer una parada en Córdoba y pronto llegaremos a Sevilla. ¡Es un placer viajar en tren!

[1]fast-speed train [2]business class [3]luxurious [4]seat backs [5]recline [6]landscape [7]sunflower fields

30 ¿Qué recuerdas?

1. ¿Cómo se llama el tren de alta velocidad en España?
2. ¿Desde qué año existe este tren?
3. ¿Cuántas clases tiene? ¿Cómo se llaman?
4. ¿Cuántas horas dura el viaje de Madrid a Sevilla?
5. ¿Qué tiene el tren que no tiene el avión?

31 Algo personal

1. ¿Prefieres viajar por tren o por avión? Explica.
2. ¿En qué clase te gustaría viajar en el AVE? ¿Por qué?
3. Imagina que viajas de Madrid a Sevilla en el AVE. ¿Qué haces en el viaje?

• Compara el sistema de trenes en España con el sistema de trenes en donde tú vives. ¿Son muy rápidos los trenes de tu ciudad? ¿Son cómodos?

Notes Remind students the acronym *AVE* stands for *Alta Velocidad Española.* The Spanish word *ave* means **bird.**

Remember to vary how you assign the *¿Qué recuerdas?* and *Algo personal* activities. Here, for example, you may decide to have students listen to the audio CD of the activity and answer orally; you may decide to have students listen to the audio CD and then write their answers; or you may choose to have students write their answers and then do the activities in class orally.

¿Qué aprendí?

Autoevaluación

Como repaso y autoevaluación, responde lo siguiente:

Visit the web-based activities at www.emcp.com

① Tell about your last experience in an airport.

② Using the twenty-four-hour clock, say what time you do the following activities: go to school, eat supper, go to bed.

③ What would you do if you won one million euros?

④ How would you ask an airline agent to find out at what time the plane will arrive?

⑤ If you could build a hotel, what would it be like? What kind of people would stay there?

⑥ How would you say in Spanish that it probably was two o'clock when the flight attendant brought the food?

⑦ What do you know about Spain?

Palabras y expresiones

En el aeropuerto
la aerolínea
el auxiliar de vuelo
la auxiliar de vuelo
el equipaje
el equipaje de mano
la escala
el maletín
el mostrador
la puerta de embarque
el pasajero
el piloto, la piloto
la tripulación

En el parador
el botones
la habitación
el lujo
el parador
la recepción
el recepcionista,
   la recepcionista
el servicio de
   habitaciones

Verbos
abordar
alojar(se)
aterrizar
colocar(se)
despegar
entregar
firmar
registrar

Expresiones y otras palabras
el apellido
bajo
la bienvenida

doble
en seguida
la pieza
el placer
el ruido
sencillo,-a
el servicio

El maletín.

La auxiliar de vuelo.

El botones.

Capítulo 8

trescientos ochenta y cinco **385**

Teacher Resources

 Activity 9

 Information Gap Activities
Postcard Activities
Funciones de Comunicación

Answers

Autoevaluación
Possible answers:
1. Answers will vary.
2. 7:00, 18:00, 20:30
3. Compraría un coche y una casa muy grande. Viviría en España. Viajaría por todo el mundo.
4. ¿A qué hora llegará el avión?
5. Answers will vary.
6. Serían las dos cuando el auxiliar de vuelo trajo la comida.
7. Answers will vary.

Activities

Critical Thinking
Dictate a letter of the alphabet to the class. Give students three minutes to write any words they can think of in Spanish that begin with that letter. After calling time, ask students to read their lists aloud. The student with the longest list of correct words wins.

Multiple Intelligences (logical-mathematical)
Have students find out the value of a euro compared to one American dollar by searching the Internet or by looking in the financial section of the newspaper.

Notes Students should use the *Autoevaluación* to measure their own progress in learning the main elements of the lesson. The section also prepares students for the lesson test.

Remind students that the former currency of Spain was the *peseta*. The currency today is the euro, which fluctuates in value daily when compared to the American dollar.

Answers

Preparación

1. Cierto.
2. Falso.
3. Cierto.
4. Cierto.
5. Falso.

Activities

Critical Listening

Play the audio recording of the reading, one paragraph at a time. Tell students to listen for the main ideas the speaker is addressing. Finally, have several individuals state what they believe is the main theme of each paragraph.

Prereading Strategy

Prepare students for the content of a reading by asking some general questions on the reading topic, such as the questions found in the *Preparación*. Next, play the first paragraph of the recording of *Tú lees*, using the corresponding CD from the Audio CD Program. As an alternative, you may choose to read the first paragraph yourself. Read the paragraph again with students following along in the book. Give students a moment to look over the paragraph silently on their own and then have them ask questions. Ask for a student volunteer to read the paragraph aloud. Continue in this way for subsequent paragraphs.

¡Viento en popa!

Tú lees

Estrategia

Combining reading strategies

Avoid translating word for word when you read in Spanish. That is slow and tedious. Instead, combine several reading strategies you have already learned. Begin by scanning the passage for clues about its probable content. Next, skim the paragraphs looking for the main ideas and for cognates to aid your comprehension. Finally, when you encounter new words, use the context to guess their possible meanings. Apply all these strategies as you begin to read the following well-known passage taken from Spanish literature.

Preparación

Como preparación para la lectura, lee rápidamente *(skim)* la historia de Lázaro y, luego, di si lo siguiente es cierto o falso.

1. El personaje principal nació en un río.
2. Toda la acción ocurre en el norte de Francia.
3. La acción tiene lugar en el pasado.
4. Lázaro es de una familia pobre.
5. Lázaro tiene una vida muy feliz.

Lázaro cuenta su vida y de quién fue hijo

Pues sepa vuestra merced[1] que a mí me llaman Lázaro de Tormes, hijo de Tomé González y de Antonia Pérez, naturales de Tejares, aldea[2] de Salamanca. Mi nacimiento[3] fue dentro del río Tormes por la cual causa tomé el sobrenombre[4], y fue de esta manera.

Mi padre, a quien Dios[5] perdone, tenía como trabajo el proveer[6] una *aceña* que está a la orilla[7] de aquel río, en el cual fue molinero[8] más de quince años; estando mi madre una noche en el molino[9] le llegó la hora y me parió[10] a mí allí; de manera que con verdad me puedo decir nacido en el río.

Pues siendo yo niño de ocho años mi padre fue preso[11]. En este tiempo se hizo cierta armada contra[12] los moros[13] en la cual fue mi padre, que en este tiempo ya estaba fuera de la cárcel[14], y sirviendo a su

Notes Although *Tú lees* provides a formal opportunity for students to improve their ability to read in Spanish, the experience should be enjoyable. Equivalents for most unknown words have been provided to help students enjoy the content of the reading without having to look up important but passive vocabulary.

Glossed words are defined at the end of the reading on page 389.

Be sure to cover the *Preparación* activity prior to beginning the *Tú lees*.

aceña

señor perdió la vida. Espero en Dios que esté en la gloria.

Mi viuda[15] madre como se viese[16] sola y sin marido, decidió acercarse a los buenos e irse a vivir a la ciudad. Allí hacía la comida a ciertos estudiantes y lavaba la ropa a ciertos mozos de caballos[17] del Comendador de la Magdalena. Allí conoció a un hombre moreno, este hombre venía algunas veces a nuestra casa, y se iba por la mañana; otras veces llegaba de día a comprar *huevos* y entraba en casa. Yo al principio tenía miedo de él viéndole el color y el mal gesto[18] que siempre tenía, pero cuando vi que con su venida[19] era mejor el comer, empecé a quererlo bien porque siempre traía pan, pedazos de carne y en el invierno *leños* a los que nos calentábamos[20].

Sucedió todo[21] de manera que mi madre vino a darme un hermano, un negrito muy bonito, con el que yo jugaba. Y me acuerdo que estando el negro de mi padrastro jugando con el niño, como éste veía a mi madre y a mí blancos, y a él no, huía[22] de él con miedo y se iba a donde estaba mi madre y señalándole con el dedo decía: «Madre, coco[23]».

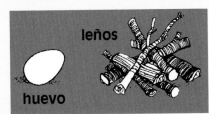
leños
huevo

Yo, aunque era pequeño todavía, noté[24] aquella palabra de mi hermanito y dije para mí: «¡Cuántos de éstos debe de haber en el mundo que huyen[25] de otros porque no se ven a sí mismos!»

Quiso nuestra mala fortuna que llegara a saberse que mi padrastro se llevaba la mitad[26] de la *cebada* que le daban para los caballos a casa de mi madre para después venderla y que también hacía perdidas las mantas[27] de los caballos. Con todo esto ayudaba a mi madre para criar[28] a mi hermanito. Se probó[29] todo esto que digo y aún más, porque a mí me preguntaban, amenazándome[30], y como

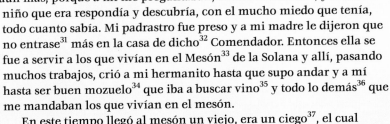
cebada

niño que era respondía y descubría, con el mucho miedo que tenía, todo cuanto sabía. Mi padrastro fue preso y a mi madre le dijeron que no entrase[31] más en la casa de dicho[32] Comendador. Entonces ella se fue a servir a los que vivían en el Mesón[33] de la Solana y allí, pasando muchos trabajos, crió a mi hermanito hasta que supo andar y a mí hasta ser buen mozuelo[34] que iba a buscar vino[35] y todo lo demás[36] que me mandaban los que vivían en el mesón.

En este tiempo llegó al mesón un viejo, era un ciego[37], el cual pensando que yo sería bueno para guiarle, le pidió a mi madre que me dejase[38] ir con él. Mi madre lo hizo diciéndole cómo yo era hijo de un buen hombre el cual había muerto en la batalla[39] de los Gelves por defender la fe[40] y que ella esperaba en Dios que yo no sería peor hombre que mi padre y que le rogaba[41] que me tratase[42] bien, pues era huérfano[43].

El ciego respondió que lo haría así y que me recibía no como mozo sino como hijo. Y así empecé a servir y a guiar a mi nuevo y viejo amo[44].

Critical Thinking
Ask students to identify the items shown in the illustrations.

Expansion
Using a wall map, the maps at the front of *Navegando 2* or the transparency maps that are part of the *Navegando 1* Transparency Program, talk about where the story of Lazarillo de Tormes takes place.

Multiple Intelligences (intrapersonal/linguistic)
¿Dónde naciste tú?; ¿Tienes algún hermanastro/hermanastra? ¿Cómo es?; ¿Conoces a alguna persona que sea ciega?; ¿Qué crees que es lo más importante que has aprendido en la vida hasta hoy?

Notes **Review.** Review some of the reading strategies students have learned over the course of the year. Encourage students to apply as many of these strategies as possible in the article.

This reading passage is taken from the Spanish picaresque novel *Lazarillo de Tormes*.

Students may need help with the following: *naturales* (natives), *acercarse a los buenos* (come to her senses), *pedazos* (pieces), *debe de haber* (must there be), *llegara a saberse* (came to know), *aún* (even), *crió* (raised), *guiarle* (guide him), *duró* (lasted) and *saber* (knowledge).

Estuvimos en Salamanca algunos días, pero a mi amo la ganancia[45] le pareció poca y decidió irse de allí. Cuando íbamos a partir[46] yo fui a ver a mi madre, y, ambos llorando[47], me dio su bendición[48] y me dijo:

—Hijo, ya sé que no te veré más; sé bueno, y Dios te guíe; yo te he criado y te he puesto con buen amo, así que válete por ti solo[49]. Y me fui hacia donde estaba mi amo, que me estaba esperando.

Salimos de Salamanca y llegando al puente hay a la entrada[50] de él un animal de piedra[51], que tiene forma de toro, el ciego me mandó que me llegase[52] cerca del animal y puesto allí me dijo:

—Lázaro, acerca[53] el oído a ese toro y oirás un gran ruido dentro de él.

Yo lo hice creyendo que sería así; cuando el ciego sintió que tenía la cabeza junto a la piedra me dio tal golpe[54] con su mano contra el toro que el dolor me duró más de tres días, y me dijo:

—Aprende que el mozo de ciego un punto ha de saber más que el diablo[55].

Y se rió mucho.

Me pareció que en ese momento desperté de la simpleza[56] en que como niño dormido estaba. Y dije para mí: «Verdad dice éste, pues soy solo, tengo que ver y pensar cómo me sepa valer».

Empezamos nuestro camino y en muy pocos días me enseñó jerigonza[57] y como viese que yo tenía buen ingenio[58] estaba muy contento y me decía: «Yo no te puedo dar oro ni plata, pero te mostraré muchos consejos para vivir». Y fue así, que después de Dios, éste me dio la vida y, siendo ciego, me alumbró[59] y guió en la carrera[60] de vivir. Le cuento a vuestra merced estas cosas para mostrar cuánta virtud[61] es que los hombres pobres y bajos sepan subir y cuánto vicio[62] es el que los hombres siendo ricos y altos se dejen bajar.

águila

Mi amo en su oficio[63] era un *águila*: sabía de memoria más de cien oraciones[64], tenía un tono bajo y tranquilo que hacía resonar[65] la iglesia donde rezaba[66] y cuando rezaba ponía un rostro devoto[67].

Además de esto tenía otras mil formas de sacarle el dinero a la gente. Sabía oraciones para todo, a las mujeres que iban a parir les decía si iba a ser hijo o hija y decía que Galeno[68] no supo la mitad de lo que él sabía para curar toda clase de enfermedades[69].

A todo el que le decía que sufría de algún mal, le decía mi amo: «Haced esto, haréis lo otro». Con todo esto la gente andaba siempre detrás de él, especialmente las mujeres que creían todo cuanto les decía. De las mujeres sacaba mucho dinero y ganaba más en un mes que cien ciegos en un año.

Pero también quiero que sepa vuestra merced que con todo lo que tenía jamás vi un hombre tan avariento[70], tanto que me mataba[71] de hambre y no me daba ni siquiera[72] lo necesario. Digo verdad: si yo no hubiera sabido[73] valerme por mí mismo, muchas veces hubiera muerto[74] de hambre; pero con todo su saber, las más de las veces yo llevaba lo mejor. Para esto le hacía burlas[75], de las cuales contaré algunas.

(continuará)

[1]grace [2]village [3]birth [4]surname [5]God [6]taking care of [7]shore [8]miller [9]mill [10]gave birth [11]jailed [12]raised a certain navy against [13]Moors [14]jail [15]widowed [16]found herself [17]stable boys [18]poor appearance [19]arrival [20]warmed ourselves [21]Everything happened [22]fled [23]boogeyman [24]noticed [25]flee [26]half [27]blankets [28]to raise [29]Was proven [30]threatening me [31]she not enter [32]said [33]Inn [34]youngster [35]wine [36]everything else [37]blind [38]let me [39]battle [40]faith [41]begged [42]treat [43]orphan [44]master [45]earnings [46]leave [47]both crying [48]blessing [49]take care of yourself [50]entrance [51]stone [52]get [53]near [54]blow [55]devil [56]innocence [57]slang, vulgar language [58]intelligence [59]enlightened [60]road [61]virtue [62]vice [63]trade [64]prayers [65]resonate [66]prayed [67]devout face [68]famous Greek doctor [69]illnesses [70]greedy [71]killed [72]not even [73]if I had not known [74]have died [75]tricks

Excerpt from:

Lazarillo de Tormes; author unknown. Copyright Grafisk Forlag A/S, Copenhagen. The *Easy Reader* (a B-level book) with the same title is published by EMC/Paradigm Publishing.

A ¿Qué recuerdas?

1. ¿Dónde nació Lázaro?
2. ¿Cómo murió el papá de Lázaro?
3. ¿Dónde fue la mamá de Lázaro después de morir su esposo?
4. ¿Cómo era el hombre para el que trabajaba Lázaro?
5. ¿Qué había en el puente?
6. ¿Qué le dijo el ciego a Lázaro que hiciera con el animal?
7. ¿Qué ganaba el ciego diciendo mentiras?

B Algo personal

1. ¿Qué crees que es lo más importante que alguien te puede dar en la vida?
2. ¿Tienes alguna persona en tu vida que te da consejos? ¿Quién?
3. ¿Tienes algún trabajo con el que ganas dinero?
4. ¿Dices muchas mentiras?
5. ¿Qué piensas de las personas que dicen mentiras?

Answers

A 1. Nació en el río Tormes.
2. En la armada contra los moros.
3. Se fue a la ciudad.
4. Era ciego.
5. En el puente había un animal de piedra/un toro de piedra.
6. Que acercara el oído para oír un gran ruido.
7. Ganaba mucho dinero.
B Answers will vary.

Activities

Expansion
Additional questions (*Algo personal*): *¿Qué piensas de Lazarillo?; ¿Qué piensas del hombre para el cual Lazarillo servía de guía?; ¿Cómo es la vida de Lazarillo?; ¿Te gustaría vivir como Lazarillo? Explica tu respuesta; ¿Cuáles son los cognados en la lectura?*

Spanish for Spanish Speakers
Have students write a short composition in which they discuss the importance of the *pícaro* in Spanish literature and society.

390

Activities

Cooperative Learning

Divide students in groups of two or three. Each group prepares a conversation in Spanish between a hotel clerk and one or two tourists who want a room. Instruct students to use as many new words and expressions as possible. The dialogs should be prepared, reviewed, practiced and then presented to the class.

Expansion

Have students call airlines and obtain schedule information for the trip they plan for the *Tú escribes.*

Multiple Intelligences (spatial/linguistic)

Have students prepare a travel brochure intended for young people planning a post-high-school trip to Spain. Brochures should include what visitors can see, how to get there, lodging, etc. Students can use their own drawings or cut pictures from magazines.

Tú escribes

Estrategia

Creating a chronological itinerary
When you are writing the itinerary for a trip, it is a good idea to arrange the text in a chronological sequence. That is, you should present the events in the order they will occur, using words like *primero, segundo, entonces, después* and *por último.* To make clear divisions in the sequence of events, use numbers, bullets or bold print.

Imagine that at your high school seniors always take a trip after graduation. Create an itinerary for your ideal graduation trip and arrange it in chronological order. Be sure to state when the trip will occur and where you will go. Then describe what you will see, and name some of the things you will do. Conclude the composition by discussing your feelings about the upcoming trip.

La Alhambra, Granada.

¿Vamos aquí?

Notes This *Tú escribes* provides a formal opportunity for students to improve their ability to write in Spanish using words and expressions that indicate an order of events. Be sure to review the *Estrategia* with students and answer any questions before asking them to write.

The section *Tú escribes* is not required content. You may choose to skip the section based upon your professional observation about how well student writing skills are progressing and as your school's curriculum dictates.

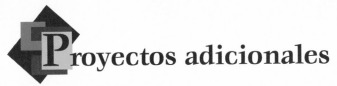

Proyectos adicionales

A Comunicación

Working in pairs, find Web sites about travel in Spain. Using the information on the sites that you find, choose three locations that you would like to travel to. Describe the locations and say what you will be doing when you arrive there.

B Conexión con la tecnología

You are going to the Canary Islands for your next vacation. You will fly with *Aerolíneas Iberia*. Search the Internet for the Web page for *Iberia* and find flight information in Spanish. Make sure to have the dates you plan to travel, the time you would like to depart and the type of seats you want. (You will need to determine what airline you will use to connect with the *Aerolíneas Iberia* flight you have chosen.) Print out the information you get and report to the class on what you found. What are the expenses for your trip?

C Conexión con otras disciplinas: habilidades para la vida diaria

Using the library or the Internet, locate information about the cuisine in a city or region of Spain that interests you. Identify a dish that is typical from that area. Get the recipe for the dish and make it for your family. When choosing a dish, keep in mind the type of ingredients you will need, so that it will be easy for you to find them. Summarize the results of your research for the class.

D Comunidades

Investigate one of the topics below (or invent one of your own) as it pertains to Spain. Prepare a short presentation in Spanish about your research, including visuals and sound, if appropriate. Be sure to name Spaniards who have been influential in the area you have chosen, give examples of their work and add any other details that may be of interest.

música   medicina   arquitectura
deportes   arte   baile   literatura

Notes Talk with the librarian, computer science teacher and other colleagues to locate computers in your building or community that students can work on. Many students today have computers at home. If you have a shortage of computers at school, you may want those students to use their home computers to do online research.

Select several students to share with the class the information they found out in activities A–D.

Trabalenguas

Communities

Have students prepare a report about bullfighting.

Language through Action

Prepare cards that state feelings or conditions that can be easily dramatized (for example, *tener sueño* or *estar triste*). Distribute the cards and ask students to take turns acting out the different feelings. After each action, the class must use the future of probability to say how the student is probably feeling (*Tendrá sueño; Estará triste*).

Multiple Intelligences (interpersonal/intrapersonal/ linguistic)

Write ten to twelve sentences about a real or imaginary trip you will take during a vacation to Spain. State where you will go, describe what you will see and tell some of the things you will do. Conclude the composition by discussing your feelings about the trip.

Technology

Have the students choose one Spanish city and design a travel brochure that includes at least six points of interest. The brochure should provide a description of each point of interest and should include historical information. Students may use the library or the Internet to research the information.

Repaso

Now that I have completed this chapter, I can...

	Go to these pages for help:
express emotion.	348
talk about everyday activities.	348
talk about the future.	348
plan a vacation.	358
state what is probable.	358
make travel and lodging arrangements.	358
use the twenty-four-hour clock.	372
talk about schedules.	372
express logical conclusions.	378
talk about hopes and dreams.	378

I can also...

talk about life in Spain.	351
talk about opportunities to use Spanish while traveling.	359
identify places I would like to visit on a trip to Spain.	371
discuss where to stay while visiting Spain.	381

Trabalenguas

Compraré pocas cosas, cosas pocas compraré y como compraré pocas cosas, pocas cosas pagaré.

Notes Loose translation of the *Trabalenguas:* Few things I will buy, buy I will few things, and because I will buy few things, I will pay for few things.

Review the functions and other objectives in the *Repaso* and assign the activities. Answer questions so students can prepare for the chapter test. Follow up by reviewing the activities as a class.

Vocabulario

a lo mejor maybe *8A*
abordar to board *8B*
aéreo,-a pertaining to air *8A*
la **aerolínea** airline *8B*
la **agencia de viajes** travel
   agency *8A*
el **agente,** la **agente** agent *8A*
alojar(se) to lodge, to stay *8B*
el **apellido** last name, surname *8B*
aterrizar to land *8B*
el **auxiliar de vuelo,** la **auxiliar**
   de vuelo flight attendant *8B*
bajo under *8B*
la **bienvenida** welcome *8B*
el **billete** ticket *8A*
el **botones** bellhop *8B*
cargar to charge *8A*
el **cheque** check *8A*
la **clase** class *8B*
colocar(se) to put, to place *8B*
la **compañía** company *8A*
completo,-a full, complete *8A*
la **corrida** bullfight *8A*
de ida y vuelta round-trip *8A*
despegar to take off *8B*
el **destino** destination, destiny,
   fate *8A*
la **dicha** happiness *8A*

doble double *8B*
emocionado,-a excited *8A*
en seguida immediately *8B*
entregar to hand in *8B*
el **equipaje** luggage *8B*
el **equipaje de mano** carry-on
   luggage *8B*
la **escala** layover *8B*
firmar to sign *8B*
el **folleto** brochure *8A*
el **gasto** expense *8A*
gozar to enjoy *8A*
la **guía** guidebook *8A*
la **habitación** bedroom *8B*
el **itinerario** itinerary *8A*
la **llegada** arrival *8A*
el **lujo** luxury *8B*
el **maletín** briefcase, handbag,
   overnight bag, small
   suitcase *8B*
el **mostrador** counter *8B*
nacer to be born *8A*
el **nombre** name *8A*
el **parador** inn *8B*
el **pasajero** passenger *8B*
el **pasaporte** passport *8A*
la **pieza** piece *8B*
el **piloto,** la **piloto** pilot *8B*

el **placer** pleasure *8B*
la **princesa** princess *8A*
el **príncipe** prince *8A*
puede ser maybe *8A*
la **puerta de embarque** boarding
   gate *8B*
la **recepción** reception *8B*
el **recepcionista,** la **recepcionista**
   receptionist *8B*
registrar to register *8B*
la **reina** queen *8A*
la **reservación** reservation *8A*
el **rey** king *8A*
el **ruido** noise *8B*
saborear to taste, to savor *8A*
la **salida** departure, exit *8A*
sencillo,-a single, one-way *8B*
el **servicio** service *8B*
el **servicio de habitaciones**
   room service *8B*
soñar to dream *8A*
la **suerte** luck *8B*
la **tarifa** fare *8A*
la **tripulación** crew *8B*
turístico,-a tourist *8A*
el **vuelo** flight *8A*

La pasajera.

Los pilotos.

El avión.

Teacher Resources

Episode 18

Testing/Assessment

Test Booklet
Portfolio Assessment

Activities

Expansion

Have students select a word from the list and call on a classmate to use the word in a sentence. That person then gets to choose the next word and to call on the next classmate.

Technology

Have students use the Internet and print out a map of the subway of some major Hispanic cities (using Subway Navigator www.subwaynavigator.com/). Ask them to list some outings in the city. Then, working in pairs, students work together using interrogatives while asking for and giving directions to get to their selected destinations. In order to facilitate the activity, each person must have a copy of the map. One map will have the route marked whereas the other will not. Students then face each other and ask and answer questions until they get to their destination.

Notes Remind students that page 393 provides a list of all the words and expressions they must know from *Capítulo 8*. English equivalents are provided to save students the time of having to turn to the end-of-book vocabulary glossary. Students should review and test themselves over the content of the *Vocabulario* in preparation for the chapter test and for future chapters in *Navegando 2*.

393

Activities

Critical Thinking

The photographs on pages 394–395 provide a glimpse of what students will be studying in *Capítulo 9*. Based upon the two photographs and the chapter title *(Mi futuro)*, ask students the following: 1) What are the people in the small photograph doing?; 2) Where are the people in the large photograph?; 3) What is the theme of the chapter?

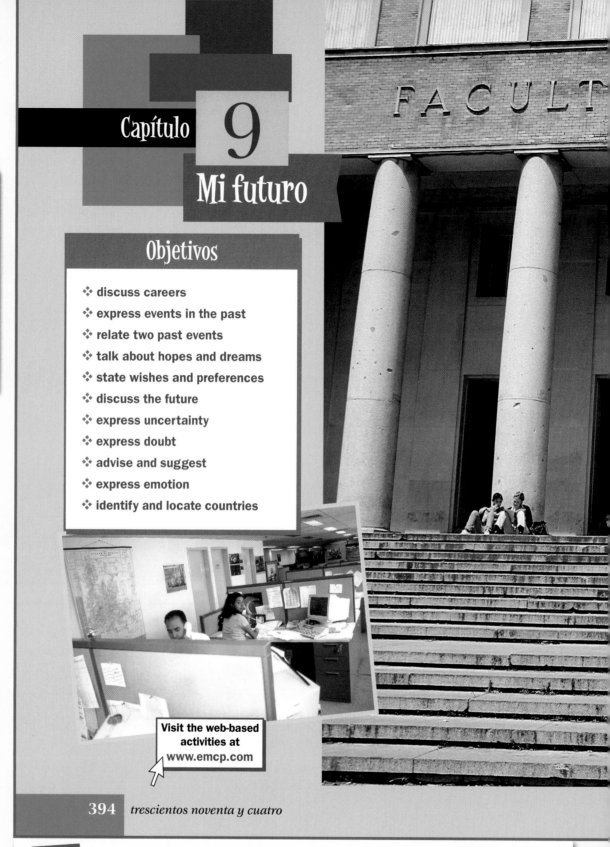

Capítulo **9**

Mi futuro

Objetivos

❖ discuss careers
❖ express events in the past
❖ relate two past events
❖ talk about hopes and dreams
❖ state wishes and preferences
❖ discuss the future
❖ express uncertainty
❖ express doubt
❖ advise and suggest
❖ express emotion
❖ identify and locate countries

Visit the web-based activities at www.emcp.com

394   *trescientos noventa y cuatro*

Notes The communicative objectives are provided in the box on page 394 to assist you in establishing the objectives and goals for *Capítulo 9*. Discuss these objectives with the class as you prepare to begin the new chapter. A checklist of these functions also appears on page 438, along with additional objectives that students can use as a self-check to evaluate their own progress.

All content from *Capítulos 9* and *10* is retaught in *Navegando 3*. Select activities that enable you to meet curriculum needs as you approach the end of the year and that help prepare students for continuing their Spanish.

El mundo

Some problems are shared by people throughout the world. This chapter deals with some of those concerns and how the planet's population must deal with them. Skills and knowledge acquired in Spanish class using *Navegando* provide tools that students will be able to use as actively involved participants in alleviating some of the world's problems.

Activities

Critical Thinking

Provide blank maps of the world (or have students prepare the maps). Ask the class to identify the countries where Spanish is spoken by writing the names of the countries and capitals they know in Spanish in their correct locations on the map. Extend the activity by having students add the names of non-Spanish-speaking countries and their capitals. Keep the maps in order to compare student work after they have completed their study about some of the non-Spanish-speaking countries of the world.

Notes This chapter deals with some of the major issues facing the world today and discusses how the planet's population must deal with them.

Teacher Resources

 Los empleos

 Activities 1–3

 Activities 57–58

 Activity 1

 Activity 1

 Activities 1–5

Content reviewed in *Lección A*
- jobs and careers
- the verb *haber*
- everyday activities
- subjunctive

Activities

Language through Action
Tell students to look at these illustrations of various people's jobs. Inform students that you will be saying several words in Spanish. Have students raise their right hand if the item they hear appears in the illustration; have them raise their left hand if the word does not appear in the illustration.

Lección A

El mundo

Vocabulario I

Los empleos

el peluquero

el fotógrafo

el abogado

la agricultora

el artista

la bombera

el profesor

la taxista

la mecánica

el vendedor

la gerente

el carpintero

Todos son empleados.

Notes This chapter is intended to help students evaluate career options as they reflect upon their futures. Make sure that students understand what people in these different careers do.

Remind students that definite and indefinite articles are not usually used with careers after forms of the verb *ser*.

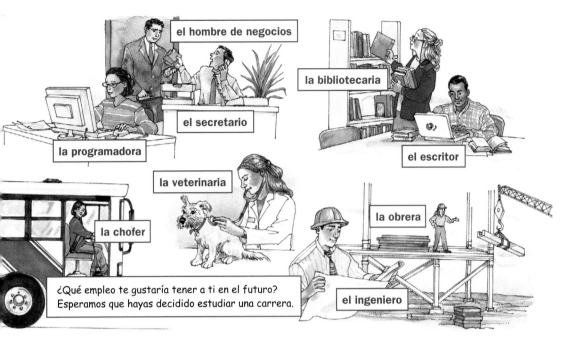

el hombre de negocios

la bibliotecaria

el secretario

la programadora

el escritor

la veterinaria

la chofer

la obrera

¿Qué empleo te gustaría tener a ti en el futuro? Esperamos que hayas decidido estudiar una carrera.

el ingeniero

1 ¿Qué empleo tienen?

Di qué empleo tienen las siguientes personas, según lo que oyes.

MODELO Conchita es actriz.

Conchita es actriz.

2 No pertenece

Di qué palabra no es un empleo en cada uno de los siguientes grupos.

1. carpintero	peluquera	bombero	empleo
2. piloto	artista	carrera	gerente
3. ingeniero	hombre	abogado	programador
4. veterinaria	mecánico	hablado	secretario
5. bibliotecario	carro	recepcionista	escritor
6. futuro	obrero	agricultor	vendedora
7. taxista	agente	comida	fotógrafa

Capítulo 9   *trescientos noventa y siete*   **397**

Teacher Resources

 Activities 1–2

 Activities 2–3

Answers

1 1. Martín es bibliotecario.
2. Virginia es taxista/chofer.
3. Victoria es mujer de negocios.
4. Lucía es agricultora.
5. Doña Mercedes es dentista.
6. Don Alfonso es profesor.
7. Hernán es cocinero.
8. Antonio es peluquero.

2 1. empleo
2. carrera
3. hombre
4. hablado
5. carro
6. futuro
7. comida

Activities

Expansion
Use overhead transparencies 57 and 58 to introduce the new words and expressions in *Vocabulario I.*

Prereading Strategy
Have students look through the words in the illustrations to find any words they recognize. Then ask them what they think the illustrations depict.

Students with Special Needs
Ask students to identify any cognates they can find in the vocabulary.

Notes Ask if students recognize Conchita (in the photograph on this page) from the *Navegando* Video/DVD Program.

For additional support over the content of the pupil's edition, select from the Audio CD Program (for pronunciation practice), Workbook (for writing practice), Listening Activities (for listening comprehension practice), a Grammar/Vocabulary Manual (for grammar reinforcement), Quizzes with Answer Key Manual (for assessment), video (for visual support), transparencies from the Overhead Transparency Program, as well as numerous other options that will help you meet students' needs.

Answers

3
1. No, no lo ha pensado.
2. Ha pensado en trabajar como abogada.
3. Le aconseja estudiar para ser programadora.
4. A Gloria no le gustan las computadoras.
5. Hoy hacen falta profesores.
6. Le gusta mucho enseñar.

4 Answers will vary.

5 1. E; 2. A; 3. F; 4. B; 5. D; 6. C

Activities

Critical Thinking
Gloria and Miguel are discussing possible future careers. Students have many choices to make about their future. Some may attend a university, some may go to technical institutes and others may begin work immediately. You may decide to develop this topic as a classroom conversation with the help of a school counselor.

Expansion
Additional questions (*Algo personal*): *¿Crees que estudiar una carrera es importante para tener un mejor futuro? Explica.*; *¿Tienes algún sueño especial? ¿Cuál?*; *¿Tienes algún empleo? ¿Cuál?*; *¿Crees que la experiencia es importante para conseguir un empleo? ¿Por qué?*

Students with Special Needs
Identify in English what the illustrations for activity 5 depict.

Diálogo I
¿Abogada?

GLORIA: ¿Has pensado qué empleo te gustaría tener en el futuro?
MIGUEL: No, no lo he pensado. ¿Y tú?
GLORIA: Pues, yo he pensado trabajar como abogada.

MIGUEL: ¿Como abogada? Hoy hay muchos abogados.
GLORIA: Sí, lo sé, pero todavía no es que yo haya decidido ser abogada.
MIGUEL: Yo te aconsejo que estudies para ser programadora. Es el futuro.

GLORIA: Pero las computadoras a mí no me gustan.
MIGUEL: Entonces, ¿por qué no estudias para ser profesora? Hoy hacen falta profesores.
GLORIA: Sí, es verdad y me gusta mucho enseñar. Voy a pensarlo.

3 ¿Qué recuerdas?

1. ¿Ha pensado Miguel qué empleo tener en el futuro?
2. ¿En qué ha pensado Gloria trabajar?
3. ¿Qué le aconseja estudiar Miguel a Gloria?
4. ¿Qué no le gustan a Gloria?
5. ¿Qué hace falta hoy según Miguel?
6. ¿Qué le gusta mucho a Gloria?

4 Algo personal

1. ¿Has pensado qué empleo te gustaría tener en el futuro? ¿Cuál?
2. ¿Qué es lo que más te gusta hacer?
3. ¿Te ha aconsejado alguien estudiar o trabajar? Explica.

¡Extra!

Otros empleos

el corredor/la corredora de bolsa	*stockbroker*
el director/la directora de mercadeo	*marketing director*
el diseñador/la diseñadora de páginas Web	*Web page designer*
el economista/la economista	*economist*
el ingeniero/la ingeniera ambiental	*environmental engineer*
el ingeniero/la ingeniera de sistemas	*systems engineer*
el sicólogo/la sicóloga	*psychologist*
el técnico/la técnica de computación	*computer technician*

5 ¿Qué son?

 Selecciona la foto que corresponde con lo que oyes.

A   **B**   **C**   **D**   **E**   **F**

Notes Point out to students that teaching and law both are areas in which aspiring professionals benefit from knowing a second language such as Spanish. Spanish-speaking lawyers and teachers are in demand.

The dialog is recorded as part of the Audio CD Program. Play the dialog so students can hear correct pronunciation and begin to practice the new content.

Activity 5 offers additional listening comprehension practice. Play the audio CD of the activity that is part of the Audio CD Program or use the transcript that appears in the ATE Introduction if you prefer to read the activity yourself.

Cultura viva

La contaminación del aire.

Beneficiamos a nuestra comunidad.

Nuestro planeta

Soñar[1] con nuestro futuro tiene relación directa con los sueños para nuestro planeta y su población. Es seguro que siempre queremos lo mejor para el mundo pero, a veces, es difícil evitar[2] problemas como la guerra[3], la pobreza y los desastres naturales. En estos casos, será importante que nosotros, y toda la comunidad mundial, ayudemos a las víctimas de estas tragedias en la reconstrucción de sus vidas.

Hubo un desastre natural.

Sin embargo, hay problemas que sí podemos evitar o tratar de controlar mejor. Pero primero será preciso que respetemos más nuestro planeta, conservando nuestros recursos naturales[4], reduciendo la contaminación del agua y del aire y buscando otras formas de energía. También sería buena idea participar en una organización que beneficie a la comunidad y al mundo. ¿Qué más puede uno hacer para que nuestro futuro y el del mundo sean lo mejor posible?

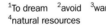
[1]To dream [2]avoid [3]war
[4]natural resources

6 Nuestro planeta

Haz una lista de cinco problemas que hay hoy en el mundo. Selecciona uno y lee sobre su origen y su evolución, y lo que se está haciendo hoy para solucionarlo. Busca información en la biblioteca o en la internet, si es necesario. Luego, presenta la información a la clase.

Activity 4

Activities 6–7

Answers

7 1. hemos ido
2. han decidido
3. he decidido
4. ha decidido
5. han pensado
6. ha pensado
7. ha visitado
8. ha oído
9. has trabajado
10. Has pensado

Activities

Expansion
The preterite perfect, the future perfect and the conditional perfect tenses have been included in Appendix B if you wish to teach them along with this review of the uses of *haber*.

Students with Special Needs
Model the first sentence for activity 7.

Idioma

Repaso rápido: uses of *haber*

You can use the verb *haber* in various tenses as an impersonal expression.

¿**Hay** un empleo para mí?	**Is there** a job for me?
Había empleo para todos.	**There were** jobs for everybody.
Supe que **hubo** un accidente anoche.	I knew **there was** an accident last night.

Combine the present tense of *haber* with a past participle to form the present perfect tense *(el pretérito perfecto)* when you wish to describe something that has happened recently or to describe something that has occurred over a period of time and that continues today.

He pensado ser profesor.	**I have thought** about becoming a teacher.

Use the imperfect tense of *haber* with a past participle to form the past perfect tense *(pluscuamperfecto)*, which is used to describe an event in the past that had happened prior to another event.

Había terminado de estudiar cuando llegaste.	**I had finished** studying when you arrived.
Ya **habían estudiado** cuando sus padres llegaron.	**They had** already **studied** when their parents arrived.

7 Los planes de Hernán para después de terminar el colegio

Completa el siguiente párrafo con la forma apropiada del pretérito perfecto de los verbos entre paréntesis, para saber lo que Hernán y sus compañeros piensan hacer después de terminar el colegio.

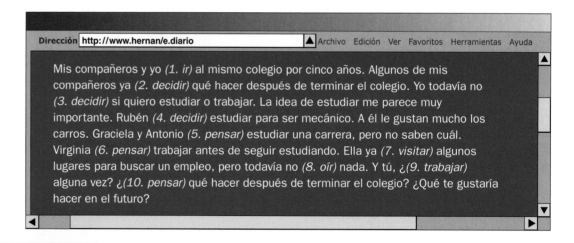

Dirección http://www.hernan/e.diario ▲ Archivo Edición Ver Favoritos Herramientas Ayuda

Mis compañeros y yo *(1. ir)* al mismo colegio por cinco años. Algunos de mis compañeros ya *(2. decidir)* qué hacer después de terminar el colegio. Yo todavía no *(3. decidir)* si quiero estudiar o trabajar. La idea de estudiar me parece muy importante. Rubén *(4. decidir)* estudiar para ser mecánico. A él le gustan mucho los carros. Graciela y Antonio *(5. pensar)* estudiar una carrera, pero no saben cuál. Virginia *(6. pensar)* trabajar antes de seguir estudiando. Ella ya *(7. visitar)* algunos lugares para buscar un empleo, pero todavía no *(8. oír)* nada. Y tú, ¿*(9. trabajar)* alguna vez? ¿*(10. pensar)* qué hacer después de terminar el colegio? ¿Qué te gustaría hacer en el futuro?

Notes You may want to help students with the meaning of *haber* in the tenses shown in this *Repaso rápido: hay* (there is, there are), *había* (there was, there were), *hubo* (there was, there were).

Estructura

Present perfect subjunctive

When you wish to describe something that has happened recently or to describe something that has occurred over a period of time and that continues, use the present perfect subjunctive *(pretérito perfecto del subjuntivo)*. Its formation is quite simple: Combine the present subjunctive forms of *haber* with the past participle of a verb.

hablar	hacer	vestirse (i, i)
haya hablado	haya hecho	me haya vestido
hayas hablado	hayas hecho	te hayas vestido
haya hablado	haya hecho	se haya vestido
hayamos hablado	hayamos hecho	nos hayamos vestido
hayáis hablado	hayáis hecho	os hayáis vestido
hayan hablado	hayan hecho	se hayan vestido

Look at the following examples:

*Espero que ella **haya decidido** qué estudiar.*   I hope she **has decided** what to study.
*No creo que él **haya empezado** a trabajar.*   I doubt that he **has begun** to work.

 Práctica

8 ¿Has decidido qué estudiar?

Haz oraciones para decir si piensas o no que las siguientes personas han decidido qué estudiar, según las indicaciones.

MODELOS   Carlos / sí   Daniela / no
Pienso que Carlos ya ha   No pienso que Daniela haya decidido
decidido qué estudiar.   todavía qué estudiar.

1. Piedad / no   3. ella / sí   5. Sonia / no   7. Diana y María / no
2. Alfonso / sí   4. tú / no   6. Tomás y Pedro / no   8. Fernando y Marina / sí

9 ¿Qué dicen todos?

Completa lógicamente las siguientes oraciones, escogiendo la forma apropiada del verbo *haber*.

MODELO   No creo que ella *(ha / haya)* ido a la universidad.
No creo que ella *haya* ido a la universidad.

1. Omar y Ricardo *(hayan / han)* decidido trabajar por un tiempo primero.
2. No creo que todos nosotros *(hemos / hayamos)* estudiado en el mismo colegio.
3. Clara cree que su hermana *(había / ha)* sido aceptada en la universidad donde ella quiere estudiar.
4. Gloria no *(ha / habías)* decidido todavía a qué universidad quiere asistir.
5. En este lugar *(hay / haya)* más de cinco empleados listos para ser gerentes.
6. El año pasado no *(hubo / había)* estudiantes que querían ser abogados.

Capítulo 9   *cuatrocientos uno*   **401**

Teacher Resources

 Activity 8

 Activity 5

 Activities 4–5

 Activity 2

 Activity 8

Answers

8 1. ...haya decidido....
2. ...ha decidido....
3. ...ha decidido....
4. ...hayas decidido....
5. ...haya decidido....
6. ...hayan decidido....
7. ...hayan decidido....
8. ...han decidido....

9 1. han
2. hayamos
3. ha
4. ha
5. hay
6. hubo

Activities

Expansion
The *vosotros/vosotras* verb endings are included for passive recognition. If you have decided to make these forms active, adapt the provided activities as required.

Students with Special Needs
Practice conjugating several verbs in the present perfect subjunctive and ask if there are any questions before assigning activity 8.

Notes Remind students that the letters in parentheses *(i, i)* in the verb chart at the top of the page indicate stem changes they have learned to make to verbs when formed in the preterite tense and as present participles.

Before beginning activity 9, point out that students will have to choose between the past perfect, present perfect and present perfect subjunctive tenses.

401

10 Pepe habla del futuro con su mamá

Completa el siguiente diálogo con la forma apropiada del pretérito perfecto del subjuntivo de los verbos indicados.

Mamá: Espero que ya *(1. pensar)* qué estudiar después del colegio.
Pepe: No creo que yo *(2. tener)* mucho tiempo para hacerlo.
Mamá: Pero, hijo, ¿por qué?
Pepe: Porque he estado muy ocupado haciendo tareas.
Mamá: No creo yo que siempre te *(3. ver)* haciendo tareas. Muchos días te he visto perdiendo el tiempo con tus amigos en la internet.
Pepe: Ay, mamá, no perdemos el tiempo en la internet.
Mamá: No creo que Uds. alguna vez *(4. buscar)* algo importante en la internet.
Pepe: Qué exagerada eres, mamá. Es una lástima que tú no *(5. ver)* lo que buscamos mis amigos y yo la semana pasada.
Mamá: Está bien, pero creo que deben empezar a buscar dónde estudiar. En la internet hay mucha información.
Pepe: Sí, mamá, creo que empezaré a buscar algo de eso.
Mamá: Me alegro de que *(6. entender)* lo que te he dicho.

11 ¿Qué es posible que hayan estudiado?

Mira las fotos y di lo que es posible que las siguientes personas hayan estudiado.

MODELO Margarita
Es posible que ella haya estudiado para ser mecánica.

1. Sonia

2. tú

3. Ud.

4. Emilio y Armando

5. Rita y Ana

6. Uds.

7. Eduardo

8. Olga

12 En el colegio

Haz oraciones completas para decir lo que las siguientes personas dicen.

MODELO Magdalena / conseguir un empleo (espero)
Espero que Magdalena haya conseguido un empleo.

1. yo / no preguntarme antes qué hacer en el futuro (es una lástima)
2. tú / decidir seguir estudiando (es importante)
3. Uds. / registrarse para tomar la clase de biología (dudo)
4. nosotros / pasar el examen de matemáticas (es importante)
5. Gabriel / nacer para ser abogado (no pienso)
6. Estela / tener la oportunidad de estudiar una carrera (no creo)

◈ Comunicación

13 ¿Qué esperas que haya pasado?

Working in pairs, talk about some things you hope have happened. Discuss what you would do if what you are hoping does not happen. Make up any information you want. Be creative.

MODELO A: Espero que mis padres me hayan comprado una bicicleta nueva. ¿Y tú?
B: Yo espero que me haya ido bien en el examen de historia.

14 ¿Qué es probable?

Working in small groups, discuss some things you are not sure about, but that possibly or probably have happened. Be creative.

MODELO A: Es probable que nuestro profesor de historia no haya leído nuestra tarea.
B: Sí, eso es posible que haya pasado. No creo que él haya tenido tiempo para hacerlo.

¿Es probable que sea el profesor de historia?

Answers

12 1. Es una lástima que (yo) no me haya preguntado....
   2. Es importante que (tú) hayas decidido....
   3. Dudo que Uds. se hayan registrado....
   4. Es importante que (nosotros) hayamos pasado....
   5. No pienso que Gabriel haya nacido....
   6. No creo que Estela haya tenido....
13 Creative self-expression.
14 Creative self-expression.

Activities

Expansion
Ask volunteers to do activities 13 and 14 in front of the class.

Pronunciation
Encourage students to focus on correct pronunciation as they discuss the topics for activities 13 and 14. Walk around the room, checking for and modeling correct pronunciation, especially of the present perfect subjunctive verbs.

Spanish for Spanish Speakers
Pair native and nonnative speakers for activities 13 and 14, if possible.

Teacher Resources

 Sueños y aspiraciones

 Activity 6

 Activity 59

 Activity 6

 Activity 3

 Activity 9

Activities

Expansion
Ask students to express hopes and wishes for the future with the expression *Ojalá (que)*. In doing so, they may speak of themselves, family, friends, or the world.

Pronunciation
Play the audio CD version of the vocabulary and have students practice repeating the expressions in Spanish before opening their books and seeing how the new words and expressions are written.

Spanish for Spanish Speakers
Have students each write a composition about their dreams and aspirations. Then ask for volunteers to read their compositions in front of the class, allowing classmates to ask questions.

Vocabulario II
Sueños y aspiraciones

Notes **Communities.** Encourage students to talk with their parents/guardians, the school counselor, coaches and other interested parties regarding the possibility of learning while volunteering their services with a community organization. Explain that service-learning volunteer activities give students some opportunities to learn the principles of giving back to their communities, getting involved and becoming responsible citizens and developing the necessary skills and competencies for their eventual futures in the real world.

Quiero tener amistades reales por todo el mundo y viajar para visitarlas.

Quiero vivir en España. Espero ser aceptada en una universidad allá. Voy a extrañar a mis amigos de mi colegio.

las amistades

15 Mis sueños

 Selecciona la foto que corresponde con lo que oyes.

A　　**B**　　**C**　　**D**　　**E**　　**F**

16 ¡A completar!

Completa el siguiente párrafo lógicamente, escogiendo las palabras apropiadas de la caja.

acuáticos　asistir　baile　buceo　colección
extrañe　fuerte　pesca

Me llamo Julio Sánchez Fanegas, vivo en San Juan, Puerto Rico, y soy estudiante del Colegio Ponce de León. Me gustan los deportes (1). Practico el (2), el esquí y la (3). También me gusta mucho la música y el (4). Tengo una gran (5) de CDs de salsa. El próximo año es mi último año en el colegio. Al terminar quizás lo (6) mucho. Todavía no sé lo que voy a hacer después de terminar el colegio, pero mi sueño es (7) a la universidad y tener una familia, (8) y unida. Me gustaría tener dos hijos. Quizás ellos sean como yo y quieran también estudiar y tener una familia algún día.

Capítulo 9　　　　　　　　　　　　*cuatrocientos cinco* **405**

Teacher Resources

 Activity 15

Answers

15　1. E
　　2. C
　　3. B
　　4. A
　　5. F
　　6. D
16　1. acuáticos
　　2. buceo
　　3. pesca
　　4. baile
　　5. colección
　　6. extrañe
　　7. asistir
　　8. fuerte

Activities

Critical Listening
Activity 15 is recorded and available as part of the Audio CD Program. Use the audio recording, along with the answer sheet at the back of the Audio CD Program Manual, to help students assimilate the new vocabulary in *Vocabulario II.*

Critical Thinking
Ask students to look at the illustrations and other content of pages 404–405. Then ask what they think the people are saying.

Notes Decide which of the following ancillaries you wish to use to support what you are teaching on pages 404–405: Audio CD Program recording of *Vocabulario II,* titled *Sueños y aspiraciones* and/or activity 15; listening activity 6 (for listening comprehension practice); overhead transparency 59; workbook activity 6; a quiz to evaluate student progress; or activity 9 in the Grammar/Vocabulary Manual. The icons at the top of the ATE pages indicate which components you can use at any given moment in order to better attain your teaching goals.

Diálogo II

¿Qué dices, chico?

GLORIA: Mi aspiración para el próximo año es asistir a la universidad. ¿Y la tuya?
MIGUEL: Pues, mi aspiración es empezar a trabajar y ganar algo de dinero.
GLORIA: ¿No piensas seguir estudiando?

MIGUEL: No creo que estudiar sea importante.
GLORIA: ¿Qué dices, chico? Estudiar es lo más importante.
MIGUEL: Prefiero trabajar para poder comprar una casa grande en un lago.

GLORIA: Pues, si estudias vas a tener mejores oportunidades de trabajo y posiblemente vas a ganar más dinero.
MIGUEL: Eso me gusta, pero ¿qué carrera puedo estudiar?
GLORIA: Bueno, te invito a un refresco y hablamos de eso.

17 ¿Qué recuerdas?

1. ¿Cuál es la aspiración de Gloria para el próximo año?
2. ¿Cuál es la aspiración de Miguel?
3. ¿Qué cree Miguel acerca de estudiar?
4. ¿Por qué prefiere trabajar Miguel?
5. ¿Qué va a tener Miguel si estudia algo, según Gloria?
6. ¿A qué invita Gloria a Miguel?

18 Algo personal

1. ¿Cuál es tu aspiración para el próximo año?
2. ¿Piensas que seguir estudiando después del colegio es importante? Explica.
3. ¿Qué prefieres hacer después de terminar el colegio, estudiar o trabajar? Explica.
4. ¿Piensas estudiar alguna carrera? ¿Cuál?

¡Oportunidades!

Las carreras
Hay muchas carreras en el mercado internacional que requieren gente que sea bilingüe. Además, hablar una segunda lengua puede aumentar tu sueldo *(salary)* y reducir el número de candidatos que pueden calificar para la misma posición. Si te interesa una carrera específica, debes investigar las oportunidades que hay para esa carrera en el mercado global porque tú podrías ser la persona perfecta para la posición.

19 Las aspiraciones de unos amigos

Selecciona la persona que corresponde con lo que oyes.

MODELO Paco

Arturo   Marta   Isabel   Paco   Ana   Miguel

Cultura Viva

Las universidades latinoamericanas

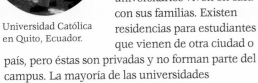
Universidad Católica en Quito, Ecuador.

La UNAM, México.

Existen varias diferencias entre las universidades en Latinoamérica y las de Estados Unidos. En el campus de una universidad latinoamericana, por ejemplo, no ves residencias de estudiantes ni un gran estadio. La mayoría de los estudiantes universitarios viven en casa con sus familias. Existen residencias para estudiantes que vienen de otra ciudad o país, pero éstas son privadas y no forman parte del campus. La mayoría de las universidades latinoamericanas tampoco tienen equipos deportivos o un programa atlético. Algunas universidades, como la Universidad de Puerto Rico, tienen instalaciones deportivas para el uso de la comunidad universitaria, pero el papel del deporte no es importante. El propósito[1] de las universidades es ofrecer a

Estudiantes universitarios.

los estudiantes una profesión. Con este fin, la especialización en una carrera determinada empieza temprano. Los estudiantes se matriculan[2] en una facultad[3] y siguen un determinado plan de estudio con muy pocos electivos. Como no hay contacto entre las facultades, muchas se encuentran en distintos campus. La enseñanza también difiere. Los profesores enseñan la clase poniendo énfasis en la adquisición[4] de conocimientos[5]. No se espera que los estudiantes participen activamente en la discusión del tema, como en los Estados Unidos, sino que escuchen y tomen notas.

[1]aim [2]enroll [3]professional school [4]acquisition [5]knowledge

20 La universidades latinoamericanas

Contesta las siguientes preguntas.

1. ¿En qué son los campus de las universidades en Latinoamérica diferentes a las de Estados Unidos?
2. ¿Cuál es el propósito de las universidades latinoamericanas? ¿Cuál crees que es el propósito de muchas universidades en Estados Unidos?
3. ¿Cómo son las clases diferentes en Latinoamérica y Estados Unidos? ¿Cuál prefieres?

Capítulo 9 *cuatrocientos siete* **407**

Teacher Resources

 Activity 20

 Activity 7

Activity 4

Answers

20
1. En un campus de una universidad latinoamericana, no hay dormitorios ni grandes estadios. Las facultades también pueden estar en distintos campus.
2. El propósito de las universidades latinoamericanas es ofrecer un grado profesional.
3. En Latinoamérica, los profesores dan la clase mientras los estudiantes escuchan y toman apuntes. En Estados Unidos, los estudiantes deben participar activamente en la discusión del tema.

Activities

Spanish for Spanish Speakers
Ask bilingual/native Spanish speakers in class to investigate learning opportunities in Latin America. They should select a country in which they would like to study. Many learning institutions have Internet sites. Students should prepare a summary about what they found out and present it to the class or submit their findings to you in writing.

Notes There are numerous additional universities in Spain that offer opportunities for American students to study Spanish.

The *Universidad de Salamanca*, founded in 1218, is one of the oldest and most prestigious universities in Europe.

Activities

Students with Special Needs
Call on students to create sentences using the expressions on page 408.

Idioma

Estructura

More on the subjunctive

As you have seen, the subjunctive mood can be used in many different situations: indirect commands, after verbs of emotion, after certain impersonal expressions, etc. In addition, some words and expressions must be followed by the subjunctive when they suggest an element of doubt, indefiniteness or hope.

- **como**

  *Va a estudiarlo **como quiera**.* He/She is going to study it **however he/she wants.**

- **cualquiera**

  Cualquiera que compres *está bien conmigo.* **Whichever one you buy** is okay with me.

- **dondequiera**

  Dondequiera que vayas, *vas a tener que trabajar mucho.* **Wherever you go,** you are going to have to work a lot.

- **quienquiera**

  Quienquiera que estudie *mucho puede estudiar aquí.* **Whoever studies** a lot can study here.

- **lo que**

  *Uds. pueden estudiar **lo que quieran**.* You can study **whatever you want.**

- **ojalá (que)**

  *¡**Ojalá (que) asistas** a la universidad!* **I hope you attend** the university!

- **quizás (quizá)**

  Quizás él esté pensando *en trabajar.* **Perhaps he is thinking** about working.

¡Ojalá que asistan a la universidad!

Notes The section on the subjunctive mood can be skipped if you feel your students have a good grasp of how to use it correctly.

Tell students that the word *ojalá* comes from the Arabic language. In fact, approximately 25 percent of Spanish words come from Arabic, due to the Moorish presence in Spain from 711 until 1492.

 **Práctica**

21 Correo electrónico

Ana tiene un amigo por internet en España. Completa su correo electrónico con la forma apropiada del subjuntivo de los verbos entre paréntesis para saber lo que ella le cuenta.

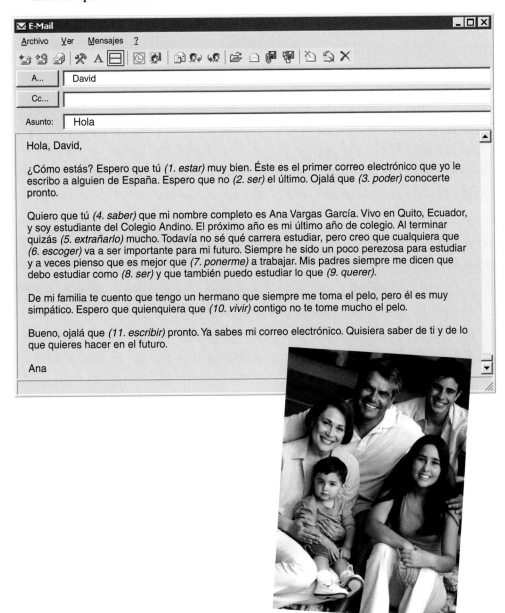

```
E-Mail                                              _ □ ×
Archivo   Ver   Mensajes   ?

A...      David

Cc...

Asunto:   Hola

Hola, David,

¿Cómo estás? Espero que tú (1. estar) muy bien. Éste es el primer correo electrónico que yo le
escribo a alguien de España. Espero que no (2. ser) el último. Ojalá que (3. poder) conocerte
pronto.

Quiero que tú (4. saber) que mi nombre completo es Ana Vargas García. Vivo en Quito, Ecuador,
y soy estudiante del Colegio Andino. El próximo año es mi último año de colegio. Al terminar
quizás (5. extrañarlo) mucho. Todavía no sé qué carrera estudiar, pero creo que cualquiera que
(6. escoger) va a ser importante para mi futuro. Siempre he sido un poco perezosa para estudiar
y a veces pienso que es mejor que (7. ponerme) a trabajar. Mis padres siempre me dicen que
debo estudiar como (8. ser) y que también puedo estudiar lo que (9. querer).

De mi familia te cuento que tengo un hermano que siempre me toma el pelo, pero él es muy
simpático. Espero que quienquiera que (10. vivir) contigo no te tome mucho el pelo.

Bueno, ojalá que (11. escribir) pronto. Ya sabes mi correo electrónico. Quisiera saber de ti y de lo
que quieres hacer en el futuro.

Ana
```

Ana y su familia.

Answers

21   1. estés
    2. sea
    3. pueda
    4. sepas
    5. lo extrañe
    6. escoja
    7. me ponga
    8. sea
    9. quiera
    10. viva
    11. escribas

Activities

Expansion
Follow up activity 21 by discussing the e-mail from Ana. Ask for students to tell you what Ana told David in her note.

Notes Review the formation of the subjunctive in various tenses. The end-of-book Appendices provide a comprehensive overview of the subjunctive forms. Use the content to teach, review or expand the conjugation of verbs anytime you desire. Remind students where to find this information and tell them to use the Appendices whenever they need help with the conjugation of a verb.

Answers

22 1. estés
2. quieran
3. prefieras
4. lleguemos
5. tengamos
6. convenga
7. consiga

23 1. Cualquiera que sepa....
2. Dondequiera que vayas....
3. Quienquiera que se despierte....
4. Ojalá que tengas....
5. Quizás ellas practiquen....
6. Lo que hagas....
7. Ojalá que puedas....

24 Creative self-expression.

Activities

Multiple Intelligences (intrapersonal)
Encourage students to think carefully about their futures. Have students change partners several times for activity 24. Then conduct a class discussion, asking students to share their thoughts with the class.

Students with Special Needs
Model a second sentence for activities 22 and 23.

22 Haciendo planes para mañana

Completa las siguientes oraciones con la forma apropiada de los verbos indicados.

MODELO Quizás (yo) te _vea_ en la reunión. (ver)

1. Te encontraré dondequiera que __. (estar)
2. Marta y Alberto pueden hacer lo que ellos __ mientras estemos asistiendo a la reunión mañana. (querer)
3. Ven a la empresa como tú __. (preferir)
4. Ojalá que nosotros __ a tiempo. (llegar)
5. Quizás nosotros no __ que estar allí todo el día. (tener)
6. Puedes volver conmigo o quedarte, como te __ mejor. (convenir)
7. Quienquiera que __ el empleo está bien conmigo. (conseguir)

Quizás te vea en la reunión.

23 Todos dicen algo

Haz oraciones, usando las pistas que se dan para saber lo que algunas personas dicen.

MODELO cualquiera / ser / la música que tú / escuchar / debes escucharla bien suave
Cualquiera que sea la música que escuches debes escucharla bien suave.

1. cualquiera / saber / dónde es el baile debe decírnoslo ahora
2. dondequiera / tú / ir / debes de ser siempre el mismo
3. quienquiera / despertarse / primero mañana debe despertarnos a todos
4. ojalá / tú / tener / amistades para toda la vida
5. quizás / ellas / practicar / el esquí y el buceo
6. lo que / tú / hacer / hazlo bien
7. ojalá / tú / poder / escribirme pronto

✦ Comunicación

24 Reflexiones sobre mi vida personal

 Trabajando en parejas, alternen en completar las siguientes oraciones con información que sea posible para su futuro.

MODELO **A:** Voy a hacer lo que _sea para ser abogado._
B: Pues ojalá _que yo pueda asistir a la universidad._

1. Es probable que...
2. Quizás mi familia...
3. Ojalá que...
4. Quienquiera que...
5. Espero que...
6. Cualquiera...
7. Como...
8. Dondequiera que yo y mi familia...

Ojalá que yo pueda...

25 Sueños y aspiraciones

 Trabajando en parejas, hablen de sus sueños o aspiraciones, usando las siguientes palabras: *como, dondequiera, lo que, ojalá (que)* y *quizás.*

> **MODELO** **A:** Ojalá sea un artista famoso.
>
> **B:** Quizás puedas dar un concierto en nuestro colegio.

26 Nuestras aspiraciones

Trabajando con otro/a estudiante, hablen de sus aspiraciones. Digan, por ejemplo, lo que esperan hacer después de terminar el colegio. Conversen sobre si les gustaría asistir a la universidad, o si les gustaría empezar a trabajar inmediatamente, o si preferirían estudiar y trabajar al mismo tiempo. Añadan cualquier otro plan que tengan para el futuro.

Yo soy peluquero.

Yo soy reportero.

Yo soy pintora.

Answers

25 Creative self-expression.
26 Creative self-expression.

Activities

Cooperative Learning
Have students prepare a list of five or six occupations they find appealing and briefly state why they included each. Then, working cooperatively in pairs or small groups, students should discuss what they wrote. Finally, have one student summarize for the class what each pair or group discussed.

Critical Thinking
Conduct a discussion on students' feelings about the role that family will play in their futures. How many believe that having a strong and united family is the most important thing in their futures? What do they think would be the ideal age to begin a family? How many children do they think would be ideal? Then ask if students believe having a family will interfere with having a career.

Expansion
As an extension of activities 25 and 26, have students write down their collective hopes and dreams in pairs or in small groups. Their discussions should determine some dreams that they all share for the future. The composition should reflect the main points that they agree on.

Lectura cultural

Hispanos galardonados[1]

Mario J. Molina (1943–)

Mario Molina nació en la Ciudad de México. Desde niño, su aspiración fue ser químico[4]. Hoy, no sólo es un químico y profesor en MIT, sino el Nobel de Química de 1995. Gracias a él y sus colegas, la producción de los aerosoles que pueden dañar[5] la capa del ozono está prohibida.

Gabriela Mistral (1889–1957)

Gabriela Mistral es la única mujer latinoamericana que ha recibido el premio Nobel de Literatura (1945). Nació en Vicuña, Chile, y además de ser escritora, trabajó como maestra y diplomática.

César Milstein (1927–2002)

César Milstein nació en Bahía Blanca, Argentina. Estudió Ciencias Químicas en la Universidad de Buenos Aires e hizo investigaciones médicas en la Universidad de Cambridge. En 1984 recibió el premio Nobel de Medicina por su trabajo en la producción de anticuerpos[2].

Rigoberta Menchú Tum (1959–)

Rigoberta Menchú nació en Chimel, una comunidad maya-quiché en Guatemala. Es conocida mundialmente por su trabajo en favor de los derechos[3] de las personas indígenas. Rigoberta es la primera persona indígena y la persona más joven en recibir el premio Nobel de la Paz (1992).

[1]award-winning [2]antibodies [3]rights [4]chemist [5]to damage

27 ¿Qué recuerdas?

Conecta el nombre de la persona con su país y el premio Nobel que recibió.

1. Rigoberta Menchú
2. Mario Molina
3. Gabriela Mistral
4. César Milstein

A. Guatemala
B. Argentina
C. México
D. Chile

i. Medicina
ii. Literatura
iii. Química
iv. Paz

28 Algo personal

1. ¿Qué aspiraciones tienes tú?
2. ¿Piensas asistir a la universidad para realizar tu sueño? Explica.
3. ¿A cuál de los cuatro hispanos en la lectura admiras más? ¿Por qué?

- En tu opinión, ¿cómo crees que el trabajo de un ganador del premio Nobel puede trascender la nacionalidad y la lengua?

- En tu opinión, ¿qué cualidades crees que comparten *(share)* los ganadores del premio Nobel? ¿Es la nacionalidad importante? Explica.

¿Qué aprendí?

Autoevaluación

Como repaso y autoevaluación, responde lo siguiente:

Visit the web-based activities at www.emcp.com

1. What careers have you considered for your future?
2. How might you use Spanish in your career choice?
3. Name one or two problems you see in the world.
4. What do you know about university life in Latin America?
5. Name two things that you have done to help your parents this week.
6. Name something you hope people have learned from one of the problems in the world.
7. What are some of your plans after graduation?
8. Pretend you have been to a place where a friend is about to go on vacation. Tell him/her several things to do or see.

Palabras y expresiones

Los empleos
el abogado, la abogada
el agricultor,
  la agricultora
el artista, la artista
el bibliotecario,
  la bibliotecaria
el bombero,
  la bombera
el carpintero,
  la carpintera
el chofer, la chofer
el empleado,
  la empleada
el empleo

el escritor, la escritora
el fotógrafo,
  la fotógrafa
el gerente, la gerente
el hombre de negocios
el ingeniero,
  la ingeniera
el mecánico,
  la mecánica
la mujer de negocios
el obrero, la obrera
el peluquero,
  la peluquera
el programador,
  la programadora

el secretario,
  la secretaria
el taxista, la taxista
el vendedor,
  la vendedora
el veterinario,
  la veterinaria

Verbos
asistir a
extrañar
practicar

Expresiones y otras palabras
aceptado,-a
acuático,-a
la amistad
la aspiración
el baile
el buceo
la carrera
la colección
dondequiera
la empresa
el esquí
la experiencia
fuerte
el futuro

hermoso,-a
el negocio
ojalá
la pesca
quienquiera
real
suave
el sueño
unido,-a
la universidad

Una mujer de negocios.

El mecánico.

Teacher Resources

Activity 12

Information Gap Activities
Postcard Activities
Funciones de Comunicación

Answers

Autoevaluación
Possible answers:
1. Answers will vary.
2. Answers will vary.
3. Hay terrorismo, guerra, pobreza, desempleo, catástrofes naturales.
4. No hay dormitorios ni estadios grandes.
5. Yo he lavado la ropa y he sacado la basura.
6. Después de las catástrofes naturales espero que la gente del mundo haya aprendido a ayudarse unos a otros.
7. Answers will vary.
8. Espero que puedas practicar el buceo. En el hotel puedes comer cuánto quieras. Hay muchas playas bonitas y cualquiera que escojas está bien. ¡Ojalá tengas un buen viaje!

Activities

Communities
Encourage students to establish contact with a service group or charitable organization and then conduct a drive to collect and send supplies to a certain community, school or orphanage in need of assistance.

Notes Review the *Autoevaluación* before requiring students to take any comprehensive tests, allowing students to ask questions about the material. The review will also provide you an opportunity for helping students who are having difficulties with the lesson content.

The *Vocabulario* is intended as a resource for reviewing the active vocabulary for the lesson. As a self-test, have students determine how many of the words and expressions they recognize and know how to use.

Teacher Resources

 Las vacaciones

 Activity 1

 Activity 60

 Activity 1

 Activity 1

 Activity 1

Content reviewed in *Lección B*
- expressing emotion
- subjunctive
- future tense
- expressing doubt
- conditional tense

Activities

Critical Thinking

Have students look at the illustrations and content of page 414. Call on a student to state the title of *Vocabulario I*. Then ask what is shown in the illustration. How are the photographs and content of page 415 connected with the illustrations on page 414? Finally, ask students to guess what they will be learning in this lesson.

Prereading Strategy

Have students look at *Vocabulario I* and identify cognates and other words they recognize. Then ask students to guess what the people in the pictures are saying to one another.

Lección B

El mundo

Vocabulario I
Las vacaciones

414   *cuatrocientos catorce*   **Lección B**

Notes This lesson and the lessons in the final chapter of *Navegando* provide extensive review of content students have already learned. From this point, all structures consist of review. You may pick and choose the content that suits your needs and your students' needs.

Point out that the verb *organizar* requires the spelling change $z \rightarrow c$: *organicemos*.

1 Las vacaciones

 Selecciona la foto que corresponde con lo que oyes.

A

B

C

D

E

F

2 ¡A completar!

Completa las oraciones con las palabras de la caja, según la información del Vocabulario I.

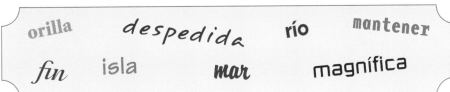

orilla   despedida   río   mantener
fin   isla   mar   magnífica

1. Por __ estaremos de vacaciones este fin de semana.
2. ¿Vas a pasar el verano junto al __?
3. Estaré en la __ del mar tomando el sol.
4. Sueño con viajar a una __ en medio del océano.
5. Juan tiene una actitud __.
6. Quiero que le organicemos una fiesta de __.
7. Espero que podamos organizar la fiesta junto al __.
8. No será difícil __ la fiesta en secreto.

Answers

1 1. D
2. C
3. B
4. A
5. F
6. E
2 1. fin
2. mar
3. orilla
4. isla
5. magnífica
6. despedida
7. río
8. mantener

Activities

Critical Listening
Activity 1 is recorded and available as part of the Audio CD Program. Use the audio recording, along with the answer sheet at the back of the Audio CD Program Manual, to help students assimilate the new vocabulary in *Vocabulario I*.

Critical Thinking
Before playing the audio CD for *Vocabulario I*, have students look at what the people are saying (and the general context of the illustrations) and state what they think the people are saying.

Notes Remember to use the *Navegando 2* audio CD recording for activity 1 that is available in the Audio CD Program for additional listening comprehension practice. Play the audio CD of the activity that is part of the Audio CD Program or use the transcript that appears in the ATE Introduction if you prefer to read the activity yourself. A reproducible student answer sheet for the activity is provided for your convenience at the end of the Audio CD Program Manual if you choose to use it.

Before assigning activity 2, review the meaning of the answer choices in the box.

Answers

3 1. Dice que por fin llegó el verano.
2. Elena se va a la orilla del mar.
3. Elena no se debe olvidar que deben volver para ir a la universidad.
4. Elena no piensa asistir a la universidad.
5. Elena no piensa estudiar más.
6. Piensa que será una mujer de negocios de mucho éxito.
7. Espera que Elena se salga con la suya.

4 Answers will vary.

5 1. C; 2. B; 3. D; 4. E; 5. A

Activities

Cooperative Learning
The young people in the dialog and readings found in this chapter are making plans for the summer and for the future. Ask small groups of students to discuss their plans and then present them to the class.

Critical Listening
Play the audio recording of the dialog. Instruct students to cover the words as they listen to the conversation to develop good listening skills before concentrating on reading Spanish. Have students look at the illustrations and imagine what the people are saying to one another. Ask several individuals to state what they believe is the main theme of the conversation.

Diálogo I

¿A la universidad?

MARIAN: Por fin llegó el verano.
ELENA: Sí, y yo me voy a la orilla del mar para olvidarme de los libros.
MARIAN: Bueno, pero no te olvides demasiado porque debemos volver para ir a la universidad.

ELENA: ¿A la universidad? Yo a la universidad no pienso asistir.
MARIAN: ¡No me digas!, ¿entonces qué vas a hacer?
ELENA: No sé, chica, pero no pienso estudiar más.
MARIAN: Bueno, con esa actitud no vas a llegar muy lejos.

ELENA: ¿Cómo que no? Claro que puedo. Seré una mujer de negocios de mucho éxito.
MARIAN: Pues, ¡magnífico! Ojalá que así sea.
ELENA: ¿No me crees? Pronto me visitarás en mi casa en el océano.
MARIAN: Bueno, espero que te salgas con la tuya.

3 ¿Qué recuerdas?

1. ¿Qué dice Marian que llegó por fin?
2. ¿Adónde se va Elena?
3. ¿De qué no se debe olvidar Elena?
4. ¿Adónde no piensa asistir Elena?
5. ¿Qué no piensa Elena hacer más?
6. ¿Qué piensa Elena que va a ser?
7. ¿Qué espera Marian?

4 Algo personal

1. ¿Qué vas a hacer este verano?
2. ¿Qué te gustaría hacer cuando termines el colegio?
3. ¿Espera tu familia que vayas a la universidad? ¿Por qué?
4. ¿Piensas que estudiar es importante para tener éxito? Explica.

5 Los planes

 Selecciona la ilustración que corresponde con lo que oyes.

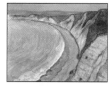   

A **B** **C** **D** **E**

¿Qué vas a hacer este verano?

Notes Remind students at this point about the difference between cognates and false cognates: the word *asistir* (in the dialog *¿A la universidad?*), for example, is a false cognate because it means **to attend** and not **to assist**.

Cultura viva

Los gestos

¿Cuántas cosas puedes decir sin hablar? Con los gestos puedes decir muchas cosas. Los hispanohablantes usan muchos más gestos para expresar lo que piensan que los estadounidenses. Aquí ves algunos gestos comúnmente usados por las personas de habla hispana. Te darás cuenta que, para algunas cosas, no necesitas el idioma hablado.

Dice que tiene calor.

Dice que la llames.

Dice que está cansado.

Dice que tengas cuidado.

Piensa que estás loco/a.

Dice que debes pensar.

Dice adiós.

Dice que necesita un favor.

6 Comparando

Compara los gestos que ves en la Cultura viva con los gestos que hace la gente en el lugar donde vives. ¿Qué gestos son similares? ¿Qué gestos son diferentes? ¿Crees que hay gestos que son internacionales? ¿Por qué?

Estrategia

A language without words

How much can you say without speaking? Think about it. When you are talking with someone in English your facial expressions, gestures and even your posture or proximity to a person communicate a lot. For example, your friends and family can probably tell immediately when you are angry simply by looking at you.

Learning body language is an important part of improving your fluency in Spanish, as well. Observe native Spanish speakers as they talk and begin to imitate the gestures they use. Watch a speaker's face and learn to interpret non-verbal cues that tell what the person is thinking or feeling. Then begin to use body language to speak Spanish without saying a word.

Capítulo 9 *cuatrocientos diecisiete* **417**

Answers

6 Answers will vary.

Activities

Critical Thinking
After studying the gestures commonly used by Spanish speakers, students should consider their own body language. Ask them what gestures they use and what messages those gestures convey. Are their gestures similar to or different from those of Spanish speakers?

Students with Special Needs
Ask students to guess what the people in the illustrations are communicating with gestures.

Notes As you discuss gestures, remind students that a certain amount of body contact is typical of Spanish speakers. For example, two women or a male and female will often greet one another or say good-bye with a kiss on the cheek (two kisses in Spain) whereas two men will share an *abrazo* (hug).

Model the gestures so students can see what they look like in person. Then add any other body language you know.

Discuss body language with the class. Before assigning activity 6, ask students for examples of body language they know in English.

Answers

7 1. Conviene que nosotros le organicemos una fiesta a Pablo.
2. Dudo que ella quiera ir tan lejos.
3. No creo que ella tenga nada que hacer allá.
4. Prefiero que todos nosotros asistamos a una universidad de aquí.
5. Es probable que yo decida estudiar economía.
6. Ojalá que no cambies de opinión.

Activities

Students with Special Needs
Model a second sentence for activity 7.

Critical Thinking
Have students prepare a list of advice they would offer their own children (or another younger family member). Then ask students to justify each suggestion.

Idioma

Repaso rápido: the subjunctive

The subjunctive may sometimes be used when referring to the future if a statement is used in one of the following situations:

- as an indirect/implied command

¡Que lo organice Alberto!	Let Alberto organize it!
¡Quiero que Alberto lo organice!	I want Alberto to organize it!

- after causal verbs if there is a change of subject

Te aconsejo que viajes a Europa.	I advise you to travel to Europe.
Prefiero que tu prima vaya a España.	I prefer that your cousin goes to Spain.

- after verbs that indicate emotion or doubt

Nos alegra que pienses ir de viaje.	It pleases us that you are thinking about taking a trip.
Dudo que ella sepa dónde está esa isla.	I doubt she knows where that island is.

- after impersonal expressions that imply doubt, emotion or uncertainty

Es posible que (ella) vaya a estudiar a la Universidad Complutense.	It's possible that she will study at the Universidad Complutense.
Es probable que (él) camine por el río.	It is probable that he walks by the river.

- after the expressions *como, cualquiera, dondequiera, quienquiera, lo que, ojalá (que)* and *quizá(s)* when they suggest an element of doubt, indefiniteness or hope

Todo lo que (yo) estudie será divertido.	Everything I study will be fun.
Ojalá que ella vuelva a tiempo.	I hope she gets back on time.

7 ¿Qué dicen?

Usando el subjuntivo, completa las oraciones para saber lo que dicen algunos miembros de la familia de Carlos.

MODELO el tío: (querer / que tu prima / estudiar / en la Universidad de Quito)
el tío: Quiero que tu prima estudie en la Universidad de Quito.

1. el primo: (convenir / que / nosotros / organizarle / una fiesta a Pablo)
2. la hermana: (dudar / que ella / querer / ir tan lejos)
3. Julián: (no creer / que ella / tener / nada que hacer allá)
4. Carlos: (preferir / que todos nosotros / asistir / a una universidad de aquí)
5. Diego: (ser / probable que yo / decidir / estudiar economía)
6. el abuelo: (ojalá que tú / no cambiar / de opinión)

Notes Remind students that there must be a change of subject to use subjunctive.

The section on the subjunctive and accompanying activities can be skipped if you feel your students have a good grasp of how to use the subjunctive.

Point out that other interrogatives may be combined with *quiera*. All are followed by the subjunctive: *Adondequiera que vayas, pensaré en ti.*

8 ¿Es necesario?

Da la forma apropiada del subjuntivo, si se necesita.

1. Lo que ellos quieren *(hacer)* es jugar al béisbol.
2. Quiero *(tener)* una casa en una isla en medio del océano.
3. Quizás ellos *(salirse)* con la suya.
4. Mi padre dice que yo *(asistir)* a la Facultad de Ciencias.
5. Por fin, mis sueños van a *(ser)* realidad.
6. Mi padre me permite que yo *(ir)* al mar este verano.
7. Creo que *(pescar)* a la orilla de un río es mi pasatiempo favorito.

Lo que ellos quieren...

9 Hacia la montaña

Completa el siguiente diálogo, usando la forma apropiada del subjuntivo, el indicativo o el infinitivo de los verbos entre paréntesis.

Guía: Aquí comienza el camino que va hasta la montaña. Antes de empezar a caminar, quiero *(1. decirles)* algunas cosas. Primero, es posible que *(2. llover)* muy pronto. Así que conviene que Uds. *(3. ponerse)* las botas y que *(4. llevar)* un impermeable en las mochilas. Segundo, no creo que nosotros *(5. tardar)* más de dos horas en llegar a la montaña. Allí, podemos hacer lo que *(6. querer)*: dormir una siesta, tomar fotos de las flores tropicales, etc. Recuerden, es importantísimo que todos *(7. quedarse)* con el grupo para no perdernos. ¿Tienen alguna pregunta?

Niño: Señor, ¿hay aquí leones salvajes que se *(8. comer)* a la gente?

Guía: No, no te preocupes. Aquí no hay nada que te *(9. poder)* hacer daño.

Niña: ¡Espero ver muchos animales!

Guía: Vamos a ver serpientes, monos y pájaros de muchos colores. Bueno, si no hay más preguntas, ¡adelante! ¡Ojalá que todos Uds. *(10. divertirse)*!

10 Hablando de tu futuro

Usa el subjuntivo, el indicativo o el infinitivo, según sea necesario, para completar las siguientes oraciones.

MODELO Quizás...
Quizás asista a la universidad.

1. Creo que me gustaría...
2. Será importante que...
3. Mi gran sueño es...
4. Mi aspiración más grande es...
5. No creo que...
6. Ojalá que...
7. Espero que...
8. Estoy seguro de que...

Quizás asista a la universidad.

11 Nuestra visión del futuro

En parejas, hablen de lo que escribieron para la actividad 10.

MODELO **A:** ¿Qué esperas del futuro?
B: Espero viajar por todo el mundo. ¿Qué esperas tú?
A: Espero asistir a la universidad.

419

Teacher Resources

 El mundo

 Activities 4–5

 Activities 61–62

 Activities 5–7

 Activity 3

 Activities 5–6

Activities

Language through Action
Read aloud the names of several sites shown on the map on pages 420–421. Have students locate and point to each place you name.

Prereading Strategy
Ask students if they have ever traveled outside the United States. Then ask students if they can identify countries on the map. Conduct a short discussion about what students know about some of the countries shown on pages 420–421.

Vocabulario II
El mundo

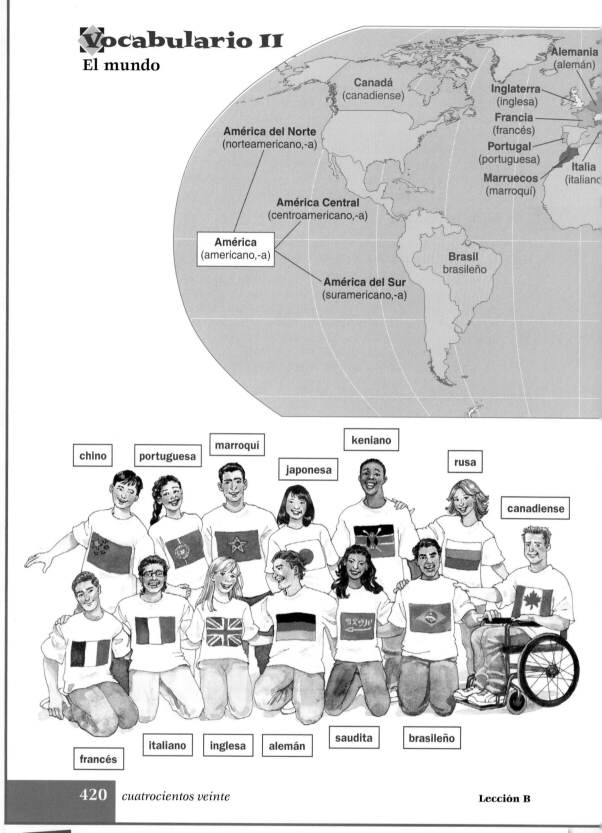

420 *cuatrocientos veinte*

Lección B

Notes If you wish, you can give the students some other country names and nationalities: *Grecia, griego, griega; Finlandia, finlandés, finlandesa; Suecia, sueco, sueca; Noruega, noruego, noruega; Turquía, turco, turca; Escocia, escocés, escocesa; Irlanda, irlandés, irlandesa; Gales, galés, galesa.*

The Spanish word *americano* can refer to anyone from the American continents. For this reason, it is best for U.S. citizens to identify themselves as *estadounidenses* or *de los Estados Unidos.*

420

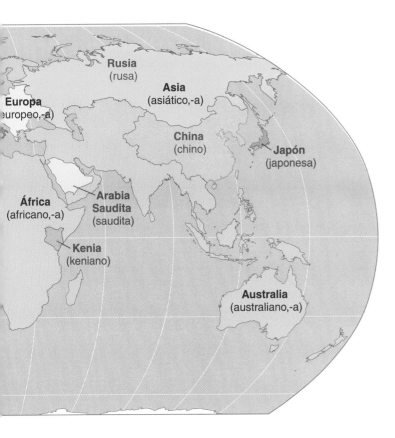

Rusia
(rusa)

Asia
(asiático,-a)

Europa
(europeo,-a)

China
(chino)

Japón
(japonesa)

África
(africano,-a)

Arabia
Saudita
(saudita)

Kenia
(keniano)

Australia
(australiano,-a)

12 Las nacionalidades

Escoge la letra del país que corresponde con la nacionalidad que oyes.

A. Alemania   **E.** Colombia
B. Chile   **F.** China
C. Rusia   **G.** Inglaterra
D. Brasil   **H.** Marruecos

13 Ciudadanos del mundo

Di de qué nacionalidad son las siguientes personas, según el país donde nacieron.

MODELO Rita / Portugal
   Es portuguesa.

1. Jomo / Kenia
2. Dominique y Marie / Francia
3. Benjamin / Inglaterra
4. Iara / Brasil
5. Pierre / Canadá
6. Wolfgang / Alemania
7. Ronaldo / Portugal

8. Jennifer / Australia
9. Mikhail / Rusia
10. Mohamed / Marruecos
11. Abú / Arabia Saudita
12. Marcelo y Mario / Chile
13. Hua / China
14. Hiroshi / Japón

Capítulo 9   *cuatrocientos veintiuno* **421**

Activities

Connections
As an additional activity, ask students to give the capital for the countries indicated on the map.

Critical Listening
Try using the directions *norte, este, sur* and *oeste* to discuss the location of the sites shown on the map.

Expansion
Teach the Spanish name for other countries shown on this map of the world.

Notes Play the recording of *Vocabulario II* for students to practice the pronunciation of new words and expressions.

Using a wall map, maps at the front of *Navegando 2* or the transparency maps that are part of the *Navegando 1.*

Transparency Program, discuss where the people shown on page 420 are from.

Point out that although the name Dominique is usually used for males, it may also be used for females.

Answers

14 1. Querría saber cuántos estudiantes internacionales hay en su colegio.
2. Mugabe es de Kenia.
3. Jorge es de México.
4. Akiko es japonesa.
5. Saben que hay seis.
6. Preguntará en las otras clases si hay estudiantes internacionales.

15 Answers will vary.

16 1. Es japonés.
2. Es australiano.
3. Es argentina.
4. Es canadiense.
5. Es alemana.
6. Es keniano.
7. Es italiana.
8. Es francesa.

Activities

Multiple Intelligences (spatial)
For additional writing practice, and to encourage visual learners with artistic skills, have students prepare maps of the world in Spanish, adding any details they wish.

TPR
Offer appropriate TPR support where possible. Have students point to the places they say or hear, using the maps at the front of the book or a classroom wall map, if one is available.

Diálogo II
Los estudiantes internacionales

ENRIQUE: Oye, Diego, querría saber cuántos estudiantes internacionales hay en nuestro colegio. ¿Tú lo sabes?
DIEGO: No, no lo sé pero sería divertido saberlo. A ver, creo que Pietr es ruso y Mugabe es keniano.

ENRIQUE: Son dos. Marie Claire es canadiense, Jorge es mexicano y Yao es chino.
DIEGO: Son cinco. Oye, ¿y no hay alguien japonés?
ENRIQUE: ¿No sabes? ¡Akiko es japonesa!

DIEGO: Sí, claro. Ahora sabemos que hay seis estudiantes, pero sé que hay más.
ENRIQUE: Bueno, mañana preguntaré en las otras clases y tendré la lista final.
DIEGO: ¡Qué bien! Será muy interesante saber el número de estudiantes internacionales.

14 ¿Qué recuerdas?

1. ¿Qué querría saber Enrique?
2. ¿De dónde es Mugabe?
3. ¿De dónde es Jorge?
4. ¿Quién es japonesa?
5. ¿Cuántos estudiantes internacionales saben los chicos que hay?
6. ¿Qué hará Enrique mañana?

15 Algo personal

1. ¿Hay estudiantes internacionales en tu colegio? ¿De dónde son?
2. ¿Conoces a personas que han nacido en países diferentes al tuyo? ¿En qué países?
3. ¿Te gustaría ser de otro país? ¿Por qué?

16 ¿De dónde son?

 Di de qué nacionalidad son las siguientes personas, según lo que oyes.

MODELO Es mexicano.

¿De dónde son estas estudiantes?

Notes Ask students to identify where any international students in your school are from. Encourage them to get to know these young people and learn firsthand about the countries they are from.

After introducing the dialog, have students work in pairs practicing the dialog. Circulate and assist with pronunciation and intonation. Encourage students to act out the dialog using appropriate body language.

El ecoturismo

¿Te gustaría ver un mono en su hábitat natural? ¿Subir una montaña? ¿Bañarte bajo una catarata[1]? ¿Comer con los indígenas de la Amazonia? Si contestaste sí a una de las preguntas, entonces te gustaría el ecoturismo. El

Indígenas de la Amazonia.

ecoturismo es viajar por áreas naturales sin perturbarlas[2] con el fin de disfrutar[3] de los atractivos naturales, generando así dinero que ayuda a conservar los recursos naturales. Así las

Puente colgante en Costa Rica.

poblaciones locales no necesitan destruir el medio ambiente para sobrevivir. El ecoturismo es, en pocas palabras, promover[4] la conservación. En muchos países hispanos, el ecoturismo es una industria importante. En Costa Rica, por ejemplo, hay muchas empresas que se

especializan en excursiones a bosques, playas, selvas y volcanes. Algunas han hecho puentes colgantes[5] en los bosques para que los visitantes puedan disfrutar de la naturaleza desde una perspectiva diferente. El *canopy,* donde los turistas "vuelan" entre los árboles durante varios kilómetros, también es popular. En España, muchos ecoturistas visitan el Parque Nacional Doñana, en el río Guadalquivir, conocido por su gran variedad de pájaros migratorios. En Argentina, los ecoturistas pueden ver los glaciares o subir a la montaña más alta del continente americano, Aconcagua. En Perú, pueden explorar la Amazonía en bote. Las maravillas naturales del mundo hispano son innumerables. Ahora, a través del ecoturismo, es posible conocer estas maravillas responsablemente.

[1]waterfall [2]disturbing them [3]enjoy [4]promote
[5]hanging

Parque Nacional de Doñana, Huelva, España.

17 ¿Qué es el ecoturismo?

Indica cuáles de las siguientes actividades pueden formar parte del ecoturismo.

A. explorar una selva tropical
B. escuchar y observar los pájaros
C. visitar museos y palacios
D. aprender sobre las flores

E. recoger flores en un campo
F. subir a un volcán
G. hacer *canopy*
H. ir de compras

Capítulo 9 *cuatrocientos veintitrés* **423**

Teacher Resources

 Activity 6

 Activity 10

 Activity 5

 Activities 7–8

Answers

18 1. escribirán
2. pondremos
3. haré
4. llamará
5. vendrá
6. conseguirá
7. tendré
8. preparará

Activities

Critical Listening
Say aloud several verbs that are either in the past or the future tense. Ask students to raise their left hand if the verb is in the past tense and their right hand if the verb is in the future tense.

Idioma

Repaso rápido: the future tense

Use the future tense to talk about what will happen. The endings are the same for all verbs.

-é	-emos
-ás	-éis
-á	-án

Look at the following:

*Él **hará** ecoturismo el mes que viene.*   He **will do** ecoturism next month.
*Yo **viajaré** a Kenia en el verano.*   I **will travel** to Kenya during the summer.

The future tense also can be used in Spanish to indicate what is probable at the present time.

***Estarán** en una isla en el medio del océano ahora.*   **I imagine they are** on an island in the middle of the ocean now.
***Pedro llegará** ahora mismo.*   **Pedro is probably arriving** right now.

In addition to the verb helper **haber** (future tense stem: **habr**), the following verbs have irregular stems:

| caber: **cabr** | poder: **podr** | querer: **querr** | saber: **sabr** | decir: **dir** |
| poner: **pondr** | salir: **saldr** | tener: **tendr** | venir: **vendr** | hacer: **har** |

 18 Organizando la fiesta de despedida para Juan

Trabajando en parejas, alternen en completar las siguientes oraciones con la forma del futuro de los verbos entre paréntesis.

MODELO Tú *(encargarse)* de comprar los platos y vasos de papel.
Tú te encargarás de comprar los platos y vasos de papel.

1. Pablo y David *(escribir)* una señal que diga: ¡Buena suerte!
2. Nosotros *(poner)* todos los muebles en su lugar después de la fiesta.
3. Yo *(hacer)* un pastel bien grande.
4. Liliana *(llamar)* a todos los invitados.
5. Alberto *(venir)* con Juan el viernes a las nueve para empezar la fiesta.
6. Pedro *(conseguir)* la música para el baile.
7. Yo *(tener)* que ir al supermercado para comprar algunos refrescos y comida.
8. Elena *(preparar)* la lista de invitados.

Notes The word *refresco* (activity 18) is just one of many terms used to refer to soft drinks throughout the Spanish-speaking world. Another term used in South America, in Colombia in particular, is *gaseosa*.

Ask students to find examples of the future tense in the textbook dialogs and readings or in magazines and newspapers if they are available.

19 El futuro

Selecciona un verbo para completar las oraciones de forma lógica usando el futuro.

viajar   domir   poner   comer
salir   visitar   saber   doler

1. Mi amigo Julio __ en un restaurante japonés el domingo.
2. Mis primas __ en la cama grande.
3. Beatriz se __ su abrigo de invierno cuando vaya a Siberia.
4. ¿Crees que tus amigos __ llegar a la fiesta?
5. ¿__ a tu hermana en el hospital?
6. El tren __ a tiempo de la estación.
7. ¿Sabes si Norberto __ a Francia este verano?
8. Si Pedro se come todas esas golosinas le __ el estómago.

20 ¿Qué harás?

Trabajando en parejas, alterna con tu compañero/a de clase en hacer preguntas y contestarlas para saber lo que harás en el futuro, según las ilustraciones.

MODELO   en qué / trabajar
    A: ¿En qué trabajarás?
    B: Trabajaré en una oficina como programador.

1. dónde / pasar vacaciones

2. qué / mantener siempre

3. cuánto / hacer

4. qué / extrañar

5. dónde / vivir

6. qué / tener en quince años

7. cómo / ser tu familia

Notes   Be sure students know what each illustration depicts before assigning activity 20.

21 Será...

 Working in pairs, take turns mentioning something that is probable and answering with what the facts will be.

MODELO **A:** ¿Será el Sr. Smith tu profesor de español?
B: No, no será mi profesor de español. Será mi profesor de biología.

22 El futuro del mundo

 Working in groups of four students, talk about what the world will be like in the future. You may wish to include some of the following in your discussion: possible problems and their solutions; your hopes and dreams for the future and how they can be accomplished; how the world will change.

23 Las cosas que pasarán

Usando el tiempo futuro o el subjuntivo, contesta las siguientes preguntas.

1. ¿Qué clase será de más ayuda para ti en el futuro?
2. ¿Irás a una universidad después de terminar tus estudios en el colegio? Explica.
3. ¿Cuándo comprarás tu primera casa?
4. ¿Dónde estarás en cinco años?
5. ¿Qué países visitarás en los próximos diez años?
6. ¿Qué empleo tendrás en diez años?
7. ¿Dónde vivirás en el año 2020?

Repaso rápido: the conditional tense

Remember to use the conditional tense to say what would happen or what someone would do (under certain conditions). The endings are the same for all verbs.

-ía	-íamos
-ías	-íais
-ía	-ían

Look at the following:

Me gustaría ir a Barcelona.   **I would like** to go to Barcelona.
¿*Viajarías* allí pronto?   **Would** you **travel** there soon?

Just like the future tense, the verb helper **haber** (conditional tense stem: **habr**) and the following verbs all have irregular stems:

caber: **cabr**	poder: **podr**	querer: **querr**	saber: **sabr**	decir: **dir**
poner: **pondr**	salir: **saldr**	tener: **tendr**	venir: **vendr**	hacer: **har**

24 Lo que les gustaría ser

Di lo que les gustaría ser a las siguientes personas, combinando palabras de las tres columnas. Haz los cambios y añade las palabras que sean necesarias.

MODELO A Angelina le gustaría ser bombera.

I	II	III
Ramiro		ingeniero
Angelina		profesor
Olga y Vanesa		agricultor
Soledad		fotógrafo
tú		abogado
ellos	gustar	bombero
Néstor y Óscar		deportista
Anibal		carpintero
Ud.		artista
nosotros		veterinario
Claudia y Ernesto		programador
yo		escritor

Soy fotógrafa.

25 Si fuera rey o reina...

Imagínate que eres el rey o la reina de un país. Escribe una lista de por lo menos cinco cosas que harías por la gente de tu país.

MODELO Nadie tendría hambre porque la comida sería gratis.

26 En tu propia vida

Contesta las siguientes preguntas en español.

1. ¿Has estado en algún país europeo, africano o asiático? ¿En cuál?
2. ¿Has estado en América Central o en América del Sur? ¿En dónde?
3. ¿Te gustaría estudiar en una universidad de otro país? Explica.
4. ¿Cuáles son los tres países del mundo que más te gustaría visitar?
5. ¿En qué país del mundo diferente del tuyo te gustaría vivir?
6. ¿Tienes amigos o amigas por correspondencia de otros países del mundo? ¿De dónde?

27 Conexión con otras disciplinas: tecnología

Select a country from the ones you have learned about so far in the book and plan a vacation there. Use the Internet for information about the country you have chosen and possible travel packages to that place or to some site in a part of the world you have always wanted to see. Print out the information on the packages that interest you the most and that offer the best prices. Share your findings with the rest of the class saying which trip you would choose, how much it would cost and what is included in the price.

Capítulo 9 | *cuatrocientos veintisiete* | **427**

Teacher Resources

Activity 26

Answers

24 Answers will vary.
25 Creative self-expression.
26 Answers will vary.
27 Creative self-expression.

Activities

Expansion
As an extension of activity 27, have students create a travel brochure highlighting the attractive features of the place they chose. They can include prices and other information in the brochure as well.

Multiple Intelligences (linguistic)
Have students write a short composition in Spanish as a follow-up activity for *Si fuera rey/reina...*, describing what their country would be like.

Notes Decide whether you wish to inform students that *fuera* (activity 25 title) is the imperfect subjunctive form of *ser*. The imperfect subjunctive is taught in *Navegando 3* and is used here only as the title of the activity.

Consider having students do their presentations for activity 27 in Spanish.

Lectura personal

Cantantes y grupos musicales

Dirección http://www.emcp.com/músico/ola/e.diario-2.htm ▲ Archivo Edición Ver Favoritos Herramientas Ayuda

página principal   miembros   e-diario

Grupo musical La OLA

Nombre: Manuel Andrade Blanco
Edad: 17 años
Nacionalidad: panameño
Sueño: comprar una isla en el océano Pacífico

Nora Suzuki, cantante de salsa.

Estamos en Tokio, Japón para el último concierto de nuestra segunda gira mundial. Ha sido una gira magnífica. Este año fuimos más allá del continente americano; viajamos a Francia, Alemania, Rusia y ahora Asia. Nos alegra que a los suramericanos, europeos y asiáticos les guste nuestra música. Para mí, es increíble que adondequiera que vayamos hay evidencia de la cultura latina. Cuando estábamos en San Petersburgo, Rusia, comimos comida mexicana en un restaurante llamado Señor Pepe's Cantina.

Luego bailamos salsa en Salsa Loca, un club enfrente de la estación de metro Petergradskaya. Aquí, en Tokio, también hemos visto muchos restaurantes que sirven tacos, paella y jamón serrano. La música salsa también es muy popular. George Watabe es un japonés salsero[1] y él organiza congresos de salsa para promover[2] este baile. Ahora que lo pienso, de niño me gustaba mucho la famosa Orquesta de la Luz, un grupo de salsa compuesto por[3] once miembros japoneses. Ellos tocan salsa y cantan en español muy bien. Una muchacha japonesa que conocimos ayer nos dijo que quizá la música salsa es tan popular porque los japoneses admiran la actitud de los latinos, su pasión y su amor por la vida.

[1]someone who plays salsa music [2]promote [3]consisting of

28 ¿Qué recuerdas?

Contesta *sí* o *no* a las siguientes afirmaciones.

1. El último concierto de La Ola fue en un país europeo.
2. La música salsa es popular en Rusia.
3. Es imposible comer comida española en Tokio.
4. La Orquesta de la Luz es un grupo japonés de salsa.
5. Muchos japoneses admiran la cultura latina.

- ¿Te sorprendió oír que la música salsa es muy popular en Rusia y en Japón? ¿Por qué crees que será tan popular, en tu opinión?

29 Algo personal

1. ¿Es la música salsa popular en tu comunidad?
2. ¿Hay restaurantes de comida hispana en tu comunidad? ¿Cómo se llaman algunos?
3. ¿Qué evidencias de cultura latina hay en tu comunidad?

428 *cuatrocientos veintiocho*   **Lección B**

¿Qué aprendí?

Autoevaluación
Como repaso y autoevaluación, responde lo siguiente:

Visit the web-based activities at www.emcp.com

1. Mention three wishes, hopes or suggestions your parents have told you regarding your future.

2. Describe two uses of body language you could use in a Spanish-speaking city to communicate with someone.

3. List three things to describe how your life will be in five years.

4. If you were to go anywhere in the world and do anything with anyone, where would you go, what would you do and with whom would you do it?

Palabras y expresiones

Países y regiones	Nacionalidades		Expresiones y otras palabras
Alemania	Portugal	portugués, portuguesa	en medio de
Arabia Saudita	Rusia	ruso,-a	la facultad
Asia	**Nacionalidades**	saudita	la isla
Australia	alemán, alemana	suramericano,-a	magnífico,-a
Brasil	australiano,-a	**Verbos**	el mar
Canadá	brasileño,-a	mantener	el medio
China	canadiense	organizar	¡no me digas!
Europa	chino,-a	**Expresiones y otras**	el océano
Francia	francés, francesa	**palabras**	la orilla
Inglaterra	inglés, inglesa	la actitud	por fin
Italia	italiano,-a	a propósito	el río
Japón	japonés, japonesa	asiático,-a	siempre salirse con
Kenia	keniano,-a	centroamericano,-a	la suya
Marruecos	marroquí	la despedida	sin embargo
	norteamericano,-a	europeo,-a	

Soy de Arabia Saudita.

Soy suramericano.

Teacher Resources

Activity 12

Information Gap Activities
Postcard Activities
Funciones de Comunicación

Answers

Autoevaluación
Possible answers:
1. Answers will vary.
2. Se puede usar para decir que tienes calor o para decir que alguien te llame.
3. Trabajaré. Viviré en una casa a la orilla de un río. Viajaré por todo el mundo.
4. Answers will vary.

Activities

Cooperative Learning
Working in pairs or in small groups, students discuss their responses for the *Autoevaluación*. Then have one student summarize for the class what each group said.

Expansion
Select several words and phrases for individual students to use orally in sentences.

Pronunciation
To ensure proper pronunciation, model each word or expression and have students repeat after you.

Notes This would be a good time to review adjective–noun agreement, using the adjectives of nationality listed on this page.

Review the *Autoevaluación* before requiring students to take the chapter test, allowing students to ask questions. The review will also provide you an opportunity for helping students who are having difficulties with the lesson content.

Answers

Preparación
1. Lo pone en un jarrillo (o jarro).
2. Las pone en un fardel.
3. Usa una paja.
4. Utiliza una argolla y un candado.

Activities

Prereading Strategy
Prepare students for the content of a reading by asking some general questions on the reading topic, such as the questions found in the *Preparación.* Next, play the first paragraph of the recording of *Tú lees,* using the corresponding compact disc that is part of the Audio CD Program. As an alternative, you may choose to read the first paragraph yourself. Read the paragraph again with students following along in the book. Give students a moment to look over the paragraph silently on their own and then have them ask questions. Ask a student volunteer to read the paragraph aloud. Continue in this way for subsequent paragraphs.

Students with Special Needs
Have students quickly scan the content for cognates and known vocabulary before reading for in-depth understanding. Remind students to draw upon skills they have learned in order to recognize these cognates.

¡Viento en popa!

Tú lees

Estrategia

Predict content using supporting visuals
Illustrations, photographs, charts and other visuals do more than just attract the reader's attention. Graphics that accompany a reading provide additional support of some aspect of a reading and often depict what takes place in the selected text. Learning to look for these visual supports can enhance your reading comprehension.

Preparación

Mira las ilustraciones de la lectura y, luego, contesta las siguientes preguntas como preparación para la lectura.

1. ¿En dónde pone el ciego el vino?
2. ¿En dónde pone el ciego su comida y sus cosas?
3. ¿Qué usa Lázaro para tomar vino en secreto?
4. ¿Qué utiliza el ciego para cerrar el fardel?

Lázaro cuenta su vida y de quién fue hijo (continuación)

El ciego llevaba el pan y todas las otras cosas que le daban en un *fardel* de tela que por la boca se cerraba con una *argolla* con su *candado* y llave. Metía[1] las cosas y las sacaba con tanto cuidado que no era posible quitarle una migaja[2]. Pero yo tomaba lo poco que me daba y lo comía en dos bocados[3].

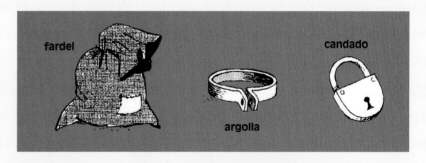

Después que cerraba el fardel con el candado se quedaba tranquilo pensando que yo estaba haciendo otras cosas, pero yo por un lado del fardel que muchas veces descosía[4] y volvía a coser[5] le sacaba el pan y la *longaniza.*

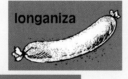

Solía poner junto a sí un *jarrillo* de vino[6] cuando comíamos. Yo lo cogía[7] y bebía[8] de él sin hacer ruido y lo volvía a poner en su lugar. Pero esto me duró[9] poco, porque al ir a beber el ciego

---

Notes Be sure to cover the *Preparación* activity with students before beginning the *Tú lees* reading.

Remind students to draw upon the strategies they have learned for reading: skimming, scanning, looking for visual cues, etc.

Remind students that the *Tú lees* reading provides a formal opportunity for them to improve their ability to read in Spanish. They do not need to understand every word to read in Spanish. Difficult words have been defined to help students enjoy the contents of the readings without having to look up important but passive vocabulary.

asa
jarrillo (jarro)
paja   boca
lumbre

conocía la falta[10] del vino y así por guardar el vino, nunca soltaba[11] el *jarro* y lo tenía siempre cogido[12] por el *asa*. Pero yo con una *paja,* que para ello tenía hecha, metiéndola por la *boca* del jarro, dejaba al viejo sin nada. Pero pienso que me sintió y desde entonces ponía el jarro entre las piernas y le tapaba[13] con la mano y de esta manera bebía seguro.

Yo, como me gustaba el vino, moría por él; y viendo que la paja ya no me aprovechaba[14] ni valía, decidí hacer en el fondo[15] del jarro un agujero[16] y taparlo con un poco de cera[17]. Al tiempo de comer, me ponía entre las piernas del ciego, como si tuviera[18] frío, para calentarme[19] en la pobre *lumbre* que teníamos; al calor de la lumbre se deshacía la cera y comenzaba el vino a caerme en la boca y yo la ponía de tal manera que no se perdía ni una gota[20].

Cuando el pobre ciego iba a beber no encontraba nada. Se desesperaba[21] no sabiendo qué podía ser.

—No diréis, tío, que os lo bebo yo—decía—pues no soltáis el jarro de la mano.

Tantas vueltas[22] le dio al jarro que encontró el agujero, al poner el dedo en él, comprendió el engaño[23], pero aunque él supo lo que era, hizo como si no hubiera visto[24] nada. Y al otro día, me puse como de costumbre[25], sin pensar lo que el ciego me estaba preparando, y creyendo que el mal ciego no me sentía. Y estando recibiendo aquellas dulces gotas, mi cara puesta hacia el cielo, un poco cerrados los ojos para mejor gustar del vino, el desesperado[26] ciego, levantando con toda la fuerza[27] de sus manos el jarro, le dejó caer sobre mi boca, ayudándose como digo con todo su poder, de manera que yo, pobre Lázaro, que nada de esto esperaba, sentí como si el cielo con todo lo que hay en él, me hubiese caído[28] encima.

Fue tal el golpe[29] que me hizo perder el sentido[30] y el jarrazo[31] tan fuerte que los pedazos[32] del jarro se me metieron en la cara rompiéndomela en muchos lugares y rompiéndome también los dientes, sin los cuales hasta hoy me quedé.

Activities

Critical Listening
Play the audio recording of the reading one paragraph at a time. Tell students to listen for the main ideas the speaker is addressing. Finally, have several individuals state what they believe is the main theme of each paragraph.

Multiple Intelligences (linguistic)
Have students write a one-page composition about *Lazarillo de Tormes*. They may wish to select a particular aspect of the reading to discuss, or they may decide to write a simple essay summarizing the story.

Desde aquella hora quise mal al ciego, y aunque él me quería y me cuidaba bien, bien vi que se había alegrado mucho con el cruel castigo[33]. Me lavó con vino las heridas[34] que me había hecho con los pedazos del jarro y riéndose decía:

—¿Qué te parece, Lázaro? Lo que te enfermó[35] te pone sano[36] y te da la salud.

Cuando estuve bueno de los golpes, aunque yo quería perdonarle lo del jarrazo, no podía por el mal trato[37] que desde entonces me hizo el mal ciego: me castigaba[38] sin causa ni razón y cuando alguno le decía que por qué me trataba[39] tan mal contaba lo del jarro, diciendo:

—¿Pensáis que este mi mozo es bueno? Pues oíd.

Y los que le oían decían:

—¡Mirad! ¿Y quién pensaría que un muchacho tan pequeño era tan malo? Castigadlo[40], castigadlo.

Y él al oír lo que la gente le decía otra cosa no hacía.

Yo por hacerle mal y daño[41] siempre le llevaba por los peores caminos; si había piedras le llevaba por ellas. Con estas cosas mi amo me tentaba[42] la cabeza con la parte alta de su palo[43] de ciego que siempre llevaba con él. Yo tenía la cabeza llena de las señales[44] de sus manos y aunque yo le juraba[45] que no lo hacía por causarle mal sino por encontrar mejor camino, él no me lo creía: tal era el grandísimo entender de aquel mal ciego.

Y porque vea vuestra merced hasta dónde llegaba el ingenio[46] de este hombre le contaré un caso[47] de los muchos que con él me sucedieron[48].

Cuando salimos de Salamanca su idea fue venir a tierras[49] de Toledo porque decía que la gente era más rica, aunque no era amiga de dar muchas limosnas[50]. Fuimos por los mejores pueblos, si encontraba mucha ganancia[51] nos quedábamos, si no la encontrábamos al tercer día nos íbamos.

Sucedió que llegando a un lugar que llaman Almorox, en el tiempo de las *uvas* le dieron un gran *racimo* de ellas. Como el racimo se le deshacía[52] en las manos, decidió comerlo, por contentarme, pues aquel día me había dado muchos golpes. Nos sentamos y me dijo:

racimo   uvas

—Lázaro, ahora quiero que los dos comamos este racimo de uvas y que tengas de él tanta parte como yo. Será de esta manera: tú cogerás[53] una uva y yo otra, pero sólo una, hasta que lo acabemos.

Dicho esto, comenzamos a comer, pero a la segunda vez el mal ciego cambió de idea y comenzó a coger de dos en dos pensando que yo estaba haciendo lo mismo. Como vi que él hacía esto, yo hacía más: comía de dos en dos o de tres en tres.

Cuando acabamos de comer las uvas me dijo:

—Lázaro, me has engañado[54]. Tú has comido las uvas de tres en tres.

—No comí—dije yo—pero, ¿por qué lo piensa así vuestra merced?

—¿Sabes en qué veo que comiste las uvas de tres en tres?—respondió él. En que yo las comía de dos en dos y tú callabas[55].

Yo me reía, y aunque muchacho bien comprendí que mi amo[56] era hombre que conocía el mundo.

Notes This reading is recorded and available in the Audio CD Program.

The *Tú lees* feature provides a formal opportunity for students to read in Spanish. Note for students that it is not essential to understand every word when reading in Spanish.

rebanada — nariz — pelo

nabo

asador

Pero por no ser prolijo[57], dejo de contar aquí muchas cosas que me sucedieron con este mi primer amo y quiero decir cómo me despedí de él.

Estábamos en el mesón de Escalona y me dio un pedazo de longaniza para que se la asase[58], después me dio dinero y me mandó[59] a buscar vino. Mas[60] el demonio quiso que cuando salía a buscar el vino viese[61] en el suelo un *nabo* pequeño, largo y malo, que alguien había dejado en el suelo por ser tan malo y como estuviésemos[62] solos el ciego y yo, teniendo yo dentro el olor[63] de la longaniza y sabiendo que había de gozar[64] sólo del olor, no mirando lo que me podía suceder, mientras el ciego me daba el dinero para comprar el vino, saqué la longaniza del *asador* y metí en él el nabo. Mi amo tomó el asador y empezó a darle vueltas al fuego, queriendo asar[65] al que por malo nadie había querido comer.

Yo fui a buscar el vino con el cual no tardé en comer la longaniza y cuando volví vi que mi amo tenía el nabo entre dos *rebanadas* de pan, el cual no había conocido porque no había tocado con la mano. Al morder en las rebanadas de pan, pensando morder también la longaniza, se encontró con el nabo frío y dijo:

—¿Qué es esto, Lázaro?

—¡Pobre de mí!—dije yo—Yo ¿no vengo de comprar el vino? Alguno que estaba aquí ha hecho esta burla[66].

—No, no,—dijo él—que yo no he dejado de la mano el asador ni un solo momento; no es posible.

Yo juraba y volvía a jurar que estaba libre de aquello, pero poco me aprovechó pues al maldito[67] ciego nada se le escondía[68].

Se levantó, me cogió la cabeza con sus manos, me abrió la boca y metió en ella su larga *nariz*. Con esto, como la longaniza no había hecho asiento aún en el estómago, salió de él por mi boca al mismo tiempo que su nariz, dándole en ella.

—¡Oh gran Dios, quién estuviera[69] en aquella hora de muerto! Fue tal su coraje[70] que si no acudiera[71] gente al ruido y me sacara[72] de sus manos, que estaban llenas de los pocos *pelos* que yo tenía, pienso que hubiera dejado[73] allí la vida.

Activities

Students with Special Needs
Break the reading into sections so students do not become discouraged.

*¿Qué piensas de las personas que
tratan (treat) mal a otras? Explica;
¿Crees que tomar bebidas con
alcohol es bueno o malo para una
persona de cualquier edad?
Explica; ¿Cómo crees que una
persona ciega puede saber lo que
está ocurriendo? Explica; ¿Le has
hecho alguna vez una burla (trick)
a alguien? ¿Cuándo y por qué?;
¿Cuáles son los cognados en la
lectura?*

lluvia

POSADA

poste   arroyo

Contaba el maldito ciego a todos
los que allí llegaban lo del jarro y lo
del racimo. La risa[74] de todos era
tan grande que la gente que pasaba
por la calle entraba a ver la fiesta.

La mesonera[75] y los demás que
allí estaban nos hicieron amigos y
con el vino que había ido a
comprar para beber, me lavaron la
cara. El ciego se reía y decía:

—De verdad este mozo[76] me
gasta[77] en lavarle más vino en un
año que el que yo bebo en dos.

Y volviéndose a mí me decía:

—En verdad, Lázaro, más le
debes al vino que a tu padre, porque
aquél una vez te dio la vida, mas el
vino mil veces te la ha dado. Y
contaba, riendo, cuántas veces me
había herido[78] la cara y me la había
curado[79] con vino.

Y los que me estaban lavando la
cara reían mucho. Sin embargo yo
muchas veces me acuerdo de aquel
hombre y me pesa de[80] las burlas que le hice, aunque también es verdad que bien
lo pagué.

Visto todo esto y el mal trato que me daba yo había decidido dejarle, como lo
hice. Y fue así, que luego otro día anduvimos por la calle pidiendo limosna. Era
un día en que llovía mucho y como la noche iba llegando me dijo:

—Lázaro, esta agua no deja de caer, y cuando sea más de noche, la *lluvia* será
más fuerte. Vámonos a la posada con tiempo.

Para ir a la posada había que pasar un *arroyo* que con la mucha lluvia era
bastante grande entonces.

Yo le dije:

—Tío, el arroyo va muy ancho[81], pero si así lo queréis, veo un sitio[82] por donde
podremos pasar más pronto sin mojarnos[83] porque allí el arroyo es más estrecho
y saltando no nos mojaremos.

Le pareció bien y dijo:

—Piensas bien, por eso te quiero. Llévame a ese lugar por donde el arroyo se
estrecha[84] que ahora es invierno y sabe[85] mal el agua, y peor sabe llevar los pies
mojados.

Yo lo llevé derecho a un *poste* de piedra[86] que había en la plaza y le dije:

—Tío, éste es el paso[87] más estrecho que hay en el arroyo.

Como llovía mucho y él se mojaba, con la prisa que llevábamos por salir del
agua que nos caía encima y, lo más principal, porque Dios le cegó el
entendimiento[88] y creyó en mí dijo:

—Ponme bien derecho y salta tú el arroyo.

Yo le puse bien derecho enfrente[89] del poste, di un salto y me puse detrás del poste. Desde allí le dije:

—Salte vuestra merced todo lo que pueda.

Apenas[90] lo había acabado de decir cuando el pobre ciego saltó con tal fuerza que dio con la cabeza en el poste y cayó luego para atrás[91] medio muerto y con la cabeza rota.

Yo le dije:

—¿Cómo olió[92] vuestra merced la longaniza y no el poste? ¡Oled[93]! ¡Oled!

Y le dejé con mucha gente que había ido a ayudarle. Antes de que la noche llegase[94], llegué yo a Torrijos. No supe nunca lo que hizo Dios con el ciego, ni me ocupé nunca de saberlo.

[1]Put in [2]crumb [3]bites [4]unraveled [5]to sew [6]wine [7]would take it [8]would drink [9]lasted [10]lack [11]let go of [12]held [13]covered [14]was of no use to me [15]bottom [16]hole [17]wax [18]were [19]warm up [20]drop [21]he got upset [22]turns [23]trick [24]had not seen [25]as usual [26]exasperated [27]strength [28]would have fallen [29]hit [30]consciousness [31]blow (with a pitcher) [32]pieces [33]punishment [34]wounds [35]made you sick [36]healthy [37]treatment [38]punished [39]treated [40]punish him [41]harm [42]hit [43]stick [44]signs [45]swore [46]genius [47]event [48]happened [49]lands [50]alms [51]earnings [52]came apart [53]will take [54]tricked [55]kept quiet [56]master [57]wordy [58]roast [59]sent [60]But [61]would see [62]were [63]smell [64]enjoy [65]roast [66]trick [67]evil [68]could be kept from him [69]was [70]rage [71]hadn't come [72]to take (out) [73]would have left [74]laughter [75]innkeeper [76]boy [77]costs [78]wounded [79]cured [80]regret [81]wide [82]place [83]getting wet [84]narrows [85]tastes [86]stone [87]way [88]blinded his wits [89]in front of [90]Hardly [91]fell backwards [92]smelled [93]sniff, smell [94]arrived

Excerpt from:

Lazarillo de Tormes; author unknown. Copyright Grafisk Forlag A/S, Copenhagen. The *Easy Reader* (a B-level book) with the same title is published by EMC/Paradigm Publishing.

A ¿Qué recuerdas?

1. ¿Cómo trataba el ciego a Lázaro?
2. ¿Quién le quitaba al ciego el vino de su jarro?
3. ¿Qué le rompió el ciego a Lázaro con el jarro?
4. ¿Qué fruta comieron el ciego y Lázaro en Almorox?
5. ¿Cómo se llamaba el lugar donde el ciego quería comer longaniza?
6. ¿Cómo estaba el tiempo el último día que Lázaro estuvo con el ciego?

B Algo personal

1. ¿Crees que el ciego era una persona buena o mala? Explica.
2. ¿Piensas que Lázaro era un niño feliz? ¿Por qué?
3. ¿Qué piensas de la forma en que el ciego trataba a Lázaro?
4. ¿Cómo crees que será la vida de Lázaro en el futuro? Explica.

Answers

A 1. Lo trataba mal.
2. Lazarillo le quitaba el vino.
3. Le rompió la cara y los dientes.
4. Comieron uvas.
5. El lugar se llamaba Escalona.
6. El tiempo estaba malo porque llovía.

B Answers will vary.

Notes Have students pair up and take turns asking the questions in activities A and B on page 435.

You can use the recordings of *¿Qué recuerdas?* and the *Algo personal* that are part of the Audio CD Program for additional aural/speaking practice.

Tú escribes

Estrategia

Graphic organizers
As you begin to write, you will often need to brainstorm ideas about your topic. Then use a graphic organized to put your ideas in a logical order. Venn diagrams, concept maps and time lines are all graphic organizers that can help you visualize different aspects of your theme and help you organize your thoughts before beginning the writing process.

Draw a time line that shows how you think your life will evolve over the next fifteen years.

Then write a composition based on the time line of your life. Be sure to tell where you will live and what you will be doing. Include your personal goals and tell some of the things you will do to attain them. Remember to use connecting words to make your sentences flow together smoothly. To make your composition more visually appealing, create an illustration of your time line and include it at the bottom of your paper.

| a los 20 años | a los 27 años | a los 32 años | a los 45 años |

estudiaré en la universidad — Visitaré Macchu Picchu — Tendré dos hijos

Estudiaré en Ecuador.

Tendré dos hijos.

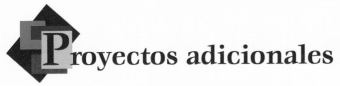 # Proyectos adicionales

A Conexión con la tecnología

Use the Internet to contact the Web site for a company or corporation where you might like to work. Then follow their prompts to see what employment opportunities they offer that use Spanish. Find out what the prerequisites are, where the openings are and what the salary range is. Print out the results of your job search to share with the rest of the class.

B Comparando

 En grupos pequeños, seleccionen un país de habla hispana y hagan una investigación sobre los productos típicos y regionales de ese país. Deben nombrar los productos y decir dónde se consiguen y cómo se usan. Luego, hagan una presentación para la clase del país y sus productos. Pueden incluir fotos e ilustraciones para que los estudiantes de la clase entiendan el uso, la apariencia y la función cultural del producto. Pueden hablar de algunos de los siguientes productos, si quieren: el mate (Argentina), el dulce de leche (Uruguay), las tapas (España), el flan (México), etc.

C Comunicación

Create a list with things you expect to acquire over the next thirty years, adding who you would give it to if something were to happen to you. Then, working in pairs, discuss the information on the list.

> **MODELO** **A:** Tendré una computadora rápida.
> **B:** ¿A quién se la darías?
> **A:** Se la daría a mis hijos.

D Conexión con otras disciplinas: geografía

Dibuja un mapa del mundo, indicando los continentes y todos los países del mundo que has aprendido con sus capitales.

Answers

A Creative self-expression.
B Creative self-expression.
C Creative self-expression.
D Creative self-expression.

Activities

Communities
Suggest to students that they talk to their parents or guardians about ways they might use Spanish and communication skills they are developing to volunteer in the community. For example, students might wish to volunteer with a local ecology organization. Discuss with the class how this might affect both the student's and the community's future.

Expansion
Talk with the class about positions in your school that are bilingual or that could use bilingual help. Suggest the following to get students started: school newspaper adviser (*director del diario o periódico escolar*), assistant principal (*asistente del director*), translator for the guidance department (*traductor del departamento de consejería*).

Multiple Intelligences (logical-mathematical)
Provide students with a list of countries and capitals. Then have them match the capitals to the corresponding countries.

Notes The *Proyectos adicionales* page provides activities for addressing the five National Standards of Communication, Cultures, Connections, Comparisons and Communities, along with such large issues as technology and cross-curricular learning. Choose from the activities to suit your students' needs.

For all oral activities, listen for the correct pronunciation and determine if students appear to understand what they are saying and hearing. Also, be sure students personalize information so that it is meaningful to them.

Note that activity D makes a cross-curricular connection to geography.

Teacher Resources

 Trabalenguas

Activities

Language through Action

To practice countries and nationalities with your students, toss a beach ball to a student while saying the name of a country and ask him or her to state the corresponding nationality. In turn, the student should toss the ball to another classmate while naming a different country. The game continues and involves all students. As a variation, toss the beach ball while saying a country and have the recipient respond with the capital city.

Multiple Intelligences (intrapersonal)

Conduct a class discussion with students about what they plan to do in the future. Talk about whether they intend to go to a college, to a university or to some other school for additional training after high school. Ask students what they aspire to. Find out whether they have specific career or life goals. Then instruct students to look at the illustrations on pages 396–397 to identify the different occupations represented there.

Repaso

Now that I have completed this chapter, I can...

	Go to these pages for help:
discuss careers.	396
express events in the past.	400
relate two past events.	400
talk about hopes and dreams.	404
state wishes and preferences.	404
discuss the future.	408
express uncertainty.	415
express doubt.	415
advise and suggest.	416
express emotion.	416
identify and locate countries.	420

I can also...

discuss world problems in Spanish.	399
use body language to communicate.	417
talk about my future in Spanish.	424

Trabalenguas

Pedro Pablo Pérez y Pereira, pobre pintor portugués, pinta pinturas por poca plata para pasar por París.

Notes **Communities.** Countries throughout the Spanish-speaking world have many choices for obtaining news. Cable television stations that broadcast in Spanish across the world include *Univision, CBS Telenoticias, CNN En Español, etc.*

Review the functions and other objectives in the *Repaso.* Answer questions so students can prepare for the chapter test.

Loose translation of the *Trabalenguas:* Pedro Pablo Pérez y Pereira, Portuguese painter, paints paintings for mere pennies so he can go to Paris.

Vocabulario

a propósito by the way *9B*
el **abogado,** la **abogada** lawyer *9A*
aceptado,-a accepted *9A*
la **actitud** attitude *9B*
acuático,-a aquatic, pertaining
  to water *9A*
el **agricultor,** la **agricultora**
  farmer *9A*
alemán, alemana German *9B*
Alemania Germany *9B*
la **amistad** friendship *9A*
Arabia Saudita Saudi
  Arabia *9B*
el **artista,** la **artista** artist *9A*
el **Asia** Asia *9B*
asiático,-a Asian *9B*
asistir a to attend *9A*
la **aspiración** aspiration, hope *9A*
Australia Australia *9B*
australiano,-a Australian *9B*
el **baile** dance, dancing *9A*
el **bibliotecario,** la **bibliotecaria**
  librarian *9A*
el **bombero,** la **bombera**
  firefighter *9A*
el **Brasil** Brazil *9B*
brasileño,-a Brazilian *9B*
el **buceo** scuba diving *9A*
el **Canadá** Canada *9B*
canadiense Canadian *9B*
el **carpintero,** la **carpintera**
  carpenter *9A*
la **carrera** career *9A*
centroamericano,-a Central
  American *9B*
la **China** China *9B*
chino,-a Chinese *9B*
el **chofer,** la **chofer** chauffeur,
  driver *9A*
la **colección** collection *9A*
la **despedida** farewell,
  good-bye *9B*
dondequiera wherever *9A*
el **empleado,** la **empleada**
  employee *9A*
el **empleo** employment *9A*

la **empresa** business *9A*
en medio de in the middle
  of *9B*
el **escritor,** la **escritora** writer *9A*
el **esquí** ski *9A*
Europa Europe *9B*
europeo,-a European *9B*
la **experiencia** experience *9A*
extrañar to miss *9A*
la **facultad** school (of a
  university) *9B*
el **fotógrafo,** la **fotógrafa**
  photographer *9A*
francés, francesa French *9B*
Francia France *9B*
fuerte strong *9A*
el **futuro** future *9A*
el **gerente,** la **gerente**
  manager *9A*
hermoso,-a beautiful,
  lovely *9A*
el **hombre de negocios**
  businessman *9A*
el **ingeniero,** la **ingeniera**
  engineer *9A*
Inglaterra England *9B*
inglés, inglesa English *9B*
la **isla** island *9B*
Italia Italy *9B*
italiano,-a Italian *9B*
el **Japón** Japan *9B*
japonés, japonesa
  Japanese *9B*
Kenia Kenya *9B*
keniano,-a Kenyan *9B*
magnífico,-a magnificent *9B*
mantener to keep,
  to maintain *9B*
el **mar** sea *9B*
marroquí Moroccan *9B*
Marruecos Morocco *9B*
el **mecánico,** la **mecánica**
  mechanic *9A*
el **medio** half *9B*
la **mujer de negocios**
  businesswoman *9A*

el **negocio** business *9A*
¡no me digas! you don't say! *9B*
norteamericano,-a North
  American *9B*
el **obrero,** la **obrera** worker *9A*
el **océano** ocean *9B*
ojalá would that, if only,
  I hope *9A*
organizar to organize *9B*
la **orilla** shore *9B*
el **peluquero,** la **peluquera**
  hairstylist *9A*
la **pesca** fishing *9A*
por fin finally *9B*
Portugal Portugal *9B*
portugués, portuguesa
  Portuguese *9B*
practicar to practice *9A*
el **programador,**
  la **programadora**
  programmer *9A*
quienquiera whoever *9A*
real real, royal *9A*
la **realidad** reality *9B*
el **río** river *9B*
Rusia Rusia *9B*
ruso,-a Russian *9B*
saudita Saudi, Saudi Arabian *9B*
el **secretario,** la **secretaria**
  secretary *9A*
siempre salirse con la suya
  to always get one's way *9B*
sin embargo however,
  nevertheless *9B*
suave soft *9A*
el **sueño** dream, sleep *9A*
suramericano,-a South
  American *9B*
el **taxista,** la **taxista** taxi driver *9A*
unido,-a united, connected *9A*
la **universidad** university *9A*
el **vendedor,** la **vendedora**
  salesperson *9A*
el **veterinario,** la **veterinaria**
  veterinarian *9A*

Teacher Resources

Capítulo 10

Capítulo **10**

Mi mundo

Objetivos

❖ **talk about past actions and events**

❖ **apply technology to find information on the Spanish-speaking world**

❖ **talk about art in some Spanish-speaking countries**

❖ **discuss contemporary Hispanic culture**

❖ **talk about the future**

❖ **discuss travel and employment opportunities**

❖ **state wishes and preferences**

Visit the web-based activities at www.emcp.com

440 *cuatrocientos cuarenta*

Connections with Parents

Encourage students to talk with their parents/guardians, the school counselor, coaches and other interested parties regarding the possibility of learning while volunteering their services with a community organization. Explain that the purpose of service-learning volunteer activities for students is for them to have opportunities to learn the principles of giving back to their communities, getting involved and becoming responsible citizens, while at the same time developing the necessary skills and competencies for their eventual immersion into the real world.

Activities

Technology
Divide the class into groups of three or four. Assign each group a Spanish-speaking country. Students must find a Web site for the country assigned to them. After browsing through the Web site, students should make a list of some information they find and should share the information with the class.

Notes The last two chapters of *Navegando 2* offer an extensive review of the content of the first nine chapters of the textbook. In addition to reviewing previously taught structures, *Capítulo 10* provides projects and activities that are appropriate for individualization of instruction at the end of the year: It includes no new vocabulary or grammar.

Decide what you wish to review, according to the time available, student needs and your own curricular requirements.

El mundo

In this chapter, students are reminded of the opportunities they have available to them because they know Spanish. Skill and knowledge acquired this year using *Navegando* enable students to communicate with others, travel, study, work and live anywhere throughout the world wherever Spanish is spoken.

Activities

Critical Thinking

One of the goals for this series is to help students become lifelong learners and committed, responsible citizens. The visuals that appear on these pages symbolize the future world that students have ahead of them. Using these visuals, discuss the functions and themes of the chapter ahead, which include careers, college, travel and adult responsibilities.

Multiple Intelligences (musical)

Start this chapter by playing music from one of the Spanish-speaking countries or by one of the Spanish-speaking musicians students have studied in *Navegando*. Then ask students to offer insights about the music, such as where the music is from or who performs the piece. Songs are available from EMC/Paradigm in a two-volume boxed set entitled *Canciones*.

cuatrocientos cuarenta y uno **441**

Notes The large photograph shows students discussing issues that are important in their world; the small photograph on page 440 depicts the art of Joan Miró (1893–1983). The work is an oil on canvas titled *Hirondelle/Amour,* which he painted in 1933–1934. The painting is on display at the Museum of Modern Art in New York City.

In this final chapter, *Mi mundo,* students have an opportunity to talk about all aspects of their world, including what they have done during the past year, what their current interests are and what the future holds with respect to study, careers, travel plans and so forth.

Lección A

El mundo

Diálogo

Mis hermanos en Santiago

LAURA: ¿Qué estás haciendo?
DANIEL: Les escribo un e-mail a mis hermanos en Santiago, Chile.
LAURA: Tú no tienes hermanos en Chile. ¡Tus hermanos viven aquí en Minneapolis!

DANIEL: ¡Claro que sí tengo!
LAURA: No comprendo.
DANIEL: Es que Santiago y Minneapolis son ciudades hermanas y este año he estado trabajando por la internet en un proyecto de historia con unos chicos de allá.

LAURA: Ah, ya veo. Entonces, ahora ellos son tus hermanos también.
DANIEL: Así es. Son hermanos y amigos.
LAURA: ¡Qué tonto eres! Me alegra que hayas hecho nuevos amigos.
DANIEL: Gracias. Ha sido fantástico trabajar con ellos.

1 ¿Qué recuerdas?

1. ¿Qué está haciendo Daniel?
2. ¿Dónde viven los hermanos de Daniel?
3. ¿Qué son Santiago y Minneapolis?
4. ¿En qué ha estado trabajando Daniel por internet con sus amigos de Chile?
5. ¿De qué se alegra Laura?
6. ¿Qué ha sido fantástico para Daniel?

2 Algo personal

1. ¿Tienes amigos en otros países?
2. ¿A quién le escribes e-mails?
3. ¿Sabes cuál es la ciudad hermana del lugar donde vives?
4. ¿Has hecho nuevos amigos este año? ¿Cómo se llaman?

3 Mis hermanos en Santiago

 Di si lo que oyes es cierto o falso, según el Diálogo. Si es falso, corrige la información.

¿Has hecho nuevos amigos este año?

Minneapolis y Santiago: ciudades hermanas

¿Qué tienen Minneapolis, Minnesota, y Santiago, Chile, en común? Las dos son ciudades hermanas. Eso significa que Minneapolis y Santiago tienen una relación especial a través de intercambios educativos, culturales y económicos. En algunas escuelas de Minneapolis, por ejemplo, estudiantes trabajan en proyectos con estudiantes del Liceo Industrial B-98 en Santiago por medio de la internet. Muchas otras ciudades en Estados Unidos son también ciudades hermanas con ciudades de habla hispana. Todas forman parte del programa de ciudades hermanas internacional (SCI), creado por el presidente Dwight D. Eisenhower en 1956 con el fin de relacionar a la gente y a las organizaciones usando una diplomacia popular.

La hermandad[1] entre Atlanta, Georgia, y Salcedo, República Dominicana, se inspiró en

Minneapolis, Minnesota, Estados Unidos.

memoria de grandes líderes que nacieron en estas dos ciudades y que lucharon por la igualdad de derechos: Martin Luther King Jr., de Atlanta, y las hermanas Mirabal, de Salcedo. Estas dos ciudades intentan educar a sus jóvenes sobre los ideales de Martin Luther King Jr. y las hermanas Mirabal, así como crear oportunidades para que los jóvenes en ambas ciudades puedan aprender el idioma de cada país.

Muchas ciudades hermanas también tienen eventos deportivos, festivales de música, exposiciones de arte y otras actividades para promover la comprensión cultural. Otras ciudades hermanas incluyen Chicago y Ciudad de México; Salt Lake City y Oruro, Bolivia; San José, California y San José, Costa Rica; Miami y Murcia, España. Para saber cuál es la ciudad hermana de tu ciudad, busca en la internet las palabras *sister cities*.

[1] sisterhood

4 Ciudades hermanas

Encuentra una ciudad hermana (que sea de un país hispano) de tu ciudad o de la capital de tu estado. Averigua *(Find out)* **dónde está esa ciudad, su población, sus atractivos turísticos. También averigua si hay un programa de intercambio estudiantil entre las dos ciudades.**

Santiago, Chile.

Notes Web sites and Internet addresses change constantly. At the time of publication the Web site for the Sister Cities organization was www.sister-cities.org. Students can navigate through the site and get to the directory where sister cities are located, using that address. You may wish to try this site and see if it has changed. As an alternative, you can call your city hall, local travel agencies, the library or a state travel information office to get help finding sister cities.

Teacher Resources

 Activity 3

 Activities 1–2

 Activity 2

Answers

4 Answers will vary.

Activities

Expansion
Have students research the sister city movement started by President Eisenhower. Why did it begin? What were the first sister cities? How many are there today?

Proyectos

5 Los inventos tecnológicos

 Trabajando en grupos de tres estudiantes, hablen sobre nuevos inventos tecnológicos que crean que existirán en veinte años. Luego, una persona del grupo debe presentar las conclusiones a la clase.

6 Amigos virtuales

Usando un motor de búsqueda, encuentra una página Web en donde puedas contactar chicos y chicas por e-mail de algún país de habla hispana. Selecciona a alguien que te interese y escríbele un e-mail contándole quién eres, de dónde eres y diciéndole que te gustaría ser su amigo/a por correo electrónico.

> **¡Oportunidades!**
>
> **Amigos en el ciberespacio**
> The technology of e-mail and the Internet has made it much easier to make friends from all over the world. New friends, especially from different countries, can expand your knowledge of other cultures and enrich your perception of the planet we all share. Furthermore, making and keeping in touch with friends from countries where Spanish is spoken will help improve your abilities to express yourself in Spanish, as well as develop a good relationship.

7 Todos han estudiado y aprendido mucho este año

Di lo que las siguientes personas han aprendido, usando las indicaciones que se dan.

MODELO Gerardo / muchos proverbios
Gerardo ha aprendido muchos proverbios.

1. Sandra y David / sobre los animales salvajes
2. Clara / mucho sobre los países de habla hispana
3. tú / mucho sobre tecnología
4. Pablo / sobre los problemas del mundo
5. Ud. / a hacer tortillas españolas
6. nosotros / mucho español

Gerardo ha aprendido muchos proverbios.

8 ¿Cuáles han sido tus actividades favoritas?

 Trabajar en la internet con sus amigos de Chile ha sido una de las actividades favoritas de Daniel durante el año. Trabajando en parejas, alterna con tu compañero/a de clase en hacer preguntas y contestarlas para decir si las siguientes actividades han sido sus favoritas durante este año.

MODELO jugar videojuegos
A: ¿Ha sido jugar videojuegos una de tus actividades favoritas este año?
B: Sí, (No, no) ha sido una de mis actividades favoritas este año.

1. navegar en la internet
2. las fiestas
3. leer
4. ir al cine
5. escribir e-mails
6. dormir
7. los viajes
8. el tenis
9. ver televisión
10. los picnics

Notes Tell students that an *amigo/amiga en el ciberespacio* is the contemporary version of an *amigo/amiga por correspondencia* (pen pal).

Pick and choose from the projects and other activities as time allows. In addition, you may wish to use all activities and readings in the chapter with the entire class or you may decide to assign activities to individuals according to ability, interest or need. For example, seniors who are not returning for another year of Spanish may benefit by doing readings or activities on careers, study or travel; gifted students may enjoy the opportunity to work independently of the class at their own speed.

9 ¡A escribir!

Escribe un e-mail de dos párrafos en español al amigo/a la amiga que conseguiste en la actividad 6, contándole algunas de las cosas que hiciste o que han pasado durante el año. Sé creativo/a.

10 ¿Qué dirías?

Conecta lógicamente las situaciones de la columna A con las expresiones de la columna B para saber lo que dirías en cada caso.

A

1. Bromeando, Juan le dice a Rosario que su casa salió volando por el cielo.
2. Tu papá te pidió lavar la ropa por la mañana, pero lo olvidaste y lo hiciste por la tarde.
3. Después de insistir mucho, Teresa consiguió el empleo que quería.
4. Carolina fue a una tienda a comprar una blusa que le costó muchísimo dinero.
5. César le hizo una broma a su amiga, pero a ella no le gustó mucho.
6. Tú y tu familia están visitando Arabia Saudita y tus padres te piden que les traduzcas unas señales que están en árabe.
7. Tienes algunos problemas con la computadora y tu amigo te viene a contar lo difícil que son las computadoras para él.
8. Conoces a una persona que habla muchísimo.

B

A. No lo tome a pecho.
B. Más vale tarde que nunca.
C. ¡Habla hasta por los codos!
D. Eso es chino para mí.
E. Le está tomando el pelo.
F. ¡Si lo sabré yo!
G. Le costó un ojo de la cara.
H. Siempre se sale con la suya.

Estrategia

Using proverbs and sayings

Native Spanish speakers hear proverbs and sayings throughout their life and use them in everyday speech as a natural outcome of growing up surrounded by Spanish. You have already learned several of these expressions in *Navegando 2*. How many of them do you remember? Do you use them? Can you guess the meaning of the expressions that appear below? Using proverbs and expressions when you speak will add character and fluency to your Spanish.

No lo tome a pecho.
¡Habla hasta por los codos!
Más vale tarde que nunca.
Eso es chino para mí.

¡Si lo sabré yo!
Te está tomando el pelo.
Me costó un ojo de la cara.
Siempre se sale con la suya.

11 ¡Una obra de arte!

Crea una pintura (*painting*) o un dibujo que represente una actividad o un evento, de la familia o del colegio, que haya sido importante para ti durante el año. Usa la técnica que quieras.

Una pintura importante.

Teacher Resources

 Activity 4

 Activities 6–8

 Activity 3

 G V Activities 4–6

Answers

9 Creative writing practice.
10 1. E; 2. B; 3. H; 4. G; 5. A; 6. D; 7. D, F; 8. C
11 Creative self-expression.

Activities

Language through Action
As a follow-up to or variation of activity 11, have students develop collages including photographs that document important activities and/or events of the past.

Multiple Intelligences (interpersonal/linguistic)
Plan an e-mail exchange in which students describe their families and ask for information about the families of their key pals. Allow students to use imaginary families if they prefer. To do the activity, students should include the following: personal biographical information (name, date of birth, age, etc.); information about family (names, descriptions, where people live); questions asking for similar information about the key pal.

Notes Offer help with the meaning of the expressions discussed in the *Estrategia*: *No lo tome a pecho.* (Don't take it too personally/to heart.); *¡Habla hasta por los codos!* (He/She talks a lot!); *Más vale tarde que nunca.* (Better late than never.); *Eso es chino para mí.* (It's Greek to me.); *¡Si lo sabré yo!* (You don't need to tell me!); *Te está tomando el pelo.* (He/She is pulling your leg.); *Me costó un ojo de la cara.* (It cost me an arm and a leg.); *Siempre se sale con la suya.* (He/She always gets his/her way.).

Additional fun expressions: *Mi casa es su casa.* (Make yourself at home.); *Aunque la mona se vista de seda, mona se queda.* (You can't make a silk purse out of a sow's ear.).

445

Teacher Resources

 El turismo virtual
Activities 12–13

Answers

12 1. la internet
2. el Museo Nacional de Antropología
3. Francisco Goya
4. Fernando Botero
5. el Museo del Prado
13 Answers will vary.

Activities

Technology

Have students use the Web site for the Prado Museum to research some of the better known works of art housed there. They should find out as much as they can about one artwork and tell about the selection in a short composition that they must turn in, along with a printout or reproduction of the artwork. Then ask for volunteers to do a presentation in which they share what they learned with the entire class. (You may want to have students turn in their research to you for review and correction before asking anyone to present to the class.)

Tell students to use the Web address http://museoprado. mcu.es/home.html. (Since Web site addresses often change, be sure to check the address for the Prado Museum to verify that it is still active.)

Lectura cultural

El turismo virtual

Gracias a la internet podemos visitar los grandes museos del mundo con un simple "clic", sin la necesidad de viajar. Puedes buscar con un motor de búsqueda la dirección de un museo, haces "clic" y llegarás al museo. Por ejemplo, busca las palabras *Museo del Prado* en la internet y llegarás al museo en España. ¡Es fantástico!

Las Meninas, Velázquez [detail].

El museo del Prado (España)
Desde que abrió en 1819, el Museo del Prado es uno de los museos más importantes del mundo. Tiene más de 9000 obras. Entre las más famosas está *Las Meninas* (1656) pintada por el español Diego Velázquez. También hay una colección grande de pinturas[1] de Francisco Goya, a quien se considera "el padre del arte moderno".

Museo de Arte Moderno (Colombia)
La página Web de este museo nos permite navegar por el espacio del museo así como admirar las pinturas y las esculturas de su colección. Entre las pinturas se encuentra *Nuestra Señora de Fátima* (1963) de Fernando Botero, el pintor colombiano de mayor reconocimiento[2] internacional.

Museo Nacional de Antropología (México)
El Museo Nacional de Antropología expone[3] cuatro kilómetros cuadrados de piezas de museo en más de veinte salas. Si no podemos visitar este enorme y elegante museo en persona, podemos visitar su página Web y recorrer[4] 3500 años de historia mexicana, desde los tiempos prehistóricos hasta la llegada de los españoles en 1519.

MUSEO NACIONAL DE ANTRO...

[1]paintings [2]recognition [3]exhibits [4]go through

12 ¿Qué recuerdas?

1. ¿Qué tecnología permite conocer los grandes museos del mundo desde nuestras casas?
2. ¿En qué museo puedes aprender sobre 3500 años de historia mexicana?
3. ¿Qué pintor español es el padre del arte moderno?
4. ¿Quién es el pintor colombiano más famoso?
5. ¿Cómo se llama el más famoso museo de arte en España?

13 Algo personal

1. ¿Te gusta visitar museos? ¿Por qué?
2. ¿Qué tipo de arte de gusta? ¿Cuál es tu pintor favorito?

• En tu opinión, ¿cuáles son las ventajas o desventajas de hacer giras virtuales por los museos?

446 *cuatrocientos cuarenta y seis* **Lección A**

Notes The photograph on the left is a detail of the larger canvas entitled *Las Meninas* by Diego Rodríguez de Velázquez (1599–1660). The work is an oil on canvas, which he painted in 1656. The painting is on display at the *Museo del Prado* in Madrid. The photograph on the right depicts an interesting contrast between pre-Columbian civilizations and contemporary Mexico (in the background buildings) at the *Museo Nacional de Antropología* in Mexico City.

446

¿Qué aprendí?

Autoevaluación

Como repaso y autoevaluación, responde lo siguiente:

1. Di tres cosas que hiciste este año.
2. Di dos formas de tecnología que existen hoy y describe una invención que tú crees que va a existir en el futuro.
3. ¿Qué sabes sobre los artistas de los países de habla hispana?
4. Di dos cosas que aprendiste este año.
5. ¿Cuál ha sido tu actividad favorita este año?

Visit the web-based activities at www.emcp.com

Aprendí sobre la historia de México.

Fuimos a hacer windsurfing.

Nos gustó tocar la guitarra.

Capítulo 10

cuatrocientos cuarenta y siete **447**

Notes Web sites for learning more about artists in the Spanish-speaking world are provided here for easy reference.

Museo de Arte Moderno
(Bogotá, Colombia)
http://212.38.88.210/bogota_visual/museos/mam/pagina1.htm

Museo Nacional de Antropología
(México, D.F.)
http://sunsite.unam.mx/antropol/espanol/salasf.htm

Remember to check the Web site addresses to verify that they are still active.

Teacher Resources

Activity 9

Activity 4

Information Gap Activities
Postcard Activities
Funciones de Comunicación

Answers

Autoevaluación
Possible answers:
1. Answers will vary.
2. La computadora, el fax. En el futuro será posible que exista una cámara de video en todos los teléfonos.
3. Answers will vary.
4. Answers will vary.
5. Mi actividad favorita este año ha sido estudiar el español.

Activities

TPR
Choose a theme, such as "countries in the Spanish-speaking world." Inform students they are to raise their right hand if the item names a country where Spanish is the official language and their left hand if the item does not name one of the Spanish-speaking countries. (This part of the activity will vary, depending upon the vocabulary topic.) Then say several words in Spanish to teach and test student comprehension of vocabulary: *España* (right hand), *la silla* (left hand), *México* (right hand), *el cuchillo* (left hand), *el ratón* (left hand) and so forth. (Use variations of this TPR activity to teach or review any vocabulary topic.)

Lección B

 El mundo

Diálogo

Quisiera estudiar en Chile

DANIEL: Quisiera estudiar una carrera en Chile.
LAURA: ¡Qué bueno! ¿Ya sabes a qué universidad quieres asistir?
DANIEL: No, pero ya sé que puedo alojarme con mis amigos chilenos.

LAURA: Pues, más vale que empieces a buscar pronto.
DANIEL: Sí, ya escribí a la Universidad Católica de Chile para que me envíen información sobre las carreras que ofrecen.

LAURA: Muy bien. También sería bueno que te enteres sobre la cultura y el clima del país.
DANIEL: ¡Oh, claro! En mis clases de español he aprendido mucho sobre Chile, pero voy a buscar más información en la internet.

1 ¿Qué recuerdas?

1. ¿En dónde quisiera Daniel estudiar una carrera?
2. ¿Ya sabe Daniel a qué universidad asistir?
3. ¿Con quién puede alojarse Daniel?
4. ¿A qué universidad ya escribió Daniel?
5. ¿De qué sería bueno que se entere Daniel, según Laura?
6. ¿Dónde ha aprendido Daniel mucho sobre Chile?

¡Extra!

Expresando cortesía

You have learned to use *gustaría* with *me, te, le,* etc. to politely express a wish or to make a request. The expression *quisiera* can be used similarly, but without adding *me, te, le,* etc.

Me gustaría trabajar en Argentina.
Quisiera trabajar en Argentina.

---

2 Algo personal

1. ¿En qué país de habla hispana te gustaría estudiar después de terminar el colegio?
2. ¿Piensas que estudiar en otro país es algo bueno para tu futuro? ¿Por qué?
3. ¿Has aprendido mucho sobre los países de habla hispana en tu clase de español?

3 ¿Quién dijo qué?

 ¿Quién dijo lo siguiente, Laura o Daniel?

---

448 *cuatrocientos cuarenta y ocho*   **Lección B**

Notes As students practice the dialog, it is important that they improve their ability to speak Spanish. Listen for the correct pronunciation and determine if students appear to understand what they are saying and hearing. You may want to have students personalize the dialogs by role-playing the parts using their own names.

Circulate around the room as students practice the dialogs to offer help and to keep them on task.

Cultura viva

FACULTAD DE CIENCIAS MATEMATICAS

Ciudad Universitaria, Madrid, España.

Después del colegio

Después de terminar el colegio debes decidir si quieres seguir estudiando o trabajar. Una vez que hayas decidido lo que quieres, debes buscar el lugar donde quieres estudiar o trabajar, ya sea en tu país o en el extranjero. Si es fuera de tu país, debes decidir en qué país de habla hispana quieres estudiar o trabajar y conseguir información para saber cómo es la vida allí. Hoy existen muchas universidades y muchas empresas multinacionales que ofrecen programas de intercambio[1] o trabajos internacionales en todo el mundo.

[1]exchange [2]counselor

Si decides estudiar puedes escoger entre hacer la carrera que quieres seguir en una universidad del país o del extranjero, o hacer un programa de intercambio para estudiar en otro país por un período de tiempo y luego regresar.

Si decides trabajar, puedes hacer una práctica de trabajo en una empresa mientras sigues estudiando, o buscar un trabajo permanente en una empresa local o en el extranjero.

Para recibir más información puedes consultar con tu consejero[2] o consejera en el colegio al que asistes, con la consejería de educación de la embajada del país que te interese o en la Web.

Quito, Ecuador.

4 Después del colegio

Prepara una lista de cuatro países hispanohablantes donde te gustaría ir para estudiar una carrera o trabajar. Luego, escribe dos cosas que has aprendido o que ya sabes de cada país y preséntalas a la clase.

5 Comparando

Busca información en la biblioteca o en la internet sobre uno de los países de la lista que hiciste en la actividad anterior. Compara lo que encuentres sobre la vida en ese país con la vida en tu comunidad. ¿Cómo es similar o diferente? Luego, busca datos de interés, como festivales, fiestas, sitios turísticos y restaurantes. Finalmente, busca mapas de la ciudad donde quieres vivir e imprímelos *(print them)*. Presenta la información a la clase.

Capítulo 10   *cuatrocientos cuarenta y nueve*   **449**

Answers

6 Answers will vary.
7 1. Profesionales bilingües que hablen español e inglés y que busquen trabajo.
2. No se necesita ser miembro.
3. Voy a recibir avisos de trabajo por e-mail todos los meses.
4. Ofrecen listas en cuarenta tipos de trabajo.
5. Ofrecen trabajos en ocho países de habla hispana.
8 Answers will vary.

Activities

Cooperative Learning
As a follow-up to activity 6, ask small groups to discuss the advantages and disadvantages of large and small universities. Each group should summarize the information for the class.

Multiple Intelligences (intrapersonal/interpersonal)
Talk with students about what they plan to do in the future. Discuss whether they intend to go to a college, to a university or to some other school for additional training after high school. Ask students what they aspire to. Find out whether they have specific career or life goals.

Proyectos

6 ¿Quieres estudiar en otro país?

 En grupos de tres o cuatro, hablen de las ventajas y desventajas de estudiar en otro país. Escriban las conclusiones y, luego, una persona del grupo debe presentar un resumen a la clase.

7 Trabajos en otros países para profesionales bilingües

Lee el anuncio de la página Web, y luego, contesta las preguntas que siguen.

1. ¿Qué tipo de profesionales pueden estar interesados en esta página Web?
2. ¿Se necesita ser miembro para usar los servicios de esta empresa?
3. Si te registras en sus listas de trabajo, ¿qué vas a recibir?
4. ¿En cuántos campos de trabajo ofrecen listas?
5. ¿En cuántos países de habla hispana ofrecen trabajos?

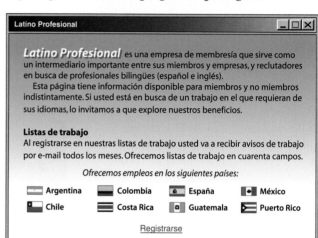

Latino Profesional

Latino Profesional es una empresa de membresía que sirve como un intermediario importante entre sus miembros y empresas, y reclutadores en busca de profesionales bilingües (español e inglés).

Esta página tiene información disponible para miembros y no miembros indistintamente. Si usted está en busca de un trabajo en el que requieran de sus idiomas, lo invitamos a que explore nuestros beneficios.

Listas de trabajo
Al registrarse en nuestras listas de trabajo usted va a recibir avisos de trabajo por e-mail todos los meses. Ofrecemos listas de trabajo en cuarenta campos.

Ofrecemos empleos en los siguientes países:

Argentina	Colombia	España	México
Chile	Costa Rica	Guatemala	Puerto Rico

Registrarse

8 ¿Qué quieres hacer con tu vida?

 En parejas, pregúntale a tu compañero/a de clase la siguiente información para saber sobre sus planes para el futuro. Averigua cualquier otra información que necesites. Después de la entrevista, escribe un párrafo sobre los planes que tiene para el futuro tu compañero/a.

MODELO lo que piensa estudiar al terminar el colegio
    A: ¿Qué piensas estudiar al terminar el colegio?
    B: Pienso estudiar para ser ingeniero.

1. lugar donde quiere estudiar
2. si le gustaría estudiar en otro país
3. trabajo que le gustaría tener
4. lugar donde preferiría tener su trabajo
5. si le gustaría trabajar en otro país

¡Oportunidades!

Estudiando en el extranjero
Hasta el momento tú has aprendido mucho sobre la cultura, la historia y la vida en los países de habla hispana. También has mejorado tus habilidades para hablar español a través de diferentes medios como la internet, el correo electrónico, la televisión internacional, etc. Pero ninguna de estas formas puede igualarse con la oportunidad de estudiar en un país hispano y poder estar inmerso completamente en un ambiente auténtico. Estudiar en un país de habla hispana a través de un programa de intercambio, por ejemplo, te da la oportunidad de seguir estudiando, a la vez puedes experimentar la cultura y la lengua de primera mano.

Notes Remind students that knowing Spanish may also help them in pursuing their educational and career goals. They may be more likely to be chosen for a particular program or position because of their knowledge of Spanish.

Skip any readings or activities that do not fit into your curricular agenda or if you

are comfortable with your students' understanding of the topic being covered.

9 Campus Colima México

Lee el siguiente anuncio sobre un programa de intercambio. Después, contesta las preguntas.

1. ¿Cómo se llama el programa que ofrece el Campus Colima México?
2. ¿Por qué participar en este programa puede ser importante?
3. ¿Qué es culturalmente enriquecedor, según el anuncio?
4. ¿Cuáles son los requisitos que se deben tener para participar?

CAMPUS COLIMA MÉXICO

El Programa de Intercambio Internacional es una inversión que puedes hacer durante tu vida de estudiante y que puede llegar a ser un factor importante para abrirte muchas puertas en el aspecto profesional.

Estudiar en otro país es culturalmente enriquecedor y profesionalmente una experiencia de grandes satisfacciones.

¿Quiénes pueden participar?
Pueden participar todos los estudiantes que reúnan los siguientes requisitos:

• Estar en 3º, 4º, 5º, 6º ó 7º semestre de su carrera al momento de entregar la solicitud. Es importante aclarar que la recepción de solicitudes es únicamente al inicio de cada semestre, por lo que se deberá considerar esto al momento de entregar la solicitud.

• Tener un promedio global en la carrera igual o superior a 83 o su equivalente.

• Hablar español, francés o alemán según el país al que se viaje.

10 ¿Cómo sería la universidad ideal?

Haz una lista de las características más importantes que buscarías en una universidad a la que te gustaría ir.

MODELO Que tenga una biblioteca moderna.

11 ¿Qué tipo de trabajo buscarás?

En parejas, hablen de las características más importantes que buscarán en un empleo cuando empiecen a buscar trabajo. Escriban sus conclusiones y, luego, compártanlas con otra pareja de estudiantes de la clase.

MODELO Queremos un trabajo que pague mucho dinero.

12 En conclusión

Escribe una composición sobre tus planes para el futuro. Describe si piensas seguir estudiando o buscar un trabajo, o cualquier otro plan que tengas después de terminar el colegio.

13 ¡A crear!

Usando la música de una canción que conozcas, escribe una canción en español sobre algún tema que describa tu futuro. Después, puedes leer o cantar tu canción para la clase.

Cantamos para la clase.

Teacher Resources

🎧 Activity 5

📝 Activities 6–8

G V Activities 5–6

Answers

9 1. Se llama Programa de Intercambio Internacional.
2. Porque puede abrir muchas puertas en el aspecto profesional.
3. Estudiar en el extranjero es culturalmente enriquecedor.
4. Se debe estar en tercero, cuarto, quinto, sexto o séptimo semestre de una carrera, tener un promedio de notas superior a ochenta y tres o su equivalente, hablar español, francés o alemán según el país al que se viaje.

10 Answers will vary.
11 Creative self-expression.
12 Creative self-expression.
13 Creative self-expression.

Activities

Multiple Intelligences (musical)
Ask for volunteers to teach the class a song they know in Spanish. The song may be traditional or contemporary. As an alternative, ask if anyone in class would like to sing a song they know or perform the song they wrote for activity 13.

Notes For all oral activities, listen for the correct pronunciation and determine whether students appear to understand what they are saying and hearing. Also, be sure students personalize information so that it is meaningful to them.

Discuss with students your experiences in college and/or those of others you know. Provide any information you can about postsecondary education in another country.

Teacher Resources

Lectura personal
Activities 14–15

Answers

14 1. El Aconcagua.
2. México, D.F.
3. Cabarete.
4. Ceci.
15 Answers will vary.

Activities

Communities
Begin a discussion about how students intend to use Spanish in the future. Ask questions and let them express thoughts about places they would like to visit, careers they are now considering and contributions they will be able to make to their community because they know Spanish.

Technology
Have students plan a vacation to Spain during the coming summer. Have them search the Internet for possible travel packages to sites in Spain and the Canary Islands. They can print out the information on the plans that interest them the most and that have the best prices. Ask them to share their findings with the rest of the class. They should tell which trip they would choose, how much it would cost and what is included in the price. They may wish to illustrate the presentation with information they downloaded and printed.

Lectura personal

14 ¿Qué recuerdas?

1. ¿Cuál es la montaña más alta de las Américas?
2. ¿En qué ciudad está la UNAM?
3. ¿Qué playa en la República Dominicana es excelente para el windsurf?
4. ¿Qué miembro de La Ola quisiera vivir en París?

> • ¿Con cuál miembro del grupo La Ola te identificas más? Explica por qué.

15 Algo personal

1. ¿Qué te gusta hacer a ti en las vacaciones?
2. ¿Piensas que es importante tener una carrera universitaria? Explica.

452 *cuatrocientos cincuenta y dos*   **Lección B**

Notes Ask the class to examine the aspirations of the various members of La Ola. Ask students to comment on which plans sound most interesting.

Note that gradually over the course of the year, students have been required to use more and more Spanish. This philosophy provides an ever-increasing amount of content in the target language, but in a controlled and planned effort to avoid overburdening students' abilities and to make learning Spanish a worthwhile and enjoyable experience.

452

¿Qué aprendí?

Autoevaluación

Como repaso y autoevaluación, responde lo siguiente:

Visit the web-based activities at www.emcp.com

1. ¿Qué país escogerías para continuar estudiando después del colegio? Explica por qué escogiste ese país.

2. ¿En qué país te gustaría vivir y trabajar? Di por qué.

3. ¿Qué consejo le darías a alguien que quiere seguir una carrera universitaria si la persona habla español?

4. ¿Cuáles son dos planes para tu futuro?

5. Busca información para dos universidades en uno de los países de habla hispana. Luego, haz una lista de los programas de estudios a los cuales te gustaría asistir.

Viajaremos por Europa.

Seré cocinero.

Trabajaré de voluntaria en América Central.

Capítulo 10

cuatrocientos cincuenta y tres **453**

Teacher Resources

Activity 9

Activity 4

**Information Gap Activities
Postcard Activities**
Funciones de Comunicación

Answers

Autoevaluación
Possible answers:

1. Escogería...porque ofrecen clases en español para estudiantes de los Estados Unidos.
2. Me gustaría vivir y trabajar en... porque....
3. Answers will vary.
4. Viviré en España y tendré un trabajo interesante.
5. Creative problem solving.

Activities

Critical Thinking
Ask students to identify who the following Spanish-speaking people are and what they are known for: Shakira, Enrique Iglesias, Juan Luis Guerra, Gloria Estefan, singers; Rubén Blades, actor and singer; Antonio Banderas, Salma Hayek, María Conchita Alonso, Rosie Pérez, Jimmy Smits, actors; Edward James Olmos, actor and director; Isabel Allende, Sandra Cisneros, authors; Gabriel García Márquez, Octavio Paz, Nobel Prize-winning authors; Alex Rodríguez, Pedro Martínez, Sammy Sosa, Edgar Rentería, baseball players.

Notes Have students do the activities in the *Autoevaluación* either orally or in writing.

Before assigning *Autoevaluación* activities 4 and 5, have students brainstorm and prepare for the activities by writing down their goals and aspirations.

Review new words and expressions with the class and remind students to use the list as a self-test of the new active vocabulary for a lesson.

Answers

Preparación
1. the person in charge
2. the preference
3. the exchange
4. the participant
5. the sale

Activities

Critical Thinking
Have students complete a culture project in which they look back on the countries already studied this year and make a collage that reflects what they have learned about a country of their choice. Instruct students to choose from the following themes for their collage: *Mirando hacia el pasado, El mundo del trabajo, De vacaciones.*

Multiple Intelligences (intrapersonal)
Invite exchange students in your school to visit your classes and discuss their experiences in the United States and the benefits of studying in another country.

⚑ Tú lees

Estrategia ◆◆◆◆◆◆◆

Word families
Words may appear similar in meaning and spelling because they are related to a base word such as a verb or a noun. When you are reading an unfamiliar text, try to figure out the meaning of new words by combining what you already know about a base word with clues you gather from the context of the related word.

Preparación

Lee la siguiente lista de palabras y sus palabras relacionadas como preparación para la lectura. Luego, di qué crees que significan en inglés las palabras relacionadas.

1. encargar	→	el/la encargado/a
2. preferir	→	la preferencia
3. cambiar	→	el intercambio
4. participar	→	el/la participante
5. vender	→	la venta

¿Estudiar o trabajar?

 MacProgramadores

Se busca Programador Bilingüe.
Lugar del trabajo: Ciudad de México, México
Requisitos: Profesional en sistemas, que hable español e inglés y tenga un año de experiencia en programación.
Excelente presentación.
Buena organización.
Salario: Competente.
Enviar hoja de vida a: macprog@recurhum.mex

Español
Marketing & Communications, Inc.

Necesita:

CARGO: Asistente de Mercadeo bilingüe para trabajar en Miami en el diseño de publicidad dirigida a la población hispana.

REQUISITOS: Tener título en Publicidad o Mercadeo, ser fluido en español e inglés y tener conocimiento en el manejo de computadoras.

EXPERIENCIA: No se requiere.

Enviar hoja de vida con carta de presentación y salario deseado a: 2080 Coralview Av., Miami, FL 33035.

La **PUCE** ofrece a la comunidad estudiantil internacional una sesión de verano de junio 15 a agosto 6. Este curso consiste de tres áreas relacionadas:

1. **Aprendizaje del español**
De lunes a jueves, de 9 A.M. a 12 P.M. (junio 15 - julio 22)
2. **Ecología**
De lunes a jueves, 3 P.M. a 7 P.M. (junio 15 - julio 22)
3. **Trabajo de campo**
Viernes, de 9 A.M. a 7 P.M. (junio 15 - julio 22)

Costo: $2300 dólares

Para mayor información, escribir e-mail a: puce@edu.ec

Notes Words that students might not recognize include the following: *seguro* (insurance), *detalles* (details), *inscripciones* (registrations), *relacionadas* (related), *aprendizaje* (apprenticeship), *campo* (field), *dirigida* (addressed).

REP de Ventas

Compañía clasificada 4A1 por Dun & Bradstreet busca vendedor(a) para expandir su territorio. Gran oportunidad para ascender en la compañía. Líneas de productos incluyen: regalos, accesorios para mujer, productos importados, flores artificiales, productos de cuidado personal, relojes, etc. Bilingüe, inglés/español preferible. Necesita experiencia en ventas. Salario basado en comisiones e incluye gastos para viajar y un plan de seguro. Es necesario tener vehículo. Fax hoja de vida a: The Gerson Company.

YAHOO!
EN ESPAÑOL®

Busca personas bilingües (español-inglés) para trabajar como navegantes de red. Las funciones principales son revisar páginas Web para incluirlas en bases de datos, ordenarlas de acuerdo con las categorías que ya existen y ayudar a controlar la evolución de esas categorías. El/la candidato/a debe ser una persona muy motivada, que demuestre capacidad en la toma de decisiones, habilidad para trabajar en equipo y orientación de servicio al cliente. Es importante que el/la candidato/a conozca las culturas de Latinoamérica y España, sea fluido en español escrito y oral, y hable inglés. Otras calificaciones adicionales son: experiencia en trabajo con la internet, atención a los detalles, abundancia de sentido común y excelentes habilidades de organización. Se prefieren personas con BS o BA. Al aplicar incluir carta de presentación.

UNIVERSIDAD DE BOGOTÁ
JORGE TADEO LOZANO

Programas Académicos enero-junio

- Arquitectura
- Comunicación Social
- Publicidad
- Derecho
- Mercadeo
- Biología marina
- Ingeniería
- Técnico agrícola
- Técnico electricista

Informes e inscripciones:
Carrera 8 No. 23-68, Of. 305
Bogotá
Teléfono: 3341515

Inscripciones abiertas hasta el 15 de noviembre

Language through Action

Have students write and present a skit between a person interviewing for a job and the person conducting the interview.

Multiple Intelligences (intrapersonal/interpersonal/ linguistic)

Write a letter to an imaginary key pal. Tell him or her about yourself, including your name, where you live, your favorite sports, what you are studying, what collections you have, your future aspirations and anything else that describes who you are. Conclude the letter by asking your key pal to write to you soon, telling about himself or herself.

Technology

Have students use the Internet to find out the types of jobs a bilingual person would find in various Spanish-speaking countries.

Universidad San Francisco de Quito

Estudiantes Internacionales

La Universidad San Francisco de Quito considera que el intercambio cultural es excelente para el desarrollo intelectual de las personas. Los estudiantes internacionales cuyo idioma natal no sea el español y que deseen estudiar en la USFQ deben haber estudiado como mínimo un año de español en la universidad de origen.

Se puede aplicar a la USFQ por medio de los programas de intercambio establecidos entre nuestra universidad y otras instituciones en el exterior.

Todos los estudiantes internacionales al llegar a Quito toman un examen de español para ser ubicados en el curso correspondiente del idioma. Aquellos estudiantes internacionales que no pertenezcan a un programa establecido por la USFQ y otra universidad extranjera, deberán solicitar el paquete de admisiones a la Oficina de Programas Internacionales.

La Oficina de Programas Internacionales facilita la información necesaria con respecto al tipo de visa que requieran los estudiantes internacionales quienes tienen los mismos deberes y derechos que los estudiantes regulares de la USFQ. Todos los estudiantes internacionales tienen un tutor asignado por el Director de Programas Internacionales, que es el encargado de guiar al estudiante en asuntos académicos durante su estadía en la USFQ.

Fechas de aplicación: para tramitar las visas de estudiante, la Oficina de Programas Internacionales aceptará las solicitudes de admisión hasta estas fechas:

Primer semestre: hasta el 15 de julio	Segundo semestre: hasta el 15 de noviembre

Orientación para estudiantes internacionales

En la semana anterior al inicio de clases se realiza la Semana de Orientación, en la cual los estudiantes internacionales, en grupos pequeños, participan con estudiantes nacionales y miembros de la facultad, en un seminario para familiarizarse con la USFQ y la cultura ecuatoriana. Durante esta semana se les hará el examen de español para saber su ubicación apropiada en el nivel correspondiente.

Vivienda para estudiantes internacionales

Los estudiantes internacionales viven con familias ecuatorianas. Este programa está diseñado para que los estudiantes se sientan parte activa de la comunidad durante su estadía en el Ecuador. El vivir con una familia ecuatoriana le da al estudiante la oportunidad de compartir la cultura, intercambiar ideas y establecer lazos de amistad internacional.

WORLDWIDE CLASSROOM

Durante los últimos 33 años hemos trabajado para incrementar la educación e intercambios culturales para jóvenes y adultos. Worldwide Classroom es hoy la mayor fuente de información para estudiantes que están buscando un programa internacional.

¿Tiene problemas para encontrar su programa internacional? Díganos lo que busca y podemos ayudarle a usted. Aquí, usted puede encontrar más de 10.000 instituciones participantes en más de 92 países. Estas instituciones participantes incluyen universidades, institutos técnicos, centros culturales, etc. Estamos seguros que usted puede encontrar el programa perfecto en el país de su preferencia y en la ciudad que usted desea. Consulte ya nuestra página Web

worldwideclass.com

Notes Students might be interested in this Web site:

Universidad San Francisco de Quito
http://www.usfq.edu.ec/

The Portfolio Assessment Program provides a checklist of all the communicative functions for *Navegando 2*.

Review the list with students to see how thoroughly they have mastered the content of the textbook.

A ¿Qué recuerdas?

1. ¿A qué universidad debe aplicar una persona si quiere estudiar durante el verano en Ecuador?
2. ¿En qué ciudad se ofrece un trabajo como programador?
3. ¿Qué clase de institutos hay en el programa de Worldwide Classroom?
4. ¿En qué trabajo no se necesita experiencia?
5. ¿Hasta qué fecha se pueden presentar solicitudes para estudiar durante el segundo semestre en la Universidad San Francisco de Quito?
6. ¿A qué anuncio debe responder una persona que le guste mucho la internet?
7. ¿En qué universidad se puede estudiar para ser técnico electricista?
8. ¿Qué tipo de empleado/a busca Gerson Company?

B Algo personal

1. ¿A qué programa de los anteriores te gustaría ir? ¿Por qué?
2. ¿Qué buscas en una universidad a la que quieres asistir?
3. ¿Te gustaría participar en un programa internacional? Explica.
4. ¿En qué tipo de trabajo tienes experiencia?
5. ¿Has buscado empleos en la internet? ¿De qué tipo?
6. ¿Hay una feria de empleos o de universidades en tu ciudad?

¿Has buscado empleos en la internet?

¿Qué buscas en la universidad?

¿En qué tipo de trabajo tienes experiencia?

Teacher Resources

 Activities A–B

Answers

A 1. Debe aplicar a la Pontificia Universidad Católica de Ecuador.
2. En la Ciudad de México se ofrece un trabajo como programador.
3. Hay universidades, institutos técnicos, centros culturales, etc.
4. En el trabajo de asistente de mercadeo no se necesita experiencia.
5. Se pueden presentar hasta el quince de noviembre.
6. Debe responder al aviso de Yahoo en español.
7. Se puede estudiar para ser técnico electricista en la Universidad de Bogotá Jorge Tadeo Lozano.
8. Busca un(a) vendedor(a).
B Answers will vary.

Activities

Communities
Students choose a Spanish-speaking country where they would like to work. Have them investigate how they need to prepare and what they need to do to work there. Ask students to share the information they find with the class.

Notes Consider an end-of-the-year *fiesta* in which students are responsible for presenting to the class their plans and dreams for the future, either in oral presentations or by setting up physical representations of their ideas. Provide refreshments and music that reflect the Spanish-speaking world.

Remind students that the Spanish word *americano* can refer to anyone from the American continent(s). For this reason, it is best for U.S. citizens to identify themselves as *estadounidenses* or *de los Estados Unidos*. This reminder will come in handy for students corresponding about postsecondary study with Latin American institutions.

Tú escribes

Estrategia

Similes, metaphors and symbols
Just as poems use words to paint images, you can create pictures in your reader's mind with only a few words using symbols, metaphors and similes. Some words can represent more than one idea when they are used in a symbolic way. You can compare things with fewer words when you employ similes, which are comparisons that use *como* (like, as), or metaphors, which are comparisons that do not use *como*.

Try creating a poem on the theme *I used to be....* Choose two objects to represent yourself. One object symbolizes how you used to see, hear, feel, live, think, etc., and the other one represents how you are going to see, hear, feel, live, think, etc. Once you have chosen your symbols, study the sample below, then follow the steps to complete your poem.

El arco iris

Antes me sentía
como un rayo de luz.
Pasaba por la vida
sin una percepción clara.
Perdido en un mundo brillante.

Pero, por fin pasé
por el prisma del conocimiento.
Ahora voy a ser un arco iris,
ilustrado por mis experiencias.
Preparado para vencer
la tempestad de la vida.

Step 1: For the first line of your poem, form a verb in the imperfect tense to express how you "used to" be, see, hear, feel, live, think, etc.

Step 2: For the second line, name the object that symbolizes what you used to be or do.

Step 3: Use the next several lines to describe something about the object you just named that caused it to represent you.

Step 4: Start the next line with "*Un día voy a* (+ infinitive)" or "*Pronto voy a* (+ infinitive)."

Step 5: For the next line, name the object you chose to represent how you are going to be or what you are going to do.

Step 6: Use the next several lines to describe something about the object you just mentioned that makes it symbolize how you are going to be or what you are going to do.

Proyectos adicionales

A Comunicación

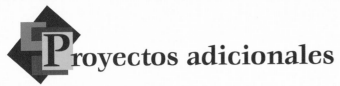

Trabajando en parejas, creen un diálogo acerca de sus vidas durante el año. Pueden hablar de sus clases, sus actividades con la familia, las actividades que hicieron con sus amigos/as, su vida diaria, etc. Sean creativos. Tomen nota de lo que su compañero/a dice y preparen un reporte escrito.

B Conexión con la tecnología

Busca en la internet una página Web de un club de admiradores/as de un(a) actor/actriz , cantante o atleta hispano. Escribe un e-mail a sus miembros contándoles acerca de ti y de tu vida. Finalmente, cuéntales por qué te gusta el/la actor/actriz, cantante, atleta, y pregúntales por algún dato interesante que te gustaría saber de esa persona.

C Comparando

Trabajando en grupos de tres, hablen en español sobre cómo piensan que sus vidas van a ser en diez años y cómo piensan que las vidas de los estudiantes de alguno de los países hispanohablantes van a ser en el mismo tiempo. ¿Piensan que van a ser similares o diferentes? ¿Qué creen va a ser similar? ¿Qué creen va a ser diferente? Expliquen sus respuestas. Consideren cualquier información que Uds. hayan aprendido este año sobre los jóvenes en los países hispanos y cómo puede afectar la vida de ellos en el futuro.

¿Cómo serán sus vidas en diez años?

D Conexión cultural

Busca información en la internet sobre programas de estudios en un país de habla hispana. Escoge una universidad o institución en la que a ti te gustaría estudiar y vivir. Imprime toda la información referente a los requerimientos para la admisión en ese lugar y compártela con tus compañeros/as de clase. Crea un boletín de información y coloca allí todo lo que encontraste.

Answers

A Creative self-expression.
B Creative self-expression.
C Creative self-expression.
D Creative self-expression.

Activities

Cooperative Learning
Discuss topics students might research. Then ask students to form small groups and write cooperatively about a specific topic you have agreed upon. Inform the groups that each member must contribute information and ideas, and make each group responsible for submitting a final draft. Each group should elect one person to prepare a printed copy of the report. Place the compositions in a folder and randomly distribute them so that each group receives a report that a different group wrote. Tell the members of each group to review their peers' work and offer suggestions for improving the compositions. Finally, return the reports to the original group and ask them to make corrections and resubmit their work.

Notes *Navegando* reflects concern for the National Standards in Foreign Language Education by addressing the five Cs of Communication, Cultures, Connections, Comparisons and Communities discussed in *Standards for Foreign Language Learning in the 21st Century.*

Like *Capítulos 1–9, Capítulo 10* blends the five Cs with pedagogically sound content, fun activities and an ongoing discussion of the wealth of opportunities that learning a world language opens up for students, empowering them to become successful learners and users of world languages.

Trabalenguas

Activities

Communities

Ask students to identify artists, writers, political and historical figures or other important people in the Spanish-speaking world. What can they say about them in Spanish?

Expansion

El verdugo. The idea of the game is to guess a word. One student goes to the board and writes one blank for each letter of any word. The other students then begin to guess letters of the alphabet that might be in that word. Each correct letter is inserted into the proper blank. If an incorrect letter is guessed, the student at the board draws in a part of a hanged person. The game continues until the word has been guessed or the complete hanged person has been drawn. You may want to make the game more challenging by drawing in a part of the hanged person for every vowel guessed. This game may be played with the class divided into two teams or with the entire class guessing the letters.

Repaso

Now that I have completed this chapter, I can...

	Go to these pages for help:
talk about past actions and events.	442
apply technology to find information on the Spanish-speaking world.	444
talk about art in some Spanish-speaking countries.	446
discuss contemporary Hispanic culture.	449
talk about the future.	449
discuss travel and employment opportunities.	450
state wishes and preferences.	451

I can also...

use e-mail to communicate in Spanish.	442
read web pages in Spanish.	449
talk about study programs in the Spanish-speaking world.	451, 454

Trabalenguas

El cielo está enladrillado, ¿quién lo desenladrillará?
El buen desenladrillador que lo desenladrille, buen desenladrillador será.

Notes Review the functions and other objectives in the *Repaso* and assign the activities. Answer questions so students can prepare for the chapter test. Follow up by reviewing the activities as a class.

Loose translation of the *Trabalenguas:* The sky is covered with bricks, who can "unbrick it." The good "unbricker" who "unbricks" it will be a good "unbricker."

Chichén Itzá, México.

Un taxi en el Caribe.

Indígena amazónico,
Colombia.

Cantando tango en
Buenos Aires.

Segovia, España.

Estamos en Asturias, España.

Tomamos el bus en Lima, Perú.

Volcán Póas, Costa Rica.

Capítulo 10   *cuatrocientos sesenta y uno*   **461**

Testing/ Assessment

Test Booklet
Portfolio Assessment

Activities

Critical Thinking

Write several words on the board or on an overhead transparency (e.g., *e-mail*, *España*, *universidad*). Ask students to write or say words that are related to the words you wrote down (they should be ready to justify their answers): *e-mail*, *internet* (both require a computer); *España*, *paella* (*paella* is a saffron-flavored rice dish that is very popular in Spain); *universidad*, *estudiar* (you have to study if you are accepted to a university). As an alternative, have students do the activity in pairs.

Pronunciation

Remind students that words that begin with the letters *k* and *w* are foreign; no words in Spanish begin with *rr*, but *r* is pronounced with a trill *(erre)* when it appears at the beginning of a word. In addition, the letter *x* may be pronounced differently in Spanish, as in the words *México* (where the pronunciation is like the *wh* in the English word **who**), the name *Xiomara* (where the pronunciation is like the sound of *s* in the English word **sing**) and *contexto* (where the sound is like the *x* in the English word **context**).

Notes As a thoughtful conclusion to the year, encourage students to talk with their parents or guardians, the school counselor, coaches and other interested parties regarding the possibility of learning while volunteering their services for a community organization. Explain that the purpose of service-learning volunteer activities is to learn the principles of giving back to the community, getting involved and becoming responsible citizens, while at the same time developing the necessary skills and competencies for eventual immersion into the adult world.

Appendices

Appendix A

Grammar Review

Definite articles

	Singular	Plural
Masculine	el	los
Feminine	la	las

Indefinite articles

	Singular	Plural
Masculine	un	unos
Feminine	una	unas

Adjective/noun agreement

	Singular	Plural
Masculine	El chico es alto.	Los chicos son altos.
Feminine	La chica es alta.	Las chicas son altas.

Pronouns

Singular	Subject	Direct object	Indirect object	Object of preposition	Reflexive
1st person	yo	me	me	mí	me
2nd person	tú	te	te	ti	te
	Ud.	lo/la	le	Ud.	se
3rd person	él	lo	le	él	se
	ella	la	le	ella	se
Plural					
1st person	nosotros	nos	nos	nosotros	nos
	nosotras	nos	nos	nosotras	nos
2nd person	vosotros	os	os	vosotros	os
	vosotras	os	os	vosotras	os
	Uds.	los/las	les	Uds.	se
3rd person	ellos	los	les	ellos	se
	ellas	las	les	ellas	se

Demonstrative pronouns

Singular		Plural		
Masculine	**Feminine**	**Masculine**	**Feminine**	**Neuter**
éste	ésta	éstos	éstas	esto
ése	ésa	ésos	ésas	eso
aquél	aquélla	aquéllos	aquéllas	aquello

Possessive pronouns

Singular	Singular form	Plural form
1st person	el mío la mía	los míos las mías
2nd person	el tuyo la tuya	los tuyos las tuyas
3rd person	el suyo la suya	los suyos las suyas

Plural	Singular form	Plural form
1st person	el nuestro la nuestra	los nuestros las nuestras
2nd person	el vuestro la vuestra	los vuestros las vuestras
3rd person	el suyo la suya	los suyos las suyas

Interrogatives

qué	*what*
cómo	*how*
dónde	*where*
cuándo	*when*
cuánto, -a, -os, -as	*how much, how many*
cuál/cuáles	*which (one)*
quién/quiénes	*who, whom*
por qué	*why*
para qué	*why, what for*

Demonstrative adjectives

Singular		Plural	
Masculine	**Feminine**	**Masculine**	**Feminine**
este	esta	estos	estas
ese	esa	esos	esas
aquel	aquella	aquellos	aquellas

Possessive adjectives: short form

Singular	Singular nouns	Plural nouns
1st person	mi hermano mi hermana	mis hermanos mis hermanas
2nd person	tu hermano tu hermana	tus hermanos tus hermanas
3rd person	su hermano su hermana	sus hermanos sus hermanas

Plural	Singular nouns	Plural nouns
1st person	nuestro hermano nuestra hermana	nuestros hermanos nuestras hermanas
2nd person	vuestro hermano vuestra hermana	vuestros hermanos vuestras hermanas
3rd person	su hermano su hermana	sus hermanos sus hermanas

Possessive adjectives: long form

Singular	Singular nouns	Plural nouns
1st person	un amigo mío una amiga mía	unos amigos míos unas amigas mías
2nd person	un amigo tuyo una amiga tuya	unos amigos tuyos unas amigas tuyas
3rd person	un amigo suyo una amiga suya	unos amigos suyos unas amigas suyas

Plural	Singular nouns	Plural nouns
1st person	un amigo nuestro una amiga nuestra	unos amigos nuestros unas amigas nuestras
2nd person	un amigo vuestro una amiga vuestra	unos amigos vuestros unas amigas vuestras
3rd person	un amigo suyo una amiga suya	unos amigos suyos unas amigas suyas

Appendix B

Verbs

Present tense (indicative)

Regular present tense		
hablar *(to speak)*	hablo hablas habla	hablamos habláis hablan
comer *(to eat)*	como comes come	comemos coméis comen
escribir *(to write)*	escribo escribes escribe	escribimos escribís escriben

Present tense of reflexive verbs (indicative)

lavarse *(to wash oneself)*	me lavo te lavas se lava	nos lavamos os laváis se lavan

Present tense of stem-chaging verbs (indicative)

Stem-changing verbs are identified in this book by the presence of vowels in parentheses after the infinitive. If these verbs end in *-ar* or *-er,* they have only one change. If they end in *-ir,* they have two changes. The stem change of *-ar* and *-er* verbs and the first stem change of *-ir* verbs occur in all forms of the present tense, except *nosotros* and *vosotros*.

cerrar (ie) *(to close)*	e → ie	cierro cierras cierra	cerramos cerráis cierran

Verbs like **cerrar:** apretar *(to tighten),* atravesar *(to cross),* calentar *(to heat),* comenzar *(to begin),* despertar *(to wake up),* despertarse *(to awaken),* empezar *(to begin),* encerrar *(to lock up),* negar *(to deny),* nevar *(to snow),* pensar *(to think),* quebrar *(to break),* recomendar *(to recommend),* regar *(to water),* sentarse *(to sit down),* temblar *(to tremble),* tropezar *(to trip)*

contar (ue) *(to tell)*	o → ue	cuento cuentas cuenta	contamos contáis cuentan

Verbs like **contar:** acordar *(to agree),* acordarse *(to remember),* acostar *(to put to bed),* acostarse *(to lie down),* almorzar *(to have lunch),* colgar *(to hang),* costar *(to cost),* demostrar *(to demonstrate),* encontrar *(to find, to meet someone),* mostrar *(to show),* probar *(to taste, to try),* recordar *(to remember),* rogar *(to beg),* soltar *(to loosen),* sonar *(to ring, to sound),* soñar *(to dream),* volar *(to fly),* volcar *(to spill, to turn upside down)*

jugar (ue) *(to play)*	u → ue	juego juegas juega	jugamos jugáis juegan

perder (ie) (to lose)	e → ie	pierdo	perdemos
		pierdes	perdéis
		pierde	pierden

Verbs like **perder:** defender *(to defend)*, descender *(to descend, to go down)*, encender *(to light, to turn on)*, entender *(to understand)*, extender *(to extend)*, tender *(to spread out)*

volver (ue) (to return)	o → ue	vuelvo	volvemos
		vuelves	volvéis
		vuelve	vuelven

Verbs like **volver:** devolver *(to return something)*, doler *(to hurt)*, llover *(to rain)*, morder *(to bite)*, mover *(to move)*, resolver *(to resolve)*, soler *(to be in the habit of)*, torcer *(to twist)*

pedir (i, i) (to ask for)	e → i	pido	pedimos
		pides	pedís
		pide	piden

Verbs like **pedir:** conseguir *(to obtain, to attain, to get)*, despedirse *(to say good-bye)*, elegir *(to choose, to elect)*, medir *(to measure)*, perseguir *(to pursue)*, repetir *(to repeat)*, seguir *(to follow, to continue)*, vestirse *(to get dressed)*

sentir (ie, i) (to feel)	e → ie	siento	sentimos
		sientes	sentís
		siente	sienten

Verbs like **sentir:** advertir *(to warn)*, arrepentirse *(to regret)*, convertir *(to convert)*, convertirse *(to become)*, divertirse *(to have fun)*, herir *(to wound)*, invertir *(to invest)*, mentir *(to lie)*, preferir *(to prefer)*, requerir *(to require)*, sugerir *(to suggest)*

dormir (ue, u) (to sleep)	o → ue	duermo	dormimos
		duermes	dormís
		duerme	duermen

Present participle of regular verbs

The present participle of regular verbs is formed by replacing the *-ar* of the infinitive with *-ando* and the *-er* or *-ir* with *-iendo*.

Present participle of stem-changing verbs

Stem-changing verbs that end in *-ir* use the second stem change in the present participle.

dormir (ue, u)	durmiendo
seguir (i, i)	siguiendo
sentir (ie, i)	sintiendo

Progressive tenses

The present participle is used with the verbs *estar, continuar, seguir, andar* and some other motion verbs to produce the progressive tenses. They are reserved for recounting actions that are or were in progress at the time in question.

Regular command forms

	Affirmative			Negative
-ar verbs	habla	(tú)		no hables
	hablad	(vosotros)		no habléis
	hable Ud.	(Ud.)		no hable Ud.
	hablen Uds.	(Uds.)		no hablen Uds.
	hablemos	(nosotros)		no hablemos
-er verbs	come	(tú)		no comas
	comed	(vosotros)		no comáis
	coma Ud.	(Ud.)		no coma Ud.
	coman Uds.	(Uds.)		no coman Uds.
	comamos	(nosotros)		no comamos
-ir verbs	escribe	(tú)		no escribas
	escribid	(vosotros)		no escribáis
	escriba Ud.	(Ud.)		no escriba Ud.
	escriban Uds.	(Uds.)		no escriban Uds.
	escribamos	(nosotros)		no escribamos

Commands of stem-changing verbs (indicative)

The stem change also occurs in *tú, Ud.* and *Uds.* commands, and the second change of *-ir* stem-changing verbs occurs in the nosotros command and in the negative *vosotros* command, as well.

	Affirmative			Negative
cerrar (to close)	cierra	(tú)		no cierres
	cerrad	(vosotros)		no cerréis
	cierre Ud.	(Ud.)		no cierre Ud.
	cierren Uds.	(Uds.)		no cierren Uds.
	cerremos	(nosotros)		no cerremos
volver (to return)	vuelve	(tú)		no vuelvas
	volved	(vosotros)		no volváis
	vuelva Ud.	(Ud.)		no vuelva Ud.
	vuelvan Uds.	(Uds.)		no vuelvan Uds.
	volvamos	(nosotros)		no volvamos
dormir (to sleep)	duerme	(tú)		no duermas
	dormid	(vosotros)		no durmáis
	duerma Ud.	(Ud.)		no duerma Ud.
	duerman Uds.	(Uds.)		no duerman Uds.
	durmamos	(nosotros)		no durmamos

Preterite tense (indicative)

hablar	hablé	hablamos
(to speak)	hablaste	hablasteis
	habló	hablaron
comer	comí	comimos
(to eat)	comiste	comisteis
	comió	comieron
escribir	escribí	escribimos
(to write)	escribiste	escribisteis
	escribió	escribieron

Preterite tense of stem-changing verbs (indicative)

Stem-changing verbs that end in *-ar* and *-er* are regular in the preterite tense. That is, they do not require a spelling change, and they use the regular preterite endings.

pensar (ie)	
pensé	pensamos
pensaste	pensasteis
pensó	pensaron

volver (ue)	
volví	volvimos
volviste	volvisteis
volvió	volvieron

Stem-changing verbs ending in *-ir* change their third-person forms in the preterite tense, but they still require the regular preterite endings.

sentir (ie, i)	
sentí	sentimos
sentiste	sentisteis
sintió	sintieron

dormirse (ue, u)	
me dormí	nos dormimos
te dormiste	os dormisteis
se durmió	se durmieron

Imperfect tense (indicative)

hablar *(to speak)*	hablaba	hablábamos
	hablabas	hablabais
	hablaba	hablaban
comer *(to eat)*	comía	comíamos
	comías	comíais
	comía	comían
escribir *(to write)*	escribía	escribíamos
	escribías	escribíais
	escribía	escribían

Future tense (indicative)

hablar *(to speak)*	hablaré	hablaremos
	hablarás	hablaréis
	hablará	hablarán
comer *(to eat)*	comeré	comeremos
	comerás	comeréis
	comerá	comerán
escribir *(to write)*	escribiré	escribiremos
	escribirás	escribiréis
	escribirá	escribirán

Conditional tense (indicative)

hablar *(to speak)*	hablaría	hablaríamos
	hablarías	hablaríais
	hablaría	hablarían
comer *(to eat)*	comería	comeríamos
	comerías	comeríais
	comería	comerían
escribir *(to write)*	escribiría	escribiríamos
	escribirías	escribiríais
	escribiría	escribirían

Past participle

The past participle is formed by replacing the -*ar* of the infinitive with -*ado* and the -*er* or -*ir* with -*ido*.

hablar	hablado
comer	comido
vivir	vivido

Irregular past participles

abrir	abierto
cubrir	cubierto
decir	dicho
escribir	escrito
hacer	hecho
morir	muerto
poner	puesto
romper	roto
ver	visto
volver	vuelto

Present perfect tense (indicative)

The present perfect tense is formed by combining the present tense of *haber* and the past participle of a verb.

hablar	he hablado	hemos hablado
	has hablado	habéis hablado
	ha hablado	han hablado
comer **(to eat)**	he comido	hemos comido
	has comido	habéis comido
	ha comido	han comido
vivir **(to live)**	he vivido	hemos vivido
	has vivido	habéis vivido
	ha vivido	han vivido

Past perfect tense (indicative)

hablar **(to speak)**	había hablado	habíamos hablado
	habías hablado	habíais hablado
	había hablado	habían hablado

Preterite perfect tense (indicative)

hablar **(to speak)**	hube hablado	hubimos hablado
	hubiste hablado	hubisteis hablado
	hubo hablado	hubieron hablado

Future perfect tense (indicative)

hablar	habré hablado	habremos hablado
(to speak)	habrás hablado	habréis hablado
	habrá hablado	habrán hablado

Conditional perfect tense (indicative)

hablar	habría hablado	habríamos hablado
(to speak)	habrías hablado	habríais hablado
	habría hablado	habrían hablado

Present tense (subjunctive)

hablar	hable	hablemos
(to speak)	hables	habléis
	hable	hablen
comer	coma	comamos
(to eat)	comas	comáis
	coma	coman
escribir	escriba	escribamos
(to write)	escribas	escribáis
	escriba	escriban

Imperfect tense (subjunctive)

hablar	hablara (hablase)	habláramos (hablásemos)
(to speak)	hablaras (hablases)	hablarais (hablaseis)
	hablara (hablase)	hablaran (hablasen)
comer	comiera (comiese)	comiéramos (comiésemos)
(to eat)	comieras (comieses)	comierais (comieseis)
	comiera (comiese)	comieran (comiesen)
escribir	escribiera (escribiese)	escribiéramos (escribiésemos)
(to write)	escribieras (escribieses)	escribierais (escribieseis)
	escribiera (escribiese)	escribieran (escribiesen)

Present perfect tense (subjunctive)

hablar	haya hablado	hayamos hablado
(to speak)	hayas hablado	hayáis hablado
	haya hablado	hayan hablado

Past perfect tense (subjunctive)

hablar	hubiera (hubiese) hablado	hubiéramos (hubiésemos) hablado
(to speak)	hubieras (hubieses) hablado	hubierais (hubieseis) hablado
	hubiera (hubiese) hablado	hubieran (hubiesen) hablado

Verbs with irregularities

The following charts provide some frequently used Spanish verbs with irregularities.

abrir *(to open)*	
past participle	abierto
Similar to:	cubrir *(to cover)*

andar *(to walk, to ride)*	
preterite	anduve, anduviste, anduvo, anduvimos, anduvisteis, anduvieron

buscar *(to look for)*	
preterite	busqué, buscaste, buscó, buscamos, buscasteis, buscaron
present subjunctive	busque, busques, busque, busquemos, busquéis, busquen
Similar to:	acercarse *(to get close, to approach)*, arrancar *(to start a motor)*, colocar *(to place)*, criticar *(to criticize)*, chocar *(to crash)*, equivocarse *(to make a mistake)*, explicar *(to explain)*, marcar *(to score a point)*, pescar *(to fish)*, platicar *(to chat)*, practicar *(to practice)*, sacar *(to take out)*, tocar *(to touch, to play an instrument)*

caber *(to fit into, to have room for)*	
present	quepo, cabes, cabe, cabemos, cabéis, caben
preterite	cupe, cupiste, cupo, cupimos, cupisteis, cupieron
future	cabré, cabrás, cabrá, cabremos, cabréis, cabrán
present subjunctive	quepa, quepas, quepa, quepamos, quepáis, quepan

caer *(to fall)*	
present	caigo, caes, cae, caemos, caéis, caen
preterite	caí, caíste, cayó, caímos, caísteis, cayeron
present participle	cayendo
present subjunctive	caiga, caigas, caiga, caigamos, caigáis, caigan
past participle	caído

conducir *(to drive, to conduct)*	
present	conduzco, conduces, conduce, conducimos, conducís, conducen
preterite	conduje, condujiste, condujo, condujimos, condujisteis, condujeron
present subjunctive	conduzca, conduzcas, conduzca, conduzcamos, conduzcáis, conduzcan
Similar to:	traducir *(to translate)*

conocer *(to know)*	
present	conozco, conoces, conoce, conocemos, conocéis, conocen
present subjunctive	conozca, conozcas, conozca, conozcamos, conozcáis, conozcan
Similar to:	complacer *(to please)*, crecer *(to grow, to increase)*, desaparecer *(to disappear)*, nacer *(to be born)*, ofrecer *(to offer)*

construir *(to build)*

present	construyo, construyes, construye, construimos, construís, construyen
preterite	construí, construiste, construyó, construimos, construisteis, construyeron
present participle	construyendo
present subjunctive	construya, construyas, construya, construyamos, construyáis, construyan

continuar *(to continue)*

present	continúo, continúas, continúa, continuamos, continuáis, continúan

convencer *(to convince)*

present	convenzo, convences, convence, convencemos, convencéis, convencen
present subjunctive	convenza, convenzas, convenza, convenzamos, convenzáis, convenzan
Similar to:	vencer *(to win, to expire)*

cubrir *(to cover)*

past participle	cubierto
Similar to:	abrir *(to open)*, descubrir *(to discover)*

dar *(to give)*

present	doy, das, da, damos, dais, dan
preterite	di, diste, dio, dimos, disteis, dieron
present subjunctive	dé, des, dé, demos, deis, den

decir *(to say, to tell)*

present	digo, dices, dice, decimos, decís, dicen
preterite	dije, dijiste, dijo, dijimos, dijisteis, dijeron
present participle	diciendo
command	di (tú)
future	diré, dirás, dirá, diremos, diréis, dirán
present subjunctive	diga, digas, diga, digamos, digáis, digan
past participle	dicho

dirigir *(to direct)*

present	dirijo, diriges, dirige, dirigimos, dirigís, dirigen
present subjunctive	dirija, dirijas, dirija, dirijamos, dirijáis, dirijan

empezar *(to begin, to start)*

present	empiezo, empiezas, empieza, empezamos, empezáis, empiezan
present subjunctive	empiece, empieces, empiece, empecemos, empecéis, empiecen
Similar to:	almorzar *(to eat lunch)*, aterrizar *(to land)*, comenzar *(to begin)*, gozar *(to enjoy)*, realizar *(to attain, to bring about)*

enviar *(to send)*

present	envío, envías, envía, enviamos, enviáis, envían
present subjunctive	envíe, envíes, envíe, enviemos, enviéis, envíen
Similar to:	esquiar *(to ski)*

escribir *(to write)*

past participle	escrito
Similar to:	describir *(to describe)*

escoger *(to choose)*

present	escojo, escoges, escoge, escogemos, escogéis, escogen
Similar to:	coger *(to pick)*, recoger *(to pick up)*

estar *(to be)*

present	estoy, estás, está, estamos, estáis, están
preterite	estuve, estuviste, estuvo, estuvimos, estuvisteis, estuvieron
present subjunctive	esté, estés, esté, estemos, estéis, estén

haber *(to have)*

present	he, has, ha, hemos, habéis, han
preterite	hube, hubiste, hubo, hubimos, hubisteis, hubieron
future	habré, habrás, habrá, habremos, habréis, habrán
present subjunctive	haya, hayas, haya, hayamos, hayáis, hayan

hacer *(to do, to make)*

present	hago, haces, hace, hacemos, hacéis, hacen
preterite	hice, hiciste, hizo, hicimos, hicisteis, hicieron
command	haz (tú)
future	haré, harás, hará, haremos, haréis, harán
present subjunctive	haga, hagas, haga, hagamos, hagáis, hagan
past participle	hecho
Similar to:	deshacer *(to undo)*

ir *(to go)*

present	voy, vas, va, vamos, vais, van
preterite	fui, fuiste, fue, fuimos, fuisteis, fueron
imperfect	iba, ibas, iba, íbamos, ibais, iban
present participle	yendo
command	ve (tú)
present subjunctive	vaya, vayas, vaya, vayamos, vayáis, vayan

leer *(to read)*

preterite	leí, leíste, leyó, leímos, leísteis, leyeron
present participle	leyendo
past participle	leído
Similar to:	creer *(to believe)*

llegar *(to arrive)*

preterite	llegué, llegaste, llegó, llegamos, llegasteis, llegaron
present subjunctive	llegue, llegues, llegue, lleguemos, lleguéis, lleguen
Similar to:	agregar *(to add)*, apagar *(to turn off)*, colgar *(to hang up)*, despegar *(to take off)*, entregar *(to hand in)*, jugar *(to play)*, pagar *(to pay for)*

morir (to die)

past participle	muerto

oír (to hear, to listen)

present	oigo, oyes, oye, oímos, oís, oyen
preterite	oí, oíste, oyó, oímos, oísteis, oyeron
present participle	oyendo
present subjunctive	oiga, oigas, oiga, oigamos, oigáis, oigan
past participle	oído

poder (to be able)

present	puedo, puedes, puede, podemos, podéis, pueden
preterite	pude, pudiste, pudo, pudimos, pudisteis, pudieron
present participle	pudiendo
future	podré, podrás, podrá, podremos, podréis, podrán
present subjunctive	pueda, puedas, pueda, podamos, podáis, puedan

poner (to put, to place, to set)

present	pongo, pones, pone, ponemos, ponéis, ponen
preterite	puse, pusiste, puso, pusimos, pusisteis, pusieron
command	pon (tú)
future	pondré, pondrás, pondrá, pondremos, pondréis, pondrán
present subjunctive	ponga, pongas, ponga, pongamos, pongáis, pongan
past participle	puesto

proteger (to protect)

present	protejo, proteges, protege, protegemos, protegéis, protegen
present subjunctive	proteja, protejas, proteja, protejamos, protejáis, protejan

querer (to wish, to want, to love)

present	quiero, quieres, quiere, queremos, queréis, quieren
preterite	quise, quisiste, quiso, quisimos, quisisteis, quisieron
future	querré, querrás, querrá, querremos, querréis, querrán
present subjunctive	quiera, quieras, quiera, querramos, querráis, quieran

reír (to laugh)

present	río, ríes, ríe, reímos, reís, ríen
preterite	reí, reíste, rió, reímos, reísteis, rieron
present participle	riendo
present subjunctive	ría, rías, ría, riamos, riáis, rían
Similar to:	freír (to fry), sonreír (to smile)

romper (to break)

past participle	roto

saber *(to know, to know how)*

present	sé, sabes, sabe, sabemos, sabéis, saben
preterite	supe, supiste, supo, supimos, supisteis, supieron
future	sabré, sabrás, sabrá, sabremos, sabréis, sabrán
present subjunctive	sepa, sepas, sepa, sepamos, sepáis, sepan

salir *(to leave)*

present	salgo, sales, sale, salimos, salís, salen
command	sal (tú)
future	saldré, saldrás, saldrá, saldremos, saldréis, saldrán
present subjunctive	salga, salgas, salga, salgamos, salgáis, salgan

seguir *(to follow, to continue)*

present	sigo, sigues, sigue, seguimos, seguís, siguen
present participle	siguiendo
present subjunctive	siga, sigas, siga, sigamos, sigáis, sigan
Similar to:	conseguir *(to obtain, to attain, to get)*

ser *(to be)*

present	soy, eres, es, somos, sois, son
preterite	fui, fuiste, fue, fuimos, fuisteis, fueron
imperfect	era, eras, era, éramos, erais, eran
command	sé (tú)
present subjunctive	sea, seas, sea, seamos, seáis, sean

tener *(to have)*

present	tengo, tienes, tiene, tenemos, tenéis, tienen
preterite	tuve, tuviste, tuvo, tuvimos, tuvisteis, tuvieron
command	ten (tú)
future	tendré, tendrás, tendrá, tendremos, tendréis, tendrán
present subjunctive	tenga, tengas, tenga, tengamos, tengáis, tengan
Similar to:	contener *(to contain)*, detener *(to stop)*, mantener *(to maintain)*, obtener *(to obtain)*

torcer *(to twist)*

present	tuerzo, tuerces, tuerce, torcemos, torcéis, tuercen
present subjunctive	tuerza, tuerzas, tuerza, torzamos, torzáis, tuerzan

traer *(to bring)*

present	traigo, traes, trae, traemos, traéis, traen
preterite	traje, trajiste, trajo, trajimos, trajisteis, trajeron
present participle	trayendo
present subjunctive	traiga, traigas, traiga, traigamos, traigáis, traigan
past participle	traído
Similar to:	atraer *(to attract)*

valer *(to be worth)*

present	valgo, vales, vale, valemos, valéis, valen
preterite	valí, valiste, valió, valimos, valisteis, valieron
future	valdré, valdrás, valdrá, valdremos, valdréis, valdrán
present subjunctive	valga, valgas, valga, valgamos, valgáis, valgan

venir *(to come)*

present	vengo, vienes, viene, venimos, venís, vienen
preterite	vine, viniste, vino, vinimos, vinisteis, vinieron
present participle	viniendo
command	ven (tú)
future	vendré, vendrás, vendrá, vendremos, vendréis, vendrán
present subjunctive	venga, vengas, venga, vengamos, vengáis, vengan
Similar to:	convenir *(to suit, to agree)*

ver *(to see)*

present	veo, ves, ve, vemos, veis, ven
preterite	vi, viste, vio, vimos, visteis, vieron
imperfect	veía, veías, veía, veíamos, veíais, veían
present subjunctive	vea, veas, vea, veamos, veáis, vean
past participle	visto

volver *(to return)*

past participle	vuelto
Similar to:	resolver *(to solve)*

Appendix C

Numbers

Ordinal numbers

1—primero,-a (primer)	6—sexto,-a
2—segundo,-a	7—séptimo,-a
3—tercero,-a (tercer)	8—octavo,-a
4—cuarto,-a	9—noveno,-a
5—quinto,-a	10—décimo,-a

Cardinal numbers 0–1.000

0—cero	13—trece	26—veintiséis	90—noventa
1—uno	14—catorce	27—veintisiete	100—cien/ciento
2—dos	15—quince	28—veintiocho	200—doscientos,-as
3—tres	16—dieciséis	29—veintinueve	300—trescientos,-as
4—cuatro	17—diecisiete	30—treinta	400—cuatrocientos,-as
5—cinco	18—dieciocho	31—treinta y uno	500—quinientos,-as
6—seis	19—diecinueve	32—treinta y dos	600—seiscientos,-as
7—siete	20—veinte	33—treinta y tres, etc.	700—setecientos,-as
8—ocho	21—veintiuno	40—cuarenta	800—ochocientos,-as
9—nueve	22—veintidós	50—cincuenta	900—novecientos,-as
10—diez	23—veintitrés	60—sesenta	1.000—mil
11—once	24—veinticuatro	70—setenta	
12—doce	25—veinticinco	80—ochenta	

Appendix D

Syllabification

Spanish vowels may be weak or strong. The vowels *a, e* and *o* are strong, whereas *i* (and sometimes *y*) and *u* are weak. The combination of one weak and one strong vowel or of two weak vowels produces a diphthong, two vowels pronounced as one.

A word in Spanish has as many syllables as it has vowels or diphthongs.

> al gu nas
> lue go
> pa la bra

A single consonant (including *ch, ll, rr*) between two vowels accompanies the second vowel and begins a syllable.

> a mi ga
> fa vo ri to
> mu cho

Two consonants are divided, the first going with the previous vowel and the second going with the following vowel.

> an tes
> quin ce
> ter mi nar

A consonant plus *l* or *r* is inseparable except for *rl, sl* and *sr.*

> ma dre
> pa la bra
> com ple tar
> Car los
> is la

If three consonants occur together, the last, or any inseparable combination, accompanies the following vowel to begin another syllable.

> es cri bir
> som bre ro
> trans por te

Prefixes should remain intact.

> re es cri bir

Appendix E

Accentuation

Words that end in *a, e, i, o, u, n* or *s* are pronounced with the major stress on the next-to-the-last syllable. No accent mark is needed to show this emphasis.

octubre
refresco
señora

Words that end in any consonant except *n* or *s* are pronounced with the major stress on the last syllable. No accent mark is needed to show this emphasis.

escribir
papel
reloj

Words that are not pronounced according to the above two rules must have a written accent mark.

lógico
canción
después
lápiz

An accent mark may be necessary to distinguish identical words with different meanings.

dé/de
qué/que
sí/si
sólo/solo

An accent mark is often used to divide a diphthong into two separate syllables.

día
frío
Raúl

Vocabulary Spanish / English

All active words introduced in *NAVEGANDO 1* and *2* appear in this end vocabulary. The number and letter following an entry indicate the lesson in which an item is first actively used in *Navegando 2*. The vocabulary from *Navegando 1* and additional words and expressions are included for reference and have no number. Obvious cognates and expressions that occur as passive vocabulary for recognition only have been excluded from this end vocabulary.

Abbreviations:
d.o. direct object
f. feminine
i.o. indirect object
m. masculine
pl. plural
s. singular

A

a to, at, in; *a caballo* on horseback; *a causa de* because of, due to; *a crédito* on credit; *a cuadros* plaid, checkered *5B*; *a favor (de)* in favor (of) *7B*; *a fin de que* so that; *a la derecha* to the right *3A*; *a la izquierda* to the left *3A*; *a la(s)...* at... o'clock; *a lo mejor* maybe *8A*; *a pie* on foot; *a propósito* by the way *9B*; *¿a qué hora?* at what time?; *a rayas* striped *5B*; *a tiempo* on time *6B*; *a veces* sometimes, at times; *a ver* let's see, hello (telephone greeting)
abajo downstairs, down *6A*
abierto,-a open; *vocales abiertas* open vowels
el **abogado**, la **abogada** lawyer *9A*
abordar to board *8B*
abran: see *abrir*
el **abrazo** hug
abre: see *abrir*
el **abrelatas** can opener *6B*
la **abreviatura** abbreviation
el **abrigo** coat
abril April
abrir to open; *abran* (*Uds.* command) open; *abre* (*tú* command) open *2B*
abrochar(se) to fasten
la **abuela** grandmother
el **abuelo** grandfather
aburrido,-a bored, boring

aburrir(se) to get bored *7A*
acabar to finish, to complete, to terminate; *acabar de* (+ infinitive) to have just
el **accidente** accident *7A*
el **aceite** oil
la **aceituna** olive
el **acento** accent
la **acentuación** accentuation
aceptado,-a accepted *9A*
la **acera** sidewalk *3B*
acerca de about *7B*
aclarar to make clear, to explain
aconsejar to advise, to suggest *5B*
el **acontecimiento** event, happening *7A*
acordar(se) (de) (ue) to remember *5A*
acostar (ue) to put (someone) in bed *2A*; *acostarse* to go to bed, to lie down *2A*
acostumbrar(se) to get used to *2B*
el **acróbata**, la **acróbata** acrobat *4B*
la **actitud** attitude *9B*
la **actividad** activity *7A*
el **actor** actor (male) *7A*
la **actriz** actor (female), actress *7A*
acuático,-a aquatic, pertaining to water *9A*
el **acuerdo** accord; *de acuerdo* agreed, okay; *estar de acuerdo* to agree *7A*
adelante ahead, farther on *3A*
además besides, furthermore *5B*

adentro inside *6A*
el **aderezo** seasoning, flavoring, dressing *5B*
adiós good-bye
adivinar to guess
el **adjetivo** adjective; *adjetivo posesivo* possessive adjective
adonde where
¿adónde? (to) where?
adornar to decorate
la **aduana** customs
el **adverbio** adverb
aéreo,-a air, pertaining to air *8A*
los **aeróbicos** aerobics; *hacer aeróbicos* to do aerobics
la **aerolínea** airline *8B*
el **aeropuerto** airport *3A*
afeitar(se) to shave *2A*; *crema de afeitar* shaving cream *2A*
el **aficionado**, la **aficionada** fan *7B*
el **África** Africa *4A*
africano,-a African *4A*
afuera outside *6A*
la **agencia** agency; *agencia de viajes* travel agency *8A*
el **agente**, la **agente** agent *8A*
agosto August
agradable nice, pleasing, agreeable *5B*
agradar to please *5B*
agregar to add *5B*
el **agricultor**, la **agricultora** farmer *9A*
el **agua** (*f.*) water; *agua mineral* mineral water

el **aguacate** avocado
ahora now; *ahora mismo* right now
ahorrar to save
el **aire** air *6A; aire acondicionado* air conditioning *6A; al aire libre* outdoors *6A*
el **ajedrez** chess
el **ajo** garlic
al to the; *al aire libre* outdoors *6A; al lado de* next to, beside
la **alarma** alarm *3B; alarma de incendios* fire alarm, smoke alarm *6B*
alegrar (de) to make happy *6B; alegrarse (de)* to be glad *6B*
alegre happy, merry, lively
alemán, alemana German *9B*
Alemania Germany *9B*
el **alfabeto** alphabet
la **alfombra** carpet, rug *6A*
el **álgebra** algebra *1A*
algo something, anything
el **algodón** cotton; *algodón de azúcar* cotton candy *4A*
alguien someone, anyone, somebody, anybody
algún, alguna some, any
alguno,-a some, any
allá over there
allí there
el **almacén** department store, grocery store *3A*; warehouse
la **almeja** clam *5A*
almorzar (ue) to have lunch, to eat lunch *2A*
el **almuerzo** lunch
aló hello (telephone greeting)
alojar(se) to lodge *8B; alojarse* to stay *8B*
alquilar to rent
alrededor de around *7B*
alterna (*tú* command) alternate
el **alto** stop *3B*
alto,-a tall, high
amable kind, nice
amarillo,-a yellow
ambiguo,-a ambiguous
la **América** America *4A; América Central* Central America *4A; América del Norte* North America *4A; América del Sur* South America *4A*
americano,-a American; *fútbol americano* football

el **amigo,** la **amiga** friend; *amigo/a por correspondencia* pen pal
la **amistad** friendship *9A*
el **amor** love
anaranjado,-a orange (color)
andar to walk, to go *5A*; to be *5A*
andino,-a Andean, of the Andes Mountains
el **anillo** ring
el **animal** animal *4A*
anoche last night *5A*
anochecer to get dark, to turn to dusk *5B*
anteayer the day before yesterday
anterior preceding
antes de before
antiguo,-a antique, ancient, old *4A*
el **anuncio** announcement, advertisement *7A; anuncio comercial* commercial announcement, commercial, advertisement *7A*
añade: see *añadir*
añadir to add; *añade* (*tú* command) add
el **año** year; *Año Nuevo* New Year's (Day); *¿Cuántos años tienes?* How old are you?; *cumplir años* to have a birthday; *tener* (+ number) *años* to be (+ number) years old
apagar to turn off
el **aparato** appliance, apparatus *6B*
el **apartamento** apartment *3A*
el **apellido** last name, surname *8B*
el **apodo** nickname
aprender to learn
apropiado,-a appropriate
apunta: see *apuntar*
apuntar to point; *apunta* (*tú* command) point (at); *apunten* (*Uds.* command) point (at)
apunten: see *apuntar*
apurado,-a in a hurry
apurar(se) to hurry up *5B*
aquel, aquella that (far away)
aquél, aquélla that (one) *2A*
aquello that *2A*
aquellos, aquellas those (far away)
aquéllos, aquéllas those (ones) *6A*

aquí here; *Aquí se habla español.* Spanish is spoken here.
árabe Arab
Arabia Saudita Saudi Arabia *9B*
el **árbitro,** la **árbitro** referee, umpire *7B*
el **árbol** tree *4B; árbol genealógico* family tree
la **arena** sand
el **arete** earring
la **Argentina** Argentina
argentino,-a Argentinean *4A*
el **armario** closet, wardrobe *6A*; cupboard
el **arte** art
el **artículo** article *7B*
el **artista,** la **artista** artist *9A*
arreglar to arrange, to straighten, to fix
arriba upstairs, up, above *6A*
la **arroba** at (the symbol @ used for e-mail addresses)
el **arroz** rice
el **ascensor** elevator
así thus, that way *2A*
el **Asia** Asia *9B*
asiático,-a Asian *9B*
la **asignatura** subject *1A*
asistir a to attend *9A*
la **aspiración** aspiration, hope *9A*
la **aspiradora** vacuum; *pasar la aspiradora* to vacuum
atentamente respectfully, yours truly
aterrizar to land *8B*
el **ático** attic *6A*
el **Atlántico** Atlantic Ocean
la **atracción** attraction *4A*; (amusement) ride *4A; parque de atracciones* amusement park
atravesado,-a crossed
el **atún** tuna *5A*
el **aumento** increase
aun even
aunque although *6B*
Australia Australia *9B*
australiano,-a Australian *9B*
el **autobús** bus; *estación de autobuses* bus station *6A*
el **autógrafo** autograph *7A*
el **auxiliar de vuelo,** la **auxiliar de vuelo** flight attendant *8B*
el **ave** fowl, bird
la **avenida** avenue
el **avión** airplane
el **aviso** printed advertisement *7B*

¡ay! oh!

ayer yesterday

la ayuda help

ayudar to help

el azafrán saffron

la azotea flat roof

los aztecas Aztecs

el azúcar sugar

la azucarera sugar bowl 5B

azul blue

B

bailar to dance

el baile dance, dancing 9A

bajar (un programa) to download (a software program) 1A

bajo under 8B

bajo,-a short (not tall), low; planta baja ground floor; zapato bajo low-heel shoe

balanceado,-a balanced

el baloncesto basketball

el banco bank

la banda band 4B

bañar(se) to bathe 2A

el baño bathroom; baño de los caballeros men's restroom; cuarto de baño bathroom; traje de baño swimsuit

barato,-a cheap

el barco boat, ship

barrer to sweep

el barril barrel

el barrio neighborhood 3B

basado,-a based

el básquetbol basketball

el basquetbolista, la basquetbolista basketball player

bastante rather, fairly, sufficiently; enough, sufficient

la basura garbage

el baúl trunk 3B

la bebida drink

el béisbol baseball

las bermudas bermuda shorts 1B

el beso kiss 6A

la biblioteca library

el bibliotecario, la bibliotecaria librarian 9A

la bicicleta bicycle, bike

bien well; quedarle bien a uno to fit, to be becoming

la bienvenida welcome 8B

bienvenido,-a welcome 4A

el billete ticket 8A

la billetera wallet

la biología biology

la bisabuela great-grandmother 6A

el bisabuelo great-grandfather 6A

blanco,-a white

la blusa blouse

la boca mouth 2B

la boda wedding

el boleto ticket 4B

el bolígrafo pen

Bolivia Bolivia

boliviano,-a Bolivian 4A

la bolsa bag 5A

el bolso handbag, purse

el bombero, la bombera firefighter 9A

la bombilla light bulb 6A

bonito,-a pretty, good-looking, attractive

borra: see borrar

el borrador eraser

borrar to erase; borra (tú command) erase; borren (Uds. command) erase

borren: see borrar

el bosque forest 4B

bostezar to yawn 7A

la bota boot

el bote boat 1B

el botones bellhop 8B

el Brasil Brazil 9B

brasileño,-a Brazilian 9B

el brazo arm

la broma joke 6A

broncear(se) to tan 2B

el buceo scuba diving 9A

buen good (form of bueno before a m., s. noun); hace buen tiempo the weather is nice

bueno well, okay (pause in speech); hello (telephone greeting)

bueno,-a good; buena suerte good luck; buenas noches good night; buenas tardes good afternoon; buenos días good morning

la bufanda scarf

el burro burro, donkey 4B

buscar to look for

C

el caballero gentleman 3A; baño de los caballeros men's restroom

el caballo horse; a caballo on horseback

caber to fit (into) 5A

la cabeza head

cada each, every

la cadena chain

caer(se) to fall (down) 2B

café brown (color)

el café coffee

la cafetera coffee pot, coffee maker 6B

la cafetería cafeteria

la caja cashier's desk

el cajero, la cajera cashier 5B

el calcetín sock

el calendario calendar

la calidad quality

caliente hot

la calle street

calmar(se) to calm down 2A

el calor heat; hace calor it is hot; tener calor to be hot

calvo,-a bald

la cama bed

la cámara camera 4A

el camarero, la camarera food server 5B

el camarón shrimp 5A

cambiar to change 6B

el cambio change; en cambio on the other hand

el camello camel 4A

caminar to walk

el camino road, path

el camión truck

la camisa shirt

la camiseta jersey, polo, T-shirt

el campeonato championship 7B

el camping camping 1B

el Canadá Canada 9B

canadiense Canadian 9B

el canal channel 7A

la canción song

el cangrejo crab 5A

canoso,-a white-haired

cansado,-a tired

el cantante, la cantante singer 7A

cantar to sing

la cantidad quantity

la capital capital

el capitán captain

el **capítulo** chapter
el **capó** hood *3B*
la **cara** face *2B*
la **característica** characteristic,
    trait; *características de*
    personalidad personality traits;
    características físicas physical
    traits
    ¡caramba! wow!
    cargar to charge *8A*
el **Caribe** Caribbean
    cariñoso,-a affectionate
el **carnaval** carnival
la **carne** meat; *carne de res* beef *5A*
la **carnicería** meat market,
    butcher shop *3A*
    caro,-a expensive
el **carpintero**, la **carpintera**
    carpenter *9A*
la **carta** letter; playing card
la **carrera** career, race *9A*
la **carretera** highway *3A*
el **carro** car; *carros chocones*
    bumper cars *4A; en carro*
    by car
el **carrusel** carrousel, merry-go-
    round *4A*
la **casa** home, house; *en casa* at
    home
el **casete** cassette
    casi almost
la **catarata** waterfall
la **catástrofe** catastrophe *7A*
la **catedral** cathedral *3A*
    catorce fourteen
la **cebolla** onion
la **cebra** zebra *4A*
la **celebración** celebration *7A*
    celebrar to celebrate
el **celular** cellular phone *1A*
la **cena** dinner, supper *2A*
    cenar to have dinner, to have
    supper *2A*
el **centavo** cent
el **centro** downtown, center;
    centro comercial shopping
    center, mall
    centroamericano,-a Central
    American *9B*
    cepillar(se) to brush *2A*
el **cepillo** brush *2A*
la **cerca** fence *6A*
    cerca (de) near
el **cerdo** pig *4B;* pork *4B*
el **cereal** cereal *5A*
    cero zero

    cerrado,-a closed; *vocales*
    cerradas closed vowels
la **cerradura** lock *6B*
    cerrar (ie) to close; *cierra (tú*
    command) close; *cierren (Uds.*
    command) close
el **césped** lawn, grass *3B;*
    cortadora de césped lawn
    mower *6A*
el **cesto de papeles** wastebasket,
    wastepaper basket
el **champú** shampoo *2A*
    chao good-bye
la **chaqueta** jacket
    charlando talking, chatting
el **cheque** check *8A*
la **chica** girl
el **chico** boy, man, buddy
    Chile Chile
    chileno,-a Chilean *4A*
la **chimenea** chimney,
    fireplace *6A*
la **China** China *9B*
    chino,-a Chinese *9B*
el **chisme** gossip *1B*
el **chiste** joke *5A*
    chistoso,-a funny *4A*
el **chocolate** chocolate
el **chofer**, la **chofer** chauffeur,
    driver *9A*
el **chorizo** sausage (seasoned
    with red peppers)
el **cielo** sky *4B*
    cien one hundred
la **ciencia** science
    ciento one hundred (when
    followed by another number)
    cierra: see *cerrar*
    cierren: see *cerrar*
el **cigarrillo** cigarette
    cinco five
    cincuenta fifty
el **cine** movie theater
el **cinturón** belt; *cinturón de*
    seguridad seat belt, safety
    belt *3B*
el **circo** circus *4B*
la **ciruela** plum *5A*
la **cita** appointment, date *2B*
la **ciudad** city
la **civilización** civilization
    claro,-a clear *6B*
    ¡claro! of course!
la **clase** class
    clasificar to classify
el **claxon** horn *3B*

el **clima** climate
el **club** club *6B*
el **coche** car *3B; en coche* by car
la **cocina** kitchen
    cocinar to cook
el **cocinero**, la **cocinera** cook *5B*
el **codo** elbow *2B*
el **cognado** cognate
la **colección** collection *9A*
el **colegio** school
    colgar (ue) to hang
la **colina** hill
el **collar** necklace
    colocar(se) to put, to place *8B*
    Colombia Colombia
    colombiano,-a Colombian *4A*
la **colonia** colony
el **color** color
la **columna** column *7B*
    combinar to combine
la **comedia** comedy, play *7A*
el **comedor** dining room
el **comentarista**, la **comentarista**
    commentator *7B*
    comenzar (ie) to begin, to
    start *6B*
    comer to eat; *dar de comer*
    to feed
    comercial commercial *7A;*
    anuncio comercial commercial
    announcement, commercial,
    advertisement *7A; centro*
    comercial shopping center,
    mall
    comerse to eat up, to eat
    completely *2B*
    cómico,-a comical, funny
la **comida** food; dinner *2A*
    como like, since; such as *4A*
    ¿cómo? how?, what?; *¿Cómo?*
    What (did you say)?; *¿Cómo*
    está (Ud.)? How are you
    (formal)?; *¿Cómo están (Uds.)?*
    How are you *(pl.)?; ¿Cómo estás*
    (tú)? How are you (informal)?;
    ¡Cómo no! Of course!; *¿Cómo se*
    dice...? How do you say...?;
    ¿Cómo se escribe...? How do
    you write (spell)...?; *¿Cómo se*
    llama (Ud./él/ella)? What is
    (your/his/her) name?; *¿Cómo*
    te llamas? What is your name?
    cómodo,-a comfortable
el **compañero**, la **compañera**
    classmate, partner
la **compañía** company *8A*

comparando comparing

el **compartimiento** compartment

compartir to share

la **competencia** competition

complacer to please *6B*

completa: see *completar*

completar to complete; *completa (tú command)* complete

completo,-a complete *8A*

la **compra** purchase; *ir de compras* to go shopping

comprar to buy

comprender to understand; *comprendo* I understand

comprendo: see *comprender*

la **computadora** computer (machine)

la **comunicación** communication *1A*

con with; *con (mucho) gusto* I would be (very) glad to; *con permiso* excuse me (with your permission), may I; *siempre salirse con la suya* to always get one's way *9B*

el **concierto** concert

el **concurso** contest, competition *7A*; *programa de concurso* game show

conducir to drive, to conduct, to direct *3B*

conectado,-a connected *1A*

el **conejo** rabbit *4B*

la **conjunción** conjunction

conmigo with me

conocer to know, to be acquainted with, to be familiar with *3B*; to meet

conocido,-a known, famous

conseguir (i, i) to obtain, to attain, to get *1A*

el **consejo** advice *5B*

el **consultorio** doctor's office

la **contaminación** contamination, pollution *1A*; *contaminación ambiental* environmental pollution *1A*

contar (ue) to tell (a story); *cuenta (tú command)* tell; *cuenten (Uds. command)* tell

contener to contain

contento,-a happy, glad; *estar contento,-a (con)* to be satisfied (with)

contesta: see *contestar*

contestar to answer; *contesta (tú command)* answer; *contesten (Uds. command)* answer

contesten: see *contestar*

el **contexto** context

contigo with you (*tú*)

continúa: see *continuar*

continuar to continue; *continúa (tú command)* continue; *continúen (Uds. command)* continue

continúen: see *continuar*

la **contracción** contraction

el **control remoto** remote control

convenir to be fitting, to agree *6B*

copiar to copy

el **corazón** heart *2B*; honey (term of endearment)

la **corbata** tie

la **cortadora de césped** lawn mower *6A*

cortar to cut, to mow *6A*

la **cortesía** courtesy

la **cortina** curtain *6A*

corto,-a short (not long)

correcto,-a right, correct

el **corredor** corridor, hallway

el **corredor, la corredora** runner

el **correo** mail; *correo electrónico* electronic mail; *oficina de correos* post office *6A*

correr to run

la **correspondencia** correspondence

la **corrida** bullfight *8A*

la **cosa** thing

la **costa** coast

Costa Rica Costa Rica

costar (ue) to cost

costarricense Costa Rican *4A*

la **costilla** rib *5A*

la **costura** sewing

crear to create

crecer to grow

el **crédito** credit; *a crédito* on credit; *tarjeta de crédito* credit card

creer to believe *1B*

la **crema** cream *5A*; *crema de afeitar* shaving cream *2A*

el **crucero** cruise ship *1B*

cruzar to cross

el **cuaderno** notebook

la **cuadra** city block *3A*

el **cuadro** square *5B*; picture, painting *6A*; *a cuadros* plaid, checkered *5B*

¿cuál? which?, what?, which one?; *(pl. ¿cuáles?)* which ones?

la **cualidad** quality

cualquier, cualquiera any *5B*

cualquiera any at all *6B*

cuando when

¿cuándo? when?

¿cuánto,-a? how much?; *(pl. ¿cuántos,-as?)* how many?; *¿Cuánto (+ time expression) hace que (+ present tense of verb)...?* How long...?; *¿Cuántos años tienes?* How old are you?

cuarenta forty

el **cuarto** quarter; room, bedroom; *cuarto de baño* bathroom; *cuarto de charla* chat room *1A*; *menos cuarto* a quarter to, a quarter before; *servicio de habitaciones* room service *8B*; *y cuarto* a quarter after, a quarter past

cuarto,-a fourth

cuatro four

cuatrocientos,-as four hundred

Cuba Cuba

cubano,-a Cuban *4A*

los **cubiertos** silverware

cubrir to cover *7A*

la **cuchara** tablespoon

la **cucharita** teaspoon

el **cuchillo** knife

el **cuello** neck *2B*

la **cuenta** bill, check *5B*

cuenta: see *contar*

el **cuerno** horn *4B*

el **cuero** leather

el **cuerpo** body

el **cuidado** care *6A*; *tener cuidado* to be careful *6A*

cuidar(se) to take care of *2B*

culto,-a cultured, well-read *7B*

la **cultura** culture, knowledge *7B*

el **cumpleaños** birthday; *¡Feliz cumpleaños!* Happy birthday!

cumplir to become, to become (+ number) years old, to reach; *cumplir años* to have a birthday

la **curva** curve *3B*
cuyo,-a of which, whose

 D

la **dama** lady
las **damas** checkers; *baño de las damas* women's restroom *3A*
dar to give; *dar de comer* to feed; *dar un paseo* to take a walk; *dé (Ud. command)* give
de from, of; *de acuerdo* agreed, okay; *de cerca* close up, from a short distance *3B*; *¿de dónde?* from where?; *¿De dónde eres?* Where are you from?; *¿De dónde es (Ud./él/ella)?* Where are you (formal) from?, Where is (he/she/it) from?; *de habla hispana* Spanish-speaking; *de ida y vuelta* round-trip *8A*; *de la mañana* in the morning, A.M.; *de la noche* at night, P.M.; *de la tarde* in the afternoon, P.M.; *de nada* you are welcome, not at all; *de todos los días* everyday; *¿de veras?* really?; *¿Eres (tú) de...?* Are you from...?
dé: see *dar*
deber should, to have to, must, ought (expressing a moral duty)
decidir to decide *5B*
décimo,-a tenth
decir to tell, to say; *¿Cómo se dice...?* How do you say...?; *di (tú command)* tell, say *2B*; *díganme (Uds. command)* tell me; *dime (tú command)* tell me; *¡no me digas!* you don't say! *9B*; *¿Qué quiere decir...?* What is the meaning (of)...?; *querer decir* to mean; *quiere decir* it means; *se dice* one says
el **dedo** finger, toe
el **defensor,** la **defensora** defender *7B*
dejar (de) to leave; to stop, to quit *2B*; to let, to allow *6A*
del of the, from the
el **delantero,** la **delantera** forward *7B*
delgado,-a thin
delicioso,-a delicious *5B*
demasiado too (much)
demasiado,-a too many, too much *5A*

la **democracia** democracy
la **demora** delay *3B*
el **dentista,** la **dentista** dentist
el **departamento** department
el **dependiente,** la **dependienta** clerk
el **deporte** sport
el **deportista,** la **deportista** athlete
deportivo,-a sporty *3B*
la **derecha** right *3A*; *a la derecha* to the right *3A*
derecho straight ahead *3A*
derecho,-a right *2B*
desaparecido,-a missing
el **desastre** disaster
desayunar to have breakfast *2A*
el **desayuno** breakfast *2A*
descansar to rest, to relax *2B*
describe: see *describir*
describir to describe; *describe (tú command)* describe
desde since, from; *desde luego* of course *2A*
desear to wish
el **deseo** wish
el **desfile** parade *4A*
el **desierto** desert
el **desodorante** deodorant *2A*
la **despedida** farewell, good-bye *9B*
despedir(se) (i, i) to say good-bye *2B*
despegar to take off *8B*
el **despertador** alarm clock *6A*
despertar(se) (ie) to wake up *2A*
después afterwards, later, then; *después de* after
destacar(se) to stand out
desteñido,-a faded *5B*
el **destino** destination *8A*; destiny, fate
la **destreza** skill, expertise *4B*
la **destrucción** destruction *7A*
desvestir(se) to undress
detrás de behind, after *4B*
di: see *decir*
el **día** day; *buenos días* good morning; *de todos los días* everyday; *todos los días* every day
el **diálogo** dialog
diario,-a daily
dibuja: see *dibujar*

dibujar to draw, to sketch; *dibuja (tú command)* draw; *dibujen (Uds. command)* draw
dibujen: see *dibujar*
el **dibujo** drawing, sketch; *dibujo animado* cartoon *7A*
la **dicha** happiness *8A*
diciembre December
el **dictado** dictation
diecinueve nineteen
dieciocho eighteen
dieciséis sixteen
diecisiete seventeen
el **diente** tooth *2B*
diez ten
la **diferencia** difference
diferente different *5B*
difícil difficult, hard; *ser difícil que* to be unlikely that *6B*
diga hello (telephone greeting)
dígame tell me, hello (telephone greeting)
díganme: see *decir*
dime: see *decir*
el **dinero** money
la **dirección** instruction, guidance *3A*; address *3B*; direction *3B*
el **director,** la **directora** director
dirigir to direct
el **disco** record, disc; *disco compacto* compact disc, CD-ROM
discutir to argue, to discuss *6B*
diseñar to design
el **diskette** diskette
divertido,-a fun
divertir (ie, i) to amuse *2B*; *divertirse* to have fun *2B*
doblar to turn (a corner) *3B*
doble double *8B*
doce twelve
el **doctor,** la **doctora** doctor (abbreviation: *Dr., Dra.*) *2B*
el **dólar** dollar
doler (ue) to hurt *2B*
domingo Sunday; *el domingo* on Sunday
dominicano,-a Dominican *4A*
don title of respect used before a man's first name
donde where
¿dónde? where?; *¿de dónde?* from where?; *¿Dónde está...?* Where are you (formal)...?, Where is...?

dondequiera wherever *9A*
doña title of respect used before a woman's first name
dormir (ue, u) to sleep; *dormirse* to fall asleep *2B*
dos two
doscientos,-as two hundred
Dr. abbreviation for *doctor*
Dra. abbreviation for *doctora*
la **ducha** shower *2A*
duchar(se) to shower *2A*
dudar to doubt *6B*
dudoso,-a doubtful *6B*
dulce sweet
el **dulce** candy *3A*
la **dulcería** candy store *3A*
durante during *4B*
el **durazno** peach *5A*

e and (used before a word beginning with *i* or *hi*)
la **ecología** ecology *1A*
la **economía** economy *7B*
económico,-a economic *7B*
el **Ecuador** Ecuador
ecuatoriano,-a Ecuadorian *4A*
la **edad** age
el **edificio** building
el **editorial** editorial *7B*
la **educación física** physical education
el **efectivo** cash; *en efectivo* in cash
egoísta selfish
el **ejemplo** example; *por ejemplo* for example
el **ejercicio** exercise *2B*
el the *(m., s.)*
él he; him (after a preposition); *Él se llama...* His name is...
El Salvador El Salvador
eléctrico,-a electric
el **elefante** elephant *4A*
elegante elegant *5B*
ella she; her (after a preposition); *Ella se llama...* Her name is...
ello it, that (neuter form)
ellos,-as they; them (after a preposition)
el **e-mail** e-mail *1A*
la **emigración** emigration
la **emisora** radio station *7B*
emocionado,-a excited *8A*
emocionante exciting *4B*

empatados: see *empate*
empatar to tie (the score of a game) *7B*
el **empate** tie; *partidos empatados* games tied
empezar (ie) to begin, to start
el **empleado,** la **empleada** employee *9A*
el **empleo** job *9A*
la **empresa** business *9A*
en in, on, at; *en* (+ vehicle) by (+ vehicle); *en cambio* on the other hand; *en carro* by car; *en casa* at home; *en coche* by car; *en cuanto* as soon as *6B*; *en efectivo* in cash; *en medio de* in the middle of, in the center of *9B*; *en resumen* in short; *en seguida* immediately *8B*; *en vivo* live *7B*
encantado,-a delighted, the pleasure is mine
encantar to enchant, to delight *6B*
encargar (de) to make responsible (for), to put in charge (of) *6A*; *encargarse (de)* to take care of, to take charge (of) *6A*
encender (ie) to light, to turn on (a light)
la **enchilada** enchilada *3A*
encima de above, over, on top of *4B*
encontrar (ue) to find *1A*
la **encuesta** survey, poll *7B*
enero January
el **énfasis** emphasis
el **enfermero,** la **enfermera** nurse *2B*
enfermo,-a sick
engordar to make fat *5B*; to get fat *5B*
la **ensalada** salad
enseñar to teach, to show
enterar(se) de to find out, to become aware, to learn about *7B*
entonces then
entrar to go in, to come in
entre between, among
entregar to hand in *8B*
la **entrevista** interview *7B*
enviar to send
el **equipaje** luggage *8B*; *equipaje de mano* carry-on luggage *8B*

el **equipo** team
equivocar(se) to be mistaken *2B*
eres: see *ser*
es: see *ser*
la **escala** stopover *8B*
la **escalera** stairway, stairs; *escalera mecánica* escalator
escapar(se) to escape *4B*
la **escena** scene
la **escoba** broom *6A*
escoger to choose; *escogiendo* choosing
escogiendo: see *escoger*
escriban: see *escribir*
escribe: see *escribir*
escribir to write; *¿Cómo se escribe...?* How do you write (spell)...?; *escriban (Uds. command)* write; *escribe (tú command)* write; *se escribe* it is written
el **escritor,** la **escritora** writer *9A*
el **escritorio** desk
escucha: see *escuchar*
escuchar to hear, to listen (to) *7B*; *escucha (tú command)* listen; *escuchen (Uds. command)* listen
escuchen: see *escuchar*
la **escuela** school
ese, esa that
ése, ésa that (one) *2A*
eso that (neuter form) *2A*
esos, esas those
ésos, ésas those (ones) *2A*
el **espacio** space
la **espalda** back *2B*
España Spain
el **español** Spanish (language); *Aquí se habla español.* Spanish is spoken here.; *Se habla español.* Spanish is spoken.
español, española Spanish *4A*
especial special
especializado,-a specialized
el **espectáculo** show
el **espectador,** la **espectadora** spectator *7B*
el **espejo** mirror *2A*
esperar to wait (for) *2A*; to hope *6B*
la **esposa** wife, spouse
el **esposo** husband, spouse
el **esquí** skiing *9A*
el **esquiador,** la **esquiadora** skier

esquiar to ski
la esquina corner *3A*
está: see *estar*
el establo stable *4B*
la estación season; station *3A*;
 estación de autobuses bus
 station *3A*; *estación del metro*
 subway station *3A*; *estación
 del tren* train station *3A*
el estadio stadium
el Estado Libre Asociado
 Commonwealth
los Estados Unidos United States
 of America
 estadounidense something or
 someone from the United
 States *4A*
 están: see *estar*
 estar to be; *¿Cómo está (Ud.)?*
 How are you (formal)?; *¿Cómo
 están (Uds.)?* How are you
 (pl.)?; ¿Cómo estás (tú)? How
 are you (informal)?; *¿Dónde
 está...?* Where are you
 (formal)...?, Where is...?; *está*
 you (formal) are, he/she/it is;
 está nublado,-a it is cloudy;
 está soleado,-a it is sunny;
 están they are; *estar contento,-a
 (con)* to be satisfied (with);
 estar de acuerdo to agree *7A*;
 estar en oferta to be on sale;
 estar listo,-a to be ready; *estás*
 you (informal) are; *estoy* I am
 estás: see *estar*
 este well, so (pause in speech)
el este east *3B*
 este, esta this; *esta noche*
 tonight
 éste, ésta this (one) *2A*
el estéreo stereo
 estimado,-a dear
 esto this *2A*
el estómago stomach *2B*
 estos, estas these
 éstos, éstas these (ones) *2A*
 estoy: see *estar*
 estrecho,-a narrow
la estrella star *4B*
la estructura structure
 estudia: see *estudiar*
el estudiante, la estudiante
 student
 estudiar to study; *estudia (tú*
 command) study; *estudien
 (Uds.* command) study

 estudien: see *estudiar*
el estudio study
la estufa stove
 estupendo,-a wonderful,
 marvelous
 Europa Europe *9B*
 europeo,-a European *9B*
 evidente evident *6B*
 exagerar to exaggerate *6A*
el examen exam, test
 excelente excellent
el excusado toilet *2A*
la exhibición exhibition *3B*
 exigente demanding *3B*
el éxito success *7A*; *tener éxito*
 to be successful, to be a
 success *7A*
la experiencia experience *9A*
 explica: see *explicar*
la explicación explanation,
 reason
 explicar to explain; *explica
 (tú* command) explain
el explorador, la exploradora
 explorer
la exportación exportation
 exportador, exportadora
 exporting
 expresar to express
la expresión expression
la extensión extension
 extranjero,-a foreign *7A*
 extrañar to miss *9A*

 fácil easy; *ser fácil que* to be
 likely that *6B*
la facultad school (of a
 university) *9B*
la falda skirt
 falso,-a false
la familia family
 famoso,-a famous *7A*
 fantástico,-a fantastic, great
el faro headlight *3B*; lighthouse
 fascinante fascinating *4A*
 fascinar to fascinate *6B*
el favor favor; *por favor* please
 favorito,-a favorite
el fax fax *1A*
 febrero February
la fecha date
 felicitaciones
 congratulations
 feliz happy *(pl. felices); ¡Feliz
 cumpleaños!* Happy birthday!

 femenino,-a feminine
 feo,-a ugly
 feroz fierce, ferocious
 (pl. feroces) 4A
el ferrocarril railway, railroad
la fiesta party
la fila line, row *4B*
el filete fillet, boneless cut of beef
 or fish *5A*
 filmar to film
la filosofía philosophy
el fin end; *a fin de que* so that *6B*;
 fin de semana weekend; *por fin*
 finally *9B*
la finca ranch, farm *4B*
 firmar to sign *8B*
la física physics
el flamenco flamingo *4A*; type
 of dance
el flan custard *5A*
la flauta flute
la flor flower
la florcita small flower
la florería flower shop *3A*
el folleto brochure *8A*
la forma form
la foto(grafía) photo
el fotógrafo, la fotógrafa
 photographer *9A*
 fracasar to fail *7A*
 francés, francesa French *9B*
 Francia France *9B*
la frase phrase, sentence
el fregadero sink
 freír (i, i) to fry *5A*
el freno brake *3B*
la fresa strawberry
el fresco cool; *hace fresco* it is cool
 fresco,-a fresh, chilly
el frío cold; *hace frío* it is cold;
 tener frío to be cold
 frío,-a cold
la fruta fruit
la frutería fruit store *3A*
 fue: see *ser*
el fuego fire; *fuegos artificiales*
 fireworks *4A*
 fueron: see *ser*
 fuerte strong *9A*
 fumar to smoke *2B*
 fundar to found
el fútbol soccer; *fútbol americano*
 football
el futbolista, la futbolista soccer
 player
el futuro future *9A*

las **gafas de sol** sunglasses *1B*
la **galleta** cookie, biscuit
la **gallina** hen *4B*
el **gallo** rooster *4B*
la **gana** desire; *tener ganas de* to feel like
   ganados: see *ganar*
   ganar to win, to earn *6A*; *los partidos ganados* games won
el **garaje** garage
la **garganta** throat *2B*
el **gasto** expense *8A*
el **gato, la gata** cat
el **género** gender
   generoso,-a generous
la **gente** people
la **geografía** geography
la **geometría** geometry
el **gerente, la gerente** manager *9A*
el **gerundio** present participle
el **gesto** gesture
el **gimnasio** gym
el **globo** balloon *4A*; globe *4A*
el **gobernador, la gobernadora** governor
el **gobierno** government
el **gol** goal *7B*
la **golosina** sweets *4A*
   gordo,-a fat
el **gorila** gorilla *4A*
la **gorra** cap *1B*
   gozar to enjoy *8A*
la **grabadora** tape recorder (machine)
   grabar to record *7A*
   gracias thanks; *muchas gracias* thank you very much
el **grado** degree
   gran big (form of *grande* before a *m., s.* noun); great *4B*
   grande big
el **grifo** faucet *2A*
la **gripe** flu *2B*
   gris gray
   gritar to shout *4A*
el **grupo** group; *grupo musical* musical group
el **guante** glove
   guapo,-a good-looking, attractive, handsome, pretty
   Guatemala Guatemala
   guatemalteco,-a Guatemalan *4A*

la **guía** guidebook *8A*
el **guía, la guía** guide *4A*
el **guisante** pea
la **guitarra** guitar
   gustar to like, to be pleasing to; *me/te/le/nos/os/les gustaría...* I/you/he/she/it/we/they would like...
   gustaría: see *gustar*
el **gusto** pleasure; *con (mucho) gusto* I would be (very) glad to; *el gusto es mío* the pleasure is mine; *¡Mucho gusto!* Glad to meet you!; *Tanto gusto.* So glad to meet you.

   haber to have (auxiliary verb) *7A*
   había there was, there were *4A*
la **habichuela** green bean
la **habitación** room *8B*; bedroom
el **habitante, la habitante** inhabitant
   habla: see *hablar*
el **habla** (*f.*) speech, speaking; *de habla hispana* Spanish-speaking
   hablar to speak; *Aquí se habla español.* Spanish is spoken here.; *habla* (*tú* command) speak; *hablen* (*Uds.* command) speak; *Se habla español.* Spanish is spoken.
   hablen: see *hablar*
   hace: see *hacer*
   hacer to do, to make; *¿Cuánto* (+ time expression) *hace que* (+ present tense of verb)...? How long...?; *hace buen (mal) tiempo* the weather is nice (bad); *hace fresco* it is cool; *hace frío (calor)* it is cold (hot); *hace* (+ time expression) *que* ago; *hace sol* it is sunny; *hace viento* it is windy; *hacer aeróbicos* to do aerobics; *hacer falta* to be necessary, to be lacking; *hacer una pregunta* to ask a question; *hagan* (*Uds.* command) do, make; *haz* (*tú* command) do, make; *haz el papel* play the part; *hecha* made; *La práctica hace al maestro.* Practice makes perfect.; *¿Qué temperatura hace?* What is the temperature?; *¿Qué tiempo hace?* How is the weather?
   hacia toward *3A*
   hagan: see *hacer*
el **hambre** (*f.*) hunger; *tener hambre* to be hungry
   hasta until, up to, down to; *hasta la vista* so long, see you later; *hasta luego* so long, see you later; *hasta mañana* see you tomorrow; *hasta pronto* see you soon
   hay there is, there are; *hay neblina* it is misty; *hay sol* it is sunny
   haz: see *hacer*
   hecha: see *hacer*
la **heladería** ice cream parlor *3A*
el **helado** ice cream
la **herencia** heritage; inheritance
la **herida** wound *7A*
   herido,-a injured *7A*
la **hermana** sister
la **hermanastra** stepsister *6A*
el **hermanastro** stepbrother *6A*
el **hermano** brother
   hermoso,-a beautiful, lovely *9A*
el **hielo** ice; *patinar sobre hielo* to ice-skate
la **hija** daughter
el **hijo** son
el **hipopótamo** hippopotamus *4A*
   hispano,-a Hispanic; *de habla hispana* Spanish-speaking
la **historia** history
el **hogar** home *6A*
la **hoja** sheet; *hoja de papel* sheet of paper
   hola hi, hello
el **hombre** man; *hombre de negocios* businessman *9A*
el **hombro** shoulder *2B*
   Honduras Honduras
   hondureño,-a Honduran *4A*
la **hora** hour; *¿a qué hora?* at what time?; *¿Qué hora es?* What time is it?
el **horario** schedule
el **horno** oven *6B*; *horno microondas* microwave oven
   horrible horrible
el **hotel** hotel *8B*
   hoy today
   hubo there was, there were *5A*

el **huevo** egg
el **huracán** hurricane *7A*

la **idea** idea
ideal ideal
la **iglesia** church *3A*
ignorar to not know
la **iguana** iguana *4A*
imagina: see *imaginar(se)*
la **imaginación** imagination
imaginar(se) to imagine *4A*; *imagina (tú command)* imagine
el **imperio** empire
el **impermeable** raincoat
implicar to imply
importante important
importar to be important, to matter
imposible impossible *6B*
los **incas** Incas
el **incendio** fire *6B*; *alarma de incendios* fire alarm, smoke alarm *6B*
indefinido,-a indefinite
la **independencia** independence
indica: see *indicar*
la **indicación** cue
indicado,-a indicated
indicar to indicate; *indica (tú command)* indicate
indígena native
la **información** information *1A*
informar to inform *7A*
el **informe** report
el **ingeniero**, la **ingeniera** engineer *9A*
Inglaterra England *9B*
el **inglés** English (language)
inglés, inglesa English *9B*
el **ingrediente** ingredient
inicial initial
inmenso,-a immense
insistir (en) to insist (on) *6A*
la **inspiración** inspiration
instalar to install *1B*
inteligente intelligent
interesante interesting
interesar to interest *6B*
internacional international *7B*
la **internet** Internet *1A*
interrogativo,-a interrogative
el **invierno** winter
la **invitación** invitation

invitar to invite *6A*
ir to go; *ir a (+ infinitive)* to be going to (do something); *ir a parar* to end up *4B*; *ir de compras* to go shopping; *irse* to leave, to go away *2B*; *irse de viaje* to go away on a trip *2B*; *¡vamos!* let's go!; *¡vamos a (+ infinitive)!* let's (+ infinitive)!; *vayan (Uds. command)* go; *ve (tú command)* go
la **isla** island *9B*
Italia Italy *9B*
italiano,-a Italian *9B*
el **itinerario** itinerary *8A*
la **izquierda** left *3A*; *a la izquierda* to the left *3A*
izquierdo,-a left *2B*

el **jabón** soap *2A*
el **jamón** ham
el **Japón** Japan *9B*
japonés, japonesa Japanese *9B*
el **jardín** garden; *jardín zoológico* zoo, zoological garden
la **jaula** cage *4B*
la **jirafa** giraffe *4A*
joven young
la **joya** jewel
la **joyería** jewelry store *5B*
el **juego** game
jueves Thursday; *el jueves* on Thursday
el **jugador**, la **jugadora** player
jugar (ue) to play; *jugar a (+ sport/game)* to play (+ sport/game)
el **jugo** juice
julio July
junio June
junto,-a together

Kenia Kenya *9B*
keniano,-a Kenyan *9B*
el **kilo(gramo)** kilo(gram)

L

la the *(f., s.)*; her, it, you *(d.o.)*; *a la una* at one o'clock
el **lado** side; *al lado de* next to, beside; *por todos lados* everywhere
ladrar to bark *4B*

el **ladrillo** brick *6A*
el **lago** lake *2B*
la **lámpara** lamp
la **lana** wool
la **langosta** lobster
el **lápiz** pencil *(pl. lápices)*
largo,-a long
las the *(f., pl.)*; them, you *(d.o.)*; *a las...* at...o'clock
la **lástima** shame, pity *6B*; *¡Qué lástima!* What a shame!, Too bad!
lastimar(se) to injure, to hurt *7A*
la **lata** can
el **lavabo** bathroom sink *2A*
el **lavadero** laundry room *6A*
la **lavadora** washer *6A*
el **lavaplatos eléctrico** dishwasher (machine)
lavar(se) to wash *2A*
le (to, for) him, (to, for) her, (to, for) it, (to, for) you (formal) *(i.o.)*
lean: see *leer*
la **lección** lesson
la **lectura** reading
la **leche** milk
la **lechería** milk store, dairy (store)
la **lechuga** lettuce
lee: see *leer*
leer to read; *lean (Uds. command)* read; *lee (tú command)* read
lejos (de) far (from)
la **lengua** tongue *2B*; language
lento,-a slow
el **león** lion *4A*
les (to, for) them, (to, for) you *(i.o.)*
la **letra** letter
levantar to raise, to lift *2A*; *levantarse* to get up *2A*; *levántate (tú command)* get up; *levántense (Uds. command)* get up
levántate: see *levantar*
levántense: see *levantar*
la **libertad** liberty, freedom
la **libra** pound
libre free; *al aire libre* outdoors *6A*
la **librería** bookstore
el **libro** book
la **licuadora** blender *6B*
el **líder** leader

limitar to limit
el **limón** lemon, lime *5A*
el **limpiaparabrisas** windshield
   wiper *3B*
  limpiar to clean
  limpio,-a clean
  lindo,-a pretty
la **lista** list
  listo,-a ready; smart; *estar*
  listo,-a to be ready; *ser listo,-a*
  to be smart
la **literatura** literature
  llama: see *llamar*
  llamar to call, to telephone;
  ¿Cómo se llama (Ud./él/ella)?
  What is (your/his/her) name?;
  ¿Cómo te llamas? What is your
  name?; *llamaron* they called
  (preterite of *llamar*); *llamarse*
  to be called *2A*; *me llamo* my
  name is; *se llaman* their names
  are; *te llamas* your name is;
  (Ud./El/Ella) se llama... (Your
  [formal]/His/Her) name is...
  llamaron: see *llamar*
  llamas: see *llamar*
  llamo: see *llamar*
la **llanta** tire *3B*
la **llave** key *6B*
la **llegada** arrival *8A*
  llegar to arrive; *llegó* arrived
  (preterite of *llegar*)
  llegó: see *llegar*
  lleno,-a full *5B*
  llevar to take, to carry; to wear;
  to bring *7B*; *llevarse* to take
  away, to get along *2B*
  llover (ue) to rain
la **lluvia** rain
  lo him, it, you *(d.o.)*; *a lo mejor*
  maybe *8A*; *lo (+ adjective/*
  adverb) how *(+ adjective/*
  adverb) 4B; *lo más (+ adverb)*
  posible as *(+ adverb)* as
  possible; *lo menos (+ adverb)*
  posible as *(+ adverb)* as
  possible; *lo que* what, that
  which; *lo siento* I am sorry; *lo*
  siguiente the following; *por lo*
  menos at least
  loco,-a crazy
  lógicamente logically
  lógico,-a logical
  los the *(m., pl.)*; them, you *(d.o.)*
  luego then, later, soon; *desde*
  luego of course *6A*; *hasta luego*

so long, see you later; *luego*
que as soon as *6B*
el **lugar** place
el **lujo** luxury *8B*
la **luna** moon *4B*
  lunes Monday; *el lunes* on
  Monday
la **luz** light *(pl. luces)*

la **madera** wood *6A*
la **madrastra** stepmother *6A*
la **madre** mother
  maduro,-a ripe
el **maestro,** la **maestra** teacher,
  master; *La práctica hace al*
  maestro. Practice makes
  perfect.
  magnífico,-a magnificent *9B*
el **maíz** corn
  mal badly; bad; *hace mal tiempo*
  the weather is bad
el **malabarista,** la **malabarista**
  juggler *4B*
la **maleta** suitcase
el **maletín** overnight bag,
  handbag, small suitcase,
  briefcase *8B*
  malo,-a bad
la **mamá** mother, mom *6A*
  mandar to order
  manejar to drive *3B*
la **manera** manner, way
la **mano** hand; *equipaje de mano*
  carry-on luggage *8B*
el **mantel** tablecloth
  mantener to keep,
  to maintain *9B*
la **mantequilla** butter;
  mantequilla de maní peanut
  butter *5A*
la **manzana** apple
  mañana tomorrow; *hasta*
  mañana see you tomorrow;
  pasado mañana the day after
  tomorrow
la **mañana** morning; *de la*
  mañana, in the morning; *por*
  la mañana in the morning
el **mapa** map
el **maquillaje** makeup *2A*
  maquillar to put makeup on
  (someone) *2A*; *maquillarse* to
  put on makeup *2A*
la **maquinita** little machine,
  video game

el **mar** sea *9B*
  maravilloso,-a marvellous,
  fantastic *4A*
el **marcador** score *7B*
  marcar to score *7B*
  mariachi mariachi, popular
  Mexican music and orchestra
el **marido** husband
el **marisco** seafood *5A*
  marroquí Moroccan *9B*
  Marruecos Morocco *9B*
  martes Tuesday; *el martes* on
  Tuesday
  marzo March
  más more, else; *el/la/los/las*
  (+ noun) más (+ adjective)
  the most *(+ adjective)*; *lo más*
  (+ adverb) posible as
  (+ adverb) as possible; *más*
  de more than *4A*; *más*
  (+ noun/adjective/adverb)
  que more *(+ noun/adjective/*
  adverb) than; *más vale que* it
  is better that *6B*
  masculino,-a masculine
las **matemáticas** mathematics
el **material** material
  máximo,-a maximum *7B*;
  pena máxima penalty *7B*
  maya Mayan
los **mayas** Mayans
  mayo May
la **mayonesa** mayonnaise *5B*
  mayor older, oldest; greater,
  greatest
la **mayoría** majority
la **mayúscula** capital letter
  me (to, for) me *(i.o.)*; me *(d.o.)*;
  me llaman they call me; *me*
  llamo my name is
el **mecánico,** la **mecánica**
  mechanic *9A*
la **medianoche** midnight;
  Es medianoche. It
  is midnight.
la **medicina** medicine *2B*
el **médico,** la **médica** doctor
el **medio** means; middle, center
  9B; *en medio de* in the middle
  of, in the center of *9B*
  medio,-a half; *y media*
  half past
el **mediocampista** midfielder *7B*
la **mediocampista** midfielder *7B*
el **mediodía** noon; *Es mediodía.*
  It is noon.

mejor better; *a lo mejor* maybe 8A; *el/la/los/las mejor/mejores* (+ noun) the best (+ noun)

mejorar to improve

el **melón** melon, cantaloupe 5A

menor younger, youngest; lesser, least

menos minus, until, before, to (to express time); less; *el/la/los/las* (+ noun) *menos* (+ adjective) the least (+ adjective + noun); *lo menos* (+ adverb) *posible* as (+ adverb) as possible; *menos* (+ noun/adjective/adverb) *que* less (+ noun/adjective/ adverb) than; *menos cuarto* a quarter to, a quarter before; *por lo menos* at least

mentir (ie, i) to lie

la **mentira** lie

el **menú** menu

el **mercado** market

el **merengue** merengue (dance music)

el **mes** month

la **mesa** table; *mesa de planchar* ironing board 6B; *poner la mesa* to set the table; *recoger la mesa* to clear the table

el **mesero,** la **mesera** food server

la **mesita** tray table

el **metro** subway; *estación del metro* subway station

mexicano,-a Mexican 3A

México Mexico

mi my; *(pl. mis)* my

mí me (after a preposition)

el **micrófono** microphone 7B

el **miedo** fear; *tener miedo de* to be afraid of

el **miembro** member 6A

mientras (que) while 3B

miércoles Wednesday; *el miércoles* on Wednesday

mil thousand

mínimo,-a minimum

la **minúscula** lowercase

el **minuto** minute

mío,-a my, (of) mine 4B; *el gusto es mío* the pleasure is mine

mira: see *mirar*

mirar to look (at); *mira (tú* command) look; *mira* hey, look (pause in speech); *miren*

(*Uds.* command) look; *miren* hey, look (pause in speech)

miren: see *mirar*

mismo right (in the very moment, place, etc.); *ahora mismo* right now

mismo,-a same

el **misterio** mystery 7A

la **moda** fashion

el **modelo** model

moderno,-a modern 3B

molestar to bother 4A

la **moneda** coin, money

el **mono** monkey 4A

la **montaña** mountain 4A; *montaña rusa* roller coaster 4A

montar to ride; *montar en patineta* to skateboard

el **monumento** monument 3A

morder (ue) to bite 7A

moreno,-a brunet, brunette, dark-haired, dark-skinned

morir(se) (ue, u) to die 7A; *morirse de la risa* to die laughing 7A

la **mostaza** mustard 5B

el **mostrador** counter 8B

mostrar (ue) to show 7A

la **moto(cicleta)** motorcycle

el **motor** motor, engine 3B; *motor de búsqueda* search engine 1A

la **muchacha** girl, young woman

el **muchacho** boy, guy

muchísimo very much, a lot

mucho much, a lot, very, very much

mucho,-a much, a lot of, very; *(pl. muchos,-as)* many; *con (mucho) gusto* I would be (very) glad to; *muchas gracias* thank you very much; *¡Mucho gusto!* Glad to meet you!

mudar(se) to move

el **mueble** piece of furniture 6A

el **muelle** concourse, pier

la **mujer** woman; wife; *mujer de negocios* businesswoman 9A

el **mundo** world 1A; *todo el mundo* everyone, everybody 1B

la **muralla** wall

el **muro** (exterior) wall 6A

el **museo** museum

la **música** music

el **musical** musical 7A

muy very

N

nacer to be born 8A

la **nación** nation

nacional national 7A

nada nothing; *de nada* you are welcome, not at all

nadar to swim

nadie nobody

la **naranja** orange

la **nariz** nose *(pl. narices)* 2B

narrar to announce, to narrate 7B

navegar to surf 1A

la **Navidad** Christmas

la **neblina** mist; *hay neblina* it is misty

necesario,-a necessary 5A

necesitar to need

negativo,-a negative

los **negocios** business 9A; *hombre de negocios* businessman 9A; *mujer de negocios* businesswoman 9A

negro,-a black

nervioso,-a nervous

nevar (ie) to snow

ni not even; *ni...ni* neither...nor

Nicaragua Nicaragua

nicaragüense Nicaraguan 4A

la **nieta** granddaughter

el **nieto** grandson

la **nieve** snow

ningún, ninguna none, not any

ninguno,-a none, not any

el **niño,** la **niña** child 2B

el **nivel** level

no no; *¡Cómo no!* Of course!; *No lo/la veo.* I do not see him (it)/her (it).; *¡no me digas!* you don't say! 9B; *No sé.* I do not know.

la **noche** night; *buenas noches* good night; *de la noche P.M.,* at night; *esta noche* tonight; *por la noche* at night

el **nombre** name 8A

el **noreste** northeast 3B

la **noria** Ferris wheel

normal normal 7A

el **noroeste** northwest 3B

el **norte** north 3B; *América del Norte* North America 6A

norteamericano,-a North American *9B*

nos (to, for) us *(i.o.)*; us *(d.o.)*

nosotros,-as we; us (after a preposition)

la **noticia** news *1B*

el **noticiero** news program *7A*

novecientos,-as nine hundred

noveno,-a ninth

noventa ninety

la **novia** girlfriend *1B*

noviembre November

el **novio** boyfriend *1B*

nublado,-a cloudy; *está nublado* it is cloudy

nuestro,-a our, (of) ours *4B*

nueve nine

nuevo,-a new; *Año Nuevo* New Year's (Day)

el **número** number; *número de teléfono* telephone number

nunca never

o or; *o...o* either...or

la **obra** work, play

el **obrero**, la **obrera** worker *9A*

obvio,-a obvious *6B*

la **ocasión** occasion *7A*

el **océano** ocean *9B*

ochenta eighty

ocho eight

ochocientos,-as eight hundred

octavo,-a eighth

octubre October

ocupado,-a busy, occupied

ocupar to occupy

ocurrir to occur *4B*

la **odisea** odyssey

el **oeste** west *3B*

la **oferta** sale; *estar en oferta* to be on sale

oficial official

la **oficina** office; *oficina de correos* post office *3A*

ofrecer to offer *3B*

el **oído** (inner) ear *2B*; sense of hearing

oigan hey, listen (pause in speech)

oigo hello (telephone greeting)

oír to hear, to listen (to); *oigan* hey, listen (pause in speech); *oigo* hello (telephone greeting); *oye* hey, listen (pause in speech)

ojalá would that, if only, I hope *9A*

el **ojo** eye *2B*

olé bravo

la **olla** pot, saucepan

olvidar(se) to forget *2B*

la **omisión** omission

once eleven

opinar to give an opinion *7A*; to form an opinion *7A*

la **oportunidad** opportunity *7B*

el **opuesto** opposite

la **oración** sentence

el **orden** order

ordenar to give an order

la **oreja** (outer) ear *2B*

la **organización** organization

organizar to organize *9B*

el **órgano** organ

la **orilla** shore *9B*

el **oro** gold

os (to, for) you (Spain, informal, *pl., i.o.*), you (Spain, informal, *pl., d.o.*)

el **oso** bear *4B*; *oso de peluche* teddy bear *4B*

el **otoño** autumn

otro,-a other, another (*pl. otros,-as*); *otra vez* again, another time

la **oveja** sheep *4B*

oye hey, listen (pause in speech)

el **Pacífico** Pacific Ocean

el **padrastro** stepfather *6A*

el **padre** father; *(pl. padres)* parents

la **paella** paella (traditional Spanish dish with rice, meat, seafood and vegetables)

pagar to pay

la **página** page

el **país** country

el **paisaje** landscape, scenery

el **pájaro** bird *4B*

la **palabra** word; *palabra interrogativa* question word; *palabras antónimas* antonyms, opposite words

las **palomitas de maíz** popcorn *4A*

el **pan** bread

la **panadería** bakery *3A*

Panamá Panama

panameño,-a Panamanian *4A*

el **pantalón** pants

la **pantalla** screen

la **pantera** panther *4A*

las **pantimedias** pantyhose, nylons

la **pantufla** slipper

el **pañuelo** handkerchief, hanky

la **papa** potato

el **papá** father, dad *6A*

los **papás** parents

la **papaya** papaya *5A*

el **papel** paper; role; *haz el papel* play the role; *hoja de papel* sheet of paper

la **papelería** stationery store *3A*

para for, to, in order to; *para que* so that, in order that

el **parabrisas** windshield *3B*

el **parachoques** fender *3B*

el **parador** inn *8B*

el **paraguas** umbrella

el **Paraguay** Paraguay

paraguayo,-a Paraguayan *4A*

parar to stop *3A*; *ir a parar* to end up *5B*

parecer to seem; *¿Qué (te/le/les) parece?* What do/does you/he/she/they think? *5B*

la **pared** wall

la **pareja** pair, couple

el **pariente**, la **parienta** relative

el **parque** park; *parque de atracciones* amusement park

el **párrafo** paragraph

la **parte** place, part *5A*

participar to participate *7A*

el **partido** game, match; *partidos empatados* games tied; *partidos ganados* games won; *partidos perdidos* games lost

pasado,-a past, last; *pasado mañana* the day after tomorrow

el **pasaje** ticket

el **pasajero** passenger *8B*

pásame: see *pasar*

el **pasaporte** passport *8A*

pasar to pass, to spend (time); to happen, to occur; *pásame* pass me; *pasar la aspiradora* to vacuum; *¿Qué te pasa?* What is wrong with you?

el **pasatiempo** pastime, leisure activity

la **Pascua** Easter
el **paseo** walk, ride, trip; *dar un paseo* to take a walk
el **pastel** cake, pastry *6B*
la **pata** paw, leg (for an animal) *4B*
el **patinador,** la **patinadora** skater
patinar to skate; *patinar sobre hielo* to ice-skate
la **patineta** skateboard
el **patio** courtyard, patio, yard
el **pato** duck *4B*
el **pavo** turkey *4B*
el **payaso** clown *4B*
la **paz** peace
el **pecho** chest *2B*
pedir (i, i) to ask for, to order, to request; *pedir perdón* to say you are sorry; *pedir permiso (para)* to ask for permission (to do something); *pedir prestado,-a* to borrow
peinar(se) to comb *2A*
el **peine** comb *2A*
la **película** movie, film
pelirrojo,-a red-haired
el **pelo** hair *2A*; *tomar el pelo* to pull someone's leg *5B*
la **pelota** ball *7B*
el **peluquero,** la **peluquera** hairstylist *9A*
la **pena** punishment, pain, trouble; *pena máxima* penalty *7B*
pensar (ie) to think, to intend, to plan; *pensar de* to think about (i.e., to have an opinion); *pensar en* to think about (i.e., to focus one's thoughts on); *pensar en* (+ infinitive) to think about (doing something)
peor worse; *el/la/los/las peor/peores* (+ noun) the worst (+ noun)
pequeño,-a small
la **pera** pear *5A*
perder (ie) to lose; *partidos perdidos* games lost
perdidos: see *perder*
perdón excuse me, pardon me; *pedir perdón* to say you are sorry
perezoso,-a lazy
perfecto,-a perfect
el **perfume** perfume

el **periódico** newspaper
el **periodista,** la **periodista** journalist *7A*
el **período** period
la **perla** pearl
el **permiso** permission, permit; *con permiso* excuse me (with your permission), may I; *pedir permiso (para)* to ask for permission (to do something)
permitir to permit
pero but
la **persona** person
el **personaje** character *7A*
personal personal; *pronombre personal* subject pronoun
el **Perú** Peru
peruano,-a Peruvian *4A*
el **perro,** la **perra** dog
la **pesca** fishing *9A*
el **pescado** fish (fish that has been caught and will be served/eaten/used)
pescar to fish *2B*; *pescar (un resfriado)* to catch (a cold) *2B*
el **petróleo** oil
el **pez (peces)** fish *2B*
el **piano** piano
el **picnic** picnic *1B*
el **pie** foot; *a pie* on foot
la **pierna** leg
la **pieza** piece *8B*
el **pijama** pajamas
el **piloto,** la **piloto** pilot *8B*
el **pimentero** pepper shaker *5B*
la **pimienta** pepper (seasoning)
el **pimiento** bell pepper
pintar to paint *1B*
la **pintura** painting
la **piña** pineapple *5A*
la **pirámide** pyramid
la **piscina** swimming pool
el **piso** floor; *primer piso* first floor
la **pista** clue
la **pizarra** blackboard
el **placer** pleasure *8B*
el **plan** plan *6B*
la **plancha** iron *6B*
planchar to iron *6B*; *mesa de planchar* ironing board *6B*
la **planta** plant; *planta baja* ground floor
el **plástico** plastic
la **plata** silver
el **plátano** banana

el **plato** dish, plate; *plato de sopa* soup bowl
la **playa** beach
la **plaza** plaza, public square
la **pluma** feather *4B*; pen
la **población** population
pobre poor *4B*
poco,-a not very, little; *un poco* a little (bit)
poder (ue) to be able
el **policía,** la **policía** police (officer) *3A*
la **política** politics *7B*
políticamente politically
el **pollo** chicken
el **polvo** dust *1B*
poner to put, to place, to turn on (an appliance); *poner la mesa* to set the table; *poner(se)* to put on *2A*
popular popular
un **poquito** a very little (bit)
por for; through, by; in; along; *por ejemplo* for example; *por favor* please; *por fin* finally *9B*; *por la mañana* in the morning; *por la noche* at night; *por la tarde* in the afternoon; *por teléfono* by telephone, on the telephone; *por todos lados* everywhere
¿por qué? why?
porque because
el **portero,** la **portera** goalkeeper, goalie *7B*
el **Portugal** Portugal *9B*
portugués, portuguesa Portuguese *9B*
la **posibilidad** possibility
posible possible *5B*; *lo más* (+ adverb) *posible* as (+ adverb) as possible; *lo menos* (+ adverb) *posible* as (+ adverb) as possible
la **posición** position
el **postre** dessert
potable drinkable
la **práctica** practice; *La práctica hace al maestro.* Practice makes perfect.
practicar to practice, to do *9A*
el **precio** price
preciso,-a necessary *6B*
preferir (ie, i) to prefer
la **pregunta** question; *hacer una pregunta* to ask a question

preguntar to ask; *preguntarse* to wonder, to ask oneself *2B*

el **premio** prize *6A*

la **prenda** garment *5B*

preocupar(se) to worry *2A*

preparar to prepare

el **preparativo** preparation

la **presentación** introduction

presentar to introduce, to present; *le presento a* let me introduce you (formal, *s.*) to; *les presento a* let me introduce you *(pl.)* to; *te presento a* let me introduce you (informal, *s.*) to

presente present

presento: see *presentar*

prestado,-a on loan; *pedir prestado,-a* to borrow

prestar to lend

la **primavera** spring

primer first (form of *primero* before a *m., s.* noun); *primer piso* first floor

primero first (adverb)

primero,-a first

el **primo,** la **prima** cousin

la **princesa** princess *8A*

principal principal, main *5B*

el **príncipe** prince *8A*

la **prisa** rush, hurry, haste; *tener prisa* to be in a hurry

probable probable *5A*

probar(se) (ue) to try (on) *5B*; to test, to prove

el **problema** problem

produce produces

el **producto** product

el **profe** teacher

el **profesor,** la **profesora** teacher

el **programa** program, show *1A; bajar un programa* to download a program *1A; programa de concurso* game show

el **programador,** la **programadora** computer programmer *9A*

prohibido,-a not permitted, prohibited *3B*

prometer to promise

el **pronombre** pronoun; *pronombre personal* subject pronoun

el **pronóstico** forecast

pronto soon, quickly; *hasta pronto* see you soon

la **pronunciación** pronunciation

la **propina** tip *5B*

el **propósito** aim, purpose; *a propósito* by the way *9B*

la **protesta** protest *7A*

próximo,-a next *3A*

la **publicidad** publicity

el **público** audience *7A*

público,-a public

puede ser maybe *8A*

el **puente** bridge *3A*

el **puerco** pig; pork

la **puerta** door

la **puerta de embarque** boarding gate *8B*

el **puerto** port

Puerto Rico Puerto Rico

puertorriqueño,-a Puerto Rican *4A*

pues thus, well, so, then (pause in speech)

el **pulpo** octopus, squid *5A*

la **pulsera** bracelet

el **punto** dot, point

la **puntuación** punctuation

el **pupitre** desk

puro,-a pure, fresh *6A*

que that, which; *lo que* what, that which; *más* (+ noun/ adjective/adverb) *que* more (+ noun/adjective/adverb) than; *que viene* upcoming, next

¿qué? what?; *¿a qué hora?* at what time?; *¿Qué comprendiste?* What did you understand?; *¿Qué hora es?* What time is it?; *¿Qué quiere decir...?* What is the meaning (of)...?; *¿Qué tal?* How are you?; *¿Qué (te/le/les) parece?* What do/does you/he/she /they think? *5B; ¿Qué quiere decir...?* What is the meaning (of)...?; *¿Qué te pasa?* What is wrong with you?; *¿Qué temperatura hace?* What is the temperature?; *¿Qué (+ tener)?* What is wrong with (someone)?; *¿Qué tiempo hace?* How is the weather?

¡qué (+ adjective)! how (+ adjective)!

¡qué (+ noun)! what a (+ noun)!; *¡Qué lástima!* What

a shame!, Too bad!; *¡Qué (+ noun) tan (+ adjective)!* What (a) (+ adjective) (+ noun)!

quedar(se) to remain, to stay *2A; quedarle bien a uno* to fit, to be becoming

el **quehacer** chore

quemar to burn *2A; quemarse* to get burned *2A*

querer (ie) to love, to want, to like; *¿Qué quiere decir...?* What is the meaning (of)...?; *querer decir* to mean; *quiere decir* it means; *quiero* I love; I want

querido,-a dear

el **queso** cheese

quien who, whom

¿quién? who?; *(pl. ¿quiénes?)* who?

quienquiera whoever *9A*

quiere: see *querer*

quiero: see *querer*

la **química** chemistry

quince fifteen

quinientos,-as five hundred

quinto,-a fifth

quisiera would like *1B*

quitar(se) to take off *2A*

quizás perhaps

R

el **rabo** tail *4B*

el **radio** radio (apparatus)

la **radio** radio (broadcast)

rápidamente rapidly

rápido,-a rapid, fast

el **rascacielos** skyscraper

el **ratón** mouse *4B*

la **raya** stripe *5B; a rayas* striped *5B*

rayado,-a scratched, striped *6A*

la **razón** reason *5B; tener razón* to be right *5B*

real royal; real *9A*

la **realidad** reality *9B*

realizar to attain, to bring about

la **recepción** reception desk *8B*

el **recepcionista,** la **recepcionista** receptionist *8B*

la **receta** recipe

recibir to receive

el **recibo** receipt

recoger to pick up; *recoger la mesa* to clear the table

recordar (ue) to remember

la **Red** World Wide Web *1A*
redondo,-a round
referir(se) (ie, i) to refer *6A*
el **refrán** saying, proverb
el **refresco** soft drink, refreshment
el **refrigerador** refrigerator
el **regalo** gift
regañar to scold
regatear to bargain, to haggle
registrar to check in *8B*
la **regla** ruler; rule *6B*
regresar to return, to go back, to come back *6B*
regular average, okay, so-so, regular
la **reina** queen *8A*
reír(se) (i, i) to laugh *5A*
la **reja** wroughtiron window grill *6A*; wroughtiron fence *6A*
relacionado,-a related
el **reloj** clock, watch
remoto,-a remote
repasar to reexamine, to review
el **repaso** review
repetir (i, i) to repeat; *repitan* (*Uds.* command) repeat; *repite* (*tú* command) repeat
repitan: see *repetir*
repite: see *repetir*
reportando reporting
el **reportero**, la **reportera** reporter *7A*
el **reproductor de CDs** CD player
la **República Dominicana** Dominican Republic
resbaloso,-a slippery
la **reservación** reservation *8A*
el **resfriado** cold *2B*; *pescar un resfriado* to catch a cold
resolver (ue) to resolve, to solve
el **respaldar** seat back
responder to answer
la **respuesta** answer
el **restaurante** restaurant
el **resumen** summary; *en resumen* in short
la **reunión** meeting, reunion *7A*
reunir(se) to get together *2B*
revisar to check
la **revista** magazine
el **rey** king *8A*
rico,-a rich, delicious *5B*

el **riel** rail
el **río** river *9B*
la **risa** laugh *7A*; *morirse de la risa* to die laughing *7A*
el **ritmo** rhythm
el **robo** robbery *7A*
la **rodilla** knee *2B*
rojo,-a red
romper to break, to tear *7A*
la **ropa** clothing; *ropa interior* underwear
rosado,-a pink
el **rubí** ruby *5B*
rubio,-a blond, blonde
la **rueda** wheel *3B*; *rueda de Chicago* Ferris wheel *4A*
el **rugido** roar
rugir to roar
el **ruido** noise *8B*
Rusia Russia *9B*
ruso,-a Russian *9B*; *montaña rusa* roller coaster *6A*
la **rutina** routine

sábado Saturday; *el sábado* on Saturday
saber to know; *No sé.* I do not know.; *sabes* you know; *sé* I know
sabes: see *saber*
el **sabor** flavor *5B*
saborear to taste, to savor *8A*
saca: see *sacar*
el **sacapuntas** pencil sharpener
sacar to take out; *saca* (*tú* command) stick out *2B*
la **sal** salt
la **sala** living room
la **salchicha** hot dog, bratwurst *5A*
el **salero** salt shaker *5B*
la **salida** departure, exit *8A*
salir to go out; *siempre salirse con la suya* to always get one's way *9B*
la **salsa** salsa (dance music); sauce *5B*; *salsa de tomate* ketchup *5B*
saltar to jump *4B*
la **salud** health *2A*
saludar to greet, to say hello
el **saludo** greeting
salvadoreño,-a Salvadoran *4A*
salvaje wild *4A*
las **sandalias** sandals *1B*
la **sandía** watermelon *5A*

el **sandwich** sandwich *5A*
la **sangre** blood
el **santo** saint's day; *El Día de todos los Santos* All Saints' Day
saudita Saudi, Saudi Arabian *9B*
el **saxofón** saxophone
se *¿Cómo se dice...?* How do you say...?; *¿Cómo se escribe...?* How do you write (spell)...?; *¿Cómo se llama (Ud./él/ella)?* What is (your/his/her) name?; *se considera* it is considered; *se dice* one says; *se escribe* it is written; *Se habla español.* Spanish is spoken.; *se llaman* their names are; *(Ud./Él/Ella) se llama...* (Your [formal]/His/Her) name is...
la **secadora** dryer *6A*
la **sección** section
el **secretario**, la **secretaria** secretary *9A*
el **secreto** secret *5B*
la **sed** thirst; *tener sed* to be thirsty
la **seda** silk
seguir (i, i) to follow, to continue, to keep, to go on, to pursue *1A*; *sigan* (*Uds.* command) follow; *sigue* (*tú* command) follow
según according to
el **segundo** second
segundo,-a second
la **seguridad** safety *3B*; *cinturón de seguridad* seat belt, safety belt *3B*
seguro,-a sure *6B*
seis six
seiscientos,-as six hundred
selecciona (*tú* command) select
la **selva** jungle *4A*; *selva tropical* tropical rain forest
la **semana** week; *fin de semana* weekend; *Semana Santa* Holy Week
sentar (ie) to seat (someone) *2A*; *sentarse* to sit down *2A*; *siéntate* (*tú* command) sit down *2B*; *siéntense* (*Uds.* command) sit down
sentir (ie, i) to be sorry, to feel sorry, to regret; *lo siento* I am sorry; *sentir(se)* to feel *2B*
la **señal** sign *3B*

señalar to point to, to point at, to point out; *señalen (Uds. command)* point to

señalen: see *señalar*

sencillo,-a one-way, single *8B*

el **señor** gentleman, sir, Mr.

la **señora** lady, madame, Mrs.

la **señorita** young lady, Miss

septiembre September

séptimo,-a seventh

ser to be; *eres* you are; *¿Eres (tú) de...?* Are you from...?; *es* you (formal) are, he/she/it is; *es la una* it is one o'clock; *Es medianoche.* It is midnight.; *Es mediodía.* It is noon.; *fue* you (formal) were, he/she/it was (preterite of *ser*); *fueron* you (pl.) were, they were (preterite of *ser*); *puede ser* maybe *8A*; *¿Qué hora es?* What time is it?; *sea* it is; *ser difícil que* to be unlikely that *6B*; *ser fácil que* to be likely that *6B*; *ser listo,-a* to be smart; *son* they are; *son las* (+ number) it is (+ number) o'clock; *soy* I am

serio,-a serious *7A*

la **serpiente** snake *4A*

el **servicio** service *8B*; *servicio de habitaciones* room service *8B*

la **servilleta** napkin

servir (i, i) to serve *5B*

sesenta sixty

setecientos,-as seven hundred

setenta seventy

sexto,-a sixth

los **shorts** shorts *1B*

si if

sí yes

siempre always; *siempre salirse con la suya* to always get one's way *9B*

siéntate: see *sentar*

siéntense: see *sentar*

siento: see *sentir*

siete seven

sigan: see *seguir*

el **siglo** century

los **signos de puntuación** punctuation marks

sigue: see *seguir*

siguiente following; *lo siguiente* the following

la **silabificación** syllabification

el **silencio** silence

la **silla** chair

el **sillón** armchair, easy chair *6A*

el **símbolo** symbol

similar alike, similar

simpático,-a nice, pleasant

sin without; *sin embargo* however, nevertheless *9B*

sino but (on the contrary), although, even though *3B*

sintético,-a synthetic

la **situación** situation

sobre on, over; about

la **sobrina** niece

el **sobrino** nephew

el **sol** sun; *hace sol* it is sunny; *hay sol* it is sunny

solamente only

soleado,-a sunny; *está soleado* it is sunny

soler (ue) to be accustomed to, to be used to *5B*

solo,-a alone *1B*

sólo only, just

la **sombrerería** hat store

el **sombrero** hat

son: see *ser*

el **sondeo** poll

el **sonido** sound

sonreír(se) (i, i) to smile *6B*

soñar to dream *8A*

la **sopa** soup; *plato de sopa* soup bowl

la **sorpresa** surprise

el **sótano** basement *6A*

soy: see *ser*

Sr. abbreviation for *señor*

Sra. abbreviation for *señora*

Srta. abbreviation for *señorita*

su, sus his, her, its, your *(Ud./Uds.),* their

suave smooth, soft *9A*

el **subdesarrollo** underdevelopment

subir to climb, to go up, to go upstairs, to take up, to bring up, to carry up; to get in *3B*

el **suceso** event, happening *7A*

sucio,-a dirty

el **sueño** sleep; dream *9A*; *tener sueño* to be sleepy

la **suerte** luck *8A*; *buena suerte* good luck

el **suéter** sweater

el **supermercado** supermarket

el **sur** south *3B*; *América del Sur* South America *6A*

suramericano,-a South American *9B*

el **sureste** southeast *3B*

surfear to surf

el **suroeste** southwest *3B*

el **surtido** assortment, supply, selection *5B*

el **sustantivo** noun

suyo,-a his, (of) his, her, (of) hers, its, your, (of) yours, their, (of) theirs *4B*; *siempre salirse con la suya* to always get one's way *9B*

T

la **tabla** chart *7B*

el **taco** taco *3A*

tal such, as, so; *¿Qué tal?* How are you?

el **tamal** tamale

el **tamaño** size

también also, too

el **tambor** drum

tampoco either, neither

tan so; *¡Qué (+ noun) tan (+ adjective)!* What (a) (+ adjective) (+ noun)! *5B*; *tan (+ adjective/adverb) como (+ person/item)* as (+ adjective/adverb) as (+ person/item)

tanto,-a so much; *tanto,-a (+ noun) como (+ person/item)* as much/many (+ noun) as (+ person/item); *tanto como* as much as; *Tanto gusto.* So glad to meet you.

la **tapa** tidbit, appetizer

la **taquilla** box office, ticket office *4B*

tardar to delay *3B*; *tardar en (+ infinitive)* to be long, to take a long time *3B*

tarde late *2A*

la **tarde** afternoon; *buenas tardes* good afternoon; *de la tarde*, in the afternoon; *por la tarde* in the afternoon

la **tarea** homework

la **tarifa** fare *8A*

la **tarjeta** card; *tarjeta de crédito* credit card

el **taxista,** la **taxista** taxi driver *9A*

la **taza** cup

te (to, for) you *(i.o.)*; you *(d.o.)*; *¿Cómo te llamas?* What is your name?; *te llamas* your name is

el **té** tea *5A*

el **teatro** theater

el **techo** roof *6A*

la **tecnología** technology *1A*

la **tela** fabric, cloth *5B*

el **teléfono** telephone; *número de teléfono* telephone number; *por teléfono* by telephone, on the telephone; *teléfono público* public telephone

la **telenovela** soap opera

la **televisión** television; *ver (la) televisión* to watch television

el **televisor** television set

el **tema** theme, topic

el **temblor** tremor, earthquake *7A*

temer to fear *6B*

la **temperatura** temperature; *¿Qué temperatura hace?* What is the temperature?

temprano early

el **tenedor** fork

tener to have; *¿Cuántos años tienes?* How old are you?; *¿Qué (+ tener)?* What is wrong with (person)?; *tener calor* to be hot; *tener cuidado* to be careful *6A*; *tener éxito* to be successful, to be a success *7A*; *tener frío* to be cold; *tener ganas de* to feel like; *tener hambre* to be hungry; *tener miedo de* to be afraid of; *tener (+ number) años* to be (+ number) years old; *tener prisa* to be in a hurry; *tener que* to have to; *tener razón* to be right *5B*; *tener sed* to be thirsty; *tener sueño* to be sleepy; *tengo* I have; *tengo (+ number) años* I am (+ number) years old; *tiene* it has; *tienes* you have

tengo: see *tener*

el **tenis** tennis

los **tenis** tennis shoes, sneakers *1B*

el **tenista,** la **tenista** tennis player

tercer third (form of *tercero* before a *m., s.* noun)

tercero,-a third

terminar to end, to finish

la **ternera** veal *5A*

el **testigo,** la **testigo** witness *7A*

ti you (after a preposition)

la **tía** aunt

el **tiempo** time; weather; verb tense; period, half *7B*; *a tiempo* on time *6B*; *hace buen (mal) tiempo* the weather is nice (bad); *¿Qué tiempo hace?* How is the weather?

la **tienda** store

tiene: see *tener*

tienes: see *tener*

la **tierra** land, earth

el **tigre** tiger *4A*

la **tina** bathtub *2A*

el **tío** uncle

típico,-a typical

el **tipo** type, kind *5B*

la **tira cómica** comic strip *7B*

tirar to throw away *3B*

el **tiro** shot *7B*

el **titular** headline *7B*

la **tiza** chalk

la **toalla** towel *2A*

toca: see *tocar*

el **tocador** dresser

tocar to play (a musical instrument); to touch; *toca (tú* command) touch *2B*; *toquen (Uds.* command) touch

el **tocino** bacon *5A*

todavía yet; still

todo everything *6A*

todo,-a all, every, whole, entire; *de todos los días* everyday; *por todos lados* everywhere; *todo el mundo* everyone, everybody; *todos los días* every day

todos,-as everyone, everybody

tolerante tolerant

tomar to drink, to have; to take; *tomar el pelo* to pull someone's leg *5B*

el **tomate** tomato; *salsa de tomate* ketchup *5B*

tonto,-a silly

el **tópico** theme

toquen: see *tocar*

el **toro** bull *4B*

la **toronja** grapefruit *5A*

la **torre** tower *3A*

la **tortilla** cornmeal pancake (Mexico) *3A*; omelet (Spain) *3A*

la **tortuga** turtle *4A*

la **tostadora** toaster *6B*

trabajar to work; *trabajando en parejas* working in pairs

el **trabajo** work

traducir to translate *5A*

traer to bring

el **tráfico** traffic *3B*

el **traje** suit; *traje de baño* swimsuit

la **transmisión** transmission, broadcast *7B*

el **transporte** transportation

el **trapecista,** la **trapecista** trapeze artist *4B*

tratar (de) to try (to do something)

trece thirteen

treinta thirty

treinta y uno thirty-one

el **tren** train; *estación del tren* train station *6A*

tres three

trescientos,-as three hundred

la **tripulación** crew *8B*

triste sad

el **trombón** trombone

la **trompeta** trumpet

tu your (informal); *(pl. tus)* your (informal)

tú you (informal)

la **tumba** tomb

el **turismo** tourism

el **turista,** la **turista** tourist

turístico,-a tourist *8A*

tuyo,-a your, (of) yours *4B*

u or (used before a word that starts with *o* or *ho*)

ubicado,-a located

Ud. you (abbreviation of *usted*); you (after a preposition); *Ud. se llama...* Your name is...

Uds. you (abbreviation of *ustedes*); you (after a preposition)

último,-a last *1B*

un, una a, an, one; *a la una* at one o'clock

único,-a only, unique

unido,-a united, connected *9A*

la **universidad** university *9A*

uno one; *quedarle bien a uno* to fit, to be becoming

unos, unas some, any, a few

urgente urgent *6B*

el **Uruguay** Uruguay

uruguayo,-a Uruguayan *4A*

usar to use

usted you (formal, s.); you (after a preposition)

ustedes you *(pl.)*; you (after a preposition)

la **uva** grape

la **vaca** cow *4B*

las **vacaciones** vacation

la **vainilla** vanilla

valer to be worth *6B*; *más vale que* it is better that *6B*

¡vamos! let's go!; *¡vamos a (+ infinitive)!* let's (+ infinitive)!

la **variedad** variety *5B*

varios,-as several

el **vaso** glass

vayan: see *ir*

ve: see *ir*

el **vecino,** la **vecina** neighbor *3B*

veinte twenty

veinticinco twenty-five

veinticuatro twenty-four

veintidós twenty-two

veintinueve twenty-nine

veintiocho twenty-eight

veintiséis twenty-six

veintisiete twenty-seven

veintitrés twenty-three

veintiuno twenty-one

vencer to expire

el **vendedor,** la **vendedora** salesperson *9A*

vender to sell

venezolano,-a Venezuelan *4A*

Venezuela Venezuela

vengan: see *venir*

venir to come; *vengan (Uds. command)* come

la **ventana** window

el **ventilador** fan *6A*

veo: see *ver*

ver to see, to watch; *a ver* let's see, hello (telephone

greeting); *No lo/la veo.* I do not see him (it)/her (it).; *veo* I see; *ver (la) televisión* to watch television; *ves* you see

el **verano** summer

el **verbo** verb

verdad true

¿verdad? right?

la **verdad** truth

verde green

la **verdura** greens, vegetables

vertical vertical

ves: see *ver*

el **vestido** dress

el **vestidor** fitting room *5B*

vestir (i, i) to dress (someone) *2A*; *vestirse* to get dressed *2A*

el **veterinario,** la **veterinaria** veterinarian *9A*

la **vez** time *(pl. veces)*; *a veces* sometimes, at times; *(number +) vez/veces al/a la (+ time expression) (number +) time(s) per (+ time expression)*; *otra vez* again, another time

viajar to travel

el **viaje** trip; *agencia de viajes* travel agency *8A*; *irse de viaje* to go away on a trip *5B*

la **vida** life

el **videojuego** video game

viejo,-a old

el **viento** wind; *hace viento* it is windy

viernes Friday; *el viernes* on Friday

el **vinagre** vinegar

el **vínculo** link *1A*

la **visa** visa *8A*

la **visita** visit *4A*

visitar to visit *1B*

la **vista** view; *hasta la vista* so

long, see you later

la **vitrina** store window *3A*; glass showcase *3A*

vivir to live

el **vocabulario** vocabulary

la **vocal** vowel; *vocales abiertas* open vowels; *vocales cerradas* closed vowels

el **volante** steering wheel *3B*

volar (ue) to fly *4B*

el **voleibol** volleyball

volver (ue) to return, to go back, to come back

vosotros,-as you (Spain, informal, *pl.*); you (after a preposition)

la **voz** voice *(pl. voces)*

el **vuelo** flight *8A*; *auxiliar de vuelo* flight attendant *8B*

vuestro,-a,-os,-as your (Spain, informal, *pl.*)

la **Web** (World Wide) Web *1A*

y and; *y cuarto* a quarter past, a quarter after; *y media* half past

ya already; now *7B*

yo I

la **zanahoria** carrot

la **zapatería** shoe store *3A*

el **zapato** shoe; *zapato bajo* low-heel shoe; *zapato de tacón* high-heel shoe

el **zoológico** zoo *4A*; *jardín zoológico* zoological garden

Vocabulary English / Spanish

A

a un, una; *a few* unos, unas; *a little (bit)* un poco; *a lot (of)* mucho, muchísimo; *a very little (bit)* un poquito

about sobre; acerca de *7B*

above encima de *4B*, arriba *6A*

accent el acento

accepted aceptado,-a *9A*

accident el accidente *7A*

according to según

acrobat el acróbata, la acróbata *4B*

activity la actividad *7A*

actor el actor, la actriz *7A*

actress la actriz *7A*

to add añadir; agregar *5B*

address la dirección *3A*

advertisement el anuncio (comercial) *7A*; *printed advertisement* el aviso *7B*

advice el consejo *5B*

to advise aconsejar *5B*

aerobics los aeróbicos; *to do aerobics* hacer aeróbicos

affectionate cariñoso,-a

afraid asustado,-a; *to be afraid of* tener miedo de

Africa el África *4A*

African africano,-a *4A*

after después de; detrás de *4B*; *a quarter after* y cuarto; *the day after tomorrow* pasado mañana

afternoon la tarde; *good afternoon* buenas tardes; *in the afternoon* de la tarde, por la tarde

afterwards después

again otra vez

age la edad

agency la agencia; *travel agency* la agencia de viajes *8A*

agent el agente, la agente *8A*

ago hace (+ *time expression*) que

to agree convenir *6B*, estar de acuerdo *7A*

agreeable agradable *5B*

agreed de acuerdo

ahead adelante *3A*; *straight ahead* derecho *3A*

air aéreo,-a *8A*

air el aire *6A*; *air conditioning* el aire acondicionado *6A*; *pertaining to air* aéreo,-a *8A*

airline la aerolínea *8B*

airplane el avión; *by airplane* en avión

airport el aeropuerto *3A*

alarm la alarma *3B*; *fire alarm* la alarma de incendios *6B*; *alarm clock* el despertador *6A*; *smoke alarm* la alarma de incendios *6B*

algebra el álgebra

all todo,-a; *any at all* cualquiera *6B*

to allow dejar (de) *6A*

almost casi

alone solo,-a *1B*

along por; *to get along* llevarse *2B*

already ya

also también

although sino *3B*, aunque *6B*

always siempre; *to always get one's way* siempre salirse con la suya *9B*

America la América *4A*; *Central America* la América Central *4A*; *North America* la América del Norte *3A*; *South America* la América del Sur *3A*; *United States of America* los Estados Unidos

American americano,-a; *Central American* centroamericano,-a *9B*; *North American* norteamericano,-a *9B*; *South American* suramericano,-a *9B*

to agree → **to amuse** divertir (ie, i) *2B*

amusement la atracción; *amusement park* el parque de atracciones; *(amusement) ride* la atracción *4A*

an un, una

ancient antiguo,-a *4A*

and y; *(used before a word beginning with i or hi)* e

animal el animal *4A*

to announce narrar *7B*

announcement el anuncio *7A*; *commercial announcement* el anuncio comercial *7A*

another otro,-a; *another time* otra vez

answer la respuesta

to answer contestar

antique antiguo,-a *4A*

any unos, unas; alguno,-a, algún, alguna; cualquier, cualquiera *4B*; *any at all* cualquiera *5B*; *not any* ninguno,-a, ningún, ninguna

anybody alguien

anyone alguien

anything algo

apartment el apartamento *3A*

apparatus el aparato *6B*

apple la manzana

appliance el aparato *6B*; *to turn on (an appliance)* poner

appointment la cita *2B*

April abril

aquatic acuático,-a *9A*

Arab árabe

Argentina la Argentina

Argentinean argentino,-a *4A*

to argue discutir *6B*

arm el brazo

armchair el sillón *6A*

around alrededor de *7B*

to arrange arreglar

arrival la llegada *8A*

to arrive llegar

art el arte
article el artículo *7B*
artist el artista, la artista *9A*
as tal, como; *as (+ adverb)
as possible* lo más/menos
(+ adverb) posible; *as
(+ adjective/adverb) as
(+ person/item)* tan
*(+ adjective/adverb) como
(+ person/item); as much as*
tanto como; *as much/many
(+ noun) as (+ person/item)*
tanto,-a *(+ noun)* como
(+ person/item); as soon as en
cuanto *6B*, luego que *6B*
Asia el Asia *9B*
Asian asiático,-a *9B*
to ask preguntar; *to ask a question*
hacer una pregunta; *to ask for*
pedir (i, i); *to ask for
permission (to do something)*
pedir permiso (para); *to ask
oneself* preguntarse *2B*
aspiration la aspiración *9A*
assortment el surtido *5B*
at en; *at (the symbol @ used for
e-mail addresses)* arroba; *at
home* en casa; *at night* de la
noche, por la noche; *at... o'clock*
a la(s)...; *at times* a veces; *at
what time?* ¿a qué hora?
athlete el deportista, la
deportista
to attain conseguir (i, i); realizar
to attend asistir a *9A*
attic el ático *6A*
attitude la actitud *9B*
attraction la atracción *4A*
attractive bonito,-a, guapo,-a
audience el público *7A*
August agosto
aunt la tía
Australia Australia *9B*
Australian australiano,-a *9B*
autograph el autógrafo *7A*
automatic automático,-a
autumn el otoño
avenue la avenida
average regular
avocado el aguacate

B

back la espalda *2B*
bacon el tocino *5A*
bad malo,-a; *Too bad!* ¡Qué
lástima!

bag bolsa *5A*
bakery la panadería *3A*
bald calvo,-a
ball la pelota *7B*
balloon el globo *4A*
banana el plátano
band la banda *4B*
bank el banco
to bargain regatear
to bark ladrar *4B*
baseball el béisbol
basement el sótano *6A*
basketball el básquetbol, el
baloncesto; *basketball player* el
basquetbolista, la
basquetbolista
to bathe bañar(se) *2A*
bathroom el baño, el cuarto
de baño; *bathroom sink*
el lavabo *2A*
bathtub la tina *2A*
to be ser; andar *5A; to be a success*
tener éxito *7A; to be able to*
poder (ue); *to be accustomed to*
soler (ue) *5B; to be acquainted
with* conocer *3B; to be afraid of*
tener miedo de; *to be born* nacer
8A; to be called llamarse *2A; to
be careful* tener cuidado *6A; to
be cold* tener frío; *to be familiar
with* conocer *3B; to be fitting*
convenir *6B; to be glad* alegrarse
(de) *6B; to be going to (do
something)* ir a *(+ infinitive); to
be hot* tener calor; *to be hungry*
tener hambre; *to be important*
importar; *to be in a hurry* tener
prisa; *to be lacking* hacer falta; *to
be likely that* ser fácil que *6B; to
be long* tardar en *(+ infinitive)
3B; to be mistaken* equivocar(se)
2B; to be necessary hacer falta; *to
be (+ number) years old* tener
(+ number) años; *to be on sale*
estar en oferta; *to be pleasing to*
gustar; *to be ready* estar listo,-a;
to be right tener razón *5B; to be
satisfied (with)* estar contento,-a
(con); *to be sleepy* tener sueño;
to be smart ser listo,-a; *to be
sorry* sentir (ie, i); *to be
successful* tener éxito *7A; to be
thirsty* tener sed; *to be unlikely
that* ser difícil que *6B; to be used
to* soler (ue) *5B; to be worth*
valer *6B*

beach la playa
bear el oso *4B; teddy bear* el oso
de peluche *4B*
beautiful hermoso,-a *9A*
because porque; *because of* a
causa de
to become cumplir; *to become
aware* enterar(se) de *7B; to
become (+ number) years old*
cumplir
bed la cama; *to go to bed*
acostarse (ue) *2A; to put
(someone) in bed* acostar (ue) *2A*
bedroom el cuarto, la
habitación
beef la carne de res *5A;
boneless cut of beef* el filete *5A*
before antes de; *a quarter
before* menos cuarto; *the day
before yesterday* anteayer
to begin empezar (ie); comenzar
(ie) *6B*
behind detrás de *4B*
to believe creer *1B*
bellhop el botones *8B*
belt el cinturón; *safety belt* el
cinturón de seguridad *3B; seat
belt* el cinturón de seguridad *3B*
bermuda shorts
las bermudas *1B*
beside al lado (de)
besides además *5B*
best mejor; *the best (+ noun)*
el/la/los/las mejor/mejores
(+ noun)
better mejor; *it is better that*
más vale que *6B*
between entre
bicycle la bicicleta
big grande; *(form of* grande
before a m., s. noun) gran
bike la bicicleta
bill la cuenta *5B*
biology la biología
bird el pájaro *4B*
birthday el cumpleaños;
Happy birthday! ¡Feliz
cumpleaños!; *to have a
birthday* cumplir años
biscuit la galleta
to bite morder (ue) *7A*
black negro,-a
blackboard la pizarra
blender la licuadora *6B*
blond, blonde rubio,-a
blouse la blusa

blue azul
to board abordar *8B*
boat el barco, el bote *1B*
body el cuerpo
Bolivia Bolivia
Bolivian boliviano,-a *4A*
boneless cut of beef or fish el filete *5A*
book el libro
bookstore la librería
boot la bota
to bore aburrir(se) *7A*
bored aburrido,-a
boring aburrido,-a
to borrow pedir prestado,-a
to bother molestar *4A*
box office la taquilla *4B*
boy el chico, el muchacho
boyfriend el novio *1B*
bracelet la pulsera
brake el freno *3B*
bravo olé
Brazil el Brasil *9B*
Brazilian brasileño,-a *9B*
bread el pan
to break romper *7A*
breakfast el desayuno *2A*; *to have breakfast* desayunar *2A*
brick el ladrillo *6A*
bridge el puente *3A*
briefcase el maletín *8B*
to bring traer; llevar *7B*; *to bring about* realizar; *to bring up* subir
broadcast la transmisión *7B*
brochure el folleto *8A*
broom la escoba *6A*
brother el hermano
brown (*color*) café
brunet, brunette moreno,-a
brush el cepillo *2A*
to brush cepillar(se) *2A*
building el edificio
bull el toro *4B*
bullfight la corrida *8A*
to burn quemar *2A*
burro el burro *4B*
bus el autobús; *bus station* la estación de autobuses *3A*
business la empresa, los negocios *9A*
businessman el hombre de negocios *9A*
businesswoman la mujer de negocios *9A*
busy ocupado,-a

but pero; *but (on the contrary)* sino *3B*
butcher shop la carnicería *3A*
butter la mantequilla
to buy comprar
by por; *by airplane* en avión; *by car* en carro, en coche; *by (+ vehicle)* en (*+ vehicle*); *by telephone* por teléfono; *by the way* a propósito *9B*

C

cafeteria la cafetería
cage la jaula *4B*
cake el pastel *6B*
calendar el calendario
to call llamar
to calm down calmar(se) *2A*
camel el camello *4A*
camera la cámara *4A*
camping el camping *1B*
can la lata
can opener el abrelatas *6B*
Canada el Canadá *9B*
Canadian canadiense *9B*
candy el dulce *3A*; *candy store* la dulcería *3A*
cantaloupe el melón *5A*
cap la gorra *1B*
capital la capital; *capital letter* la mayúscula
car el carro; el coche *3B*; *carros chocones* bumper cars *4A*; *by car* en carro, en coche
card la tarjeta; *credit card* la tarjeta de crédito; *playing card* la carta
care el cuidado *6A*; *to take care of* cuidar(se) *2B*, encargarse (de) *6A*
career la carrera *9A*
Caribbean el Caribe
carpenter el carpintero, la carpintera *9A*
carpet la alfombra *6A*
carrot la zanahoria
carrousel el carrusel *4A*
to carry llevar; *to carry up* subir
carry-on luggage el equipaje de mano *8B*
cartoon el dibujo animado *7A*
cash el efectivo; *in cash* en efectivo
cashier el cajero, la cajera *5B*; *cashier's desk* la caja
cassette el casete

cat el gato, la gata
catastrophe la catástrofe *7A*
to catch coger; *to catch (a cold)* pescar (un resfriado) *2B*
cathedral la catedral *3A*
CD-ROM disco compacto
to celebrate celebrar
celebration la celebración *7A*
cellular phone el celular *1A*
center el centro; el medio *9B*; *in the center of* en medio de *9B*; *shopping center* el centro comercial
Central America la América Central *4A*
Central American centroamericano,-a *9B*
century el siglo
cereal el cereal *5A*
chain la cadena
chair la silla; *easy chair* el sillón *6A*
chalk la tiza
championship el campeonato *7B*
change el cambio
to change cambiar *6B*
channel el canal *7A*
character el personaje *7A*
to charge cargar *8A*
chart la tabla *7B*
chat charla; *chat room* cuarto de charla *1A*
chauffeur el chofer, la chofer *9A*
cheap barato,-a
check la cuenta *5B*, el cheque *8A*
to check revisar; *to check in* registrar *8B*
checkered a cuadros *5B*
checkers las damas *3A*
cheese el queso
chemistry la química
chess el ajedrez
chest el pecho *2B*
chicken el pollo
child el niño, la niña *2B*
Chile Chile
Chilean chileno,-a *4A*
chilly fresco,-a
chimney la chimenea *6A*
China la China *9B*
Chinese chino,-a *9B*
chocolate el chocolate
to choose escoger

chore el quehacer
Christmas la Navidad
church la iglesia *3A*
cigarette el cigarrillo
circus el circo *4B*
city la ciudad; *city block*
la cuadra *3A*
clam la almeja *5A*
class la clase
to **classify** clasificar
classmate el compañero,
la compañera
clean limpio,-a
to **clean** limpiar
clear claro,-a *6B*
to **clear** limpiar; *to clear the table*
recoger la mesa
clerk el dependiente, la
dependiente
to **climb** subir
clock el reloj; *(alarm) clock*
despertador *6A*
to **close** cerrar (ie)
close up de cerca *3B*
closed cerrado,-a
closet el armario *6A*
cloth la tela *5B*
clothing la ropa
cloudy nublado,-a; *it is cloudy*
está nublado
clown el payaso *4B*
club el club *6B*
coat el abrigo
coffee el café; *coffee maker*
la cafetera *6B*; *coffee pot*
la cafetera *6B*
coin la moneda
cold frío,-a
cold el frío; el resfriado *2B*;
it is cold hace frío; *to be cold*
tener frío; *to catch (a cold)*
pescar (un resfriado) *2B*
collection la colección *9A*
Colombia Colombia
Colombian colombiano,-a *4A*
color el color
column la columna *7B*
comb el peine *2A*
to **comb** peinar(se) *2A*
to **combine** combinar
to **come** venir; *to come back*
regresar *6B*, volver (ue);
to come in entrar
comedy la comedia *7A*
comfortable cómodo,-a
comic strip la tira cómica *7B*

comical cómico,-a
commentator el comentarista,
la comentarista *7B*
commercial el anuncio
comercial *7A*
communication la
comunicación *1A*
compact disc el disco
compacto; *compact disc player*
el reproductor de CDs
company la compañía *8A*
compartment el
compartimiento
competition la competencia;
el concurso *7A*
complete completo,-a *8A*
to **complete** completar, acabar
computer la computadora;
computer programmer
el programador,
la programadora *9A*
concert el concierto
concourse el muelle
to **conduct** conducir *3B*
congratulations
felicitaciones
to **connect** conectar(se)
connected conectado,-a *1A;*
unido,-a *9A*
contest el concurso *7A*
to **continue** continuar,
seguir (i, i) *1A*
cook el cocinero,
la cocinera *5B*
to **cook** cocinar
cookie la galleta
cool el fresco; *it is cool*
hace fresco
to **copy** copiar
corn el maíz
corner la esquina *3A*; *to turn*
(a corner) doblar *3B*
cornmeal pancake (Mexico)
la tortilla *3A*
correct correcto,-a
correspondence la
correspondencia
corridor el corredor
to **cost** costar (ue)
Costa Rica Costa Rica
Costa Rican
costarricense *4A*
cotton el algodón; *algodón de*
azúcar cotton candy *4A*
counter el mostrador *8B*
country el país

couple la pareja
courtyard el patio
cousin el primo, la prima
to **cover** cubrir *7A*
cow la vaca *4B*
crab el cangrejo *5A*
crazy loco,-a
cream la crema *5A*; *ice cream*
el helado; *ice cream parlor*
la heladería *3A*; *shaving cream*
la crema de afeitar *2A*
to **create** crear
credit el crédito; *credit card*
la tarjeta de crédito; *on credit*
a crédito
crew la tripulación *8B*
to **cross** cruzar
crossed atravesado,-a
cruise el crucero *1B*
Cuba Cuba
Cuban cubano,-a *4A*
culture la cultura *7B*
cultured culto,-a *7B*
cup la taza
cupboard el armario
curtain la cortina *6A*
curve la curva *3B*
custard el flan *5A*
customs la aduana
to **cut** cortar *6A*

D

dad el papá *6A*
dairy (store) la lechería
dance el baile *9A*
to **dance** bailar
dancing el baile *9A*
dark obscuro,-a; *to get dark*
anochecer *5B*
dark-haired moreno,-a
dark-skinned moreno,-a
date la fecha; la cita *2B*
daughter la hija
day el día; *All Saints' Day*
|Todos los Santos; *every day*
todos los días; *New Year's Day*
el Año Nuevo; *saint's day*
el santo; *the day after tomorrow*
pasado mañana; *the day*
before yesterday anteayer
dear querido,-a; estimado,-a
December diciembre
to **decide** decidir *5B*
to **decorate** adornar
defender el defensor, la
defensora *7B*

degree el grado
delay la demora *3B*
to **delay** tardar *3B*
delicious delicioso,-a; rico,-a *5B*
to **delight** encantar *6B*
delighted encantado,-a
demanding exigente *3B*
dentist el dentista, la dentista
deodorant el desodorante *2A*
department el departamento;
department store el almacén *3A*
departure la salida *8A*
to **describe** describir
desert el desierto
to **design** diseñar
desire la gana
desk el escritorio, el pupitre;
cashier's desk la caja; *reception
desk* la recepción *8B*
dessert el postre
destination el destino *8A*
destiny el destino
destruction la destrucción *7A*
to **die** morir(se) (ue, u) *7A*; *to die
laughing* morirse de la risa *7A*
different diferente *5B*
difficult difícil
dining room el comedor
dinner la comida *2A*, la cena
2A; *to have dinner* cenar *2A*
to **direct** dirigir; conducir *3B*
direction la dirección *3B*
director el director, la
directora
dirty sucio,-a
disaster el desastre
to **discuss** discutir *6B*
dish el plato
dishwasher el lavaplatos
eléctrico
diskette el diskette
to **do** hacer; practicar *9A*; *to do
aerobics* hacer aeróbicos
doctor el médico, la médica; el
doctor, la doctora
(*abbreviation*: Dr., Dra.) *2B*;
doctor's office el consultorio
dog el perro, la perra
dollar el dólar
Dominican dominicano,-a *4A*;
Dominican Republic la
República Dominicana
donkey el burro *4B*
door la puerta
dot el punto
double doble *8B*

to **doubt** dudar *6B*
doubtful dudoso,-a *6B*
down abajo *6A*
to **download** *a (software) program*
bajar un programa *1A*
downstairs abajo *6A*
downtown el centro
to **draw** dibujar
drawing el dibujo; *cartoon* el
dibujo animado *7A*
dream el sueño *9A*
to **dream** soñar *8A*
dress el vestido
to **dress (someone)** vestir (i, i) *2A*
dresser el tocador
dressing el aderezo *5B*
drink el refresco, la bebida;
soft drink el refresco
to **drink** tomar
drinkable potable *8B*
to **drive** conducir *3B*, manejar *3B*
driver el chofer, la chofer *9A*;
taxi driver el taxista,
la taxista *9A*
drum el tambor
dryer la secadora *6A*
duck el pato *4B*
due to a causa de
during durante *4B*
dust el polvo *1B*

each cada
ear (*inner*) el oído *2B*; (*outer*)
la oreja *2B*
early temprano
to **earn** ganar *6A*
earring el arete
earth la tierra
east el este *3B*
Easter la Pascua
easy fácil; *easy chair*
el sillón *6A*
to **eat** comer; *to eat completely*
comerse *2B*; *to eat lunch*
almorzar (ue) *2A*; *to eat up*
comerse *2B*
ecology la ecología *1A*
economic económico,-a *7B*
economy la economía *7B*
Ecuador el Ecuador
Ecuadorian ecuatoriano,-a *4A*
editorial el editorial *7B*
egg el huevo
eight ocho; *eight hundred*
ochocientos,-as

eighteen dieciocho
eighth octavo,-a
eighty ochenta
either tampoco; *either...or* o...o
El Salvador El Salvador
elbow el codo *2B*
electric eléctrico,-a
electronic mail el correo
electrónico *1A*
elegant elegante *5B*
elephant el elefante *4A*
elevator el ascensor
eleven once
else mas
e-mail el e-mail *1A*, correo
electrónico
emigration emigración
empire el imperio
employee el empleado,
la empleada *9A*
to **enchant** encantar *6B*
enchilada la enchilada *3A*
end el fin
to **end** terminar; *to end up* ir a
parar *4B*
engine el motor; *search engine*
el motor de búsqueda *1A*
engineer el ingeniero, la
ingeniera *9A*
England Inglaterra *9B*
English inglés, inglesa *9B*
English el inglés (*language*)
to **enjoy** gozar *8A*
enough bastante
to **erase** borrar
eraser el borrador
escalator la escalera mecánica
to **escape** escapar(se) *4B*
Europe Europa *9B*
European europeo,-a *9B*
even aun; *even though* sino *3B*;
not even ni
event el acontecimiento *7A*,
el suceso *7A*
every todo,-a, cada; *every day*
todos los días
everybody todo el mundo,
todos,-as
everyday de todos los días
everyone todo el mundo,
todos,-as
everything todo *5A*
everywhere por todos lados
evident evidente *6B*
to **exaggerate** exagerar *6A*
exam el examen

example el ejemplo; *for example* por ejemplo
excellent excelente
excited emocionado,-a *8A*
exciting emocionante *4B*
excuse me perdón, con permiso
exercise el ejercicio *2B*
exhibition la exhibición *3B*
exit la salida *8A*
expense el gasto *8A*
expensive caro,-a
experience la experiencia *9A*
expertise la destreza *4B*
to expire vencer, caducar
to explain explicar, aclarar
explanation la explicación
(exterior) wall el muro *6A*
eye el ojo *2B*

 F

fabric la tela *5B*
face la cara *2B*
faded desteñido,-a *5B*
to fail fracasar *7A*
fairly bastante
to fall (down) caer(se) *2B*; *to fall asleep* dormirse (ue, u) *2B*
family la familia; *family tree* el árbol genealógico
famous conocido,-a; famoso,-a *7A*
fan el aficionado, la aficionada *7B*; el ventilador *6A*
fantastic fantástico,-a; maravilloso,-a *4A*
far (from) lejos (de)
fare la tarifa *8A*
farewell la despedida *9B*
farm la finca *4B*
farmer el agricultor, la agricultora *9A*
farther on adelante *3A*
to fascinate fascinar *6B*
fascinating fascinante *4A*
fashion moda
fast rápido,-a
to fasten abrochar(se)
fat gordo,-a; *to get fat, to make fat* engordar *5B*
fate el destino
father el padre; el papá *6A*
faucet el grifo *2A*
favorite favorito,-a
fax el fax *1A*
fear el miedo

to fear temer *6B*
feather la pluma *4B*
February febrero
to feed dar de comer
to feel sentir(se) (ie, i) *2B*; *to feel like* tener ganas de; *to feel sorry* sentir (ie, i)
fence la cerca *6A*; *wrought iron fence* la reja *6A*
fender el parachoques *3B*
ferocious feroz (pl. feroces) *4A*
fierce feroz (pl. feroces) *4A*
fifteen quince
fifth quinto,-a
fifty cincuenta
fillet el filete *5A*
film la película
to film filmar
finally por fin *9B*
to find encontrar (ue) *1A*; *to find out* enterar(se) de *7B*
finger el dedo
to finish terminar, acabar
fire el fuego; el incendio *6B*; *fire alarm* la alarma de incendios *6B*
fire fighter el bombero, la bombera *9A*
fireplace la chimenea *6A*
fireworks fuegos artificiales *4A*
first primero,-a; primero; (*form of* primero *before a m., s. noun*) primer; *first floor* el primer piso
fish el pescado; *boneless cut of fish* el filete *5A,* el pez (when alive, before being caught)
to fish pescar *2B*
fishing la pesca *9A*
to fit quedarle bien a uno; *to fit (into)* caber *5A*
fitting room el vestidor *5B*
five cinco; *five hundred* quinientos,-as
to fix arreglar
flamingo el flamenco *4A*
flat roof la azotea
flavor el sabor *5B*
flavoring el aderezo *5B*
flight el vuelo *8A*; *flight attendant* el auxiliar de vuelo, la auxiliar de vuelo *8B*
floor el piso; *first floor* el primer piso; *ground floor* la planta baja
flower la flor; *flower shop* la florería *3A*

flu la gripe *2B*
flute la flauta
to fly volar (ue) *4B*
to follow seguir (i, i) *1A*
following siguiente
food la comida; *food server* el camarero, la camarera *5B,* el mesero, la mesera; *little food item* la golosina *4A*
foot el pie; *on foot* a pie
football el fútbol americano
for por, para; *for example* por ejemplo
foreign extranjero,-a *7A*
forest el bosque *4B*
to forget olvidar(se) *2B*
fork el tenedor
to form formar; *to form an opinion* opinar *7A*
forty cuarenta
forward el delantero, la delantera *7B*
to found fundar
four cuatro; *four hundred* cuatrocientos,-as
fourteen catorce
fourth cuarto,-a
fowl el ave
France Francia *9B*
free libre
French francés, francesa *9B*
fresh fresco,-a; puro,-a *6A*
Friday viernes; *on Friday* el viernes
friend el amigo, la amiga
friendship la amistad *9A*
from de, desde; *from a short distance* de cerca *3B*; *from the* de la/del (de + el); *from where?* ¿de dónde?
fruit la fruta; *fruit store* la frutería *3A*
to fry freír (i, i) *5A*
full lleno,-a *5B*
fun divertido,-a; *to have fun* divertirse *2B*
funny cómico,-a; chistoso,-a *4A*
furthermore además *5B*
future el futuro *9A*

G

game el partido, el juego; *game show* el programa de concurso; *games won* los partidos ganados; *to play (a game)* jugar a; *video game* el videojuego

garage el garaje
garbage la basura
garden el jardín; *zoological garden* el jardín zoológico
garlic el ajo
garment la prenda *5B*
generous generoso,-a
gentleman el caballero *3A*
geography la geografía
geometry la geometría
German alemán, alemana *9B*
Germany Alemania *9B*
to get conseguir (i, i) *1A; to always get one's way* siempre salirse con la suya *9B; to get along* llevarse *2B; to get burned* quemarse *2A; to get connected* conectarse *1A; to get dark* anochecer *5B; to get dressed* vestirse *2A; to get fat* engordarse *5B; to get in* subir *3B; to get together* reunir(se) *2B; to get up* levantarse *2A; to get used to* acostumbrar(se) *2B*
gift el regalo
giraffe la jirafa *4A*
girl la chica, la muchacha
girlfriend la novia *1B*
to give dar; *to give an opinion* opinar *7A*
glad contento,-a; *Glad to meet you!* ¡Mucho gusto!; *I would be (very) glad to* con (mucho) gusto; *So glad to meet you.* Tanto gusto.; *to be glad* alegrarse (de) *6B*
glass el vaso; *glass showcase* la vitrina *3A*
globe el globo *4A*
glove el guante
to go ir; andar *5A; to go away* irse *2B; to go away on a trip* irse de viaje *2B; to go back* regresar *6B*, volver (ue); *to go in* entrar; *to go on* seguir (i, i) *1A; to go out* salir; *to go shopping* ir de compras; *to go to bed* acostarse (ue) *2A; to go up* subir; *to go upstairs* subir
goal el gol *7B*
goalie el portero, la portera *7B*
goalkeeper el portero, la portera *7B*
gold el oro
good bueno,-a, *(form of* bueno *before a m., s. noun)* buen; *good*

afternoon buenas tardes; *good luck* buena suerte; *good morning* buenos días; *good night* buenas noches
good-bye adiós; *to say good-bye* despedir(se) (i, i)
good-bye la despedida *9B*
good-looking guapo,-a, bonito,-a
gorilla el gorila *4A*
gossip el chisme *1B*
government el gobierno
granddaughter la nieta
grandfather el abuelo
grandmother la abuela
grandson el nieto
grape la uva
grapefruit la toronja *5A*
grass el césped *3B*
gray gris
great fantástico,-a; gran *4B*
great-grandfather el bisabuelo *6A*
great-grandmother la bisabuela *6A*
greater mayor
greatest mayor
green verde; *green bean* la habichuela
greens la verdura
to greet saludar
grocery store el almacén *3A*
group el grupo; *musical group* el grupo musical
to grow crecer
Guatemala Guatemala
Guatemalan guatemalteco,-a *4A*
to guess adivinar
guidance la dirección *3A*
guide el guía, la guía *4A*
guidebook la guía *8A*
guitar la guitarra
guy el muchacho
gym el gimnasio

H

hair el pelo *2A*
hairstylist el peluquero, la peluquera *9A*
half medio,-a; *half past* y media
hallway el corredor
ham el jamón
hand la mano; *on the other hand* en cambio
to hand in entregar *8B*
handbag el bolso; el maletín *8B*

handkerchief el pañuelo
handsome guapo,-a
to hang colgar (ue)
to happen pasar
happening el acontecimiento *7A*, el suceso *7A*
happiness la dicha *8A*
happy contento,-a, feliz *(pl.* felices), alegre; *Happy birthday!* ¡Feliz cumpleaños!; *to make happy* alegrar (de) *6B*
hard difícil
hat el sombrero; *hat store* la sombrerería
to have tomar, tener; *(auxiliary verb)* haber *7A; to have a birthday* cumplir años; *to have breakfast* desayunar *2A; to have dinner* cenar *2A; to have fun* divertirse *2B; to have just* acabar de (+ *infinitive); to have lunch* almorzar (ue) *2A; to have supper* cenar *2A; to have to* deber, tener que
he él
head la cabeza
headlight el faro *3B*
headline el titular *7B*
health la salud *2A*
to hear oír; escuchar *7B*
heart el corazón *2B*
heat el calor
hello hola; *(telephone greeting)* aló, diga, oigo; *to say hello* saludar
help la ayuda
to help ayudar
hen la gallina *4B*
her su, sus; *(d.o.)* la; *(i.o.)* le; *(after a preposition)* ella; suyo,-a *4B; (of) hers* suyo,-a *4B*
here aquí
heritage la herencia
hey mira, miren, oye, oigan
hi hola
high-heel shoe el zapato de tacón
highway la carretera *3A*
hill la colina
him *(d.o.)* lo; *(i.o.)* le; *(after a preposition)* él
hippopotamus el hipopótamo *4A*
his su, sus; suyo,-a *4B; (of) his* suyo,-a *4B*
Hispanic hispano,-a

history la historia
hockey el hockey
home la casa; el hogar *6A*;
at home en casa
homework la tarea
Honduran hondureño,-a *4A*
Honduras Honduras
honey miel; *honey (term of
endearment)* corazón *2B*
hood el capó *3B*
hope la aspiración *9A*
to **hope** esperar *6B*
horn el claxon *3B*; el cuerno *4B*
horrible horrible
horse el caballo; *on horseback*
a caballo
hot caliente; *it is hot*
hace calor; *to be hot*
tener calor
hot dog la salchicha *5A*
hotel el hotel *8B*
hour la hora
house la casa
how (+ adjective)! ¡qué
(+ *adjective*)!
how (+ adjective/adverb) lo
(+ *adjective/adverb*)
how? ¿cómo?; *How are you?*
¿Qué tal?; *How are you
(formal)?* ¿Cómo está (Ud.)?;
How are you (informal)?
¿Cómo estás (tú)?; *How are
you (pl.)?* ¿Cómo están
(Uds.)?; *How do you say...?*
¿Cómo se dice...?; *How do you
write (spell)...?* ¿Cómo se
escribe...?; *How is the weather?*
¿Qué tiempo hace?; *How
long...?* ¿Cuánto (+ *time
expression*) hace que
(+ *present tense of verb*)...?;
how many? ¿cuántos,-as?; *how
much?* ¿cuánto,-a?; *How old are
you?* ¿Cuántos años tienes?
however sin embargo *9B*
hug el abrazo
hunger el hambre *(f.)*
hurricane el huracán *7A*
hurry la prisa; *in a hurry*
apurado,-a; *to be in a hurry*
tener prisa
to **hurry up** apurar(se) *5B*
to **hurt** doler (ue) *2B*;
lastimar(se) *7A*
husband el esposo;
el marido

I yo; *I am sorry* lo siento; *I do
not know.* No sé.; *I hope* ojalá *9A*
ice el hielo; *ice cream* el helado;
ice cream parlor la heladería *3A*
to **ice-skate** patinar sobre hielo
idea la idea
ideal ideal
if si; *if only* ojalá *9A*
iguana la iguana *4A*
to **imagine** imaginar(se) *4A*
immediately en seguida *8B*
to **imply** implicar
important importante; *to be
important* importar
impossible imposible *6B*
to **improve** mejorar
in en, por; *in a hurry* apurado,-a;
in cash en efectivo; *in favor (of)*
a favor (de) *7B*; *in order to* para;
in order that para que; *in short*
en resumen; *in the afternoon* de
la tarde, por la tarde; *in the
center of* en medio de *9B*; *in the
middle of* en medio de *9B*; *in the
morning* de la mañana, por la
mañana
increase el aumento
to **inform** informar *7A*
information la información *1A*
ingredient el ingrediente
inhabitant el habitante,
la habitante
to **injure** lastimar(se) *7A*
injured herido,-a *7A*
inn el parador *8B*
(inner) ear el oído *2B*
inside adentro *6A*
to **insist (on)** insistir (en) *6A*
to **install** instalar *1B*
instruction la dirección *3A*
intelligent inteligente
to **intend** pensar (ie)
to **interest** interesar *6B*
interesting interesante
international internacional *7B*
Internet la internet *1A*
interview la entrevista *7B*
to **introduce** presentar
invitation la invitación
to **invite** invitar *6A*
iron la plancha *6B*
to **iron** planchar *6B*
ironing board la mesa
de planchar *6B*

island la isla *9B*
it *(d.o.)* la, *(d.o.)* lo; *(neuter form)*
ello; *it is better that* más vale que
6B; *it is cloudy* está nublado; *it is
cold* hace frío; *it is cool* hace
fresco; *it is hot* hace calor; *It is
midnight.* Es medianoche.; *it
means* quiere decir; *It is noon.*
Es mediodía; *it is (+ number)
o'clock* son las (+ *number*); *it is
one o'clock* es la una; *it is sunny*
está soleado, hay sol, hace sol;
it is windy hace viento; *it is
written* se escribe
Italian italiano,-a *9B*
Italy Italia *9B*
itinerary el itinerario *8A*
its su, sus; suyo,-a *4B*

jacket la chaqueta
January enero
Japan el Japón *9B*
Japanese japonés,
japonesa *9B*
jersey la camiseta
jewel la joya
jewelry store la joyería *5B*
job el empleo *9A*
joke el chiste *5A*, la broma *6A*
journalist el periodista, la
periodista *7A*
juice el jugo
July julio
to **jump** saltar *4B*
June junio
jungle la selva *4A*
juggler el malabarista, la
malabarista *4B*
just sólo

K

to **keep** seguir (i,i) *1A*;
mantener *9B*
Kenya Kenia *9B*
Kenyan keniano,-a *9B*
ketchup la salsa de tomate *5B*
key la llave *6B*
kilo(gram) el kilo(gramo)
kind amable
kind el tipo *5B*
king el rey *8A*
kiss el beso *6A*
kitchen la cocina
knee la rodilla *2B*
knife el cuchillo

to know saber; conocer *3B*;
I do not know. No sé.
knowledge la cultura *7B*
known conocido,-a

lady la señora, Sra., la dama;
young lady la señorita
lake el lago *2B*
lamp la lámpara
land la tierra
to land aterrizar *8B*
landscape el paisaje
language la lengua,
el idioma
last pasado,-a, último,-a *1B*; *last
name* el apellido *8B*; *last night*
anoche *5A*
late tarde *2A*
later luego, después; *see you
later* hasta luego, hasta la vista
laugh la risa *7A*
to laugh reír(se) (i, i) *5A*
laundry room el lavadero *6A*
lawn el césped *3B*; *lawn mower*
la cortadora de césped *6A*
lawyer el abogado,
la abogada *9A*
lazy perezoso,-a
to learn aprender; *to learn about*
enterar(se) de *7B*
**least: the least (+ adjective
+ noun)** el/la/los/las
(+ *noun*) menos (+ *adjective*)
leather el cuero
to leave dejar; irse *2B*
left izquierdo,-a *2B*
left la izquierda *3A*; *to the left*
a la izquierda *3A*
leg la pierna; pata (for an
animal) *4B*; *to pull someone's
leg* tomar el pelo *5B*
lemon el limón *5A*
to lend prestar
less menos; *less (+ noun/
adjective/adverb) than* menos
(+ *noun/adjective/adverb*) que
to let dejar (de) *6A*; *let me
introduce you to (formal, s.)*
le presento a, (*informal, s.*)
te presento a, (*pl.*) les
presento a
letter la carta, la letra; *capital
letter* la mayúscula; *lowercase
letter* la minúscula
lettuce la lechuga

let's (+ infinitive)! ¡vamos a
(+ *infinitive*)!; *let's go!*¡vamos!;
let's see a ver
level el nivel
librarian el bibliotecario, la
bibliotecaria *9A*
library la biblioteca
lie la mentira
to lie mentir (ie, i)
to lie down acostarse *2A*
life la vida
to lift levantar *2A*
light la luz (*pl.* luces); *light bulb*
la bombilla *6A*
to light encender (ie)
lighthouse el faro
like como *4A*
to like gustar; querer; *I/you/he/
she/it/we/they would like...* me/
te/le/nos/os/les gustaría...
lime el limón *5A*
line la fila *4B*
lion el león *4A*
link el vínculo *1A*
list la lista
to listen to oír; escuchar *7B*
little poco,-a; *a little (bit)* un
poco; *a very little (bit)* un
poquito; *little food item* la
golosina *4A*; *little machine* la
maquinita
live en vivo *7B*
to live vivir
living room la sala
lobster la langosta
located ubicado,-a
lock la cerradura *6B*
to lodge alojar(se) *8B*
long largo,-a
to look (at) mirar; *to look for*
buscar
to lose perder (ie)
love el amor
to love querer
lovely hermoso,-a *9A*
lowercase letter la minúscula
low-heel shoe el zapato bajo
luck la suerte *8A*; *good luck*
buena suerte
luggage el equipaje *8B*;
carry-on luggage el equipaje de
mano *8B*
lunch el almuerzo; *to eat lunch*
almorzar (ue) *2A*; *to have lunch*
almorzar (ue) *2A*
luxury el lujo *8B*

machine la máquina; *little
machine* la maquinita
magazine la revista
magnificent magnífico,-a *9B*
mail el correo; *electronic mail*
correo electrónico *1A*
main principal *5B*
to maintain mantener *9B*
majority la mayoría
to make hacer; *to make fat*
engordar *5B*; *to make happy*
alegrar (de) *6B*; *to make
responsible (for)* encargar
(de) *6A*
makeup el maquillaje *2A*; *to
put makeup on (someone)*
maquillar *2A*; *to put on makeup*
maquillarse *2A*
mall el centro comercial
man el hombre
manager el gerente,
la gerente *9A*
many mucho,-a; *how many?*
¿cuántos,-as?; *too many*
demasiado,-a *5A*
map el mapa
March marzo
market el mercado; *meat
market* la carnicería *3A*
marvelous maravilloso,-a *4A*
match el partido
material el material
mathematics
las matemáticas
to matter importar
maximum máximo,-a *7B*
May mayo
maybe a lo mejor *8A*, puede
ser *8A*
mayonnaise la mayonesa *5B*
me (*i.o.*) me; (*d.o.*) me; *(after a
preposition)* mí; *they call me* me
llaman
to mean querer decir; *it means*
quiere decir; *What is the
meaning (of)...?* ¿Qué quiere
decir...?
meat la carne; *meat market* la
carnicería *3A*
mechanic el mecánico, la
mecánica *9A*
medicine la medicina *2B*
to meet conocer; *Glad to meet you!*
¡Mucho gusto!

meeting la reunión *7A*
melon el melón *5A*
member el miembro *6A*
men's restroom el baño de los caballeros
menu el menú
merry-go-round el carrusel *4A*
Mexican mexicano,-a *3A*
Mexico México
microphone el micrófono *7B*
microwave oven el horno microondas
middle el medio *9B; in the middle of* en medio de *9B*
midfielder el mediocampista, la mediocampista *7B*
midnight la medianoche; *It is midnight.* Es medianoche.
milk la leche; *milk store* la lechería
mine mío,-a; *(of) mine* mío,-a *4B; the pleasure is mine* el gusto es mío
mineral water el agua mineral *(f.)*
minimum mínimo,-a
minus menos
minute el minuto
mirror el espejo *2A*
to **miss** extrañar *9A*
Miss la señorita, Srta.
mist la neblina
modern moderno,-a *3B*
mom la mamá *6A*
Monday lunes; *on Monday* el lunes
money el dinero; la moneda *3A*
monkey el mono *4A*
month el mes
monument el monumento *3A*
moon la luna *4B*
more más; *more (+ noun/ adjective/adverb) than* más (+ *noun/adjective/adverb*) que; *more than* más de *4A*
morning la mañana; *good morning* buenos días; *in the morning* de la mañana, por la mañana
Moroccan marroquí *9B*
Morocco Marruecos *9B*
most: the most (+ adjective + noun) el/la/los/las (+ *noun*) más (+ *adjective*)
mother la madre; la mamá *6A*
motor el motor *3B*

motorcycle la moto(cicleta)
mountain la montaña *4A*
mouse el ratón *4B*
mouth la boca *2B*
to **move** mudar(se) *8A*
movie la película; *movie theater* el cine
to **mow** cortar *6A*
mower la cortadora de césped *6A*
Mr. el señor, Sr.
Mrs. la señora, Sra.
much mucho,-a; mucho; *as much as* tanto como; *as much (+ noun) as (+ person/item)* tanto,-a (+ *noun*) como (+ *person/item*); *how much?* ¿cuánto,-a?; *too much* demasiado,-a *5A; very much* muchísimo
museum el museo
music la música
musical el musical *7A; musical group* el grupo musical
must deber
mustard la mostaza *5B*
my mi, (*pl.*) mis; mío,-a *4B; my name is* me llamo
mystery el misterio *7A*

N

name el nombre *8A; last name* el apellido; *my name is* me llamo; *their names are* se llaman; *What is your name?* ¿Cómo te llamas?; *What is (your/his/her) name?* ¿Cómo se llama (Ud./él/ella)?; *(Your [formal]/His/Her) name is....* (Ud./Él/Ella) se llama....; *your name is* te llamas
napkin la servilleta
to **narrate** narrar *7B*
narrow estrecho,-a
national nacional *7A*
native indígena
near cerca (de)
necessary necesario,-a *5A*, preciso,-a *6B; to be necessary* hacer falta
neck el cuello *2B*
necklace el collar
to **need** necesitar
neighbor el vecino, la vecina *2B*
neighborhood el barrio *2B*
neither tampoco; *neither...nor* ni...ni

nephew el sobrino
nervous nervioso,-a
never nunca
nevertheless sin embargo *9B*
new nuevo,-a; *New Year's (Day)* el Año Nuevo
news la noticia
newspaper el periódico
news program el noticiero *7A*
next próximo,-a *3A*, que viene; *next to* al lado (de)
Nicaragua Nicaragua
Nicaraguan nicaragüense *4A*
nice simpático,-a, amable; agradable *5B; the weather is nice* hace buen tiempo
nickname el apodo
niece la sobrina
night la noche; *at night* de la noche, por la noche; *good night* buenas noches; *last night* anoche *5A*
nine nueve; *nine hundred* novecientos,-as
nineteen diecinueve
ninety noventa
ninth noveno,-a
no no
nobody nadie
noise el ruido *8B*
none ninguno,-a, ningún, ninguna
noon el mediodía; *It is noon.* Es mediodía.
normal normal *7A*
north el norte *3B; North America* la América del Norte *4A; North American* norteamericano,-a *9B*
northeast el noreste *3B*
northwest el noroeste *3B*
nose la nariz (*pl.* narices) *2B*
not any ninguno,-a, ningún, ninguna
not even ni
not very poco,-a
notebook el cuaderno
nothing nada
November noviembre
now ahora; ya *7B; right now* ahora mismo
number el número; *telephone number* el número de teléfono
nurse el enfermero, la enfermera *2B*

o

to obtain conseguir (i, i) *1A*
obvious obvio,-a *6B*
occasion la ocasión *7A*
occupied ocupado,-a
to occur pasar; ocurrir *4B*
ocean el océano *9B*
o'clock a la(s)...; *it is*
  (*+ number*) *o'clock* son las
  (*+ number*); *it is one o'clock* es
  la una
October octubre
octopus el pulpo *5A*
of de; *of the* de la/del (de + el);
  of course desde luego *2A*; *of*
  course! ¡claro!, ¡Cómo no!; *(of)*
  hers suyo,-a *4B*; *(of) his* suyo,-a
  4B; *(of) mine* mío,-a *4B*; *(of) ours*
  nuestro,-a *4B*; *of which* cuyo,-a;
  (of) yours tuyo,-a *4B*
to offer ofrecer *3B*
office la oficina; *box office*
  la taquilla *4B*; *post office* la
  oficina de correos *3A*; *ticket*
  office la taquilla *4B*; *doctor's*
  office el consultorio
official oficial
oh! ¡ay!
oil el aceite, el petróleo
okay de acuerdo, regular;
  (*pause in speech*) bueno
old viejo,-a; antiguo,-a *4A*; *How*
  old are you? ¿Cuántos años
  tienes? *to be* (*+ number*) *years*
  old tener (*+ number*) años; *to*
  become (*+ number*) *years old*
  cumplir
older mayor
oldest el/la mayor
on en, sobre; *on credit* a crédito;
  on foot a pie; *on Friday* el
  viernes; *on horseback* a caballo;
  on loan prestado,-a; *on Monday*
  el lunes; *on Saturday* el
  sábado; *on Sunday* el domingo;
  on the other hand en cambio;
  on the telephone por teléfono;
  on Thursday el jueves; *on time*
  a tiempo *6B*; *on top of* encima
  de *4B*; *on Tuesday* el martes; *on*
  Wednesday el miércoles
one un, una, uno; *one hundred*
  cien, (*when followed by another*
  number) ciento
one-way sencillo,-a *8A*

onion la cebolla
only único,-a, sólo, solamente;
  if only ojalá *9A*
open abierto,-a
to open abrir; *open (command)*
  abre *2B*
opportunity la oportunidad *7B*
or o, (*used before a word that*
  starts with o or ho) u; *either...or*
  o...o
orange (*color*) anaranjado,-a
orange la naranja
to order pedir (i, i); mandar;
  ordenar
organ el órgano
to organize organizar *9B*
other otro,-a
ought deber
our nuestro,-a *4B*
outdoors al aire libre *6A*
(outer) ear la oreja *2B*
outside afuera *6A*
oven el horno *6B*; *microwave*
  oven el horno microondas
over sobre; encima de *4B*; *over*
  there allá
overnight bag el maletín *8B*

P

paella la paella
page la página
pain la pena
to paint pintar *1B*
painting el cuadro *6A*,
  la pintura
pair la pareja
pajamas el pijama
Panama Panamá
Panamanian panameño,-a *4A*
panther la pantera *4A*
pants el pantalón
pantyhose las pantimedias
papaya la papaya *5A*
paper el papel; *sheet of paper*
  la hoja de papel
parade el desfile *4A*
Paraguay el Paraguay
Paraguayan paraguayo,-a *4A*
pardon me perdón
parents los padres, los papás
park el parque; *amusement*
  park el parque de atracciones
part la parte *5A*
to participate participar *7A*
partner el compañero, la
  compañera

party la fiesta
to pass pasar; *pass me* pásame
passenger el pasajero *8B*
passport el pasaporte *8A*
past pasado,-a; *a quarter past* y
  cuarto; *half past* y media
pastime el pasatiempo
pastry el pastel *6B*
path el camino
patio el patio
paw la pata *4B*
to pay pagar
pea el guisante
peace la paz
peach el durazno *5A*
peanut butter la mantequilla
  de maní *5A*
pear la pera *5A*
pearl la perla
pen el bolígrafo, la pluma
penalty la pena máxima *7B*
pencil el lápiz (*pl.* lápices);
  pencil sharpener el sacapuntas
people la gente
pepper la pimienta
  (*seasoning*); *bell pepper* el
  pimiento; *pepper shaker* el
  pimentero *5B*
perfect perfecto,-a
perfume el perfume
perhaps quizás
period el tiempo *7B*
permission el permiso; *to ask*
  for permission (to do something)
  pedir permiso (para)
permit el permiso
to permit permitir
person la persona
personal personal
pertaining to air aéreo,-a *8A*
pertaining to water
  acuático,-a *9A*
Peru el Perú
Peruvian peruano,-a *4A*
philosophy la filosofía
photo la foto(grafía)
photographer el fotógrafo,
  la fotógrafa *9A*
physics la física
piano el piano
to pick up recoger
picnic el picnic *1B*
picture el cuadro *6A*
piece la pieza *8B*; *piece of*
  furniture el mueble *6A*
pier el muelle *8B*

pig el cerdo *4B;* el puerco
pilot el piloto, la piloto *8B*
pineapple la piña *5A*
pink rosado,-a
pity la lástima *6B*
place el lugar, la posición; la parte *5A*
to place poner(se); colocar(se) *8B*
plaid a cuadros *5B*
plan el plan *6B*
plant la planta
plastic el plástico
plate el plato; *license plate* la placa *3B*
play la comedia *7A*
to play jugar (ue); *(a musical instrument)* tocar; *(a sport/game)* jugar a
player el jugador, la jugadora; *basketball player* el basquetbolista, la basquetbolista; *record player* el tocadiscos; *soccer player* el futbolista, la futbolista; *tennis player* el tenista, la tenista
playing card la carta
plaza la plaza
pleasant simpático,-a
please por favor
to please agradar *5B,* complacer *6B*
pleasing agradable *5B; to be pleasing to* gustar
pleasure el gusto; el placer *8B; the pleasure is mine* encantado,-a, el gusto es mío
plum la ciruela *5A*
plural el plural
point el punto
to point apuntar; *to point to (at, out)* señalar
police (officer) el policía, la policía *3A*
politically políticamente
politics la política *7B*
poll la encuesta *7B*
pollution (environmental) la contaminación ambiental *1A*
poor pobre *4B*
popcorn las palomitas de maíz *4A*
popular popular
population la población
pork el cerdo *4B;* el puerco
port el puerto
Portugal el Portugal *9B*

Portuguese portugués, portuguesa *9B*
position la posición *8B*
possible posible *5B; as (+ adverb) as possible* lo más/menos *(+ adverb)* posible
post office la oficina de correos *3A*
pot la olla; *coffee pot* la cafetera *6B*
potato la papa
pound la libra
practice la práctica
to practice practicar *9A*
to prefer preferir (ie, i)
to prepare preparar
pretty bonito,-a, lindo,-a
price el precio
prince el príncipe *8A*
princess la princesa *8A*
principal principal *5B*
printed advertisement el aviso *7B*
prize el premio *6A*
probable probable *5A*
problem el problema
program el programa *1A, to download a program* bajar un programa *1A*
prohibited prohibido,-a *3B*
to promise prometer
protest la protesta *7A*
to prove probar(se) (ue)
public público,-a; *public square* la plaza; *public telephone* el teléfono público
Puerto Rican puertorriqueño,-a *4A*
Puerto Rico Puerto Rico
to pull someone's leg tomar el pelo *5B*
punishment la pena
purchase la compra
pure puro,-a *6A*
purpose el propósito
purse el bolso
to pursue seguir (i, i) *1A*
to put poner(se); colocar(se) *8B; to put (someone) in bed* acostar (ue) *2A; to put in charge (of)* encargar (de) *6A; to put makeup on (someone)* maquillar *2A; to put on* poner(se) *2A; to put on makeup* maquillarse *1A*

Q

quality la calidad
quarter el cuarto; *a quarter after, a quarter past* y cuarto; *a quarter to, a quarter before* menos cuarto
queen la reina *8A*
question la pregunta; *to ask a question* hacer una pregunta
quickly pronto
to quit dejar (de) *2B*

R

rabbit el conejo *4B*
radio *(apparatus)* el radio; *(broadcast)* la radio; *radio station* la emisora *7B*
rain la lluvia
to rain llover (ue)
raincoat el impermeable
to raise levantar *2A*
ranch la finca *4B*
rapid rápido
rapidly rápidamente
rather bastante
to reach cumplir
to read leer
reading la lectura
ready listo,-a; *to be ready* estar listo,-a
real real *9A*
reality la realidad *9B*
really? ¿de veras?
reason la razón *5B*
receipt el recibo
to receive recibir
reception desk la recepción *8B*
receptionist el recepcionista, la recepcionista *8B*
recipe la receta
record el disco; *record player* el tocadiscos
to record grabar *7A*
red rojo,-a
red-haired pelirrojo,-a
to refer referir(se) (ie, i) *6A*
referee el árbitro, la árbitro *7B*
refreshment el refresco
refrigerator el refrigerador
to regret sentir (ie,i)
regular regular
relative el pariente, la parienta
to relax descansar *2B*
to remain quedar(se) *2A*

to remember recordar (ue); acordar(se) (de) (ue) *5A*

remote remoto,-a; *remote control* el control remoto

to rent alquilar

to repeat repetir (i, i)

report el informe

reporter el periodista, la periodista; el reportero, la reportera *7A*

to request pedir (i,i)

reservation la reservación *8A*

to resolve resolver (ue)

respectfully atentamente

to rest descansar *2B*

restaurant el restaurante

to return volver (ue); regresar *6B*

reunion la reunión *7A*

to review repasar

rib la costilla *5A*

rice el arroz

rich rico,-a *5B*

ride el paseo; *(amusement) ride* la atracción *4A*

to ride montar

right correcto,-a; derecho,-a *2B*; *right?* ¿verdad?; *right now* ahora mismo; *to be right* tener razón *5B*

right la derecha *3A*; *to the right* a la derecha *3A*

ring el anillo

ripe maduro,-a

river el río *9B*

road el camino

roar el rugido

to roar rugir

robbery el robo *7A*

roller coaster la montaña rusa *4A*

roof el techo *6A*; *flat roof* la azotea

room el cuarto; la habitación *8B*; *chat room* cuarto de charla *1A*; *dining room* el comedor; *laundry room* el lavadero *5A*; *living room* la sala; *room service* servicio de habitaciones *8B*

rooster el gallo *4B*

round-trip de ida y vuelta *8A*

routine la rutina

row la fila *4B*

ruby el rubí *5B*

rug la alfombra *6A*

rule la regla *6B*

ruler la regla

to run correr

runner el corredor, la corredora

rush la prisa

Russia Rusia *9B*

Russian ruso,-a *9B*

sad triste

safety la seguridad *3B*; *safety belt* el cinturón de seguridad *3B*

saint's day el santo; *All Saints' Day* Dia de todos los Santos

salad la ensalada

sale la oferta; *to be on sale* estar en oferta

salesperson el vendedor, la vendedora *9A*

salt la sal; *salt shaker* el salero *5B*

Salvadoran salvadoreño,-a *4A*

same mismo,-a

sand la arena

sandals las sandalias *1B*

sandwich el sandwich *5A*

Saturday sábado; *on Saturday* el sábado

sauce la salsa *5B*

saucepan la olla

Saudi saudita *9B*; *Saudi Arabia* Arabia Saudita *9B*; *Saudi Arabian* saudita *9B*

sausage *(seasoned with red peppers)* el chorizo *5A*

to save ahorrar

to savor saborear *8A*

saxophone el saxofón

to say decir; *How do you say...?* ¿Cómo se dice...?; *one says* se dice; *say (command)* di *2B*; *to say good-bye* despedir(se) (i, i) *2B*; *to say hello* saludar; *to say you are sorry* pedir perdón

scarf la bufanda

scenery el paisaje

schedule el horario

school el colegio, la escuela; *(of a university)* la facultad *9B*

science la ciencia

to scold regañar

score el marcador *7B*

to score marcar *7B*

scratched rayado,-a *6A*

screen la pantalla

scuba diving el buceo *9A*

sea el mar *9B*

seafood el marisco *5A*

search la búsqueda; *search engine* el motor de búsqueda *1A*

season la estación

seasoning el aderezo *5B*

to seat (someone) sentar (ie) *2A*

seat back el respaldar

seat belt el cinturón de seguridad *3B*

second el segundo; segundo,-a

secret el secreto *5B*

secretary el secretario, la secretaria *9A*

section la sección

to see ver; *let's see* a ver; *see you later* hasta luego, hasta la vista; *see you soon* hasta pronto

to seem parecer

selection el surtido *5B*

selfish egoísta

to sell vender

to send enviar

sense of hearing el oído

sentence la oración, la frase

September septiembre

serious serio,-a *7A*

to serve servir (i, i) *5B*

service el servicio *8B*; *room service* servicio de habitaciones *8B*

to set poner; *to set the table* poner la mesa

seven siete; *seven hundred* setecientos,-as

seventeen diecisiete

seventh séptimo,-a

seventy setenta

several varios,-as

sewing la costura

shame la lástima *6B*

shampoo el champú *2A*

to share compartir

to shave afeitar(se) *2A*

shaving cream la crema de afeitar *2A*

she ella

sheep la oveja *4B*

sheet la hoja; *sheet of paper* la hoja de papel

ship el barco

shirt la camisa; *polo shirt* la camiseta

shoe el zapato; *high-heel shoe* el zapato de tacón; *low-heel shoe* el zapato bajo; *shoe store* la zapatería *3A*

shopping center el centro comercial

shore la orilla *9B*

short (not tall) bajo,-a, *(not long)* corto,-a; *from a short distance* de cerca *3B*; *in short* en resumen

shorts los shorts *1B*; *bermuda shorts* las bermudas *1B*

shot el tiro *7B*

should deber

shoulder el hombro *2B*

to **shout** gritar *4A*

show el programa; *game show* el programa de concurso

to **show** enseñar; mostrar (ue) *7A*

shower la ducha *2A*

to **shower** duchar(se) *2A*

shrimp el camarón *5A*

sick enfermo,-a

side el lado

sidewalk la acera *3B*

sign la señal *3B*

to **sign** firmar *8B*

silk la seda

silly tonto,-a

silver la plata

silverware los cubiertos

since desde, como

to **sing** cantar

singer el cantante, la cantante *7A*

single sencillo,-a *8B*

sink el fregadero; *bathroom sink* el lavabo *2A*

sir el señor, Sr.

sister la hermana

to **sit down** sentarse *2A*; *sit down (command)* siéntate *2B*

six seis; *six hundred* seiscientos,-as

sixteen dieciséis

sixth sexto,-a

sixty sesenta

size el tamaño

to **skate** patinar; *to ice skate* patinar sobre hielo; *to in-line skate* patinar sobre ruedas

skateboard la patineta

to **skateboard** montar en patineta

skater el patinador, la patinadora

sketch el dibujo

to **sketch** dibujar

to **ski** esquiar

skier el esquiador, la esquiadora

skiing el esquí *9A*

skill la destreza *4B*

skirt la falda

sky el cielo *4B*

skyscraper el rascacielos

sleep el sueño

to **sleep** dormir (ue, u)

slipper la pantufla

slippery resbaloso,-a

slow lento,-a

small pequeño,-a; *small suitcase* el maletín *8B*

smart listo,-a; *to be smart* ser listo,-a

to **smile** sonreír(se) (i, i) *6B*

to **smoke** fumar *2B*

smoke alarm la alarma de incendios *6B*

smooth suave *9A*

snake la serpiente *4A*

snow la nieve

to **snow** nevar (ie)

so tal, tan; *So glad to meet you.* Tanto gusto.; *so long* hasta luego; *so that* a fin de que, para que

soap el jabón *2A*; *soap opera* la telenovela

soccer el fútbol; *soccer player* el futbolista, la futbolista

sock el calcetín

soft suave *9A*; *soft drink* el refresco

to **solve** resolver (ue)

some unos, unas; alguno,-a, algún, alguna

somebody alguien

someone alguien; *someone from the United States* estadounidense *4A*

something algo; *something from the United States* estadounidense *4A*

sometimes a veces

son el hijo

song la canción

soon luego, pronto; *as soon as* en cuanto *6B*; luego que *6B*; *see you soon* hasta pronto

so-so regular

soup la sopa; *soup bowl* el plato de sopa

south el sur *3B*; *South America* la América del Sur *4A*; *South American* suramericano,-a *9B*

southeast el sureste *3B*

southwest el suroeste *3B*

Spain España

Spanish el español *(language)*

Spanish español, española *4A*

Spanish-speaking de habla hispana

to **speak** hablar

speaking el habla *(f.)*

special especial

spectator el espectador, la espectadora *7B*

speech el habla *(f.)*

to **spend (time)** pasar (tiempo)

sport el deporte; *to play (a sport)* jugar a

sporty deportivo,-a *3B*

spring la primavera

square el cuadro *5B*; *public square* la plaza

squid el pulpo *5A*

stable el establo *4B*

stadium el estadio

stairway la escalera

to **stand out** destacar(se)

star la estrella *4B*

to **start** empezar (ie); comenzar (ie) *6B*

station la estación *3A*; *bus station* la estación de autobuses *3A*; *radio station* la emisora *7B*; *subway station* la estación del metro *3A*; *train station* la estación del tren *3A*

stationery store la papelería *3A*

to **stay** alojarse *7B*, quedar(se) *2A*

steering wheel el volante *3B*

stepbrother el hermanastro *6A*

stepfather el padrastro *6A*

stepmother la madrastra *6A*

stepsister la hermanastra *6A*

stick out *(command)* saca *2B*

still todavía

stomach el estómago *2B*

stop el alto *3B*

to **stop** dejar (de) *2B*; parar *3A*

stopover la escala *8B*

store la tienda; *candy store* la dulcería *3A*; *dairy (store)* la lechería; *department store* el almacén *3A*; *fruit store* la frutería *3A*; *hat store* la sombrerería; *jewelry store* la joyería *3A*; *milk store* la lechería; *shoe store* la zapatería *3A*; *stationery store* la papelería *3A*; *store window* la vitrina *3A*

stove la estufa

straight ahead derecho *3A*

to **straighten** arreglar

strawberry la fresa

street la calle

stripe la raya *5B*

striped a rayas *5B*, rayado,-a *6A*

strong fuerte *9A*

student el estudiante, la estudiante

study el estudio

to **study** estudiar

subject la asignatura *1A*

subway el metro; *subway station* la estación del metro *3A*

success el éxito *7A*; *to be a success* tener éxito *7A*

such tal; *such as* como *4A*

sufficient bastante

sufficiently bastante

sugar el azúcar; *sugar bowl* la azucarera *5B*

to **suggest** aconsejar *5B*

suit el traje

suitcase la maleta

summer el verano

sun el sol

Sunday domingo; *on Sunday* el domingo

sun glasses las gafas de sol *1B*

sunny soleado,-a; *it is sunny* está soleado, hay sol, hace sol

supermarket el supermercado

supper la cena *2A*; *to have supper* cenar *2A*

supply el surtido *5B*

sure seguro,-a *6B*

to **surf** navegar *1A*

surname el apellido *8B*

surprise la sorpresa

survey la encuesta *7B*

sweater el suéter

to **sweep** barrer

sweet dulce, golosina *4A*

to **swim** nadar

swimming pool la piscina

swimsuit el traje de baño

synthetic sintético,-a

table la mesa; *to clear the table* recoger la mesa; *to set the table* poner la mesa; *tray table* la mesita

tablecloth el mantel

tablespoon la cuchara

taco el taco *3A*

tail el rabo *4B*

to **take** tomar, llevar; *to take a long time* tardar en (+ *infinitive*) *3B*; *to take a walk* dar un paseo; *to take away* llevarse *2B*; *to take care of* cuidar(se) *2B*; *to take charge (of)* encargarse (de) *6A*; *to take off* despegar *7B*, quitar(se) *2A*; *to take out* sacar; *to take up* subir

tall alto,-a

to **tan** broncear(se) *2B*

tape recorder la grabadora

to **taste** saborear *8A*

taxi driver el taxista, la taxista *9A*

tea el té *5A*

to **teach** enseñar

teacher el profesor, la profesora

team el equipo

to **tear** romper *7A*

teaspoon la cucharita

technology la tecnología *1A*

teddy bear el oso de peluche *4B*

telephone el teléfono; *by telephone* por teléfono; *on the telephone* por teléfono; *public telephone* el teléfono público; *telephone number* el número de teléfono

to **telephone** llamar

television la televisión; *television set* el televisor; *to watch television* ver (la) televisión

to **tell** decir; *(a story)* contar (ue); *tell (command)* di *2B*; *tell me (Ud. command)* dígame

temperature la temperatura; *What is the temperature?* ¿Qué temperatura hace?

ten diez

tennis el tenis; *tennis player* el tenista, la tenista

tennis shoes los tenis *1B*

tenth décimo,-a

to **terminate** acabar

test el examen

to **test** probar(se) (ue)

thank you very much muchas gracias

thanks gracias

that que, ese, esa, *(far away)* aquel, aquella; aquello *2A*; *(neuter form)* eso, ello *2A*; *that (one)* aquél, aquélla *2A*, ése, ésa *2A*; *that way* así *2A*; *that which* lo que

the *(m., s.)* el, *(f., s.)* la, *(f., pl.)* las, *(m., pl.)* los; *to the* al

theater el teatro; *movie theater* el cine

their su, sus; suyo,-a *4B*; *(of) theirs* suyo,-a *4B*

them *(i.o.)* les; *(d.o.)* los/las; *(after a preposition)* ellos,-as

theme el tema, el tópico

then luego, después, entonces; *(pause in speech)* pues

there allí; *over there* allá; *there is* hay; *there are* hay; *there was* había *4A*, hubo *5A*; *there were* había *4A*, hubo *5A*

these estos, estas; *these (ones)* éstos, éstas *2A*

they ellos,-as; *they are* son; *they were* fueron

thin delgado,-a

thing la cosa

to **think** pensar (ie); *to think about (i.e., to have an opinion)* pensar de; *to think about (i.e., to focus one's thoughts)* pensar en; *to think about (doing something)* pensar en (+ *infinitive*)

third tercero,-a; *(form of* tercero *before a m., s. noun)* tercer

thirst la sed

thirteen trece

thirty treinta

thirty-one treinta y uno

this *(m., s.)* este, *(f., s.)* esta; esto *2A*; *this (one)* éste, ésta *2A*

those esos, esas, *(far away)* aquellos, aquellas; *those (ones)* aquéllos, aquéllas, ésos, ésas *2A*

thousand mil

three tres; *three hundred* trescientos,-as
throat la garganta *2B*
through por
to throw away tirar
Thursday jueves; *on Thursday* el jueves
thus pues; así *2A*
ticket el boleto *4B*; el billete *8A*; el pasaje; *ticket office* la taquilla *4B*
tidbit la golosina *4A*
tie la corbata
to tie (the score of a game) empatar *7B*
tiger el tigre *4A*
time el tiempo, la vez (*pl. veces*); *another time* otra vez; *at times* a veces; *at what time?* ¿a qué hora?; (*number +*) *time(s) per* (*+ time expression*) (*number +*) vez/veces al/a la (*+ time expression*); *on time* a tiempo *6B*; *to spend* (*time*) pasar; *to take a long time* tardar en (*+ infinitive*) *3B*; *What time is it?* ¿Qué hora es?
tip la propina *5B*
tire la llanta *3B*
tired cansado,-a
to a; *to the left* a la izquierda *3A*; *to the right* a la derecha *3A*
toaster la tostadora *6B*
today hoy
toe el dedo, del pie
together junto,-a; *to get together* reunir(se) *2B*
toilet el excusado *2A*
tomato el tomate
tomorrow mañana; *see you tomorrow* hasta mañana; *the day after tomorrow* pasado mañana
tongue la lengua *2B*
tonight esta noche
too también; *Too bad!* ¡Qué lástima!; *too many* demasiado,-a *5A*; *too much* demasiado,-a *5A*
tooth el diente *2B*
to touch tocar; *touch (command)* toca *2B*
tourism el turismo
tourist el turista *8A*
toward hacia *3A*

towel la toalla *2A*
tower la torre *3A*
traffic el tráfico *3B*
train el tren; *train station* la estación del tren *3A*
to translate traducir *5A*
transmission la transmisión *7B*
transportation el transporte
trapeze artist el trapecista, la trapecista *4B*
to travel viajar
travel agency la agencia de viajes *8A*
tray table la mesita *8B*
tree el árbol *4B*; *family tree* el árbol genealógico
tremor el temblor *7A*
trip el paseo, el viaje; *to go away on a trip* irse de viaje *2B*
trombone el trombón
trouble la pena
truck el camión
trumpet la trompeta
trunk el baúl *3B*
truth la verdad
to try (on) probar(se) (ue) *5B*; *to try (to do something)* tratar (de)
Tuesday martes; *on Tuesday* el martes
tuna atún *5A*
turkey el pavo *4B*
to turn (a corner) doblar *3B*; *to turn off* apagar; *to turn on* encender (ie); *to turn on (an appliance)* poner; *to turn to dusk* anochecer *5B*
turtle la tortuga *4A*
twelve doce
twenty veinte
twenty-eight veintiocho
twenty-five veinticinco
twenty-four veinticuatro
twenty-nine veintinueve
twenty-one veintiuno
twenty-seven veintisiete
twenty-six veintiséis
twenty-three veintitrés
twenty-two veintidós
two dos; *two hundred* doscientos,-as
type el tipo *5B*

U

ugly feo,-a
umbrella el paraguas
umpire el árbitro, la árbitro *7B*
uncle el tío
under bajo *8B*
undershirt la camiseta
to understand comprender
underwear la ropa interior
to undress desvestir(se)
unique único,-a
united unido,-a *9A*; *someone or something from the United States* estadounidense *4A*; *United States of America* los Estados Unidos
university la universidad *9A*; *school (of a university)* la facultad *9B*
until hasta, (*to express time*)
up arriba *6A*
upcoming que viene
upstairs arriba *6A*; *to go upstairs* subir
urgent urgente *6B*
Uruguay el Uruguay
Uruguayan uruguayo,-a *4A*
us (*i.o.*) nos; (*d.o.*) nos; (*after a preposition*) nosotros
to use usar

V

vacation las vacaciones
vacuum la aspiradora
to vacuum pasar la aspiradora
vanilla la vainilla
variety la variedad *5B*
veal la ternera *5A*
vegetable la verdura
Venezuela Venezuela
Venezuelan venezolano,-a *4A*
verb el verbo
vertical vertical
very muy, mucho,-a; *not very* poco,-a; *very much* muchísimo
veterinarian el veterinario, la veterinaria *9A*
video game el videojuego
vinegar el vinagre
visa la visa *8A*
visit la visita *4A*
to visit visitar *1B*

voice la voz (*pl.* voces)
volleyball el voleibol

to wait (for) esperar *2A*
to wake up despertar(se) (ie) *2A*
  walk el paseo
to walk caminar; andar *5A*; *to take a walk* dar un paseo
  wall la pared, la muralla; *(exterior) wall* el muro *6A*
  wallet la billetera
to want querer
  wardrobe el armario *6A*
  warehouse el almacén
to wash lavar(se) *2A*
  washer la lavadora *6A*
  wastebasket el cesto de papeles
  wastepaper basket el cesto de papeles
  watch el reloj
to watch ver; *to watch television* ver (la) televisión
  water el agua (*f.*); *mineral water* el agua mineral (*f.*); *pertaining to water* acuático,-a *9A*
  waterfall la catarata
  watermelon la sandía *5A*
  way la manera; *to always get one's way* siempre salirse con la suya *9B*; *by the way* a propósito *9B*
  we nosotros
to wear llevar
  weather el tiempo; *How is the weather?* ¿Qué tiempo hace?; *the weather is nice (bad)* hace buen (mal) tiempo
  Web la Web *1A*
  Wednesday miércoles; *on Wednesday* el miércoles
  week la semana
  weekend el fin de semana
  welcome bienvenido,-a *4A*; *you are welcome* de nada
  welcome la bienvenida *8B*
  well bien; *(pause in speech)* bueno, este, pues
  well-read culto,-a *7B*
  west el oeste *3B*
  what? ¿qué?, ¿cuál?; *at what time?* ¿a qué hora?; *What do/does you/he/she/they think?* ¿Qué (te, le, les) parece? *5B*;

What is the meaning (of)...? ¿Qué quiere decir...?; *What is the temperature?* ¿Qué temperatura hace?; *What is wrong with (someone)?* ¿Qué (+ tener)?; *What is wrong with you?* ¿Qué te pasa?; *What is your name?* ¿Cómo te llamas?; *What is (your/his/her) name?* ¿Cómo se llama (Ud./él/ella)?; *What time is it?* ¿Qué hora es?
what! ¡qué!; *What (a) (+ adjective) (+ noun)!* ¡Qué (+ noun) tan (+ adjective)! *3B*; *what a (+ noun)!* ¡qué (+ noun)!; *What a shame!* ¡Qué lástima!
  wheel la rueda *3B*; *steering wheel* el volante *3B*; *Ferris Wheel* rueda de Chicago *4A*
  when cuando
  when? ¿cuándo?
  where donde; adonde
  where? ¿dónde?; *from where?* ¿de dónde?; *(to) where?* ¿adónde?; *Where are you from?* ¿De dónde eres?; *Where are you (formal) from?, Where is (he/she/it) from?* ¿De dónde es (Ud./él/ella)?
  wherever dondequiera *9A*
  which que; *of which* cuyo,-a; *that which* lo que
  which? ¿cuál?; *which one?* ¿cuál?; *which ones?* ¿cuáles?
  while mientras (que) *3B*
  white blanco,-a
  white-haired canoso,-a
  who quien
  who? ¿quién?, *(pl.)* ¿quiénes?
  whoever quienquiera *9A*
  whom quien
  whose cuyo,-a
  why? ¿por qué?
  wife la esposa; la mujer
  wild salvaje *4A*
to win ganar *6A*; *games won* los partidos ganados
  wind el viento; *it is windy* hace viento
  window la ventana; *store window* la vitrina *3A*
  windshield el parabrisas *3B*
  windshield wiper el limpiaparabrisas *3B*
  winter el invierno

to wish desear
  with con; *with me* conmigo; *with you* (tú) contigo
  without sin
  witness el testigo, la testigo *7A*
  woman la mujer; *young woman* la muchacha
  women's restroom el baño de damas *3A*
to wonder preguntarse *2B*
  wonderful estupendo,-a
  wood la madera *6A*
  wool la lana
  word la palabra
  work el trabajo, la obra
to work trabajar
  worker el obrero, la obrera *9A*
  world el mundo *1A*; *World Wide Web* la Red *1A*
to worry preocupar(se) *2A*
  worse peor
  worst: the worst (+ noun) el/la/los/las peor/peores (+ noun)
  would like quisiera *1B*
  would that ojalá *9A*
  wound la herida *7A*
  wow! ¡caramba!
to write escribir; *How do you write...?* ¿Cómo se escribe...?; *it is written* se escribe
  writer el escritor, la escritora *9A*
  wrought iron fence la reja *6A*
  wrought iron window grill la reja *6A*

Y

  yard el patio
to yawn bostezar *7A*
  year el año; *New Year's (Day)* el Año Nuevo; *to be (+ number) years old* tener (+ number) años
  yellow amarillo,-a
  yes sí
  yesterday ayer; *the day before yesterday* anteayer
  yet todavía
  you *(informal)* tú; *(formal, s.)* usted (Ud.); *(pl.)*, ustedes (Uds.); *(Spain, informal, pl.)* vosotros,-as; *(after a preposition)* ti, usted (Ud.), ustedes (Uds.), vosotros,-as; *(d.o.)* la, lo, las, los, te; *(Spain, informal, pl., d.o.)* os; *(formal, i.o.)* le; *(pl., i.o.)* les;

(*Spain, informal, pl., i.o.*) os; *(i.o.)* te; *Are you from...?* ¿Eres (tú) de...?; *you are* eres; *you (formal) are* es; *you don't say!* ¡no me digas! *9B*; *you (pl.) were* fueron

young joven; *young lady* la señorita; *young woman* la muchacha

younger menor
youngest el/la menor
your *(informal)* tu; *(informal, pl.)* tus; su, sus (Ud./Uds.), *(Spain, informal, pl.)* vuestro, -a,-os,-as; suyo,-a *4B*; tuyo,-a *4B*; *(of) yours* suyo,-a *4B*
yours truly atentamente

Z

zebra la cebra *4A*
zero cero
zoo el zoológico *4A*
zoological garden el jardín zoológico

Index

a
  personal 124
  verbs followed by 11, 114, 124, 352
acabar de + infinitive 24
accents 7, 36, 38, 66, 102, 110, 132, 176, 228, 304
adjectives
  after *lo* 190
  agreement with nouns 166, 179, 180, 317
  demonstrative 65, 179
  ending in *-ísimo* 176
  formed from past participles 317, 335
  indefinite 179
  of nationality 166, 167
  of quantity 179
  position 166, 179, 180
  possessive, long form 186
  possessive, short form 186
  used as nouns 166
  used to form adverbs 232
adverbs
  after *lo* 190
  formation 232
affirmative expressions 29
alegrar, used reflexively 276
andar
  in progressive tenses 228
  preterite tense 218
-ar verbs (see *verbs*)
articles
  definite 54
  with adjectives to replace nouns 166

caber
  conditional tense 382, 426
  future tense 362, 424
  preterite tense 218
caer(se)
  present participle 82
  present tense 82
  preterite tense 82
cognates 3
commands
  affirmative formal singular *(Ud.)* 110
  affirmative informal singular *(tú)* 102
  affirmative plural *(nosotros/as)* 114
  affirmative plural *(Uds.)* 110
  indirect 257, 418
  irregular forms 102
  negative formal singular *(Ud.)* 132
  negative informal singular *(tú)* 132
  negative plural *(nosotros/as)* 132
  negative plural *(Uds.)* 132
  with pronouns 110, 114, 132
  with spelling changes 102
conditional of probability 382
conditional tense
  formation 375, 426
  irregular verbs 382, 426

  uses 375, 426
conducir
  present tense 124
  preterite tense 218
conocer
  present tense 124
  preterite tense 206
  vs. *saber* 124
conseguir, preterite tense 206
continuar, progressive tenses 228

dar
  command 110
  preterite tense 27
  subjunctive 266
decir
  command 102
  conditional tense 382, 426
  followed by *que* and the subjunctive 257
  future tense 362, 424
  past participle 304
  present participle 9
  present tense 6
  preterite tense 27
definite articles 54, 187
demonstrative adjectives 65, 179
demonstrative pronouns 66
diminutives 177
direct object pronouns
  forms 36
  placement 36, 110, 114, 228, 304, 326
  used with indirect object pronouns 38
doler, present tense 74

-er verbs (see *verbs*)
estar
  command 110
  followed by a past participle 317
  in progressive tenses 9, 228
  present tense 6
  preterite tense 27
  subjunctive 266
  vs. *ser* 164

freír
  present tense 216
  preterite tense 218
future of probability 353, 424
future tense
  formation 353, 424
  irregular verbs 362, 424
  uses 353
future with *ir a* + infinitive 11, 352

haber
  conditional 426
  future 424
  imperfect tense 153, 208
  past perfect tense 326, 400
  present perfect tense 304, 314, 400
  present tense 304, 314, 400

  preterite tense 208
  subjunctive 266
hace + time + *que* + present tense 238
hacer
  command 102
  conditional tense 382, 426
  future tense 362, 424
  past participle 304
  present tense 6
  preterite tense 27
  uses 74
hacía + time + *que* + imperfect tense 239

-iar verbs 7
imperfect progressive tense 228
imperfect tense
  formation 152
  uses 152, 160, 208
  vs. preterite tense 152, 208
impersonal expressions
  followed by the indicative 284
  followed by the subjunctive 284, 418
impersonal *se* 58
importar 74, 276
indirect commands 257, 418
indirect object pronouns
  forms 36
  placement 36, 110, 114, 228, 304, 326
  se as a replacement for *le/les* 38
  used with direct object pronouns 38
infinitives
  after indirect commands 257
  after prepositions 86
  instead of subjunctive 268
  used with *acabar de* 24
  used with *ir a* 11, 114
  used with object pronouns 36, 38, 304, 326
  used with reflexive pronouns 54
interrogative words 238
ir
  command 102, 110, 114
  imperfect tense 160
  present tense 6
  preterite tense 27
  subjunctive 266
ir a + infinitive 11, 114, 352
-ir verbs (see *verbs*)
-ísimo 176
-ito 177

leer
  present participle 9
  preterite tense 218
lo + adjective 190
lo + an adjective or an adverb + *que* 190

-mente ending for adverbs 232

Credits

Acknowledgments

The authors wish to thank the many people of the Caribbean Islands, Central America, South America, Spain, and the United States who assisted in the photography used in the textbook and videos. Also helpful in providing photos and materials were the National Tourist Offices of Argentina, Chile, Costa Rica, Colombia, Ecuador, Guatemala, the Dominican Republic, Honduras, Mexico, Nicaragua, Panamá, Perú, Puerto Rico, Spain, and Venezuela.

Thanks to *El Periódico de Catalunya* for the right to reproduce, on page 342 of this textbook, material from its edition of 09/06/2003. *El Periódico,* www.elperiodico.com, Ediciones Primera Plana, S.A., Consell de Cent, 425–427, 08009 Barcelona.

Art Credits

From the Conquest to 1930 (Desde la conquista a 1930), 1929–39, Diego Rivera. Detail from a mural in the National Palace, México, D.F. © 2003 Banco de México Diego Rivera and Frida Kahlo Museums Trust. Av. Cinco de Mayo No. 2, Col. Centro, Del. Cuauhtémoc 06059, México, D. F. Digital image © Schalkwijk/Art Resource, NY. Thanks also to the Mexican National Institute of Fine Arts (Instituto Nacional de Bellas Artes, México, D.F.) for permission to reproduce this image, which appears on the top of page 101.

Idealismo Universal (Hidalgo), 1937, José Clemente Orozco. Detail from a mural in the Government Palace, Guadalajara, Mexico. © Clemente Orozco Valladares. Digital image © Mexicolore/The Bridgeman Art Library. Thanks also to the Mexican National Institute of Fine Arts (Instituto Nacional de Bellas Artes, México, D.F.) for permission to reproduce this image, which appears on page 142.

Hirondelle/Amour, 1933–34. Joan Miró. The Museum of Modern Art, NY. © 2004 Successió Miró/Artists Rights Society (ARS), New York/ADAGP, Paris. Digital image © The Museum of Modern Art/Licensed by SCALA / Art Resource, NY. Appears on page 440 of this book.

Las meninas, 1656 [detail of central group]. Diego Rodriguez Velázquez. Museo del Prado, Madrid. Digital image © Scala/Art Resource, NY. Appears on page 446 of this book.

Thanks to Chilean artist Patricia Israel for the use of her drawing *Sin título,* reproduced on page 340, and to Colombian artist Carlos Colombino for the right to reproduce his work *Piedra Ritual,* also on page 340.

Photo Credits

AFP/CORBIS: xi (tl, br), 151 (l), 205 (r), 349 (t, bullfighter closeup), 351 (tl, b), 383 (#3)

Alexander, Jerry/Lonely Planet Images: 215 (br), 222 (tl)

Allofs, Theo/CORBIS: 164

Anderson, Jennifer J.: 25 (tr), 99 (F), 162 (#5, 8), 186, 399 (b), 405 (F)

AMET JEAN PIERRE/CORBIS SYGMA: 68 (l)

AP/Wide World Photos: iv (t), viii (br), 15 (r), 20 (tr), 90 (l, r), 127 (t), 195 (b), 211 (t), 227 (l, r), 298 (l), 300 (br), 305 (left column), 320, 322 (t, soccer), 333 (Olimpia team), 338 (r), 361 (tl, b), 412 (Rigoberta Menchú), 412 (Mario J. Molina), 428 (r)

Barton, Paul/CORBIS: 126 (b), 209 (br)

Bator, Joe/CORBIS: 317 (b)

Béjar Latonda, Mónica: 40 (l, r), 88 (l), 100 (tl, tc, tr), 108 (tl, tc, tr), 122 (tl, tc, tr), 130 (tl, tc, tr), 138 (l), 192 (l), 242 (l), 290 (l), 338 (l), 366 (tr), 384 (l), 428 (l), 452 (6 images)

Bettmann/CORBIS: x (t), 92 (b), 336 (t), 412 (Gabriela Mistral), 412 (César Milstein)

Brakefield, Tom/CORBIS: 162 (Modelo)

Bridwell, Michelle D./Photo Edit: 268